Absolutistisches Regiment oder Ständeherrschaft?

Landesherr und Landstände in Ostfriesland
im ersten Drittel des 18. Jahrhunderts

Von

BERND KAPPELHOFF

HILDESHEIM 1982

VERLAG AUGUST LAX

Gedruckt mit Hilfe von Forschungsmitteln

des Landes Niedersachsen

CIP-Kurztitelaufnahme der Deutschen Bibliothek

Kappelhoff, Bernd:
Absolutistisches Regiment oder Ständeherrschaft?: Landesherr und
Landstände in Ostfriesland im 1. Drittel des 18. Jahrhunderts / von
Bernd Kappelhoff. — Hildesheim: Lax, 1982.
(Veröffentlichungen der Historischen Kommission für Nieder-
sachsen und Bremen; 24: Untersuchungen zur Ständegeschichte
Niedersachsens; Bd. 4)
ISBN 3-7848-2524-9
NE: Historische Kommission für Niedersachsen: Veröffentlichun-
gen der Historischen Kommission für Niedersachsen und Bremen /
Untersuchungen zur Ständegeschichte Niedersachsens

Bernd Kappelhoff · Absolutistisches Regiment oder Ständeherrschaft?

VERÖFFENTLICHUNGEN
DER HISTORISCHEN KOMMISSION FÜR NIEDERSACHSEN
UND BREMEN

XXIV

Untersuchungen zur Ständegeschichte Niedersachsens

Band 4

Absolutistisches Regiment
oder Ständeherrschaft?

Landesherr und Landstände in Ostfriesland
im ersten Drittel des 18. Jahrhunderts

Von

BERND KAPPELHOFF

HILDESHEIM 1982

VERLAG AUGUST LAX

Für Ursel

Vorwort

Die ersten beiden Hauptteile dieser Arbeit sind im Oktober 1978 vom Fachbereich Geschichtswissenschaft der Universität Hamburg unter dem Titel *Der »Appelle-Krieg« 1725—1727. Politische und soziale Geschichte der ostfriesischen Landstände im zweiten und dritten Jahrzehnt des 18. Jahrhunderts* als Dissertation angenommen worden. Im Jahre 1979 habe ich den dritten Hauptteil hinzugefügt sowie die gesamte Untersuchung überarbeitet und teilweise ergänzt. Soweit möglich, ist dabei die bis dahin erschienene Literatur berücksichtigt worden.

An dieser Stelle habe ich zu danken für die Unterstützung, die mir von vielen Seiten zuteil geworden ist: Herrn Professor Dr. Rainer *Wohlfeil,* der sich bei der Betreuung meiner Arbeit stets hilfreich und anregend gezeigt, mir dabei aber ein Ausmaß an wissenschaftlicher Selbständigkeit gelassen hat, wie es im »Lehrer-Schüler-Verhältnis« nicht immer üblich ist; dem allzu früh verstorbenen Professor Dr. Ludwig *Deike* für die Übernahme des Zweitgutachtens; allen *Angehörigen des Niedersächsischen Staatsarchivs in Aurich,* die mir nicht nur jederzeit sehr freundlich begegnet sind, sondern es auch verstanden haben, dem »Stammbenutzer« eine geradezu familiäre Atmosphäre zu schaffen, die dem schnellen Fortgang der Quellenarbeit überaus förderlich war; Herrn Dr. Harm *Wiemann,* Aurich, mit dem ich bei der täglichen gemeinsamen Aktenarbeit in den Jahren 1976—1978 viele Fragen und Probleme der ostfriesischen Ständegeschichte erörtern konnte; dem *Haus-, Hof und Staatsarchiv in Wien* für die Sondererlaubnis, mehr Akten pro Tag als üblich benutzen zu dürfen; der *Ostfriesischen Landschaft* und ihrem Direktor Dr. Hajo *van Lengen* für einen erheblichen Druckkostenzuschuz; der *Historischen Kommission für Niedersachsen und Bremen* für die Aufnahme der Arbeit in die Reihe ihrer Veröffentlichungen; schließlich Herrn Dr. Dieter *Brosius,* Hannover, als ihrem Schriftführer für das Engagement, mit dem er sich für mich eingesetzt hat.

Voraussetzung für all das war jedoch die Geduld, mit der *meine Frau* die vielen notwendigen Archivbesuche in Aurich ertragen hat; erst dadurch wurde das Entstehen dieser Untersuchung möglich. Ihr sei deshalb dieses Buch gewidmet.

Stade, im Dezember 1981   Bernd Kappelhoff

Abkürzungen

AuV.	Abhandlungen und Vorträge zur Geschichte Ostfrieslands, hrsg. von der Ostfriesischen Landschaft in Aurich
Bd.	Band
Bl.	Blatt
Den. rec.	Denegata recentiora
Dep.	Depositum
EJb.	Jahrbuch der Gesellschaft für bildende Kunst und vaterländische Altertümer zu Emden, seit 1950 hrsg. von der Ostfriesischen Landschaft in Aurich
f.	folgend
ff.	folgende
Fasz.	Faszikel
fl.	Gulden
fol.	Folium
HHuStaW.	Haus-, Hof- und Staatsarchiv Wien
K.	Karton
N.F.	Neue Folge
Ostfriesland	Ostfriesland. Zeitschrift für Kultur, Wirtschaft und Verkehr, hrsg. von der Ostfriesischen Landschaft in Aurich
Rep.	Repositur
RHR.	Reichshofrat
Rk.	Reichskanzlei
S.	Seite
Sch.	Schaf
StaA.	Niedersächsisches Staatsarchiv in Aurich
Stabt.	Staatenabteilung
Stk.	Staatskanzlei
Vol.	Volumen
Vortr.	Vorträge
VSWG.	Vierteljahresschrift für Sozial- und Wirtschaftsgeschichte
Wit.	Witten
ZfG.	Zeitschrift für Geschichtswissenschaft
ZHF.	Zeitschrift für historische Forschung

Gliederung

Erster Hauptteil

Die landständische Verfassung in Ostfriesland und die Entwicklung der Landesstreitigkeiten bis 1725

A: Systematischer Abschnitt

IV

Zweiter Hauptteil
Der »Appelle-Krieg« 1725—1727

Dritter Hauptteil
Die Folgen (1727—1732)

Zusammenfassung und Beurteilung der politischen Leistung der ostfriesischen Landstände

Anhang

Quellen und Literatur

Orts- und Personenregister

Einleitung

I.

Die Erforschung der Geschichte der deutschen Landstände erfreute sich lange keiner großen Beliebtheit. Generationen von Historikern arbeiteten, solange der Machtstaat als Ideal erschien, lieber den Weg Preußen-Deutschlands zur Großmacht auf. Hierbei stand das Phänomen des deutschen und europäischen Absolutismus und seiner Wurzeln, die Entwicklung zum neuzeitlichen Staat, im Vordergrund des Interesses[1]; andere Probleme wurden entweder verdrängt, oder ihre Beurteilung war weitgehend präjudiziert. Insbesondere gilt das für die deutschen Landstände, deren Rolle als Hemmschuh zentralistisch-landesfürstlicher Politik unter diesem Blickwinkel in der Regel negativ beurteilt wurde[2]. Die wegweisenden Arbeiten Otto Hintzes zur typologischen Einordnung und zum systematischen Verständnis der landständischen Verfassung müssen für ihre Entstehungszeit dagegen als große Ausnahmen angesehen werden[3].

Wesentlich für das Entstehen der negativen Charakterisierung war, daß ganz selbstverständlich der Staats- und Verfassungsbegriff des 19. Jahrhunderts, der — auf der Basis der Veränderungen, die der Absolutismus geschaffen hatte — Staat und Gesellschaft einander gegenübersetzen konn-

---

1   Zur Geschichte und Entwicklung der Absolutismusforschung vgl. zuletzt M a l e t t k e , Absolutismusforschung. Alle Literaturhinweise werden mit Verfassernamen und Seitenzahl bzw. einem Kurztitel zitiert. Die vollständigen Literaturangaben sind dem Literaturverzeichnis zu entnehmen.

2   Stellvertretend für viele sei nur auf Fritz H a r t u n g hingewiesen, der in seiner Verfassungsgeschichte, S. 56, die Stände folgendermaßen charakterisiert: »... die Bedeutung der Stände (ist) mehr negativ als positiv gewesen. Sie haben sich gegen Belastungen und Benachteiligungen seitens des Fürstentums gewehrt, aber sie haben nichts Neues geschaffen. Es hat ihnen in der Regel genügt, wenn sie keine Steuern zu zahlen brauchten, wenn die Beamten des Landesherrn sich nicht in ihre Gebiete eindrängen durften, überhaupt fest verpflichtet wurden, die Freiheiten des Landes zu beachten; auch das gelegentlich erlangte Recht zum Widerstande gegen jede Verletzung der Landesfreiheiten durch den Landesherrn geht darüber nicht hinaus. Selbst da, wo die Stände höhere Forderungen erhoben und durch ihre Bestimmung der fürstlichen Räte oder sonst Anteil an der Regierung erstrebten, blieb ihr Ziel mehr negativ als positiv. Sie wollten den Landesherrn beschränken, ihn an Maßregeln verhindern, die das eigene Interesse schädigen könnten; deshalb beanspruchten sie, vor dem Abschluß von Bündnissen und vor der Erklärung von Kriegen gefragt zu werden. An eine ständige Beeinflussung der Regierung dachten sie nicht; sie standen durchaus auf dem Boden der mittelalterlichen Autonomie«. »Das Ständetum litt (...) unter dem Fehlen positiver Ziele«. ebd., vgl. außerdem S. 84 ff.

3   Otto H i n t z e , Typologie der ständischen Verfassungen; d e r s ., Weltgeschichtliche Bedingungen der Repräsentativverfassung. Zu Hintzes Beschäftigung mit der landständischen Verfassung vgl. Gerhard O e s t r e i c h , Ständestaat und Ständewesen im Werk Otto Hintzes.

te, auf das Mittelalter und die frühe Neuzeit übertragen wurde[4]. Aufgrund dieser Übertragung wurde dort ein Herrscher gesucht, dessen Souveränität im Sinne des Konstitutionalismus durch eine geschriebene Verfassung und ein Parlament eingeschränkt erschien. Otto Brunner hat gezeigt, daß die Übertragung dieser Vorstellungen und Denkmuster auf die Zeit vor den großen Umwälzungen der Französischen Revolution unzulässig ist und dadurch eine strukturelle Erfassung der »alteuropäischen Gesellschaft« unmöglich gemacht wird[5].

Zahlreiche Kontroversen insbesondere mit führenden Rechtshistorikern der ersten Hälfte dieses Jahrhunderts, auf die hier nicht näher eingegangen zu werden braucht, verhinderten eine schnelle Rezeption der grundlegenden Überlegungen Brunners. So bedurfte es erst des Buches eines englischen Historikers, Francis L. Carsten[6], um die Diskussion über die deutschen Landstände und ihre Rolle erneut in Gang zu bringen. Im Gegensatz zum bis dahin herrschenden deutschen Urteil betonte er bei seinem Bemühen, die parlamentarische Tradition in Deutschland herauszustellen, die Rolle der Stände als Wächter der Freiheit und zog eine direkte Linie von den gegen den Absolutismus opponierenden Landständen zur liberalen Bewegung des 19. Jahrhunderts[7]. Die von ihm vorgenommene Aufwertung der Stände ging allerdings zu weit, weil er Vorstellungen vom heutigen Parlamentarismus unkritisch auf frühere Jahrhunderte übertrug[8]. Sein Buch

---

4   Das Problem liegt hierbei darin, daß die Historiker dieser Zeit, angefangen von Justus Möser über Georg Waitz und Georg Ludwig von Maurer bis zu Otto von Gierke, Heinrich Brunner, Karl von Amira und Georg von Below, in ihren Vorstellungen vom Staat als einzig berechtigter Instanz zur Ausübung von Herrschaft und öffentlicher Gewalt keinen Platz für die sich aus sich selbst legitimierende Herrschaft hatten, die auf allen Ebenen unterhalb der Landesherrschaft vielfach anzutreffen war. Weil solchermaßen alle diese Herrschaften nicht in ihrem »öffentlichen« Charakter, der einer Ableitung von einer höheren Instanz grundsätzlich nicht bedurfte, erkannt wurden, erschienen sie als Mißbildungen ursprünglich einheitlicher Herrschaftsverhältnisse und die Ausübung einer solchen Herrschaft lediglich als Folge eines »privaten« Eigentums an Grund und Boden. Unter diesen Voraussetzungen konnte es nicht ausbleiben, daß die genannten (und viele andere) Historiker, so unterschiedlich ihre Auffassungen im einzelnen auch waren, allesamt zu einem grundsätzlich falschen Bild der älteren Verfassung(en) kamen. Vgl. B ö c k e n f ö r d e , Verfassungsgeschichtliche Forschung, der diese Problematik sehr klar herausgearbeitet hat.

5   Vor allem sein Hauptwerk, Land und Herrschaft, bes. das 2. Kapitel, S. 111—164, sei hier genannt. Als Quintessenz des Buches vgl. auch d e r s ., Moderner Verfassungsbegriff, bes. S. 6 ff. In zahlreichen Arbeiten hat Brunner implizit und explizit darauf hingewiesen, daß das »Mittelalter« in wesentlichen Bereichen der vorindustriellen Gesellschaft bis zu den großen Umwälzungen der Französischen Revolution andauerte, z. B. in: »Feudalismus«, S. 147. Wegen der aus diesem Grunde problematischen Epochenscheide zwischen Mittelalter und Neuzeit um 1500 verwenden er und eine Reihe anderer Historiker lieber den Begriff »Alteuropa« bzw. »alteuropäische Gesellschaft« und zielen dabei auf die politischen, gesellschaftlichen und wirtschaftlichen Verhältnisse in ihrer Gesamtheit, wie sie im großen und ganzen kaum verändert zwischen dem 13./14. und dem späten 18. Jahrhundert in Europa herrschten.

6   Francis L. C a r s t e n , Princes and Parliaments; d e r s ., Die deutschen Landstände.

7   C a r s t e n , Die deutschen Landstände, S. 23.

8   Insbesondere unter Hinweis auf die unzulässige Gleichsetzung der deutschen Landstände mit dem englischen Parlament wies Peter H e r d e Carstens Urteil zurück und bekräftigte nochmals die negative Einschätzung der Stände.

2

war aber Initialzündung zu einer verstärkten Beschäftigung mit der Geschichte der landständischen Verfassung in einer Reihe von deutschen Territorien[9].

Die marxistisch-leninistische Geschichtswissenschaft hat sich dagegen kaum mit der Geschichte der Landstände befaßt[10], weil hier die Überzeugung galt, daß im Prozeß der Entwicklung vom Feudalismus zum Kapitalismus die Landstände — entsprechend den brandenburg-preußischen Verhältnissen fast ausschließlich als adelige Organisationsform angesehen — ein stärker feudalistisches Element darstellten als der demgegenüber historisch fortgeschrittenere absolutistische Staat des 17. und 18. Jahrhunderts, der als der »unter dem Zwang des Nebeneinanderbestehens von kapitalistischer und feudaler Ordnung in Europa notwendig gewordene Versuch der Umstrukturierung des veralteten Herrschaftsapparates (und) seiner Anpassung an die neuen (...) Gesetzmäßigkeiten« gewertet wird[11]. Die Stände galten daher, nach dem vorsichtig formulierten Urteil Gerhard Schilferts, zumindest als »Einrichtungen, die im Sinne der Klassen und Schichten arbeiteten, die die Träger bzw. Nutznießer des Feudalsystems waren[12]«, wenn ihre Herrschaft nicht, insbesondere in Fällen, in denen ihnen wie in Mecklenburg die Verhinderung einer absolutistischen Regierungsform gelang, als reaktionärste Form »der Diktatur der Feudalklasse« angesehen wurde[13]. Insgesamt wird daher in der marxistisch-leninistischen Geschichtswissenschaft das in den letzten drei Jahrzehnten verstärkte Bemühen der »bürgerlichen« westdeutschen Geschichtswissenschaft um die landständische Verfassung als Versuch abgetan, den politischen Realitäten der Bundesrepublik mit einem entsprechend gewandelten Bild des Absolutismus und der freiheitsbewahrenden Tradition der Landstände eine geschichtliche Grundlage und Legitimation zu geben[14]. Im Zuge einer intensiveren Erforschung der inneren Strukturen des absolutistischen Staates kommen neuer-

9 Es seien nur einige Titel für Norddeutschland genannt: H e l b i g , Fürsten und Landstände im Westen des Reiches; K i r c h h o f f , Landräte im Stift Münster; d e r s ., Landständische Schatzungen des Stifts Münster; R e n g e r , Landesherr und Landstände im Hochstift Osnabrück; L ü c k e , Landständische Verfassung im Hochstift Hildesheim; S t o r c h , Landstände des Fürstentums Calenberg-Göttingen; von R e d e n , Landständische Verfassung in Sachsen-Lauenburg; K l u e t i n g , Landstände der Herrschaft Rheda; d e r s ., Ständewesen in Limburg. Klueting bereit z. Zt. eine umfangreiche typologische Studie über das kleinterritoriale Ständewesen im westfälischen Raum vor.

10 Die Forschungsberichte von M i t t e n z w e i und L e h m a n n , Marxistische Forschung zum brandenburg-preußischen Territorialstaat, sowie von L a n g e r , L e h m a n n und M i t t e n - z w e i , Forschungen zur deutschen Geschichte, nennen außer Peter W i c k , Errichtung des Absolutismus in Mecklenburg, nur noch einen Titel von Gerhard H e i t z (siehe Anm. 13), der sich mit Problemen der landständischen Geschichte auseinandersetzt.

11 M i t t e n z w e i , Problem des aufgeklärten Absolutismus, S. 1165.
12 S c h i l f e r t , S. 113.
13 H e i t z , Bauernbewegungen und Entwicklung des Absolutismus, S. 83.
14 L e h m a n n , Wandel des Absolutismusbegriffs.

dings jedoch offenbar auch landständische Einrichtungen stärker in den Blick[15].

In der neueren bundesdeutschen Ständeforschung war allerdings eine Überschätzung des ständischen Einflusses nicht immer ausgeschlossen. Insbesondere war die Gefahr dort gegeben, wo im Zuge der Erforschung ländlicher Sozialgefüge bäuerliche Landstandschaft — entweder gemeinsam mit Adel, Prälaten und Städten oder allein als rein bäuerliche Landschaft — festgestellt wurde. Peter Blickle, der im übrigen Marksteine bei der Erforschung dieses Problemkreises gesetzt hat, ist dieser Gefahr nicht ganz entgangen; seiner Untersuchung über »Landschaften im alten Reich« gab er den Untertitel »Die staatliche Funktion des gemeinen Mannes[16]«. Seine am Ende des Buches aufgestellte Gleichung »Herrschaft + Landschaft = Staat[17]« geht nämlich so nicht auf; das, was den Staat damaliger Zeit ausmacht, wird durch die von Blickle untersuchten Landschaften, mit wenigen Ausnahmen rein bäuerliche Vertretungen, nur zum geringsten Teil erfaßt[18]. Diese Formel wird aber vor allem deshalb problematisch, weil gerade der bei Blickle im Vordergrund stehende Südwesten des Reiches mit seiner territorialen Aufsplitterung in einem eher vorstaatlichen Zustand verharrte.

Mit dem Wort *Staat* ist indessen der Schlüsselbegriff der Ständegeschichte gefallen. Rührte doch die negative Beurteilung in der älteren Historiographie daher, daß sie die Wurzeln des modernen Staates allein bei den Fürsten suchte und die Dynamik in der Entwicklung zum National- bzw. zum modernen souveränen Staat auf die Aktivität der Landesherrschaften zurückführte. Die Leistung oder Nichtleistung der Stände für die Herausbildung des modernen Staates war daher der entscheidende Maßstab. Angesichts der Kritik, die Carsten gegen die herrschende Beurteilung vorgebracht hatte, hat Gerhard Oestreich seiner Darstellung, die ebenfalls die politische Leistung der Fürsten einseitig betonte[19], teilweise revidiert und ist, indem er den Prozeß der Bildung des deutschen Territorialstaats zeit-

15 C z o k , Charakter des Territorialstaates, der allerdings, S. 936, den Ständen strikt jeden Repräsentationscharakter abspricht und davon, Anm. 61, auch Formen bäuerlicher Landstandschaft nicht ausnimmt; V e t t e r , Stände im absolutistischen Preußen.

16 B l i c k l e , Landschaften im alten Reich.

17 ebenda, S. 565.

18 Vgl. zu Blickles Buch vor allem P r e s s , Herrschaft, Landschaft und »Gemeiner Mann«, bes. S. 182 f., 210 und 214. Eine der wichtigsten Funktionen der (bäuerlichen) Landschaften lag danach gerade in der »Gewährleistung das unterschiedlichen Gründen sich allein nicht tragenden Herrschaft«, S. 210. Vgl. auch d e r s ., Steuern, Kredit und Repräsentation. — Geldbeschaffung, Schuldentilgung und Kreditsicherung des Landesherrn mit dem Kredit der Landschaft, das waren die wichtigsten Funktionen solcher städtisch-bäuerlichen Landschaften bis weit ins 17. Jahrhundert hinein, d. h. solange es für die vorabsolutistische Landesherrschaft keine legitime Möglichkeit gab, auf das Eigentum der Untertanen direkt zurückzugreifen; erst der absolutistische Polizeistaat des 17./18. Jahrhunderts konnte hier andere Wege beschreiten, vgl. d e r s ., Die Landschaft aller Grafen von Solms.

19 O e s t r e i c h , Verfassungsgeschichte (1955), bes. S. 342 ff., 353 und 363 f.

4

lich in drei Phasen — die Vor- oder Frühform eines dualistischen politischen Verbandes im 14./15. Jahrhundert, den »Finanzstaat« des 16. Jahrhunderts als erste und den Militär-, Wirtschafts- und Verwaltungsstaat des 17./18. Jahrhunderts als zweite Stufe des frühneuzeitlichen Staates — teilt und diesen Prozeß jeweils auf der Ebene der zentralen Landesverwaltung, der lokalen fürstlichen Bezirkseinteilung (Ämter) und der Ebene der mediaten Adels- und Ständeherrschaften betrachtet, zu einem entsprechend differenzierten Urteil über die deutschen Landstände gekommen. Das Urteil über die Leistung der Stände in der letzten Phase fällt jedoch weiterhin negativ aus[20]. Das liegt vor allem daran, daß Oestreich die Probleme »Ständetum und Staatsbildung« nach wie vor in einen engen Zusammenhang bringt. Nun soll nicht geleugnet werden, daß etwa die Entwicklung, die Brandenburg-Preußen seit dem 17. Jahrhundert genommen hat, vor allem ein Werk seiner Landesherren war und daß von diesem Blickwinkel aus der Anteil der Stände an der Staatsbildung äußerst gering und ihre Politik, gemessen an der ihrer Landesherren, scheuklappenhaft erscheinen kann. Eine solche Sichtweise hat jedoch einige grundlegende Mängel:
Sie übersieht, um beim Beispiel der hohenzollerschen Monarchie zu bleiben, daß es nicht »die« preußischen Stände gegeben hat, sondern nur die Stände der Einzelterritorien, aus denen der Gesamtkomplex Preußen bestand. Den einzelnen Ständen daher etwa mangelndes »Gesamtstaatsinteresse« vorzuwerfen, zielt völlig an ihrer Aufgabe, ihrer Funktion und ihrem Selbstverständnis vorbei[21], ganz abgesehen davon, daß ein solches »Gesamtstaatsinteresse« auch vor dem Hintergrund des Wissens um den tatsächlichen Verlauf der Geschichte kaum zu bestimmen ist.
Aber noch ein gewichtigerer Mangel muß gesehen werden: In der Form, in der Gerhard Oestreich z. B. die Frage nach dem Anteil der Stände an der Staatsbildung in Deutschland gestellt hat, scheint sie ganz offenbar falsch, weil zu allgemein, gestellt. Kann sie für Brandenburg-Preußen, die Habsburger Monarchie, für Bayern oder einige andere größere Territorien noch hingenommen werden, weil von hier tatsächlich Impulse zur Entstehung des neuzeitlichen Staates ausgegangen sind, so muß sie für den überwiegenden Teil des Heiligen Römischen Reiches Deutscher Nation als irrelevant abgetan werden. Von den vielen kleinen Fürstentümern und Grafschaften, geistlichen und weltlichen Herrschaften, Klein- und Kleinstterritorien führt kein Weg zum modernen Staat. Hier kann nicht mehr von einem weiterschauenden Blick der Landesherrschaft gesprochen werden; ihre Politik war nicht weniger beschränkt als die der Stände, mit dem einzigen Unterschied, daß sie für sich in Anspruch nahm, die wahre salus publica zu ver-

---

20   O e s t r e i c h , Ständetum und Staatsbildung, bes. S. 279 und 287 ff. Auch seine überarbeitete Verfassungsgeschichte (1970), bes. S. 400—403, trägt der geänderten Beurteilung Rechnung.

21   G e r h a r d , Regionalismus und ständisches Wesen.

treten. Womit dem Interesse des ganzen Landes aber wirklich gedient war, ist eine Frage, die nur von Fall zu Fall und nach sorgfältiger Prüfung aller Umstände entschieden werden kann. Eine angemessene Beurteilung der Rolle und Leistung der Deutschen Landstände ist also nur über eingehende Strukturanalysen der altständischen Gesellschaft und mit ihr gemäßen Fragestellungen zu erreichen[22], nicht aber mit einer so allgemeinen Gegenüberstellung von Ständetum und Staatsbildung.

Auf dem 1964 vom Max-Planck-Institut für Geschichte in Göttingen veranstalteten Kolloquium zur Ständegeschichte Deutschlands und Europas in der frühen Neuzeit hat Günter Birtsch in seinem Referat einige wichtige Aspekte für die Forschung vorgetragen. Unter Hinweis auf das als Gegengewicht zum »Statutum in favorem principum« erlassene Reichsweistum König Heinrichs VII. vom 1. Mai 1231, das neue Rechtssatzungen und Gesetze in den Territorien der Reichsstände an die Zustimmung der »meliores et maiores terrae« band, und unter Bezugnahme auf die mittelalterliche Auffassung, daß die Wahrung des guten alten Rechts, also der Rechtsordnung insgesamt, über allem zu stehen habe, formulierte er drei Grundsätze, die das Selbstverständnis der Stände treffend herausstellen und den Schlüssel zur angemessenen Untersuchung ihrer Geschichte enthalten[23].

»1. Alle wohlerworbenen Rechte (iura quaesita) sind prinzipiell unantastbar.

2. Der Landesherr bleibt, selbst unter dem Recht stehend, in seiner »Gesetzgebung« konsensgebunden (im weitesten Sinne)[24].

3. Ein begrenzter Kreis Konsensberechtigter hat das Recht der Mitwirkung bei neuen Rechtsordnungen und Gesetzen.«

Diese drei Grundsätze behielten, im Laufe der Zeit zwar vielfach modifiziert, bis ins 18. Jahrhundert ihre Geltung. Die in ihnen formulierten »Spielregeln« waren nicht nur Leitsätze für das Handeln der Stände, sondern sie wurden im Prinzip auch von den Landesherren akzeptiert; die Rechtsprechung des Reiches hat ihre Einhaltung oft mit Erfolg durchgesetzt. Erst wer sich das klar macht, hat einen Zugang zur altständischen Gesellschaft gefunden. Eine Untersuchung der ständischen Wirksamkeit muß sich daher im Rahmen ihrer ureigenen Bezüge und Möglichkeiten bewegen. Nur auf dieser Basis kann die Leistung oder Nichtleistung der Stände für den konkreten Staat ihrer Zeit angemessen beurteilt werden. Es könnte sich dann herausstellen, daß die Landstände als Strukturelement

---

22 Vgl. dazu auch M o r a w und P r e s s , Sozial- und Verfassungsgeschichte, bes. S. 96 f.: »Nicht in erster Linie die Frage nach dem versäumten Nationalstaat oder nach der Unvollkommenheit der Institutionen des Reiches vor der Folie des modernen Gemeinwesens, sondern die Frage nach spezifisch alteuropäischen formellen und informellen Fügungen verschiedener Art scheint angemessen zu sein«.

23 B i r t s c h , S. 46.

24 Anführungszeichen und Klammerzusatz vom Verfasser.

Alteuropas[25] eine wichtige Aufgabe lange erfüllt haben. Erst als die beginnende Industrialisierung die Gesellschaft völlig umzuformen begann, wurde die landständische Verfassung überflüssig und sogar entwicklungshemmend[26]. Daß ihr Fortbestand, wie etwa in Mecklenburg bis 1918, ein Anachronismus ohnegleichen war, braucht nicht eigens betont zu werden, aber für die Beurteilung ständischer Leistung in der frühen Neuzeit kann das kein Ausgangspunkt sein.

II.

Was über die deutsche Historiographie und ihr Urteil über die Rolle der Stände im allgemeinen zu sagen war, gilt für Ostfriesland im besonderen. Obwohl die Stände sich hier eine der am weitesten gehenden ständischen Verfassungen in Deutschland geschaffen hatten und obwohl die Ostfriesische Landschaft — mit längst geänderten Funktionen — bis heute besteht, hat sie in der Vergangenheit nur wenig zur Erforschung ihrer eigenen Geschichte getan. Lediglich Carl Hinrichs' 1927 erschienene Dissertation, die den Übergang Ostfrieslands an Preußen 1744 und das Verhältnis zwischen den ostfriesischen Ständen und ihrem neuen Herrscher in diesen Jahren des Machtwechsels behandelt, enthält als Eingangskapitel einen »Abriß einer Sozial-, Wirtschafts- und Verfassungsgeschichte Ostfrieslands bis 1744[27]«, in dem in Kürze eine allerdings nicht auf Aktenstudien beruhende Darstellung der Geschichte der ostfriesischen Landstände gegeben wird. Im Sinne seiner Zeit fiel das Urteil über die Stände äußerst negativ aus. Das Material hierzu konnte er den unzähligen Anmerkungen entnehmen, die der fürstlich-ostfriesische Kanzler Enno-Rudolph Brenneysen in seinem 1720 erschienenen zweibändigen Werk »Ost-Friesische Historie und Landes-Verfassung[28]« den dort abgedruckten Urkunden und Verträgen angefügt hatte. Brenneysen war ein leidenschaftlicher Verfechter landesherrlichen Anspruchs auf eine von den Landständen in keiner Weise beeinträchtigte Obrigkeit. Die Herausgabe dieses Buches war ein Teil seiner Bemühungen, ein solches absolutistisches Regiment auch in Ostfriesland durchzusetzen. Daß daher die darin enthaltenen Verurteilungen ständischen Handelns nur nach sorgsamer Prüfung übernommen werden dürfen, versteht sich von selbst. Der erste Teil von Hinrichs' Arbeit ist deswegen in wesentlichen Tei-

25   Siehe oben Anm. 5.
26   Die nach 1815 wiedereingeführte landständische Verfassung hat mit der bis zum Ende des alten Reiches bestehenden nur den Namen gemeinsam und gehört nicht in diesen Zusammenhang, vgl. zuletzt W u n d e r , Landstände und Rechtsstaat.
27   H i n r i c h s , Landstände, S. 9—84.
28   Enno Rudolph B r e n n e y s e n , Ost-Friesische Historie und Landes-Verfassung, 2 Bände.

len kaum brauchbar; dennoch sind seine Urteile bis in die jüngste Zeit unkritisch rezipiert worden[29].

Erst vor einigen Jahren hat eine intensive Erforschung der ostfriesischen Ständegeschichte eingesetzt. Harm Wiemann, einer der besten Kenner Ostfrieslands, hat sich dieser Aufgabe unterzogen. Einige Aufsätze[30] sowie die Edition der wichtigsten Landesverträge, versehen mit einer umfangreichen Einleitung[31], sind die bisherige Frucht seiner Forschungen. Voraussichtlich 1981 wird der erste Band einer umfassenden Ständegeschichte Ostfrieslands, vorerst bis 1654 reichend, erscheinen, in der er viele bisherige Wertungen gründlich korrigieren wird. Die erst nach Abschluß der vorliegenden Arbeit erschienene Dissertation von Gerfried Engelberg, der eine Bestandsaufnahme der landständischen Verfassung am Ende des 18. Jahrhunderts vorzunehmen versucht, leidet nicht nur unter einer zu geringen Quellenbasis, sondern auch unter oft einseitig juristischer Sicht der Probleme[32].

Eine der auffälligsten Erscheinungen in der an inneren Auseinandersetzungen nicht eben armen ostfriesischen Geschichte ist neben den bewegten Jahren Ende des 16./Anfang des 17. Jahrhunderts ein Streit zwischen Landesherrschaft und Landständen im zweiten und dritten Jahrzehnt des 18. Jahrhunderts. Dieser Konflikt steht in seiner Art nicht allein in der Geschichte dieser Zeit. Unter dem Einfluß einer Staatstheorie, die den Absolutismus, etwa brandenburg-preußischer Prägung, favorisierte, setzte in der ersten Hälfte des 18. Jahrhunderts eine Serie von Versuchen ein, die Territorien, die ihre landständische Verfassung noch wirksam bewahrt hatten, nach dem Vorbild bereits bestehender absolutistischer Regimente, z. B. Frankreichs oder Preußens, umzuformen, so in Mecklenburg verschärft seit 1713 unter Herzog Karl Leopold, fast gleichzeitig in Ostfriesland und nur wenige Jahre später in Württemberg unter Herzog Karl Alexander. Initiator der ostfriesischen Auseinandersetzung war der schon erwähnte Kanzler Enno-Rudolph Brenneysen; der Freiherr Heinrich Bernhard von dem Appelle war als wichtigster Führer der Stände sein Gegenspieler. Der schließlich in offene Gewalt mündende Konflikt wurde schon wenig später,

29 So etwa B e r g h a u s , Verfassungsgeschichte der Ostfriesischen Landschaft, der nicht nur Hinrichs' Urteile übernimmt, sondern sie durch Verkürzung noch erheblich verschärft. Diese Arbeit leidet im übrigen nicht nur daran, daß ein viel zu langer Zeitraum (hohes Mittelalter bis 1951) behandelt wird, sondern vor allem daran, daß ihrem Verfasser vielfach die Kenntnis der historischen Zusammenhänge und jegliches historisches Vorstellungsvermögen fehlen. S i e b e r t , Deichwesen, spricht auf S. 97 im Zusammenhang mit der ständischen Finanzverwaltung der fürstlichen Zeit sogar von »Nachweisen«, die Hinrichs geführt habe. Davon kann für die Zeit vor 1744 keine Rede sein.

30 W i e m a n n , Das Reich, die Niederlande, der Graf und die Stände Ostfrieslands 1595—1603; d e r s ., Probleme der Ständegeschichte in Ostfriesland.

31 W i e m a n n , Grundlagen.

32 E n g e l b e r g , Ständerechte im Verfassungsstaat. Vgl. dazu K a p p e l h o f f , Die ostfriesischen Landstände im Übergang vom Ancien Régime zur konstitutionellen Verfassung.

zuerst vom Volksmund, nach ihm »Appelle-Krieg« genannt.

Dieser Kampf bietet sich in besonderem Maße für eine eingehende Erforschung und Darstellung[33] an, ist hier doch, nicht zuletzt aufgrund eines fast überreichen Quellenmaterials, die Möglichkeit gegeben, gemäß den oben angestellten Erwägungen auf der Grundlage von Strukturanalysen einer in Ostfriesland besonders breiten ständisch berechtigten und bewußten Bevölkerung und nach Analysen von Funktion und Wirksamkeit der Stände in den verschiedensten Bereichen eine solche Darstellung des gesamten Streites zu geben, daß damit ein sozialgeschichtlich fundierter Beitrag zur ostfriesischen Ständegeschichte geleistet wird.

Die folgende Untersuchung will diese Aufgabe übernehmen und in der Analyse und Darstellung des »Appelle-Krieges« die Kräfte zeigen, die in der altständischen Gesellschaft wirksam waren; in einem Territorium, in dem die Durchsetzung eines absolutistischen Regiments mißlang, sind sie besonders gut zu erfassen. Mit dieser Arbeit wird es schließlich möglich sein, zu einem gerechten Urteil über die ostfriesischen Landstände und ihre politische Leistung im ersten Drittel des 18. Jahrhunderts zu kommen.

---

33 Unsere Kenntnis vom »Appelle-Krieg« beruht bisher fast ausschließlich auf der Darstellung, die W i a r d a im Rahmen seiner zehnbändigen Ostfriesischen Geschichte in Band VII, behandelnd die Zeit von 1714 bis 1734, gegeben hat. Wo der »Appelle-Krieg« im Rahmen anderer Darstellungen behandelt wird, liegt immer Wiarda zugrunde, von einigen kleinen Ergänzungen abgesehen, so bei K l o p p , S. 484—559, R e i m e r s , Ostfriesland, S. 249—256, und S c h m i d t , Politische Geschichte, S. 309—328.

Erster Hauptteil

Die landständische Verfassung in Ostfriesland und die Entwicklung der Landesstreitigkeiten bis 1725

A: Systematischer Abschnitt
1. Die Herausbildung der landständischen Verfassung im 16. Jahrhundert

Der Schlüssel zum Verständnis der Stellung der ostfriesischen Stände liegt in den Besonderheiten der Herausbildung der Landesherrschaft in diesem Territorium. Erst 1464 gelang es dem Häuptling Ulrich Cirksena, sich seine bis dahin errungene Stellung durch die Belehnung mit dem noch nicht eindeutig in seinen Grenzen definierten Ostfriesland und die Erhebung seines Geschlechts in den Grafenstand reichsrechtlich sanktionieren zu lassen. Davor lag eine über hundertjährige Phase äußerst verwickelter Verhältnisse, in der nach und nach aus einer großbäuerlichen Schicht, vor allem in der fruchtbaren und daher reicheren Marsch, Dorfhäuptlinge herausgewachsen waren. Aus deren Konkurrenz untereinander waren im Laufe der Zeit einige wenige größere Häuptlinge hervorgegangen, die sich schließlich dem Geschlecht der Cirksena unterordnen mußten[1]. Dieser Prozeß bedingte aber eine von Beginn an eingeschränktere Stellung der Landesherrschaft, als sie anderswo üblich war. Die Häuptlinge behaupteten in ihren Herrlichkeiten[2], soweit sie rechtzeitig »Vasallen[3]« der Cirksena geworden waren, eine weitgehende Autonomie. Auch die Bauern konnten sich z. T. in einer ziemlich selbständigen Stellung halten; insbesondere war das auf der Marsch der Fall, wo ein sozialer und ständischer Unterschied zwischen Bauern und Adel nur mit fließenden Grenzen bestand. Auf der viel ärmeren Geest hatte sich dagegen kaum ein Adel entwickelt.

Die Anfänge einer landständischen Verfassung verlieren sich weitgehend im Dunkel der Geschichte; wieweit im einzelnen ständische Mitwirkung in der Frühzeit der Cirksena als Landesherren ging und ob eine kontinuierliche Linie von der »meene meente« der Häuptlingszeit bis zu den ersten

---

1   Eine ausgezeichnete Untersuchung dieser allmählichen Herausbildung einer Landesherrschaft hat van L e n g e n , Geschichte des Emsigerlandes vorgelegt. Mehr überblickartig S c h m i d t , Politische Geschichte, S. 62 ff.

2   Herrlichkeit ist die in Ostfriesland übliche Benennung einer adeligen Herrschaft.

3   S c h m i d t , Politische Geschichte, S. 162, hat zu Recht betont, daß die Kategorien und Begriffe des Lehnwesens nur die »juristische Hilfskonstruktion für eine Beziehung (waren), die in Wahrheit auf den Gegebenheiten der Macht und politischer Berechnung beruhte«.

Landtagen des 16. Jahrhunderts mit bäuerlicher Beteiligung zu ziehen ist, ist hier nicht zu erörtern. Harm Wiemann wird all diesen Fragen und Problemen in seiner Ständegeschichte genauestens nachgehen[4]. Deutlich ist jedenfalls in der ersten Hälfte des 16. Jahrhunderts ein Zunehmen ständischer Aktivitäten festzustellen, das einerseits in politischen und finanziellen Krisen der Landesherrschaft[5], andererseits in Problemen des Hauses Cirksena selbst[6] begründet liegt. Dazu hatte es Graf Enno II. versäumt bzw. war dazu nicht in der Lage gewesen, die Reformation einheitlich und zum Nutzen der Landesherrschaft zu lenken. Eine Phase mit geradezu liberalem laissez faire an ihrem Beginn bewirkte, erst allmählich im Laufe des 16. Jahrhunderts sichtbar werdend, eine dauernde konfessionelle Zweigliedrigkeit Ostfrieslands[7]. Seit Graf Edzards II. Eheschließung mit der schwedischen Wasaprinzessin Katharina (1559) standen sich orthodox-lutherische Landesherrschaft mit einem Teil des Landes einerseits, wichtige Mitglieder des Adels, die Stadt Emden sowie fast der gesamte reiche Westen Ostfrieslands als Anhänger Calvins andererseits gegenüber. Von ausschlaggebender Bedeutung allerdings wurde das zeitliche Zusammentreffen eines langanhaltenden Wirtschaftsbooms, ausgelöst und gefördert durch eine Reihe das neutrale Ostfriesland begünstigende europäische Konstellationen, insbesondere den niederländischen Unabhängigkeitskrieg gegen Spanien seit 1566, mit dem Erbfolgestreit der gemeinsam mit Ostfriesland belehnten Grafenbrüder Edzard II. und Johann; seit 1570 schwebte deswegen ein Prozeß vor den Reichsgewalten. Da keiner der Brüder dem andern etwas nachgab und einer des andern Regiment zugunsten des eigenen zu unterhöhlen suchte, griff eine immer stärker werdende Willkür in der Landesregierung um sich, bis schließlich der Streit durch Teilung Ostfrieslands bis zum Tode des kinderlosen Johann, 1591, halbwegs beigelegt wurde.

Die aus der gegenseitigen Konkurrenz erwachsenen Rechtsbrüche und -unsicherheiten ließen die Stände eine umfassendere Aktivität entwickeln, als nur auf der bloßen Behauptung der Landesfreiheiten zu bestehen.

---

4   Vgl. oben S. 8. Der folgende Abriß der Ständegeschichte und der ständischen Verfassung kann daher allgemein bleiben.

5   Hier ist an z. B. die »Sächsische Fehde« 1514—1517, in der Graf Edzard I. (der »Große«) um den Bestand seiner Landesherrschaft kämpfen mußte, zu erinnern, vgl. S c h m i d t , Politische Geschichte, S. 136 ff.

6   Hier sind vor allem Erbfolgestreitigkeiten zu nennen: Trotz des Testamentes Graf Edzards I., das seinen Sohn Enno II. zum alleinigen Herrscher einsetzte, behauptete dessen Bruder Johann einen Anteil an der Regierung, den er sich erst für schweres Geld abkaufen ließ; dazu kam der frühe Tod Ennos (1540), der sowohl Graf Johann als auch den Ständen Gelegenheit gab, sich seiner Witwe und ihren unmündigen Kindern gegenüber stärker zu profilieren, vgl. S c h m i d t , Politische Geschichte, S. 175 f.

7   S c h m i d t , Politische Geschichte, S. 170 ff., dort auch das folgende; K a p p e l h o f f , Die Reformation in Emden, 2 Teile; S c h i l l i n g , Reformation und Bürgerfreiheit; S m i d , Kirche zwischen Burg und Rathaus.

Schon 1553 im Zusammenhang mit einer Geldforderung für die Ausstattung einer landesherrlichen Tochter hatte der zahlenmäßig nur kleine Adel eine Verbreiterung der ständischen Basis durch Zuziehung der Eigenerfden, d. h. der Bauern, und der drei Städte Emden, Norden und Aurich in die Wege geleitet. Damit waren die Weichen für die weitere Entwicklung gestellt, denn von hier sollten die entscheidenden Impulse der Zukunft ausgehen. Die im Chaos der gegeneinander regierenden Brüder auftretenden Mißstände gaben Anlaß zu Klagen und Gravamina, die die Stände bei verschiedenen zur Schlichtung der Streitigkeiten im Lande weilenden kaiserlichen Kommissionen vorbrachten, im wesentlichen mit Erfolg, so z. B. bei der Forderung nach Einrichtung eines Hofgerichts neben der gräflichen Kanzlei. Zahlreiche Neuerungen auf dem Lande, die Graf Edzard mit dem Ziel betrieb, seine Einkünfte zu steigern und sich von ständischer Geldbewilligung unabhängig zu halten, riefen zunehmende Unruhe hervor und veranlaßten die Hausleute, ihre Beschwerden auf den Landtagen vorzubringen und ihre Rechtspositionen zu verteidigen. Sie trafen dort auf den Willen Emdens zu größerer politischer Einflußnahme, Konsequenz des kometenhaften Aufstiegs dieser Stadt, die in den 1570er Jahren vorübergehend die größte Handelsflotte Europas beherbergt und als Folge davon einen bedeutenden Eigenhandel entwickelt hatte. Dieses enorme Selbstbewußtsein Emdens, des Adels und der führenden Marschbauern, verstärkt durch den Konfessionsgegensatz zur Landesherrschaft, rieb sich immer stärker mit einem bei Graf Edzard zutage tretenden auf lutherischer Orthodoxie fußenden betont obrigkeitlichen Herrschaftsbewußtsein.

Hatten auch die kaiserlichen Kommissionen eine Reihe von Klagen zugunsten der Stände entschieden, so war das Problem der Durchsetzung dieser Entscheidungen gegen eine sich sträubende Landesherrschaft noch nicht gelöst. Edzard akzeptierte diese Sprüche nicht; sie widersprachen seiner Auffassung von der Stellung eines Landesherrn. Wo allerdings eine Obrigkeit — im Gegensatz zur Rechtsauffassung des Mittelalters — für sich in Anspruch nahm, allein zu entscheiden, was Recht war und was nicht, da war eine Situation gegeben, in der die Stände, wollten sie nicht kampflos das Feld räumen, ein Widerstandsrecht praktizieren mußten, das über das mittelalterliche weit hinaus ging: »Bodin oder Althusius heißt nun die Parole«, deutet Otto Brunner am Ende seines Buches die Alternative an[8], vor der jetzt auch die ostfriesischen Stände standen und sie zwang, zur

8   B r u n n e r , Land und Herrschaft, S. 439. O e s t r e i c h , Vom Herrschaftsvertrag zur Verfassungsurkunde, bes. S. 51 ff., hat deutlich gemacht, daß es in den Verträgen seit Ende des 16. Jahrhunderts um mehr ging als in den früheren Herrschaftsverträgen. Jetzt ging es darum, das gesamte Herrschaftssystem, Regierung und ständisches Parlament, in fast allen Bereichen zu fixieren und die jeweiligen Rechte und Einflußmöglichkeiten festzuschreiben. Verfassungsurkunde, Fundamentalgesetz u. ä. wurden diese Verträge daher genannt, auch in Ostfriesland.

Legitimierung ihres Handelns eigene Souveränitätsrechte in Anspruch zu nehmen.

Der niederländische Unabhängigkeitskrieg gegen Spanien und das niederländische Interesse an einem spanienfreien Ostfriesland kam den Ständen zugute: Gegen einen mehr oder weniger offen mit Spanien sympathisierenden Landesherrn[9] fanden die Stände weitgehende Unterstützung durch die Generalstaaten, denen an einer dadurch möglichen Beeinflussung der ostfriesischen Verhältnisse sehr gelegen war.

Die sogenannte »Emder Revolution« vom 18. März 1595 leitete eine Phase höchster Unruhe ein, in der sich die Stadt Emden eine weitgehend autonome Stellung schuf und die Stände sich in einer Reihe von Verträgen eine landständische Verfassung ertrotzten, die im Heiligen Römischen Reich Deutscher Nation ihresgleichen suchte. Der Vertrag von Delfzijl vom 15. Juli 1595, von den Generalstaaten vermittelt, sicherte Emden das Erreichte und gab der Stadt damit die Möglichkeit, im Laufe der Zeit führend in der ständischen Bewegung zu werden. Mit der Kaiserlichen Resolution vom 13. Oktober 1597, den Konkordaten vom 7. November 1599, dem Haagischen Vergleich vom 8. April 1603 und dem Osterhuser Akkord vom 21. Mai 1611[10] sowie verschiedenen Landtagsabschieden seit 1588 wurde das Verhältnis zwischen beiden Seiten in immer mehr Einzelheiten geregelt und wurden die wichtigsten ständischen Forderungen erfüllt: Errichtung des Hofgerichts, Übertragung der gesamten Steuererhebung und -verwaltung auf ein Administratorenkollegium, das aus je zwei Mitgliedern der drei Stände bestand, mit Sitz in Emden und fast völlig unabhängig vom Landesherren, Verbot von Neuerungen, Reduzierung und Fixierung aller Abgaben und Dienste der Bauern und deren weitgehende Ablösung durch Geld und schließlich die Errichtung einer in Emden stationierten ständischen Truppe von 600—700 Mann. Die Generalstaaten bekamen das Recht, in der Festung Leerort und in Emden Garnisonen zu halten, außerdem übernahmen sie die Garantie der Landesverträge, wodurch das Verhältnis zwischen Landesherrschaft und Ständen zugunsten der letzteren stabilisiert wurde. Der Westen des Landes behauptete endgültig sein reformiertes Bekenntnis, in Emden wurde es sogar zum allein öffentlich geduldeten Glauben. Johannes Althusius, der auf dem Calvinismus, wenn auch nicht auf ihm allein, fußende Staatstheoretiker, der von 1604 bis zu seinem Tode 1638 Emder Stadtsyndikus war, hat an dieser Politik erheblichen Anteil gehabt, und die Stände waren durch seine Fähigkeiten in der Lage, der

---

9   W i e m a n n , Geheimvertrag.
10   Diese 5 Verträge sind in der vorzüglichen Edition bei W i e m a n n n , Grundlagen, jetzt leicht zugänglich. Alle weiteren Landesverträge und zur Landesverfassung gerechneten Landtagsabschiede sind dagegen nur bei B r e n n e y s e n , Bd. II, gedruckt. Wegen gelegentlicher Abweichungen in der Paragraphenzählung werden die genannten 5 Verträge jedoch zusätzlich nach Brenneysen zitiert.

Landesherrschaft und ihren Kanzlern einen in juristischen Finessen mindestens gleichwertigen Verhandlungspartner entgegenzusetzen[11].

Hinrichs hat den Osterhuser Akkord die Magna Charta Ostfrieslands genannt und betont, die landständische Verfassung sei damit abgeschlossen und die ständische Gesellschaft am Ziel ihrer Wünsche gewesen[12]. Davon kann in dieser Form keine Rede sein; bei den späteren Landesstreitigkeiten spielte der Osterhuser Akkord in der Argumentation nicht die entscheidende Rolle, und die Ende des 16. Jahrhunderts begonnene Auseinandersetzung zog sich ununterbrochen bis weit ins 17. Jahrhundert hin.

2. Das Verhältnis der Stände zur Landesherrschaft während des 17. Jahrhunderts

Kennzeichen der gesamten Geschichte Ostfrieslands bis zum Anfall an Preußen (1744) bleibt der trotz aller Einschränkungen und Verträge aufrechterhaltene Anspruch des Hauses Cirksena auf eine von den Ständen unabhängige und unbeeinflußte Stellung als Landesherrschaft. Mit der ihm eigenen Schärfe hat Hinrichs die Verhältnisse im Ostfriesland des 17. Jahrhunderts beurteilt: »Seine (d. h. Ostfrieslands) ganze weitere Geschichte bis zum Übergang an Preußen ist eine einzige Kette der kleinlichsten, zuchtlosesten und ekelhaftesten (...) Zänkereien, in deren widerwärtigen Aktenwust einzudringen nicht lohnen kann[13]«. Eine solche Beurteilung hat nicht nur, wie eingangs dargelegt, ihre Wurzeln in einem Staats- und Verfassungsverständnis des 19. Jahrhunderts und kann daher den altständischen Verhältnissen von vornherein nicht gerecht werden, ein solch hochmütig abqualifizierender Verzicht auf eingehende Aktenstudien verbaut auch jeden Zugang zur richtigen Gewichtung der Ereignisse des 17. und 18. Jahrhunderts.

Nachdem in den Jahren nach 1611 vor allem das Landtagsrecht im ständischen Sinne weiter konkretisiert sowie Stellung, Aufgaben und Rechte des Administratorenkollegiums auf breiterer Basis festgeschrieben worden waren und nachdem sich allmählich ein festes Steuersystem mit einer kombinierten Kapital- und Personalschatzung als direkter und einer Akzise auf Branntwein, Bier, Brot etc. als indirekter Steuer entwickelt hatte, begann unter dem Druck der Verhältnisse des Dreißigjährigen Krieges, in dem das als reich geltende Ostfriesland unter jahrelangen Einquartierungen zu lei-

---

11   Zu Althusius in Emden siehe vor allem die Arbeit von A n t h o l z . Wiemann wird das dort zu isoliert auf Emden bezogene und zu wenig die Stände insgesamt berücksichtigende Althusiusbild korrigieren und wesentlich ergänzen.

12   H i n r i c h s , Landstände, S. 46 ff.

13   ebenda, S. 53.

den hatte, eine Phase relativer Ruhe in der inneren Entwicklung, denn die enormen Lasten der fremden Truppen aufzubringen waren nur die Stände in der Lage; die Landesherrschaft, die zudem mehrfach in den Händen schwacher Persönlichkeiten lag, mußte notgedrungen stillhalten. Die Last der Einquartierungen ist auch verantwortlich dafür, daß für Neuentwicklungen und Verbesserungen in Verwaltung und Landeswohlfahrt die Mittel fehlten[14].

Streitigkeiten wurden vorläufig weiter durch Vermittlung der Generalstaaten beigelegt — selbstverständliche Folgen der Machtkonstellation in diesem Winkel Europas, die es den Staaten geraten erscheinen ließ, sich der ostfriesischen Innenpolitik besonders anzunehmen. Zu Recht hat deshalb Harm Wiemann Ostfriesland ein Protektorat der Niederlande genannt[15]. So fiel den Generalstaaten auch in dem 1660 mit jäher Schärfe wiederauflebenden Konflikt zwischen Landesherrschaft und Landständen die Vermittlerrolle zu[16]. Ausgehend von Problemen der ständischen Schuldentilgung, gelang es dem damaligen Kanzler Höpfner, innerständische Gegensätze für landesherrliche Ziele auszunutzen und die Stände über die Propagierung eines niedrigeren als gerade auf dem Landtag festgesetzten Steuersatzes zu spalten: Emden, die reformierten Marschämter und das Gros des Adels standen in Opposition zur Landesherrschaft und den lutherischen Geestämtern, in denen allein eine landesherrliche Autorität unmittelbar wirksam werden konnte. Bis an den Rand des Bürgerkriegs ging damals die Auseinandersetzung, und der in der Spaltung sichtbar werdende Unterschied zwischen Marsch und Geest, reformiert und lutherisch, selbstbewußt und autoritätsgläubig, renitent und gehorsam, reich und arm, ist ein in Ausläufern bis in dieses Jahrhundert wirksamer Grundzug ostfriesischer Geschichte. Er wird im einzelnen noch zu analysieren sein[17]. In langwierigen Verhandlungen wurde schließlich in drei Verträgen, dem Haagischen Vergleich vom 15. Juni 1662, dem Emdischen Vergleich vom 18. November 1662 und dem Finalrezeß vom 4. Oktober 1663[18], der Streit beigelegt. Diese Verträge brachten nichts grundsätzlich Neues gegenüber dem, was in den bisherigen Akkorden enthalten war, sie präzisierten aber vieles, was vorher wegen nicht genügender Deutlichkeit unterschiedlich ausgelegt werden konnte[19]. Insbesondere zogen die Stände die Lehren aus der Spaltung und

---

14 W i e m a n n , Probleme der Ständegeschichte, S. 92 ff., hat einmal alle Besatzungen im 17. Jahrhundert zusammengestellt, woraus sich die bis an die Substanz gehende Belastung für das Land ergibt.

15 ebenda, S. 71.

16 Vgl. hierzu S c h m i d t , Politische Geschichte, S. 282 ff.

17 Siehe unten S. 33 ff.; erst die wirtschaftliche Angleichung der Geest an die Marsch durch die modernen landwirtschaftlichen Methoden hat diesen Unterschied aufgehoben.

18 Diese drei Verträge bei B r e n n e y s e n II, S. 750—913.

19 Wie die Vorgeschichte des »Appelle-Krieges« zeigt, schützte das Bemühen um Präzisierung nicht vor weiterer gegensätzlicher Auslegung der Landesverträge, s. u. S. 76 ff.

drangen auf die Bestimmung, daß keine Landesangelegenheit mit »separirten Gliedern« der Stände abgehandelt werden sollte.

Kaum daß mit dem Finalrezeß eine gewisse Einigkeit erreicht war, waren eine alte Schuldforderung der Fürsten von Liechtenstein an das Haus Cirksena, die vom Reichshofrat dem Fürstbischof von Münster, Christoph Bernhard von Galen, zur Exekution übergeben worden war, und die Unwilligkeit der aus Württemberg stammenden Fürstin[20] Christine Charlotte, sich mit den Beschränkungen landesherrlicher Macht in Ostfriesland zufrieden zu geben, Anlaß zu neuen Verwicklungen[21]. Den Positionsgewinn, den Münster durch einen Einmarsch in Ostfriesland gegenüber den mit ihm verfeindeten Niederlanden gewonnen hatte, wollten diese nicht dulden und besetzten ihrerseits eine von Münster bereits eingenommene Schanze an der Südwestgrenze Ostfrieslands. Trotz dieser Vertreibung der münsterischen Truppen blieb der niederländisch-münsterische Gegensatz für Ostfriesland im höchsten Maße wirksam. Der zweite englisch-niederländische Seekrieg bewog 1665 die Generalstaaten, zur Vermeidung neuerlicher münsterischer Besetzung Ostfrieslands und eines damit möglichen Zweifrontenkrieges, Truppen der Herzöge von Braunschweig-Lüneburg nach Ostfriesland zu verlegen. Der Fürstin Christine Charlotte, die gerade Witwe geworden war und für ihren Sohn Christian Eberhard die Regentschaft führte, gelang es, sich mit den Herzögen von Braunschweig-Lüneburg, die sie zu Mitvormündern ihres Sohnes bestellt hatte, ins Einvernehmen zu setzen und deren Truppen für ihre eigenen Ziele gegen die Stände einzuspannen. Sie schrieb, entgegen jeder Bestimmung der Landesverträge, eigenmächtig Steuern aus und ließ sie von den fremden Truppen eintreiben. Als durch den Friedensschluß zwischen Münster und den Niederlanden im Frühjahr 1666 der Grund für die Anwesenheit der braunschweig-lüneburgischen Soldaten weggefallen war, brachte Christine Charlotte es fertig, statt der den Ständen öffentlich versprochenen Abführung der Regimenter deren heimlich ausgehandelte Verstärkung um mehr als das doppelte zu erreichen; Macchiavellis »Principe« zierte wohl nicht umsonst ihre Privatbibliothek[22]. Die ständische Verfassung war vorübergehend das Papier nicht wert, auf dem die sie teilweise konstituierenden Verträge standen; aber noch funktionierte die Protektion der Generalstaaten. Demonstrative Truppenaufstellungen ließen die Herzöge von Braunschweig-Lüneburg Anfang 1667 ihre Soldaten zurückziehen. Christine Charlotte war ihres Machtinstruments wieder beraubt und mußte sich im Jahr darauf zur Anerkennung der durch die

---

20   1654 war Graf Enno Ludwig zum Fürsten erhoben worden. Der Titel war rein persönlich und vererbte sich nur auf den jeweils ältesten der von ihm abstammenden regierenden Linie der Cirksena. Da Enno Ludwig 1660 kinderlos starb, ging der Titel 1662 auf seinen Bruder Georg Christian und dessen Nachkommen über.

21   Vgl. zum folgenden S c h m i d t , Politische Geschichte, S. 286 ff.

22   Nachlaßinventar Christine Charlottes, StaA., Rep. 241, A 179, fol. 83.

Landesverträge gezogenen Grenzen ihrer landesherrlichen Souveränität verstehen, freilich nur, um sich bei der ersten ihr günstigen politischen Konstellation sofort darüber hinwegzusetzen.

Der Krieg Frankreichs, Englands, Kurkölns und Münsters gegen die Niederlande 1672, der, mit veränderten Parteien, 1675 in den Reichskrieg gegen Frankreich und das mit diesem verbündete Schweden einmündete, brachte diese Gelegenheit. Die Fürstin versuchte abermals, Truppen, die ihrem Willen verfügbar waren, zu bekommen, nachdem sie sich mit den Ständen über eine Landesdefension nach ihren Wünschen nicht hatte einigen können. 1676 bekam Ostfriesland nacheinander Einquartierungen von dänischen, welfischen und münsterischen Truppen; den Abzug der beiden ersten erkauften die Stände, mit dem Bischof von Münster aber verhandelte Christine Charlotte. Gegen Zahlung von 14 000 Reichstalern zog dieser den Großteil seiner Regimenter ab; einige Kompanien aber sollten zur Sicherung der ostfriesischen Grenzen, von den Ständen mit jährlich 126 000 Reichstalern zu unterhalten, bleiben. Damit hatte die Fürstin erneut ein Machtinstrument gegen die Stände in der Hand und benutzte es entsprechend. Lediglich Emden konnte sich behaupten, eroberte sogar einige seiner Anfang des 17. Jahrhunderts gekauften adeligen Herrlichkeiten zurück. Nach darauf erfolgter Verstärkung der münsterischen Truppen drohte den Ständen tatsächlich das Schicksal, das die Stände anderer Territorien schon über sich hatten ergehen lassen müssen, denn die Generalstaaten waren nur zu begrenztem und keinesfalls militärischem Einsatz für ihre ostfriesische Klientele bereit. Hilfe kam den Ständen in dieser Situation vom Kaiser zu, der mit der Rechtsprechung seines Reichshofrates das Reich die Funktion übernehmen lassen wollte, die bisher die Niederlande in Ostfriesland innegehabt hatten. Einen von Christine Charlotte schon vorher angestrengten Prozeß, der ihr die Ausübung einer Wehrhoheit nicht nur theoretisch, wie bisher, sondern auch praktisch gewährleisten sollte, entschied der Reichshofrat zugunsten der Stände. Auf Druck des Kaisers zog der Bischof von Münster im April 1678 alle Truppen aus Ostfriesland zurück, dafür kam jetzt eine zum Schutze der Landesverfassung bestimmte kaiserliche Salvegarde ins Land, deren Unterhalt die Stände gern übernahmen, denn Schutz der Landesverfassung bedeutete die praktische Sicherung der ständischen Rechte.

Dieses Eingreifen des Reiches leitete eine Phase ostfriesischer Geschichte ein, in der die bisherige fast alleinige Bindung der Geschicke des Landes an die Generalstaaten durch die Einflußnahme weiterer Zentren der Politik abgelöst wurde. Neben Den Haag traten jetzt weit stärker als bisher Wien, wenig später auch Berlin und schließlich Hannover. Da Christine Charlotte mit ihrer bisherigen Politik ihr Ziel nicht erreicht hatte, versuchte sie jetzt, ihre Wehrhoheit in den so weit wie möglich ausgedehnten Grenzen der Landesverträge zu sichern, um doch noch zu einer eigenen Truppe zu kommen. In den Generalstaaten, von denen sich die Stände schon beim letzten Coup der Fürstin im Stich gelassen fühlten, fanden sie auch diesmal keinen Verteidiger ihrer Interessen, im Gegenteil, diese drängten die Stände, den Wünschen der Fürstin entgegen zu kommen. Der Kaiser aber ließ sich bewegen, erneut für die Stände wirksam zu werden. Hatte er ihnen schon im Januar 1678, erstmalig in der Geschichte des alten Reiches, ein eigenes Wappen verliehen und dadurch mit aller Deutlichkeit unterstrichen, daß das Reich die Stellung der Stände als gleichgewichtige, wenn auch nicht unbedingt gleichberechtigte Mit-Träger der Souveränität in Ostfriesland akzeptierte, so sicherte er ihnen jetzt seinen Schutz dadurch zu, daß er auf ständische Klagen, es drohe ein niederländisches bewaffnetes Eingreifen in Ostfriesland, im Mai 1681 den ausschreibenden Fürsten des niederrheinisch-westfälischen Reichskreises ein Konservatorium auf Ostfriesland erteilte. Friedrich Wilhelm, der Große Kurfürst von Brandenburg, dem als Herrn von Kleve, Mark und Ravensberg diese Aufgabe mit zugefallen war, nahm die Gelegenheit, sich an der Nordseeküste festzusetzen, wahr und landete in einer Novembernacht des Jahres 1682 Truppen in Greetsiel, überraschend für die Generalstaaten, die Fürstin und die meisten im Lande, aber abgesprochen mit den Spitzen der Stände, die nur wenige Tage nach der Landung bereits einen Vertrag mit dem Brandenburger abschlossen, worin dieser seine Truppen gegen Zahlung von jährlich 15 000 Reichstalern zum Schutz der Landesverfassung und der ständischen Freiheiten einzusetzen versprach. Auch mit dem Bischof von Münster, mittlerweile Ferdinand von Fürstenberg, kamen die Stände zu ihren Gunsten ins reine: Am 21. März 1684 vereinbarten sie mit ihm vertraglich die Bereithaltung von münsterischen Truppen an der Grenze nach Ostfriesland zum Schutz der Stände und der Landesverträge gegen eine monatliche Zahlung von 400 Reichstalern; im übrigen sollte der Bischof in allen Ostfriesland betreffenden Dingen mit Brandenburg zusammenarbeiten[23]. Damit hatten die Stände genügenden Rückhalt gegen ihre Landesherrin gewonnen, die sich immer noch hartnäckig gegen die ihrem Selbstverständnis so zuwiderlaufenden ständischen Schranken ihrer Landesobrigkeit wehrte.

1690 mußte sie ihrem mündig gewordenen Sohn Christian Eberhard Platz machen, behielt aber vorläufig noch die Fäden der Politik in der Hand. Trotz einer »Erbverbrüderung« zwischen den Häusern Cirksena und Braunschweig-Lüneburg vom Jahre 1691, die bei einem Erlöschen des ostfriesischen Regierungshauses den Welfen die Nachfolge in Ostfriesland sicherte, mußte sie sich wegen des welfischen Interesses am Gewinn der Kurfürstenwürde mit einem von Braunschweig-Lüneburg und Brandenburg gemeinsam vermittelten Vergleich abfinden; der Hannoversche Ver-

---

23 Der Vertrag mit Brandenburg in Abschrift StaA., Dep. 1, Msc. fol. 35, Blatt 95 ff., der Vertrag mit Münster Dep. 1, 4930, fol. 30 ff.

gleich vom 18. Februar 1693[24] legte den Landesherrn auf die Respektierung der bisherigen Landesverträge fest und brachte daneben einige Präzisierungen unklarer Punkte. Zwar hob der Kaiser 1695 das Konservatorium, auf das sich bisher die Anwesenheit der brandenburgischen Truppen gestützt hatte, auf, diese aber blieben auf Betreiben der Stände im Lande, ohne daß Fürst Christian Eberhard, gutmütig und ohne Ehrgeiz, ernsthaften Protest dagegen erhob. Der einhundertfünfzigjährige, immer tiefer werdende Schuldensumpf seines Hauses nötigte ihn schließlich, 1699 im Auricher Vergleich[25] den Ständen vorbehaltlos eine »accordmäßige« Regierung zuzusichern, d. h. die bisherigen Landesverträge mit allen ihren Einschränkungen für die Landesherrschaft voll anzuerkennen.

Der Auricher Vergleich ist der letzte in der Reihe der ostfriesischen Landesverträge, und größeren politischen Konfliktstoff spricht er gar nicht an. Er ist Ausdruck eines nur einige Jahre dauernden friedlichen Ausgleichs, der das genaue Gegenteil der Politik war, die Christian Eberhards Mutter zeitlebens verfolgt hatte und die Brenneysen als Kanzler des Fürsten Georg Albrecht wenige Jahre später erneut beginnen sollte: die Stände doch noch in die Knie zu zwingen.

3. Die Grundlagen der ständischen Machtposition in Ostfriesland

Als Fazit der Einleitung war festgehalten worden, daß Untersuchungen zur Ständegeschichte nur dann wirklich weiterführen, wenn sie die Grundlagen der »alteuropäischen Gesellschaft« mit zu erfassen suchen. Vor der Behandlung des »Appelle-Krieges« und seiner Vor- und Nachgeschichte als eigentlichem Kern dieser Arbeit muß daher eine Analyse der sozialen und wirtschaftlichen Stellung der ostfriesischen Landstände stehen.

3.1. Der Adel

Der ostfriesische Adel, der als landständische Kurie Ritterschaft hieß, hatte sich während des Mittelalters durch den Aufstieg zu Häuptlingen neu gebildet. Nach der Erhebung Ulrich Cirksenas zum Reichsgrafen wurde aus den unterworfenen Häuptlingen der landsässige Adel, wobei rechtlich zwei Gruppen zu unterscheiden sind. Die erste Gruppe umfaßte diejenigen, die als frühere cirksenasche »Vasallen« die Autonomie ihrer Herrlichkeiten weitgehend behaupten konnten. Sie besaßen die niedere Zivil- und Strafgerichtsbarkeit in ihrem Gebiet, waren Kirchenpatrone und übten das Wege-,

---

24   Gedruckt bei B r e n n e y s e n II, S. 1058—1062.
25   Ebenda, S. 1083—1087.

Zoll- und Mühlenrecht sowie die Jagd aus. Die Bauern in den Herrlichkeiten waren ihnen aber nicht hörig, sondern besaßen ihre Höfe als Eigentum oder in freier Pacht und waren nur zu gewissen Diensten und Abgaben verpflichtet, die sich nicht von denen der Bauern in den landesherrlichen Ämtern unterschieden. Die zweite Gruppe umfaßte die übrigen adeligen Güter, die keinerlei Jurisdiktionsbefugnisse mehr besaßen. Die Berechtigung, auf Landtagen Sitz und Stimme zu führen, richtete sich danach, ob ein adeliges Gut in der Matrikel der landtagsberechtigten Güter aufgeführt war oder nicht; war das der Fall, so bestand verfassungsrechtlich und rangmäßig kein Unterschied zwischen den beiden skizzierten Gruppen, die iure proprio auf dem Landtag erscheinen konnten. Selbstverständlich waren die Besitzer der immatrikulierten adeligen Güter nur dann landtagsberechtigt, wenn sie auch persönlich adelig waren[26].

War die ostfriesische Ritterschaft im 16. Jahrhundert noch ein bedeutender Machtfaktor im Lande, notwendig für die Landesherrschaft zur Regierung des Landes[27], voll und ganz im Lande verwurzelt und zu gewissen persönlichen Dienstleistungen für die Landesherrschaft bereit und verpflichtet[28], so ist seitdem eine deutliche Veränderung festzustellen. Zahlreiche Adelsgeschlechter waren im Mannesstamm ausgestorben. Ihre Güter waren durch Heirat der Erbtöchter an nichtostfriesischen Adel gekommen, manche gelangten durch Kauf in nichtadelige Hände, oder mehrere Güter befanden sich im Besitz einer Familie. Die Landesherrschaft und die Stadt Emden hatten einige Herrlichkeiten aufgekauft, so daß Anfang des 18. Jahrhunderts die ostfriesische Ritterschaft zahlenmäßig sehr unbedeutend geworden war.

Aus Streitigkeiten mit der Landesherrschaft über die Zugehörigkeit zur Ritterkurie sind im Laufe der Zeit drei Matrikel der landtagsfähigen Güter entstanden[29], die den Schrumpfungsprozeß deutlich werden lassen. Von den in der jüngsten Matrikel von 1679 verzeichneten 28 landtagsfähigen Gütern waren um 1720 nur noch acht tatsächlich auf Landtagen vertretungsberechtigt[30].

---

26   Vgl. zur rechtlichen Stellung der ostfriesischen Ritterschaft K ö n i g , Verwaltungsgeschichte, S. 310 ff.

27   Vgl. S c h m i d t , Politische Geschichte, S. 163.

28   van L e n g e n , Verzeichnis.

29   K ö n i g , Verwaltungsgeschichte, S. 315, bringt eine Zusammenstellung dieser 3 Matrikel, die vollständig bei B r e n n e y s e n I, Lib. 1, S. 164—168, abgedruckt sind.

30   Die folgende Zusammenstellung beruht z. T. auf einer Klage, die Brenneysen am 22. Juni 1722 beim Reichshofrat einreichen ließ; in ihr setzte er sich mit einzelnen Mitgliedern der Ritterschaft auseinander, StaA., Rep. 4, C III a, 123, Nr. X, auch in Rep. 4, C III d, 7, Vol. 3; weitere, vor allem genealogische Zusammenhänge bei H i n r i c h s , Landstände, S. 75 ff. und K ö n i g , Verwaltungsgeschichte, S. 316 ff.

1. Haro Joachim von Closter, Besitzer der Herrlichkeit Dornum. Als der älteste der Ritterschaft war er Präsident der ostfriesischen Landstände und aktiv an aller ständischen Politik beteiligt. Er starb 1727, die Herrlichkeit ging dann in den Besitz seines Schwiegersohnes, des Freiherrn von Wallbrunn, über.
2. Franz Ferdinand von Knyphausen, Besitzer der Herrlichkeit Lütetsburg. Die Knyphausen waren das einzige noch aus dem Mittelalter stammende ostfriesische Adelsgeschlecht; die Herrlichkeit Lütetsburg, ursprünglich den Manningas gehörend, war von ihnen im 16. Jahrhundert erheiratet worden. Er war einer der beiden adeligen (Steuer)-Administratoren und ebenfalls aktiv an der ständischen Politik beteiligt. Sein Bruder, Friedrich Ernst von Knyphausen, Besitzer der Herrlichkeiten Jennelt und Visquard, stand in preußischen Diensten und »dirigierte« in Berlin die ostfriesische Korrespondenz.
3. Heinrich Bernhard von dem Appelle[31], Besitzer der Herrlichkeit Großmidlum. Erst sein Großvater, aus dem Lüneburgischen stammend, hatte nach Ostfriesland geheiratet. Er war der zweite adelige Administrator und wichtigster adeliger Ständeführer; er gab deshalb auch dem »Appelle-Krieg« den Namen.
4. Burchard Philipp Graf von Fridag, Besitzer der Herrlichkeit Gödens. Auch seine Familie war nicht ursprünglich ostfriesisch. Er war der begütertste und vornehmste der ostfriesischen Ritterschaft. Da er aber in kaiserlichen Diensten stand und meistens in Wien lebte, war er auf Landtagen nie vertreten und hatte auf die ständische Politik nur wenig Einfluß.
5. Viktor von Hane zu Upgant. Das adelige Gut Upgant war in der Matrikel von 1620 zum ersten Mal verzeichnet und nur klein. Als Ordinärdeputierter der Ritterschaft war er Mitglied in dem Gremium, das, vergleichbar den größeren Ausschüssen anderer ständischer Verfassungen, zwischen den Landtagen über die ständischen Rechte wachte und die notwendigen Aufgaben übernahm.
6. Gerhard von Closter, Herr des adeligen Gutes Langhaus bei Norden. Auch dieses Gut war erst 1620 in die Ritterschaftsmatrikel aufgenommen worden. Er war adeliger Assessor am ostfriesischen

---

31 Vgl. zu seinen Lebensumständen d e V r i e s , Heinrich Bernhard von dem Appell. Es wird in dieser Arbeit bewußt darauf verzichtet, von dem Appelle näher vorzustellen, obwohl er dem »Appelle-Krieg« den Namen gegeben und wichtige Führungsaufgaben innerhalb der Stände wahrgenommen hat. Es wird aus dem weiteren Gang der Untersuchung deutlich werden, daß der ständische Widerstand nicht aus dem Handeln einer einzelnen Persönlichkeit erwuchs, sondern aus der starken Verankerung der Stände im Lande und ihrer breiten sozialen Basis. Der Kanzler Brenneysen ist dagegen als Persönlichkeit viel stärker in Erscheinung getreten und hat das Geschehen dieser Jahre entscheidend beeinflußt, so daß ihm ein eigenes Kapitel gewidmet werden muß, siehe unten S. 71 ff.

Hofgericht, kümmerte sich aber kaum um die Rechtspflege.

7. Benjamin von Honstede, Besitzer der kleinen Herrlichkeit Rysum. Auch er war adeliger Assessor am Hofgericht, ohne sich dort mit Arbeit zu belasten; außerdem war er der zweite ritterschaftliche Ordinärdeputierte.

8. Bolo Ripperda von Beurs, Besitzer der Herrlichkeit Petkum. Er war oft und lange in den Niederlanden und nahm wenig Anteil an der ständischen Politik.

Alle übrigen adeligen Güter waren zur Zeit nicht stimmberechtigt. Die Herrlichkeiten Oldersum, Jarßum, Widdelswehr, Borßum, Up- und Wolthusen hatte Anfang des 17. Jahrhunderts die Stadt Emden gekauft in der Absicht, damit auch in der Ritterkurie Sitz und Stimme zu erlangen, was ihr jedoch immer abgeschlagen wurde. Inn- und Knyphausen gehörte nicht mehr zum ostfriesischen Territorium, Jennelt und Visquard waren in noch ungeteiltem Besitz der Brüder Knyphausen, so daß Friedrich Ernst, der im übrigen wegen seiner Dienste in Berlin an Landtagen ohnehin nicht hätte teilnehmen können, nicht landtagsberechtigt war. Die Herrlichkeiten Pewsum und Loquard hatte noch im 16. Jahrhundert die Landesherrschaft aufgekauft, und die beiden adeligen Häuser in Leer (Hajo-Unken-Haus und Claas-Fresen-Haus) waren in einer Hand, wozu noch die Herrlichkeit Uttum gehörte[32]. Loppersum gehörte als zweites adeliges Gut dem Freiherrn von dem Appelle. Das Stimmrecht anderer Güter, z. B. Hinte, ruhte, weil nur Frauen und unmündige Kinder vorhanden oder weil sie gänzlich in auswärtigem oder bürgerlichem Besitz waren.

Üblicherweise kamen also nur 6 Mitglieder der Ritterschaft zu den Landtagen; von diesen trat die Hälfte nicht aktiv hervor. Über Viktor von Hane, Gerhard von Closter und Benjamin von Honstede schrieb Brenneysen, sie ließen es dabei bewenden, »daß Sie (sc. zum Landtag) kommen, höhren, sehen und andern Beyfallen, dabey aber doch in großer Unwißenheit der wahren Verfaßung mit dem Wahn von der sonderbahren Ostfriesischen Freyheit gantz eingenommen sind[33]«. Um die dem Adel vorbehaltenen Ehrenämter am Hofgericht und im Administratorenkollegium konnte es bei der geringen Anzahl von Kandidaten kaum Konkurrenz geben; den Amtsinhabern war so ein z. T. fast arbeitsfreies Nebeneinkommen sicher, z. B. 500 Reichstaler jährlich für die beiden Hofgerichtsassessoren. Daneben gab es weitere Einnahmequellen; Benjamin von Honstede und Gerhard von Closter bezogen z. B. aus den zum Unterhalt der brandenburgischen Truppen in Ostfriesland gezahlten Geldern jährliche Pensionen[34].

Wenn Brenneysen schrieb, die Mitglieder des ostfriesischen Adels hätten

---

32   van L e n g e n , Haneburg, S. 10 f.
33   StaA., Rep. 4, C III a, 123, Nr. X.
34   ebenda.

»das bey solchen Leuten gemeine vitium im höchsten Grade (...), daß Sie voller Argwohn seyn und alles, was mit Ihrem Wahn nicht übereinkömt, als mit Ihrer vermeinten Freyheit streitend, verwerffen[35]«, und er ihnen damit also ein gehöriges Maß ständischen Selbstbewußtseins bescheinigte, so war dieser Adel dennoch kein Machtfaktor, der, wie etwa der brandenburg-preußische, allein schon durch seine soziale Beharrungskraft einer aggressiven Landesherrschaft gegenüber sich hätte behaupten können[36].

3.2. Die Städte

Die zweite Kurie der Landstände bildeten die drei Städte Emden, Norden und Aurich. Erst mit der rapiden Entwicklung der landständischen Verfassung in der zweiten Hälfte des 16. Jahrhunderts hatten sie sich vom dritten Stand, mit dem sie ursprünglich eine Einheit bildeten, gelöst[37]. Da eine eingehende Strukturanalyse der drei Städte, die eine Wechselwirkung zwischen innerstädtischen Sozial- und Wirtschaftsverhältnissen -bzw. deren Veränderung und der von den Städten im Rahmen der Stände jeweils vertretenen Politik auch im Detail sichtbar machen könnte, eigene Untersuchungen erfordert, die den Rahmen dieser Arbeit sprengen würden, sollen die Städte, wie schon der Adel, nur kurz charakterisiert werden. Ihre Landtagsdeputierten brauchten, da sie nicht iure proprio erschienen, eine Vollmacht, die jeweils für einen Landtag gültig war.

3.2.1. Emden

Ist die Geschichte der Stadt Emden für die zweite Hälfte des 16. Jahrhunderts einigermaßen gründlich erforscht[38], wobei allerdings sozialgeschichtliche Arbeiten[39] sowie tief eindringende Detailstudien fast völlig fehlen, so hat die Stadtgeschichte des 17. und 18. Jahrhunderts bisher kaum Forschungsinteresse gefunden[40].

---

35   ebenda.

36   Ob ein Teil des Adels auf Bedienungen angewiesen war, wie H i n r i c h s , Landstände, S. 77, behauptet, läßt sich erst entscheiden, wenn die wirtschaftliche Situation des ostfriesischen Adels im 17. und 18. Jahrhundert untersucht ist. Erst dann werden auch Aussagen über die mögliche ökonomische Begründung politischer Verhaltensweisen der »fürstlichen« und der »ständischen« Adelspartei während des »Appelle-Krieges« möglich.

37   Vgl. dazu K ö n i g , Verwaltungsgeschichte, S. 325 f. Im Unterschied zu den sonst üblichen Gegebenheiten der »alteuropäischen Gesellschaft« umfaßte der dritte Stand in Ostfriesland nur die landtagsberechtigten Bauern; im einzelnen siehe unten S. 33 ff.

Die Anfang des 16. Jahrhunderts noch kleine, aber in lebhaftem Wachstum ihrer Bevölkerung und Wirtschaft begriffene Landstadt hatte durch Zuwanderung kapitalkräftiger niederländischer Flüchtlinge während des Unabhängigkeitskrieges gegen Spanien einen gewaltigen Aufstieg genommen, der sich äußerlich in einer Erweiterung des Stadtgebietes um mehr als das Dreifache bemerkbar machte und ihrer Bürgerschaft ein solches Selbstbewußtsein gab, daß sie sich mit dem »Vierzigerkollegium« 1589 zunächst ein eigenes Organ schuf und nach der »Revolution« von 1595 auch den Magistrat voll in ihre eigene Verfügungsgewalt bekam. Der Landesherrschaft blieb letztlich nur ein Bestätigungsrecht, dessen Verweigerung für die Legitimität des jeweils neuen Magistrates nicht einmal Konsequenzen hatte. Das »Vierzigerkollegium« ergänzte sich durch Kooptation auf Lebenszeit und wählte jährlich den Magistrat zur Hälfte neu, meist aus den eigenen Reihen, manchmal auch aus der Bürgerschaft. Trotzdem verschoben sich während Althusius' Amtszeit als Stadtsyndikus die Gewichte so weit, daß der Magistrat die Vierziger eindeutig beherrschte[41].

Im Vierzigerkollegium waren zunächst neben Kaufleuten vor allem Handwerker, kleinere Schiffseigner etc., mittlere soziale Gruppen also, vertreten, den Rat dagegen stellte eine zum Patriziat gewordene kleine Gruppe von Großkaufleuten bzw. deren Nachkommen, die von den in Immobilien angelegten Vermögen, die ihre Vorfahren in den Handelsgeschäften des 16. Jahrhunderts erworben hatten, ein gesichertes Rentnerdasein führten. Dr. jur. Adolf Christoff Stoschius z. B., 1717 Vierziger geworden, 1728 Ratsherr, 1731 Bürgermeister[42], bekam allein aus Pachten von Landbesitz außerhalb der Stadt im Jahr fast 5 400 Gulden[43]. Die Familien Budde, Laubegois, Wermelskirchen, zur Mühlen, Zernemann, de Pottere, Andree, Fewen, Hessling, Hilling, van Laher, Schuirmann und van Wingene machten im wesentlichen den Kreis der patrizischen Familien aus; sie stell-

---

38   Außer den Ausführungen über Emden bei K ö n i g , Verwaltungsgeschichte, S. 371—414, seien folgende Titel (in Auswahl) genannt: H a g e d o r n , Ostfrieslands Handel und Schiffahrt, 2 Bände; d e B u h r , Die Entwicklung Emdens, führt kaum über das vorher bekannte hinaus. W i e - m a n n , Grundlagen, hat in der Einleitung einiges zur Stadt Emden ausgeführt, ebenso S c h m i d t , Politische Geschichte, bes. S. 182 ff., 209 ff. und 217 ff. Die älteren Darstellungen gehen entweder, wie L o e s i n g , nicht über das 16. Jahrhundert hinaus, oder sie sind, wie F ü r - b r i n g e r , mehr in der Art eines Stadtführers für Fremde geschrieben.

39   Erfreuliche Ausnahme S c h ö n i n g h , Westfälische Einwanderer; darüber hinaus hat er eine Reihe von Zeitungsaufsätzen über einzelne Handwerke, Bildung und Kultur in Emden geschrieben. S c h i l l i n g , Niederländische Exulanten, hat für Emden interessante Erkenntnisse gebracht, aber einen wirklichen Durchbruch zu einer Sozialgeschichte Emdens konnte er im Rahmen dieser Arbeit natürlich nicht leisten. Das ist nur über die Erschließung neuer Quellen, z. B. der systematischen Auswertung der Emder Kontraktenprotokolle, möglich.

40   Eine kleine Skizze bringt K a p p e l h o f f , Landesherrlicher Grundbesitz, sowie S c h ö - n i n g h , Überblick.

41   A n t h o l z , S. 62.

42   S t r a c k e , S. 20.

ten mehrere Generationen lang Ratsherren, Bürgermeister und Vierziger[44].
Viele der Mitglieder beider Gremien hatten studiert: um 1720 finden sich
allein 16 Doctores beider Rechte und 8 promovierte Ärzte. Mehrfach waren
die führenden Familien untereinander versippt, nicht nur innerhalb der
Stadt, sondern auch mit einflußreichen Geschlechtern des dritten Standes.
Der 1726 verstorbene Bürgermeister Dr. jur. Johannes de Pottere war z. B.
ein Schwiegersohn des Administrators und einflußreichen Ständeführers
des dritten Standes, Dr. Coop Ibeling von Rehden, der eben erwähnte Dr.

43 Zusammenstellung nach StaA., Rep. 4, B IV e, 134:
    Im Kirchspiel Marienhafe (fol. 7):
    Herd »Hanefeld« jährliche Pacht   fl. 300
    Herd »Imelswarf«   fl. 145
    als Gläubiger Pfandrecht an 10 Diemat Landes (ca. 5 ha.)   fl. 50
    Amt Berum (fol. 16 f.):
    Gemeinsam mit Dirck Beckmann
    1. 15 Diemat Landes in der Hagermarsch, jährliche Pacht fl. 120, also sein Anteil   fl. 60
    2. 1 Herd in der Ostermarsch, 46 Diemat groß, Pacht 370 fl., also sein Anteil   fl. 185
    3. 1 Herd in der Ostermarsch, 65 1/2 Diemat + 3 Grasen Hellerland
       (= Deichvorland), Pacht 600 fl., also sein Anteil   fl. 300
    Beitragspflichtiges Land unter der Niederemsischen Deichacht:
    fol. 25: 77 Grasen unter Harsweg
    fol. 27: 7 1/2 Grasen unter Hinte
    fol. 30: 15 Grasen unter Westerhusen
    fol. 34: 6 Grasen unter Rysum
    Bei durchschnittlich 5 fl. Pacht pro Gras und Jahr macht das   fl. 525
    Amt Greetsiel (fol. 48):
    1 Herd in Uttum, 63 Grasen groß,
    macht bei 5 fl. Pacht pro Gras und Jahr   fl. 315
    Amt Leer (fol. 54):
    1 Herd in Kirchborgum, Pacht pro Jahr   fl. 500
    Amt Norden (fol. 58 u. 60):
    Gemeinsam mit Dirck Beckmann:
    1. 1 Herd in der Linteler Marsch, Pacht pro Jahr 448 fl., also sein Anteil   fl. 224
    2. 27 1/2 Diemat in der Westermarsch, Pacht pro Jahr 81 fl., also sein Anteil fl. 40,5
    Allein:
    1 Platz in Osterloog, 40 Diemat groß, Pacht pro Jahr   fl. 450
    1 Platz in der Linteler Marsch, 30—31 Diemat groß, Pacht pro Jahr   fl. 260
    1 Platz in Westlintel, Pacht pro Jahr   fl. 300
    1 Platz in Westlintel, von seiner Frau stammend, 42 Diemat groß, Pacht pro Jahr fl. 300
    10 Diemat Landes im Ekeler Rott, Pacht pro Jahr   fl. 80
    5 Diemat Landes im Ekeler Rott, Pacht pro Jahr   fl. 60
    1 Diemat Landes in Ostlintel, Pacht pro Jahr   fl. 10
    Amt Pewsum (fol. 61):
    Gemeinsam mit Wwe. Rätin Tammena
    1. 1 Herd in Pewsum, 168 1/2 Grasen groß, Pacht pro Jahr 440 fl., also sein Anteil   fl. 220
    2. 1 Herd unter Loquard, 67 Grasen groß, Pacht pro Jahr bei 5 fl. pro Gras
       335 fl., also sein Anteil   fl. 167,5
                                                                    Gesamt: fl. 5392
    Von diesen ca. 5400 fl. gingen allerdings noch Deichlasten etc. ab, die in den Jahren nach der gro-
    ßen Weihnachtsflut 1717 besonders hoch waren, so daß der Ertrag des Vermögens nicht so hoch
    war wie in normalen Jahren, in denen Stoschius vermutlich wesentlich mehr an Pachten und Renten
    bekam.
44 Vgl. neben S t r a c k e die Zusammenstellung sämtlicher Emder Bürgermeister von S c h ö -
    n i n g h .

Adolf Christoff Stoschius war in erster Ehe ebenfalls mit einer von Rehden verheiratet. Die Familie van Wingene war mit einem Zweig im Amt Emden ansässig und stellte regelmäßig Deputierte des dritten Standes[45]. Daneben aber haben sich wohl auch die Handwerker und kleineren Kaufleute dauernd im Vierzigerkollegium behauptet. Von den 21 Vierzigern zwischen 1700 und 1725, die weder jemals Ratsherr oder Bürgermeister geworden sind noch erkennbar studiert haben, wird ein großer Teil hierher zu zählen sein. Johann Blöcker, 1721 Vierziger geworden, ist vielleicht typisch für diese Gruppe. Er war Blaufärber und besaß ein wenig Land in der nördlich und nordwestlich von Emden gelegenen Krummhörn, das er, wie die 5 1/4 Grasen (= ca. 1,6 Hektar) Ackerland bei Pewsum, selbst bewirtschaftete[46]; er war offenbar auf den Ertrag dieses Landes angewiesen, denn üblicherweise benutzten die Emder Bürger ihren Grundbesitz auf dem Lande als Vermögensanlage mit jährlicher Rente. Seine Tochter Antje heiratete den Schiffer Waalke Lübberts[47], der ebenfalls dieser handwerklich-gewerblichen Mittelschicht zuzurechnen ist. Es zeigt sich, daß eine so enge Bindung der Vierziger an die Magistratsfamilien doch nicht bestand, wie es auf den ersten Blick erscheint; auch andere Bevölkerungskreise hatten Zugang zu diesem Organ der Bürgerschaft[48], über dessen Gewicht gegenüber dem Magistrat sich im übrigen für die Zeit nach Althusius solange nichts sagen läßt, wie seine tatsächlich ausgeübten Funktionen sowie seine soziale Zusammensetzung nicht erforscht sind.

Der Ende des 16. Jahrhunderts in großer Blüte stehende Handel der Stadt war im Laufe der Zeit stark zurückgegangen. Das hatte seine Gründe z. T. in der nicht hinreichend klaren Neutralität Emdens im niederländischen Unabhängigkeitskrieg, z. T. in den Auseinandersetzungen mit der Landesherrschaft, die z. B. über die Beschlagnahme von Emder Schiffen durch Spanien in den dortigen Häfen Anfang des 17. Jahrhunderts Emden sich wieder botmäßig machen wollte. Weiterhin war ein großer Teil des Handels nach den Niederlanden zurückgewandert; die inneren Wirren Ostfrieslands boten ebenfalls keinen besonderen Reiz, sich hier gegen die starke niederländische Konkurrenz niederzulassen. Wegen der niederländischen Garnison innerhalb ihrer Wälle und weil die niederländische Protektion über Emden schließlich allgemein bekannt war, schonten auch die englischen Kaperkapitäne in den Seekriegen des 17. Jahrhunderts Emder

45   Diese soziale Verflechtung der führenden gesellschaftlichen Gruppen verdient eine eigene systematische Untersuchung, die von den Erkenntnissen, die Wolfang R e i n h a r d , Freunde und Kreaturen, an der päpstlichen Kurie gewonnen hat, ausgehen müßte.
46   StaA., Rep. 4, B IV e, 134, fol. 61.
47   S t r a c k e , S. 3.
48   H i n r i c h s , Landstände, S. 75, behauptet, die unter die Zünfte geordnete Bürgerschaft wäre vom Vierzigerkollegium ausgeschlossen gewesen, belegt das aber nicht.

Schiffe nicht[49]. Die als Folge von Sturmfluten seit dem Ende des 16. Jahrhunderts eingetretene Verlagerung des Emsbettes einige Kilometer südlich der Stadt hatten zudem Hafen und Fahrrinne so verschlammen lassen, daß größere Schiffe nur unter Schwierigkeiten nach Emden kommen konnten. Anfang des 18. Jahrhunderts blieb der Stadt daher fast nur noch der aus dem Stapelzwang herrührende Handel aus dritter Hand sowie die Küstenschiffahrt zwischen Holland und Hamburg, nachdem auch die 1683 hoffnungsvoll begonnene Kurbrandenburgische Afrikanische Kompanie ein Opfer der niederländischen Konkurrenz geworden war[50]. Kennzeichnend für die wirtschaftliche Lage der Stadt um 1720 war, daß viele Häuser leerstanden oder verfallen waren[51]. Um 1730 betrugen die Einnahmen der Stadt jährlich nur ca. 147 000 Gulden, die sich wie folgt zusammensetzten[52]:

1.	Licente (= Akzise)	60—70 000)	100 000 fl.
2.	Zölle	30—40 000)	
3.	Monatsschatzung		8 000 fl.
4.	Stübergeld[53]		10 000 fl.
5.	Stempeltaxe		1 000 fl.
6.	Siegelgeld (für Immobilienverkäufe etc.)		1 000 fl.
7.	Waage-, Kran-, Wippen-, Wende- und Pfahlheuer, d. h. Hafengebühren im weiteren Sinne		8 000 fl.
8.	Collateralgeld (für abziehende Vermögen) im Durchschnitt		6 000 fl.
9.	Grundheuern von städtischen Grundstücken		2 000 fl.
10.	»Contingent wegen der Bedienungen«, d. h. wohl Lizenzerträge für bestimmte Gewerbe		10 000 fl.
11.	Juden- und Mennonitenschutzgeld		1 000 fl.
			147 000 fl.

Es wirft auf die wirtschaftliche Situation der Stadt kein sehr günstiges Licht, daß der größte Posten der Einnahmen auf der Akzise beruhte, also auf dem Verbrauch der Stadtbewohner selbst, der nur wegen der verschiedenen Garnisonen, die hier lagen, so hoch war. Über die wirtschaftliche Situation der oberen und mittleren Schichten sagt das freilich nicht unbedingt etwas negatives; aus dem Landbesitz, den Emder Bürger insgesamt in

---

49   B i s c h o f f , bes. S. 48 ff.

50   Vgl. zur Wirtschaftsentwicklung des 17./18. Jahrhunderts S c h ö n i n g h , Überblick, S. 15 ff., und die einleitenden Abschnitte bei M ü l l e r .

51   K a p p e l h o f f , Landesherrlicher Grundbesitz, S. 6.

52   Diese Aufstellung beruht auf einer Schätzung der Beamten des Amtes Emden vom 8. 12. 1730, StaA., Rep. 4, B IV e, 134.

53   Eine Abgabe, die aus der Verpachtung von Häusern fällig wurde, und zwar von je 1 Gulden 2 Stüber.

Ostfriesland hatten, flossen allein an Renten jährlich über 46 000 Gulden in die Stadt[54], wobei der Löwenanteil allerdings nur wenigen führenden Familien zukam (s. o. Bsp. Stoschius).

Zu den Landtagen schickten die Vierziger und der Magistrat je einen Deputierten, wozu noch der Stadtsyndikus als eigentlicher Emder Verhandlungs- und Wortführer kam; im allgemeinen sind wohl nicht mehr als drei Personen, die in jedem Falle einem der beiden Gremien angehören mußten, zum Landtag deputiert worden, wenn sich das auch nicht mit letzter Sicherheit sagen läßt[55]. Außerdem stand Emden ständig eine der beiden Administratorenstellen des Städtestandes zu, während sich Norden und Aurich in die andere teilen mußten.

Der herausragenden Stellung Emdens im Rahmen der Stände hatte der Osterhuser Akkord bereits Rechnung getragen, indem er zwischen der Landesherrschaft, den Landständen und den »burgemeisters ende regierders der stadt Embden[56]« abgeschlossen worden war, »als sei die Stadt nicht schlichtes Glied der Stände, sondern von ihnen abgehoben[57]«. Das war sie in ihrer rechtlichen Stellung und in ihrem Selbstverständnis in der Tat. Seit Beginn der Ständekämpfe hat Emden öfter auf Kosten des ganzen Landes seine eigenen Interessen verfolgt, aber die Stände haben das im wesentlichen akzeptiert, weil sie wußten, daß trotz aller günstigen Voraussetzungen für die Ständemacht in Ostfriesland oft erst die weitgehend autonome Stellung der Stadt und ihre Machtmittel eine Politik ermöglichen konnten, die die ostfriesische Machtverteilung sicherte[58].

3.2.2. Norden

Was über die Literaturlage zur Emder Geschichte zu sagen war, gilt erst recht für die beiden anderen Städte[59]. Nur einige Andeutungen sind daher möglich.

Obwohl Norden seit Ende des 15. Jahrhunderts zu den drei Städten des

---

54 StaA., Rep. 4, B IV e, 134, fol. 72.
55 Von Einzelnennungen abgesehen, heißt es in den Landtagsprotokollen immer nur »Emdani«.
56 W i e m a n n , Grundlagen, S. 218, B r e n n e y s e n II, S. 350.
57 S c h m i d t , Politische Geschichte, S. 249.
58 Freundlicher Hinweis von Dr. Wiemann.
59 Es gibt für Norden eigentlich nur die 1955 zur 700-Jahrfeier erschienene Festschrift von Ufke C r e m e r , die die bis dahin vorhandenen kleinen Arbeiten, meist in der Beilage »Heim und Herd« des Ostfriesischen Kurier erschienen, verarbeitet; aber die Behandlung einer siebenhundertjährigen Geschichte auf 100 Seiten, dazu noch mit zahlreichen Abbildungen versehen, kann natürlich nicht weit führen. Wie bei den anderen Städten klafft hier eine Forschungslücke; vgl. daneben noch den Abschnitt über Norden bei K ö n i g , Verwaltungsgeschichte, S. 360—366.

Landes gerechnet wurde[60], 1535 eine eigene Polizeiordnung, die »Instituta Nordana[61]«, erhalten hatte und im Osterhuser Akkord auch die Ratsverfassung, wie sie sich bis dahin herausgebildet hatte, festgeschrieben wurde[62], läßt es sich, jedenfalls Emden gegenüber, nur mit Abstrichen als Stadt bezeichnen. Vom gleichnamigen Amt hatte sich Norden nämlich nur teilweise gelöst. Das kam rein äußerlich schon dadurch zum Ausdruck, daß die Stadt keine Begrenzung durch Wall und Graben hatte, und kirchlich bildeten Stadt und Amt eine Einheit. Der Amtmann konnte in allen wichtigen Dingen den Vorsitz im Magistrat führen, eine dehnbare Regelung, die landesherrlichen Versuchen zur Einflußnahme keinen langfristig wirksamen Riegel vorschieben konnte[63].

Wirtschaftlich hatte Norden, mit eigenem Zugang zur See, ebenfalls von den Möglichkeiten des 16. Jahrhunderts profitiert; wie in Emden und im übrigen Ostfriesland stagnierte die Entwicklung aber seit etwa 1600, wenn auch der Handelsrückgang, da von einer niedrigeren Höhe ausgehend, nicht so gravierend war wie in Emden. Einige Gewerbe hatten sich in Zünften organisiert, so die Krämer, Bäcker, Küfer, Schmiede, Schuster und Schneider[64], während andere Berufe wegen der geringen Anzahl von Meistern diesen Schritt nicht vollzogen. Insgesamt hatte Norden nur geringes Gewicht und war, auch wegen des lutherischen Bekenntnisses, landesherrlichen Zugriffsmöglichkeiten durch die Betonung gottgewollter Obrigkeit viel stärker ausgesetzt als etwa Emden. In ihrer Stellung zu den Ständen schwankte die Stadt daher beständig. Es gab innerhalb des Magistrats, bestehend aus 3 Bürgermeistern und 6 Ratsherren, immer eine »fürstliche« und eine »ständische« Partei; je nach Lage der Dinge dominierte die eine oder die andere. Als es z. B. im Herbst 1719 wegen einer Liste derjenigen Bürger, die von einer gemischten fürstlich-ständischen Kommission für vermögend genug gehalten wurden, eine Obligation von 25 Reichstalern für den Deichbau zu zeichnen, zu großem Unwillen kam, erklärten Bürgermeister Dr. Koch und seine Anhänger, diese Taxation sei das Werk des Amtmanns und des (ständefreundlichen) Bürgermeisters Palm[65]; Koch versuchte also, seinen eigenen Anhang zu verstärken und die Mehrheiten in der Stadt zu seinen Gunsten zu verändern.

Der Riß ging auch quer durch die qualifizierte Bürgerschaft, die, wie die Vierziger in Emden, berechtigt war, neben den vom Rat bevollmächtigten

60   C r e m e r , S. 32.
61   Abgedruckt ebenda, S. 105 ff.
62   W i e m a n n , Grundlagen, S. 242 ff., B r e n n e y s e n II, S. 365 ff.
63   S c h m i d t , Politische Geschichte, S. 250, hat das richtig betont, während C r e m e r , S. 57, mehr von einer Einschränkung der landesherrlichen Rechte spricht.
64   C r e m e r , S. 59 ff.
65   Vgl. den Bericht des Norder Amtmanns Kettler vom 29. 10. 1719 und die Eingabe von Bürgermeister, Rat und qualifizierter Bürgerschaft vom 24. 10. 1719, StaA., Rep. 4, C I g, 6.

Deputierten auch eigene Abgeordnete zum Landtag zu schicken. Wechselnde Mehrheiten hatten des öfteren Auseinandersetzungen über die Gültigkeit von Vollmachten zur Folge. Auf dem Landrechnungstag 1720 etwa erschienen die beiden »fürstlichen« Ratsmitglieder Dr. Koch und Dr. Wenckebach neben den Vertretern der ständischen Partei, Bürgermeister Palm und Tade Jochums Krimping von der qualifizierten Bürgerschaft. Die Mehrheit der Stände gestattete den ersteren zwar, die Verlesung der Landrechnung »stehend« mit anzuhören, danach aber mußten sie die Versammlung räumen[66]. Das Bemühen, gerade bestehende Mehrheiten möglichst weit auszunutzen, trieb in Norden mitunter seltsame Blüten. Im Mai 1723 war die zweite Administratorenstelle der Städte turnusgemäß für 2 Jahre von Norden auf Aurich übergegangen. Erst ab Mai 1725 stand Norden diese Stelle wieder zu, aber bereits im August 1723 ließ Bürgermeister Palm von den dazu Berechtigten den neuen Amtsträger wählen. Die Wahl fiel, Zweck der ganzen Aktion, natürlich auf Palm. Zur besseren Absicherung dieses Ergebnisses wurde die Wahl sofort dem Administratorenkollegium offiziell mitgeteilt[67].

Diese Beispiele zeigen deutlich die in Norden bestehenden Spannungen, die im Rahmen dieser Arbeit aber nicht weiter analysiert werden können. Bei den Unruhen im März 1724, auf die noch eingegangen wird[68], erfolgte der Umschlag zugunsten der fürstlichen Partei.

3.2.3. Aurich

Auch für Aurich ist nur wenig Literatur vorhanden[69]. Ihre Bedeutung gewann die Stadt vor allem aus ihrer günstigen Lage im Herzen Ostfrieslands, die sie schon im Mittelalter zu einem der wichtigsten Viehmärkte dieser Region werden ließ. Seit 1561 war sie zudem Residenz der ostfriesischen Landesherrschaft, und damit war ihre Rolle vorgeprägt. Hatte Norden noch ein gewisses Maß städtischer Freiheit und Selbständigkeit erringen und behaupten können, so kam Aurich über die untersten Stufen kaum je hinaus. Bürgermeister und Rat wurden hier offenbar nicht allein von der qualifi-

66   StaA., Dep. 1, 1431, fol. 143 ff.
67   StaA., Dep. 1, 708, fol. 96 ff.
68   Siehe unten S. 216 ff.
69   Außer den Bemerkungen bei K ö n i g , Verwaltungsgeschichte, S. 355—359, gibt es eine kleine Schrift von W i a r d a , Bruchstücke, R e i m e r s , Alt-Aurich, und Gerhard D. O h l i n g , Stadt und Amt Aurich, die allesamt nur geringe Ansätze zu einer befriedigenden Geschichte Aurichs bieten. C o n r i n g charakterisiert zwar im grundsätzlichen das Verhältnis Stadt-Landesherr richtig und bringt manche interessante Notiz, im ganzen jedoch leidet die Arbeit unter der zu abstrakt-juristischen Darstellung der Stadtverfassung, hinter der das soziale Leben fast völlig verschwindet. Vgl. im übrigen die sehr realistische Beurteilung Aurichs bei S c h m i d t , Politische Geschichte, S. 250 ff.

zierten Bürgerschaft gewählt, sondern bei Vakanzen mußten sich amtswillige Bürger beim Landesherrn bewerben; (mindestens) zu Anfang des 18. Jahrhunderts scheint für die Bürgermeisteranwärter eine Überprüfung ihrer politischen Einstellung vor der Ernennung üblich gewesen zu sein[70]. Daneben beeinflußte der Hof auch die gesamte Struktur der Stadt. Die Berufsvielfalt war ganz auf die Bedürfnisse einer Residenz eingestellt; einen eigenen Handel von Bedeutung gab es sonst nicht.

Neben den fürstlichen Räten und Bedienten, die 1735 z. B. von den 297 Häusern der Stadt allein 71 bewohnten[71], und den Mitgliedern des Hofgerichts, die wie die eben Genannten von allen bürgerlichen Lasten der Stadt befreit waren, gab es nur noch eine geringe Zahl von Bürgern in gehobenen sozialen Schichten. Ein erheblicher Teil davon war als Prokurator, Advokat oder Konsulent nur wegen der Auricher Gerichte — Kanzlei, Hofgericht, Konsistorium — hier ansässig; gleiches gilt für die Notare, deren es 1722 allein 8 gab[72], so daß nur noch wenige kleine Kaufleute, Krämer und Handwerker übrig blieben, die begütert genug waren, zur qualifizierten Bürgerschaft zu gehören[73]. Die Obligation von 25 Reichstalern zum Deichbau, die 1719 erhoben wurde, konnten nur etwa 30 Personen, die zu dieser Gruppe zu zählen sind, bezahlen[74]. Als einzige ostfriesische Stadt hatte Aurich sich nicht völlig von den Hofdiensten für die Landesherrschaft befreien können: Der Osterhuser Akkord legte nämlich fest, daß die Bürger zusammen mit den zum Kirchspiel Aurich gehörenden »9 Logen« die Heuernte auf der »Herrenmeede« in Barstede einbringen mußten[75].

Bei diesen kümmerlichen Ansätzen einer Selbstverwaltung und unter dauernder Kontrolle der Landesherrschaft konnte sich hier nur ein geringes Selbstbewußtsein entwickeln und sich in ständischer Politik nennenswert niederschlagen. Wie in Norden stellten Magistrat und qulifizierte Bürgerschaft je einen oder zwei Landtagsdeputierte. Obwohl zwischen beiden Gremien im allgemeinen keine großen Spannungen herrschten und eine Polarisierung wie in Norden hier nicht bestand, war gelegentliche Opposition gegen den »fürstlichen« Magistrat nicht ausgeschlossen. Auf dem Landtag im März 1717 z. B. ging eine Supplik einiger Auricher Bürger ein, in der sie baten, Bürgermeister Thomas Greems wegen nicht genügender Qualifika-

70 C o n r i n g , S. 17 ff. Dieses Problem erfordert allerdings eine eingehende Untersuchung; bis dahin ist Conrings Behauptung nicht ohne Skepsis zu begegnen.

71 ebenda, S. 59.

72 ebenda, S. 49.

73 Voraussetzung war die Zahlung von mindestens 7 Gulden zu jeweils 2 Kapital- und 4 Personalschatzungen, vgl. K ö n i g , Verwaltungsgeschichte, S. 359.

74 Die Liste der freiwilligen Zeichner der Stadt Aurich, StaA., Rep. 4, C I g, 4; die Liste der als vermögend eingeschätzten Auricher Bürger, z. T. mit den freiwilligen Zahlern identisch, Dep. 1, Msc. fol. 40, Bl. 262. Die Abgrenzung dieses Personenkreises von den in Aurich der Gerichte wegen ansässigen Bürger ist nicht mit letzter Eindeutigkeit möglich.

75 W i e m a n n , Grundlagen, S. 248 ff., B r e n n e y s e n II, S. 369 f.

tion vom Landtag abzuweisen. Dieser wies den Antrag zurück und entgegnete, er sei als Bürgermeister auf die Landesverträge vereidigt und darüber hinaus der Landesherrschaft mit keinem Spezialeid verbunden (was nämlich nach den ostfriesischen Landesverträgen eine Landtagsberechtigung ausschloß); im übrigen hätte die Bürgerschaft mit der Wahl der Landtagsdeputierten des Magistrats nichts zu schaffen[76]. Diese Antwort wirft ein bezeichnendes Licht auf die abhängige Stellung des Auricher Magistrats und zeigt zugleich, wie eng die politische mit wirtschaftlicher Abhängigkeit verflochten sein konnte. Bürgermeister Thomas Greems war nämlich Besitzer der Hofapotheke und als solcher auf die Gunst des Hofes angewiesen. Die Eingabe der Auricher Bürger wollte offenbar deutlich machen, daß eine angemessene Berücksichtigung der städtischen Interessen im Rahmen der Stände auf dieser Basis zweifelhaft sein mußte. Greems hatte mit seinem Hinweis, er sei der Landesherrschaft mit keinem Spezialeid verbunden, diesen Punkt auch sofort erfaßt.

Wo landesherrliche Autorität, durch lutherischen Glauben zusätzlich gefestigt, so tief reichte wie in Aurich, konnte den Ständen nur eine geringe Unterstützung erwachsen. Aurich blieb daher während der gesamten Auseinandersetzung zwischen Landesherrn und Ständen treu auf Seiten des Fürsten; eine Alternative konnte es hier nicht geben.

3.3. Der dritte oder Hausmannsstand[77]

3.3.1. Landtagsberechtigung

Ostfriesland war eines der wenigen Territorien des alten Reiches, in dem die Bauern für dauernd Landstandschaft erlangt haben[78]. Auf den Ursprung der bäuerlichen Landstandschaft und deren mögliche Kontinuität von den mittelalterlichen Verhältnissen her kann hier nicht eingegangen werden. Es muß genügen, festzustellen, daß — als vielleicht gravierendste Folge des wirtschaftlichen Aufstiegs des 16. Jahrhunderts auf dem Lande[79]

---

76 StaA., Dep. 1, 1410, fol. 81 f.

77 s. o. Anm. 37.

78 Hier sind z. B. Tirol, Vorarlberg oder Württemberg zu nennen, vgl. H e l b i g , S. 134 f. Die von B l i c k l e untersuchten, z. T. rein bäuerlichen Landschaften sind mit den ostfriesischen Verhältnissen nur bedingt vergleichbar; von diesen aus gesehen muß für Oberdeutschland schon fast von »Minderlandschaften« gesprochen werden; vgl. hierzu auch O e s t r e i c h , Vorgeschichte des Parlamentarismus, S. 77.

79 Zur wirtschaftlichen Situation der Bauern im 16. Jahrhundert vgl. S w a r t , Agrargeschichte, S. 199 ff.; allgemein A b e l , Agrarkrisen, S. 124 ff., und d e r s ., Massenarmut, bes. S. 112 ff. Zur Vertretung der ostfriesischen Bauern auf Landtagen vgl. W i e m a n n , Bauern, bes. S. 155 f.; allgemein dazu S c h m i d t , Politische Geschichte, S. 165 ff., 194 und 212 ff.

— seit den 1580er Jahren Bauern auf Landtagen erschienen und dort ihre Gravamina einreihten in die des Adels und der Städte. Gegen den Widerstand Graf Edzards II. hatte zunächst der Adel diese Entwicklung gestützt und gefördert, um die ständische Basis zu verbreitern. Schon im nächsten Jahrzehnt war die Landtagsberechtigung des dritten Standes kein Streitpunkt mehr. Offen blieb aber vorläufig noch, in welcher Form die Bauern auf Landtagen Sitz und Stimme führen durften.

In den ersten Jahren scheint hier eine sehr weitgehende Praxis geherrscht zu haben: Wer auf dem Lande Beschwerden hatte und begütert genug war, konnte am Landtag teilnehmen. Da diese offene Regelung auf die Dauer nicht ohne Spannungen blieb und diese mit dem allgemeinen Agrarkonjunkturrückgang nach 1600[80] und dem damit verbundenen Ende schneller sozialer Aufstiegsmöglichkeit immer deutlicher zutage traten, wurde auf dem Norder Landtag im Mai/Juni 1620 folgende Begrenzung getroffen[81]: Qualifiziert zu Landtagen sollte jetzt nur noch sein, wer auf der Marsch entweder 25 Grasen[82] Eigen- bzw. 50 Grasen »beheerdisches« (Erb)pachtland[83] oder auf der Geest einen ganzen bzw. halben eigenen Herd oder in den Flecken 25 Grasen Eigenland bzw. 1 000 Reichstaler an Vermögen hatte. Gewählt werden konnten die Deputierten des dritten Standes in den Kirchspielen, in denen sie auch erblich angesessen sein mußten, nur von denjenigen, die die genannten Voraussetzungen gleichfalls erfüllten. Falls die Kommunen (Bauerschaften), in die viele Kirchspiele auf der Geest zerfielen, eigene Bauerrichter, d. h. eine eigene Selbstverwaltung, hatten, konnten sie jeweils eigene Deputierte zum Landtag entsenden[84]. Wie die Deputierten der Städte mußten sie Vollmachten mitbringen; diese sollten auf der gemeinsamen Versammlung der Wahlberechtigten ausgestellt und unterschrieben werden.

Diese Regelung spiegelt eine der entscheidenden Strukturen Ostfries-

80 Zum Agrarkonjunkturrückgang nach 1600 vgl. A b e l , Agrarkrisen, S. 142 ff., bzw. Massenarmut, S. 130 ff., und S w a r t , Agrargeschichte, S. 209.

81 Norder Landtagsschluß vom 6. Juli 1620, abgedruckt bei B r e n n e y s e n II, S. 580—589, hier S. 584 (= § 11). Die bei S c h m i d t , Politische Geschichte, S. 263 Anm. 9, zugrunde gelegte Stelle von B r e n n e y s e n I, Lib. 1, S. 170 f., ist nicht mit der Regelung im Norder Landtagsschluß identisch, denn dort fehlen die Besitzer von halben Herden auf der Geest in der Aufzählung der Landtagsberechtigten. H i n r i c h s , Landstände, S. 54, beruft sich auf B r e n n e y s e n II, S. 568; diese Stelle ist aus demselben Grunde unvollständig.

82 1 Gras = 0,3683 Hektar.

83 »Beheerdisches« Land war dasjenige, das, in Erbpacht ausgegeben, mit dem Herd (= Hof) des Erbpächters eine untrennbare Einheit bildete. »Beheerdisches« Land war also eine Art Mindereigentum; vgl. auch Anm. 85.

84 Diese Praxis geht zweifelsfrei aus dem Protokoll über die Visitation der Vollmachten vom 28./29. Juni 1730 hervor, StaA., Rep. 4, C II b, 145. Bei der Prüfung der Vollmacht von Johann Schweers, der für Egels, Popens und Wallinghausen auftrat, erinnerten einige Deputierte daran, daß Kommunen, die gemeinsam einen Bauerrichter haben, nicht jeweils eigene Deputierte entsenden dürften; dieses Recht komme nur den »selbständigen« Kommunen zu.

lands, die Zweiteilung des Landes in Marsch und Geest, wider und weist gleichzeitig auf ein soziales Phänomen hin, das sich als Ergebnis der Agrarkonjunktur des 16. Jahrhunderts ausweist, nämlich die politische Gleichberechtigung zwischen Eigenerben und Heuerleuten auf der Marsch. Im Zuge des damaligen großen Wirtschaftsaufschwungs und der gesteigerten Nachfrage nach Agrarprodukten hatten sich die Marschbauern weitgehend auf eine Produktion für den Markt umgestellt und entsprechende Umorganisationen in der Betriebsform vorgenommen. Um intensiver und, frei vom Flurzwang, marktgerechter produzieren zu können, stießen die Eigenerben weiter entfernt gelegenes Land ab und pachteten nahe beim Hof (= Herd) gelegenes (daher »beheerdisches«) dazu, um möglichst eine geschlossene Wirtschaftseinheit zu erreichen. Da auf diese Weise der Anteil des gepachteten Landes oft höher war als der des eigenen, vollzog sich im Lauf der Zeit eine soziale Angleichung zwischen Eigenerben und größeren Pächtern, die durch das gemeinsame Interesse gegenüber dem Hauptverpächter, der Landesherrschaft, noch beschleunigt wurde[85]. Das Bemühen, die »beheerdischen« Ländereien in Erbpacht zu bekommen, um damit besser disponieren und billiger wirtschaften zu können, bildete einen der wichtigsten Streitpunkte zwischen Landesherrschaft und drittem Stand in der ersten Phase der Ständekämpfe bis 1611; im Osterhuser Akkord, dem Spezialverträge für alle Ämter angehängt sind, wurde das auch erreicht und eine Erhöhung der Pacht für immer ausgeschlossen.

Für das zu den landesherrlichen Domänen gehörige Land galten andere Grundsätze. Wer dort Erbpächter war, wurde als in fürstlichem Spezialeid stehend und damit als abhängig angesehen; das aber schloß eine Landtagsqualifikation aus. Ebensowenig wie die fürstlichen Erbpächter waren die Bauern aus den adeligen Herrlichkeiten landtagsberechtigt, weil diese Untertanen von Ständemitgliedern waren[86]. Dasselbe traf für die Bauern des Amtes Pewsum zu, denn die Herrlichkeiten Pewsum und Loquard, die dieses Amt bildeten, waren erst im 16. Jahrhundert von der Landesherrschaft gekauft worden und hatten deswegen ihre vorherige rechtliche Qualität beibehalten. Die Landstandschaft erstreckte sich mithin nur auf die Bauern der acht Ämter Emden, Greetsiel, Leer, Aurich, Norden, Berum, Stickhausen und Friedeburg, soweit sie die Voraussetzungen des Norder Landtagsschlusses vom 6. Juli 1620 erfüllten.

---

85   Vgl. dazu S w a r t , Agrargeschichte, S. 263. Zur »Beheerdischheit« im übrigen ebenda, S. 199, 212 und 268 ff. Neben den »beheerdischen« Ländereien gab es noch Stücklande, die im Prozeß der Arrondierung der Herde übrig geblieben waren; diese waren nur in Zeitpacht vergeben, und an ihnen hing daher keine Landtagsberechtigung, vgl. ebenda, S. 240 ff.

86   Zu den Einschränkungen der Landstandschaft und zu ihren prinzipiellen Wurzeln siehe unten S. 65 f.

3.3.2. Ostfriesland — Land der Gegensätze zwischen Marsch und Geest

Die Zweiteilung Ostfrieslands in Marsch und Geest bzw. Moor, diese etwa 2/3 ausmachend, jene 1/3, diese arm, jene reich, diese lutherisch, jene weitgehend reformiert, diese mit geringer, jene mit mannigfaltiger sozialer Differenzierung, war bereits andeutungsweise als eine der entscheidendsten Strukturen Ostfrieslands in den Jahrhunderten der frühen Neuzeit erwähnt worden[87]. Im folgenden sollen die Strukturen der Marsch und der Geest an einigen Beispielen dargestellt und analysiert werden, weil Wirksamkeit und Reichweite ständischer Politik erst auf dieser Basis recht verständlich werden. Als ausgezeichnete Quellengrundlage hierzu dienen hauptsächlich die für den ländlichen Bereich vollständig überlieferten Register der außerordentlichen allgemeinen Kopfschatzung, die auf dem Landtag im Juni 1719 zur Geldgewinnung für den Deichbau bewilligt worden war[88]. Die Register wurden von den Predigern in den Kirchspielen mit Zuziehung der jeweiligen Schüttemeister[89] Anfang Juli desselben Jahres nach einer Taxationstabelle erstellt, die einen gestaffelten Steuersatz unter anderem für »Wohlhabene Handwercker, Mittelmäßige Bürger, Gemeine Handwercker, Eigen-Erbte Haußleute, so 100 grasen oder darüber gebrauchen, Eigenerbte Haußleute, so 50 grasen oder darüber gebrauchen, Eigenerbte Haußleute in der Marsch, so 20 grasen und darüber haben, Eigenerbte Haußleute in der Marsch, die 10 grasen und darüber haben, Heuerleute in der Marsch von 100 grasen und darüber, Heuerleute von 50 grasen und darüber in der Marsch, Heuerleute von 20 grasen und darüber in der Marsch, Eigengeerbte vom Vollen Heerd auff der Gast, Eigengeerbte vom halben Heerd, Heuerleute auff der Gast vom Vollen Herd, Heuerleute von halben Heerde(n), Müller, Warffs-Leute, Krüger und Tappers auff dem Lande, Handwercksgesellen, Knechte und Mayde sowie Taglöhner« vorsah[90]. Die Register sind damit ein aktueller Spiegel der Bevölkerung und in hohem Maße richtig, weil nur Kinder unter 12 Jahren und Insassen der Armen- und Gasthäuser davon ausgenommen waren[91]. Zusätzlich sind verstreute Nachrichten aus anderen Akten mit in die folgende Darstellung eingegangen.

---

[87] Siehe oben S. 15.
[88] Vgl. Landtagsakten Juni 1719, StaA., Dep. 1, 1408, und Rep. 4, C II b, 130.
[89] Schüttemeister, Kedden, Poolrichter und Bauerrichter sind sachlich dasselbe; die Benennung war regional verschieden, vgl. E b e l , Bauerrechte, Einleitung S. XV.
[90] Taxationstabelle StaA., Dep. 1, 1408, fol. 61—65; eine Abschrift in Dep. 1, Msc. fol. 40, Blatt 259 ff., vermerkt zusätzlich als Nr. 42: »Juden und Mennisten, nach der selbige begütert sind, nach advenant«.
[91] Die übrigen befreiten Personen und Personengruppen, der Fürst mit seiner Familie, die Hofbedienten (nicht die Räte etc.) und die Soldaten, können in diesem Zusammenhang unerwähnt bleiben.

3.3.2.1. Zum Exempel: Das Marschdorf Pilsum/Amt Greetsiel

Pilsum, eines der alten mittelalterlichen Warfdörfer in der Krummhörn, liegt auf einem sehr schweren, relativ wasserundurchlässigen Knick-Brack- und Übergangs-Brackmarschboden, der vor allem für Grünlandnutzung gut geeignet ist, während ein erfolgreicher Ackerbau nur mit größeren Risiken betrieben werden kann[92]. Viehzucht ist und war hier der Haupterwerbszweig der Landwirtschaft.

Die Auswertung des Kopfschatzregisters von 1719[93] ergibt folgendes Bild:

Erfaßt ist eine Bevölkerung von 353 Personen; unter Berücksichtigung der erwähnten Befreiungen wird mit einer Gesamtzahl von ca. 400 Menschen zu rechnen sein. Die Pilsumer Eingesessenen verteilten sich auf 137 Haushalte, die wieder in 14 landtagsberechtigte Bauernhöfe (Eigner und Pächter), 3 kleinere Landeigner, 30 Handwerker und Gewerbetreibende, 36 Warfsleute und 54 Arbeiter zu unterteilen sind.

In Prozentzahlen ausgedrückt:

berechtigte Bauernhöfe	= 10,1% der Haushalte
kleinere Landeigner	= 2,0% der Haushalte
Handwerker und Gewerbetreibende	= 22,4% der Haushalte
Warfsleute	= 26,2% der Haushalte
Arbeiter	= 39,3% der Haushalte

Es gehörten zu den Haushalten

der Bauernhöfe	41 Personen als Familienangehörige	= 11,6%
	28 Personen als Gesinde	= 8,0%
der kleineren Landeigner 9 Personen		= 2,6%
der Handwerker und Gewerbetreibenden 92 Personen		= 26,0%
der Warfsleute 84 Personen		= 23,8%
der Arbeiter 99 Personen		= 28,0%

Die soziale Vielfalt Pilsums wird deutlicher, wenn diese Gruppen einzeln vorgestellt und charakterisiert werden.

Von den drei kleineren Landeignern, die unter 20 Grasen bewirtschafteten, war einer gleichzeitig Fuhrmann. Zur Gruppe der Handwerker und Gewerbetreibenden gehörten 2 Schmiede, 1 Chirurg, 3 Schneider, 1 Näher und 1 Schneidergeselle, 2 Maurer, 3 Schuster, 1 Schuhflicker und 1 Schu-

---

92 Vgl. V o i g t / R o e s c h m a n n , bes. S. 61 ff., und die Bodenübersichtskarte hinter S. 96.
93 Kopfschatzungsregister des Amtes Greetsiel, StaA., Rep. 4, C I g, 63. In diesem Register sind die Bauerschaften Sloet (südwestlich Pilsum), Hauen und Akens (beide nördlich Pilsum) mit aufgeführt, wurden aber bei der Auswertung nicht berücksichtigt. Hauen und Akens werden üblicherweise unter Greetsiel gerechnet; ob Sloet, 2 Eigner, 2 Pächter, 1 Arbeiter, bei den Deputiertenwahlen etc. mit zu den Interessenten zu zählen ist, scheint fraglich. Eine nennenswerte Veränderung des Ergebnisses würde sich aber auch durch Mitzählen dieser Bauerschaft nicht ergeben.

stergeselle, 7 Weber und 1 Webergeselle, 2 Küfer, 1 Glaser, 1 Gastwirt, 1 Bäcker, 1 Zimmermann und 1 Zimmergeselle sowie weitere 4 Fuhrleute. Das waren die typischen Gewerbe, die auf dem Lande gebraucht wurden; die hohe Zahl der Weber weist auf einen im früheren 18. Jahrhundert wichtigen Erwerbszweig in Ostfriesland hin, die Leineweberei auf dem Lande, die noch häufiger in den Dörfern des Amtes Leer betrieben wurde (vgl. unten Bunde). Bei 6 dieser Haushalte ist vermerkt »pauper« bzw. »in armem Zustand«; daraus läßt sich zwar keine generelle Schlußfolgerung über die wirtschaftliche Lage des ländlichen Handwerks und Gewerbes ziehen, zeigt aber, daß, zumal in den Jahren nach der großen Weihnachtsflut von 1717[94], ihre Situation gefährdet sein konnte. In der Taxationstabelle waren sie mit einem Reichstaler für den Mann angeschlagen, wurden also mit eigenbeerbten Hausleuten der Marsch, die zwischen 20 und 50 Grasen besaßen, gleichgestellt. Eine den eigenen Bedarf im wesentlichen deckende kleine Land- bzw. Gartenwirtschaft hatten sie wohl alle.

Die wirtschaftliche Lage der Warfsleute war schon wesentlich ungünstiger. Warfsleute hießen in Ostfriesland die Personen, die nur eine kleine Warf mit Haus und (Kohl)garten ihr eigen nannten, ein wenig Vieh hatten, im übrigen aber darauf angewiesen waren, beim Deich- und Sielbau, auf den Höfen der großen Bauern oder sonst Geld zuzuverdienen; es handelt sich also um den Bevölkerungsteil, der anderswo Köter, Brinksitzer, Häusling o. ä. hieß. Sie waren mit 9 Schaf für den Mann veranschlagt. Bei einigen von ihnen heißt es »pauper«, und wie dünn ihre wirtschaftliche Basis war, zeigt die Tatsache, daß sie bereits bittere Not leiden mußten, wenn in einem Sommer der Mann nichts oder nur wenig verdienen konnte. Das gilt erst recht für die Arbeiter, die wie die Warfsleute ihr Geld beim Deichbau, in der Landwirtschaft, in Ziegeleien oder als »Hollandgänger« verdienen mußten. Hier ist gleich reihenweise der Vermerk »pauper« eingetragen. In der Taxationstabelle waren die Arbeiter, in den Registern anderer Orte auch als Tagelöhner aufgeführt, wie die Handwerksgesellen und Knechte mit 6 Schaf und 15 Witten veranschlagt. Die wirtschaftliche Lage beider Gruppen kommt aufs eindringlichste in den Klagen des Jahres 1722 zum Ausdruck, als an den ostfriesischen Deichen wegen Geldmangels nicht gearbeitet wurde und die Arbeiter nichts verdienen konnten, weil ihnen ein fürstliches Mandat im Frühjahr, um Arbeitskräftemangel vorzubeugen, verboten hatte, außerhalb Landes zu gehen und dort Arbeit anzunehmen. So schrieben z. B. die Arbeiter aus Campen/Krummhörn, sie müßten »jetzunder Hunger leitten und Viele betteln gehen, und der summer gehet hein. Waß solten wir arme Leutten gegen dem Kalten winter machen, godt im Himmel wil es gnediglich versehen[95]«. Dieser Bevölkerungsgruppe, die

<hr>

94   Auf die Weihnachtsflut und ihre Folgen wird unten, S. 152 ff., näher eingegangen.
95   So in einer Supplik an die Landesherrschaft, die zwischen dem 10. und 13. Juli 1722 einging, StaA.,

als ländliche Unterschicht fast 60% ausmachte, gesellte sich die handwerkliche und gewerbliche Mittelschicht, die letztlich aber auch nur wenig besser gestellt war, an die Seite. Beinahe 90% der Menschen standen also auf der Seite, auf der vielfach wirtschaftliche Not herrschte. Politische Einflußnahme war ihnen jedoch verwehrt.

Die ländliche Oberschicht bildeten die Angehörigen der 14 Bauernhöfe, die nach den oben erwähnten Kriterien als landtagsfähig zu gelten haben. Sie waren im ostfriesischen Sprachgebrauch die »Interessenten«, die allein die Berechtigung zu allen öffentlichen Ämtern hatten. Sie stellten die Kirchvögte, das Schüttmeisteramt ging bei ihnen reihum, Deich- und Sielrichter kamen aus ihrer Mitte, und schließlich hatten sie das Pfarrerwahlrecht[96].

Folgende Personen gehörten 1719 dazu:

1. Luddje Ryken, Eigner von ca. 140 Grasen, die er alle verpachtet hatte; er lebte von den Renten.
2. Ubbo Hansken Ubben, Eigner von 128 Grasen, beschäftigte 2 Knechte und 1 Magd.
3. Die Erben des verstorbenen Sielrichters Tjarg Tjaden, Eigner von 112 1/2 Grasen; die 4 Kinder über 12 Jahre waren noch nicht mündig. Sie beschäftigten 1 Knecht und 1 Magd.
4. Habbe Richts, gebrauchte ca. 160 Grasen, die zum größten Teil Eigen-, zum geringeren Pachtland waren. Er beschäftigte 3 Knechte und 1 Magd.
5. Agge Ryken Richts, gebrauchte ca. 90 Grasen, wovon die Hälfte Eigenland war; er beschäftigte 1 Knecht und 1 Magd.
6. Meene Jargs Tjaden, Eigner von 53 Grasen; beschäftigte 1 Knecht und 1 Magd.
7. Johann Gaiken, Eigner von 50 Grasen; beschäftigte 1 Knecht und 1 Magd.
8. Dirck Janßen, Eigner von ca. 30 Grasen, kein Personal; »sein Zustand gemein«.
9. Die Witwe des Fawe Hauß, Pächterin von 149 1/2 Grasen, beschäftigte 2 Knechte und 1 Magd; ihr »Zustand gemein«.
10. Reemt Jargs Tjaden, Pächter von ca. 100 Grasen, beschäftigte 1 Knecht und 1 Magd.

Rep. 4, C II b, 133, hinter den Akten vom Julilandtag. Der Pastor von Upleward schrieb ähnlich und fragte sich, wie die Arbeiter unter diesen Umständen den Winter überstehen sollten; er befürchtete, daß sie entweder Hungers sterben oder »zu großen Sünden werden verfallen«, d. h. Diebstähle begehen, ebenda.

96 Vgl. hierzu S m i d , Interessentenwahlrecht, wo er, parallel zum oben beschriebenen Vorgang der Einengung der Landtagsqualifikation, eine entsprechende des Pfarrerwahlrechts auf der Marsch feststellt, während dies auf der Geest fast nie der Fall war; vgl. auch unten S. 55.

11. Geerd Janßen, Pächter von über 100 Grasen, beschäftigte 1 Knecht und 1 Magd.
12. Claes Heepkes, Pächter von 84 1/2 Grasen, beschäftigte 1 Knecht und 1 Magd.
13. Die Witwe des Mehrte Peters, Pächterin von ca. 70 Grasen, beschäftigte 1 Magd; »in schlechtem Zustand«.
14. Ewert Dooden, Pächter von 107 1/2 Grasen, beschäftigte 2 Mägde; »in schlechtem Zustand«.

Von diesen 14 schieden für Deputiertenwahlen von vornherein die drei Witwenhaushalte sowie Luddje Ryken aus, weil dieser sein Land vollständig verpachtet hatte. Es blieben also für 1719 und so lange, wie keiner der Söhne der genannten Witwen mündig war, 10 Wahlberechtigte übrig. Aber auch innerhalb dieser Gruppe ergaben sich noch größere Differenzierungen. Bei zweien, nämlich Dirck Janßen und Ewert Dooden, ist die Bemerkung »gemein« bzw. »in schlechtem Zustand« hinzugefügt. Mit großer Wahrscheinlichkeit beruhte ihre schlechte wirtschaftliche Lage nur auf den Schäden der Weihnachtsflut von 1717 und der vorhergegangenen Viehseuchen, vielleicht lagen aber auch schon länger anhaltende Schwierigkeiten vor. Als im Sommer 1719 alle, die dazu in der Lage waren, Obligationen von 25 Reichstalern zum Deichbau zeichnen sollten, dieses Ansinnen aber nur wenig Resonanz fand, wurden von einer gemischten fürstlich-ständischen Kommission im Herbst des Jahres in allen Kirchspielen als vermögend geltende Personen, die nicht freiwillig bezahlt hatten, festgesetzt und zur Zahlung verpflichtet. Diese Einschätzung gibt weiteren Aufschluß über die wirtschaftliche Lage der 14 Interessenten. Nachdem freiwillig nur Ubbo Hansken Ubben, Habbe Richts und Meene Jargs Tjaden bezahlt hatten[97], wurden jetzt Luddje Ryken, Reemt Jargs Tjaden, Johann Gaiken und, offenbar einer der Söhne des verstorbenen Sielrichters Tjarg Tjaden, Dirck Tjarks, für vermögend genug gehalten, je eine Obligation von 25 Reichstalern zeichnen zu können[98]. Danach zu urteilen, war die wirtschaftliche Lage von Agge Ryken Richts und Claes Heepkes so schlecht, daß ihnen diese Zahlung nicht zugemutet werden sollte. Von der wirtschaftlichen Potenz her gesehen, blieben somit nur noch 6 Interessenten übrig, die das Geld und die Möglichkeit hatten, zeitraubende Ämter wie das eines Landtagsdeputierten oder leitende Stellen in den Deich- und Sielachten einzunehmen.

Bei der Prüfung, wer in diesen Jahren jeweils von Pilsum zu Land- bzw. Landrechnungstagen deputiert wurde, zeigt sich ganz deutlich, wer der führende und vornehmste Pilsumer Interessent war, nämlich Habbe Richts. Er war nicht nur der größte Landgebräucher und hatte das meiste

97   StaA., Rep. 4, C I g, 8.
98   StaA., Rep. 4, C I g, 6, Bl. 1.

Gesinde, er war auch Siel- und Deichrichter[99] und auf fast allen ständischen Versammlungen seit 1719 vertreten[100]. 1722 wurde er zum Ordinärdeputierten gewählt[101], d. h. in das Gremium der 23[102] Vertreter aller drei Stände, das — neben der Abnahme der Landrechnung — vor allem die Kontinuität der ständischen Politik in den landtagsfreien Zeiten sicherstellte und darüber hinaus sehr großen Einfluß auf die Stände in ihrer Gesamtheit ausübte. Er war also ein Vertreter der sich aus der ländlichen Oberschicht noch heraushebenden Gruppe von Familien, die, oft über mehrere Generationen, wichtige Ämter im Rahmen der Stände und der bäuerlichen Selbstverwaltung innehatten[103].

Wahrscheinlich war Habbe Richts meistens der einzige Pilsumer Vertreter auf den Landtagen. Außer ihm läßt sich nur noch Meene Jargs Tjaden auf dem Landtag im Juni 1719 und auf den Landrechnungstagen 1720 und 1723 nachweisen[104]. Erst 1723, als Brenneysen mit seinen Spaltungsversuchen gewisse Erfolge verzeichnen konnte, tauchten mit dem jungen, wohl

---

99   Sielrichter sicher seit 1719, StaA., Dep. 1, 1406, fol. 194; als Deichrichter ist er zum ersten Mal 1722 bezeugt, Dep. 1, 2126, fol. 32.

100   Nachgewiesen auf dem Landtag im Juni 1719, StaA., Dep. 1, 1406, fol. 194, Landrechnungstag 1720, Dep. 1, 1431, fol. 149, Landrechnungstag 1721, Dep. 1, 2133, fol. 24, Landrechnungstag 1722, Dep. 1, 2126, fol. 32, »Renitentenlandtag« Hinte Januar 1723, Bericht des Hinter Vogts vom 14. 1. 1723 in Rep. 4, C II b, 134, und der Landrechnungstag 1724, Dep. 1, 1452, fol. 170. Seit der zweiten Hälfte des 17. Jahrhunderts war es in Ostfriesland üblich geworden, Landtage nicht nach Abschluß der Beratungen zu schließen, sondern zu »prorogieren«, so daß ein Landtag u. U. viele Jahre dauern konnte. Im Untersuchungszeitraum z. B. währte bis zum Herbst 1724 der 1695 von Fürst Christian Eberhard eröffnete Landtag. Für solche langen Landtage blieb eine einmal erteilte und angenommene Vollmacht gültig, wenn sie nicht widerrufen oder durch Tod hinfällig wurde. Namen von Deputierten lassen sich daher in den Landtagsprotokollen immer nur dann finden, wenn einer zum ersten Mal von seinem Kirchspiel als Ersatz für einen Vorgänger oder zu dessen Verstärkung abgeordnet wurde, weil dann seine Vollmacht auf dem Landtag vorgelesen wurde. Wenn Habbe Richts nur auf 2 Landtagen, im übrigen nur auf Landrechnungstagen nachgewiesen werden konnte, heißt das also nicht, daß er die übrigen Landtage nicht besucht hat, vielmehr ist seine Teilnahme höchst wahrscheinlich. Für Landrechnungstage läßt sich der Nachweis leichter führen, weil hier jedes Jahr eine neue Vollmacht nötig war. Ab 1727 änderte sich diese Praxis, und zu Beginn eines jeden Landtages wurden die Vollmachten aller Anwesenden geprüft, vgl. unten S. 353 ff.

101   StaA., Dep. 1, 2126, fol. 32.

102   Ursprünglich waren es nur 17 Ordinärdeputierte, 2 aus der Ritterschaft, 5 aus dem Städte- und 10 aus dem Hausmannsstand. Schon zu Beginn des 17. Jahrhunderts ist die Zahl der Ordinärdeputierten offenbar gestiegen, denn § 7 des Norder Landtagsschlusses vom 28. Mai 1620, B r e n n e y s e n II, S. 567, nennt 15 Ordinärdeputierte des Dritten Standes, und zwar 2 für das Amt Emden, je 3 für Greetsiel und Leer, je 2 für Aurich und Stickhausen und je 1 für Norden, Berum und Friedeburg. Das Amt Emden hatte später immer 3 Ordinärdeputierte. Im einzelnen muß diesem Problem noch genauer nachgegangen werden; es scheint ein Ausdruck der gewachsenen Bedeutung des Dritten Standes innerhalb der Landstände zu sein.

103   Vgl. auch die zahlreichen Beispiele, die W i e m a n n , Bauern, S. 159 f., anführt.

104   StaA., Dep. 1, 1406, fol. 194; Dep. 1, 1431, fol. 149; Dep. 1, 2134, fol. 8. Als Teilnehmer des »Renitentenlandtages« von Hinte im Januar 1723 kann er aber wohl nicht gelten, da er erst am Ende dieser Versammlung kam, Dep. 1, 1439, fol. 40, u. U. zur Klärung speziell Pilsumer Probleme, die sich durch die Person des Johann Jacob Wehling ergaben (s. u. S. 187). Tjaden ist im Bericht des Hinter Vogtes vom 14. bzw. 18. 1. 1723, Rep. 4, C II b, 134, auch nicht genannt.

gerade erst volljährig gewordenen Johan Jacob Wehling[105] und Reemt Jargs Tjaden vorübergehend weitere Namen in den Landtagsakten auf[106].

Für weitere Ämter scheint die Exklusivität nicht so groß gewesen zu sein, zumindest wird sie nicht so deutlich. Luddje Ryken war (1719) Kirchvogt, Ubbo Hansken Ubben Hauptmann des Bauernaufgebots[107]. Das Schüttemeisteramt[108] dagegen war offenbar nicht auf den Kreis der Interessenten beschränkt, sondern auch kleineren Grundbesitzern zugänglich[109]. Das lag wohl daran, daß dieser Dienst viel Arbeit bedeutete und wahrscheinlich oft Ärger bereiten konnte, denn der Schüttmeister hatte nicht nur die dörflichen Rechtsverhältnisse zu wahren und auf die Einhaltung bestimmter Pflichten, z. B. Wegebau und Grabenreinigung, zu achten, sondern er war auch für die Schatzungserhebung zuständig und bildete in manchen Dingen die niedrigste Instanz der landesherrlichen Verwaltung. Das Amt wechselte jährlich; 1719 hatten es Johann Gaiken und Reemt Jargs Tjaden inne[110].

Pilsum weist also eine reich gegliederte Sozialstruktur mit deutlichen oligarchischen Tendenzen auf. Daß das Beispiel Pilsum nicht untypisch ist, zeigen die folgenden Analysen.

3.3.2.2. Weitere Marschdörfer in summarischer Analyse

In Visquard, Pilsum unmittelbar benachbart, weist das Kopfschatzungsregister[111] 68 Haushalte aus. Davon waren 17 (= 25%) Bauern, 12 (= 17,5%) »eigene Warff- und Ambts-Leute«, d. h. wirtschaftlich bes-

105 Er war ein Sohn des 1722 verstorbenen Pewsumer Amtmanns Wehling. Die Familie Wehling, aus der mehrere Notare am Amtsgericht Greetsiel hervorgegangen waren, war in verschiedenen Kirchspielen des Amtes, auch in Pilsum, begütert; der junge Wehling konnte so als Pilsumer Deputierter auftreten, ohne dort fest ansässig zu sein. Daß er 1723 noch sehr jung war, geht aus einem Brief des fürstlichen Rentmeisters in Greetsiel, Schmid, an Brenneysen vom 24. 2. 1723 hervor, in dem er über Wehling schreibt, man passe das Sprichwort »Sunt pueri pueri pueri puerilia tractant«, StaA., Rep. 4, C II b, 134. Später diente er in der niederländischen Garnison in Emden als Kadett und fiel 1725 durch öffentliche Drohungen gegen Brenneysen auf, Rep. 4, C II b, 19.

106 Wehling auf dem »Renitentenlandtag« von Hinte, Bericht des Hinter Vogts vom 14. 1. 1723, StaA., Rep. 4, C II b, 134, und Landrechnungstag 1723, Dep. 1, 2134, fol. 8; Tjaden auf dem Landrechnungstag 1723, Dep. 1, 2134, fol. 8.

107 Beide als solche im Kopfschatzungsregister, StaA., Rep. 4, C I g, 63, erwähnt.

108 Zum Begriff siehe oben Anm. 89.

109 Das Pilsumer Bauerrecht, abgedruckt bei E b e l , Bauerrechte, S. 8 ff., spricht in Art. 1 zwar nur von »twee vorständige Männer (...), die de Schüttmeisterschap können bedienen«, daß damit aber auch kleinere Grundbesitzer gemeint sein können und wahrscheinlich auch waren, zeigt Art. 1 des Grimersumer Bauerrechts, S. 51 ff., der extra vermerkt »und sollen die Platzen die tho Stücklanden geworden, wo oeck die geringe Platzen wegen des Schüttmeister Denstes nenes Weges exempt oder befryet syn«. Ähnlich bei Groothusen, S. 42 ff., und Hamswehrum, S. 60 ff., wörtlich übereinstimmend bei Wirdum, S. 57 ff., und Eilsum, S. 65 ff.

110 So nach der Unterschrift unter dem Pilsumer Kopfschatzungsregister.

111 Kopfschatzungsregister Visquard, StaA., Rep. 4, C I g, 63.

ser gestellte kleine Grundbesitzer und Handwerker, 9 (= 13,5%) »geringere Warff- und Ambts-Leute«, 14 (= 20,5%) »geringere Warffsleute, so
sich gemeiniglich mit teichen, schlöten[112] (und) dreschen ernehren«, und 16
(= 23,5%) »Arbeitsleute, so keine eigene Warffen haben«. Zur Gruppe
der besser gestellten Warfsleute und Handwerker gehörten je 1 Bäcker,
Krüger, Schmied, Weber, Radmacher, Schiffer, Schuster, Küfer und
Grützmacher sowie 3 Nur-Warfsleute mit bis zu 10 Grasen Land, zu den
schlechter gestellten gehörten je 1 Grützmacher, Maurer, Kleidermacher
sowie 3 Weber und 3 Nur-Warfsleute. In den beiden übrigen Gruppen finden sich als beruflich Spezifizierte noch 3 Fuhrleute, 1 Schiffer, 1 sehr armer Schuster und 2 Freigesellen, davon einer Schneider. Außerdem wird
als neues, in Pilsum nicht eigens erwähntes Beurteilungskriterium für die
Lage der ländlichen Unterschichten das Eigentum bzw. Nichteigentum von
Warf und Haus genannt.
Die 17 Bauernhöfe teilten sich in 4 Eigenerbenhöfe mit über 100 und 2
mit über 50 Grasen sowie in 6 Pachthöfe mit über 100 und 5 mit weniger als
100 Grasen, wovon der geringste 24 Grasen Land in Gebrauch hatte. Bei
diesen 17 Herden war ein 33 Köpfe starkes Gesinde ständig beschäftigt.
Häufigster und wohl vornehmster Landtagsdeputierter aus Visquard war
der Leutnant des Bauernaufgebotes Dirk Herlyn, der auf den Landtagen
im Juli 1715 und September 1719 sowie als Extraordinärdeputierter[113] auf
allen Landrechnungstagen der Jahre 1720—24 nachgewiesen werden
konnte[114]. Daß er einer der führenden Deputierten des Amtes Greetsiel war,
zeigt die Tatsache, daß er auf dem Landtag im September 1719 Mitglied
der ständischen Kommission wurde, die die Abrechnung v. d. Appelle's
über seine Reise nach Hannover prüfen sollte, und daß er auf dem Landrechnungstag 1722 zusammen mit je einem Vertreter der anderen Ämter die
Vollmachten der Deputierten des dritten Standes prüfte[115]. Außer ihm lassen sich als Visquarder Abgeordnete in ständischen Versammlungen nur
noch 3 Personen, nämlich Jannes Ulfers auf den Landrechnungstagen 1720
und 1723[116], Sibett Ennen auf den Landrechnungstagen 1721 und 1724[117]
und Reemt Folckerts auf dem Landrechnungstag 1723[118] nachweisen.

---

112   teichen = am Deich arbeiten, schlöten = Gräben reinigen, ausheben und ausmähen.

113   Extraordinärdeputierte waren diejenigen, die mit einer Vollmacht ihrer Kirchspiele neben den Ordinärdeputierten an den Landtagen bzw. Landrechnungstagen teilnahmen. Sie nahmen die Landrechnung ab und wählten bzw. bestätigten, nach Ständen getrennt, die Ordinärdeputierten und Administratoren. Die Ordinärdeputierten brauchten daher für Land- und Landrechnungstage keine
besondere Vollmacht.

114   StaA., Dep. 1, 1412, fol. 149; Dep. 1, 1406, fol. 268; Dep. 1, 1431, fol. 149; Dep. 1, 2133, fol. 24;
Dep. 1, 2126, fol. 25; Dep. 1, 2134, fol. 8; Dep. 1, 1452, fol. 170.

115   StaA., Dep. 1, 1406, fol. 268; Dep. 1, 2126, fol. 25.

116   StaA., Dep. 1, 1431, fol. 149; Dep. 1, 2134, fol. 8.

117   StaA., Dep. 1, 2133, fol. 24; Dep. 1, 1452, fol. 170.

118   StaA., Dep. 1, 2134, fol. 8.

In Groothusen[119], ebenfalls in der Nähe Pilsums, lagen die Verhältnisse ähnlich, wenn sich hier auch Besonderheiten dadurch ergaben, daß von den 10 Herden mit über 100 Grasen Eigenland allein 3 adelige, allerdings nicht immatrikulierte Güter waren. Zwei davon sowie die übrigen 7 Höfe waren verpachtet, weil ihre Eigentümer in der Mehrzahl Emder Bürger waren. Daneben gab es weitere 5 berechtigte Herde, von denen jedoch einer völlig ruiniert war und 2 weitere offenbar so schlecht dastanden, daß nicht einmal Gesinde auf ihnen beschäftigt wurde. Von den verbleibenden 2 Herden gehörte einer, 95 3/4 Grasen groß, dem langjährigen Administrator des dritten Standes, Warner ter Braeck, der auch Eigentümer eines der erwähnten adeligen Güter war. Ter Braeck war einer der sog. »Heerschoppen[120]«, eine Personengruppe, die als eine Art zurückgebliebener Adel, aber landtagsberechtigt nur innerhalb des dritten Standes, anzusprechen ist[121]. Der andere Herd, 53 1/2 Grasen groß, gehörte dem Deichrichter Johann Alberts Wiltfang. Diese beiden, wirtschaftlich recht gut gestellt[122], waren die einzigen Groothuser Hausleute, die im Untersuchungszeitraum in ständischen Versammlungen auftraten. Ter Braeck war wegen seines Amtes als Administrator praktisch »Berufspolitiker« und wurde daher häufiger zu besonderen Aufgaben herangezogen[123]. Wiltfang ließ sich auf den Landtagen im Juni 1719 und Mai/Juni 1722 sowie als Extraordinärdeputierter auf den Landrechnungstagen 1723 und 1724 nachweisen[124], außerdem verhandelte er einmal im Auftrag des Amtes Greetsiel mit dem Administratorenkollegium[125].

Die Struktur der nicht- bzw. unterbäuerlichen Bevölkerung war ähnlich wie in den anderen vorgestellten Orten. Von den 92 Haushalten entfielen außer auf die berechtigten 15 Herde (= 16,1%) 29 (= 31,3%) auf Handwerker (je 3 Bäcker, davon 2 auch Krämer, Schuster, Zimmerleute und Gärtner, je 2 Kleinschmiede, Maurer, Herbergswirte, je 1 Brauer, Radmacher, Müller, Grützmacher, Schmied, Küfer (gleichzeitig Krämer), Glaser, Barbier, Schlachter (Jude), Weber und Schneider), 6 (= 6,8%) auf Schif-

119   Kopfschatzungsregister Groothusen, StaA., Rep. 4, C I g, 63.

120   Als solcher bezeichnet in einem Bericht des Rentmeisters in Greetsiel, Schmid, an die Regierung in Aurich vom 22. 6. 1722, StaA., Rep. 4, B II p, 97, fol. 22 f.

121   Zu den »Heerschoppen« und den dazu vertretenen Theorien, auf die hier nicht eingegangen zu werden braucht, K ö n i g , Verwaltungsgeschichte, S. 319 ff.

122   Ter Braeck zeichnete freiwillig 4 Obligationen à 25 Reichstaler zum Deichbau, Wiltfang zusammen mit einem anderen eine, StaA., Rep. 4, C I g, 8.

123   Z. B. auf dem Landtag im Juni 1719 Mitglied der Kommission, die die Taxationstabelle für die außerordentliche Kopfschatzung aufstellen sollte, StaA., Dep. 1, 1406, fol. 205, oder auf dem Landtag April/Mai 1723 Mitglied der Kommission, die mit Emden den Vertrag über den von der Stadt zu übernehmenden Deichbau aushandeln sollte, Dep. 1, 1439, fol. 219.

124   StaA., Dep. 1, 1406, fol. 205; Dep. 1, 1435, fol. 330; Dep. 1, 2134, fol. 8, und Dep. 1, 1452, fol. 170.

125   Diarium der Administratoren, StaA., Dep. 1, 705, fol. 101.

fer und Fuhrleute, 2 (= 2,2%) auf Nur-Warfsleute und 40 (= 43,8%) auf Tagelöhner, von denen mit Sicherheit über die Hälfte zur Miete wohnte.

Bunde, im Rheiderland nahe der holländischen Grenze gelegen, sei als letzter Ort hier vorgestellt. Obwohl selbst auf einer kleinen Geestinsel (Podsol in feuchter Lage)[126] gelegen, muß er hierher gezählt werden. Bis unmittelbar an Bunde heran reichte der Dollart in seiner größten Ausdehnung, und von Bunde aus wurden große Flächen nach und nach eingedeicht, so Bunderneuland und der Bunder Interessentenpolder, äußerst fruchtbare Marschgebiete. Das Kopfschatzungsregister von 1719[127] weist für Bunde eine hochdifferenzierte Sozialstruktur aus. Hier gab es allein 34 eigenbeerbte Bauern und 36 Pächter, 61 Handwerker der verschiedensten Sparten, 12 Kaufleute, Krämer und Gastwirte, auch 3 »vornehme« und 6 »mittelmäßige« Bürger, 17 Warfsleute und 103 Tagelöhner. Insgesamt waren von 297 Haushalten 229 (= 77%) nichtbäuerlich, die Tagelöhner allein stellten über ein Drittel. Nach Köpfen gezählt, ergibt sich, daß von den 778 erfaßten Personen (einschließlich Kindern ab 12 Jahre) 224, nämlich 167 in der Landwirtschaft und 67 bei anderen als Gesinde oder Handwerksgesellen, abhängig beschäftigt waren und beim »Arbeitgeber« im Haushalt lebten. Die Tagelöhner sind hierbei nicht mitgezählt; der Anteil einer sozialen Unterschicht war also sehr hoch.

Trotz der hohen Zahl von Interessenten, die sich von der Herdgröße her nur wenig unterschieden, unter denen, zweifellos Folge des Verlustes eines Großteils der Bunder Gemarkung durch die Sturmfluten des Spätmittelalters, ganz große Herdbesitzer fehlten[128], kommen nur wenige von ihnen als Deputierte auf Landtagen vor. Auch hier gilt, daß normalerweise nur die Vornehmsten deputiert wurden, die auch die übrigen Ehrenämter einnahmen; Uco Eissonius, Abgeordneter auf den Landtagen im März 1713 und im Dezember 1718, war Sielrichter[129], Didde Siebels, Abgeordneter auf den Landtagen im April 1715, Oktober 1716 und August 1719[130], war Armenvorsteher[131], und Jacobus Bellinga, Abgeordneter auf den Landtagen im August 1719 und Januar 1723 (= »Renitentenlandtag« in Hinte) sowie auf den Landrechnungstagen 1723 und 1724, war Deich- und Sielrichter[132]. Außer diesen ließen sich noch Eylert Ubben auf dem Landtag im April 1714[133], Friedrich Bellinga auf dem Landtag im Oktober 1716[134],

126   Vgl. die Bodenübersichtskarte bei V o i g t / R o e s c h m a n n , hinter S. 96.
127   Kopfschatzungsregister des Amtes Leer, StaA., Rep. 4, C I g, 64, fol. 85—96.
128   Freundlicher Hinweis von Dr. Harm Wiemann.
129   StaA., Dep. 1, 1412, fol. 70; Dep. 1, 1410, fol. 217.
130   StaA., Dep. 1, 1412, fol. 114; Dep. 1, 1406, fol. 40; Dep. 1, 1406, fol. 235.
131   Das geht aus der Klage hervor, die Brenneysen am 26. Juni 1722 im Harkenrohtprozeß beim Reichshofrat in Wien einreichen ließ, HHuStaW., RHR., Den. rec. K. 921/2.
132   StaA., Dep. 1, 1406, fol. 235; Rep. 4, C II b, 134 (Bericht des Hinter Vogts vom 18. 1. 1723); Dep. 1, 2134, fol. 8; Dep. 1, 1452, fol. 170.

Johann Claessen auf dem Landtag im Dezember 1718[135], Hayo G. Hayen auf dem Landtag im August 1719[136] und Enno Vietor auf den Landtagen im Mai/Juni und Juli 1722 sowie auf den Landrechnungstagen 1721, 1723 und 1724[137] nachweisen.

Auch in Bunde, nach Größe und sozialer Differenzierung schon fast ein Fleck[138] zu nennen, bestätigt sich also im wesentlichen der Befund der vorher behandelten Marschdörfer. Überall gab es eine ausgeprägte Oberschicht von Interessenten, die jeweils ca. 15—25% der Haushalte ausmachte; aus ihr schälten sich in der Regel einige wenige Familien heraus, die vorrangig die wichtigsten Ämter der bäuerlichen Selbstverwaltung im Deich- und Sielwesen sowie im Rahmen der Stände und der Kirche besetzten. Die wirtschaftliche Situation dieser Marschbauern war im Prinzip gut bis sehr gut, wenn sich auch im Untersuchungszeitraum durch die Folgen der Weihnachtsflut von 1717 erhebliche Einschränkungen ergeben konnten; sie waren aber nicht von Dauer und beeinträchtigten das Gewicht dieser Bauern gegenüber der Landesherrschaft nicht. Von den übrigen Eingesessenen ihrer Kirchspiele, die keinerlei Teilhabe an der landständischen Verfassung hatten, waren sie deutlich getrennt[138a]; mitunter konnte das zu scharfen sozialen Auseinandersetzungen führen[139]. Die große nicht- bzw. unterbäuerliche Schicht dieser Dörfer läßt sich zwar mannigfach differenzieren, und es bestand zweifellos innerhalb dieser Gruppe auch ein beträchtliches soziales und wirtschaftliches Gefälle, aber wie relativ die Unterscheidung zwischen Warfsleuten, Tagelöhnern, Arbeitern und, allerdings mit Abstrichen, Handwerkern sein konnte, zeigt z. B. das Kopfschatzungsregister von

133   StaA., Dep. 1, 1417, fol. 2.
134   StaA., Dep. 1, 1406, fol. 40.
135   StaA., Dep. 1, 1410, fol. 217.
136   StaA., Dep. 1, 1406, fol. 235.
137   StaA., Dep. 1, 1435, fol. 344; ebenda, fol. 435; Dep. 1, 2133, fol. 24; Dep. 1, 2134, fol. 8; Dep. 1, 1452, fol. 170.
138   Flecken waren in Ostfriesland offiziell Leer, Weener, Jemgum und Greetsiel; daneben wurden Orte wie Marienhafe, Hage, Detern, Oldersum, Pewsum, Dornum und Neustadt-Gödens den Flecken gleichgeachtet, hatten aber nicht deren rechtliche Qualität, vgl. K ö n i g , Verwaltungsgeschichte, S. 205 und 328.
138a Daß dies ein ganz typischer Grundzug der sozialen Verhältnisse auf der Marsch war, den erst die Folgen der Industrialisierung im 20. Jahrhundert geändert haben, zeigen z. B. die Ausführungen von d e V r i e s und F o c k e n , Ostfriesland, S. 361: »Umsonst sucht man auf den Dörfern (sc. des Niederreiderlandes) den glücklichen Mittelstand; Herr und Knecht, Bauer und Arbeiter, das sind die Gegensätze, die sich hier, wie überhaupt in der Marsch so häufig begegnen. Dem Arbeiterstand fehlt es durchweg an jeglichem Grundbesitz und höchstens vermag der Arbeiter das gegen den prächtigen Bauernhof so sehr abstechende Häuschen sein eigen zu nennen. In seiner Beschäftigung und seinem Verdienst ist er ganz auf den reichen Grundbesitzer angewiesen, steht zu diesem stets in besonderem Abhängigkeitsverhältnis, seufzt oft noch in hohem Alter unter schwerer Arbeit und endet nicht selten seine Tage im Armen- oder Arbeitshaus«.
139   So z. B. in Weener in den 1660er Jahren, als die Warfsleute sich im Streit um die Nutzungsrechte an der Gemeindeweide gegen die »allerreichsten in Wehner« erhoben, vgl. K o o l m a n , S. 86 f.

Hamswehrum/Krummhörn[140]; dort unterschied der Schreiber nämlich von den »Qualificirte(n) Ambtsleute(n)«, also den wirtschaftlich gut gestellten Handwerkern (z. B. Bäcker) mit eigenem Haus, die »Qualificirte(n) Arbeitere«, worunter die Warfsleute mit größerem eigenen Haus zu verstehen sind, und dann die »Gemeine(n) Arbeitsleute«, worunter er Warfsleute mit ganz kleinem eigenen Haus, ärmere Handwerker (z. B. 2 Schneider und 2 Schuster) und die Tagelöhner, teilweise mit eigenem, meistens aber im gemieteten Haus, aufführte.

Wie sah aber demgegenüber die Struktur der ostfriesischen Geestdörfer aus?

3.2.2.3. Zum Exempel: Das Geestdorf Osteel/Amt Aurich

Osteel, im Brokmerland im Norden des Amtes Aurich gelegen, ist vielleicht nicht das in allen Bereichen typische Geestdorf, denn es liegt am Rande der damals noch tief ins Land einschneidenden Leybucht, so daß der Westen der Gemarkung noch Marschboden hat[141]; die Quellenlage ist für Osteel jedoch außerordentlich günstig, und im übrigen werden nach der Einzelanalyse Osteels, bei der die wichtigsten Grundzüge deutlich werden, weitere Geestdörfer summarisch vorgestellt. Von vornherein unterschieden sich die ostfriesischen Geestdörfer von denen der Marsch durch die Weiträumigkeit der politischen Verbände bzw. der Kirchspiele. War auf der Marsch fast jedes Dorf gleichzeitig Kirchspiel und damit auch politische Gemeinde, so gehörten auf der Geest zu einem Kirchspiel mehrere Baueroder Keddschaften[142] bzw. ganze Dörfer (Loogen)[143].

Das Kopfschatzungsregister von 1719[144] ergibt für Osteel folgenden Befund:

Siedlungsmäßig teilte sich Osteel in den »Deich-Strich« und den »Mohr-Strich«. Zum »Deich-Strich«, in dem Marschboden vorherrschte, gab es nur 27 Haushalte, nämlich die eines eigenbeerbten Hausmanns sowie von 8 Pächtern, 2 Warfsleuten, 13 Arbeitern, 1 Gastwirt und 2 Witwen; alle übrigen Haushalte lagen im »Mohr-Strich«. Es kann daher bei der Analyse auf eine Differenzierung zwischen beiden Siedlungsteilen verzichtet werden.

140   StaA., Rep. 4, C I g, 63.
141   Vgl. die Bodenübersichtskarte bei V o i g t / R o e s c h m a n n , hinter S. 96.
142   Vgl. K ö n i g , Verwaltungsgeschichte, S. 205 ff.
143   Der Begriff »Loog« hebt auf den Siedlungscharakter eines Dorfes ab, z. B. Westerende-Holzloog und Westerende-Kirchloog, die zusammen das Kirchspiel Westerende bilden, genauso bei Middels-Westerloog und Middels-Osterloog.
144   Kopfschatzungsregister des Amtes Aurich, StaA., Rep. 4, C I g, 59.

erbgesessene Hausleute	13[145]	=	9,0%
Pächter (Erb- u. Zeitp.)	12	=	7,4%
Warfsleute	29	=	17,8%
Handwerker/Gewerbetreibende	21	=	12,9%
Arbeiter	77	=	47,2%
Sonstige (Witwen etc.)	10	=	5,7%
Haushalte gesamt:	163	=	100,0%

Es gehörten zu den Haushalten
der erbgesessenen Hausleute

als Familienangehörige:	40 Personen =	7,9%)16,5%
als Gesinde:	44 Personen =	8,6%

der Zeit- und Erbpächter

als Familienangehörige:	42 Personen =	8,3%)13,3%
als Gesinde:	25 Personen =	5,0%

der Warfsleute (Köter)

als Familienangehörige:	81 Personen =	11,0%)17,5%
als Gesinde:	8 Personen =	1,6%

der Handwerker und Gewerbetreibenden

als Familienangehörige:	56 Personen =	11,0%)11,8%
als Gesinde:	4 Personen =	0,8%
der Arbeitsleute:	190 Personen =	37,2%
der Sonstigen:	19 Personen =	3,5%
Gesamt:	509 Personen =	100,0%

Diese Sozialstruktur zeigt bereits auf den ersten Blick, daß die Gegensätze nicht so krass waren wie in den vorgestellten Marschdörfern, sondern sich eine breite Übergangszone von den eigenbeerbten Hausleuten über die Pächter, Warfsleute und Handwerker zu den Arbeitern hinzog. Die folgende Tabelle verdeutlicht das.

Über 100	Diemat[146]	hatte nur der Pächter des landesherrlichen Platzes »Herren Beer«
Über 80	Diemat	1 Person (Pächter)
75—80	Diemat	1 Person (Eigner)
70—75	Diemat	1 Person (Eigner)
65—70	Diemat	2 Personen (Eigner)
55—60	Diemat	1 Person (Eigner)

---

145 Hiervon ist ein Witwenhaushalt, bei dem die Angabe über die Eigentumsverhältnisse fehlt, fraglich.

146 Im Amt Norden und im Brokmerland wurde meistens nach Diemat gerechnet; 1 Diemat = 1 1/2 Gras.

50—55	Diemat	2 Personen (1 Eigner, 1 Pächter)
45—50	Diemat	1 Person (Eigner?)
40—45	Diemat	1 Person (Pächter)
35—40	Diemat	3 Personen (Eigner)
30—35	Diemat	4 Personen (2 Eigner, 2 Pächter)
25—30	Diemat	4 Personen (1 Eigner, 3 Pächter)
20—25	Diemat	3 Personen (1 Eigner, 2 Pächter)
15—20	Diemat	3 Personen (1 Eigner, 2 Pächter)
10—15	Diemat	4 Personen (Eigner)
8 u. 9	Diemat	8 Personen (7 Eigner, 1 Erbpächter)
6 u. 7	Diemat	2 Personen (Eigner)
4 u. 5	Diemat	3 Personen (2 Eigner, 1 Pächter)
2 u. 3	Diemat	6 Personen (Eigner)
Unter 2	Diemat	2 Personen (Eigner)

Dazu kommen noch drei Warfsleute, bei denen nur »einige Enden Wildland«, aber keine Größenangabe vermerkt ist, sowie 6 Köter, bei denen ebenfalls jede Angabe über die Größe ihres Landbesitzes fehlt.

Hier findet sich also eine sehr breite Mittelschicht, die die Sozialstruktur, so wie sie sich nach der Verteilung der Landgröße darstellt, wesentlich ausgeglichener erscheinen läßt als die der Marschdörfer. Auch die Wirtschaftsstruktur war bei weitem nicht so entfaltet, wie die Aufschlüsselung der Handwerker und Gewerbetreibenden zeigt. Außer 3 Krämern gab es nur 2 Schmiede, je 1 Grützmacher, Radmacher, Maurer und Brauer sowie 7 Schneider und 2 Schuhflicker. Diese Personen lassen sich im Grunde von den Warfsleuten kaum unterscheiden.

Von der wirtschaftlichen Lage der Osteeler Bevölkerung in diesen Jahren nach der großen Weihnachtsflut von 1717 läßt sich nur ein düsteres Bild zeichnen. Schon auf dem Landtag im Dezember 1718 beantragte Osteel, wie eine Reihe anderer Dörfer auch, einen befristeten Steuererlaß[147]. Das Kopfschatzungsregister von 1719 verzeichnet bei 12 Haushalten »arm, kann nichts geben, in schlechtem Zustand« etc. Das ganze Ausmaß der Flutschäden wird aber erst aus zwei Aufstellungen der Jahre 1721 und 1722 deutlich, die der Exekutor der dortigen Steuerkluft jeweils auf Anordnung

147 StaA., Dep. 1, 1410, fol. 220.

48

des Administratorenkollegiums anfertigte, um eine Grundlage für die angemessene Besteuerung bzw. Steuerbefreiung zu bekommen. Die Einschätzung vom 21. Juli 1721[148] zählt allein 27 Arbeiter, 2 Schneider und 1 Krämer auf, denen das Haus weggespült oder völlig ruiniert und deren Land »vom Wasser zuschanden« war. Auch bei den meisten aufgeführten Warfsleuten und Bauern ist »schlecht« oder »sehr schlecht« hinzugesetzt worden. Im Frühjahr 1722 wurde ein »Aufsatz wegen die fruchttragende und Unfruchtbare Landen« von Osteel und den umliegenden Ortschaften gemacht[149]. Daraus geht hervor, daß wegen der anhaltenden Überschwemmung des Landes mit Salzwasser die Landbesitzer vereinzelt überhaupt kein nutzbares Land mehr hatten und in der Mehrzahl über 50% davon unbrauchbar war. Die Angaben aus diesem Aufsatz werden im folgenden mit der Aufstellung der Osteeler Interessenten kombiniert. Dabei beziehen sich die Angaben über die überschwemmten Ländereien auf das Jahr 1722, die über das beschäftigte Gesinde auf das Jahr 1719. Dazwischen lag mit der Silvesterflut 1720/21 eine abermalige schwere Überschwemmung.

1. Gerd Itzen, erbgesessener Hausmann mit 37 Diemat Marschland, von denen 50% wegen Überschwemmung unbrauchbar waren. Er beschäftigte 2 Mägde und 2 Knechte.
2. Hinrich Janssen, erbgesessener Hausmann mit 21 Diemat Geestland; er pachtete (immer?) dazu, so 1722 14 Diemat. Von diesen insgesamt 35 Diemat waren 65% nicht nutzbar. Er beschäftigte 2 Knechte und 2 Mägde.
3. Die Witwe des Abbe Ulrichs, Gretje Schatteburg, die 37 Diemat Geestland »brauchte« (daher zweifelhaft, ob hierher zu zählen). Knapp 40% des Landes war unbrauchbar. Sie beschäftigte 1 Knecht und 2 Mägde.
4. Ulrich Folckers, erbgesessener Hausmann mit 70 1/2 Diemat Geestland, wovon ca. 45% nicht nutzbar waren. Er beschäftigte 3 Knechte und 2 Mägde.
5. Jibbe Itzen, erbgesessener Hausmann mit 30 1/2 Diemat; 1722 ist keine Einschränkung durch Überschwemmung aufgeführt, aber 1721 ist er als »schlecht« eingestuft[150]. Er beschäftigte 2 Mägde.
6. Folckert Ubben, »brauchte« 31 Diemat Geestland[151]; 66% seines Landes war unbrauchbar. Er beschäftigte 2 Knechte und 1 Magd.

---

148 StaA., Dep. 1, 5393.
149 Eingegangen am 1. 4. 1722 beim Administratorenkollegium in Emden, Abschrift in dessen Diarium, StaA., Dep. 1, 706, fol. 63 ff., Original in Dep. 1, 694, fol. 71 ff.
150 StaA., Dep. 1, 5393.
151 Nach dieser Formulierung könnte es zweifelhaft erscheinen, ob er als landtagsberechtigter Interes-

7. Dirck Ihmels Agena, erbgesessener Hausmann mit 58 1/3 Diemat Geestland, wovon über 60% unbrauchbar war. Da er 5 erwachsene bzw. jugendliche Kinder hatte, beschäftigte er kein Personal.

8. Folderk Adena, erbgesessener Hausmann mit 69 Diemat Geestland, davon über 75% unbrauchbar. Er beschäftigte 2 Knechte und 2 Mägde.

9. Boyung Janßen, erbgesessener Hausmann mit 52 1/2 Diemat Geestland, davon über 80% unbrauchbar. Er beschäftigte 3 Knechte und 2 Mägde.

10. Redleff Jibben, »brauchte« 47 1/3 Diemat Geestland[152], wovon ihm wohl nur die Hälfte gehörte. 60% seines Landes war 1722 unbrauchbar. Er beschäftigte 2 Knechte und 2 Mägde.

11. Wiltet Abben, erbgesessener Hausmann mit 78 1/5 Diemat Geestland, davon über 65% unbrauchbar. Er beschäftigte 2 Knechte und 2 Mägde.

12. Meint Gathena, erbgesessener Hausmann mit 66 1/4 Diemat Geestland, davon 80% unbrauchbar. Er beschäftigte 2 Knechte und 2 Mägde und war Leutnant des Bauernaufgebots.

13. Gosselcke Vienna, erbgesessener Hausmann mit 37 1/2 Diemat Geestland, davon über 80% unbrauchbar. Er beschäftigte 1 Knecht und 1 Magd.

Bei der Veranschlagung zur Zeichnung der Obligationen von 25 Reichstalern für den Deichbau im Herbst 1719 erschienen der Kommission von diesen 13 immerhin noch 10 als vermögend genug, eine solche Summe bezahlen zu können. Lediglich Gosselcke Vienna, Redleff Jibben und Jibbe Itzen ging es offenbar schon so schlecht, daß sie nicht aufgeführt wurden[153]. Bis auf Gretje Schatteburg baten aber alle übrigen, von der Zahlung befreit zu werden, wobei sie als Gründe neben den überschwemmten Ländereien die Trockenheit des Jahres 1719, gehäufte Steuerbelastungen und Deichpflichten sowie eine Viehseuche anführten, die dazu geführt hätte, daß viele wegen des Todes ihrer Kühe jetzt Wasser anstatt der gewohnten Milch trinken müßten[154]. Die wirtschaftlichen Folgen der Flut waren hier, auf der Geest und dennoch so nahe an der See, für die Interessenten wohl noch gravierender als in den Marschdörfern der Krummhörn, denn die dortige Oberschicht war meistens so reich, daß sie durch die Flutschäden nicht bis an den Lebensnerv getroffen wurde, während hier alle Einge-

sent zu gelten hat; da er jedoch im Januar 1732 unbeanstandet als Osteeler Deputierter am Landtag teilnahm, ist er zu Recht hier aufgeführt, StaA., Dep. 1, 1484, fol. 5.

152   Deputierter auf dem Landtag im Juni 1727, StaA., Dep. 1, 1453, fol. 6; im übrigen vgl. Anm. 151.
153   StaA., Rep. 4, C I g, 6.
154   Supplik vom 17. 10. 1719, ebenda.

sessenen auf einer von vornherein viel niedrigeren Stufe der wirtschaftlichen Leistungsfähigkeit standen und also den Schäden der Sturmflut stärker ausgesetzt waren.

Auf Land- bzw. Landrechnungstagen lassen sich Osteeler Deputierte nur selten nachweisen. Folderk Adena besuchte den Landtag im April 1712[155], Gerd Itzen den Landtag im Oktober 1713 und den Landrechnungstag 1723[156], Hinrich Janssen den Landtag im April 1712, den »Gehorsamenlandtag« in Aurich im Januar 1723 und den Landrechnungstag desselben Jahres[157], Dirck Ihmels Agena schließlich den Landtag im Dezember 1718, den Landrechnungstag 1720 und den »Gehorsamenlandtag« in Aurich im Januar 1723[158]. Auch hier waren die Deputierten oft Inhaber weiterer Ehrenämter; so war Gerd Itzen Deichrichter und Dirck Ihmels Agena Kirchvogt. Mit großer Wahrscheinlichkeit läßt sich sagen, daß außer den erwähnten nur noch vereinzelt Landtage von Osteel aus beschickt worden sind. Zunächst gilt für die Geest generell, daß sie nur unregelmäßig Vertreter zu Landtagen schickte, weil die Gemeinden bzw. die Interessenten die Kosten dafür tragen mußten und diese hier mehr drückten als auf der Marsch[159]. Osteel indes konnte das insofern wieder wettmachen, als es in unmittelbarer Nähe zu Marienhafe und Upgant lag, die mit Osteel zusammen im wesentlichen die Nordbrokmer Vogtei bildeten. Marienhafe bzw. Upgant war, insbesondere durch die Angehörigen der 4 Zweige umfassenden Familie Poppinga[160], auf sehr viel mehr Land- bzw. Landrechnungstagen vertreten als Osteel. Wenn auch nicht ausdrücklich bevollmächtigt, so konnten die Deputierten dieser Orte doch stillschweigend die Osteeler Interessenten mitvertreten. Bei den Abstimmungen, die immer nach Vogteien vorgenommen wurden, war das zwangsläufig schon dadurch gegeben, daß die Stimmen der anwesenden Deputierten auch die nicht vertretenen Kirchspiele ihrer Vogtei banden.

Im ganzen ergibt sich für Osteel eine nur wenig aufgefächerte und ziemlich ausgewogene Sozialstruktur. Das zeigt sich auch darin, daß hier nicht nur die Interessenten und kleineren Herdbesitzer die Schüttemeister bzw. Kedden, wie sie hier hießen, stellten, sondern auch die Warfsleute zu diesem Amt herangezogen wurden. Im Osteeler Bauerrecht ist der jährliche Wechsel von Haus zu Haus, »daran dan nachbahrlich die ordnung kommt[161]«, vorgesehen, und dieser nachbargleiche Umgang wurde auch

155   StaA., Dep. 1, 1403, fol. 4.
156   StaA., Dep. 1, 1412, fol. 99; Dep. 1, 2134, fol. 9.
157   StaA., Dep. 1, 1403, fol. 4; Rep. 4, C II b, 135; Dep. 1, 2134, fol. 9.
158   StaA., Dep. 1, 1410, fol. 220; Dep. 1, 1431, fol. 150; Rep. 4, C II b, 135.
159   Vgl. die Einzelanalyse unten, S. 60 ff., sowie für die Zeit ab 1727 S. 353 ff.
160   Abbo Poppinga, Deichrichter und Ordinärdeputierter, Wibbe, Jibbe und Suntke Poppinga, alle Extraordinärdeputierte, letzterer Fähnrich des Bauernaufgebotes; vgl. zur Familie Poppinga auch W i e m a n n , Bauern, S. 159 f.

eingehalten: 1719 waren von den 5 Kedden nur 2 eigenbeerbte Hausleute, nämlich Redleff Jibben und Gosselcke Vienna; Emke Meints, Ratje Ulffers und Wilke Harmens hingegen waren Warfsleute bzw. »Köhter«, die nur ein wenig Land, z. T. in der Heide (»Wildland«), hatten[162]. Für 1722 sind nur die Namen von 4 Kedden überliefert; auch davon waren 2 Warfsleute, nämlich Tjarck Abben und Siebe Hayen, der nur 1 1/5 Diemat Land hatte[163].

Ehe weitere Schlußfolgerungen aus dem Osteeler Befund gezogen und generelle Aussagen über die Strukturen der ostfriesischen Geestdörfer gemacht werden können, sollen zunächst weitere Dörfer in summarischer Analyse vorgestellt werden.

3.3.2.4. Weitere Geestdörfer in summarischer Analyse

Bagband, im Süden des Amtes Aurich am Rande der großen Moorflächen, die heute weitgehend abgetorft sind, gelegen, ist ein Dorf, das die für die Geest typischen Züge deutlicher zeigt als Osteel. Das Kopfschatzungsregister von 1719[164] erfaßt eine Bevölkerung von 303 Personen über 12 Jahren; insgesamt werden also wohl 350 Menschen dort gelebt haben. Es gab hier 22 volle und 14 halbe Herde, 11 alte Warfstellen, »welche nach advenant einige Gerechtigkeiten zur Meyde mit haben«, d. h. noch etwas Land und geringe Anteile an den Gemeinheiten hatten, und schließlich 20 neue Warfstellen, »so gantz keine Gerechtigkeiten in gemeinen Sachen haben«. Bei der Gruppe der alten Warfstelleninhaber finden sich einige, die Brauerei und Krügerei betrieben, viele aber waren Arbeitsleute, die sich ihren Lebensunterhalt im Tagelohn verdienen mußten; ihre Söhne arbeiteten den Sommer über am Deich oder waren sonst als Saisonarbeiter innerhalb und außerhalb Landes tätig. Zur Gruppe der 20 neuen Warfstelleninhaber gehörten je 1 Zimmermann, Maurer, Weber, Schneider, Schuster, Drechsler und Küfer, denen es wirtschaftlich besser ging als denen, die kein Handwerk betrieben; z. T. hatten sie sogar Geld ausgeliehen, während eine Reihe der anderen hoch verschuldet war. Die Lage der Hausleute mit vollen und halben Herden läßt sich in etwa an der Zahl des Gesindes, das sie beschäftigten, ablesen. Bei den 22 vollen Herden gab es insgesamt nur 21 Knechte und Mägde, davon allein 4 beim Herd des Sielrichters Menne Habben. Bei

161   E b e l , Bauerrechte, S. 103.
162   Alle Angaben über die Kedden des Jahres 1719 im Kopfschatzungsregister, StaA., Rep. 4, C I g, 59.
163   Angaben über die Namen der Kedden in der Aufstellung der fruchtbaren und unfruchtbaren Ländereien, StaA., Dep. 1, 706, fol. 64; die übrigen Angaben aus dem Kopfschatzungsregister von 1719.
164·   StaA., Rep. 4, C I g, 59.

den 14 halben Herden finden sich aber nur noch 7 Knechte und Mägde, wovon 2 als Kindermädchen deklariert sind, so daß eigentlich nur 5 ins Gewicht fallen. Eine ganze Anzahl der Interessenten bewirtschaftete also ihre Höfe ohne jedes fremde Personal, wobei zu berücksichtigen ist, daß hier, weit im Hinterland, nur geringfügige Sturmflutschäden vorgekommen sind; damit ergibt sich ein ungefähres Bild von der beschränkten wirtschaftlichen Lage der Bagbander Eingesessenen. Immerhin aber wurden hier, wenn auch nicht freiwillig, 10 3/5 Obligationen, zusammen 265 Reichstaler, 1719 für den Deichbau gezeichnet[165]. Obwohl Bagband die hohe Zahl von 36 Interessenten aufweist, die nach dem Norder Landtagsschluß von 1620 »qualifiziert« waren, an Landtagen teilzunehmen, lassen sich lediglich 2 Bagbander Deputierte auf insgesamt 5 Land- bzw. Landrechnungstagen nachweisen, nämlich Menne Habben, der Sielrichter, auf dem Landtag im Juni 1719, dem »Gehorsamenlandtag« von Aurich im Januar 1723 und dem Landrechnungstag desselben Jahres[166], und Atje Wilken auf den Landtagen Mai/Juni und Juli 1722[167]. Menne Habben, der bereits durch die hohe Zahl von Gesinde aufgefallen ist, läßt sich also als der führende, wirtschaftlich am besten gestellte Interessent Bagbands ansprechen, und auch er kommt nur sporadisch auf ständischen Versammlungen vor.

Der Unterschied zur Marsch wird geradezu krass deutlich an den Dörfern Egels und Wallinghausen, zwei der zum Kirchspiel Aurich gehörenden »9 Loogen«. In Wallinghausen führt das Kopfschatzungsregister von 1719 2 volle und 6 halbe Herde auf; bei allen war keinerlei Gesinde beschäftigt. Daneben gab es nur noch 8 Warfsleute; kein einziger aber ist als Handwerker ausgewiesen. Ein Teil der Söhne und Töchter der Herdbesitzer ging auf Tagelohn. Das sagt deutlich genug, wie armselig hier die Verhältnisse waren. In Egels war es kaum anders. Hier verzeichnet das Register 3 volle und 5 halbe Herde, bei denen insgesamt 2 Mägde beschäftigt waren, daneben noch 5 Warfsleute, aber keinen Handwerker[168]. Bei so kümmerlichen Voraussetzungen war die Beteiligung an Landtagen entsprechend. Von hier wurde wohl nur dann ein Deputierter geschickt, wenn die Gemeinde eine Supplik oder Beschwerde einbringen wollte, so auf dem Landtag im Oktober 1712, als beide Dörfer einen Streit mit der Landesherrschaft um für sie lebenswichtige Rechte hatten[169]. Ähnlich war es auch auf den Landtagen im Januar 1721 und Juli/August 1723[170].

165   Es ist nicht ganz deutlich, wer im einzelnen dazu beigetragen hat; in der Landrechnung von 1721/22 ist eine Zinszahlung von 33 fl., 7 Schaf und 10 Witten an Bagband wegen der Obligationen angeführt, StaA., Dep. 1, 2065, fol. 34. Da der Zinssatz 5% betrug, machte das Kapital 720 fl. oder 265 Reichstaler aus.

166   StaA., Dep. 1, 1406, fol. 197; Rep. 4, C II b, 135; Dep. 1, 2134, fol. 9.

167   StaA., Dep. 1, 1435, fol. 360 und 471.

168   Beide im Kopfschatzungsregister des Amtes Aurich, StaA., Rep. 4, C I g, 59.

Das Kirchspiel Riepe weist demgegenüber wieder eine größere Vielfalt auf. Hier nennt das Kopfschatzungsregister von 1719[171] 3 eineinhalbfache Herde sowie 26 volle, 1 dreiviertel, 9 halbe und 1 dreiachtel. Insgesamt waren 8 Personen als Gesinde beschäftigt. Daneben gab es 22 Warfsleute, 7 Loog- bzw. Fährschiffer[172], 1 Krüger, 3 Schneider, wovon 2 auch Hökerei betrieben, 2 Grützmacher und je 1 Krämer, Barbier, Schuster, Schmied und Weber sowie 7 Tagelöhner und 5 Knechte und Mägde mit selbständigem Haushalt. Die wirtschaftlichen Möglichkeiten waren nur begrenzt, denn den größten Teil des Gemeindegebietes bildeten die bis zu 2 Meter unter dem Meeresspiegel liegenden Hammriche; als Folge der Deichbrüche und der Zerstörung der Siele in der Weihnachtsflut von 1717 waren diese Niederungen z. T. jahrelang mit Salzwasser überschwemmt. Nur für das Jahr 1720 lassen sich Deputierte aus Riepe auf Landtagen nachweisen, nämlich Jan Hayen auf dem Landrechnungstag[173], Reinke Bruuns auf dem Landtag im Mai[174] und Hinrich Geerdes und Jacob Janßen auf dem Landtag im Juli[175]. Zweimal schließlich wurde Riepe durch den eigentlich im Nachbardorf Ochtelbur wohnenden Edo Aycken Peters, der wohl auch einen Herd im Riepster Hammrich hatte, vertreten[176].

Aus allen angeführten Beispielen erhellt, daß die Dörfer der ostfriesischen Geest im allgemeinen wirtschaftlich recht schlecht gestellt waren. Das zeigt auch ein Vergleich der Summen, mit denen die behandelten Dörfer zu den normalen Schatzungen veranschlagt waren. Eine aus dem Anfang des 18. Jahrhunderts stammende Aufstellung weist für jeweils eine Kapital- und zwei Personalschatzungen, die immer zusammen erhoben wurden, für

	Reichstaler	Schaf	Witten
Pilsum	135	5	10
Bunde	158	23	—
Osteel	137	6	15
Bagband	25	5	10
Wallinghausen	4	13	5

169   StaA., Dep. 1, 1412, fol. 55 ff., und Rep. 4, C II b, 124; auf den Rechtsstreit wird im einzelnen noch eingegangen, siehe unten S. 109 ff.

170   StaA., Dep. 1, 1433, fol. 258; Dep. 1, 1439, fol. 320.

171   StaA., Rep. 4, C I g, 59.

172   Bis in der Mitte des 19. Jahrhunderts eine Reihe von Wegen zu Straßen ausgebaut wurden, die ganzjährig zu passieren waren, wickelten im wasserreichen Ostfriesland in den meisten Dörfern die Loog- bzw. Fährschiffer den Personen- und Warenverkehr ab.

173   StaA., Dep. 1, 1431, fol. 150.

174   StaA., Dep. 1, 1431, fol. 230.

175   StaA., Dep. 1, 1433, fol. 14.

176   Auf dem Landtag im Juli 1722, StaA., Dep. 1, 1435, fol. 395, und auf dem Landrechnungstag 1723, Dep. 1, 2134, fol. 9. Bis zum Landrechnungstag 1722 war er Ordinärdeputierter und trat nur für Ochtelbur auf; nach seinem freiwilligen Rücktritt zugunsten seines Sohnes Emmo Eden Peters,

aus[177]. Hierbei ist zu bedenken, daß Osteel beinahe um die Hälfte größer war als Pilsum, Bagband dagegen nur geringfügig kleiner als dieses.

Nur wenige qualifizierte Interessenten lassen sich auf Landtagen nachweisen; soweit von hier überhaupt Deputierte zu Landtagen geschickt wurden, handelte es sich überwiegend um Angehörige einzelner führender Familien. Der entscheidende Strukturunterschied zur Marsch liegt darin, daß dort eine scharfe, bis zum sozialen Gegensatz reichende Trennung zwischen Interessenten und den übrigen Eingesessenen zu beobachten ist, während hier die sozialen Übergänge völlig fließend waren und die große Mehrheit der Interessenten an ständischen Versammlungen kaum jemals teilnahm. Siebels hat in einer siedlungsgeographischen Arbeit zwar eine soziale Vielfalt der Geestdörfer betont und darüber hinaus auf Interessengegensätze zwischen den Herdbesitzern und den Warfsleuten hingewiesen[178]. Das soll nicht bestritten und auch keineswegs eine nivellierende Betrachtung betrieben werden, aber daß auf der Geest der Unterschied zwischen Interessenten und Nichtinteressenten nur sehr relativ war, das zeigt Smids Untersuchung über die Praxis des Pfarrerwahlrechts. Wo sich, wie in den meisten Geestdörfern, wegen der begrenzten wirtschaftlichen Möglichkeiten keine Mehrheit als ausgesprochene Oberschicht herausbilden konnte, da wirkte auch die gesamte Gemeinde, egal ob berechtigt oder nicht, reich oder arm, bei Pfarrerwahlen mit. Nur wenn durch Veränderung der wirtschaftlichen Verhältnisse soziale Unterschiede deutlicher zutage traten, erfolgte auch eine Eingrenzung des Kreises der Interessenten. Gerade das aber war auf der Geest höchst selten der Fall[179].

Die Stände achteten im Gegensatz dazu sehr genau darauf, daß die Grenzen, die der Norder Landtagsschluß von 1620 hinsichtlich der Qualifikation setzte, eingehalten wurden; wer sich hier nicht genügend legitimieren konnte, wurde zum Landtag nicht zugelassen. Nichts aber wäre angesichts des geschilderten Sachverhalts falscher, als aus der in den Landtagsakten zutage tretenden Trennung in Interessenten und Nichtinteressenten auf eine Exklusivität der Berechtigten, wie sie auf der Marsch bestand und gepflegt wurde, zu schließen. Es gilt nun, den deutlich gewordenen Struktur-

---

Dep. 1, 2126, fol. 32, hat er sich offenbar im benachbarten Riepster Hammrich (fest?) niedergelassen, so daß er schon auf dem Landtag im Juli desselben Jahres für Riepe bzw. Riepster Hammrich auftreten konnte. Zum Problem der Mehrfachdeputierung siehe im übrigen unten S. 69 f.

177 StaA., Rep. 4, C I g, 56; die Angaben, die dort z. T. in Gulden, z. T. in Reichstaler angegeben sind, wurden für diese Aufstellung vereinheitlicht (1 Reichstaler = 27 Schaf; 1 Schaf = 20 Witten).

178 S i e b e l s , S. 23. Der Interessengegensatz ergab sich aus der Wirtschaftsweise des »ewigen Roggenbaus«; der Dorfacker, an dem nur die Herdbesitzer Anteil hatten, mußte daher jährlich mit humus- und mineralstoffhaltigen Plaggen (= Soden) aus den Gemeinheitsgründen gedüngt werden. Diese mußten entsprechend groß sein, und daher verhinderten die Herdbesitzer jahrhundertelang, daß sich hier, von einzelnen Ausnahmen abgesehen, Warfsleute ansiedelten und damit Teile der Gemeinheitsflächen zu Individualbesitz machten, vgl. ebenda, S. 20, 38 und 50.

179 S m i d , Interessentenwahlrecht, bes. S. 48 f., 54 und 55.

unterschied in seinen für die Stände bedeutsamen Auswirkungen zu beleuchten.

3.3.3. Konsequenzen für das Bewußtsein und die Häufigkeit des Landtagsbesuches

Aussagen über das Bewußtsein historischer Personen, die ihr Tun und Lassen treffend charakterisieren und uns Heutigen Einblick in die Realität ihrer Wertvorstellungen gewähren können, sind naturgemäß schwer zu machen, weil die Quellen insbesondere für solche Bevölkerungsschichten, die nur eine geringe Schriftlichkeit pflegten, wie z. B. die Bauern, in diesem Punkte wenig ergiebig sind. Dennoch findet sich bei aufmerksamer Durchsicht mancher Hinweis, der es erlaubt, mit einigen Strichen ein realistisches Bild des ständischen Bewußtseins der ostfriesischen Bauern zu zeichnen sowie Aussagen zur Kenntnis der »Accorde«, der Landesverträge also, zu machen.

Der 1712 verstorbene Bauer Johann Groen aus Bunde besaß, wie sein Nachlaßinventar ergibt, insgesamt 7 Bücher, nämlich eine Bibel, eine Ausgabe des Alten Testaments und ein Gesangbuch sowie drei weitere, wahrscheinlich ebenfalls religiöse Bücher unbekannten Titels. Das siebte Buch aber war ein gedrucktes Exemplar des Osterhuser Akkords von 1611[180], Zeichen dafür, daß er diesen Vertrag mit seinen wichtigen Regelungen der bäuerlichen Dienste und Abgaben als sein verbrieftes Recht ansah. Daß das so war, zeigt das nächste Beispiel. Im November 1721 hatte der Vogt von Weener im Rheiderland den dortigen Eingesessenen den Befehl der Landesherrschaft überbracht, an den Grenzen zum Niederstift Münster Wache zu halten, damit keine fremden Bettler von dort ins Land kämen. Es fand daraufhin eine Versammlung der Eingesessenen statt, an der auch der oftmalige Landtagsdeputierte und Hauptmann des Bauernaufgebotes Franz Focken teilnahm, der »ein Accord-Buch bey sich gehabt, aus welchem (er) der Gemeine und anwesenden eine Wacht zu halten nicht gehalten zu seyn, vorgelesen«. Unter Berufung auf die Akkorde wurde die verlangte Wache tatsächlich verweigert[181]. Eine gute Kenntnis der Akkorde besaß auch Jan Evers aus Groothusen, der sich auf dem Landtag im Oktober 1715 über das Vorgehen des Landrichters beschwerte; er bat um rechtliche Unterstützung und schloß seine Eingabe mit dem Hinweis, daß solche Hilfe »auch

---

180 Inventar StaA., Rep. 220 f, Nr. 104; freundlicher Hinweis von Dr. Harm Wiemann.
181 StaA., Rep. 4, C III a, 123, Nr. II, Beilage 175. Bei dem »Accord-Buch« handelt es sich wohl um das in mehreren Auflagen, zuerst 1612, erschienene »Rezeß- und Akkordbuch«, in dem sein Herausgeber, Johannes Althusius, alle wichtigen Landesverträge vom Anfang der Ständekämpfe bis zum Osterhuser Akkord von 1611 veröffentlichte und damit jedermann zugänglich machte.

Unsere(n) Landes Verfassungen, quorum Custodes estis, gemäß« sei[182]. Dieser Hinweis auf die Wächterrolle der Stände ist äußerst wichtig, denn genau in dieser Funktion haben sie eine große Bedeutung gehabt. Ständisches Bewußtsein in höchstem Maße spricht aus dem folgenden Beispiel. Als auf dem Landtag im Dezember 1718 der Fürst sich in seiner Proposition vorbehielt, diejenigen, die an der Nichtvollendung des Deichbaus schuldig seien, zu bestrafen, rief er damit große Entrüstung hervor. Ein namentlich leider nicht genannter Landtagsdeputierter brachte dagegen vor, dieser Anspruch des Fürsten impliziere »eine Souveränität«; es sei darauf zu antworten, »daß die Stände solche protestationes nicht wißen wolten; *was die Stände hätten, das hätten sie von Gott, was aber der Fürst hätte, das hätte er von den Ständen[183]«.* Dies ist die extremste Form ständischen Denkens, die in Ostfriesland auf eine lange Tradition zurückblicken konnte. Die Ideologie der »Friesischen Freiheit«, die in den Ständekämpfen des 16. Jahrhunderts von Ubbo Emmius historisch untermauert worden war, schlägt hier durch. Sie besagt, daß die seit der Zeit Karls des Großen freien Friesen sich wegen der Wirren des Spätmittelalters den damaligen Häuptling Ulrich Cirksena zum Landesherrn gewählt hätten, also die Stellung der Landesherrschaft vom »Volk«, und das heißt konkret: den Ständen, abhängig sei[184]. Wenn auch die historische Herleitung des Emmius auf wackeligen Füßen steht, so ist die in der Struktur Ostfrieslands gründende Machtverteilung doch letztlich richtig akzentuiert. Überhaupt hatte das Wort Freiheit einen zauberhaften Klang. Nachdem die kaiserliche Untersuchungskommission im Jahre 1724 ihre Arbeit aufgenommen hatte, äußerte dazu der langjährige Ordinärdeputierte Enno Janssen aus Soltborg/Amt Leer, »sie wären freye Ostfriesen, und würden Sie und das gantze Land sich nimmermehr von ein Paar frembden Kerls zwingen laßen, Sie wolten ihre Sachen vor wie nach fort thun und sehen, wer es ihnen wehren solte[185]«. Auch ein auf Vorstellungen der »mutua obligatio« fußendes Vertragsdenken war noch durchaus lebendig. So äußerte Goeke Tholen, erbge-

---

182   StaA., Rep. 4, C II b, 126.

183   StaA., Dep. 1, 1410, fol. 227 f. Hervorhebung vom Verf.

184   Zur »Friesischen Freiheit« und Ubbo Emmius vgl. A n t h o l z , S. 35 ff., und S c h m i d t , Politische Geschichte, S. 232 ff. Die Antwort, die die Emder während des Landtages im April 1721 auf die mit vielen Ansprüchen gespickte landesherrliche Proposition gaben, in der u. a. von den Verhältnissen bei »moraten Völkern« die Rede war, an denen sich Ostfriesland ein Beispiel nehmen müsse, enthält genau diese Ideologie der »Friesischen Freiheit« und der »Ostfriesischen Singularität«: Die Stände müßten, so heißt es dort, den Räten zu erkennen geben, »daß so wenig von einen oder andern moraten als übrigen nicht so sehr moraten Völckeren auf die Ostfriesen zu argumentiren, als wenig derselben freyheit bey der ostfriesischen reservirten und durch so viele Kayser und Könige bestätigten Freyheit zu aequipariren sey«. Die Landstände seien also »als solcher Ihrer reservirten Freyheit zufolge in tantum ohnstreitige participes Regiminis«. StaA., Dep. 1, 1433, fol. 416.

185   Bericht des Auricher Kollegiumsboten Stoltz auf der Kanzlei vom 15. Oktober 1725, StaA., Rep. 4, C III b, 19.

sessen in Kritzum und Fähnrich in Borssum, 1726 anläßlich von Verhandlungen eines niederländischen Gesandten in Aurich, in denen es um die Beilegung der inzwischen ausgebrochenen Tätlichkeiten ging, es wäre schön,
wenn es ohne Gewalt abgehen könnte, »jedoch müße man noch Wache halten, maßen man dem, der einmahl meinaydig worden, fürter nicht trauen
möge«. Auf Nachfragen wurde er noch deutlicher: »Der Fürst ist meinaydig, weil er die Accorden nicht hältt, und mag man Ihme derohalben nicht
trauen, wan schon stillstand veraccordiret«. Und: Das wolle er »Ihme/dem
Fürsten/ aus den Accorden beweisen[186]«.
   Die Stände haben allerdings nie die grundsätzliche Obrigkeit der Landesherrschaft bezweifelt. Ende November 1721 lag dem Kollegium der Ordinärdeputierten und Administratoren ein fertiger Brief an den Landesherrn
zur Beschlußfassung vor, in dem dieser gebeten werden sollte, von der für
Anfang Dezember angekündigten Einführung eines landesherrlichen Inspektors beim Administratorenkollegium vorerst Abstand zu nehmen. Da
aber noch einige Ordinärdeputierten des dritten Standes fehlten, verzögerte
sich die Absendung. Der Freiherr von dem Appelle drang daher auf sofortige Abstimmung, andernfalls wollte er an den Folgen dieser Verzögerung
»wie auch der Seiner Hochfürstl. Durchl. (...) widerfahrenden Verkleinerung unschuldig« sein, wenn wegen des nicht rechtzeitigen Eintreffens dieses Briefes der Rat Tammena nach Emden zur Einführung des »praetendirten« Kommissars kommen sollte »und durch dessen Abweisung Serenissimi hoher respect zu nahe getreten werden möchte[187]«. Diese Worte gerade
aus dem Munde des wichtigsten Ständeführers zeigen deutlicher als alles
andere das Selbstverständnis der Stände und ihre Einstellung gegenüber der
Landesherrschaft. Von prinzipieller Gegnerschaft war da nicht die Rede;
die Stände wollten der Landesherrschaft kein Recht, das dieser wirklich zukam, nehmen — wobei das natürlich je nach Standort anders aussah —,
sondern nur ihre eigenen Rechte verteidigen. Das Miteinanderhandeln oder
-verhandeln beider Seiten setzte die Wahrung gewisser Formen voraus, hier
das rechtzeitige Abschicken des Briefes, damit es nicht zu einem Affront,
zu einer Verkleinerung des der Landesherrschaft schuldigen Respektes,
kommen konnte, wenn der Rat vor verschlossenen Türen stand und niemand ihn einließ, denn in der Sache nachzugeben, hatten die Stände keineswegs vor.
   Diesen Zeugnissen eines hohen ständischen Bewußtseins, vorgetragen
von Vertretern der Marsch, stehen solche der Geest entgegen, die den
strukturmäßig erfaßten Unterschied zwischen beiden Teilen Ostfrieslands
auch auf der Bewußtseinsebene deutlich machen. Im Winter 1722/23 versuchte Brenneysen mit Macht, die von den Ständen heftig bekämpften kai-

186   Diese Äußerung fiel am 25. April 1726, ebenda.
187   StaA., Dep. 1, 1435, fol. 156.

serlichen Dekrete des Jahres 1721 durchzusetzen und verlangte deshalb von allen Kirchspielen bzw. Kommunen eine schriftliche Paritionsanzeige. Im wesentlichen waren diese Anzeigen von den Amtmännern vorformuliert, einige aber waren auch von den betreffenden Kommunen selbst aufgesetzt worden. Die Eingesessenen von Haxtum, Rahe, Extum und Walle (= 4 der »9 Loogen« um Aurich) erklärten dabei: »So wollen wir denen Kayserlichen Decretis, insoweit sie denen hiesigen Accorden und Landes Verträgen gemäß / zumahlen wir die Contenta allerhöchstgedachter Decreten als schlechte Haußleuthe nicht so deutlich verstehen können / allerunterthänigst unß submittiren und gehorsamlich unterworffen haben[188]«. Wie wenig die in dieser Erklärung enthaltene Einschränkung besagt, geht schon daraus hervor, daß sie selbst zugaben, »als schlechte Haußleuthe« von dem ganzen Streit eigentlich nichts zu verstehen. Kenntnis der Akkorde oder gar ein ständisches Bewußtsein, das sich landesherrlichen Unterhöhlungsversuchen entgegenstemmen könnte, war hier nicht zu finden. Die Einwohner der Auricher Vorstadt gaben in ihrer Anzeige besonders deutlich ihrer Autoritätsgläubigkeit Ausdruck: Sie meinten nämlich, es reiche als Paritionserklärung völlig aus, »ihre Nahmen mit der Unterschrift: gut fürstlich, theils: Ihro Hochfürstl. Durchl. unterthänigster Knecht, auf eine Charteque«, die sonst keine weitere Aussage enthielt, zu setzen[189]. Mit dieser naiven Formulierung meinten sie genau das, was andere in langen Erklärungen ausdrückten. Daß auf solcher Basis kein ständischer Widerstand erwachsen konnte, liegt auf der Hand. Wer sich landesherrlichen Anordnungen in dieser Sache widersetzte, war auf der Geest leicht isoliert und mußte sich, wie Ubbe Abben aus dem Kirchspiel Engerhafe, als ein »extra naseweise(r) Eingesessene(r)« einschätzen lassen[190]. Das Bewußtseinsgefälle zwischen Marsch und Geest, das ganz offenbar die fundamentalen Strukturunterschiede Ostfrieslands widerspiegelt, ist also deutlich zu greifen. Das ohnehin schon starke Selbstbewußtsein des Westens konnte durch das dort herrschende calvinische Bekenntnis gegenüber einer lutherischen Landesherrschaft nur noch verstärkt werden, während gehorsamsfordernde Predigten[191] auf der lutherischen Geest die ohnehin nur schwachen Triebe ständischen Aufbegehrens leicht in ihrer Entfaltung hindern konnten.

---

188 StaA., Rep. 4, C III a, 123, Nr. XXI, Beilage 16.

189 So der Bericht des Auricher Amtmanns vom 13. 12. 1722, StaA., Rep. 4, C III a, 123, Nr. XXI, vor Beilage 15.

190 Bericht der Beamten des Amtes Aurich vom 13. 1. 1723, StaA., Rep. 4, C I g, 11.

191 Dieses Mittel wurde von Brenneysen seit 1719 bewußt eingesetzt. So heißt es in einem Mandat an alle Prediger vom 13. 11. 1719, es sei so, daß »die Erfahrung leyder! in Unserm Lande mehr als zu viel lehre / daß wenige recht erkennen und erwegen / was ein ordentliches Regiment / dadurch sowol in leiblichen als geistlichen Dingen des Landes Wohlfahrt befordert wird / für eine grosse göttliche Wohlthat sey / und wie hingegen / wenn die Relation zwischen Obrigkeit und Unterthanen nicht in rechter Ordnung gegen einander in acht genommen wird / Unordnungen / Ungerechtigkeiten / Gewalt / Ubervortheilungen des Nächsten / und sonsten alles Ubel Oberhand nehme / daß Land und

Ganz ohne Folgen für das Bewußtsein der Geestbauern war ihre Landtagsberechtigung dennoch nicht geblieben. Die Eingesessenen von Wiesede/Amt Friedeburg nämlich brachten bei der Versammlung der Ordinärdeputierten und Administratoren anläßlich der Akziseverpachtung am 31. Juli 1711 eine Supplik ein, in der sie um Beistand in einem Rechtsstreit mit der Landesherrschaft baten. Darin führten sie aus, »daß es Ihnen alß schlechten und gleichsam in einer Einöde wohnenden Armen Leuthen / angesehen die gantze Wiesede(r) Gemeine nur auß 9 Halb-Eigen-Erben (...), 9 Köters und 9 Hueßlingen oder schlechten Arbeiters bestehet / mit der Zeit an Mitteln und process-kosten fehlen werde«. Sie baten daher, die Stände möchten den ihnen »als zwarn geringen doch wahren Mitgliedern« der ostfriesischen Stände aufgenötigten Prozeß auf Landeskosten übernehmen. Sie schlossen mit der Hoffnung, die Landschaft werde »Unser alß eines geringen Mitgliedes in unser warhafftig gerechtesten Sache sich gnädig und hochgeneigt annehmen und nicht zugeben, daß Wir wegen unser Armuth untertrücket werden mögen[192]«. Die Formel, sie seien zwar geringe, aber doch wahre Mitglieder der Landschaft, erweist auch für die Geest ein gewisses, wenn auch beschränktes Maß an ständischem Bewußtsein. Wahrscheinlich erschöpfte es sich in dem Wissen, daß bei Streitigkeiten mit der Landesherrschaft, zumal dann, wenn es Verfahrensfragen in Prozessen betraf, die Landschaft ihnen Rechtsschutz gewähren konnte. Dieses Wissen weist darauf hin, daß ein schwacher Abglanz des ständischen Selbstbewußtseins der Marsch auch auf der Geest vorhanden war, aber es kennzeichnet gleichzeitig die Grenzen, die der ständischen Position und Wirksamkeit hier gesetzt waren. Ernsthafter Widerstand in grundsätzlichen Auseinandersetzungen wie dem »Appelle-Krieg« war damit von vornherein ausgeschlossen.

Die Wechselwirkung zwischen unterschiedlicher Sozial- und Wirtschaftsstruktur einerseits und dem Bewußtseinsgefälle andererseits soll noch von einer anderen Seite, der Teilnehmerstruktur der Landtage, beleuchtet werden. Bei der Lektüre der Landtagsprotokolle wird schnell deutlich, daß die große Mehrheit der Deputierten des dritten Standes aus den Marschkirchspielen kam, die Geestdörfer dagegen zahlenmäßig nur gering vertreten waren. Trotz einer Reihe von Indizien ist für die normalen Landtage der Be-

---

Leute darüber verderben und zu Grunde gehen«. Die Prediger sollten daher jährlich am 23. Sonntag nach Trinitatis unter Verwendung von Matthäus XXII (d. i. das Kapitel mit dem Satz »Gebt dem Kaiser, was des Kaisers ist, und Gott, was Gottes ist«) eine Predigt halten, in der sie »die ihnen anvertraute Gemeine und respective Jugend aus Gottes Wort nach Anleitung des Catechismi und der Haus-Tafel von dem Amt der Obrigkeit und deren Würdigkeit / und der Unterthanen Pflicht und Gehorsam / bey Gelegenheit treulich unterrichten / sie zum Gebet für die Obrigkeit / zur Liebe / Respect und ordentlichem Gehorsam gegen dieselbe anweisen / wie ihnen ihre Pflicht gegen Gott und Uns solches befiehlet . . .«. Nach »Anleitung des Evangelii« sollten sie »das nöthige kürtzlich / deutlich und einfältig vorstellen«. StaA., Dep. 1, Msc. fol. 22, Bl. 74 f.

192   StaA., Dep. 1, 732, fol. 92 ff. Hervorhebung vom Verfasser.

weis dazu aber nicht zu führen, weil in der Regel nur Neu-Bevollmächtigte namentlich im Protokoll genannt sind[193]. Die Protokolle der Landrechnungstage dagegen enthalten im allgemeinen eine Liste sämtlicher anwesender Deputierter, weil hier jedes Jahr neue Vollmachten vorgelegt werden mußten. Für die Jahre 1720, 1721, 1723 und 1724[194] sind daher präzise Aussagen möglich. Sie werden in etwa auch für die Landtage gelten.

Die folgende Tabelle gibt zunächst einen allgemeinen Aufschluß über die Anzahl der Deputierten auf den vier Landrechnungstagen[195].

	1720	1721	1723	1724
Amt Emden	17	18	26	10
Amt Greetsiel	10	7	18	10
Amt Leer	10	8	20	17
Amt Aurich	16	10	25	6
Amt Norden	1	1	5	2
Amt Berum	2	1	5	1
Amt Stickhausen	15	3	16	5
Amt Friedeburg	1	1	3	2
Gesamt	72	49	118	53

Diese Aufstellung vermittelt ohne Zusatzinformation den Eindruck, als wäre das Amt Aurich, das hier stellvertretend für alle übrigen Geestämter behandelt werden soll, immer mit einer ganzen Anzahl von Deputierten vertreten gewesen, als hätte also das oben dargestellte Bewußtseinsgefälle nur geringe Auswirkungen auf die Teilnahme der Geest an ständischen Versammlungen gehabt. Aufgeschlüsselt nach den Herkunftsorten der Deputierten des Amtes Aurich, ergibt sich jedoch ein wesentlich eingeschränkteres Bild, wie die folgende Aufstellung zeigt.

Ort	Anzahl der Deputierten im Jahr			
	1720	1721	1723	1724
Osteel/Tjüche	1	—	3	—
Marienhafe/Upgant	3	2	5	1
Siegelsum	1	—	1	—
Engerhafe	3	2	—	1
Victorbur	2	3	3	2
Wigboldsbur	—	1	2	—
Die 3 Wolden (Bedekaspel, Forlitz, Blaukirchen)	3	—	2	—

---

193   1727 wurde das anders, vgl. unten S. 353 ff.

194   Das Protokoll des Landrechnungstages 1722, StaA., Dep. 1, 2126, ist unvollständig und enthält nur einen summarischen Bericht über die Prüfung der Vollmachten.

195   Landrechnungstag 1720: StaA., Dep. 1, 1431, fol. 148 ff. und 181; 1721: Dep. 1, 2133, fol. 24 f.; 1723: Dep. 1, 2134, fol. 7 ff.; 1724: Dep. 1, 1452, fol. 170.

Riepe	1	—	1	—
Ochtelbur	1	2	—	1
Bangstede	1	—	1	—
Barstede	—	—	1	—
Die »9 Loogen«	—	—	1	—
Weene	—	—	1	—
Bagband	—	—	1	—
Timmel	—	—	1	—
Middels	—	—	1	—
Gesamt:	16	10	25	6

Nur wenige Kirchspiele waren also auf allen erfaßten Landrechnungstagen mit Deputierten vertreten; ein Blick auf die Karte engt den Befund weiter ein. Osteel/Tjüche, Marienhafe/Upgant und Siegelsum bildeten die Nordbrokmer, Engerhafe, Victorbur, Wigboldsbur sowie die 3 Wolden die Südbrokmer Vogtei; unmittelbar östlich benachbart liegen Riepe, Ochtelbur und Bangstede. Es ist also das Brokmerland, im Übergang zwischen Marsch und Geest gelegen, von wo die allermeisten Deputierten des Amtes Aurich kamen, dazu noch einige aus den ähnlich strukturierten Gebieten östlich davon. Die eigentliche Geest aber trat nur im Jahre 1723 in Erscheinung, als Brenneysen alles daran setzte, die Stände zu spalten und durch Druck der Amtleute auf die Eingesessenen die Teilnehmerstruktur der ständischen Versammlungen in seinem Sinne zu beeinflussen. So gelang es ihm im Januar 1723 nur durch solche Maßnahmen[196], daß zum »Gehorsamenlandtag« in Aurich insgesamt 16 Deputierte aus dem Amt Aurich kamen, und zwar außer je 2 aus Osteel und Marienhafe/Upgant 1 aus Siegelsum, 1 aus Engerhafe und 2 aus Victorbur auch 2 aus Barstede sowie je einer aus Westerende, Ardorf, Middels, Strackholt, Bagband und Timmel[197]. Die letztgenannten Orte sind sämtlich typische Geestdörfer.

Für Dörfer dieser Art läßt sich eine weitere Beobachtung machen. Auf dem Landtag im Dezember 1720 gab zu Beginn der Deputierte Tamme Boyen aus Strackholt seine Vollmacht ab; am nächsten Tag schon wurde eine Supplik der Strackholter Eingesessenen auf Steuerermäßigung vorgetragen[198]. Ähnlich war es in dem schon angesprochenen Fall der Eingesessenen von Egels und Wallinghausen auf dem Landtag im Oktober 1712[199], ebenso auf dem Landtag im März 1723 mit den Eingesessenen von Reepsholt im Amt Friedeburg[200]. Unschwer läßt sich hier ein Zusammen-

196   Vgl. die Berichte der Amtleute vom 4.—11. 1. 1723, StaA., Rep. 4, C II b, 135.
197   Teilnehmerliste ebenda. Für den Landrechnungstag im Mai desselben Jahres läßt sich solche Einflußnahme zwar nicht beweisen, angesichts der Teilnahme von Deputierten vieler Orte, die sonst fast nie auf ständischen Versammlungen vertreten waren, aber als sicher annehmen.
198   StaA., Dep. 1, 1433, fol. 154, und Dep. 1, 1623, fol. 331 f.
199   StaA., Rep. 4, C II b, 124, und Dep. 1, 1412, fol. 55 ff.

hang erkennen, und angesichts weiterer paralleler Fälle darf als generelle Aussage über die Geest festgestellt werden, daß von dort oft nur dann Deputierte zu Landtagen geschickt wurden, wenn Bitten oder Forderungen an die Stände zu richten waren, mit anderen Worten, wenn die aufgewandten Kosten für Reise, Unterbringung und Verpflegung des Deputierten, die von der abschickenden Gemeinde zu tragen waren, einen unmittelbaren Nutzen versprachen.

Es läßt sich also innerhalb des Amtes Aurich ein erhebliches Gefälle hinsichtlich der Häufigkeit der Teilnahme an ständischen Versammlungen beobachten. Zwar ist es nur für die Landrechnungstage zu beweisen, aber für die Landtage dürfte nichts anderes gelten; beim Lesen der Landtagsprotokolle drängt sich im Gegenteil der Eindruck auf, als seien hier im allgemeinen noch weniger Vertreter der Geest anwesend gewesen. Das Brokmerland und die angrenzenden Kirchspiele im Niedermoor heben sich damit als Gebiete heraus, in denen die Stände fester verwurzelt waren und intensiver wirken konnten als in den reinen Geestvogteien. Die Ursachen dafür liegen in der besonderen Struktur dieser Gegend, die nach ihren natürlichen Voraussetzungen zwischen Marsch und Geest steht. Bessere wirtschaftliche Gegebenheiten hatten hier eine größere soziale Vielfalt zur Folge und ermöglichten auch die dominierende Stellung einzelner Familien. Wie auf der Marsch hoben sich hier die auf den Landtagen anwesenden Deputierten aus der Sozialstruktur ihrer Dörfer heraus, so Abbo, Wibbe, Jibbe und Suntke Poppinga aus Marienhafe bzw. Upgant[201], so der Deichrichter Broer Jürgens Lynesch[202] und der Fähnrich des Bauernaufgebotes Jan Blancke[203] aus Engerhafe, so der Deichrichter Peter Hanssen aus Victorbur[204] und der Deichrichter und Ordinärdeputierte Edo Aycken Peters bzw. sein Sohn Emmo Eden Peters aus Ochtelbur[205]. Angesichts des eindeutigen Befundes im Amte Aurich kann auf Einzeluntersuchungen in den übrigen Geestämtern verzichtet werden, zumal sich für das Amt Stickhausen, ebenfalls

200 StaA., Dep. 1, 1439, fol. 114 und 115.
201 Siehe oben Anm. 160.
202 Nachgewiesen auf den Landtagen im April 1715: StaA., Dep. 1, 1412, fol. 130; März 1720: Dep. 1, 1432, fol. 31; Mai/Juni 1722: Dep. 1, 1435, fol. 368, sowie auf den Landrechnungstagen 1720 und 1721: Dep. 1, 1431, fol. 150, und Dep. 1, 2133, fol. 25.
203 Nachgewiesen auf dem Landtag April 1715: StaA., Dep. 1, 1412, fol. 130, und Landrechnungstagen 1720: Dep. 1, 1431, fol. 148; 1721: Dep. 1, 2133, fol. 25; und 1724: Dep. 1, 1452, fol. 170.
204 Nachgewiesen auf den Landtagen Oktober 1715: StaA., Dep. 1, 1410, fol. 17; April 1721: Dep. 1, 1433, fol. 426; Febr./März 1722: Dep. 1, 1435, fol. 174; Mai/Juni 1722: Dep. 1, 1435, fol. 360; sowie den Landrechnungstagen 1720—1724: Dep. 1, 1431, fol. 150; Dep. 1, 2133, fol. 25; Dep. 1, 2126, fol. 25; Dep. 1, 2134, fol. 9; und Dep. 1, 1452, fol. 170.
205 Edo Peters: Landtage April 1715: StaA., Dep. 1, 1412, fol. 131; April 1718: Dep. 1, 1410, fol. 122; Juni 1719: Dep. 1, 1406, fol. 205; Landrechnungstage 1720 und 1722: Dep. 1, 1431, fol. 210; und Dep. 1, 2126, fol. 32. Emmo Eden Peters: Landrechnungstage 1721: Dep. 1, 2133, fol. 25; 1722: Dep. 1, 2126, fol. 32; 1724: Dep. 1, 1452, fol. 170; Landtage Mai/Juni 1722: Dep. 1, 1435, fol. 355; April/Mai 1723: Dep. 1, 1439, fol. 219.

zweigeteilt in ein großes Gebiet reiner Geest und ein kleineres mit Süßwassermarsch zwischen Leda und Jümme, ein ganz ähnliches Bild ergibt; auch hier stammten die meisten und einflußreichsten Deputierten aus der Marsch, während die Geest seltener und mit weniger Abgeordneten vertreten war.

Die bisherige Untersuchung hat ein anschauliches Bild des ostfriesischen Hausmannsstandes auf Landtagen ergeben. Die bäuerliche Landstandschaft erfordert jedoch auch noch eine Beschäftigung mit der Frage nach dem Repräsentantencharakter der Stände.

3.3.4. Das Problem der Repräsentation[206]

Die Diskussion über den Repräsentantencharakter der Landstände konnte erst beginnen, als im Zuge der Aufklärung das Individuum und seine allgemeinen Rechte in den Blick kamen, die bestehenden Stände der meisten Territorien aber unter dem Einfluß einer starken Landesherrschaft immer mehr zur Bedeutungslosikeit abgedrängt worden waren. Gelegentlich wurde daher versucht, an noch funktionierende landständische Verfassungen anzuknüpfen und die Landstände dabei als Repräsentation des Landes bzw. aller Untertanen gegenüber dem Landesherrn anzusehen, deren Hauptaufgabe — ganz konstitutionell gedacht — es sein sollte, Recht und Verfassung gegen Übergriffe zu schützen[207]. Mit dieser Argumentation konnte gleichzeitig die landständische Verfassung gegen ihre Kritiker, die in den Landständen nur privilegierte Korporationen ohne Daseinsberechtigung sahen, gerechtfertigt werden[208].

Die in der älteren Literatur heftig umstrittene Frage, ob die Stände das Land gegenüber der Landesherrschaft vertreten haben oder nicht, hat Otto Brunner mit der Formel aufgehoben, daß die Stände das Land nicht vertreten konnten, weil sie selber das »Land« waren[209]. Damit hatte er einen unmittelbar aus den Quellen genommenen Begriff des »Landes« in die Diskussion eingeführt, der die »landrechtliche Einheit« einer Gruppe von Menschen meint, die zur Herrschaft berechtigt sind oder an ihr teilhaben. Die Landesgemeinde ist hier also angesprochen, deren Herr der Landesherr ist. Von einem älteren Begriff, der die Gemeinsamkeit von Landesherr und

206   Die folgenden Überlegungen konnte ich am 6. Mai 1978 anläßlich eines Kolloquiums über »Landschaft und Land. Probleme der ständischen Repräsentation in Ostfriesland« in Aurich vortragen und zur Diskussion stellen, vgl. K a p p e l h o f f , Soziale Reichweite.

207   Vgl. hierzu W u n d e r , S. 176.

208   Zum Beginn der Diskussion über den Repräsentationscharakter der Landstände, in der Männer wie Moser und Möser eine führende Rolle gespielt haben, vgl. z. B. für das Hochstift Osnabrück R e n g e r , S. 45 ff.

209   B r u n n e r , Land und Herrschaft, S. 423.

Landesgemeinde »Land« nennt, ist ein jüngerer, spätmittelalterlich-frühneuzeitlicher Begriff zu unterscheiden, der die Landesgemeinde, wenn sie dem Landesherrn gegenübertritt, allein als »Land« versteht. Der Begriff bezeichnet damit nur noch das als »Land«, was nicht zur unmittelbaren Herrschaftssphäre, zum Kammergut des Landesherrn also, gehörte[210]. Dieser Befund gilt auch für Ostfriesland. In einem Schriftsatz der Stadt Emden und ihrer Anhänger an den Reichshofrat aus dem Jahre 1729 ist von dem »auß Ritterschafft / Städten / und Bauren- oder dritten Stande bestehende(m) *Land* Ost-Frießland« die Rede[211].

Was aber ist mit dieser Formel, deren grundsätzliche Richtigkeit unbestreitbar ist, gewonnen, da sie dem heutigen Leser doch merkwürdig spröde vorkommt? Es muß deshalb eine für die »alteuropäische Gesellschaft« fundamentale Zweiteilung zunächst vorgestellt und erläutert werden, die Zweiteilung in »societas civilis« und »societas domestica«[212]. Der »societas civilis« gehörte an, wer mit einem zur Herrschaft — und sei sie noch so gering — berechtigenden Haus im Lande angesessen war, auf ostfriesische Verhältnisse übertragen, wer Besitzer eines landtagsberechtigten Herdes bzw. eines immatrikulierten adeligen Gutes bzw. Inhaber des Bürgerrechtes einer der drei Städte war. Das waren die Voraussetzungen zur Teilhabe an Herrschaft im allgemeinsten Sinne, in diesem Falle zur Landstandschaft. Wer diese Voraussetzungen nicht erfüllte, der gehörte zur »societas domestica«, d. h. war der Herrschaft des Mitgliedes einer der drei Gruppen unmittelbar unterworfen (als Bauer in einer adeligen Herrlichkeit, als bloßer »Einwohner« oder »Beisasse« in den Städten oder als Gesinde auf einem landtagsberechtigten Bauernhof).

Mit dieser Zweiteilung wird die Wurzel der Landstandschaft genauso deutlich[213] wie der grundlegende Unterschied zwischen moderner und »alteuropäischer« Gesellschaft. Wo es von vornherein verschiedene Rechtskreise gab, wo jeder einem bestimmten Stand angehörte, also Adeliger, Bürger oder Bauer, geistlichen oder weltlichen Standes und rechtsfähig nur so weit war, wie zum Leben im je eigenen Stand gerade notwendig, da lassen sich natürlich nicht Vorstellungen des heutigen demokratischen Repräsentativsystems zugrunde legen. Es ist damit klar, daß die Stände keine

210   ebenda, S. 386, 394, bes. S. 413 ff. und 438.
211   StaA., Rep. 4, C III a, 184, Beilage 73 zu den am 10. November 1729 im Reichshofrat eingereichten Gravamina der Stadt Emden und ihrer Anhänger; Hervorhebung vom Verf. Gelegentlich wurde auch das Wort »Ostfriesland« zu diesem Begriff des »Landes« synonym verwendet und von »Ländereien« als Bezeichnung für Land im üblichen Sinne unterschieden. In derselben Eingabe heißt es als Zusammenfassung vorher vorgetragenen Einzelelemente der ostfriesischen Verfassung, »Ost-Frießland (habe) auch ein so grosses / und besonderes Antheil an der Regierung vor allen Ländereien in Teutschland bis anhero behalten«, daß eine Erfüllung der fürstlichen Forderung nach vollständiger Oberbotmäßigkeit nicht in Frage kommen könne.
212   B r u n n e r , Freiheitsrechte; R i e d e l , Bürgerliche Gesellschaft; S c h w a b , Familie.
213   Vgl. auch M i t t e r a u e r , Grundlagen.

Volksvertreter modernen Sinnes waren; auch räumlich deckten sie nicht das ganze Territorium ab. Wer in Ostfriesland auf den Inseln, in den neu eingedeichten Gebieten, auf landesherrlichen Domänen, in den kolonisierten Heidestrichen oder in den Fehnen auf dem Moor wohnte, der gehörte zum Kammergut der Landesherrschaft, stand also unter dem besonderen Schutz, den die landesherrliche »societas domestica« gewährte. Das besondere Schutzverhältnis, in dem religiöse Minderheiten wie die Täufer und die Juden zur Landesherrschaft standen, schloß auch diese von vornherein von allen ständischen Versammlungen aus.

Läßt sich trotz dieser Einschränkungen gegenüber dem heutigen Repräsentativsystem von ständischer Repräsentation sprechen? Waren sie Repräsentanten bzw. Vertreter[214] des Landes und/oder der Bevölkerung? Insbesondere in Deutschland hat sich die Forschung selbst lange den Zugang zur Lösung dieses Problems verstellt, indem sie den Repräsentationsbegriff allein auf gewählte Parlamente, also auf moderne demokratische oder allenfalls konstitutionelle Verhältnisse angewendet wissen wollte[215]. Repräsentation und auf Vollmacht beruhendes Handeln[216] mit dem Einverständnis einer größeren Anzahl von Personen ist aber nicht an demokratische parlamentarische Verhältnisse gebunden, sondern so alt, wie es politische Verbände gibt, denn nur in Vertretungen, egal in welcher Ausprägung sie erscheinen, kann ein Verband handlungsfähig sein[217]. Es gilt daher, den Repräsentationsbegriff in seiner ganzen Vielschichtigkeit zu zeigen.

Daß die Deputierten des dritten Standes ihre daheim gebliebenen Mitinteressenten vertraten, kommt schon in ihrer Vollmacht, so zu handeln, als wenn »wi selbest personlich dar weren[218]«, zum Ausdruck. Unter Verwendung der nützlichen Unterscheidungen von Griffiths läßt sich hier von »deskriptiver Repräsentation[219]« sprechen, d. h. der Repräsentant ist ein so

---

214 Die in der deutschen Sprache mögliche Unterscheidung von Vertretung und Repräsentation ist ein äußerst schwieriges Problem und erscheint in diesem Zusammenhang ziemlich unfruchtbar; beide Begriffe werden deshalb im folgenden (weitgehend?) synonym gebraucht. Zur Unterscheidung vgl. die Einleitung von R a u s c h in dem von ihm herausgegebenen Sammelband Zur Theorie und Geschichte der Repräsentation. Zu der außerordentlichen Vielschichtigkeit des Repräsentationsbegriffes vgl. die für die Ständegeschichte sehr nützlichen Überlegungen von G r i f f i t h s .

215 Vgl. S c h m i t t , der im ersten Kapitel dieses Problem sehr gut beleuchtet und den Repräsentationsbegriff vollständig in seine Komponenten zerlegt.

216 Daß Repräsentation als Vorgang und der durch diesen Vorgang verliehenen Handlungsbefugnis strikt zu unterscheiden ist, hat R a u s c h , Repräsentation, S. 90 f., deutlich gemacht: »Jener (sc. Vorgang der Repräsentation) begründet nämlich eine psychologische Beziehung zwischen Repräsentanten und Repräsentierten und steht jeglicher Normierung entgegen; diese (sc. Handlungsbefugnis) ist normierbar und damit auch juristisch faßbar«.

217 Repräsentation und das Handeln einzelner in Vertretung für die Vielheit konstituiert überhaupt erst Gesellschaft; ansonsten bliebe es »eine unverbundene Schar von einzelnen«, R a u s c h , Repräsentation, S. 90.

218 So die Vollmacht der Kirchborgumer Interessenten für ihren Deputierten, abgedruckt bei W i e - m a n n , Bauern, S. 155.

219 G r i f f i t h s , S. 445.

typischer Vertreter einer Gruppe, daß mit Recht von ihm auf die von ihm Repräsentierten geschlossen werden kann. Unter diesen Begriff der Repräsentation fallen alle besprochenen Landtagsdeputierten des dritten Standes, die vielfach herausragende Mitglieder der Interessentenschicht waren. Ihre Entrüstung, als der Deputierte Folckert ter Borg aus Marienwehr/Amt Emden vom Landtag ausgeschlossen werden sollte, kleideten seine Freunde in das Argument, er habe normalerweise mehr als 3000 Reichstaler jährlicher Einkünfte und sei schon über 12 Jahre Deputierter des dritten Standes[220]. Hier wird die für die »alteuropäische Gesellschaft« typische Auffassung deutlich, die Berechtigung, auf Landtagen zu erscheinen, sei umso größer, je höher die wirtschaftliche Leistungsfähigkeit sei, d. h. je mehr »Interesse« einer am Wohl des Landes habe. Die ländliche Oberschicht, die potentes et divites der lateinischen Quellen, war auf Landtagen also zunächst und unmittelbar repräsentiert.

Gewählt und bevollmächtigt wurden die Deputierten zwar von einer begrenzten Personengruppe, aber im Rahmen eines Kirchspiels oder einer Kommune[221]. Sie traten damit als Angehörige und Sprecher eines politischen Verbandes auf. Der politische Verband »Kirchspiel« oder »Kommune« erschöpfte sich jedoch nicht in der Zahl der Interessenten, insbesondere auf der Geest. Bauerrichterfähig z. B. waren vielfach auch kleinere Grundbesitzer oder gar Warfsleute. Die vielen unterschiedlichen Berechtigungen, die auf dem Lande möglich waren, lassen sich über den engen Begriff der »deskriptiven Repräsentation« nicht erfassen. Wer für sein Kirchspiel, darüber hinaus für seine Vogtei und sein Amt, auftritt, repräsentiert auf andere Weise. »Askriptive Repräsentation« ist hier der zutreffende Begriff[222], d. h. der Repräsentant repräsentiert die Angehörigen eines politischen Verbandes kraft der Tatsache, daß das, was er tut und entscheidet, für diesen bindend ist.

Es gibt eine dritte Art von Repräsentation. Die Deputierten des Hausmannsstandes konnten der Sache nach zwar nur als Repräsentanten politischer Verbände auftreten; nur in solchem Rahmen war das in einer Zeit, die noch keine individuelle Gleichberechtigung kannte, möglich. In der terminologischen Offenheit des Wortes »Hausmannsstand« kommt aber eine soziale Komponente zum Ausdruck, die sich beim Städtestand — nicht Bürgerstand (!) — nicht findet. Unter den Hausmannsstand als soziales Phänomen muß mehr oder weniger die gesamte Landbevölkerung gerechnet werden. Der Hausmannsstand im besonderen und die Stände in ihrer Gesamtheit galten denn auch als Verkörperung des »Volkes«, natürlich in all den damals üblichen sozialen und verfassungsmäßigen Schranken. Hier

---

220   StaA., Rep. 4, C III a, 123, Nr. IX, § 1.
221   Vgl. oben S. 33 mit Anm. 84.
222   G r i f f i t h s , S. 446.

läßt sich von »Identitätsrepräsentation« sprechen, die Stände als Verkörperung des »Volkes«[223]. Johannes Althusius war es um diesen Repräsentationsbegriff zu tun: Den Ständen sind vom Volk dessen Rechte übertragen worden; diese treten, idealtypisch gedacht als mit dem Volk identisch, als »Identitätsrepräsentanten« dem Landesherrn gegenüber. Der Landesherr seinerseits, dem nach dieser Auffassung sein Amt vom »Volk« übertragen worden ist, tritt anderen Staaten oder dem Reich gegenüber als bloßer »Vertretungsrepräsentant« seines Territoriums in Erscheinung[224].

Es kann nicht genug betont werden, daß damit keine moderne Volkssouveränität beschrieben ist, obwohl diese oft bei Althusius vermeintlich gefunden wurde[225]. In Ostfriesland läßt sich allerdings eine große soziale Reichweite der Stände feststellen; immerhin waren noch Besitzer von halben Herden auf der Geest, mochten sie auch arm sein, landtagsberechtigt. Die Tatsache, daß diese Geestbauern nur sporadisch Landtage besuchten, ändert daran nichts. Mit dem Blick auf bäuerliche Landstandschaft hat Peter Blickle von »Hausväterdemokratie« gesprochen[226] und damit einen Begriff geprägt, der auf die ostfriesischen Verhältnisse treffend angewandt werden kann, denn er wird in seinem ersten Bestandteil dem Unterschied zwischen »societas civilis« und »societas domestica« gerecht, deutet aber im zweiten an, daß die Exklusivität der Stände nur verhältnismäßig gering ausgeprägt war.

223 So heißt es in den Gravamina der Stadt Emden und ihrer Anhänger vom 10. November 1729, StaA., Rep. 4, C III a, 184, »das gantze Ost-Friesische Volck / als welches auß Ritterschafft / Städten / und dem Bauren- oder dritten Stand bestehet / wovon die Ritterschafft Haubt vor Haubt / und proprio iure der Land-Tagen erscheinet / die von den Städten / und Bauren-Stand aber deputiren / und zwar auß ihnen allen / all solche / und die jenige / welche sie jederzeit wollen zu denen Land-Tagen schicken / und diese machen die Land-Stände des Landes Ost-Frießland aus«. Daraus folge, daß das ostfriesische Volk, d. h. die Landstände, in seiner Gesamtheit nicht als Untertan des Fürsten anzusehen sei; nur jeder einzelne sei ein Untertan. In Anlehnung an Blickle hat B o s l , Repräsentierte und Repräsentierende, S. 109, für die oberdeutschen bäuerlichen Landschaften von Untertanenrepräsentation gesprochen und dabei als Untertanen nur diejenigen verstanden, die haushäblich im Lande angesessen sind. Der Untertanenbegriff wird hier m. E. zu sehr eingeengt; auf der anderen Seite weckt die Verwendung dieses Begriffes allzu leicht Assoziationen in Richtung auf eine echte Volksvertretung. Was Bosl Untertanenrepräsentation nennt, ist offenbar identisch mit dem, was oben als »deskriptive« Repräsentation definiert wurde, d. h. Selbstdarstellung der gegenüber dem Rest der Bevölkerung privilegierten ländlichen Oberschicht. Vgl. hierzu auch O e s t r e i c h , Vorgeschichte des Parlamentarismus.

224 Vgl. H o f m a n n , Repräsentation, S. 358 ff. Alle Ausführungen Althusius' über das Ständewesen in der zweiten und dritten Auflage seiner Politica methodice digesta sind weitgehend nach dem Vorbild der ostfriesischen Verhältnisse geschrieben, die er als Emder Stadtsyndikus seit 1604 aus eigener Anschauung kannte, vgl. A n t h o l z , S. 104 und 141 ff.

225 Vgl. die zahlreichen Anmerkungen bei H o f m a n n , Repräsentation.

226 B l i c k l e , S. 448. Zum »Hausvater« vgl. außer der in Anm. 212 genannten Literatur Otto B r u n n e r , Das ganze Haus; daneben die Artikel Hausvater und Hauswirt im Deutschen Rechtswörterbuch, sowie S c h u l z e , HRG-Artikel Hausherrschaft. Alle hier genannten Titel beschränken den Hausvater mehr oder weniger auf den Adel. Für Ostfriesland muß der Begriff daher weiter gefaßt werden.

Eine Besonderheit bei der Repräsentation des dritten Standes muß noch erwähnt werden, die bei einzelnen herausragenden Deputierten zu beobachtende Tendenz zum »Berufspolitiker«. Rudolph von Rehden ist ein Beispiel dafür. Er war ansässig im Flecken Leer und läßt sich im gesamten Untersuchungszeitraum als Ordinär- und Extraordinärdeputierter dieses Ortes bzw. der zugehörigen Vogtei nachweisen. Auf fast allen Landtagen war er zugegen und wurde oft in Deputationen und Kommissionen gewählt. Gelegentlich aber präsentierte er auch Vollmachten von Kirchspielen anderer Vogteien, so auf dem Landtag im Dezember 1718 eine von Ihrhofe[227] und im Februar/März 1722 eine von Großwolde und Steenfelde[228]. Der Ordinärdeputierte und spätere Administrator Dr. Coop Ibeling von Rehden, ein Bruder des eben Genannten und wie dieser wohnhaft in Leer, findet sich im allgemeinen als Deputierter dieses Fleckens in den Quellen. Daß er auf dem Landtag im Februar/März 1722 eine Vollmacht von Loga und Logabirum[229] hatte, ging noch an, da diese beiden Orte von Leer aus mitvertreten wurden[230]; die Landtage im Mai/Juni und Juli 1722 aber besuchte er als Deputierter der Vogtei Weener[231]. Hermannus Watzema, Deputierter aus Nettelburg/Amt Stickhausen, trat auf den Landtagen im Juli 1720 und Februar/März 1722 sogar für die im Amt Leer liegenden (allerdings nur durch die Leda getrennten) Orte Loga und Logabirum auf[232]. Aus diesen Beispielen ist eine von den im Norder Landtagsschluß von 1620 formulierten Voraussetzungen abweichende Praxis zu erkennen, die es im Einzelfall Kirchspielen erlaubte, auf Landtagen repräsentiert zu sein, ohne die dadurch entstehenden Kosten tragen zu müssen. Sie bevollmächtigten dazu den Deputierten eines anderen Ortes zusätzlich; dieser brauchte in dem betreffenden Kirchspiel nur etwas Besitz zu haben, dort aber nicht erblich angesessen zu sein[233]. Es läßt sich allerdings nicht endgültig klären, ob der Wunsch nach Kostenersparnis das Kirchspiel initiativ werden ließ, oder ob der Deputierte eines anderen Ortes sich um die zusätzliche Vollmacht bemühte. In jedem Falle wird deutlich, daß durch diese Praxis herausragende Deputierte des dritten Standes weiter herausgehoben wurden und dadurch der Grenze zum »Berufspolitiker« zumindest sehr nahe kamen. In allen diesen Fällen liegt eine zeitlich begrenzte, durch Mandat übertragene Ver-

---

227 StaA., Dep. 1, 1410, fol. 217.
228 StaA., Dep. 1, 1435, fol. 173.
229 StaA., Dep. 1, 1435, fol. 173.
230 K ö n i g , Verwaltungsgeschichte, S. 327.
231 StaA., Dep. 1, 1435, fol. 344 und 452.
232 StaA., Dep. 1, 1433, fol. 14; Dep. 1, 1435, fol. 173.
233 Diese Voraussetzung hat wohl mit Sicherheit in den angeführten Fällen vorgelegen, wenn es sich auch nicht beweisen läßt. Ein eindeutiges Beispiel bietet der Landrechnungstag 1724. Fecke Gryse aus dem Amt Leer hatte 2 Vollmachten von diversen Kommunen, wurde aber nur wegen einer anerkannt, StaA., Dep. 1, 1452, fol. 158 f.

tretungsrepräsentation eines Kirchspiels bzw. einer Kommune vor, die dann angewandt wurde, wenn aus Zeit- oder Geldmangel kein eigener Deputierter des betreffendes Kirchspiels trotz bestehenden Interesses zum Landtag entsandt wurde.

Das Problem der Repräsentation und des Repräsentantencharakters der Stände erweist sich unter den ostfriesischen Verhältnissen als äußerst vielschichtig. »Deskriptive«, »askriptive«, »Identitäts-« und »Vertretungsrepräsentation« kommen gleichzeitig und sich überlagernd vor. Sie sind verschiedene Komponenten des komplexen Phänomens der ständischen Repräsentation. Nicht eindeutige, sondern nur entsprechend differenzierte Aussagen waren daher möglich.

Zwischenergebnis

Die ostfriesischen Landstände besaßen eine breite soziale Basis. Das lag vor allem daran, daß in diesem Territorium eine bäuerliche Landstandschaft bestand. Das Gewicht des dritten Standes ist im Laufe des 17. Jahrhunderts durch das zahlenmäßige Absinken des Adels verstärkt worden. Weitere Förderung erfuhr diese Tatsache durch die politische Enthaltsamkeit eines Teils des übriggebliebenen Adels. Die Hauptrolle innerhalb der Stände spielte trotz ihrer verschlechterten wirtschaftlichen Lage die Stadt Emden. Es gelang ihr, ihre weitgehend autonome Stellung zu behaupten, die zusammen mit der breiten sozialen Basis der Stände die Voraussetzung einer erfolgreichen antiabsolutistischen Politik war. Emden war Sitz des Administratorenkollegiums und beherbergte die ständische Garnison sowie niederländische Truppen. In ihrer patrizischen Oberschicht, aber auch in den weiteren Kreisen zugänglichen »Vierzigern« herrschte ein hohes ständisches Bewußtsein, das sich allen Aktivitäten der Landesherrschaft gegenüber äußerst mißtrauisch zeigte. Gegenüber dem reformierten Emden fielen die lutherischen Städte Norden und Aurich stark ab. In Aurich, von der Struktur her eine typische Residenzstadt, konnte sich unter der Kontrolle der Landesherrschaft kaum ein sich in ständischer Politik nennenswert niederschlagendes Selbstbewußtsein und Eigengewicht entwickeln. Norden dagegen war in sich gespalten und schwankte beständig zwischen der ständischen und der fürstlichen Seite hin und her, so daß auch hier den Ständen keine verläßliche Basis entstehen konnte.

Der dritte Stand zerfiel, entsprechend der natürlichen Zweiteilung Ostfrieslands in Marsch und Geest, unter den wirtschaftlichen Bedingungen der vorindustriellen Zeit in mehr oder weniger reiche Marschbauern, die deutlich aus ihrer vielfältig gegliederten sozialen Umwelt herausragten, und viel ärmere Geestbauern, die sich nur geringfügig von ihrer nicht landtagsfähigen sozialen Umgebung abhoben. Folge der großen wirtschaftlichen Leistungsfähigkeit auf der Marsch und der eng begrenzten Möglichkeiten auf der Geest war eine deutliche Abstufung des ständischen Selbstbewußtseins. Die Ideologie der »Friesischen Freiheit« mit ihren Konsequenzen und die Kenntnis der Akkorde war daher auf der Marsch viel weiter verbreitet als auf der Geest. Innerhalb der Geestämter läßt sich außerdem ein Gefälle zwischen den Gebieten mit günstigeren natürlichen Voraussetzungen und den übrigen feststellen. Die Häufigkeit der Landtagsbesuche der einzelnen Kirchspiele ist ein deutlicher Spiegel dieser Gegebenheiten. Zum Problem des Repräsentantencharakters der Stände konnte festgestellt werden, daß, unbeschadet der grundsätzlichen Richtigkeit von Otto Brunners Formel, derzufolge die Stände das Land waren, aber nicht vertraten, Repräsentation, und zwar mehrfach differenziert, auch unter den Bedingungen der altständischen Gesellschaft stattfand. Die ostfriesischen Verhältnisse mit ihrer tief herunter reichenden Landtagsberechtigung sind mit dem von Peter Blickle geprägten Begriff »Hausväterdemokratie« besonders gut charakterisiert.

Die breite bäuerliche Landstandschaft bewirkte eine tiefe Verwurzelung der Stände im Lande, fester auf der Marsch, weniger ausgeprägt auf der Geest. In dieser Verwurzelung liegt eine der entscheidenden Voraussetzungen des »Appelle-Krieges«.

4. Der fürstliche Kanzler Enno Rudolph Brenneysen

Die Behandlung der Voraussetzungen des »Appelle-Krieges« wäre unvollständig, wenn nicht wenigstens in Kürze auch der Hauptakteur auf Seiten des Landesherrn, der Kanzler Enno Rudolph Brenneysen, vorgestellt[234] und in seinen Anschauungen und seinem Verhältnis zu den Ständen charakterisiert würde, denn selten war der Ausbruch und der Verlauf einer politischen Auseinandersetzung so eng mit einer Person und ihrer Tätigkeit verknüpft wie in diesem Falle.

---

234 Die folgende Darstellung folgt im großen und ganzen der Arbeit von J o e s t e r . Grundsätzlich ist dazu zu sagen, daß die Verfasserin sich zwar sehr genau mit Brenneysen als Historiker befaßt und dabei richtig den Zweck seiner Arbeit, vor allem der »Ost-Friesischen Historie und Landes-Verfassung«, als Mittel der politischen Auseinandersetzung erkannt hat, insgesamt aber bleibt die Untersuchung unbefriedigend, weniger, weil es der Verfasserin nicht immer gelungen ist, sich von Identifizierungen mit Brenneysen freizuhalten, sondern weil Brenneysens historische Arbeiten durch die Ausklammerung seiner politischen Tätigkeit isoliert betrachtet werden und damit eine richtige Beurteilung nicht möglich ist. So behauptet sie z. B. auf S. 374 f., Brenneysen habe nie die Absicht gehabt, die Landesverträge aufzuheben oder seinem Landesherrn die Stellung eines »princeps legibus solutus« zu verschaffen. Daran ist sicher richtig, daß er an eine formelle Aufhebung nicht gedacht hat — das war unter altständischen Verfassungsverhältnissen in dem bei J. latent zu Grunde liegenden konstitutionellen Verfassungsverständnis des 19. Jhs. ohnehin nicht möglich —, aber eine Interpretation der Landesverträge, wie Brenneysen sie vornahm, bedeutete einen

Brenneysen, 1669 in Esens geboren, entstammte einer Familie, die schon mehrere Generationen lang in landesherrlichen Diensten stand. Nach dem Besuch des Bremer »Gymnasium Illustre« studierte er seit 1693 in Halle, wo er insbesondere von Christian Thomasius und seiner naturrechtlichen Lehre beeinflußt wurde; binnen kurzem wurde er einer der engsten Mitarbeiter dieses Gelehrten. Seine wissenschaftliche Tätigkeit begann Brenneysen mit einer Arbeit über das Recht eines Landesherrn in »mittleren Dingen« (adiaphora), d. h. den Zeremonien und sonstigen Gegenständen der Religion, die nicht ausdrücklich in der Bibel ge- oder verboten sind. Er kam dabei zu dem Ergebnis, daß alle diese Dinge der Disposition des Landesherrn unterstehen, und zwar kraft seiner landesherrlichen Hoheit. Damit hatte er der Landesherrschaft eine weitgehende Machtposition zugestanden, die im weltlichen Bereich von besonderem Belang werten sollte, in dem er Einschränkungen der »landesherrlichen Hoheit« erst recht nicht akzeptierte. Brenneysens Arbeit löste eine heftige literarische Fehde aus, in der ihm von Seiten der orthodoxen Lutheraner u. a. seine pietistische Grundhaltung vorgeworfen wurde. 1697 trat er auf Verlangen Fürst Christian Eberhards als »advocatus fisci« in ostfriesische Dienste. Bei dieser Tätigkeit hatte er »die Interessen des Fürsten und des Staates vor allem am Reichshofrat, Reichskammergericht und andern Gerichtshöfen, aber auch als Assistent des Generalprokurators und Fiskals am ostfriesischen Hofgericht« wahrzunehmen[235]. Dabei kam Brenneysen schon bald von seiner bisherigen Staatsauffassung auf der Basis eines säkularisierten Naturrechts ab; immer mehr gebrauchte er mit der Zeit theologisch fundierte Argumente[236], um die »wahre Relation zwischen Obrigkeit und Untertanen« recht zu untermauern bzw. in seinem Sinne zu ändern.

1698 wurde er zum Rat und 1708, nach dem Regierungsantritt Fürst Georg Albrechts, zum Vizekanzler ernannt. 1710, nach dem Tode des bisherigen Kanzlers Rüssel, erhielt er den Vorsitz in allen Kollegien; Kanzler wurde er aber erst 1720. Seit 1710 hatte er damit verantwortlich die Verhandlungen mit den Ständen zu leiten; bei diesen machte er sich schnell verhaßt, weil er, von der Richtigkeit seiner Ansichten über die Landesherrschaft und

---

völligen Bruch mit der bisherigen ostfriesischen Geschichte und kam daher einer Aufhebung vollkommen gleich. Das gilt sogar dann, wenn Brenneysen Einzelbestimmungen der Akkorde, die seinen Zielen nützen konnten, unbedingt eingehalten wissen wollte: die gesamte Verfassung Ostfrieslands wurde dadurch auf den Kopf gestellt. Obwohl Joester Brenneysens Interpretation genau referiert und auf manche Ungereimtheit mit den realen Verhältnissen hinweist, hat sie diesen Punkt nicht deutlich herausgestellt. Im übrigen ist weniger wichtig, was er gewollt hat, als vielmehr, wie sein durch dies Wollen beeinflußtes Handeln tatsächlich gewirkt hat. Brenneysen war Politiker und ist nur als solcher zu verstehen; erst auf dieser Basis können auch seine historischen Arbeiten richtig gewürdigt werden. Brenneysens Interpretation der Landesverträge kommt deutlich in seinen vielen Klagen an den Reichshofrat zum Ausdruck, vgl. unten S. 77 ff.

235 K ö n i g , Verwaltungsgeschichte, S. 267 f.
236 J o e s t e r , S. 34.

72

ihre Rechte bis ins letzte überzeugt, die ganze bisherige ostfriesische Verfassungsentwicklung für ein Unrecht größten Ausmaßes hielt. Er begann deshalb bald mit Änderungsbemühungen, an denen er, in der Meinung, daß rechtschaffene Männer von jeher verfolgt worden seien[237], starrsinnig und leicht aufbrausend bis zu seinem Tode 1734 festhielt.

Um die heftige Spannung zu verstehen, die sich zwischen Brenneysens absolutistisch geprägter Staatsauffassung und der ostfriesischen Verfassungswirklichkeit bzw. dem Bild, das die Landstände davon hatten, ergab, ist es nötig, kurz auf die allgemeine Entwicklung der Staatstheorie und Staatsrechtslehre einzugehen. Der allmähliche Umbruch von der altständisch-feudalen Gesellschaft des Spätmittelalters zum absolutistisch regierten Polizeistaat des 17. und 18. Jahrhunderts war in seinem Tempo davon abhängig, wie sehr die altständische Gesellschaft sich durch ihre inneren Kräfte im Gleichgewicht halten konnte; solange sie auf Eingriffe einer nach Souveränität strebenden fürstlichen Ordnungsmacht verzichten konnte, war die altständische Gesellschaft lebens- und widerstandsfähig. Sie konnte darauf verzichten, weil und solange die Struktur der politischen Ordnung weitgehend einheitlich und überschaubar war; wo die »konstituierende Grundfigur der Herrschaft«, das Haus, gleichmäßig alle Teile der ständischen Gesellschaft durchzog — und das war in Ostfriesland der Fall —, hatte eine zum Absolutismus strebende Landesherrschaft kaum eine Chance auf Verwirklichung ihrer Ziele[238]. Brenneysen mit seinen von Thomasius übernommenen Staatsgrundsätzen versuchte es trotzdem. Er ging dabei von der Auffassung aus, daß jede konkrete politisch-rechtliche Ordnung Teil der göttlichen Schöpfungsordnung und als solche von jedem zu akzeptieren sei. Da alles positive Recht in einem Staat als Konkretisierung der im Naturrecht verankerten Rechtsidee anzusehen sei, folgte für Thomasius' Anhänger daraus, daß jenes Gemeinwesen das Recht achtet und in seinen Gesetzen das Naturrecht verwirklicht hat, in dem so regiert wird, daß Friede, Ruhe und Ordnung gewahrt sind[239]. Friede, Ruhe und Ordnung im Innern aber waren in Brenneysens Augen in Ostfriesland gerade nicht gewährleistet, solange die Landstände sich als Rechtssubjekte fühlen und als solche bei der Gestaltung der öffentlichen Ordnung mitwirken konnten.

Er betrieb daher eine umfassende Bestandsaufnahme des ius publicum und des status reipublicae in Ostfriesland, wobei er Thomasius' Auffassung teilte, daß nur in der Geschichte eines jeden Staates dessen ius publicum wirklich, wahrhaft und vollständig zu erfassen sei; nur so ließen sich z. B. Fragen nach der Geltung und Anwendbarkeit von Gesetzen und Rechts-

---

237 ebenda, S. 39.
238 Vgl. zu diesem Problem M a i e r , S. 82 f.
239 H a m m e r s t e i n , S. 75.

grundsätzen klären. Allein die Geschichte eines Gemeinwesens enthält und entdeckt nach dieser Ansicht die inneren und äußeren Kräfte, die in ihm wirken und die es repräsentiert. Als Ziel galt dabei, durch die vollständige Erfassung der rechtlichen Wirklichkeit die in einem Staat wirkende Ordnungsvorstellung als Teil der göttlichen Gerechtigkeit zu sichern, zu realisieren und vor jedem widerrechtlichen Zugriff zu bewahren[240]. Diese Aufgabenstellung und die Nutzbarmachung der Geschichte für die Erfassung des ius publicum in Ostfriesland bot Brenneysen die Möglichkeit, das Bild der ihm in den Quellen des 15. und 16. Jahrhunderts entgegentretenden, von dem Einfluß der Landstände noch nicht sichtbar eingeengten Landesherrschaft des Hauses Cirksena als der göttlichen Schöpfungsordnung allein gemäß zu werten und die landständische Verfassung, die sich greifbar erst seit dem späten 16. Jahrhundert entwickelt hatte, als einen einzigen großen Mißbrauch und widerrechtlichen Zugriff auf die politische Ordnung zu verstehen. Mit historischer Kenntnis konnte er so wesentliche Grundsätze der ostfriesischen Verfassung, auf die sich die Stände beriefen, als falsch, ungültig, mißbräuchlich und gewaltsam eingeführt aus dem Felde des juristischen Streites schlagen und, wo das nicht ausreichte, sich auf die gleichfalls von Thomasius vertretene Bewertung des Landesherrn als der einzigen Rechtsquelle innerhalb eines Territoriums beziehen: da alle Privilegien auf Gnadenakten des Landesherrn beruhten, könnten sie jederzeit zurückgenommen werden[241].

Eine Interpretation der ostfriesischen Landesverträge unter diesen Prämissen konnte nur zu ungunsten der Stände ausfallen. Die besondere Spannung zwischen Brenneysen und den Ständen rührte also daher, daß er mit solchen staatstheoretischen Grundsätzen in noch weitgehend intakte altständische Verhältnisse Schneisen zu schlagen versuchte, um den neu entwickelten Wohlfahrtsgedanken durchzusetzen, d. h. der Obrigkeit eine Allzuständigkeit in der Sorge um den Untertan zuzuweisen, diesem dafür einen allumfassenden Gehorsam aufzuerlegen und ihn zum rechtsunmündigen Objekt von Herrschaft zu machen[242]. Gerade weil die alten inneren Ordnungskräfte noch weitgehend funktionierten, war der Zusammenprall zwischen den absolutistischen Grundsätzen Brenneysens und der verfassungsrechtlichen Grundüberzeugung der Stände, die in einer seit 150 Jahren gewachsenen kräftigen landständischen Verfassung wurzelte, so heftig und hatte ein so verbissenes Ringen beider Seiten zur Folge.

Einige Bemerkungen der Landstände über ihn, die seinen Charakter und das äußerst schlechte Verhältnis zu diesen kennzeichnen, seien kurz angeführt. Der Besitzer der Herrlichkeit Gödens, Graf von Fridag, machte im

240   ebenda, S. 116.
241   Vgl. L u i g , S. 245 f.
242   M a i e r , S. 192 ff.

74

Oktober 1716 »des Herrn Vicecantzlers bekandte andächtige und schein-
heilige Subterfugia« für die absichtlich verzögerte Abschaffung einiger
Gravamina verantwortlich und wünschte in demselben Brief, daß die fried-
same und aufrichtige Intention von Fürst und Ständen »durch keine mit
Frömmigkeit und Andacht verkleidete Arglist eines dritten möge gekräncket werden[243]«, eine deutliche Anspielung auf Brenneysens pietistische Grundhaltung. Im Oktober 1717 versicherten die Stände auf Klagen
der Landesherrschaft über ungebührliches Verhalten, sie würden den landesherrlichen Räten, »wann Sie accordmäßig sprechen, mit aller Civilität«
begegnen[244]. Im April 1721[245] sprach der ständische Präsident von Closter
von dem »passionirte(n) Concipient(en)«, der es offenbar darauf anlege,
die vornehmsten Glieder der Stände auf eine »nie erhörete Weise anzuzap-
fen«, und gegen sie alles, was ihm seine »Accord-brüchige Weiterungs
Concepten dictirten, zu eructiren« (auszurülpsen). Er wolle aber alle Beschuldigungen »in ansehung des Concipienten und seiner bassen
Naissance[246]« mit »genereuser Verachtung« ablehnen. Mit seinen Bemühungen habe Brenneysen bisher nur bewiesen, daß er »bey aller seiner praetendirten Weißheit« noch nicht gelernt habe, wie ein Landesherr mit seinen
Ständen zu reden habe. Schließlich heißt es gar, er sehe jetzt, daß ein »Erb-
feind Ostfrießlandes Wohlstandes« dabei sei, sein Gift gegen die dem Für-
stenhause »Salvis privilegiis mit der größesten Treue zugethane(n)« Mitglieder der Stände auszuschütten. In dem Begleitbrief zum Protokoll einer
Sitzung über Deichbauprobleme vom August desselben Jahres ist von dem
»bekanndte(n) Minister« die Rede, dessen Trachten allein dahin gehe, »der
Ständen jura auff alle ahrt zu schmälern« und sie z. T. »auff das herbeste«
zu verunglimpfen[247]. Die Stände trösteten sich dabei mit ihrem Vertrauen
auf Gottes Hilfe, der die Anschläge aller sich in Ostfriesland befindlichen,
»der verdammlichen Hochmuht« ergebenen Leute gegen die Ruhe »des
wehrten Vatter-Landes« zunichte machen werde[248].

Nachdem im April 1721 Herr von Closter geäußert hatte: »De Kantzler
menet, dat he uns de Accorden wil dül maken un uns dawedder beschweren, alleen wy wilt hem en Canaille tractéren, un wenn dat nich helpen will,
em tom Lande uthjagen[249]«, wünschte Graf von Fridag vier Jahre später,

243   StaA., Dep. 1, 1410, fol. 51 ff.
244   ebenda, fol. 112 f.
245   StaA., Dep. 1, 1433, fol. 408 f.
246   Im regulären Landtagsprotokoll ist nur von dem »Concipienten« die Rede, in der den Räten »per
       Extractum protocolli« zugestellten Fassung ist zusätzlich der Passus mit der »bassen Naissance«
       enthalten, StaA., Rep. 4, C II b, 132.
247   StaA., Dep. 1, 1429, fol. 4.
248   ebenda, fol. 7.
249   So in einem Gespräch mit dem Kanzleisekretär Dettmers am 12. April 1721, StaA., Rep. 4, C II b,
       132.

der Fürst möge den Kanzler »ersäuffen oder erträncken« lassen[250], dann stehe einer Einigung zwischen Ständen und Landesherren kein Hindernis mehr im Wege.

Alle diese Äußerungen sprechen für sich selbst. Sie belegen mehr als deutlich das zutiefst gespannte Verhältnis der Stände zum Kanzler Brenneysen. Mit seiner den ostfriesischen Verhältnissen völlig widersprechenden Auffassung von der »wahren Relation zwischen Obrigkeit und Untertanen« hatte er sich von Anfang an als die treibende Kraft der mit der Zeit immer hitziger werdenden Auseinandersetzung dargestellt. Wo er nur konnte, setzte er den Hebel zu Verfassungsänderungen an. Die Interpretation der Landesverträge gemäß seiner Auffassung von der landesherrlichen Hoheit, die durch die Stände nicht beeinträchtigt werden dürfe, erlaubte ihm, solche Klagen beim Reichshofrat einzubringen und sogar mit den Landesverträgen selbst zu rechtfertigen, daß bei einer erfolgreichen Durchsetzung der landesherrlichen Ansprüche die ostfriesische Machtverteilung in ihr Gegenteil verkehrt worden wäre. Worum es dabei im einzelnen ging, soll im folgenden Abschnitt dargestellt werden.

5. Die Streitpunkte zwischen Landesherrschaft und Landständen

In dem Kapitel, das von der Einschränkung oder Ausdehnung der Rechte des Landesherrn bzw. seiner Untertanen durch Landesfreiheiten und Verträge handelt, beantwortet Johann Jacob Moser, lange Jahre Konsulent der württembergischen Stände und daher mit den hier angesprochenen Problemen bestens vertraut, die Frage »ob die Landes-Hoheit eines Reichsstandes durch Landesverträge eingeschränkt werden könne«: »Dises ist der delicate Punct, worüber am meisten und am hefftigsten gestritten wird, und worinn die neuere Hof-Publicisten und Souverainitäts-Diener ein ganz neues Rechts- und Staats-Gebäude aufzuführen beflissen seynd, Krafft dessen man die Verbindlichkeit solcher Verträge, zumalen in Ansehung derer Regierungs-Nachfolgere, und wann die Verträge alt seynd, entweder gar läugnet, oder, unter dem Vorwand derselben Auslegung, genuinen Verstandes und schicklicher oder unschicklicher Anwendung auf die jetzige Zeiten, selbigen das vermeinte Gifft, das ist, die Krafft und die Seele benimmt, und nur das Gerippe und den Schatten davon übrig lässet[251]«. Moser hat hier klar ausgesprochen, daß die Auseinandersetzung um die Gültigkeit und Auslegung von Landesverträgen nicht eigentlich eine juristische, sondern eine Machtfrage war. Diese Erkenntnis ist eine entscheidende

---

250 So nach einem Bericht des Stickhauser Amtmanns Stürenburg vom 27. 8. 1725, StaA., Rep. 4, C III a, 114.

251 M o s e r , S. 1146.

Voraussetzung für das richtige Verständnis der im folgenden darzustellenden Streitpunkte. Auch dann, wenn scheinbar klar mit den Bestimmungen der Landesverträge Recht oder Unrecht der einen oder anderen Partei angewiesen werden kann, sind juristische Entscheidungen des Reichshofrates allemal als politische Entscheidungen aufzufassen; die Auseinandersetzung um die Macht wurde also lediglich mit juristischen Mitteln und in Form eines Prozesses geführt, ohne deswegen selbst eine juristische Streitfrage zu sein.

5.1. Die »fremden Völker«

Fast von Beginn der Ständekämpfe an haben auswärtige Truppen in Ostfriesland eine Rolle gespielt; seit 1602 bzw. 1611 lagen niederländische Garnisonen in Emden und auf der Festung Leerort. Sie waren aber mittlerweile kein ernsthafter Streitpunkt zwischen Landesherrschaft und Ständen mehr, weil die Kosten beider Besatzungen nicht von Ostfriesland, sondern von den Niederlanden selbst getragen wurden. Anders verhielt es sich mit der seit 1678 in Leer liegenden kaiserlichen Salvegarde und der seit 1682 in Emden und Greetsiel stationierten brandenburgischen Garnison. Die Stationierung beider Garnisonen stand in unmittelbarem Zusammenhang mit den Bemühungen der Fürstin Christine Charlotte, die Macht der Stände zu brechen und die ostfriesische Verfassung in ihrem Sinne zu ändern[252]. Beide Garnisonen waren von den Ständen zum Schutz gegen diese Übergriffe der Fürstin ins Land geholt worden und wurden auch von ihnen bezahlt. Der Kaiser war jedoch mit der Stationierung einer brandenburgischen Garnison — unter dem Deckmantel des von ihm selbst erteilten Konservatoriums geschehen — von Anfang an nicht einverstanden und drang daher mehrfach auf ihre Abführung[253]. Die brandenburgische Garnison und die kaiserliche Salvegarde waren seitdem einer der wichtigsten Verhandlungsgegenstände zwischen Landesherrschaft und Landständen. Im Hannoverschen Vergleich von 1693 ist allerdings nur davon die Rede, daß Fürst und Stände sich um die schleunige Abführung der Salvegarde bemühen wollen[254]; die brandenburgische Garnison wird dagegen nicht erwähnt. Im Mai 1695 wurde das die Anwesenheit der brandenburgischen Truppen notdürftig legitimierende Konservatorium von 1681 kassiert und den Ständen befohlen, binnen zwei Monaten für den Abzug der brandenburgischen Soldaten zu sorgen; danach werde auch die kaiserliche Salvegarde aus dem Lande

252 Vgl. oben S. 17 f.
253 So in einem Reskript an Kurbrandenburg vom 28. Juni 1688, abgedruckt bei B r e n n e y s e n II, S. 1001, und in der kaiserlichen Resolution vom 3. November 1691, ebenda, S. 1027.
254 ebenda, S. 1061, § 6.

abgerufen[255]. Die beiden Garnisonen waren damit in einen Konnex gebracht, der für die nächsten Jahrzehnte bestimmend wurde. War die kaiserliche Salvegarde ursprünglich zum Schutz der Stände bestimmt gewesen, so hatten sich die Gewichte seit der Landung der brandenburgischen Truppen völlig verschoben. Mit diesem effektiveren Machtmittel im Rücken lag den Ständen nichts mehr an der Anwesenheit der kaiserlichen Salvegarde, die sie dennoch bezahlen mußten. Die Landesherrschaft war zwar nicht unbedingt an ihrer Anwesenheit interessiert, solange aber die brandenburgischen Truppen im Lande lagen, wollte sie auf die kaiserliche Salvegarde als Gegengewicht zu diesen nicht verzichten. Sie erreichte daher die erwähnte kaiserliche Entscheidung, die die Abführung der Salvegarde von der vorherigen der brandenburgischen Soldaten abhängig machte. Da die Stände die umgekehrte Reihenfolge verlangten[256] und an einer Abführung ihrer Schutztruppe in Wirklichkeit nicht interessiert waren, blieben beide Garnisonen auf Kosten der Stände im Lande. Während des Spanischen Erbfolgekrieges übernahm Brandenburg den von Ostfriesland zu stellenden Anteil an Reichstruppen, so daß im ersten Jahrzehnt des 18. Jahrhunderts die »fremden Völker« zwar weiterhin ein Ärgernis für die Landesherrschaft blieben, aber vorübergehend keine Quelle des Streites waren.

Das änderte sich, nachdem Brenneysen die Leitung der fürstlichen Politik aufgetragen worden war. Seit dem Landtag im Oktober 1711 fehlte der Punkt »fremde Völker« in keiner Landtagsproposition. Die immer gleichbleibende Antwort der Stände darauf lautete, es sei noch nicht »de tempore«, über dieses Thema endgültig zu entscheiden[257]. Auf dem Landtag im Oktober 1715 führte Brenneysen wegen der seit dem Sommer im Lande grassierenden Rinderseuche die dringend notwendige Kostenersparnis als zusätzliche Begründung seiner Abführungsforderungen an, ohne damit mehr als bisher zu bewirken[258]. Seit März 1717 läßt sich eine kontinuierliche Verschärfung des Tones bei der Behandlung dieser Angelegenheit auf Landtagen feststellen. Brenneysen wies jetzt nicht nur auf den schlechten Zustand des Landes, sondern zum erstenmal auch auf die »harten kayserlichen Verordnungen« von 1684 und später hin und brachte, als die Stände dennoch ablehnten, als zusätzliches Argument vor, die Landesherrschaft bezahle von den »Particulierlanden« (d. h. aus dem Kammergut) ein Drit-

255 ebenda, S. 1078 und 1079.
256 Vgl. z. B. das Schreiben der Ordinärdeputierten und Administratoren an Fürst Christian Eberhard vom 5. September 1695, abgedruckt ebenda, S. 1080.
257 Landtag Oktober 1711: StaA., Rep. 4, C II b, 124; April 1712: Dep. 1, 1403, fol. 2 u. 8; Oktober 1712: Dep. 1, 1412, fol. 46; März 1713: Dep. 1, 1412, fol. 71 u. 78; Oktober 1713: Dep. 1, 1412, fol. 93 u. 95; April 1714: Dep. 1, 1417, fol. 3 u. 5; Oktober 1714: Dep. 1, 1417, fol. 46 u. 49; April 1715: Dep. 1, 1412, fol. 116 f. u. 121; Juli 1715: Dep. 1, 1412, fol. 149 u. 152.
258 Oktober 1715: StaA., Dep. 1, 1410, fol. 8 u. 11; für die folgenden Landtage gilt dasselbe; April 1716: Dep. 1, 1410, fol. 27 u. 30; Oktober 1716: Dep. 1, 1410, fol. 46 u. 53.

tel des Aufkommens einer Kapitalschatzung, trage damit zum Unterhalt der »fremden Völker« bei und sei deshalb berechtigt, diese Forderungen zu stellen[259]. Zum Eklat kam es auf dem Landtag im Oktober 1717. In der Proposition hieß es, nachdem der Fürst seit einigen Jahren vergeblich eine Einigung in Güte versucht habe, sei er mit der Geduld am Ende und hätte befohlen, diesen Punkt zum letzten Mal vorzustellen, damit er »mit eyffer behertziget werden möge«. Sollten die Stände sich abermals widerspenstig zeigen, werde der Fürst, wenn auch ungern, Klage beim Reichshofrat erheben müssen, bei dem eine Bekräftigung der früheren kaiserlichen Dekrete »bey diesem Zustand des Wienischen Hofes« leicht zu erhalten sei. Darüber hinaus drohte Brenneysen mit Schadenersatzansprüchen für den Anteil an den Unterhaltskosten der brandenburgischen Garnison aus dem Steueraufkommen des fürstlichen Kammergutes[260]. Die Antwort der Stände war bezeichnend: Eine Abführung der Truppen komme nicht in Frage, weil sie ohne eine mächtige Protektion, die ihnen der König in Preußen gerne gönne, nicht bestehen könnten. Der angedrohte Prozeß beeindruckte die Stände wenig: »sie sähen doch, daß man Krieg im Sinne hätte, die Räte wüßten wohl, bey welcher Gelegenheit die frembde troupes hereingeruffen und daß solches durch violente consilia des damahligen ministerii veranlasset wäre[261]«. Als Brenneysen daraufhin feststellte, er werde jetzt Klage in dieser Angelegenheit erheben und die angekündigten Schadenersatzforderungen geltend machen, erregte er den Zorn des ständischen Präsidenten von Closter, der ihm »mit Ungestühm« in die Rede fiel und rief, die Landesherrschaft wolle »auff Meklenburgisch mit ihnen umbgehen«. Die Stände wollten sich deswegen an Preußen wenden und dem König das Landtagsprotokoll einschicken; der Vizekanzler werde »als dann reiff seyn«, und sie wollten noch mehr Protektoren annehmen[262]. Aus diesen Äußerungen ist deutlich zu ersehen, daß die Politik der Fürstin Christine Charlotte, die mit den ihr gehorchenden fremden Truppen vorübergehend die ostfriesische Verfassung auf den Kopf gestellt hatte, einen tiefen Schock ausgelöst hatte. Die Stände hatten begriffen, daß sie sich gegen derartige Praktiken ihrer Landesherrschaft nur zur Wehr setzen konnten, wenn sie einen Rückhalt wie die brandenburgische Garnison zur Verfügung hatten. Das Schicksal, das damals gerade die mecklenburgischen Stände erlitten, zeigte ihnen klar genug, woher der Wind wehte und daß eine rechtzeitige Sicherung

259 StaA., Dep. 1, 1410, fol. 77, 80, 85.
260 ebenda, fol. 95 f.
261 StaA., Rep. 4, C II b, 128; im ständischen Protokoll ist von der »damahlige(n) üble(n) Conduite des Hofes« die Rede, Dep. 1, 1410, fol. 100 f.
262 StaA., Rep. 4, C II b, 128; das ständische Protokoll ist dezenter und vermerkt nur, »wenn es die meinung hätte, daß man die Stände dreuen wolte, wolten Sie davon nach Berlin berichten«. Es wäre im übrigen »eine nie erhörte Sache, daß man Restitution von Depensen haben wolte, so man selbsten veranlaßet und wozu man die Stände gedrungen«. Dep. 1, 1410, fol. 106 f.

wichtiger war als die beste Rechtsposition.

Trotz Brenneysens Klageankündigung wurde auch auf den folgenden Landtagen über die »fremden Völker« verhandelt. Die Weihnachtsflut von 1717, die schlimme Verwüstungen und schwere Deichbrüche verursacht hatte, gab Brenneysen weitere Argumente für seine Abführungsforderungen an die Hand: In Dingen, »davon das Landt und getreue Eingesessene ohne das keinen nutzen haben«, könnten am leichtesten Kosten gespart werden[263]. Die Stände lehnten diese Forderung jedoch weiterhin ab und äusserten die Befürchtung, die fürstlichen Räte seien »zu dem großen gelittenen Schaden auch die Eingesessene umb ihre Freyheit zu bringen vorhabens[264]«. Die Ritterschaft trug auf dem Landtag im Juni 1718 unter Hinweis auf die täglich zunehmende Unruhe im niedersächsischen Kreise (= Mecklenburg!) gar vor, es »würde bey diesen Zeiten die Abführung schlimmer als die inundation seyn[265]«, und auf dem Landtag im Juni des folgenden Jahres hieß es, die Stände müßten dem Vorgehen der Landesherrschaft auf alle Art und Weise steuern und insbesondere die häufigen Eingriffe in die Hofgerichtsjurisdiktion unterbinden; der Protektion der »fremden Völker« könnten sie sich also »ohnmöglich entschlagen[266]«. Im allgemeinen trat das Thema auf den Landtagen dieser Jahre hinter den Problemen des Deichbaus zurück. Wegen der schlechten Wirtschafts- und Finanzlage gehörte seit 1718 zu fast jedem Landtag ein Memorial des preussischen Kriegskommissars Iwatzhoff, in dem er um Bezahlung der rückständigen und laufenden Löhnungen bat. In diesen Schreiben fehlte nie der Hinweis, daß die brandenburgischen Soldaten »zu conservation der Landes Privilegien und Freyheiten« in Ostfriesland lägen[267].

Alle diese Bemerkungen bedürfen kaum eines Kommentars. Sie belegen zur Genüge, daß die brandenburgische Garnison, 1720 insgesamt 200 Mann stark[268], für die Stände einen so hohen Wert darstellte, daß sie unter keinen Umständen auf diesen Schutz verzichten wollten; die Vorfälle in Mecklenburg bestärkten sie in dieser Haltung. Der Landesherrschaft dagegen war diese Garnison nicht nur deswegen ein Dorn im Auge, sondern auch, weil sie in vielen anderen Streitfragen eine entscheidende Rolle gespielt hatte. So hatten brandenburgische Soldaten den Bau der reformierten Kirche in Bargebur gegen die Angriffe der lutherischen Norder Bürger und gegen das Bauverbot der Landesherrschaft geschützt[269], brandenburgi-

263   Landtag April 1718, StaA., Dep. 1, 1410, fol. 124.
264   ebenda, fol. 128.
265   ebenda, fol. 157.
266   StaA., Dep. 1, 1624, fol. 31 f.; zum Hofgericht siehe unten S. 87 ff.
267   Z. B. Landtag März 1721, StaA., Dep. 1, 1433, fol. 358 f.
268   So der Bericht des Emder Amtmanns Bluhm vom 30. 7. 1720; von diesen 200 Mann waren 49 in Greetsiel stationiert und wurden alle 4 Wochen abgelöst; der Rest lag in Emden. Bericht des Greetsieler Amtmanns Specht vom selben Tag, beide Berichte StaA., Rep. 4, C III a, 117.

sche Soldaten hatten den Turm der lutherischen Kirche im reformierten Leer im Jahre 1706 eingerissen, und brandenburgische Soldaten waren es auch, die 1699 den Bau einer Mühle in Ditzum verhinderten, was ihnen 1692 in Schirum nicht gelungen war[270]. Im Winter 1722/23 bewachten brandenburgische Soldaten die Häuser einiger führender Mitglieder der Stände, die wegen der Unruhe im Lande für ihre Sicherheit fürchteten[271]. In Greetsiel fühlte sich der Kommandeur der Garnison sogar offenbar als rechtmäßige Obrigkeit, denn als im März 1725 der Deputierte Paul Wilckens bei Nacht verhaftet und nach Aurich ins Gefängnis gebracht worden war, beschwerte sich Oberst Dossau, der Kommandeur, in Aurich über dieses Vorgehen und ließ ersuchen, daß dergleichen in Greetsiel, »woselbst die Königl. Preußischen Völcker auf der Festung lägen, nicht weiter geschehen mögte«, weil Brenneysen sonst »etwas vernehmen« werde, das ihm und dem Fürsten »unangenehm seyn würde[272]«.

Bei diesem Gewicht der brandenburgischen Garnison in Ostfriesland ist es verständlich, daß um ihre Anwesenheit von Fürst und Ständen erbittert gestritten wurde. Nachdem alle Verhandlungen auf Landtagen fehlgeschlagen waren, war es dieser Punkt, dem als erstem eine eigene Klage gegen die Stände vor dem Reichshofrat gewidmet wurde. Am 14. Mai 1720 ließ Brenneysen eine »Gründliche Anweisung« gegen die Stadt Emden und die mit ihr haltenden Stände »wegen Einführung, Gebrauch und Unterhaltung Frembder Völcker aus denen gemeinen Landes-Mitteln« in Wien einreichen[273], in der er über die vielen tausend Gulden, die zum nutzlosen Unterhalt der brandenburgischen Garnison ausgegeben würden, Beschwerde führte und die Stände beschuldigte, die Abführung dieser Truppen zu verhindern. Die Stände redeten von »einer vonnöthen habenden mächtigen Protection«, obwohl weder der Landesherr noch seine Regierung jemals den geringsten Schein einer unziemlichen Gewalt oder »Bedrückung Dero lieben Stände und Unterthanen« erweckt hätten. Er bat deswegen um Erneuerung der früheren Abführungsmandate.

Daß die Stände über diesen Punkt ganz anders dachten, ist genügend deutlich geworden. Ihr Festhalten an der brandenburgischen Garnison auch in Zeiten großer Not war die Konsequenz ihrer Erfahrungen mit der

269   S c h m i d t , Konfessionskämpfe, S. 145 ff.
270   StaA., Rep. 4, C III a, 117; dort befindet sich eine »Specification einiger von den Assignatoribus Collegii in Ost-Frießland mit Hülffe der Churbrandenburgischen oder Preussischen Völckern begangenen Thätlichkeiten und Eingriffen der Landesfürstlichen Rechten«, aus der diese Verwendung der brandenburgischen Soldaten hervorgeht.
271   So der Freiherr von Closter, Dornum, und der Ordinärdeputierte des Amtes Berum, Albertus Gnaphaei Gerdes, StaA., Dep. 1, 707, fol. 37 f. und 206.
272   Protokoll über diesen Protest vom 6. 3. 1725, StaA., Rep. 4, C III a, 114.
273   StaA., Rep. 4, C III d, 7, Vol. 1; als Druckschrift, gedruckt im Februar 1727, enthalten im Sammelband M 20, 229, in der Bibliothek des Staatsarchivs Aurich.

Fürstin Christine Charlotte, die den ungeschützten Ständen gegenüber beinahe ein absolutistisches Regiment durchgesetzt hätte. Das Ende der durch die Landesherrschaft gewaltsam aufgehobenen landständischen Verfassung Mecklenburgs vor Augen, waren die ostfriesischen Stände weniger denn je geneigt, ihren militärischen Rückhalt aufzugeben. Die im Laufe der Zeit auf weniger als 40 Köpfe[274] geschrumpfte kaiserliche Salvegarde spielte demgegenüber in dieser Auseinandersetzung keine nennenswerte Rolle.

5.2. Die Münsterischen Subsidien und die Vertretungsgelder an Brandenburg-Preußen oder: die »Außenpolitik« der Stände

Wie die brandenburgische Garnison hingen auch die Münsterischen Subsidien unmittelbar mit der gewaltsamen Politik der Fürstin Christine Charlotte zusammen[275]. Der Vertrag[276], den die Stände zu ihrem Schutz mit dem Bischof von Münster am 21. 3. 1684 geschlossen hatten, sah die Bereithaltung münsterischer Truppen an den Grenzen nach Ostfriesland gegen eine monatliche Zahlung von 400 Reichstalern, also 4800 Reichstaler im Jahr, vor. Alle Ostfriesland betreffenden Angelegenheiten sollte der Bischof mit Brandenburg-Preußen koordinieren. Die Stände hatten sich damit eine weitere auswärtige Rückendeckung gegen Übergriffe ihrer Landesherrschaft gesichert.

Obwohl diese mit der Zahlung der Münsterischen Subsidien — selbstverständlich — nicht einverstanden war, galt ihr Bemühen zunächst ausschließlich der Abführung der brandenburgischen Garnison, weil diese viel unmittelbarer wirken konnte. Erst auf dem Landtag im März 1717 schnitt Brenneysen das Thema der Münsterischen Subsidien an und verlangte die Einstellung der Zahlungen, weil das kaiserliche Konservatorium von 1681, auf das sich der Subsidienvertrag stützte, längst aufgehoben sei. Außerdem sei wegen einer dauernden Grenzverletzung bei Papenburg[277] zwischen dem Fürsten von Ostfriesland und dem Bischof von Münster in Wien ein Prozeß anhängig, der »wieder einen solchen (gehe), welche(n) die Stände pro Conservatore hielten«; das Geld werde also völlig unnötig ausgegeben[278]. Die Stände lehnten diese Forderung ab, weil sie sich wegen der Grenzangelegenheit, die direkt nur den Freiherrn von Vehlen betreffe, nicht mit dem

---

274 Bericht des Drosten von Leer vom 3. 8. 1720, StaA., Rep. 4, C III a, 117.
275 Zur Vorgeschichte siehe oben S. 17 ff.
276 StaA., Dep. 1, 4930, fol. 30 ff.
277 Zwischen dem münsterischen Papenburg und dem ostfriesischen Völlen lief die Grenze durch ein ausgedehntes Hochmoor, deren Verlauf deswegen streitig wurde, weil der münsterische Drost von Vehlen in dem ihm gehörenden Gebiet das Moor abgraben und kolonisieren ließ, ohne sich um die Grenze zu kümmern. Seit 1712 war diese Angelegenheit auf allen Landtagen Beratungsgegenstand.
278 StaA., Dep. 1, 1410, fol. 77 und 85.

Bischof von Münster »broulliren« wollten[279]. Von Seiten der Landesherrschaft kamen die Münsterischen Subsidien auf den folgenden Landtagen nicht mehr zur Sprache, dagegen hatte die Finanznot ab 1718 eine gelegentliche Behandlung dieses Themas zur Folge[280]. Nach dem Regierungsantritt des Bischofs Clemens August aus dem Hause Wittelsbach wurde der Subsidienvertrag am 8. April 1720 zum letztenmal erneuert[281].

Neben den Unterhaltungskosten für die brandenburgische Garnison bezahlten die Stände Vertretungsgelder, weil Brandenburg-Preußen im Spanischen Erbfolgekrieg das von Ostfriesland zu stellende Kontingent zu den Reichstruppen übernommen hatte. Seit 1702 bestand ein entsprechender Vertretungsvertrag; 1716 wurde er geändert, nachdem der Niederrheinisch-Westfälische Reichskreis die Aufstellung einer »Kreisarmatur« beschlossen hatte[282]. Sowohl den Vertrag von 1702 als auch dessen jetzige Modifizierung hatten die Stände allein ausgehandelt. Brenneysen forderte daher, über die Verhandlungen und den Inhalt des Vertrages mindestens informiert zu werden; die Landesherrschaft habe »mit Bestürtzung« zur Kenntnis genommen, daß die Stände sich mit Preußen auf diese Verhandlungen eingelassen hätten. Als die beschlossene »Kreisarmatur« nicht zustande kam und die Vertretungsgelder dennoch bezahlt wurden, protestierte Brenneysen erst recht[283]. Fortan bezog sich der Streit sowohl auf die Zahlungen ohne Gegenleistung als auf den Vertrag, von dem Brenneysen vergeblich eine Kopie verlangte[284].

War in der ersten landesherrlichen Klage gegen die Stände vom 14. Mai 1720, in der es im wesentlichen um die »fremden Völker« ging, nur nebenbei eine Beschwerde über die gerade geschehene Erneuerung des Subsidienvertrages mit Münster enthalten[285], so griff Brenneysen in der nächsten Klage vom 29. August desselben Jahres[286] schärfer zu. Nach Beschwerden über die »unberechtigten« Vertretungsgelder an Preußen und über die große Summe Geldes, die zum Unterhalt der »fremden Völker« sowie als Subsidien an Münster bezahlt würde (seit 1695, unspezifiziert, 1.184.940 fl.), verlangte er unter anderem, den Ständen bei einer Strafe von 50 Mark lötigen Goldes

279   ebenda, fol. 80.
280   So wurde im April 1718 über eine Bitte um mehrjährigen Zahlungserlaß beraten, ebenda, fol. 132 f. Im Mai und Oktober 1720 wurden jeweils dringende Aufforderungen aus Münster, wenigstens einen Abschlag von 3000 Reichstalern zu bezahlen, vorgelesen, StaA., Dep. 1, 1431, fol. 250 f., und Dep. 1, 1433, fol. 77.
281   StaA., Dep. 1, 4930, fol. 50—57.
282   Vgl. Landtagsprotokoll vom April 1716, StaA., Dep. 1, 1410, fol. 25 ff.
283   ebenda, fol. 71 f.
284   ebenda, fol. 77, 81 und 85; Landtag April 1718: ebenda fol. 133 und 139.
285   StaA., Rep. 4, C III d, 7, Vol. 1.
286   ebenda; eine Abschrift StaA., Rep. 4, C III a, 117; als Druckschrift, 1727 erschienen, enthalten im Sammelband M 20, 229, der Bibliothek des Staatsarchivs Aurich.

1. zu verbieten, das Münsterische Konservatorium von 1681, das längst erloschen sei, zu verlängern oder sich deswegen an andere Obrigkeiten innerhalb und außerhalb des Reiches zu wenden;
2. zu verbieten, sich mit anderen Obrigkeiten ohne Vorwissen der ostfriesischen Landesherrschaft überhaupt in Verhandlungen, gleich welchen Inhalts, einzulassen;
3. die weitere Bezahlung der Münsterischen Subsidien zu untersagen und deren Rückzahlung anzuordnen sowie
4. abermals und endgültig das Konservatorium auf Münster aufzuheben, damit »einmahl dieses Werck auff einen beständigen Fuß, wie es die Relation zwischen Obrigkeit und Unterthanen und die Ruhe und Wohlfahrth des Landes erfordert, reguliret werde«.

In einer Supplementklage vom 30. Januar 1721 spezifizierte Brenneysen einige seiner Beschwerden und Forderungen, insbesondere den Anspruch auf Rückzahlung der Summe, die aus dem Steueraufkommen der landesherrlichen Domänen zu diesen streitigen Zwecken verwendet worden war[287].

Aus den Anträgen an den Kaiser erhellt, daß es trotz der massiven Geldforderungen im Kern nicht um die Zahlungen der Stände an auswärtige Mächte ging, sondern um das von den Ständen in Selbstverständlichkeit wahrgenommene und in der Tradition der ostfriesischen Ständegeschichte liegende Recht auf selbständige Verhandlungen mit auswärtigen Mächten, also um ihre »Außenpolitik«. Von Anfang der Ständekämpfe an war es auswärtiger Einfluß, der alle antiständischen Aktivitäten der Landesherrschaft von vornherein zum Scheitern verurteilt hatte. Bis zum Abschluß des Haagischen Vergleichs von 1662/63 waren es die Generalstaaten gewesen, die nicht nur mit ihren Garnisonen in Emden und Leerort den Ständen Schutz gewährten, sondern auch die wesentlichen Landesverträge vermittelt und bei streitigen Interpretationen dieser Verträge Schiedsrichter entsandt hatten. Später hatten Brandenburg und Münster diese Rolle übernommen. Die von Brenneysen, ganz im Sinne absolutistischer Staatstheorie, wenn auch mit theologischer Untermauerung, ins Feld geführte »wahre Relation zwischen Obrigkeit und Untertanen« war mit solch eigenmächtigem Handeln und Verhandeln der Stände mit auswärtigen Obrigkeiten auf keine Weise zu vereinbaren. Wollte er Änderungen im Verfassungsgefüge Ostfrieslands zugunsten der Landesherrschaft bewirken, war die vorherige Ausschaltung dieses auswärtigen Einflusses bzw. der davon ausgehenden Rückendeckung für die Stände die Voraussetzung dazu. Ehe also unter Berufung auf Einzelbestimmungen der verschiedenen Landesverträge die Stände wegen vermeintlicher oder tatsächlicher Mißstände bzw. Mißbräu-

287   StaA., Rep. 4, C III d, 7, Vol. 1.

che mit Aussicht auf Erfolg angeklagt werden konnten, mußte Brenneysen die selbständige »Außenpolitik« der Stände möglichst unterbinden.

Nachdem den ersten Anträgen in den kaiserlichen Dekreten vom 18. August 1721 im wesentlichen stattgegeben worden war, erweiterte Brenneysen in einer Klage vom 18. Mai 1722[288] seine Forderungen und machte das den Ständen 1678 von Kaiser Leopold I. verliehene Siegel zum Gegenstand seiner Beschwerde, um dadurch einer ständischen »Außenpolitik« endgültig jede Grundlage zu entziehen. Er forderte zunächst, den Ständen solle befohlen werden, alle mit auswärtigen Obrigkeiten ohne Wissen der Landesherrschaft abgeschlossenen Verträge im Original nach Wien einzuschicken. Daraus werde der Mißbrauch des ständischen Siegels leicht zu ersehen sein. Um diesen Vorwurf zu begründen, folgte eine Darstellung der Geschichte des Siegels, die ganz typisch ist für Brenneysens Sicht der ostfriesischen Verfassung. Vor Beginn der »innerlichen Unruhe«, d. h. vor 1594/95, hätten ausschließlich der Landesherr und der Adel das Recht gehabt, öffentliche Dinge zu beurkunden und zu besiegeln. Damals sei noch alles in der gebührenden Ordnung zugegangen, habe es Neuerungen wie das Hofgericht, das Administratorenkollegium oder das ständische Siegel nicht gegeben. Nach Beginn der Unruhe sei 1606 »durch bedrohentliche interposition fremder Obrigkeiten« das Administratorenkollegium eingerichtet worden; die Stände, insbesondere die Administratoren, hätten dadurch, daß sie »nervum rerum gerendarum in ihrer (!) Gewalt bekommen, angefangen, (...) statum in statu zu formiren« und nicht nur Hand an die Regierung gelegt, sondern »in effectu die gantze Regierung mit dem höchsten Unrecht durch straffbahren Misbrauch an sich zu ziehen« gesucht. Trotz gelegentlicher einschränkender staatischer Resolutionen auf landesherrliche Gravamina hätten die Generalstaaten dieses Vorgehen unterstützt. Ein eigenes Siegel sei den Ständen jedoch versagt worden. Während der vormundschaftlichen Regierung der Fürstin Christine Charlotte hätten die Stände die Unordnung auf die Spitze getrieben und sich nicht allein als »Mit-Regenten, sondern als Ober-Regenten« aufgeführt und ein eigenes Siegel zu erlangen gesucht, um damit ihren Anmaßungen und Handlungen mit auswärtigen Mächten größeres Ansehen zu geben. Zwar sei in dem kaiserlichen Dekret vom 1. Oktober 1688 der Gebrauch dieses Siegels nur dann für zulässig erkärt worden, wenn gleichzeitig die Privatsiegel und die Unterschrift von je einem Mitglied aus jedem Stand dazugesetzt würden, in Schreiben an auswärtige Mächte aber hielten sich die Stände meistens nicht daran. Wer könne wissen, was auf diese Weise alles verhandelt werde, von dem die Landesherrschaft nichts erfahre. Die Umschrift des Siegels, »Sigillum Statuum Frisiae Orientalis«, sei falsch und trage zu der vermeintlichen

---

288 StaA., Rep. 4, C III a, 123, Nr. VI, bzw. Rep. 4, C III d, 7, Vol. 3.

Berechtigung der Stände zu eigenen Verhandlungen mit auswärtigen Mächten zusätzlich bei. In der Umschrift müsse es nämlich »Statuum provincialium ...« heißen, weil es sonst den Anschein habe, als handele es sich um unmittelbare Reichsstände und nicht um mittelbare Landstände. Wegen der Mißbräuche beantragte Brenneysen daher, den Ständen das Siegel abzuerkennen. Für ihn war völlig klar, daß weder der König in Preußen bzw. der Große Kurfürst noch der Bischof von Münster jemals die streitigen Verträge mit den ostfriesischen Landständen geschlossen hätten, wenn sie »richtig«, d. h. in der oben beschriebenen Weise, über die ostfriesische Verfassung unterrichtet gewesen wären.

Das ist deutlich genug. Schuld an der die »wahre Relation zwischen Obrigkeit und Untertanen« auf den Kopf stellenden ostfriesischen Verfassung war für Brenneysen vor allem der Einfluß auswärtiger Mächte. Die Landstände haben, zuerst mit den Niederlanden, dann mit Brandenburg-Preußen und Münster, gefördert durch den Besitz eines eigenen Siegels, eigenmächtig Verhandlungen geführt und Verträge abgeschlossen, die ihnen eine mächtige Protektion sicherten. Ein Verständnis der ostfriesischen Geschichte, das von dem der Stände völlig abweicht, kommt hier zum Ausdruck. Diesem Verständnis war die ostfriesische Verfassung von Anfang an auf Unrecht und Gewalt aufgebaut; sie konnte deshalb, trotz aller Landesverträge, nur so weit gültig sein, wie sie mit dem absolutistischen Staatsverständnis der Landesherrschaft zu vereinbaren war[289]. Die antiständische Politik der Fürstin Christine Charlotte war Brenneysen daher kein Verfassungsbruch, sondern der Versuch, die »wahre Relation zwischen Obrigkeit und Untertanen«, wie sie vor Beginn der Landesunruhen am Ende des 16. Jahrhunderts bestanden hatte, wiederherzustellen. Die dagegen unternommenen Schritte der Stände aber waren Verstöße gegen diese Relation und damit großes Unrecht gegenüber der Landesherrschaft. Daß die Stände all dies genau umgekehrt beurteilten, ist bereits mehrfach deutlich geworden.

Der Streit um die Münsterischen Subsidien und die Vertretungsgelder an Brandenburg-Preußen stellt sich also nur vordergründig als Streit um das Geld dar, wenn dieses dem bis zum Halse verschuldeten Haus Cirksena auch wichtig genug blieb, wie noch zu zeigen sein wird. Zur Diskussion standen in Wahrheit die Grenzen der Selbständigkeit der Stände nach außen.

---

289 An den ostfriesischen Gesandten Brawe in Wien schrieb Brenneysen am 10. 12. 1717 im Zusammenhang mit den Auseinandersetzungen zwischen Landesherrschaft und Landständen in Mecklenburg: »Wo sind wol die Öhrter, da man nicht die Unterthanen contra privilegia et pacta gravirete? Nur Ostfriesland ist der eintzige Ohrt, da sich das Blat ungekehret hat«. StaA., Rep. 4, A IV c, 241.

5.3. Das Hofgericht oder: Der Harkenrohtprozeß als Deckmantel eines Angriffs auf die Hofgerichtsjurisdiktion

Die Entstehung des Hofgerichts fällt in die Anfangszeit der sich ausprägenden landständischen Verfassung Ende des 16. Jahrhunderts[290]. Bestand vorher ein klarer Instanzenzug vom Amtsgericht über das Landgericht zur Kanzlei und war eine Appellation außerhalb Landes im Prinzip nicht vorgesehen, so kamen die Gerichtsverhältnisse durch den Bruderzwist zwischen Graf Edzard II. und Johann völlig in Unordnung; viele Neuerungen rissen ein, und Prozesse wurden verschleppt oder parteiisch entschieden. Die Stände erhoben daher die Forderung nach Einrichtung eines neben der Kanzlei stehenden, vom Landesherrn unabhängigeren Obergerichts. Mit dieser Forderung nach einem Hofgericht, wie es in der Sprache der Zeit hieß, standen sie keineswegs allein da, auch in anderen Territorien gab es entsprechende Bestrebungen. In einem kaiserlichen Dekret vom Februar 1589[291] wurde die Einrichtung eines Hofgerichts angeordnet, und die Grafen Edzard und Johann erklärten sich im Emder Exekutionsrezeß vom März 1590[292] damit einverstanden. Im selben Jahr erließen beide Grafen eine Hofgerichtsordnung[293]. Nach Johanns Tod 1591 jedoch versuchte Edzard, die Einrichtung des Hofgerichts zu hintertreiben, konnte aber auf die Dauer sein Ziel nicht erreichen. Im August 1593 trat das Hofgericht erstmals zusammen.

Nach Titel 2 der Hofgerichtsordnung bestand es aus einem adeligen Hofrichter und 8 Assessoren; 4 davon sollten studierte Juristen sein und vom Landesherrn ernannt werden, die andern 4 sollten je zur Hälfte aus der Ritterschaft und dem Städte- und/oder Hausmannsstand genommen werden. Ihres Eides gegenüber der Landesherrschaft sollten alle Hofgerichtsmitglieder entbunden sein (Tit. 4). Die Zuständigkeit des Hofgerichts erstreckte sich nach Tit. 19 in erster Instanz auf alle in der Grafschaft Ostfriesland ansässigen Herren, Ritter, Edelleute, Drosten, Räte, Richter, Haupt- und Amtleute, sowohl ihrer Person wie ihres Amts halber, weiter auf Städte, Flecken und Kommunen und auf alle anderen Personen, die den Untergerichten nicht unterworfen waren. Justiziabel waren alle Streitsachen der genannten Personen, ausgenommen Kriminalfälle und Malefizhändel. Von einem Streitwert von 50 fl. an konnte von den Untergerichten an das Hofgericht appelliert werden (Tit. 19), von dort entweder an den Reichshofrat bzw. das Reichskammergericht oder an den Landesherrn selbst (Tit. 44).

---

290   Siehe oben S. 11 ff. Zum Hofgericht vgl. im übrigen K ö n i g , Verwaltungsgeschichte, S. 231 f.,
      234 f. und bes. S. 239 ff.
291   B r e n n e y s e n II, S. 5.
292   ebenda, S. 10.
293   ebenda, S. 11—29.

Das Hofgericht erreichte also fast die gesamte Bevölkerung Ostfrieslands und trat in allen Zivilrechtsfällen konkurrierend neben die Kanzlei, die jedoch für Kriminalfälle vorerst allein zuständig blieb; geistliche und Eherechtssachen gehörten vor das Konsistorium.

Die Kaiserliche Resolution von 1597[294] brachte eine Präzisierung verschiedener Bestimmungen dieser Ordnung. So wurde das Verhältnis zwischen Kanzlei und Hofgericht auf die Weise geregelt, daß die Parteien nach eigener Wahl eines dieser beiden Gerichte anrufen und Verweisung von einem zum anderen begehren konnten (sog. »Remissoriales [sc. litteras] suchen«) (§ 5). Die Bestimmung des 19. Titels der Hofgerichtsordnung, daß die landesherrlichen Beamten sowohl ihrer Person als auch ihres Amts halber vor dem Hofgericht justiziabel seien, wurde dahingehend eingeschränkt, daß alle die Fälle, in denen die Beamten unverdächtige Spezialbefehle des Grafen oder seiner Regierung vorweisen könnten, ausgenommen sein sollten. In diesen Fällen konnte entweder an den Landesherrn oder die Reichsgerichte appelliert werden (§ 7). Der Landesherr selbst sollte nur vor den Reichsgerichten belangt werden können (§ 10).

Die 1599 zwischen Graf Enno III. und den Ständen abgeschlossenen Konkordate[295] enthalten dagegen eine Erweiterung der Zuständigkeit des Hofgerichts: »So erklären wir uns ferner hiemit / daß wir in Gnaden zufrieden / daß nicht allein unsere Beamten vor unserm Hoff-Gericht / so wol ihrer Person / als ihres Amts halben / zu Recht stehen sollen: Sondern Wir haben auch gnädig gewilliget / wenn jemand unserer Unterthanen zu uns Spruch und Forderung gewinnen möchte / daß Wir derhalben vor gedachtem unserm Hoff-Gerichte in personalibus et realibus actionibus zu Recht stehen wollen«. Damit war die Zuständigkeit des Hofgerichts beträchtlich erweitert worden; der Streit um seine Kompetenzen dauerte trotzdem an. Der Osterhuser Akkord von 1611 enthält deshalb abermals zahlreiche Bestimmungen zur Jurisdiktion dieses Gerichts[296]. Zunächst wurde die Besetzung modifiziert; drei Mitglieder stellte die Ritterschaft (Hofrichter und zwei Assessoren), sechs gelehrte Juristen sollten bürgerlichen Standes sein. Einer von ihnen sollte das Amt des Vizehofrichters bekleiden. Ihr Dienst währte lebenslang; nur ein Beschluß des Hofgerichts selbst konnte ein Mitglied seines Amtes entheben, nicht aber der Landesherr. Bei Vakanzen mußte der Landesherr aus einer von den übrigen Mitgliedern des Hofgerichts vorgeschlagenen Dreizahl von Kandidaten einen auswählen und ernennen. Alle Mitglieder des Hofgerichts durften weder in anderen Diensten oder Eiden stehen noch irgendwelche »andere Pensiones im Lande geniessen«. Die Bezahlung der Gehälter übernahmen die Stände.

294   W i e m a n n , Grundlagen, S. 140—159, und B r e n n e y s e n II, S. 79—92.
295   ebenda, S. 162—194, hier S. 174, bzw. S. 128—150, hier S. 137.
296   ebenda, S. 214—261, hier S. 228—234, bzw. S. 344—377, hier S. 356—361.

Die Jurisdiktion, bisher auf Zivilrechtsfälle beschränkt, wurde für die Angehörigen des Städte- und Hausmannsstandes auch auf Kriminalfälle erweitert[297]. Hofrichter und Assessoren wurden auf die Landesverträge vereidigt, und der Landesherr mußte, auch in gegen ihn selbst gerichteten Rechtsstreiten, die Urteile exequieren, andernfalls sollte das Hofgericht die Stände einzuschalten berechtigt sein. Für die landesherrlichen Beamten und Räte wurde die einschränkende Bestimmung der kaiserlichen Resolution von 1597 aufgehoben, so daß sie auch dann »ratione Officii als personarum« vor dem Hofgericht justiziabel waren, wenn sie auf Spezialbefehl der Landesherrschaft gehandelt hatten. Direkte und indirekte Verstöße der Beamten gegen die Landesverträge sollten ausschließlich vor dem Hofgericht verhandelt werden. Nach erfolgtem Prozeß sollte ein solcher Beamter vom Landesherrn »ohne einige Gunst und Conniventz / als ein Stöhrer der gemeinen Ruhe« bestraft werden. Im Marienhafer Landtagsschluß von 1614 wurde das Hofgericht, konkurrierend mit der Kanzlei, auch für Landgerichtssachen, d. h. für Beleidigungsklagen und geringfügige Verstöße gegen die Polizeiordnung, als zweite Instanz zuständig, jedoch ohne die verhängten Brüche und Bußen selbst kassieren zu dürfen[298]. Eine staatische Resolution auf verschiedene Gravamina von 1619 behielt auch die Suspendierung eines Hofgerichtsmitglieds auf Zeit allein der Entscheidung des Hofgerichts vor[299] und erlaubte in Fällen, in denen der Landesherr Urteile des Hofgerichts trotz mehrfacher Ermahnung nicht exequieren ließ, die Benutzung der niederländischen Garnison in Emden als Zwangsmittel[300].

Damit ist die Kompetenz des Hofgerichts im wesentlichen umrissen, soweit sie sich aus den verschiedenen Landesverträgen ergibt. Über die tatsächliche Wirksamkeit und Reichweite des Hofgerichts kann jedoch erst nach genauen Einzeluntersuchungen geurteilt werden. Vorerst kann daher die Rolle des Hofgerichts nur pauschal beschrieben werden[301]. Aus allen

---

297 Ab 1620 galt diese Bestimmung auch für die Angehörigen der Ritterschaft, vgl. Staatische Resolution auf Postulatum 9, B r e n n e y s e n II, S. 500.
298 ebenda, S. 432 f.
299 ebenda, S. 499 f.
300 ebenda, S. 507 f.
301 Die Arbeit von S c h a u m b u r g enthält leider nichts, was zur Klärung der tatsächlichen Wirksamkeit des Hofgerichts beitragen könnte. Schaumburg stellt sich zwar die Aufgabe, Errichtung und Entwicklung, Aufgaben und Organisation des Hofgerichts zu untersuchen und darzustellen, einigermaßen zufriedenstellend beantwortet er aber lediglich die letztgenannte Aufgabe. Der historische Abschnitt, der die einhundertfünfzigjährige Geschichte des Hofgerichts behandelt, ist wegen der zahllosen Fehler und Ungenauigkeiten in Einzelheiten kaum brauchbar. Vor allem das eigentliche Problem, die Stellung des Hofgerichts im Spannungsfeld zwischen Landständen und Landesherrschaft und seine daraus resultierende besondere Wirksamkeit hat er fast gar nicht erkannt. Mit abstrakt-juristischer Darstellung, die zudem einem modernen Staats- und Verfassungsverständnis verhaftet ist, läßt sich die Wirksamkeit eines Gerichts, dessen Kompetenzen so heftig umkämpft wurden, nicht einmal ansatzweise erfassen. Der vollständige Verzicht auf das inhaltliche Eingehen auf Prozeßakten, sogar auf diejenigen, in denen im ersten Drittel des 18. Jahrhunderts die gesamte

angeführten Bestimmungen ergibt sich, daß das Hofgericht zwar im Namen des Landesherrn Recht sprach — etwas anderes war auch nicht möglich —, aber von diesem weitgehend unabhängig war. Es war ständisch beeinflußt, weil zumindest die adeligen Mitglieder aus der ostfriesischen Ritterschaft stammen mußten und bei Vakanzen das Hofgericht selbst drei Kandidaten vorschlagen konnte, aber es war nicht von den Ständen abhängig oder von vornherein immer auf ihrer Seite; vielmehr gibt es aus dem 17. Jahrhundert Beispiele dafür, daß die Aktivitäten der Stände vom Hofgericht gerügt wurden. War es ursprünglich nur für Zivilstreitigkeiten zuständig, so erweiterte sich die Jurisdiktionsbefugnis später auch auf Kriminal- und Malefizsachen; insbesondere aber hatte es über Verstöße gegen die Landesverträge zu urteilen, daneben und damit zusammenhängend über Kammerpachtverträge, Erbpachtsachen, Abgaben von Beheerdischheiten, Besitzstreitigkeiten im Moor- und Ödland, über Anwachs vor den Deichen, Jagd- und Fischereisachen sowie über die Auslegung von Polizeiordnungen etc.[302]. Im wesentlichen waren dies alles Verwaltungsstreitsachen, und gerade hier lag die entscheidende Bedeutung des ostfriesischen Hofgerichts für die Stände und alle Eingesessenen. In Zivilstreitigkeiten der ostfriesischen Bürger und Bauern untereinander wird die Kanzlei mit Sicherheit genauso unparteiisch geurteilt haben wie das Hofgericht. Bei allen Verwaltungsangelegenheiten mußten sich jedoch Interessenkonflikte ergeben, wenn die Kanzlei als Gericht über die Rechtmäßigkeit der von ihr als Behörde veranlaßten Schritte urteilen sollte. Die weitgehende Unabhängigkeit des Hofgerichts garantierte hier eine gerechtere Behandlung. Die konkurrierende Gerichtsbarkeit zwischen Kanzlei und Hofgericht verhinderte also, daß die Landesherrschaft auf dem Verwaltungswege bestehende Rechtsverhältnisse unterhöhlen, die eigene Position dadurch ständig ausweiten und all dies durch eine von ihr abhängige Rechtsprechung auch noch legitimieren konnte. Das Hofgericht bewirkte damit ein hohes Maß an Rechtssicherheit für jeden im Lande; wenn es auch noch keine Gewaltenteilung gab, so liegt in diesem Falle die Versuchung nahe, davon zu sprechen. Das Rechtsbewußtsein der Bevölkerung konnte bei diesen Verhältnissen, in denen die gerichtliche Überprüfung von landesherrlichen Verwaltungsentscheidungen, die freie Wahl des Gerichts und sogar die Justiziabilität des Landesherrn vor einem inländischen Gericht möglich waren, nur noch wachsen[303]. König

Jurisdiktion des Hofgerichts zur Diskussion stand, verstärkt diesen Mangel noch erheblich. Schaumburg nimmt sich dadurch selbst die Möglichkeit, aus der Praxis des Hofgerichts etwa zu seiner tatsächlichen Kompetenz zu erkennen und den Streit um seine Zuständigkeiten richtig zu gewichten.

302 K ö n i g , Verwaltungsgeschichte, S. 242 mit Einzelnachweisen.
303 K ö n i g meint, ebenda S. 241, unter Berufung auf ältere Arbeiten aus der freien Wahl des Gerichts eine zwangsläufige Beeinträchtigung des Rechtsbewußtseins des Volkes herleiten zu müssen. Davon kann keine Rede sein. Ein solches Urteil ist typisch für die im 19. und frühen 20. Jahrhundert herr-

hat das Hofgericht gelegentlich »eine Art Staatsgerichtshof[304]« genannt, damit aber einen ganz unzutreffenden Begriff benutzt. Zwar konnte das Hofgericht durch die Behandlung vieler Verwaltungsstreitigkeiten verfassungsstabilisierend wirken, aber ein »Staatsgerichtshof« wäre es nur dann zu nennen, wenn es in Streitigkeiten zwischen der Landesherrschaft und den Landständen in ihrer Gesamtheit zu entscheiden gehabt hätte; eine solche Aufgabe konnte aber ein inländisches Gericht unter den damaligen Bedingungen von vornherein nicht übernehmen. Hierfür kam nur der Reichshofrat — das Reichskammergericht wurde in Auseinandersetzungen zwischen Landesherrschaft und Landständen normalerweise nicht bemüht, weil ihm die Autorität in diesen letztlich nur Machtfragen betreffenden Fällen fehlte[305] — in Frage, wenn sich beide Seiten nicht lieber auf die Vermittlung einer anderen Macht einigten.

Die Bedeutung des Hofgerichts ist also sehr hoch zu veranschlagen; entsprechend häufig kam es zu Streitigkeiten über seine Kompetenzen. Die Landesherrschaft versuchte immer wieder, die ihr durch die Existenz dieses Gerichts gesetzten Schranken zu durchbrechen, während die Stände jeden dieser Versuche heftig bekämpften. In allen Landesverträgen des 17. Jahrhunderts und in unzähligen Landtagsabschieden sind daher Bestimmungen über Tätigkeit und Befugnisse des Hofgerichts enthalten. Die wichtige Funktion des Hofgerichts war es denn auch, die nach einer längeren Phase relativer Ruhe zu Beginn des zweiten Jahrzehnts des 18. Jahrhunderts die Auseinandersetzung von neuem entfachte.

Ehe auf diese Auseinandersetzung und die darin verwendeten Argumente im einzelnen eingegangen werden kann, ist es notwendig, zusätzlich zu Johann Jacob Mosers eingangs vorgestellter Beurteilung von Streitigkeiten um Landesverträge eine weitere Bemerkung zur Verfassung vorkonstitutioneller Zeiten zu machen. Beruht die Verfassung der Bundesrepublik Deutschland allein auf dem Bonner Grundgesetz, so umfaßte eine damalige Verfassung das gesamte innere Ordnungs- und Herrschaftsgefüge eines Territoriums und beruhte ursprünglich allein im gewohnten Herkommen; dieses war im Laufe der Zeit durch verschiedene Landesverträge ergänzt bzw. modifiziert und präzisiert worden. Nicht eine einzige Urkunde lag also als schriftliche Quelle des Verfassungsrechts vor, sondern eine ganze

---

schende Geschichtsauffassung, die der Landesherrschaft von vornherein politische Weitsicht und Fürsorge für ihre Untertanen unterstellte, in der Politik der Stände und in den dadurch der Landesherrschaft gezogenen Grenzen aber Unordnung und Chaos sah.

304   K ö n i g , Verwaltungsgeschichte, S. 232, mit Hinweis auf H i n t z e , Behördenorganisation, S. 603 f.

305   Die relative Machtlosigkeit des Reichskammergerichts in solchen Streitigkeiten, u. a. mit der finanziellen Abhängigkeit von den Reichsständen zu begründen, während demgegenüber der Reichshofrat als allein vom Kaiser abhängiges Instrument der Rechtsprechung wirkungsvoller auftreten konnte, zumindest gegenüber kleineren Reichsständen, hat jüngst wieder H u g h e s , Imperial Aulic Council, bes. S. 199 ff., betont.

Reihe, die aufeinander aufbauten und sich ergänzten. Die Gültigkeit früherer Verträge wurde durch neuere nicht aufgehoben, so daß zur Entscheidung eines Streitpunktes ganz unterschiedliche Passagen der Landesverträge herangezogen werden konnten und mußten. Zwar galt grundsätzlich, daß neuere Bestimmungen zu einem Problem vor älteren den Vorrang hatten, in jedem Einzelfall war dennoch die Möglichkeit gegeben, durch Auslegung von diesem Prinzip dann abzuweichen, wenn der einen oder anderen Partei die ältere Regelung gelegener war. Darüber hinaus eröffnete die Vielzahl nebeneinander bestehender Landesverträge die Möglichkeit, über die Interpretation jeder einzelnen Bestimmung je nach Interessenlage beliebig zu streiten. Mancher Artikel war auch unklar formuliert, denn es liegt in der Natur solcher Verträge, daß sie nicht mit letzter Eindeutigkeit abgefaßt sind, weil sie allemal Kompromisse im Kampf um die Machtverteilung zwischen Landesherrschaft und Landständen waren. Schließlich erhebt sich noch ein Sprachproblem. Jeder Vertrag war in der Sprache seiner Zeit abgefaßt, und der Inhalt der zentralen Begriffe war den Zeitgenossen klar und durch die Kenntnis aller Umstände, die zum Abschluß des Vertrages führten, bestimmt. Im Laufe eines Jahrhunderts oder noch größerer Zeiträume konnten sich jedoch inhaltliche Verschiebungen bei solchen Zentralbegriffen ergeben. Ist z. B. in einem Vertrag des 16. Jahrhunderts nach vorherigen Auseinandersetzungen davon die Rede, daß eine Sache vom Landesherrn »gnädig bewilligt« worden sei, so heißt das in Wirklichkeit, die Stände, die Finanznot oder eine auswärtige Macht haben ihn dazu gezwungen; von einer freiwilligen Einschränkung seiner Herrschaft kann also keine Rede sein. Isoliert und aus größerer zeitlicher Distanz betrachtet, läßt sich eine solche Bemerkung auch ganz anders, nämlich wörtlich, verstehen, und dann ist die »gnädige Bewilligung« auf einmal kein Akt der Einschränkung der landesherrlichen Hoheit mehr, sondern gerade ein Beweis für die Uneingeschränktheit dieser Hoheit; die »gnädige Bewilligung« kann damit jederzeit widerrufen werden[306]. Die den Absolutismus favorisierende und legitimierende Staatstheorie des späten 17. Jahrhunderts mit ihrer naturrechtlichen Konstruktion des Gesellschafts- und Herrschaftsvertrages gab den von Moser »Souverainitäts-Diener« genannten landesherrlichen Beamten für viele Begriffe des Staatsrechts ein neues Verständnis; eine entsprechende Neuauslegung der alten Landesverträge war die Folge[307].

All dies gilt auch für den Thomasius-Schüler Brenneysen. Für das in seinem Sinne allein richtige Verständnis der ostfriesischen Landesverträge

306   Vgl. oben S. 74.

307   Die Einsicht, daß die zentralen Begriffe des öffentlichen Lebens, der Verfassung, der Verwaltung etc. in ihren Inhalten immer nur konkret aus den Umständen ihrer Verwendung verstanden werden können, ist vor allem Otto Brunners Verdienst. Diese Einsicht liegt auch dem von ihm mitherausgegebenen Nachschlagewerk »Geschichtliche Grundbegriffe. Historisches Lexikon zur politisch-sozialen Sprache in Deutschland«, zu Grunde.

baute er ein ganzes System auf, das er deduktiv aus wenigen Grundsätzen ableitete[308]. Er ging aus von der Tatsache, daß Ostfriesland als ein Teil des Reiches allein der Oberjurisdiktion des Kaisers unterworfen und daher die von den Landständen durchgesetzte Anrufung der Niederlande als Schiedsrichter in den früheren Landesstreitigkeiten unrechtmäßig gewesen sei. Daraus ergab sich für ihn: Die unter Vermittlung der Vereinigten Niederlande geschlossenen Verträge und Resolutionen müssen aus den kaiserlichen Dekreten und Resolutionen »erklähret / und darnach nach Unterscheid der Umstände late oder stricte verstanden werden[309]«. Unter Vermittlung der Niederlande aber waren fast alle, vor allem die wichtigsten Akkorde zustande gekommen; für den Delfzijler Vertrag von 1595, den Haagischen Akkord von 1603, den Emder Landtagsschluß von 1606, den Provisionalvergleich von 1607[310], den Osterhuser Akkord von 1611, die staatischen Resolutionen und Decisionen zu den beiderseitigen Beschwerden von 1619, 1620 und 1626, den Haager und Emder Vergleich von 1662, den Finalrezeß von 1663 sowie einige kleinere Entscheidungen stand Brenneysens Urteil daher fest: Sie haben insoweit zu weichen, »daß sie 1. wo sie der Kayserlichen Jurisdiction, Rechten und Hoheiten offenbahr zuwider sind / nichts gelten / 2. wo sie zweiffelhafft oder dunckel sind / aus und nach denen Kayserlichen Decretis und Resolutionen / und den Kayserlichen und des Reichs Rechten erklähret werden müssen[311]«. Und: Im Zweifel müssen alle während der innerlichen Unruhe erteilten Dekrete und Landesrezesse so ausgelegt werden, daß dadurch die Stellung und die Rechte des Landesherrn, »wie sie in der ersten Periode[312], nach dem Fuß der damahls abgestatteten Huldigungs-Pflichten« und der sonstigen Verordnungen gewesen sind, am wenigsten beeinträchtigt werden. »Denn 1. sind keine Veränderungen zu praesumiren / und 2. alle Veränderungen stricte zu erklären. 3. Ihro Kayserliche Mayest. setzen (...) zur fundamental-allgemeinen Regel / daß die Rechte und Gerechtigkeiten / die vorhin von dem Landes-Herrn ausgeübet und gebrauchet worden / auch dergestalt ungekränckt bleiben sollen[313]«. Es ist klar, daß bei der Anwendung dieser Grundsätze die Landesverträge nur in einer Weise ausgelegt werden konnten, die der gewachsenen ostfriesischen Verfassungswirklichkeit Hohn sprach. Der Verlauf der ostfriesischen Geschichte war für Brenneysen da-

---

308   Vgl. oben S. 73 f. und J o e s t e r , S. 375 ff.

309   B r e n n e y s e n I, Lib. 1, S. 83.

310   Im Emder Landtagsschluß von 1606 und im Provisionalvergleich von 1607 ging es im wesentlichen um die Steuerverwaltung durch die Stände.

311   B r e n n e y s e n I, Lib. 1, S. 84.

312   Für Brenneysen gab es nur zwei Phasen der ostfriesischen Geschichte, das Goldene Zeitalter vor der »innerlichen Unruhe« und die Zeit danach, die von den »schädlichen« Prinzipien der Monarchomachen bestimmt war und bis in seine Gegenwart andauerte.

313   B r e n n e y s e n I, Lib. 1, S. 84.

her auch nicht eine dauernde Auseinandersetzung lebendiger Kräfte mit der Veränderung bestehender Verhältnisse als natürlicher Folge, sondern ein Prozeß des Unrechts der Untertanen an der Landesherrschaft, der die schleunige Wiederherstellung der Zustände vor der »innerlichen Unruhe«, als die Obrigkeit ihre Rechte noch ungekränkt ausüben konnte, notwendig machte.

Kaum war Brenneysen 1710 verantwortlicher Leiter der fürstlichen Politik geworden, begann er mit seinen auf solchen Prinzipien aufgebauten Bemühungen, die »wahre Relation zwischen Obrigkeit und Untertanen« wiederherzustellen. Bei der Bedeutung des Hofgerichts im System der ostfriesischen Verfassung galt diesem der erste Angriff. Um den Reichshofrat, der als höchste Appellationsinstanz in zahlreichen ostfriesischen Streitfällen der oben beschriebenen Art zu entscheiden hatte, über den »wahren« Charakter der ostfriesischen Verfassung zu unterrichten und für die Zukunft damit übereinstimmende Urteile zu erreichen, verfaßte er einen »Historische(n) Bericht von der Fürstlichen Oost-Friesischen Landesregierung in specie der Administration der Justitz bey der fürstlichen Cantzley und dem Hoffgericht und von der Relation dieser beeden Collegiorum gegen einander[314]« und reichte ihn am 26. August 1712 in dem gerade laufenden Prozeß gegen Paul Harsebruch in Wien ein[315]. In diesem »Bericht« geht es zunächst um die Auslegung von Artikel 43 der Konkordate von 1599, in dem Graf Enno III., um die Streitigkeiten zu beenden, »gnädigst eingewilliget[316]« hat, daß er »in personalibus et realibus actionibus« vor dem Hofgericht zu Recht stehen wolle, wenn einer seiner Untertanen eine Forderung gegen ihn habe. Zu diesem Zweck habe Graf Enno einen Procurator generalis bestellt, der ihn dort aktiv und passiv vertrete. »Weil aber dieses aus *bloßer gnädigster* Bewilligung geschehen, maßen vorhin der Graf Enno III. sowohl als seine Vorfahren nur allein unmittelbar vor Seiner Kayserl. Mayestät oder dem Kayserlichen Cammergericht justitiabel gewesen ist, so kann auch diese Bewilligung der Superiorität des Landes-Herrn über das Hoffgericht nicht derogiren, zumahlen solche Bewilligung nicht weiter, als worauf sie geschehen, nehmlich auff bloße actiones personales

---

314 Diese Arbeit Brenneysens ist in mehreren Abschriften im Staatsarchiv Aurich vorhanden; hier wurde die Abschrift in Dep. 1, Msc. fol. 41, Bd. I, Bl. 306—383 benutzt. Ein weiteres Exemplar in Rep. 241, C 15. K ö n i g , Verwaltungsgeschichte, S. 250, Anm. 6, datiert, wahrscheinlich unter Benutzung von W i a r d a , Bd. VII, S. 92, Anm. n, fälschlich auf 1716.

315 Paul Harsebruch war einer der Bürgen des wegen Schulden in Haft genommenen Emder Rentmeisters Johann Bley. Als mit der Verhaftung der Bürgschaftsfall eingetreten war, klagte Harsebruch beim Hofgericht gegen den fürstlichen Procurator Generalis auf Herausgabe der Rechnungsbücher Bleys zur Überprüfung und auf Aufhebung der Exekution gegen sich als Bürgen. Brenneysen bestritt dem Hofgericht jede Zuständigkeit in diesem, seiner Ansicht nach allein vor die Kanzlei gehörenden Fall und appellierte daher an den Reichshofrat. HHuStaW., RHR., Den. rec. K. 920/3; vgl. auch das Landtagsprotokoll vom 6. 10. 1712, StaA., Rep. 4, C II b, 124.

316 StaA., Dep. 1, Msc. fol. 41. Bd. I, Bl. 320 ff. Alle Hervorhebungen im Original.

et reales, welche mit der Landes-Herrlichen Hoheit nichts zu thun haben, extendiret werden kann«. Die Würde und Superiorität des Landesherrn leide durch diese Bestimmung also keineswegs. Damit dieser Passus der Konkordate aber »in eigentlicher genauer Bedeutung« verstanden werden könne, stellte Brenneysen klar, was denn eine »Actio realis et personalis sey«, nämlich »jene, da die Klage auf Haab und Güter gestellet, die der Kläger alß sein Eygenthum anspricht; alß da umb Hauß, Hoff, Acker, Zinß, Zehenden, Wiesen, Pferde, Ochsen, oder dergleichen Guth geklaget wird; diese da umb Schuld und dergleichen, da einer dem andern auß einem Contract etwas zu geben oder zu thun obligiret und verbunden ist«. Artikel 43 der Konkordate sei also nur so zu verstehen und auf solche Fälle anwendbar, in denen der Landesherr »jure privati utitur genennet« werde. Daraus folgerte Brenneysen, daß alle Sachen, in denen der Landesherr »jure publico utitur«, die also nicht unter die Real- und Personalaktionen oder unter Forderungen gegen den Landesherrn fallen, »mit einem Wort, alle Regierungs-Sachen«, davon ausgenommen seien. Hier habe das Hofgericht keinerlei Jurisdiktion, vor allem nicht über Räte und Beamte, die auf Spezialbefehl des Landesherrn gehandelt hätten; andernfalls hätte das die Konsequenz, daß dieser in der Person seiner Räte und Beamten »in Regierungs-Sachen dem Hoffgericht unterwürffig« wäre.

Mit dieser Interpretation hatte Brenneysen den Sinn von Artikel 43 der Konkordate, wie er urspünglich gemeint war und von den Ständen weiterhin verstanden wurde, erheblich verändert. Das zeigt sich insbesondere bei der Benutzung der Formulierung »jure privati utitur«. Brenneysen berief sich bei der eben zitierten Stelle auf Cap. 1, § 10 des Emder Landtagsschlusses von 1618, der mit den Worten beginnt[317]: »In Sachen / da I. G. dem Hoff-Gerichte unterworffen / und jure privati utitur ...«. Diese Stelle meint nicht, daß der Landesherr nur in den Fällen, da er als Privatmann gilt, vor dem Hofgericht justiziabel sei, wie Brenneysen behauptete, sondern daß der Landesherr immer dann, wenn er vor dem Hofgericht belangt werde, als Privatmann zu behandeln sei. Nur auf diese Weise war in einer Zeit, die die Gewaltentrennung noch nicht kannte, die Justiziabilität des Landesherrn vor einem Gericht möglich, das in dessen eigenem Namen Recht sprach. Mit der Einschränkung dieser Justiziabilität auf »actiones reales et personales« konnte Brenneysen dem Hofgericht jede Berechtigung zur Behandlung von Verwaltungsstreitigkeiten absprechen und es damit in seiner zentralen Funktion ausschalten. Eine solche Interpretation entsprach nicht dem Verlauf der ostfriesischen Geschichte und der ursprünglich intendierten Bedeutung der Akkorde, aber im 18. Jahrhundert erschien selbst die »gnädigste Bewilligung« Graf Ennos III., vor dem Hofgericht ju-

---

317   B r e n n e y s e n II, S. 501.

stiziabel sein zu wollen, als ein Akt landesherrlicher Souveränität, der in Wirklichkeit von der ostfriesischen Machtverteilung erzwungen worden war. Mit dieser Auslegung von Artikel 43 der Konkordate war zugleich § 22 des Osterhuser Akkords von 1611 eingeschränkt; die Bestimmung nämlich, daß die landesherrlichen Beamten »sowohl ratione officii, alß personarum, auch da sie Special-Befehl von Ihm (sc. Landesherr) auflegen könten«, vor dem Hofgericht justiziabel sein sollten, sei folgerichtig nur auf die Fälle beschränkt, da der Landesherr »in Actionibus realibus et personalibus vor dem Hoffgericht solte belanget werden können«.

Zusätzlich engte Brenneysen die Justiziabilität der landesherrlichen Beamten noch weiter ein[318]. In Titel 19 der Hofgerichtsordnung von 1590 sei festgestellt, »daß nur die *Beambte* so wohl ihrer Persohn alß ratione officii vorm Hoffgericht zu Recht stehen sollen; jedoch, wenn Sie von dem Landes-Herrn oder dessen *Regierung* unverdächtige Speciale Befehl auffzulegen haben, daß alß den daß Hoffgericht ratione officii wieder Sie nichts decretiren möge«; wer sich dadurch beeinträchtigt finde, müsse sich an die Reichsgerichte wenden. In dieser Bestimmung würden also »die Beambte von der Regierung distinguiret, und die Befehle, so von der *Regierung* an die *Beambte* abgegangen, von des Hoffgerichts Jurisdiction eximiret, und bloß der Judicatur der Kayserl. Mayestät oder des Cammergerichts unterworffen«. Es sei demnach ganz irrig, aus dem 19. Titel der Hofgerichtsordnung eine Jurisdiktion oder gar Superiorität des Hofgerichts über Kanzler und Räte, »collegialiter consideriret«, ableiten zu wollen. Aus Art. 7 der Kaiserlichen Resolution von 1597, der alle Fälle, in denen Beamte einen Spezialbefehl des Landesherrn vorweisen konnten, von dieser Jurisdiktion ausgenommen hatte, sei zu sehen, daß sich damals niemand habe träumen lassen, daß das Hofgericht solche Jurisdiktion oder Superiorität hätte. Dieser Punkt sei überhaupt nicht streitig gewesen, sondern es sei nur »von dem *Beambten,* im Gegensatz der Gräfflichen *Regierung*« die Frage gewesen; ganz ungereimt aber sei die Meinung, »daß unter dem Nahmen der *Beambte* Cantzler und Räthe mit gerechnet würden, maßen diese ausdrückliche (...) von Kayserlicher Mayestät selbst denen Beambten entgegen gesetzet, und mit dem Honorablen Titul *Regierung* beleget werden«. Diese Begrenzung gelte trotz Art. 22 des Osterhuser Akkords, der eine Justiziabilität der Beamten in jedem Falle vorsah, weiter: Es sei demnach eine angemaßte, aus eigener Autorität gemachte Erklärung, diesen Artikel des Osterhusischen Akkords dahin zu deuten, »daß auch Cantzler und Räthe ratione officii vor dem Hoffgericht gezogen werden können, zu geschweigen, daß als dann folgen würde, daß der Landes-Herr indistincte in allen Sachen vor dem Hoffgericht justiziabel wäre[319]«. Mit dieser äußerst spitz-

318   StaA., Dep. 1, Msc. fol. 41 Bd. I, Bl. 342. Alle Hervorhebungen im Original.
319   ebenda, Bl. 345 f.

findigen Bindung der Beamten an das Amt als Verwaltungseinheit und der dadurch möglichen Unterscheidung zwischen Beamten einerseits und Kanzler und Räten andererseits hatte Brenneysen ein weiteres Argument gefunden, um die Behandlung von Regierungs- und Polizeisachen vor dem Hofgericht als angemaßt und illegitim hinzustellen und der Kanzlei die alleinige Zuständigkeit zuzusprechen.

Brenneysen rief damit das Hofgericht und die Stände auf den Plan. Auf dem Landtag im Oktober 1712 wurde der »Historische Bericht« behandelt[320]. Die Stände meinten, daß darin von Liebe zum Frieden und gutem Einvernehmen wenig zu spüren sei; vielmehr handele es sich um eine »Kriegs declaration«, denn die ganze Verfassung komme zur Sprache, »und was pro Serenissimi Principe dienen könte, (werde) weitläufig ausgeführt; was aber in favorem Statuum verordnet, außgelassen«. In die gegenwärtigen friedlichen Zeiten wolle eine solche Schrift nicht passen. Weil die Stände befürchten müßten, daß im Reichshofrat darauf reflektiert und in dem einen oder anderen Punkt zu ihrem Nachteil etwas entschieden werde, behielten sie sich vor, ihrerseits ebenfalls eine entsprechende Deduktion vorzulegen, »woraus denn nichts weiter als Weiterungen und Krieg entstehen würden«. Darauf antwortete Brenneysen, der Bericht sei nicht gegen die Stände gerichtet, sondern solle nur dazu dienen, das unförmliche Verfahren des Hofgerichts vorzustellen und den Reichshofrat ein für allemal von dem Verhältnis zwischen Kanzlei und Hofgericht gründlich zu informieren, um sich »von des Hoffgerichts Plackereyen auf einmahl loß zu machen«. Welche Konsequenzen das haben konnte, war den Ständen sofort bewußt. In ihrem Protokoll heißt es nämlich, wenn in Wien, was leicht geschehen könne, nach Brenneysens Vorstellungen entschieden werde, sei es mit der Jurisdiktion des Hofgerichts vorbei. Wenn es im Ermessen der Kanzlei stehen sollte, ob »remissoriales« zulässig seien oder nicht, »würden die Accorden nirgents anders zu nützen, als umb (sie) ins Feuer zu werffen[321]«. Vorläufig war es noch nicht so weit, denn Brenneysens Eingabe hat zumindest nicht unmittelbar den gewünschten Erfolg gehabt. Der Fall Harkenroht gab wenige Jahre später erneut Gelegenheit, die Befugnis des Hofgerichts grundsätzlich in Frage zu stellen. Dieser Prozeß, der seit Janaur 1717 vor dem Reichshofrat lief und letztlich bis zum Tode aller Beteiligten 1734/35 dauerte, handelte fast ausschließlich von den Kompetenzen des Hofgerichts und nur am Rande von Harkenroht selbst. Um den Prozeß richtig zu verstehen, muß der ganze Fall von Beginn an kurz vorgestellt werden.

Jacobus Isenbrandus Harkenroht war reformierter Prediger in Larrelt bei Emden und historisch sehr interessiert. 1712 erschien ein von ihm ver-

320   StaA., Rep. 4, C II b, 124.
321   StaA., Dep. 1, 1412, fol. 58.

faßtes Buch »Oostfriesche Oorsprongkelykheden«, in dem er auf Geschichte und Besonderheiten fast aller ostfriesischen Orte einging. Am 14. November 1712[322] erging ein Mandat an ihn, vor dem Konsistorium in Aurich zu erscheinen und sich dort wegen einiger Passagen seines Buches zu rechtfertigen. Brenneysen hielt ihm vor[323], er habe geschrieben, Ostfriesland wäre von seiner alten Freiheit degeneriert. Das sei eine Beleidigung des Hauses Cirksena, dessen damalige Häupter das Land aus höchster Verwirrung gerettet hätten. Wenn er als Theologe von der Freiheit des Landes und der Untertanen richtig handeln wolle, müsse er sich immer zu Gemüte führen, was Paulus im Galaterbrief V, Vers 13, geschrieben habe: »Ihr seyd zur Freyheit beruffen / allein sehet zu / daß ihr durch die Freyheit dem Fleisch nicht Raum gebet«. Er als ein Theologe wisse doch, daß das menschliche Gemüt von Natur immer zum Bösen geneigt wäre und daher viele Leute »die Freyheit mißbrauchten und den Saamen des Ungehorsams bey sich hätten«. Die Prediger hätten darum die Lehre vom Gehorsam gegen die Obrigkeit mi Worten und Werken mehr als andere eifrig einzuschärfen, wenn sie ihr Amt gewissenhaft ausüben wollten: »Hingegen seine / des Citati, Worte ganz anders lauten / und schienen einen solchen Zustand des Gemüths bey ihm anzuzeigen / als wenn er mit der jetzigen Landes-Regierung nicht zufrieden wäre«. Weiter wurde ihm vorgeworfen, er habe an einer Stelle in Parenthese einfließen lassen, daß Graf Ulrich I. (1464) ohne Wissen der Stände durch den Kaiser zum Grafen von Ostfriesland erhoben worden sei; diese Bemerkung zeige, daß er dem Leser nur ein verkleinertes Bild der Landesobrigkeit vorstellen wolle. Auch diese Bemerkung sei eine Anzeige, »daß sein Gemüth nicht mit gebührender Devotion seinem Landes-Herrn zugethan wäre / da er zu solchen Dingen nicht bestellet noch beruffen wäre / als welche er andern Leuten / die solches besser verstünden / (z. B. Brenneysen selbst!) überlassen müste«. Der Abdruck eines Spottgedichts auf Graf Edzard II., das die Überführung der Klöster und ihres Inventars in landesherrliches Eigentum zum Inhalt hatte, hatte ebenfalls Brenneysens Mißfallen erregt, und schließlich hielt er ihm vor, er brauche Formulierungen, »dadurch nur der leidige Religions-Eifer einem behutsahmen und nicht verständigen Leser beygebracht würde«. Bei diesen Formulierungen ging es um die beiläufige Bemerkung Harkenrohts, Graf Edzard I. (1491—1528) und Gräfin Anna (1540—1575) seien reformiert gewesen, womit er den seit dem letzten Drittel des 16. Jahrhunderts hitzig geführten Streit, ob Ostfriesland zu Anfang der Reformation lutherisch oder

322   Der Fall Harkenroht füllt eine umfangreiche Akte in Aurich, Rep. 135, 191, Vol. I und II, und in Wien, HHuStaW., RHR., Den. rec. K. 921/2. Der Verlauf des Harkenrohtprozesses geht auch aus der Druckschrift »Nachgefügte Documenta mit Anmerckungen / von der Beschaffenheit des Fürstlichen Ost-Friesischen Hoff-Gerichts«, Aurich 1724 (enthalten in Sammelband M 20, 230, der Bibliothek des Staatsarchivs Aurich), S. 32 f., hervor.

323   »Protocollum Consistorii vom 2. Dezember 1712«, StaA., Rep. 135, 191, Vol. I, fol. 342 ff.

reformiert gewesen sei, zugunsten seines eigenen Bekenntnisses entschied. Mit der Auflage, sich »solcher anstößigen Dinge« in Zukunft zu enthalten und bei Vermeidung von 50 Goldgulden Brüche nichts ohne vorherige Zensur drucken zu lassen, wurde Harkenroht nach Hause entlassen.

Was Harkenroht vorgeworfen wurde, waren vor allem Äußerungen, so vereinzelt sie in seinem Buch auch sein mochten, die die landesherrliche Hoheit, so wie Brenneysen sie verstand, herabzusetzen geeignet waren. Es kam Brenneysen darauf an, daß nur solche Aussagen zur ostfriesischen Geschichte und Verfassung gedruckt wurden, die seine Auffassung stützten. Deswegen wurde Harkenroht vor das Konsistorium zitiert, und deswegen wurde ihm befohlen, seine Schriften vor der Drucklegung zur Zensur einzureichen. Nur am Rande, wenn auch nicht zu übersehen, war es eine konfessionelle Auseinandersetzung des Lutheraners Brenneysen mit dem Reformierten Harkenroht, die den ganzen Fall zusätzlich emotional auflud, ihn aber nicht eigentlich bestimmte[324]. Diese Beurteilung wird durch Brenneysens spätere Begründung seines Vorgehens gegen Harkenroht gestützt. Sie macht deutlich, daß es ihm um die Verhinderung »obrigkeitsfeindlicher« Bücher ging. Er schrieb nämlich[325], »daß es zumahl in Ostfrießland, da die Verachtung der Obrigkeit überhand genommen hat, nöthig sey«, über solche Dinge, wie in Harkenrohts Buch enthalten, die »zur weiteren Verachtung und Verkleinerung des Landes-Herrn und Seiner Herren Vorfahren gereichen, ein wachendes Auge zu halten und deren Divulgirung unter das gemeine Volck zu verbiethen«. Alle rechtschaffenen Theologen und

---

324 W i a r d a , Bd. VII, S. 93 ff., sieht im Fall Harkenroht ausschließlich einen Beweis für Brenneysens Haß auf die Reformierten. Er geht nur auf die reformationsgeschichtlichen Bemerkungen Harkenrohts ein und stellt Brenneysens Verbot gegenüber diesem, sich mit dergleichen Problemen zu befassen, die stillschweigende bzw. ausdrückliche Billigung gegenüber, die die gleichzeitigen reformationsgeschichtlichen Abhandlungen der lutherischen Prediger Funck und Bertram fanden, weil diese den Streit im lutherischen Sinne entschieden. Das ist von Wiarda völlig richtig bemerkt worden und zeigt deutlich, daß Brenneysen den Reformierten nicht eben wohl gesonnen war, aber gerade der Konfessionsunterschied spielt in den zitierten Vorhaltungen nur die geringste Rolle und kommt in den Akten des Wiener Prozesses gar nicht vor. Demgegenüber hat J o e s t e r , S. 81, bei Brenneysen eine »zwischen Lutheranern und Reformierten vermittelnde Haltung« feststellen wollen und sich dabei auf jenen Schreiben berufen, in dem der hier behandelte Prediger Harkenroht Brenneysen einen »Mäzen« der reformierten Prediger nennt. Den von ihr selbst mitgeteilten Text dieses Briefes vom 22. 6. 1719, StaA., Rep. 135, 191, Vol. I, fol. 8, hat sie allerdings völlig mißverstanden. Es heißt dort nämlich, einige seiner Mitbrüder hätten ihn, Harkenroht, ersucht, »zulks met eenen brief van u Hoog Ed. gedienstelyk te verzoeken, Nomine Serenissimi onze Pastooren Dykzaake weder op't Tapyt te brengen, als die wy weeten, dat u Hoog Edele in deeze zaake onze opregte Maecenas is«. Bei der »Dykzaake« handelte es sich um die in den Jahren nach der großen Weihnachtsflut von 1717 für alle betroffenen Prediger, egal ob reformiert oder lutherisch, notwengige Befreiung der Pastoratsländereien von den Deichlasten. Darin zeigte sich Brenneysen als »Maecenas«, daraus aber eine vermittelnde Haltung Brenneysens zwischen den Konfessionen ableiten zu wollen, ist völlig unmöglich. d e V r i e s , Gebrüder Harkenroht, bes. S. 16 ff., hat neben dem konfessionellen zwar auch den politischen Aspekt des Harkenrohtprozesses angesprochen, daß es hier aber fast ausschließlich um das Hofgericht ging, hat er nicht gesehen.

325 In der großen Eingabe vom 17. April 1719, StaA., Rep. 135, 191, Vol. II, hier fol. 194.

Rechtsgelehrten seien sich darin einig, daß Landesobrigkeiten und ihre nachgeordneten Bedienten die Pflicht hätten, darauf zu achten, »daß durch Divulgirung irriger Lehrsätze Kirche und Policey nicht beunruhiget und benachtheiliget, und insonderheit daß die Unterthanen nicht mit verächtlicher verkleinerlicher Meynung wieder ihre hohe LandesObrigkeit eingenommen werden«. Die in Ostfriesland verbreitete Verachtung der Obrigkeit sei das Werk von Althusius und Emmius. »Wenn nun solches Übel auch gar von Predigern in gedruckten Büchern will divulgiret werden, wornach allerdings des Harkenrohts Schrifften eingerichtet sind, so hat ja wol ein Landes Herr in Ostfrießland die höchste Ursache, sich der Bücher censur mit Ernst anzunehmen[326]«. Alle diese Bemerkungen Brenneysens haben gleichsam programmatischen Charakter und zeigen, wie sehr seine Auffassung von der »wahren Relation zwischen Obrigkeit und Unterthanen« von den Verhältnissen in Ostfriesland abwich. Ständefreundliche historische Passagen konnte er lediglich als »Verkleinerung des Landes-Herrn« und »Verachtung der Obrigkeit« werten, und daher ging er mit Vehemenz und oft kleinlichem Starrsinn gegen jeden vor, der sich in diesem Punkte verdächtig machte.

Der Fall des Predigers Harkenroht gewann neue Dimensionen, als dieser im Jahre 1716 einige Predigten über die gerade grassierende Rinderseuche und eine große Mäuseplage drucken ließ und daraufhin wegen Verstoßes gegen die Auflage von 1712 in die angedrohten Brüche von 50 Goldgulden verurteilt wurde. Bei diesen Predigten handelte es sich aber nicht um historische Bücher, sondern um theologische Schriften. Da Harkenroht reformiert war, stand die Zensur darüber jedoch nicht dem lutherischen Konsistorium in Aurich, sondern dem reformierten Coetus in Emden zu. Harkenroht wandte sich daher an das Hofgericht und erwirkte ein Mandat gegen das Konsistorium, sich der Zensur dieser Schriften zu enthalten und die verhängten Brüche aufzuheben. Das Konsistorium wies dieses Mandat mit der Begründung zurück, der Fall sei einmal beim Konsistorium rechtshängig geworden[327] und falle ohnehin nicht in die Judikatur des Hofgerichts, weil er zum geistlichen Wesen gehöre. Gleichzeitig appellierte Brenneysen wegen der Einschaltung des Hofgerichts an den Reichshofrat[328], und von

---

326 ebenda, fol. 196.
327 Die freie Wahl zwischen Kanzlei und Hofgericht war so lange möglich, bis die Klage der einen Partei von der Gegenpartei am selben Gericht, an dem die Klage eingereicht worden war, beantwortet wurde, das Verfahren also förmlich eröffnet war (Litiskontestation). War jemand von der Kanzlei zitiert worden, so mußte er bis zum festgesetzten Termin die Verweisung ans Hofgericht beantragt haben; war er aber zum Termin erschienen, ohne eine Verweisung beantragt zu haben, galt das als Anerkennung der Kanzlei als Gericht.
328 Die Klage wurde am 7. 1. 1717 durch den fürstlichen Anwalt in Wien, von Praun, erhoben. Am 14. 1. wurde die Appellation für zulässig erklärt und von Praun aufgegeben, Harkenrohts anstößige Schriften mit einer entsprechenden Begründung vorzulegen. HHuStaW., RHR., Den. rec. K. 921/2.

dort erging am 25. Mai 1717 ein Reskript an das Hofgericht, sich »in diesem ad causas judiciarias (des Hofgerichts) gantz nicht / sondern zur Landes-Fürstlichen Obrigkeit und Disposition gehörigen Fall« jeder Entscheidung zu enthalten. Darüber hinaus wurde angeordnet, daß das Hofgericht generell in allen Fällen, die zur Polizei gehörten und daher von der Landesherrschaft allein zu entscheiden seien, sich nicht einzumischen habe und ihm keinerlei »Cognition über derowegen ausgehende Fürstliche Verordnungen / oder sonsten eine Einschernckung der Landes-Fürstlichen Obrigkeit / in denen dahin gehörigen Sachen / wider die Reichs-Satzungen und Landes-Accorden« zukomme[329]. Am 5. Juli 1717 wurden die 50 Goldgulden Brüche gegen Harkenroht bestätigt und durch Pfändung eingetrieben.

Der Fall Harkenroht selbst war damit im Grunde zu Ende, denn im Harkenrohtprozeß ging es nur noch um die Kompetenzen des Hofgerichts. Mit dem kaiserlichen Mandat vom 25. Mai 1717 hatte Brenneysen endlich die lange erstrebte Handhabe gegen das Hofgericht erreicht. Mit dem Gebot, sich in Regierungs- und Polizeisachen nicht einzumischen und landesherrliche Anordnungen in diesen Bereichen nicht zu überprüfen, konnte er das Hofgericht in seiner zentralen Funktion als Verwaltungsgerichtshof ausschalten und damit die Landesherrschaft von der so unangenehmen Kontrolle befreien.

Das kaiserliche Mandat war deutlich ein Ergebnis des oben behandelten »Historischen Berichtes«, denn im Fall Harkenroht hatte das Hofgericht korrekt gehandelt. Die streitigen neuen Druckschriften waren eindeutig theologische Werke und unterstanden daher nur der Zensur des reformierten Coetus in Emden, nicht aber der des lutherischen Konsistoriums. Die Auflage von 1712 war nicht verletzt worden, weil sie sich nur auf historische Werke erstrecken konnte. Harkenroht war daher berechtigt, sich ans Hofgericht zu wenden, und dieses hatte zu Recht das Mandat gegen das Konsistorium ausgebracht, sich der Zensur dieser Schriften zu enthalten. Damit hatte es sich aber nicht in die geistliche Gerichtsbarkeit eingemischt oder sich gar ein Zensurrecht angemaßt, wie Brenneysen behauptete und als Grund seiner Appellation an den Reichshofrat angab, sondern nur auf Einhaltung der einschlägigen Bestimmungen der Akkorde gedrängt. Weil die Stände die Behinderungen des Hofgerichts als verfassungswidrig ansahen und seit dem »Historischen Bericht« wußten, was Brenneysen dem Hofgericht gegenüber intendierte, hatten sie schon auf dem Landtag im Oktober 1716 auf Bitten Harkenrohts den Fall auf Landeskosten übernommen[330] und ihm die 50 Goldgulden Brüche ersetzt. Seit dem Spät-

---

329 Das Mandat in StaA., Rep. 135, 191, Vol. II, fol. 61 f., ebenfalls in den »Nachgefügten Documenten«, wie Anm. 322, S. 32 f., aus denen auch der Verlauf des Falles Harkenroht bis 1717 leicht zu ersehen ist.

sommer 1717 hatten der ständische Anwalt von Heunisch sowie das Hofgericht selbst in mehreren Schriftsätzen Stellung genommen und die Aufhebung des streitigen Mandats beantragt, dessen besondere Bedeutung allen Beteiligten von Anfang an klar war[331]. Trotz dieser Bemühungen wurde das Mandat am 8. Juli 1718 bestätigt[332].

Vermutlich 1718 hatte der Hofgerichtsassessor von Honard, zweifellos als Reaktion auf das streitige Reichshofratsmandat und Brenneysens darauf folgende Ausweitungsbemühungen auf andere Fälle, einen »mit Landes-Fundamental-Gesetzen und praejudiciis Dicasterii Kurtzen Illustrirten Bericht, was es mit der Jurisdiction des Ostfriesischen Hoff-Gerichts und denen dawieder von der Fürstlichen Cantzelley dan und wan unnöthig movirten Streitigkeiten vor eine Beschaffenheit habe[333]«, verfaßt, in dem er die Kompetenzen des Hofgerichts im wesentlichen in der eingangs skizzierten Weise darlegte. Eine weitläufige Behandlung dieser Schrift kann daher entfallen. Einzelne charakteristische Passagen genügen zu ihrer Kennzeichnung, so z. B. der Abschnitt über die Aktenversendung an auswärtige Juristenfakultäten, die anstelle einer Appellation an die Reichsgerichte möglich war[334]. Es heißt dort[335], der fürstliche Procurator generalis beantrage gelegentlich Aktenversendung an eine Juristenfakultät, um damit die Jurisdiktion und Autorität des Hofgerichts oder die »Privilegia Patriae zu impugniren oder zu schmälern«. Ein solcher Antrag sei in diesen Fällen »der wohlhergebrachten Observantz« gemäß nicht statthaft, weil »Exteri Jureconsulti von denen Sachen, welche Jurisdictionem Dicasterii et Privilegia Patriae concerniren, nicht gehörig informiret« seien. Versuche, die Hofgerichtsrechte auf diese Weise »in Compromiss zu stellen«, würden verworfen. Diese Aussage ist belegt mit zahlreichen Fällen und wird auch die Wirklichkeit treffen, weil sie in der Konsequenz der ostfriesischen Verfassung liegt; seit an den deutschen Universitäten eine absolutistische Staatstheorie gelehrt wurde, für die die ostfriesischen Verhältnisse einen Anachronismus ohnegleichen darstellen mußten, war die Aktenversendung zum Problem geworden, ganz abgesehen davon, daß ein Teil der Akkorde in niederländischer Sprache abgefaßt war und deswegen für deutsche Juristenfakultäten Schwierigkeiten entstehen konnten. Hier wird sichtbar, auf wie vielen Ebe-

330   StaA., Dep. 1, 1410, fol. 56—61 und 71. Zu weiteren Prozessen auf Landeskosten s. u. S. 108 ff.
331   Dem Schriftsatz von Heunischs vom 28. 3. 1718 war z. B. folgender Auszug aus einem Brief der Stände beigefügt: »Weil Dominus Vice Cancellarius in allen Jurisdictionsstreitigkeiten haubtsächlich sich auff das bekandte Harkenrothische praejudicirliche Conclusum verläßt, auch nach deßen exempel in andern Sachen ad sub et obreptitia narrata mehrere praejudicia zu extrahiren, äussersten Fleißes wird bemühet seyn«, solle sich von Heunisch weiterhin um die Aufhebung dieser Entscheidung bemühen. HHuStaW., RHR., Den. rec. K. 921/2.
332   ebenda.
333   StaA., Dep. 1, Msc. fol. 41 Bd. I, Bl. 208—305.
334   Vgl. dazu K ö n i g , Verwaltungsgeschichte, S. 243 f.
335   StaA., Dep. 1, Msc. fol. 41 Bd. I, Bl. 230.

nen der Kampf um das Hofgericht geführt werden konnte.

Als Antwort auf diesen Bericht und zur weiteren Untermauerung seiner Forderungen reichte Brenneysen am 17. April 1719 eine »Gründliche mit unverwerfflichen Documenten, aus den Ostfriesischen Landes-Verträgen und praejudiciis demonstrirte und befestigte Anweisung der vielfältigen Neuerungen des jetzt lebenden Ostfriesischen Hoff-Gerichts, und daß Seine Hochfürstl. Durchl. zu Ostfriesland in Sachen, die Regierung und ihre von Kayserl. Mayestät habende und in den Landes-Verträgen bestätigte Regalia und Jura betreffend, vor dero im Lande bestelltem Hoffgericht nicht justitiabel, sondern in solchen Sachen Ihro Kayserl. Mayestät derselben einige ordentliche Obrigkeit seyn[336]«. In dieser sehr umfangreichen Schrift (127 Paragraphen und 47 Anlagen) sprach er in der Einleitung von dem »Unfug« des Hofgerichts, gegen den sich der Landesherr verteidigen und verwahren müsse, weil »das Vorgeben von des Landes Wohlfahrt (...) nur ein praetext solcher invectiven« sei. Alle diese »invectiven« wies er zurück (§§ 7—28) und legte dann erneut dar, daß der Landesherr vor dem Hofgericht nicht justiziabel sei (§§ 29—76). Er begründete seine Ansicht ähnlich wie in dem »Historischen Bericht«; u. a. führte er an, daß Art. 90 des Osterhuser Akkords die Generalstaaten zum Schiedsrichter in Landesstreitigkeiten bestimme; daraus erhelle, daß damals nicht einmal die Landstände selbst dem Hofgericht eine Judikatur über den Landesherrn zugestanden hätten. Diese Interpretation war keineswegs richtig, denn Brenneysen vermischte hier die Entscheidungsinstanz in grundsätzlichen Landesstreitigkeiten zwischen Landesherrschaft und Landständen mit den alltäglichen Verwaltungsstreitigkeiten; diese konnten allerdings vor dem Hofgericht entschieden werden.

Schließlich behandelte er die Argumente des »Illustrirten Berichts« und wies sie allesamt zurück (§§ 77—125). Dabei ging er nochmals auf den Streit um die Justiziabilität des Landesherrn vor dem Hofgericht ein (§ 94). Die Meinung, daß der Landesherr in allen Streitigkeiten mit Untertanen, die aus den Akkorden entschieden werden könnten, als Privatmann anzusehen sei, habe eine »gefährliche« Konsequenz in sich verborgen. »Wenn jemahls ein neues gefährliches Systema will eingeführet werden, so ist es gewiß dieses, dadurch man nach den groben principiis der Monarchomachorum Herren zu Unterthanen und Unterthanen zu Herren machet«. Jede Herrschaft auf der Welt und deren vis imperandi gründe sich »in pacto expresso vel tacito Imperantium et parentium«, und aus solchem Herrschafts- bzw. Unterwerfungsvertrag müßten alle Sachen zwischen Herrschaften und Untertanen entschieden werden, »wieweit sich nemlich das Recht der Herren und die Unterthänigkeit der Unterthanen erstrecke: Wer

---

336 StaA., Rep. 135, 191, Vol. II, fol. 163—327, und HHuStaW., RHR., Den. rec. K. 921/2.

darff sich a**** unterstehen, zu sagen und öffentlich vorzugeben, daß *alle Herrschafften in solchen Sachen jure privati utantur?*[337] Ist das nicht zu einem mahl den Unterschied zwischen Herren und Unterthanen gäntzlich auffheben, und jene diesen gleich machen?« Das war es, was Brenneysen an der ostfriesischen Verfassung auszusetzen hatte, daß das Hofgericht eine Judikatur in Verwaltungsdingen hatte, daß die Stände wesentliche Bereiche des öffentlichen Lebens allein ausfüllten, während der Landesherrschaft der ihr nach Meinung Brenneysens zukommende Platz in der »wahren Relation zwischen Obrigkeit und Untertanen« vielfach versagt war. Einer Verfassung, die dazu half, Herren und Untertanen gleich zu machen, konnte er daher nur den Kampf ansagen. Es waren nicht einzelne Verstöße des Hofgerichts gegen die Prozeßordnung — sie sind ohne Zweifel vorgekommen —, es war die Einschränkung der dem Landesherrn zustehenden Rechte durch dieses Gericht, die er aufzuheben erstrebte. Er konnte daher leicht den Vorwurf zurückweisen, die ganze Jurisdiktion des Hofgerichts werde von dem »allezeit plus ultra gehenden Ministerio (...) mit Füßen getreten und gäntzlich unterdrücket«. Das »plus ultra« sei vielmehr vollkommen gerechtfertigt: Wenn das fürstliche Ministerium »plus ultra« gehe, so täte es etwas, dessen sich ein so tugendhafter Kaiser wie Karl V. nicht geschämt habe. »Plus ultra in Abschaffung aller Unordnungen, in Bestraffung des Bösen, in Beförderung des Guten, in rechtmäßiger Defendirung des Landes-Herrn Gerechtsahme wieder die einbrechende Gewalt ist etwas gutes und löbliches und kan an dem Fürstlichen Ministerio nicht getadelt werden[338]«. Das schlimmste sei, daß sich das Hofgericht in all den Fällen, in denen sich die Landesherrschaft an die »Anmaßungen« des Hofgerichts nicht kehre, sondern nach Recht verfahren wolle, an die Landstände wende. Die Stände »nehmen sich nun allezeit, die Sache mag seyn, wie sie wolle, des Hoffgerichts an und halten die rechtmäßige Handhabung Fürstlicher Autorität wider das Hoffgericht für einen Einbruch der Ostfriesischen Landes-Verträge[339]«. Brenneysen beantragte deswegen die Erneuerung des Mandats vom 25. Mai 1717 an das Hofgericht, sich nicht in Regierungs- und Polizeisachen einzumischen, sowie den Ständen und dem Hofgericht »bey hoher Straffe« zu befehlen, sich danach zu richten. Außerdem sollte dem Hofgericht verboten werden, sich bei Beschwerden gegen die Landesherrschaft an die Stände zu wenden oder diese gar gegen die Landesherrschaft aufzureizen, sondern sich in solchen Fällen an den Kaiser als des Landesherrn einzige Obrigkeit zu halten. Schließlich sollte das Hofgericht in keinem Fall die Aktenversendung abschlagen (s. o.), in Kriminalfällen nur nach vorheriger Bitte um Remissorialien bei der Kanzlei tätig werden

337   Hervorhebung im Original.
338   § 120, fol. 282 f.
339   § 125, fol. 286.

und niemanden für mündig erklären dürfen (§§ 126, 127). Abgesehen von dem letzten Punkt, der nur untergeordneter Bedeutung war, stellte Brenneysen damit so weitgehende Anträge, daß der Administrator des dritten Standes van Lengering auf dem Landtag im August 1719 vortragen konnte, im Harkenrohtprozeß sei »eine so gefährlich eingerichtete Schrifft zu Wien eingekommen (...), daß darinn alle die Privilegien des Landes angefochten und wo möglich über ein Hauffen geworffen werden wollen[340]«.

Mit dieser Beurteilung lag er völlig richtig, denn auf nichts anderes lief Brenneysens Politik hinaus. Seine Schriftsätze aus den nächsten Jahren belegen das deutlich. Nachdem er in den Jahren 1720 und 1721 vor allem die ständische Finanzverwaltung und die Stadt Emden im Visier gehabt hatte, reichte er im Sommer 1722 erneut zwei Klagen gegen das Hofgericht ein. In der einen[341] trug er vor, daß unter den »ungenannten Patrioten«, denen nach Ausweis der Landrechnungen der letzten Jahre so viel Geld zugeflossen sei[342], auch einige Angehörige des Hofgerichtes gewesen seien. »Unter solchem Nahmen von Patrioten« hätten sie jährlich einige hundert Gulden aus den gemeinen Geldern bekommen. Hofgerichtsmitglieder dürften aber ausdrücklich[343] neben ihrem Gehalt keine anderen Pensionen innerhalb und außerhalb Landes genießen. Durch diese Zuwendungen von Seiten der Stände werde das Hofgericht, »welches sich eine illimitirte Universal Jurisdiction« über den Landesherrn in allen Sachen ohne Unterschied anmaße, nur noch ständefreundlicher. Diese Praxis beweise, daß die Klagen über die Parteilichkeit des Hofgerichts in allen Prozessen gegen die Landesherrschaft »mehr als zuviel gegründet« seien. Er bat um abermalige Bestätigung des Mandats vom 25. Mai 1717 sowie um die Anordnung, daß die Hofgerichtsmitglieder die erhaltenen Gelder zurückgeben müßten. Die Festsetzung einer Strafe für diese Verfehlung überließ er dem Kaiser. Brenneysen brachte diese Klage ein, obwohl er keine einzige seiner Anschuldigungen belegen konnte. Es ist nicht wahrscheinlich, daß Mitglieder des Hofgerichts zu den »ungenannten Patrioten« gehörten. Mit diesem Namen wurden in der Regel Personen, die in auswärtigen Diensten standen und nur unter der Hand für die Stände tätig sein konnten, belegt; auch Bestechungsgelder, die z. B. am Reichshofrat gang und gäbe waren, verbargen sich unter dieser Rubrik.

Eine erhebliche Verschärfung der bisherigen Eingaben bedeutete die zweite Klage[344]. Obwohl dem Hofgericht mit dem Mandat vom· 25. Mai

340 StaA., Dep. 1, 1624, fol. 35 f.
341 StaA., Rep. 4, C III a, 123, Nr. XI, präsentatum Wien, den 22. 6. 1722.
342 Unter dieser Rubrik rechneten die Stände Zahlungen an Personen ab, die nicht öffentlich genannt werden wollten oder sollten; vgl. unten S. 125.
343 Osterhuser Akkord Art. 21, W i e m a n n , Grundlagen, S. 230/31; B r e n n e y s e n II, S. 357, und Emder Landtagsschluß von 1619, Cap. 1, Postulatum 16 mit Resolutionen, ebenda, S. 503.
344 StaA., Rep. 4, C III a, 123, hinter Nr. XIV. Sie wurde am 26. 6. 1722 als letzte größere Klage der

1717 verboten worden sei, sich in Regierungs- und Polizeisachen zu mischen, habe es sich nicht daran gehalten. Es sei so weit gekommen, daß jeder, der einer Anordnung nicht freiwillig gehorchen wolle — und dazu seien ja nur die wenigsten bereit —, unter dem Deckmantel der Akkorde ungehorsam sein könne, indem er remissoriales ans Hofgericht suche und dort die Rechtmäßigkeit des Befehls überprüfen lasse. Das Hofgericht führe sich dabei so auf, als sei es seine Aufgabe, den Ungehorsam der Untertanen zu stärken und die fürstliche Regierung durch Inhibitionen und Prozesse kraftlos zu machen. Dies sei nur möglich, weil in Ostfriesland »status in statu formiret« werde und jeder, der nicht freiwillig gehorchen wolle, tun könne, was ihm beliebe. Von der daraus folgenden Konfusion profitierten die wenigen, »die bishero nervum rerum«, d. h. die Landeskasse, in der Hand hätten und den Meister im Lande spielten. Nachdem Brenneysen sieben neue Fälle vorgetragen hatte, in denen das Hofgericht die durch das kaiserliche Mandat vom 25. Mai 1717 gezogenen Grenzen überschritten hatte[345], wiederholte er seine aus dem »Historischen Bericht« schon be-

Landesherrschaft im Harkenrohtprozeß in Wien eingereicht, HHuStaW., RHR., Den. rec. K. 921/2.

345   Diese Grenzen waren der strittige Punkt. Da das Hofgericht das Mandat als verfassungswidrig nicht akzeptierte, hielt es sich weiterhin an die frühere Praxis, die Akkordmäßigkeit von Verwaltungsakten auf Antrag zu prüfen. Dabei muß dem Hofgericht im wesentlichen korrektes Verhalten bescheinigt werden. Fall 7 z. B. betraf den Pächter der Emder Akzisekluft, der die Akzisedefraudation eines Mannes aus Upleward heimlich gegen 5 Reichstaler Brüche abgetan hatte, ohne sie dem Administratorenkollegium zu melden, das für diese Angelegenheiten das zuständige Gericht war. Die fürstliche Kanzlei hatte von der Sache erfahren und im Oktober 1721 unter Berufung auf § 7 der Generalpachtordnung von 1631 — er bestimmte, daß ein Pächter, der auf diese Weise Defraudationen zum Nutzen der eigenen Tasche heimlich abtue, 50 Reichstaler Strafe bezahlen und sich außerdem wegen des dadurch begangenen Eidbruchs verantworten mußte, Brenneysen II, S. 640 — eine Zitation auf den Pächter erlassen; dieser hatte dagegen durch einen Notar beantragt, die Sache an das Administratorenkollegium als das allein zuständige Gericht zu verweisen. Die Kanzlei wies dies Gesuch ab, weil es sich nicht um einen Verstoß gegen die Pachtordnung, sondern um einen Kriminalfall handele, der nicht vor das Administratorenkollegium gehöre. Außerdem bestimme § 6 der Generalpachtordnung von 1631, daß ein Pächter, der dieser Ordnung zuwider handle, von der »Obrigkeit des Ortes / da er (Pächter) betreten« wurde, ins Gefängnis zu werfen und zu bestrafen sei. »Obrigkeit des Ortes« seien eindeutig die landesherrlichen Beamten. Bei dieser Argumentation wurde jedoch der weitere Text des angeführten § 6 unterschlagen, der besagt, daß die »Obrigkeit des Ortes« nur auf vorheriges Ersuchen des Administratorenkollegiums tätig werden dürfe. Wegen dieser Abweisung wandte sich das Administratorenkollegium an das Hofgericht und bat um ein Dekret gegen den fürstlichen Procurator Generalis, sich aller Verfolgungen in dieser Sache zu enthalten und die Jurisdiktion des Administratorenkollegiums nicht zu beeinträchtigen. Dabei konnte sich das Administratorenkollegium auf Titel 8 und 10 der Kollegiumsgerichtsordnung (Brenneysen II, S. 664 ff.), Art. 11 und 13 der Generalpachtordnung von 1631 (ebenda, S. 641 f.), Emder Landtagsschluß von 1618 Cap. 1, Art. 21, und Cap. 2, Art. 2 (ebenda, S. 505 und 507), sowie auf Cap. 2, Art. 5, des Haagischen Vergleichs von 1662 (ebenda, S. 780) berufen, in denen eine Einschränkung der Jurisdiktion des Kollegiums ausgeschlossen war. Die dort festgelegte Zuständigkeit galt vielmehr für alle Verstöße gegen die Pachtordnung »und was dem anhängt«. Das Hofgericht erließ daher das beantragte Dekret gegen den Procurator Generalis. Daran fand Brenneysen folgendes auszusetzen: Das Hofgericht dürfe nur dann »ex lege diffamari« (die »lex diffamari« war eine der im damaligen Prozeßrecht vorgesehenen Möglichkeiten, einen Prozeß zu erzwingen, vgl. Schaumburg, S. 49) gegen die Kanzlei in Person des Procurator Generalis etwas erkennen,

kannte Argumentation und schloß mit Anträgen, die in ihrer Schärfe bemerkenswert sind. Alle vom Hofgericht in den vorgetragenen Fällen ergangenen Entscheidungen sollten kassiert und die Mitglieder des Hofgerichts wegen Verstoßes gegen das kaiserliche Mandat vom 25. Mai 1717 bestraft werden. Dieses selbst sollte bestätigt und dem Landesherrn erlaubt werden, alle Hofgerichtsmitglieder, so oft sie in Zukunft gegen dieses Mandat verstoßen sollten, »in gewisse Brüche zu condemniren und zu exequiren«. Diese Strafbefugnis sollte sich auch auf die Personen erstrecken, die sich ans Hofgericht wendeten, um sich damit fürstlichen Befehlen zu widersetzen. Als Begründung dieser harten Forderungen führte Brenneysen an, daß von den Untertanen kaum Gehorsam erwartet werden könne, wenn nicht einmal das Hofgericht die ergangenen Verordnungen einhalte.

Brenneysen hatte damit Anträge gestellt, die das Hofgericht und seine Rechtsprechung völlig der Verfügungsgewalt der Landesherrschaft unterwerfen mußten. Bei der Verwirklichung dieser Ziele hätte das Hofgericht seine bisherige zentrale Funktion im Gefüge der ostfriesischen Verfassung verloren, und die Akkorde hätten wirklich nur noch den Nutzen haben können, sie »ins Feuer zu werfen«, wie Administrator van Lengering gesagt hatte. Auf dem Landtag im September 1718 hatten die Stände festgestellt, daß das Hofgericht zwar im Namen des Fürsten Recht spreche und sein Siegel gebrauche, es wäre dadurch aber nicht »dependent vom Fürsten«. Nach den einschlägigen Bestimmungen der Landesverträge müsse dem Hofgericht »sein starker Lauff in alle wege« gelassen werden[346], oder, wie das fürstliche Landtagsprotokoll vermerkt, das Hofgericht wäre nicht schuldig, Verweise der Kanzlei anzunehmen, »des Hoffgerichts ampt wäre, in des Fürsten Namen recht zu sprechen, und könten die Stände nicht zugeben, daß dasselbe angezapfet oder über einen Hauffen geworffen würde[347]«. Bei diesen Positionen konnte der Streit um das Hofgericht von

wenn zuvor Remissoriales gesucht worden seien; das habe der Kluftpächter nicht getan (er hatte Verweisung an das Administratorenkollegium gebeten). Es sei ein Widerspruch in sich, daß das Hofgericht in einer Zitation ex lege diffamari in dieser Sache etwas erkenne, denn eine solche Zitation könne nur zum Ziel haben, daß der Prozeß ans Hofgericht verwiesen werde. Eine Zitation, die die Verweisung des Prozesses an das Administratorenkollegium zum Ziel habe, sei daher unberechtigt. Schließlich sei der ganze Fall kein Verstoß gegen die Pachtordnung, sondern allein eine Kriminalsache, mit der das Administratorenkollegium nichts zu tun habe. Das Hofgericht hätte das Gesuch des Administratorenkollegiums abschlagen müsen, aber nach der in Ostfriesland üblichen Praxis seien sich alle einig, wenn es gegen den Landesherrn gehe.
Es läßt sich in diesem Fall kein unkorrektes Verhalten des Hofgerichts feststellen, das Brenneysens Vorwürfe gerechtfertig hätte, denn die Kanzlei war in Pachtsachen nicht zuständig. Da dieser Fall aber eindeutig eine Pachtsache war, stand es dem Hofgericht zu, der Kanzlei die Verfolgung des Falles zu untersagen. In Wahrheit ging es Brenneysen darum, Einblick in die Verstöße gegen die Pachtordnung zu bekommen, weil von den verhängten Brüchen die Hälfte der Landesherrschaft zustand, das Administratorenkollegium aber keine Aufstellungen über die verfallenen Brüche herausgab bzw. immer behauptete, es seien keine Brüche fällig geworden. Diese Behauptung war jedoch offenbar falsch.

346   StaA., Dep. 1, 1410, fol. 224.

Anfang an nur mit äußerster Erbitterung geführt werden. Der Harkenroht-prozeß, begonnen als harmlose Vorladung vor das Konsistorium, erweist sich damit als Deckmantel des schwersten Angriffs, der je auf die Jurisdiktion des Hofgerichts geführt worden ist. Weil der Harkenrohtprozeß den Streit um die Hofgerichtsjurisdiktion auf die Dauer nicht decken konnte, wurde dieser ab 1724 im Rahmen des Hauptprozesses gegen die Stände »in puncto diversorum gravaminum« weitergeführt[348].

5.4. Prozesse auf Landeskosten oder: Die rechtswahrende Funktion der Stände

Aufs engste verknüpft mit der Auseinandersetzung um das Hofgericht ist der jetzt zu behandelnde Streit um die Prozesse auf Landeskosten. Erstmals auf dem Landtag im Oktober 1717 hatte Brenneysen diesen Punkt zur Sprache gebracht. In der letzten Landrechnung sei ein großer Posten Prozeßkosten enthalten, obwohl der Landesherr mit den Ständen als Ständen keinerlei Rechtsstreitigkeiten habe; es »würden also diese gelder wider Ihro Durchl. angewendet in sachen, welche in den Accorden terminiret und fäste gestellet worden«. Er erwarte, daß dieser Posten in der nächsten Landrechnung nicht mehr vorkomme[349]. Die Stände erwiderten, sie würden die Prozeßkosten gerne sparen; wenn die Landesherrschaft den Leuten aber »die gesuchte Revision, Transmission, Remissoriales und andere Rechts Mittel abschnitte, ja von simplen Ladungen nach Wien appellierte, würden Sie genötiget, den ihrigen zu assistieren, denn ein particulair des vermögens nicht wäre, wieder den Fürsten process zu führen[350]«. In den Propositionen der folgenden Landtage war dieses Thema immer enthalten, mit besonderer Schärfe im Juni 1718, als von den unnötigen und zu den Landesgeldern überhaupt nicht gehörenden Ausgaben »unter anderen zu privatprocessen« die Rede war. Es verstoße gegen die Billigkeit und die Landesverträge, solche Privatprozesse aus der Landeskasse zu bezahlen, die dem Fürsten zur

---

347   StaA., Rep. 4, C II b, 129.
348   Die letzte Entscheidung im Harkenrohtprozeß war das kaiserliche Reskript vom 10. 8. 1724, das dem Hofgericht das Tätigwerden in den streitigen Fällen verbot und die Akten zur endgültigen Klärung an die mittlerweile eingesetzte subdelegierte kaiserliche Kommission zu schicken anordnete, HHuStaW., RHR., Den. rec. K. 921/2. Seit Anfang dieses Jahres waren die wichtigen Schriftsätze bereits im Hauptprozeß eingereicht worden, so von Brenneysen die »Nachgefügten Documenta von der Beschaffenheit des fürstlichen ostfriesischen Hofgerichts« (vgl. Anm. 322). Das Hofgericht hatte am 30. 5. 1724 im Falle des Glasers Reimer Meints aus Aurich, der im Sommer 1723 mit Rückendeckung Brenneysens eine streitige Schatzung verweigert hatte, eine umfangreiche Schrift eingebracht, in der es seine Befugnis zu einer »illimitirten Jurisdiction« nachwies. Beide Eingaben ebenda, K. 888.
349   StaA., Dep. 1, 1410, fol. 96.
350   ebenda, fol. 101.

Bewahrung seiner ihm »von Gott und Rechts wegen zustehenden Intraden« und zur Verteidigung seiner Rechte von übelgesinnten Leuten aufgezwungen würden[351]. Als Antwort brachten die Stände vor, wenn niemand mit Prozessen entgegen den Akkorden behelligt würde, fielen die Unkosten von selbst weg[352].

Die streitigen Prozesse wurden also von beiden Seiten unterschiedlich benannt. Brenneysen nannte sie Privatprozesse, die Stände sprachen von Prozessen wider die Akkorde; die Sachen schienen zwar auf den ersten Blick privat zu sein, wenn aber die Jurisdiktion des Hofgerichtes dabei gekränkt werde, seien sie »zu beybehaltung ihrer privilegien und gerechtsamen gleich gedrungen, sich solche(r) anzunehmen«. Wenn z. B. das »Beneficium remissiorialium« verweigert werde, laufe der Fall »in das publicum hinein und (sei) in Ansehung dieses puncti nicht mehr eine private, sondern eine publique und gemeine Sache[353]«. Um was für Prozesse handelte es sich wirklich? Einige Beispiele aus den Jahren 1712—1721 bringen Klarheit in dieses Problem.

Am 7. Oktober 1712 ging eine Supplik der Eingesessenen von Egels und Wallinghausen auf dem Landtag ein, in der sie schrieben[354], auf den Heideflächen und Mooren rund um ihre Dörfer hätten sie bisher frei, »wie und wo eß unß gefällig gewesen«, Torf und Plaggen gegraben bzw. gehauen; es handele sich dabei bekanntermaßen um altes Gewohnheitsrecht. Im Sommer dieses Jahres hätten sie eine Poenalinhibition der Kanzlei erhalten, in der ihnen »unter dem Vorwandt, alß wan sothane Morasten zu der hochfürstlichen Schäfferey zu Egels und dem dabey belegenen Herd gehörten«, ihr bisher nie bestrittenes Recht aberkannt worden sei. Sie wollten auf dem Landtag nicht klären lassen, wem das streitige Land rechtlich zukäme, die Prozedur war es, wegen der sie sich beschwerten. Die Kanzlei habe, ohne Einreden zuzulassen, sofortigen Gehorsam gegen ihr Mandat verlangt, »ja schlechterdings ab executione mit unß anzufangen« gedacht. Dieses Vorgehen sei mit den Landesverträgen, besonders dem »fameusen« 26. Artikel des Osterhuser Akkords von 1611[355] sowie dem Haagischen Vergleich von 1662, Gravamen 24 mit den dazugehörenden Resolutionen[356], nicht zu ver-

351   ebenda, fol. 154 ff.
352   ebenda, fol. 159.
353   ebenda, fol. 171 f.
354   StaA., Rep. 4, C II b, 124.
355   Dieser Artikel bestimmte, daß niemand »aus seiner Possession außer form Rechtens« gesetzt werden solle. Entscheidungen des Hofgerichts in solchen Fällen sollten auf jeden Fall ausgeführt werden, W i e m a n n , Grundlagen, S. 234/35, bzw. B r e n n e y s e n II, S. 359.
356   B r e n n e y s e n II, S. 811. Hierin war festgelegt, daß die Landesherrschaft niemanden »mit Gewalt in seinen Morasten / so er possediret / turbiren« soll. Falls sich Streit deswegen erhebe, »sollen diejenige / so sich deswegen beschweret befinden / sich beym Hoff-Gericht adressiren«, das dann schnell entscheiden soll. Von diesem Urteil war keine Appellation an die Reichsgerichte zugelassen.

einbaren, »vielmehr aber schnurgerade dawider«. Sie seien in dieser Sache zwar »pro manutenentia« beim Hofgericht eingekommen, hätten dort auch, weil bei der fürstlichen Kanzlei »die per supplicam ob summum in mora periculum ante terminum reproductionis (d. h. vor Ablauf einer in der Prozeßordnung bestimmten Frist) gebethene Remissoriales nicht erkannt, hingegen aber, tacite saltem, denegiret werden wolen«, eine Zitation »ex lege diffamari« und ein Schreiben um Bericht auf den fürstlichen Procurator generalis ausgewirkt. Die Landesherrschaft habe daraufhin an den Reichshofrat »zu appelliren sich anmaßen wollen«. Sie baten um Unterstützung durch die Stände, weil sie als »schlechte und unvermögende Haußleuthe«, die auf einem schlechten und unfruchtbaren Boden wohnten, das wenige, das ihre Äcker dennoch hergäben, kaum vor dem Wild schützen könnten und daher, wie bekannt, »mit Sand, Torff und Plaggen hereinzuführen« ihr tägliches Brot ganz kümmerlich suchen müßten. Sie hätten bei weitem nicht das Vermögen, »diesen weit außsehenden process mit Seiner hochfürstl. Durchlaucht außzuführen«. Die Stände nahmen sich der Sache an und brachten sie als Gravamen vor. Brenneysen verteidigte das Vorgehen der Kanzlei mit dem Argument, die Leute hätten die Schafweide durch ihr Plaggenhauen völlig zerstört; mit der verweigerten Verweisung des Falles ans Hofgericht verhalte es sich so, daß remissoriales zu einem Zeitpunkt gesucht worden seien, als noch gar keine Akte angelegt war. Die Leute wären daher »per Decretum ad ordinem verwiesen« worden. Zu Recht stellten daraufhin die Stände fest, daß es hart sei, zuerst »per inhibitionem die Leuthe (...) ihrer possession« zu berauben und danach »den terminum reproductionis weit aus(zu)setzen[357]«.

Es ging in diesem Fall um zweierlei: 1. um den Besitz der für die Eingesessenen von Egels und Wallinghausen lebensnotwendigen Moor- und Heideflächen, 2. um den Prozeßverlauf bzw. um das Recht des Hofgerichts, Mandate gegen die Kanzlei zu erlassen. Dieser zweite Punkt wurde bald der entscheidende, denn die Kanzlei stellte sich auf den Standpunkt, es seien keine remissoriales verweigert, sondern der »terminus citationis« nicht abgewartet und vorher »ex lege diffamari« eine Zitation ausgewirkt worden. Weil solcher modus procedendi gegen die Landesverträge sei, hätte die Landesherrschaft appellieren müssen, »umb in dergleichen fällen kein praejudicium erwachsen zu laßen[358]«. Damit war aus dem Streit um die Nutzung der Moor- und Heideflächen ein grundsätzlicher Streit um das Prozeßrecht geworden, der auf dem Rücken der Eingesessenen von Egels und Wallinghausen ausgefochten wurde. Diese selbst hatten bei einem Prozeß in Wien von vornherein keine Chance, wieder zu ihrem angestammten Besitz und Recht zu kommen, weil ihr finanzieller Atem nur schwach war.

---

357 StaA., Dep. 1, 1412, fol. 55, 58 und 62 f.
358 StaA., Rep. 4, C II b, 124.

Wenn die Stände diesen Prozeß auf ihre Kosten übernahmen, war das völlig korrekt, denn im ersten Fall war das Vorgehen der Kanzlei eindeutig akkordwidrig und die Stände daher zur Rechtswahrung verpflichtet. Da es sich beim zweiten Punkt um eine Jurisdiktionsstreitigkeit, also eine Verfassungsfrage, handelte, waren die Stände hier erst recht interessiert. Es ging ihnen darum, Präjudizien zu vermeiden, die Brenneysen auf der anderen Seite bei seiner Politik der Wiedereinführung der »wahren Relation zwischen Obrigkeit und Untertanen« gerade herbeiführen wollte. Dieses Bestreben war auch im umgekehrten Sinne wirksam. So schrieb Brenneysen einmal: »Weil es Jurisdictions-Streitigkeiten sind, so ist kein casus so gering, der nicht von consequentz ist, wenn er auch ratione materiae nur einen Heller beträffe: denn wenn einmahl patiente et sciente Principe ein solcher casus in rem iudicatam erwachsen wäre, so hätte man ein ewiges praejudicium[359]«.

Einige weitere Beispiele seien noch angeführt. Auf dem Landtag im Oktober 1713[360] übernahmen die Stände den Prozeß, den die Landesherrschaft gegen den Freiherrn von Knyphausen, Lütetsburg, begonnen hatte, weil dieser einen Hirsch geschossen hatte, der mit mehreren anderen in seine Herrlichkeit eingebrochen war. Hierzu war er nach dem Jagdrevers berechtigt, so daß ein Prozeß gegen ihn in dieser Sache akkordwidrig war.

In einem anderen Fall ging es um das Recht des Torfstechens. Peter Hanßen aus Lübbertsfehn hatte, weil er dort wegen des Hochwassers als Folge der Deichbrüche vorläufig keinen Torf graben konnte, im Juni 1719 bei der Kanzlei um die Erlaubnis gebeten[361], ein in Westersander (südlich Aurich) liegendes Stück Moor, das sein Eigentum war, abtorfen zu dürfen. Beigefügt hatte er eine Beurkundung der Schüttemeister von Westersander, daß die Bodenqualität und der jährliche Ertrag durch eine Abtorfung erheblich verbessert werden könne; bisher sei es kaum möglich, dort mit der Sense auch nur etwas Gras zu mähen. Wegen der Nähe des Ihlower Waldes mit seinem zahlreichen Wild war sein Gesuch jedoch abgeschlagen worden, woraufhin er sich ans Hofgericht wandte. Von dort erging am 1. Juni 1720 gegen den fürstlichen Procurator generalis eine »Inhibitio de non turbando«, bei Strafe von 20 Goldgulden Peter Hanßen nicht an der Abtorfung seines Landes zu hindern. Die Kanzlei kümmerte sich um diese Entscheidung nicht, sondern ließ sogar durch die Beamten den bereits abgegrabenen Torf verbrennen. Daraufhin wandte sich Peter Hanßen an die Stände und bat, weil er allein nicht in der Lage wäre, seinen Fall gegen die Landesherrschaft durchzufechten, »ihn von Landschaftswegen zu vertreten«. Die

359 So die Notiz auf einem Wiener Gesandtschaftsbericht vom 10. 11. 1717, StaA., Rep. 4, A IV c, 241.
360 StaA., Dep. 1, 1412, fol 91 f.
361 Der Fall ist in der Klage gegen das Hofgericht vom 26. 6. 1722, StaA., Rep. 4, C III a, 123, hinter Nr. XIV, genau geschildert.

Stände übernahmen den Prozeß und führten ihn weiter[362]. Auch hier ging es wieder um das doppelte Problem der Moornutzung und der Kompetenzen des Hofgerichts, so daß die Stände einmal unmittelbar rechtswahrend eingriffen und einmal der ostfriesischen Verfassung widersprechende Präjudizien zu vermeiden suchten. Obwohl das Vorgehen der Kanzlei und der Beamten, insbesondere die Verbrennung des Torfes, den einschlägigen Bestimmungen der Akkorde zuwiderlief[363], behauptete Brenneysen, daß in der ständischen Argumentation die Landesverträge »auf eine solche verkehrte Art ausgeleget (würden), daß nicht ein einziger text darin zu finden, der nicht übel angeführet sey[364]«. Bei dem Bemühen, die Zuständigkeit des Hofgerichts zu leugnen, bog er die Akkorde in seinem Sinne zurecht; dabei kam es auf die Not eines kleinen Moorbauern nicht an, obwohl dessen Existenzgrundlage hier auf dem Spiel stand.

Der Fall des Syffke Gerdes aus dem Amt Stickhausen kam auf dem Landtag im September 1718 zur Sprache[365]. Die Kanzlei hatte trotz mehrerer Mandate und Monitorien des Hofgerichts seine Haftentlassung bis zur Abreise des Fürsten verzögert und dann den Entlassungsbefehl, statt ihn als heimgelassene Regierung selbst zu unterzeichnen, dem Fürsten nach auswärts nachgesandt, wodurch eine weitere unnötige Haftverlängerung bewirkt wurde. Wiarda, dem dieser Fall auch bekannt war, hat solches Vorgehen mit Recht »Chicane« genannt[366].

Zuletzt sei der Prozeß der Gemeinde Strackholt behandelt. Diese hatte wegen der Rinderseuche die Einfuhr von Vieh aus verdächtigen oder von der Seuche befallenen Orten verboten. Ein Jelde Alljes hatten dagegen verstoßen und war in die angedrohte Buße von einer Tonne Bier für die Gemeinde und 6 Gulden für die Armenkasse verurteilt worden. Um von der Buße freizukommen, hatte er sich an die landesherrlichen Beamten gewandt und vorgebracht, die Gemeinde Strackholt sei nicht berechtigt, einen solchen Beschluß zu fassen und bei Verstößen nach Bauerrecht zu verfahren. Daraufhin hatten die Beamten die sofortige Rückgabe der bereits gepfändeten Güter angeordnet. Die Gemeinde wandte sich deswegen an das Hofgericht, wo deren Supplik »wegen Erkennung der gebetenen processuum« an auswärtige Rechtsgelehrte zu übersenden beschlossen wurde. Dem Amtsgericht ging darüber ein Protokollauszug zu, der zur Folge haben mußte, daß bis zur Entscheidung der Sache die Beamten nichts gegen

362 StaA., Dep. 1, 1433, fol. 16 f. und 27 f.
363 Osterhuser Akkord, Art. 26 und 79, W i e m a n n , Grundlagen, S. 234/35 und 254/55, bzw.
     B r e n n e y s e n II, S. 359 und 373; Haagischer Vergleich von 1662, Cap. 4, Gravamen 24 mit Resolutionen, ebenda, S. 811; Auricher Vergleich von 1699, Cap. 2, Art. 12, ebenda, S. 1086.
364 wie Anm. 361.
365 StaA., Dep. 1, 1410, fol. 190 f., 201, 204 f.; auf dem nächsten Landtag im Dezember 1718 wurde der Fall erneut behandelt, ebenda, fol. 219 ff.
366 W i a r d a , Bd. VII, S. 92.

Bauerrichter und Gemeinde unternehmen durften. Dies hatte das Hofgericht sogar zusätzlich ausdrücklich angeordnet. Beamte und Kanzlei aber hatten sich nicht daran gehalten. Die Intention der Beamten, klagten die Strackholter, nämlich »das Bauerrecht übern Hauffen zu werffen«, werde von der Kanzlei unterstützt, denn gegen die vier Bauerrichter seien »über ein und daßelbe factum vier criminal citationes« ergangen, mit denen sie wegen der Pfändung und des dadurch geschehenen Eingriffes in die Jurisdiktion des Amtsgerichts vor der Kanzlei zur Verantwortung gezogen werden sollten. Das habe zur Folge, daß die Remissorialien statt einmal »vierfach, um ein sothanes Gesuch desto difficiler zu machen«, gesucht werden müßten. Die Gemeinde bat daher auf dem Landtag im Dezember 1720 um Verhandlung mit den Räten über diesen Fall und gegebenenfalls um Übernahme des Prozesses, was die Stände sofort zusagten[367].

In diesem Falle ging es also um die Selbstverwaltungsrechte der Bauern und Gemeinden, die Brenneysen in seinem Bemühen um Wiederherstellung der »wahren Relation zwischen Obrigkeit und Untertanen« nicht unangetastet lassen wollte, insbesondere, wenn sie die Kompetenzen der landesherrlichen Amtsverwaltung in einer Weise einschränkten, die mit seinen staatsrechtlichen Vorstellungen nicht zu vereinbaren war[368]. Damit waren auch die Stände betroffen, denn durch Entzug oder starke Einschränkung der bäuerlichen Selbstverwaltungsrechte konnte Brenneysen ihre Basis unmittelbar bedrohen, denn »der Leib kann nicht gesund sein, wenn es die Glieder nicht sind[369]«. Aufschlußreich ist dieser Fall auch für die Vorgehensweise Brenneysens. Mit der Eröffnung eines eigenen Verfahrens gegen jeden der vier Bauerrichter in ein und derselben Sache versuchte er ganz offenbar, die Solidarität zu brechen und die Gemeinde darüber zu spalten. Ein solcher Angriff mußte den Ständen sehr gefährlich werden, denn ihre weitreichende Stellung beruhte letztlich auf der Solidarität aller ihrer Glieder.

Die Beispiele für solche Prozesse ließen sich leicht vermehren[370]; es ist bereits an diesen wenigen Fällen deutlich geworden, daß es sich trotz aller Behauptungen Brenneysens keineswegs um Privatprozesse handelte, die die Stände auf ihre Kosten übernahmen. Immer handelte es sich um Versuche der Landesherrschaft, die Akkorde einzuschränken, also um ausgesprochen öffentliche Angelegenheiten. Prozesse, die tatsächlich private Dinge

---

367 StaA., Dep. 1, 1623, fol. 331 f.
368 Zu diesen Einschränkungsversuchen vgl. E b e l , Bauerrechte, S. XII f.
369 So die Argumentation der Stände in einer Eingabe an den Reichshofrat vom 13. 11. 1722, StaA., Rep. 4, C III d, 7, Vol. 3, S. 798 ff.
370 Zwischen dem 1. 1. und dem 1. 7. 1720 hatte der ständische »Advocatus Patriae« allein 50 Prozesse dieser Art zu führen, wie eine Aufstellung des damaligen Amtsinhabers, Dr. Kettler, StaA., Dep. 1, 945, fol. 267—275, ergibt.

betrafen, haben die Stände im Untersuchungszeitraum nie übernommen. So lehnten sie es auf dem Landtag im März 1713 ab, die Kosten des Prozesses zu übernehmen, den der Besitzer der Herrlichkeit Petkum, Ripperda, vor dem Reichshofrat gegen die Stadt Emden begonnen hatte[371], und im Herbst 1716 trug der Freiherr von Knyphausen im Fall der Pastorenwahl in Hage, in die sich die Landesherrschaft entgegen den Bestimmungen der Landesverträge eingemischt hatte, vor, daß das »Gravamen, wobey die Landschafft interessiret«, behoben und es »nunmehr eine particulair und privat Sache« sei. Der dritte Stand hielt es daher für unbillig, unter diesen Umständen weiterhin die Prozeßkosten aus der Landeskasse zu bezahlen. Nach längeren Beratungen setzte sich aber die Meinung durch, vorerst wären die Stände in der Sache noch interessiert und müßten daher den Prozeß weiterhin auf ihre Kosten führen[372]. Sie prüften also auch in laufenden Rechtsstreitigkeiten die Frage, ob es sich um Landesangelegenheiten handelte oder nicht. Der Vorwurf, die Stände führten ihre Privatprozesse auf Kosten des Landes, wurde zu Unrecht erhoben und entbehrte jeder Grundlage.

Es war die rechtswahrende und rechtssichernde Funktion der Stände, die Brenneysen zu beschneiden suchte. Neben dem unmittelbaren Rechtsschutz für Eingesessene, für die die Aktionen der landesherrlichen Verwaltung häufig den Entzug ihrer Existenzgrundlage bedeuten konnten, war es der Streit um die Kompetenzen des Hofgerichts, der fast alle Prozesse bestimmte. Da für Brenneysen in dieser Frage »kein casus so gering« war, daß er nicht ein »ewiges praejudicium« verursachen könnte, wurden viele dieser Prozesse in Wien beim Reichshofrat ausgefochten und kosteten entsprechend viel Geld. Wollte Brenneysen alle landesherrlichen Ansprüche nach seinen Vorstellungen durchsetzen, so bedurfte es dazu der Kontrolle der ständischen Finanzverwaltung, denn solange die Stände den »nervum rerum« in Händen hatten, konnte ihre Stellung nicht wirklich eingeschränkt werden. Der Versuch, auch in diesem Punkt die landesherrlichen Hoheitsrechte wirksam zur Geltung zu bringen, war daher nur die Konsequenz aus den bisher behandelten Streitpunkten.

5.5. Die ständische Finanzverwaltung und die Stellung des Administratorenkollegiums

Die Finanzverwaltung, die in Ostfriesland ausschließlich in den Händen der Stände lag, war letztlich der zentrale Streitpunkt, von dem alles andere abhing. Die Stände »wollen gern sich bey dem Beutel und folglich bey dem

---

371   StaA., Dep. 1, 1412, fol. 83.
372   StaA., Dep. 1, 1410, fol. 68 und 70.

nervo rerum gerendarum und daraus effective fließender Superiorität conserviren. Es komt Ihnen schwer an, daß Sie dem Landes Herrn die (ihm)
von Gott- und Rechts wegen zukommende Superiorität laßen sollen[373]«,
schrieb Brenneysen einmal und hatte damit den Kern der Sache genau getroffen. Es ergab sich in diesem Punkt, wie schon bei der Jurisdiktion des
Hofgerichts, das Problem, daß in den Landesverträgen die Stellung der
Stände so weitgehend festgelegt war, daß dem Landesherrn fast kein Recht
bei der Steuerbewilligung, -verwaltung und -verwendung mehr geblieben
war. Mit Hilfe seiner besonderen Interpretation der Landesverträge gelang
es Brenneysen jedoch auch hier, der Landesherrschaft die ihr gebührende
Stellung zuzuweisen[374].

Ausgehend von Art. 4 des Kaiserlichen Dekrets von 1589, der festlegte,
daß dem Landesherrn alle »Frey-Herrlich-Ober- und Gerechtigkeit/
Gericht und Recht« sowie alle »Einkommen und Nutzungen«, die er bei
der Abfassung dieses Dekretes hatte, zukommen sollten[375], folgerte Brenneysen, daß dazu auch die Gerechtsame im Steuerwesen in dem Maße, wie es
die Landesherrschaft im frühen 16. Jahrhundert gehabt habe, bestätigt
worden sei. Es stand für ihn daher fest, daß dem Landesherrn 1. »das
Recht, zu Seiner und des Landes Notdurfft und Angelegenheit gemeine
Steuern von dem gantzen Lande (...) zu fordern, zukomme. 2. Daß das
gantze Land dieselbe aufzubringen schuldig sey. 3. Daß der Landes-Herr
die Direction sowol in Einforderung der gemeinen Landes-Mittel/und Ver-
fertigung der dazu nöthigen Register/als auch deren Verwaltung und Ein-
nehmung der darüber zu führenden Rechnung habe/und folglich/mit einem Wort zu sagen/daß ihm vermöge dieser Texte (sc. Kaiserliche Dekrete
1589—1597 und Emder Exekutionsrezeß von 1590 sowie Emder- und Norder Landtagsschluß von 1590 und 1593) das ius collectandi zukomme/wie
es nach dem Fuß einer ordentlichen Landes-Regierung und der allgemeinen
Reichs-Gesetze einem Landes-Herrn zukommen kan[376]«. In Art. 62 der
Konkordate von 1599[377] sei zwar festgelegt, daß der Landesherr dieses
Recht nicht ohne Rat, Einwilligung und Zutun der Stände ausüben wolle,
damit sei aber nur der Modus beim Gebrauch dieses Rechtes betroffen,
nicht das Recht selbst. Den Emder Landtagsschluß von 1606[378], der das Administratorenkollegium endgültig ins Leben gerufen hat und die eigentliche
Rechtsgrundlage seiner Tätigkeit war, relativierte Brenneysen dadurch,

373 Brief Brenneysens vom 31. 10. 1721 an den Agenten Stuermann im Haag, StaA., Rep. 4, C III a,
     121.
374 Vgl. zum folgenden die ausführliche Darlegung des Brenneysenschen Gedankengebäudes bei
     J o e s t e r , S. 388 ff.
375 B r e n n e y s e n II, S. 4.
376 B r e n n e y s e n I, Lib. 1, S. 188.
377 W i e m a n n , Grundlagen, S. 179 f., bzw. B r e n n e y s e n II, S. 140.
378 B r e n n e y s e n II, S. 319—332.

daß er feststellte, dieser Landtagsschluß sei nach den Prinzipien der Monarchomachen eingerichtet, und folglich diene das Administratorenkollegium der »Verkleinerung« der landesherrlichen Rechte. Damit verstoße er gegen den eben zitierten Text des kaiserlichen Dekrets von 1589 und sei unbillig; weil die Prinzipien der Monarchomachen mit allen göttlichen und weltlichen Rechten stritten, folge von selbst, daß die Ausschließung des Landesherrn von der Administration der Landesmittel »damit nicht bestehen könne[379]«. Da der Emder Landtagsschluß darüber hinaus zu denjenigen Landesverträgen gehörte, die unter niederländischer Vermittlung zustande gekommen waren, sollte auch er nach Brenneysens Ansicht nicht weiter gelten, als mit den Rechten von Kaiser und Reich vereinbar war. Damit hatte Brenneysen der Landesherrschaft zu den ihr seiner Staatstheorie nach zustehenden Rechten in einem Grade verholfen, daß durch den im Emder Landtagsschluß von 1606 vorgesehenen Inspektor eine weitgehende Kontrolle der ständischen Finanzverwaltung möglich werden konnte.

Nachdem Brenneysen zunächst besonders gegen die »fremden Völker« und das Hofgericht vorgegangen war und er mit der »Ost-Friesischen Historie und Landes-Verfassung«, im Frühjahr 1720 erschienen, das öffentliche Fundament gelegt hatte, auf dem die kommenden Entscheidungen des Reichshofrats aufgebaut sein sollten, reichte er am 29. August 1720 die Hauptklage wegen des »Unrechts« der Stadt Emden und der zu ihr haltenden ständischen Glieder bei der Verwaltung und Ausgabe der Landesmittel ein[380]. Darin behauptete er, daß alle Unordnungen im Lande von der »mißbräuchlichen Haushaltung« der Stände herrührten. Dem Landesherrn sei jede Kontrolle verwehrt, weil sein Inspektor keinen Einblick in die Belege bekomme; die Stände ließen es dabei bewenden, die Rechnung »gleichsam als auf der reitenden Post, ohne die geringste Examination (und) ohne die geringste Untersuchung« vorzulegen. Es herrsche eine »einmahlige illegitime, wiederrechtliche, auch unordentliche und tumultarische Arth«, diese wichtigen, das ganze Land betreffenden Sachen zu behandeln. Den Landesherrn treibe Gewissen und Amt, die Not der vielen leidenden Eingesessenen und die starke Einschränkung seiner Gerechtsame zu dieser nicht länger aufschiebbaren Klage; die Stände hätten »alle Consideration« für den Landesherrn, das Land und dessen Wohlfahrt aus den Augen verloren. Anhand der Landrechnung von 1719/20 trug Brenneysen die Mängel bei den Einnahmen und Ausgaben vor. Er klagte, daß die Stadt Emden ihre schuldige sechste Quote zu den Landeslasten nicht beitrage, daß die in Akzisesachen verfallenen Brüche — wovon der Landesherrschaft die Hälfte zustand — nicht in der Landrechnung aufgeführt seien, daß trotz Verbotes

---

379   B r e n n e y s e n I, Lib. 1, S. 199.
380   StaA., Rep. 4, C III a, 117. 1727 wurde diese Klage gedruckt; ein Exemplar dieses Druckes befindet sich in dem Sammelband M 20, 229, der Bibliothek des Staatsarchivs Aurich.

jährlich mehrere tausend Gulden an Akzisepachtrestanten in Abgang gebracht würden und daß alle eingenommenen Gelder nur in genere, ohne jede Spezifikation, aufgeführt würden. Bei den Ausgaben aber finde sich ein solcher Zustand, daß dem Landesherrn »das Herz im Leibe darüber wehe thun muß«, zu sehen, wie seine Güter und die vieler Einwohner, besonders in der gegenwärtigen Notlage des Landes, belastet und verpfändet würden. In der ganzen Landrechnung werde des Landesherrn mit keinem Wort gedacht, d. h. ihm kein Heller bezahlt, »zum traurigen Beyspiel, wie man in Ostfrießland gegen den Landesherrn gesinnet sey und mit Ihm handele«. So seien z. B. die 2000 Reichstaler Reisekosten, die die Stände dem Fürsten wegen einer Reise in Kreditangelegenheiten des Landes nach Hannover bewilligt hätten, noch immer nicht bezahlt.

Es folgte eine wahre Flut von Beschwerden über Mißstände der ständischen Finanzverwaltung: Die Ausgaben, insbesondere bei den Kapiteln Prozeß- und Gerichtskosten, Legations- und Kommissionskosten und Unterhalt des Administratorenkollegiums seien nicht spezifiziert, einige Mitglieder des Hofgerichts bezögen außer ihrem Gehalt weitere Zuwendungen, die Administratoren und Ordinärdeputierten bekämen neben ihrem Gehalt verbotene Tagegelder, Gehalt und Tagegelder würden sogar an den Administrator und die zwei Emder Ordinärdeputierten bezahlt, obwohl die Stadt nicht zu den Landeslasten beitrage, den Emder Bankiers Goldschmidt seien über 23 000 fl. an Zinsen ohne spezielle Anweisung bezahlt worden, Verzehrungskosten der Deputierten seien in der Landrechnung aufgeführt, obwohl diese Kosten zu Lasten der absendenden Städte und Gemeinden gehen müßten, an Brandenburg-Preußen würden unberechtigt und widerrechtlich Vertretungsgelder bezahlt, die Kosten für den Unterhalt des Administratorenkollegiums seien zu hoch, ebenso der Posten von 2945 fl. für »extraordinairen Botten-Lohn«, unter dem Punkt Prozeß- und Gerichtskosten sei »ganz grober Unfug« enthalten, weil es sich hierbei um Privatprozesse handele, die der Landesherrschaft von Untertanen aufgezwungen würden, die durch »unwillige und übelgesinnte Advocaten« dazu aufgereizt worden seien. Hier sei z. B. aufgeführt, daß die Stände dem Prediger Harkenroht die verfallenen Brüche, »zu großer Prostitution und Verkleinerung« des landesfürstlichen Amts, ersetzt hätten; diese Gelderstattung sei in der Landrechnung sogar spezifiziert worden, während andere Posten häufig nur anonym auftauchten, um damit zu zeigen, wie wenig Rücksicht die Stände auf die Landesherrschaft nähmen und ihrer »im Gesicht des gantzen Landes gleichsam spotte(ten)«. Seit 1695 seien insgesamt 504.739 fl. für solche Prozesse aufgewendet worden. Er klagte über die »Präsente an ungenannte Patrioten«, die an Leute gingen, die die Unordnungen im Lande unterstützten und deswegen besonders gefährlich seien, weiter über die Kosten der Emder ständischen Garnison, deren Auflösung nicht nur von der Landesherrschaft, sondern auch von den Ständen selbst häufig gefordert und vom Kaiser schon einmal angeordnet worden sei. Seit 1695 habe sie 741.985 fl. gekostet; zum Unterhalt der kaiserlichen und brandenburgischen Soldaten sowie für die Münsterischen Subsidien seien im selben Zeitraum sogar 1.184.940 fl. aufgewendet worden. Auch die Akzisepachtrestanten machten eine sehr große Summe aus. Nur eine schnelle Änderung werde verhindern, daß Fürst und Land »miteinander zu Grunde gehen und unter solcher Last verderben«. Die Schatzungs- und Akzisepflichtigkeit des fürstlichen Kammergutes — der Landesherr werde dadurch genauso behandelt wie der ärmste seiner Untertanen — mache alles noch schlimmer, weil der Landesherr damit zu Dingen beitragen müsse, zu denen er nicht verpflichtet sei, abgesehen davon, daß sie z. T. ohnehin der Landesverfassung zuwiderliefen. Hierfür verlangte Brenneysen Schadenersatz anhand noch zu erstellender Spezifikationen.

Da die Landesherrschaft zu den Landeslasten beitrage, sei ihre Ausschließung von der Verwaltung und Kontrolle der Landesmittel erst recht höchst unbillig. Nur durch diese Ausschließung seien die Stände in der Lage, innerhalb und außerhalb des Landes »ihre Anschläge durchzutreiben« und der Landesherrschaft »Nachtheil zuzufügen, so viel sie wollen«. Die »fremden Völker« sicherten dieses Mißverhältnis ab und sollten gewährleisten, daß der Landesherr sich aus Angst ruhig verhalte und nichts unternehme, was den »sehr theuren und kostbahren Vorstehern einer recht ärgerlichen Freyheit oder vielmehr angemaßten gesetzlosen Licenz nicht zu Sinne« sei. Diese Praxis verstoße gegen die natürliche Billigkeit, gegen die »Relation zwischen Obrigkeit und Untertanen« und gegen die ostfriesischen Landesverträge. Schließlich führte Brenneysen an, trotz eines entsprechenden kaiserlichen Dekrets von 1691 werde die Revidierung der Landrechnung bis jetzt mit Ausschließung des Landesherrn vorgenommen. Alle Landrechnungen seit 1693, d. h. seit dem Abschluß des Hannoverschen Vergleichs, der die davor liegenden Landrechnungen gebilligt hatte, müßten daher von einem landesherrlichen Kommissar überprüft werden. Außerdem bemängelte er, daß der Landesherr keine Subsidien von den Ständen erhalte. Dann stellte er Antrag auf Antrag:

1. den Ständen jedes Verhandeln mit auswärtigen Mächten wegen des erloschenen Konservatoriums auf Münster und Brandenburg zu verbieten;

2. ihnen überhaupt alle eigenmächtigen Verhandlungen mit auswärtigen Mächten zu verbieten, sei es wegen der Vertretungsgelder an Preußen oder wegen sonstiger Angelegenheiten;

3. allen Untertanen bei Strafe des Besitz- und Lehensverlustes zu verbieten, in auswärtige Dienste zu treten, die mit der Treuepflicht gegen den ostfriesischen Landesherrn nicht zu vereinbaren seien;

4. die sofortige Abführung der »fremden Völker« anzuordnen und

den Ständen zu befehlen, die bisher dazu verwendeten Gelder zur Schuldentilgung und zum Landesbesten, vor allem aber zum Schadenersatz für den Landesherrn zu verwenden;

5. bis zu deren tatsächlicher Abführung allen Mitgliedern der Stände und ihren Verwandten den militärischen Oberbefehl über die fremden Truppen zu verbieten;

6. der Stadt Emden zu befehlen, ab sofort wieder die 6. Quote zu den Landeslasten und den aufgelaufenen Rückstand zu bezahlen sowie sich an Beratungen und Abstimmungen über Emder Angelegenheiten auf dem Landtag nicht zu beteiligen;

7. den Administratoren zu befehlen, die dem Landesherrn zustehenden 50% der Brüche aus Verstößen gegen die Akziseordnung mitsamt dem Rückstand seit 1665[381] zu bezahlen;

8. ihnen zu befehlen, auf Verlangen der Landesherrschaft alle Landrechnungen seit 1695 mit den dazugehörigen vollständigen Belegen zur Prüfung vorzulegen, in Zukunft die Landrechnung nach den Bestimmungen der Landesverträge genügend spezifiziert einzurichten und keine Akzisepachtrestanten zu dulden;

9. ihnen zu befehlen, alle Posten der Ausgabe nach Tag, Monat, Jahr und Zweck zu spezifizieren;

10. ihnen zu verbieten, Tagegelder, an wen auch immer, auszuzahlen, sowie für die Vergangenheit die Rückzahlung anzuordnen;

11. ihnen und den Ständen insgesamt zu verbieten, irgendwelche Verzehrungskosten oder dergleichen in der Landrechnung aufzuführen, sowie für die Vergangenheit die Rückzahlung zu befehlen;

12. den Ständen zu verbieten, Privatprozesse auf Landeskosten zu führen und auch hier die Wiedererstattung der bisher dazu verwendeten Gelder festzulegen;

13. den Ständen, Administratoren und der Stadt Emden aufzugeben, künftig keine Landesmittel zum Unterhalt der Emder ständischen Garnison zu verwenden, sowie der Stadt Emden die Rückzahlung aller seit 1693 zu diesem Zweck empfangenen Gelder zu befehlen;

14. die Bezahlung der Münsterischen Subsidien zu verbieten und auch hier die Rückzahlung anzuordnen;

15. die Stände für das Steueraufkommen aus dem landesherrlichen Kammergut, soweit es seit 1693 zu den verbotenen Zwecken

---

381 Seit diesem Jahr hatte die Landesherrschaft ihren Anteil nicht mehr bekommen, weil die Administratoren behaupteten, es seien keine solchen Brüche fällig geworden. Das ist zwar kaum glaubhaft, die Landesherrschaft hatte jedoch wegen des fehlenden Einblicks Beweisschwierigkeiten; vgl. auch den in Anm. 345 angesprochenen Fall.

(Emder Garnison, Legations- und Kommissionskosten, »fremde Völker«, Prozeßgelder, Vertretungsgelder, Münsterische Subsidien etc.) verwendet worden sei, schadenersatzpflichtig zu machen;

16. anzuordnen, daß die Landesherrschaft in Zukunft von ihrem Kammergut nur noch zu Reichs- und Kreissteuern, nicht aber zu den übrigen Landeslasten beizutragen brauche, wobei in diesem Fall auf Kostenerstattung für die Vergangenheit verzichtet wurde;

17. einen ständigen landesherrlichen Inspektor beim Administratorenkollegium anzuordnen, der jede Ausgabe mit assignieren und auf die vorschriftsmäßige Verwaltung der Gelder achten, wegen aller Mißstände Einreden machen sowie die Landrechnung mit allen Unterlagen gebührend prüfen und unterschreiben solle.

Die Ge- und Verbote an die Stände, die Administratoren und die Stadt Emden sollten jeweils bei Androhung einer Strafe von 50 Mark lötigen Goldes erlassen werden. Alle Anträge, meinte Brenneysen, seien höchst billig und der »Relation zwischen Obrigkeit und Untertanen« gemäß und im übrigen — nach seiner Interpretation — mit den Landesverträgen und Reichsgesetzen übereinstimmend, wonach nämlich die Ostfriesischen Akkorde nicht weiter gelten sollten, »alß in so weit dieselbe der Kayserl. und Reichshoheit Rechten und jurisdiction unpraejudicirlich und unnachtheilig sind«. Unter Berufung auf die zuletzt im Hannoverschen Vergleich von 1693 festgelegte Pflicht der Stände zur Subsidienzahlung an die Landesherrschaft bat er schließlich darum, der Kaiser möge ein genügendes jährliches Quantum festsetzen und den Ständen die Bezahlung befehlen.

Mit dieser umfangreichen Klage war Brenneysen so weit gegangen, daß, sollte der Kaiser seinen Anträgen stattgeben, die ständische Finanzverwaltung zwar an sich bestehen bleiben, aber doch der völligen Kontrolle der Landesherrschaft unterworfen sein würde. Er begründete seine Forderungen vor allem mit Mißbräuchen, die sich hier eingeschlichen haben sollten. Diesen Vorwurf haben frühere Historiker mehr oder weniger unbesehen übernommen[382]. Zur angemessenen Beurteilung der ganzen Auseinandersetzung ist es nötig, hier einzuhalten und zu fragen, ob es sich tatsächlich um Mißbräuche handelte und wie weit diese gingen, oder ob sie nur nach Brenneysens absolutistischen Begriffen Mißbräuche genannt werden können.

Für den landesherrlichen Inspektor beim Administratorenkollegium

---

382 So W i a r d a, Bd. VII, S. 84 ff.; K l o p p, S. 502; R e i m e r s, Ostfriesland, S. 245; H i n r i c h s, Landstände, S. 68 und 167 ff.; K ö n i g , Verwaltungsgeschichte, S. 343; neuerdings hat H u - b a t s c h , S. 86, von Ostfriesland als einem »von gewissenlosen Ständeherren ausgebeuteten Land« gesprochen. Einzige Quelle hierzu ist ihm Hinrichs.

konnte Brenneysen sich immerhin auf den Emder Landtagsschluß von 1606 berufen, der die Beiordnung eines solchen vorsah, allerdings mit der Einschränkung, daß er sich ein Stimmrecht und eine Beteiligung an der Verwaltung der Landesgelder »nicht anmassen möge oder unternehme[383]«. Die Stände schlossen daraus, daß dem Inspektor die Landrechnung lediglich vorzulegen sei, verweigerten ihm darüber hinaus aber jede Einsicht in die Belege; erst recht verhinderten sie eine Einflußnahme auf die Verwaltung und Verwendung der Gelder. Für Brenneysen dagegen ergab sich schon aus der Tatsache, daß der Inspektor dem Administratorenkollegium vom Landesherrn beigeordnet werde, etwas ganz anderes: »So ist dieser Inspector ohne allen Streit 1) Praeses. 2) Nimmt er die Stimmen ein. 3) Kan ohne sein Vorwissen / und ehe er Inspection gehabt hat / nichts geschehen: Denn er ist Inspector nicht der Stühle und der Bäncke / sondern des Collegii Assignatorum und folglich aller ihrer Verrichtungen. 4) Und ob er zwar selbst sich des votirens enthalten soll / so ist ihm doch nicht gewehret / wann mit der Administration unrichtig gehandelt wird / solches dem Landes-Herrn zu referiren. Diesem aber ist 5) die (...) aus der selbstredenden Billigkeit fliessende Landes-Herrliche Hoheit in diesem (sc. Emder) Land-Tags-Schluß nicht genommen[384]«. Die Auslegung der Stände mochte tatsächlich zu weit gehen, aber welche dieser beiden Auslegungen zum Zuge kam, war, es muß erneut betont werden, keine Rechts-, sondern eine reine Machtfrage. Die Stände konnten immerhin auf eine hundertjährige ihre Auffassung stützende Praxis verweisen. Für Brenneysen jedoch war die weitgehend verweigerte landesherrliche Kontrolle das deutlichste Indiz für eine mißbräuchliche Finanzverwaltung; daran gab es für ihn als Anhänger einer absolutistischen Staatstheorie von vornherein keinen Zweifel. Wie verhielt es sich aber in der Wirklichkeit?

Gewisse Mißstände sind nicht zu leugnen. So waren die Ausgaben für den Unterhalt des Kollegiums, für außerordentlichen Botenlohn, für Portokosten, für Verzehrungen und Tagegelder zeitweise recht hoch. Die Stände hatten diese Mängel selbst erkannt und 1701 z. B. ein »Menage-Reglement[385]« gemacht, durch das diese Ausgaben eingeschränkt werden sollten. Im Untersuchungszeitraum kam diese Angelegenheit häufig zur Sprache. So beantragten die Deputierten des dritten Standes z. B. auf dem Landtag im Oktober 1713[386]:

1. Die Unterhaltskosten des Kollegiums könnten gesenkt werden, wenn dem Landrentmeister, den Sekretären und dem Pedell für Feuer und Licht eine fixe Summe zum Gehalt zugelegt werde.

383 B r e n n e y s e n II, S. 321.
384 ebenda, S. 320.
385 StaA., Rep. 4, C III a, 108.
386 StaA., Dep. 1, 1412, fol. 109 ff.

2. Der außerordentliche Botenlohn sollte völlig abgeschafft werden, weil die vorhandenen 6 regulären Boten für alle Besorgungen völlig ausreichten.
3. Nur Briefe des Kollegiums dürften auf Landschaftskosten befördert werden, nicht aber die von Fremden.
4. Schreibgebühren sollten nur öffentlich von drei Deputierten und nicht von einem Sekretär allein assigniert werden.
5. Verzehrungskosten müßten vollständig aufgehoben werden. Bei außerordentlichen Kommissionen sollten die Deputierten doppelte Tagegelder erhalten und davon ihre gesamten Ausgaben bestreiten.
6. Alle Assignationen sollten von einem Deputierten des dritten Standes mit unterschrieben werden.
7. Kredite sollten nur noch zu einem Zinssatz von unter 6% aufgenommen werden.
8. Alle Restanten unter den Akzisepächtern und den Exekutoren sollten unverzüglich eingetrieben, in Zukunft aber sofort gepfändet werden, damit größere Schulden nicht auflaufen könnten.

Solche und ähnliche Forderungen wurden auf fast allen Landtagen dieser Jahre vorgebracht, auch von Mitgliedern der beiden anderen Stände[387]; nach der Weihnachtsflut von 1717 stand vor allem das Restantenproblem im Vordergrund[388]. Trotz aller Ermahnungen kamen solche Ausgaben weiter vor; so enthält die Landrechnung 1719/20 z. B. 9173 fl. für Verzehrungen in Aurich und 2507 fl. für Papier, Lack und Federn[389], die der Emder Administrator Payne lieferte. 1720/21 waren allein 8149 fl. »zu Behuffe einiger zu Aurich gehaltenen Landtagen und Commissionen, wie auch gehabten Zusammenkünfften der Löbl. Herren Landes-Ständen (...) an dazu verordnete Herren Deputierten und Administratoren« ausgegeben worden[390]. Daß solche Ausgaben von den Ständen trotz aller Ermahnungen letztlich doch akzeptiert wurden, läßt sich mit der in diesem Punkt oft weitherzigen Revision der Landrechnung durch die Ordinär- und Extraordinärdeputierten erklären. Diese waren selbst oft Nutznießer solcher Praktiken; z. T. ließen sie sich ihre Verzehrungskosten auf Landtagen von der Landschaft bezahlen[391], z. T. waren sie an möglichst hohen Tagegeldern interessiert.

---

387 Landtag Oktober 1714: StaA., Dep. 1, 1417, fol. 54 ff; April 1715: Dep. 1, 1412, fol. 139 f.; Juli 1715: Dep. 1, 1412, fol. 161 ff.; Oktober 1715: Dep. 1, 1410, fol. 20; April 1716: Dep. 1, 1410, fol. 35 f.; Oktober 1716: Dep. 1, 1410, fol. 69 f.; Oktober 1717: Dep. 1, 1410, fol. 106 und 114 ff.

388 April 1718: StaA., Dep. 1, 1410, fol. 137 und 148; Juni 1718: Dep. 1, 1410, fol. 166 und 169; Juni 1719: Dep. 1, 1408, fol. 41, und Dep. 1, 1406, fol. 210 f.; August 1719: Dep. 1, 1406, fol. 248 und 254 f. Diese Liste wäre beliebig fortzusetzen.

389 StaA., Dep. 1, 2029, fol. 40 und 55.

390 StaA., Dep. 1, 2066, fol. 48.

Finanzielle Mißbräuche waren hier also eindeutig vorhanden, und sie fielen nicht nur Brenneysen, sondern auch den Ständen selbst auf. Derartige Verfilzungen, die mit den Grundlagen eines heutigen demokratischen Staates von vornherein nicht zu vereinbaren sind, müssen für die damalige Zeit jedoch anders bewertet werden. Bei manchen Posten war es nur die Höhe der Ausgaben, die beanstandet wurde, manche Posten allerdings wollten die Stände gänzlich tilgen. Aber es wäre keinem eingefallen, daraus eine dem Landesherrn zu übertragende, von den Ständen unabhängige Kontrolle der Ausgaben abzuleiten. Wer »Dilettantismus«, »Cliquenwesen« oder »Corruption«[392] in der ständischen Verwaltung feststellen zu müssen meint, erhebt letztlich einen unberechtigten Vorwurf, weil hierbei von Verhältnissen des modernen Verwaltungsstaates ausgegangen wird, die in den ersten Jahrzehnten des 18. Jahrhunderts noch nicht einmal ansatzweise vorhanden waren. Es waren auch nicht Züge »typisch ständischer Mißwirtschaft«. So war der Ämterkauf durchaus üblich. Eine Amtmannstelle kostete bis zu 10.000 Reichstaler (offiziell Kaution genannt), was zur Folge hatte, daß die Gerechtigkeit desto teurer verkauft wurde, je höher die »Kaution« gewesen war. Mit stillschweigender Duldung durch die Landesherrschaft wurden überhöhte oder unberechtigte Gebühren verlangt oder sonst die Bezüge aufgebessert[393]. Bemängelten die Stände immer wieder die hohen Kosten für den Unterhalt des Administratorenkollegiums, so war für Fürst Georg Albrecht Sparsamkeit ein Fremdwort. Allein seine Kabinettgelder und die Ausgaben für die Hofhaltung beliefen sich auf über 60.000 Reichstaler pro Jahr und sanken auch nach der Weihnachtsflut von 1717 nur geringfügig ab[394]. Wurde es den Ständen als Mißbrauch angekreidet, wenn sie unter dem Druck der Verhältnisse nach 1717 in den ersten Jahren mit der Zinszahlung für geliehene Kapitalien nicht nachkamen, so sah die fürstliche Seite nicht das geringste Unrecht darin, fällige Zinsen so lange nicht zu bezahlen, wie es irgend möglich war[395]. Hinrichs nahm die jahrzehntelang nicht zustande gekommene Aktualisierung bzw. Revidierung der Schatzungsregister als Beweis für die Mißstände in der landständischen Steuerverwaltung[396]; solche Verhältnisse gab es jedoch in absolutis-

391   W i a r d a , Bd. VII, S. 84 f.
392   So z. B. K ö n i g , Verwaltungsgeschichte, S. 343, unter Berufung auf H i n t z e , Behördenorganisation, S. 593.
393   Vgl. W o l k e n , S. 27 f. Die Stände nannten in einer Gegenklage vom 18. 1. 1724, StaA., Rep. 4, C III d, 7, Vol. 7, S. 336 ff., eine Summe von 6000 Reichstalern. Der Emder Drost Poelmann mußte 1679 3500 Reichstaler zahlen, Dep. 1, 708, fol. 72 f.
394   W o l k e n , S. 44 f. Daß die Höhe des Geldaufwandes für die Hofhaltung, die Repräsentation und die Prachtentfaltung als Zeichen der Macht und Größe eines Fürsten galt und daher entsprechend zu beurteilen ist, auch bei den kleineren Fürsten, hat von K r u e d e n e r , S. 16 und 20 ff., herausgearbeitet.
395   W o l k e n , S. 54.
396   H i n r i c h s , Landstände, S. 59.

tisch regierten Staaten ebenfalls[397], und auch die Einkünfteregister des ostfriesischen Fürsten wurden um nichts besser geführt. So klagte Brenneysen im Jahre 1706, damals noch Rat, in einem Bericht, daß im Register des landesherrlichen Grundbesitzes in der Stadt Emden »die meisten Häuser auff den alten Nahmen angezeichnet stehen, so daß dahero auch von verschiedenen Häusern der Grund-Pfacht nicht bezahlet wird, weil man deren eigentliche possessores nicht ausfragen kann[398]«. Das Register war zu diesem Zeitpunkt über 80 Jahre alt!

Solche Verhältnisse müssen vielmehr als Strukturelement der »alteuropäischen Gesellschaft« angesehen werden. Die »systematisierte Korruption« war in der altständischen Verfassung verankert, d. h. war durch verfassungsmäßige Rechtsmittel nicht zu beseitigen, was auch niemandem eingefallen wäre[399], und bis zum Ende des 18. Jahrhunderts dominierte — auch in dem von vielen Historikern als Vorbild gerühmten absolutistischen Preußen Friedrichs II. — die Idee des Amtes als nutzbarem Recht vor der Idee des Amtes als Aufgabe[400]. Ämterkauf und ähnliche Praktiken waren für den Staat der frühen Neuzeit ein notwendiges Mittel, sich »Kredit« zu verschaffen, dessen »Zinsen« die Erträge des dafür vergebenen Amtes ausmachten, so daß der Landesherr selbst den »Kredit« nicht zu tilgen brauchte[401]. Da Ämter ohnehin erst seit dem Ende des 18. Jahrhunderts nach Qualifikation vergeben wurden, stellte sich die Alternative: Besetzung nach Fähigkeit oder Verkauf an Unfähige nicht; auch die sonst üblichen Besetzungspraktiken (Gnadenerweis, Patronage, Lohn für treue Dienste etc.) boten keine größere Gewähr für Leute mit höheren Fähigkeiten. »Das Amt galt eben als Pfründe, es war für den Inhaber da und nicht umgekehrt[402]«. »Mißbräuche« dürfen daher erst dann als solche bezeichnet werden, wenn sie auch nach damaligen Maßstäben so bewertet wurden. Die von den Ständen selbst beanstandeten Ausgaben sind entsprechend zu beurteilen, wobei jedoch zu berücksichtigen ist, daß Brenneysen sie nicht primär deswegen aufgriff, weil er sie abgeschafft wissen wollte, sondern um eine innerhalb der Stände vorhandene Mißstimmung und Meinungsverschiedenheit als Basis für weitergehende Ziele zu benutzen. In seiner Klage spielten denn auch die Unterhaltskosten der brandenburgischen und der Emder ständischen Garnison, die Vertretungsgelder an Brandenburg-Preußen, die Münsterischen Subsidien und die Kosten für Prozesse auf Landeskosten die Hauptrolle. Durch die Brille einer absolutistischen

397   H ü t t l , S. 888 f.
398   StaA., Rep. 4, B IV e, 133, fol. 22 f.
399   van K l a v e r e n , S. 294.
400   G e r h a r d , Amtsträger, bes. S. 240 ff.
401   R e i n h a r d , Staatsmacht, bes. S. 311.
402   ebenda, Anm. 112.

Staatstheorie gesehen, waren dies natürlich Mißbräuche, für die Stände dagegen notwendige Ausgaben. Zwischen so entgegengesetzten Auffassungen gibt es keine vermittelnde Brücke, und erst recht nicht läßt sich mit den Kategorien Recht und Unrecht operieren. Wie schon mehrfach betont, handelte es sich um eine Machtfrage, und der Historiker muß sich angesichts solcher Vielschichtigkeit davor hüten, Aussagen wie die Brenneysens über die ständische Finanzverwaltung ungeprüft zu übernehmen.

Nicht ganz so klar liegen die Dinge bei den weiteren beanstandeten Punkten, vor allem bei den Zahlungen an die »ungenannten Patrioten«. 1718/19 wurden hierfür 3564 fl. aufgewendet, 1720/21 3353 fl.[403]. Unter diesem Titel verbargen sich im wesentlichen Bestechungsgelder für auswärtige Minister oder andere einflußreiche Personen, vor allem am Reichshofrat, daneben Belohnungen für weitere dem Lande von »gewissen vornehmen Patrioten erwiesene große Faveur«. Das aber war ein allerseits geübter Brauch, an dem damals niemand etwas auszusetzen fand[404]. Da diese Zahlungen die Stellung der Stände gegenüber der Landesherrschaft sichern sollten, war es klar, daß die Empfänger in der Landrechnung anonym aufgeführt wurden und nur ein kleiner Kreis wußte, wer diese Gelder eigentlich erhielt. Die Interessenlage ist also auch hier eindeutig: Brenneysen wußte, daß dieses Geld zur Vereitelung der antiständischen Absichten der Landesherrschaft ausgegeben wurde, folglich handelte es sich für ihn um Mißbrauch, für die Stände dagegen war die Sicherung ihrer Position auch auf diese Weise ganz selbstverständlich und völlig in Ordnung. Entsprechendes gilt für die von Brenneysen bemängelten Legations- und Kommissionskosten, also für die Kosten der ständischen »Außenpolitik«. Auch hier darf daher nicht von Mißbräuchen gesprochen werden.

Mehr als bei allen bisher behandelten Streitpunkten ging es hier allein um die Macht. Die Verfügungsgewalt über das Geld war auch damals der »nervus rerum«, die Voraussetzung einer erfolgreichen antiständischen bzw. antiabsolutistischen Politik. Um seine Forderungen zu begründen, suchte Brenneysen in der ständischen Finanzverwaltung nach Mißbräuchen, die für ihn als Anhänger absolutistischer Staatsvorstellungen leicht zu finden

---

403 StaA., Dep. 1, 2033, fol. 178, 180, 183, 184; Dep. 1, 2066, fol. 54, 55, 94.

404 So schrieb der fürstliche ostfriesische Gesandte in Wien, Brawe, in einem Bericht vom 3. 2. 1717 den bezeichnenden Satz, Bestechungen und Geschenke seien notwendig, um »die Jenige beym Wort zu nehmen, welche sonst, wenn Sie nicht auff diese Ihnen zur andern Natur gewordene Art gebunden werden, schwer zu fassen sind«. StaA., Rep. 4, A IV c, 240. Brenneysen selbst war überzeugt, daß alle »ungenannten Patrioten« in Wien saßen, Brief an Brawe vom 12. 2. 1717, Rep. 4, A IV c, 241. Als kurz nach der ersten Harkenrohtentscheidung des Reichshofrates vom 25. 5. 1717 in einem anderen Fall eine dem Hofgericht günstige Entscheidung erging, schrieb Brenneysen: »Indessen siehet man, wie unbeständig die justitz sey. Und wird eben dieses Conclusum alles, was mit dem Harckenrohtischen sonst erlanget, wieder zu nichte machen. Die presente haben es freilich gemacht«. Brenneysen an Brawe, 22. 6. 1717, ebenda. Zur Höhe der Bestechungsgelder s. u. S. 204 ff.

waren, denn eine eigenständige ständische Finanzverwaltung ohne wirksame landesherrliche Kontrolle war ihm ein mit der »wahren Relation zwischen Obrigkeit und Untertanen« von vornherein nicht zu vereinbarender Zustand. Daneben brauchte er die schon länger angegriffenen Punkte nur von ihrer finanziellen Seite zu behandeln, um über genügend Munition auch in dieser Auseinandersetzung zu verfügen. Damit wird aber deutlich, daß nur Brenneysens absolutistischer Maßstab Gegebenheiten als Mißbräuche ansah, die bisher selbstverständliches Recht der Stände bzw. Bestandteile der ostfriesischen Verfassung waren. Nur wenige finanzielle Mißbräuche, insgesamt vergleichsweise untergeordneter Natur, waren tatsächlich vorhanden. Die Stände haben sie selbst gesehen, hatten jedoch Schwierigkeiten mit ihrer Abschaffung, weil sie z. T. Strukturelemente der »alteuropäischen Gesellschaft« betrafen. Diese Mißbräuche sollen damit nicht beschönigt oder verharmlost werden, aber sie müssen anders bewertet werden als vergleichbare Verhältnisse in einem heutigen demokratischen Staat. Geldzuwendungen an einflußreiche Personen, Bestechungen von Richtern, Ämterkauf, Begünstigungen bei der Besteuerung etc. hatten nichts prinzipiell Anrüchiges an sich, und eine nach unseren Begriffen völlig unzulängliche Verwaltung war nichts typisch ständisches, sondern zumindest in Ostfriesland gleichermaßen auf Seiten der Landesherrschaft zu finden. Wer daher über den »ständischen Sumpf« klagt, sollte jedesmal genau prüfen, ob es sich um einen tatsächlichen Mißbrauch handelt oder nur um einen, den erst die Gegner solcher Verhältnisse so benannt und den spätere Historiker ungeprüft übernommen haben.

Ganz nebenbei konnte Brenneysen mit der Klage über diese Verhältnisse eine für das Haus Cirksena höchst wichtige Angelegenheit erledigen, nämlich den in eineinhalb Jahrhunderten in gewaltige Dimensionen gewachsenen Schuldenberg abzutragen zu versuchen. Zu diesem Zweck stellte er Schadenersatzansprüche für das »mißbräuchlich« verwendete Steueraufkommen aus den landesherrlichen Domänen. Er legte dabei zugrunde, daß vom landesherrlichen Kammergut ca. 1/6 des laufenden Steueraufkommens aufgebracht werde und verlangte daher eine Summe von 424.379 Reichstalern als Entschädigung[405]. Damit aber gab er sich noch nicht zu-

---

405 StaA., Rep. 4, C III d, 7, Vol. 1, S. 468—528. Diese Summe errechnet sich wie folgt: Seit 1693 hatten die Stände laut Landrechnung

	Gulden	Schaf	Witten
für Prozeß- und Gerichtskosten	517.738	9,5	—
für »fremde Völker« und Münsterische Subsidien	1.184.950	9	—
für Legations- und Kommissionskosten	428.419	6	12 1/2
für die Emder ständische Garnison	801.985	1	—
für Vertretungsgelder an Brandenburg-Preußen	27.050	3	—
Gesamt:	3.630.144	4	17 1/2

frieden. In den Klagen vom 7. und 18. Mai 1722 forderte er 160.000 Reichstaler als Ausgleich für die Einnahmeverluste, die die landesherrliche Kammer wegen der seit mehreren Jahren offenen Deiche erlitten hatte bzw. noch erleiden würde, wofür er die Stände in Selbstverständlichkeit verantwortlich machte[406]. Für die Schäden, die der Landesherrschaft durch die brandenburgische Garnison verursacht worden seien, forderte er pauschal 100.000 Reichstaler[407]. Der Stadt Emden machte er eine Rechnung über eine Zollnachzahlung von jährlich 2000 Reichstalern seit 1620 auf, die sich mit 5% Zinsen auf insgesamt 691.500 Reichstaler belief[408], und schließlich beantragte er, die Stände ab 1721 zu einer jährlichen Subsidienzahlung von 100.000 fl. zu verpflichten[409]. Die Gesamthöhe dieser Nachzahlungs- und Schadenersatzforderungen, 1.375.879 Reichstaler, überstieg bereits alle Schulden des Hauses Cirksena, die beim 1744 von Preußen verhängten Konkurs 1.219.535 Reichstaler ausmachten[410]. Die hohen Subsidienzahlungen und die von Brenneysen beantragte generelle Befreiung des landesherrlichen Kammergutes von allen Landeslasten mußten die laufenden Einnahmen der Landesherrschaft erheblich verbessern. Bei solchen Größenordnungen bekommt dieser Aspekt der Auseinandersetzung ein großes Gewicht[411], und manche Halsstarrigkeit auf beiden Seiten hatte wohl gerade hier ihre Wurzeln.

Mit den finanziellen Forderungen war es jedoch nicht getan. Über die unmittelbare Kontrolle der Finanzverwaltung und das Bemühen, das Haus Cirksena wirtschaftlich zu sanieren hinaus, zielte Brenneysen auf etwas anderes, auf die Stellung des Administratorenkollegiums, denn dieses war der eigentliche Kopf der Stände. Ähnlich wie in Württemberg etwa der engere und der weitere Ausschuß, sorgte in Ostfriesland das Kollegium der Ordi-

ausgegeben. Von dieser Summe machte 1/6 zuzüglich 5 % Zinsen seit 1693, umgerechnet auf Reichstaler, 385.249 Reichstaler und 11 Schaf aus. Hierzu zählte Brenneysen den Rest einer Schuldforderung von Fürst Christian Eberhard, die zusammen mit den Zinsen und sonstigen Kosten auf 31.723 Reichstaler angewachsen war, schließlich die Kosten, die die Landesherrschaft seit 1693 für Legationen zu Reichs- und Kreistagen aufgewandt hatte, in Höhe von 7406 Reichstalern, 25 Schaf, 10 Witten, so daß er auf die Endsumme von 424.379 Reichstalern, 9 Schaf und 10 Witten kam.

406 StaA., Rep. 4, C III a, 123, Nr. II, präsentatum Wien, 7. 5. 1722, § 48. Zur Verantwortlichkeit im Deichbau und den damit zusammenhängenden Problemen siehe unten S. 159 ff.

407 StaA., Rep. 4, C III a, 123, Nr. VI, präsentatum Wien, 18. 5. 1722, § 13.

408 ebenda, Nr. XIII, präsentatum Wien, 22. 6. 1722, § 19.

409 StaA., Rep. 4, C III d, 7, Vol. 4, S. 375—416, präsentatum Wien, 15. 12. 1722, § 41.

410 W o l k e n , S. 56 f.

411 Daß die schlechte Finanzlage des Hauses Cirksena ein gewichtiger Motor der Auseinandersetzung war, geht klar aus der folgenden Passage eines Briefes hervor, den Brenneysen am 25. 7. 1722 an den ostfriesischen Gesandten Brawe in Wien schrieb: »Wenn aber die Sachen mit unsern Landes Ständen nicht bald zur Richtigkeit kommen, so ist es unmöglich, daß Serenissimus sich in den Fürstl. Staat werden conserviren können. Darumb ist die äußerste Noth, daß die Kayserl. Decreta, insonderheit auch wegen des jährlichen Beytrags an den Fürsten, bald zum effect kommen. Ich schreibe dieses (...), um dem Herrn Referenten den wahren Zustand vorzustellen«. StaA., Rep. 4, A IV c, 257.

närdeputierten und Administratoren, wie es vollständig hieß, für ständische Kontinuität und Kontrolle der Landesherrschaft auch in der landtagsfreien Zeit. In diesem Gremium saßen neben Vertretern der Ritterschaft und der Städte die einflußreichsten und angesehensten Deputierten des dritten Standes. Die Ordinärdeputierten konnten sich nach Bedarf beliebig versammeln bzw. von den Administratoren zusammengerufen werden. In diesem Kreise wurden wesentliche Teile der ständischen Politik beschlossen, die Administratoren, beinahe hauptberuflich in diesem Amt, gaben Impulse und führten die Beschlüsse aus. Sie bildeten damit neben der landesherrlichen Regierung in Aurich ein zweites Verwaltungszentrum, eine Art »Nebenregierung«. Daß diese Stellung des Administratorenkollegiums mit Brenneysens Grundsätzen nicht zu vereinbaren war, läßt sich leicht ermessen. Es kam ihm daher darauf an, den Einfluß der Administratoren, insbesondere auf Landtagen, zu begrenzen, in der Hoffnung, die Stände dann leichter lenken zu können.

Erstmals im März 1721 wurde Brenneysens Absicht deutlich. In der landesherrlichen Resolution am Ende des damals tagenden Landtages sprach er von dem Unfug und dem Unrecht, das auf Landtagen üblich geworden sei. Von den vier anwesenden Angehörigen der Ritterschaft z. B. seien drei als »Landschaffts-Bediente« gar nicht berechtigt, an Landtagsberatungen und -entschließungen teilzunehmen[412]. Damit meinte er die beiden adeligen Administratoren von dem Appelle und von Knyphausen/Lütetsburg sowie den ritterschaftlichen Ordinärdeputierten von Hane. Brenneysen bezog sich mit dieser Forderung auf § 11 des Norder Landtagsschlusses von 1620[413], der bestimmte, daß Landtagsdeputierte »durchaus in keinen anderen als Unterthanen Eyd und Pflichten stehen sollen: So muß (daraus) folgen / daß kein adelicher Drost / Lehnmann / Hoff-Richter / Assessor, Assignator oder Administrator der Landes-Gelder / noch auch kein Bürgermeister oder Raths-Verwandter / insonderheit aus der Stadt Emden / welche alle Jahr ihren Eyd verneuen / noch auch einiger Syndicus der Städte oder Hausmanns-Standes zuzulassen« sei. Wie vertrugen sich diese Bestimmungen mit dem vorliegenden Fall? Zunächst ist festzustellen, daß in den Landesstreitigkeiten Anfang des 17. Jahrhunderts Hauptziel dieses Artikels war, landesherrliche Bediente von den Beratungen der Stände fernzuhalten. Das ist den Ständen auch immer gelungen, während die Landesherrschaft mit ihrem im zweiten Teil dieses Artikels formulierten Bemühen, im Gegenzug Administratoren, Bürgermeister und Ratspersonen der Städte sowie deren Syndici von Landtagen auszuschließen, von Anfang an gescheitert war. Spezialeide gegenüber der Landesherrschaft standen eben, auch wenn Brenneysen das zu leugnen versuchte, auf einer anderen Ebene

---

412   StaA., Dep. 1, 1433, fol. 376.
413   B r e n n e y s e n II, S. 584.

als der Eid, den ein Administrator den Ständen oder ein Syndikus der Stadt Emden leistete. Die Administratoren waren keineswegs »Landschaffts-Bediente«, sondern Häupter und führende Repräsentanten der Stände. Im übrigen konnte sich eine solche Bestimmung, wenn überhaupt, nur auf die Administratoren des zweiten und dritten Standes beziehen, nicht aber auf die iure proprio auf Landtagen erscheinenden ritterschaftlichen Administratoren. Diese verloren ihr Recht nicht, während die übrigen vier Administratoren zwar auf Landtagen erschienen, dort aber nur beratend und informativ tätig wurden. Einen Ordinärdeputierten unter Berufung auf die zitierte Bestimmung als »Landschaffts-Bedienten« zu bezeichnen, war völlig haltlos, denn die Ordinärdeputierten bildeten sozusagen einen »kleinen Landtag« in der landtagsfreien Zeit, waren also lediglich etwas herausgehobene Landtagsdeputierte. Die Stände wiesen in ihrer Antwort diesen Anspruch Brenneysens scharf zurück: Hundertjährige Erfahrung und Praxis sprächen dagegen, und im übrigen sei nach dem Sinn der Akkorde völlig klar, daß der Administratoreneid nicht spezial an den Landesherrn binde[414]. Gelegentlich kam es auch in den folgenden Jahren zu solchen Versuchen Brenneysens[415], die jedoch ohne Erfolg blieben.

Die Stoßrichtung ist ohne weitere Darlegungen klar: Das Administratorenkollegium sollte aus seiner Stellung als ständisches politisches Zentrum und seiner Funktion als »Nebenregierung« gedrängt werden. In Brenneysens Augen waren die Administratoren »blos zu Verwaltung der Landes-Mitteln bestellet[416]«, und darauf sollten sie, unter Kontrolle eines landesherrlichen Inspektors, beschränkt bleiben bzw. werden. Wäre ihm das gelungen, hätte er den Ständen ihr effektivstes Organ genommen und die Landesherrschaft von der ihr lästigen »Mit-Regierung« befreit.

414   StaA., Dep. 1, 1433, fol. 413 und 420. Spezial an den Landesherrn banden die Eide aller Beamten, die deswegen auch keinen Zugang zum Landtag hatten. Vgl. in diesem Zusammenhang auch das oben, S. 31 f., erwähnte Vorbringen der Stadt-Auricher Deputierten gegen ihren Bürgermeister Greems.

415   So etwa während der Auseinandersetzung um die Verlegung des Landtages von Aurich nach Hinte im Dezember/Januar 1722/23. Auf das Ersuchen des Administratorenkollegiums, den Landtag wegen des Aufgebots der Untertanen und der kriegsmäßigen Befestigung der Stadt Aurich zu verlegen, weil die Stände dort nicht sicher seien, antwortete Brenneysen, die Administratoren, die als ständische Bediente ohnehin nicht auf Landtage gehörten, könnten gerne zu Hause bleiben. StaA., Dep. 1, 707, fol. 233 ff. Zu den Vorgängen dieser Zeit im einzelnen s. u. S. 195 ff.

416   StaA., Rep. 4, C III a, 123, Nr. II, präsentatum Wien, 7. 5. 1722, § 31. Auf die Aufgaben des Administratorenkollegiums, die von Anfang an in dem geschilderten umfassenden Sinne vorgesehen waren, wird Wiemann in seiner Darstellung im einzelnen eingehen. Zu den Versuchen Brenneysens ab 1727, das Administratorenkollegium ausschließlich auf die Steuerverwaltung einzugrenzen, siehe unten S. 368 ff.

5.6. Der Status Emdens

Eine wesentliche Grundlage der ostfriesischen Verfassung war die Stadt Emden. Sie hatte im Laufe der Zeit die ständische Bewegung geeint und vor allen anderen die ständische Politik bestimmt. Der Radikalismus Anfang des 17. Jahrhunderts ging von Emden aus, und ohne Emden hätten die Stände sich wahrscheinlich nicht in der Weise behaupten können, wie es ihnen in diesem Jahrhundert gelungen war. Ein landesherrlicher Angriff auf die Stände mußte daher notwendigerweise von einem auf Emden ergänzt werden. Erster Anlaß dazu war der Emder Steueranteil. Im Haagischen Vergleich von 1603 hatte Emden die Befreiung vom regulären Steuerwesen erreicht[417], um auch in diesem Punkt die Selbständigkeit der Stadt zu unterstreichen. Emden trug seitdem nicht nachbargleich, sondern mit einer bestimmten Quote, 1/6, zu den Landeslasten bei. Damals war diese Summe, gemessen an dem Reichtum der Stadt, niedrig, mit dem wirtschaftlichen Abstieg im Laufe des 17. Jahrhunderts aber wurde die 6. Quote drückend. 1683 gelang der Stadt deswegen ein Vergleich mit den Ständen, wonach sie jährlich bis zum Jahre 1700 1000 Reichstaler (= 2700 fl. ostfr.) sowie 1/6 der Unterhaltskosten der ständischen Garnison bezahlen sollte[418]. Danach waren neue Verhandlungen vorgesehen, die wegen verschiedener Streitigkeiten aber nicht zustande kamen; Emden bezahlte seitdem gar nichts mehr.

Nur gelegentlich kam dieser Punkt zur Sprache. Auf dem Landtag im Juni 1719 forderte Brenneysen die nachbargleiche Beteiligung Emdens an den Landeslasten, was die Stadt energisch zurückwies[419], in den Klagen der folgenden Jahre dagegen betonte er die Verpflichtung zur 6. Quote, weil er für diese Forderung bessere Rechtsgrundlagen hatte. Den Vergleich von 1683, ohne Zutun der Landesherrschaft geschlossen, akzeptierte er ohnehin nicht. Die Forderung, daß Emden sich an den Landeslasten ab sofort wieder beteiligen und den aufgelaufenen Rückstand bezahlen solle, war eine der wenigen wirklich gerechtfertigten Beschwerden Brenneysens. Auch innerhalb der Stände gab es viel Mißmut über diese Steuerverweigerung, und die kaiserlichen Dekrete wurden in diesem Punkt vom dritten Stand z. B. von Anfang an angenommen[420]. Emden selbst bestritt letztlich seine Zahlungsverpflichtung nicht, die 6. Quote aber war der Stadt zu hoch, so daß es bis zum Frühjahr 1723 dauerte, bis zwischen Emden und den Ständen ein neuer Vertrag zustande kam, in dem sich die Stadt zur Zahlung von 1100 fl. bei jeweils einer Kapital- und zwei Personalschatzungen verpflich-

417   W i e m a n n , Grundlagen, S. 200/201, bzw. B r e n n e y s e n II, S. 306 f.
418   B r e n n e y s e n II, S. 999 f.
419   StaA., Dep. 1, 1406, fol. 217.
420   StaA., Dep. 1, 1435, fol. 236 ff.

tete und den Rückstand seit 1700 mit 40.000 Reichstalern auszugleichen versprach[421]. Da Brenneysen auf der in den kaiserlichen Dekreten seit 1721[422] bestätigten 6. Quote bestand und damit diesen Vertrag nicht akzeptierte, blieb der Emder Steueranteil weiterhin ein Streitpunkt, war für die Stände aber nicht mehr so brisant. Brenneysens gelegentliche Forderung nach nachbargleicher Steuerzahlung Emdens deutete bereits an, daß es letztlich um mehr ging als um das Bezahlen allein. Die weiteren Klagen gegen die Stadt Emden geben hierüber Aufschluß.

Die Stadt Emden plante im Jahre 1720 die Errichtung einer Kommerzien-Kompanie, die sich mit Walfang, Handels- und Versicherungsgeschäften befassen sollte. Das Kapital von 20 Millionen holländischer Gulden sollte durch die Zeichnung von 60.000 Aktien zu je 2000 fl. im wesentlichen in den Niederlanden aufgebracht werden. Bürgermeister und Rat der Stadt erteilten eine Bewilligung auf 40 Jahre und legten fest, daß Streitigkeiten in erster Instanz vom Emder Magistrat oder von vier Schiedsrichtern entschieden werden sollten, während in zweiter Instanz ausschließlich ein Schiedsgericht vorgesehen war. Anfang Oktober 1720 gingen die gedruckten Patente und Werbungsplakate heraus und wurden vor allem an der Börse in Amsterdam aufgehängt. Ein darauf im In- und Ausland veröffentlichtes fürstliches Mandat, das der Stadt Emden das Recht zur Privilegierung einer solchen Kompanie ohne landesherrlichen Konsens absprach, verhinderte jedoch die Verwirklichung dieses Projektes. Eine gedruckte Gegenvorstellung Emdens, zur Aufrichtung dieser Handelskompanie berechtigt zu sein, konnte daran nichts mehr ändern[423].

Die deswegen am 13. Januar 1721 in Wien eingereichte Klage[424] verdeutlicht, worum es Brenneysen bei seinem Verbot ging. Die Bewilligungen und Zusagen, die der Emder Magistrat in seinen Patenten gegeben habe, heißt es darin, gereichten dem Landesherrn zur »größesten prostitution und Beschimpfung«. Das Verhalten Emdens müsse nach allen göttlichen und weltlichen Rechten und Gesetzen als eine Widersetzlichkeit ersten Ranges gegenüber der »von Gott vorgesetzten hohen Landesobrigkeit« angesehen werden. Es sei eine »Violirung« der landesherrlichen Hoheit und Superiorität über die Stadt, »ja fast für eine öffentliche Krieges Ankündigung und Aufsagung alles Gehorsams, Respects, Devotion und Ehrerbietung zu achten«. Es könne nicht geduldet werden, »wenn Unterthanen den Kopf wieder ihre ordentliche Obrigkeit so weit auflehnen, daß sie durch öffentliche gedruckte Chartequen und Libellos famosos (...) ihre Obrigkeit nicht allein

---

421   StaA., Dep. 1, 792, fol. 1 ff., Abschrift in Rep. 4, C III a, 146. Zum Abschluß Dep. 1, 1439, fol. 229 ff., und unten S. 198 f.
422   Siehe unten S. 176 ff.
423   Vgl. zur Kommerzien-Kompanie W i a r d a , Bd. VII, S. 107 ff.
424   StaA., Rep. 4, C III d, 7, Vol. 1; Abschrift in Rep. 4, C III a, 117.

im Lande, sondern auch auswärts bey frembden verunglimpfen, diffami-
ren und mit solchen ungebührlichen Worten und Thaten, als wenn sie keinen Herrn und Obern über sich hätten, wieder sie herausfahren«. Zwar
könnte die Stadt Emden auch vor der Kanzlei, der Bürgermeister und Rat
in solchen Sachen unstreitig »immediate responsabel und unterworffen«
seien, belangt werden, zur Vermeidung »mehrere(r) Extremitaeten mit Vili-
pendenz der Landesfürstlichen Hoheit« solle jedoch lieber der Kaiser den
Streit entscheiden. Nach dieser Einführung beantragte er vier Poenalmandate an Bürgermeister und Rat, nämlich

1. sich wegen der Kommerzien-Kompanie aller Aktivitäten zu enthalten und alle daran interessierten Kaufleute mit ihren Wünschen
   an die Landesherrschaft zu verweisen;
2. binnen 8 Tagen nach Insinuation dieses Mandates einen Bevollmächtigten zur Kanzlei nach Aurich zu schicken, dort die wegen
   dieses Ungehorsams und der Beleidigungen des Landesherrn verhängten Geldstrafen anzunehmen und Abbitte dafür zu leisten;
3. sich nach den kaiserlichen Mandaten vom 11. März 1602[425] zu
   richten und sich jeder Eigenmächtigkeit zu enthalten sowie dem
   Landesherrn den »schuldigen Respect, Ehrerbietung, Gehorsam,
   Treue und Unterthänigkeit« zu erweisen. Für künftige Widersetz-
   lichkeiten sollte die alleinige Zuständigkeit der Kanzlei festgestellt
   werden;
4. sich aller angemaßten mißbräuchlichen (Buch)Druckerei zu enthalten.

Aus diesen Anträgen geht hervor, daß es Brenneysen gar nicht um die
Kommerzien-Kompanie als solche zu tun war, denn eine Erweiterung des
Handels lag auch im Interesse der Landesherrschaft. Vielmehr war es die
Tatsache, daß Bürgermeister und Rat von sich aus eine solche Kompanie
privilegieren wollten, die seinen Anstoß erregte; dieses Recht gebührte nach
seiner Auffassung einzig und allein der Landesherrschaft. Wem diese Berechtigung tatsächlich zustand, braucht hier nicht erörtert zu werden, denn
letztlich verfolgte Brenneysen ein ganz anderes Ziel. Mit seinen Anträgen
versuchte er zunächst abermals, eine Kompetenzerweiterung der Kanzlei
auf Kosten des Hofgerichts durchzusetzen, um Bürgermeister und Rat ausschließlich vor der Kanzlei belangen zu können. Zur Erreichung dieses
Ziels bemühte er sich, sogar recht plump Präjudizien zu schaffen. So
schickte er im Oktober 1720 einen Boten mit einem Reskript in dieser Angelegenheit an Bürgermeister und Rat nach Emden; anstatt es direkt beim
Magistrat abzugeben, gab der Bote »dem Stadtpedellen das verschlossene
rescript mit einem darauf gesetzten Insinuato wieder alle gewohnheit in die

---

425 B r e n n e y s e n II, S. 282 ff.; dort war festgelegt, daß Emden in Fällen, »da der Landes-Herr a
     praecepto anzufangen befugt / vor ihme und seiner Cantzelley zu stehen schuldig« sei.

Hände«, um dann schnell wegzulaufen. Auf dem Rathaus wurde der Zweck dieser Aktion sofort erkannt. Da Bürgermeister und Rat der Stadt, berichtete der Emder Syndikus Hessling, nach Artikel 19 der Hofgerichtsordnung sowie nach den Artikeln 15 und 21 des Haagischen Vergleichs von 1662 weder gehalten noch verpflichtet seien, »vor der Cantzley sich citiren zu lassen oder von derselben mandata zu empfangen«, sondern ausschließlich vor dem Hofgericht justiziabel, habe er den Boten zurückholen lassen, ihn wegen seines »unförmlichen Verfahrens« ermahnt und ihm »das ihnen nicht angehende Rescript« wieder zurückgegeben[426]. Wäre es dem Boten gelungen, ungehindert nach Aurich zurückzukehren, hätte Brenneysen daraus ein Präjudiz konstruieren können, Bürgermeister und Rat vor die Kanzlei zitieren zu dürfen. Bei dieser Auseinandersetzung ging es für Emden um den Status der Stadt, der bei der Verwirklichung solcher Ziele aufs schwerste gefährdet war. Zwar hatten die Landesverträge Emden von Anfang an eine erhebliche Sonderstellung gesichert, und mehrfach, zuletzt 1626, hatte die Stadt versucht, reichsunmittelbar zu werden, aber insgesamt blieb Emden viel zu sehr mit dem Umland verknüpft, war Haupt der Stände und Zufluchtsort ihrer Führer sowie großer Teile der Bevölkerung in Zeiten der Not, als daß mit Recht von einem »Staat im Staate[427]« gesprochen werden könnte. Für Brenneysen war die allerdings weitgehende Autonomie dennoch ein Stachel im Fleisch der landesherrlichen Hoheit, den er unbedingt entfernen wollte. Die »wahre Relation zwischen Obrigkeit und Untertanen« mußte wieder als Begründung herhalten: »allen Obrigkeiten, ja Land und Leuthen (ist) daran gelegen (...), daß der Obrigkeitliche Respect, als wodurch Zucht und Ordnung in der Welt erhalten wird, ungekräncket und ungeschmälert bleibe, (und) Gott der Herr (hat) auch Selbst in Seinem Wort (...) solchen Respect bey der Heydnischen ungläubigen Obrigkeit aufs nachdrücklichste allen Menschen anbefohlen, auch diejenigen, so sich unter diesem und jenem Vorwand dawieder aufgelehnet haben, mit harter Straffe beleget[428].

Vollends deutlich wird die Zielsetzung Brenneysens in den Klagen des Jahres 1722. In der am 7. Mai eingereichten Klage gegen die Stadt Emden[429] behauptete er, Emden, diese »Quelle des Ungehorsams«, sei Ausgangspunkt aller übrigen Beeinträchtigungen der landesherrlichen Rechte, deren »fast (...) völlige Unterdrückung und Ausrottung (...) die Urheber der Ostfriesischen Unruhe und Unordnung« sich zum Ziel gesetzt hätten. Das Betragen der Stadt länger zu ertragen sei unmöglich; er bat um eine kaiserliche Entscheidung, aus der Bürgermeister und Rat »in der That lernen, sich

---

426 So das Landtagsprotokoll vom 12. 12. 1720, StaA., Dep. 1, 1433, fol. 143 ff.
427 So z. B. H a h n ; auch B e r g h a u s , S. 55.
428 So der Schluß der Klage wegen der Kommerzien-Kompanie, StaA., Rep. 4, C III a, 117.
429 StaA., Rep. 4, C III a, 123, Nr. III.

in den Schrancken magistratus inferioris zu halten und Ihren von Gott vor-
gesetzten Obern zu gehorsamen«. Damit ist der Schlüsselbegriff des ganzen
Streites genannt, die Grenzen der Selbständigkeit des Emder Rates. Für
Brenneysen gab es da keine Frage: Der Emder Rat war für ihn genauso ein
magistratus inferior wie der von Norden und Aurich, und folglich durfte
Emden keine Sonderstellung beanspruchen. Die allerdings weitreichenden
Bestimmungen der Landesverträge machten ihm keinerlei Probleme. Aus
dem Delfzijler Vertrag von 1595 und der kaiserlichen Resolution von 1597
las er heraus, 1. daß das, was der Stadt dort gegeben wurde, ihr als Privileg
verliehen worden sei und die Stadt dies »als eine Gnade mit unter-
thänigstem Danck zu erkennen« habe, 2. daß diese Privilegien nicht gegen
den Landesherrn ausgelegt werden dürften und 3. daß die Stadt ihrer Privilegien wegen Mißbrauchs wieder verlustig erklärt werden könne. Im übrigen galt auch hier Brenneysens Grundsatz, daß die unter niederländischer
Vermittlung geschlossenen Landesverträge »den Kayserlichen und Reichs
Rechten und Hoheiten unpraejudicirlich« ausgelegt werden müssen, und
was er unter dieser Einschränkung konkret verstand, sprach er in einer anderen Klage deutlich aus: »alle Staatische Resolutiones (müssen) also zu
verstehen seyn, wie es die vernünfftige Relation zwischen Obrigkeit und
Unterthanen mit sich bringet[430]«. Auf dieser Basis forderte er, der Stadt zu
befehlen

1. bei Predigerwahlen die landesherrliche Konfirmation einzuholen
   (was seit einigen Jahrzehnten außer Gebrauch gekommen war);
2. Buß- und Bettage dann zu halten, wenn sie von der Landesherrschaft angeordnet seien und nicht dann, wenn solche in den Niederlanden stattfänden, außerdem sich der geistlichen Oberbotmäßigkeit des Landesherrn in allen zum geistlichen Wesen gehörenden Sachen zu unterwerfen;
3. nichts dagegen zu unternehmen, wenn der Landesherr den Lutheranern in der Stadt freie Religionsausübung sowie freie
   Prediger- und Schuldienerwahl gestatte (womit Brenneysen die
   Bestimmungen der Landesverträge, daß in Emden nur reformierter Gottesdienst gehalten werden dürfe, der Disposition des
   Landesherrn unterwerfen wollte)[431];
4. sich keinerlei Jurisdiktion über die in der Stadt wohnenden
   fürstlichen Bedienten (Amtmann, Drost, Rentmeister des Amtes
   Emden sowie Burggraf und Türhüter auf der Burg) anzumaßen
   und sie zu keiner bürgerlichen Last heranzuziehen (was seit rund
   100 Jahren üblich geworden war);

---

430   ebenda, Nr. IX, präsentatum Wien, 18. 5. 1722, § 9.
431   Zum Streit über den lutherischen Gottesdienst in Emden vgl. S c h m i d t , Konfessionskämpfe, S.
      114 ff.

5. bei jeder Verhängung von Geldbußen oder Brüchen beim städtischen Niedergericht bzw. Magistrat sofort eine Protokollabschrift an den Rentmeister des Amtes Emden zu schicken und die der Landesherrschaft zustehenden 50% dieser Gelder sofort weiterzuleiten sowie alle in der Vergangenheit der Landesherrschaft vorenthaltenen Anteile binnen zwei Monaten zu bezahlen und die dazugehörigen Protokolle zur Überprüfung einzusenden (womit eine gewaltige Geldforderung auf die Stadt zukam, denn immerhin handelte es sich um einen Zeitraum von ca. 120 Jahren, in dem die Landesherrschaft ihren Anteil nicht erhalten hatte);
6. landesherrliche Erlasse und Plakate weder in der Form noch im Inhalt abzuändern (d. h. sie im Namen von Bürgermeister und Rat der Stadt zu verkünden) und die von landesherrlichen Bedienten unmittelbar an der Burg, am Rathaus oder sonst in der Stadt angeschlagenen Verordnungen nicht abzureißen;
7. sich nicht darum zu kümmern, welche Personen und wieviele der Landesherr als Richter in den am Leben zu strafenden Kriminalfällen entsende (in solchen Verfahren stellten Stadt und Landesherr je 3 Richter, wobei die Stadt immer auf »akkordmäßiger Qualifikation« bestand und daher verschiedentlich landesherrliche Räte als Richter abgelehnt hatte);
8. sich in Matrimonialsachen ebensowenig darum zu kümmern;
9. den fürstlichen Rentmeister nicht zu behindern, fürstliche Intraden von den zahlungspflichtigen Bürgern unmittelbar einzuziehen, außerdem unter keinem Vorwand je die jährlichen Rekognitionsgelder in Höhe von 2600 Reichstalern zu verweigern, die für die Einbeziehung Falderns und der Vorstädte in die Stadtjurisdiktion zu bezahlen waren; andernfalls sollte der Landesherrschaft die Exekution mit Zuziehung eines benachbarten hohen Reichsstandes freistehen;
10. alle geplanten Verordnungen in Polizeisachen etc. mit einer untertänigen Supplik der Landesherrschaft bekannt zu machen und um Konsens und Approbation zu bitten (wobei es konkret um Statuten in Erbschaftsfällen ging, in denen die Stadt 5% Erbschaftssteuer festgelegt hatte);
11. jährlich nach der Konfirmation von Bürgermeistern und Rat oder zu einem anderen beliebig von der Landesherrschaft festzusetzenden Zeitpunkt vor landesherrlichen Kommissaren Rechnung abzulegen über alle Einkünfte und Ausgaben von Stadt und Magistrat, wobei im Zweifelsfalle dem Landesherrn die Entscheidung über unrichtige Posten zustehen sollte;
12. sich in Fragen des Vorbeifahrtsrechtes auf der Ems (d. h. wegen

des Stapelzwangs) und allen damit zusammenhängenden Angelegenheiten nach fürstlichen Mandaten und Reskripten zu richten und diesen zu gehorchen, denn das entsprechende kaiserliche Privileg von 1495 sei, da Bürgermeister und Rat von Emden damals als Bediente des Landesherrn angesehen worden seien, »in effectu eigentlich (...) (dem) Regier-Hause« verliehen worden.

Wegen des Emder Zolles, der der Landesherrschaft seit 1620 vorenthalten werde, kündigte Brenneysen eine eigene Klage an; am 22. Juni 1722 ließ er diese einreichen und forderte darin die erwähnte Zollnachzahlung in Höhe von 691.500 Reichstalern[432]. In einer gesonderten Klage[433] beschwerte er sich außerdem über die im Januar 1722 verweigerte Konfirmation von Bürgermeistern und Rat. Magistrat und Vierziger hatten nämlich den mit der Konfirmation beauftragten Regierungsrat Bluhm als unqualifiziert abgelehnt, weil er in seiner Eigenschaft als Regierungsrat noch keinen eidlichen Revers auf die Akkorde abgegeben hatte; allerdings war Bluhm schon 30 Jahre lang Amtmann im Amt Emden gewesen und als solcher bereits auf die Akkorde vereidigt. Die Emder hatten sich jedoch stur gestellt und den Magistrat, als Bluhm ihren Forderungen nicht nachgeben wollte, vom Präsidenten der Vierziger konfirmieren lassen, wozu dieser berechtigt war, wenn die Landesherrschaft innerhalb von 8 Tagen nach der Ratswahl keine Anstalten zur Konfirmation gemacht hatte. Für Brenneysen war dieser Fall ein weiteres Beispiel für das, was Emden seiner Meinung nach im Schilde führte, nämlich den Landesherrn zu zwingen, nur solche Personen zu Emder Angelegenheiten zu verordnen, die der Stadt genehm waren. In der Hoffnung, der Kaiser werde der Stadt zeigen, »was es sey, Gott und die Obrigkeit (zu) verachten und Ihren Befehlen (zu) wiederstreben«, forderte Brenneysen, Bürgermeister, Rat und Vierziger nicht nur in eine gehörige Strafe zu verurteilen und die vom Präsidenten der Vierziger vorgenommene Ratskonfirmation für null und nichtig zu erklären, sondern auch ihnen zu befehlen, beim Landesherrn um Audienz für eine Deputation einzukommen, mittels dieser Deputation Abbitte für ihr Verhalten zu leisten und zu bitten, daß die Konfirmation von neuem, und zwar durch den Regierungsrat Bluhm, vorgenommen werden möchte. Alle diese Beschwerden wiederholte Brenneysen summarisch in einer Klage vom 22. Dezember 1722; besonders forderte er darin, die Emder ständische Garnison endlich für aufgelöst zu erklären und für die wirkliche Exekution der 1721 ergangenen kaiserlichen Dekrete zu sorgen[434].

Mit diesen Forderungen hatte er Punkt für Punkt Emdens Sonderstellung angegriffen und die Stadt in ihrem Selbstverständnis zutiefst getrof-

---

432 StaA., Rep. 4, C III a, 123, Klage Nr. XIII, präsentatum Wien, 22. 6. 1722; vgl. oben S. 127.
433 ebenda, Nr. IV, präsentatum Wien, 7. 5. 1722.
434 StaA., Rep. 4, C III d, 7, Vol. 5, S. 33—51.

fen. Was sie in den Landesverträgen seit 1595 mühsam durchgesetzt hatte, meinte Brenneysen mit seiner Verfassungsinterpretation mit einem Schlage wegwischen zu können. Zweifellos bestanden manche der Beschwerden zu Recht, so wegen des landesherrlichen Anteils an den Bußen und Brüchen oder wegen des Zolls, aber es kann nicht genug betont werden, daß Verträge, die wie die ostfriesischen Akkorde die Verfassung — verstanden als die konkrete innere Bauform eines Landes — mit konstituierten, immer nur so weit reichten, wie sie realisiert werden konnten, und daß deswegen das Bemühen, die ostfriesische Verfassungswirklichkeit zu ändern, nicht als Rechts-, sondern als Machtproblem anzusehen ist. Mit seinen Emden betreffenden Beschwerden und Forderungen zielte Brenneysen vordergründig auf die Abschaffung konkreter Mißstände. Seine dahinter stehende Absicht, den Emder Sonderstatus völlig zu beschneiden und Bürgermeister und Rat in die »Schrancken eines magistratus inferioris« zu verweisen, hielt er zunächst geschickt verborgen; erst nach und nach steigerte er seine Anträge so, daß sie zusammen einen Totalangriff auf die Emder Autonomie ausmachten. Konnte er hierbei Erfolg haben, dann war er seinem Ziel, die Folgen der »innerlichen Unruhe« zu beseitigen und die »wahre Relation zwischen Obrigkeit und Untertanen« wiederherzustellen, d. h. in Wahrheit ein absolutistisches Regiment aufzurichten, ein großes Stück nähergekommen.

5.7. Das Landtagsrecht und weitere Streitpunkte

Hatte Brenneysen in seinen ersten Klagen lediglich über die bisher behandelten Hauptstreitpunkte Beschwerde geführt, so weitete er in den Klagen des Jahres 1722, aufbauend auf den kaiserlichen Dekreten vom 18. August 1721[435], seinen Angriff aus. Neben der Wiederholung der früheren Klagen brachte er jetzt Beschwerden vor, die im wesentlichen das Landtagsrecht betrafen. In der Klage vom 7. Mai 1722[436] stellte Brenneysen zunächst fest, die Stände hätten sich schriftlich als »die *Haubt-Personen* in der Landes-Regierung« bezeichnet, und »bey ihnen *residirte,* wie die schönen formalia lauten, das *resolviren,* bey mir (sc. Landesherr) aber das bloße *Exequiren:* Ich hätte über ihre *Actiones* und *Handlung* gantz keine *judicatur*«. Dieser Anspruch sei eine Aufkündigung des Gehorsams. Den kleinen Unterschied allerdings, daß die Stände sich nur auf Landtagen als die Hauptpersonen ansahen, nicht aber in der Landesregierung[437], übersah er dabei geflissentlich, und daß die Stände sich auf den Emder Landtagsschluß von 1619 be-

435   Siehe unten S. 176 ff.
436   StaA., Rep. 4, C III a, 123, Nr. II; alle Hervorhebungen im Original.
437   StaA., Dep. 1, 1435, fol. 89.

rufen konnten, der den Landesherrn verpflichtete, die Beschlüsse der Stände unverändert als Landtagsabschied zu publizieren[438], war für ihn gegenstandslos, weil dieser Landtagsschluß auf niederländische Vermittlung zustande gekommen war.

Weiter beschwerte er sich darüber, daß die Stände sich auf allen Landtagen der letzten Jahre mit Deichbauproblemen befaßt hätten, ohne dabei auf die Vorstellungen der Landesherrschaft zu hören. Statt unnütze Geldausgaben (Prozesse auf Landeskosten, Emder ständische Garnison, Legationen und Kommissionen etc.) einzustellen, hätten sie große Summen Geldes in Holland und anderswo aufgenommen, durch Geldvorenthaltung aber die Arbeit des vom Fürsten eingesetzten Deichbauleiters von Münnich hintertrieben und daher Schuld daran, daß die Deiche auch 1722 noch nicht geschlossen seien. Die Stände hätten verschiedentlich die Antwort auf landesherrliche Anfragen verweigert, den Regierungsrat Kercker nicht als fürstlichen Landtagskommissar anerkennen wollen, weil er noch keinen eidlichen Revers auf die Akkorde abgelegt habe, sie hätten die Antizipation eines Landtages abgelehnt, hätten selbstherrlich eine Deputation einberufen, gegen ein fürstliches Landtagsausschreiben protestiert, dem Landesherrn die Oberaufsicht über die Finanzen verweigert etc. Alle die Beschwerden im einzelnen aufzuführen, wäre zu weitläufig; Brenneysens Ziele werden aus seinen Anträgen zur Genüge deutlich:

1. Sollten die Stände und die Stadt Emden in die in den Dekreten vom 18. August 1721 angedrohte Strafe von jeweils 50 Mark lötigen Goldes verurteilt und dem Landesherrn die Exekution darüber aufgetragen werden, notfalls mit Hilfe des Königs von Dänemark als Grafen von Oldenburg und des Königs von Großbritannien als Grafen von Delmenhorst. Alle Einreden der Stände, die vermutlich mit den unter niederländischer Vermittlung geschlossenen Verträgen argumentieren würden, seien abzuweisen.

2. Sollten die Stände, der ständische Präsident von Closter, der Emder Syndikus Hessling und einige andere wegen mehrfacher Anmaßungen gegen Rechte des Landesherrn, z. B. gegen sein Recht, proprio motu einen Landtag auszuschreiben, in eine gehörige Strafe verurteilt werden.

3. Sollte den Ständen verboten werden, selbst die Vollmachten der Deputierten des zweiten und dritten Standes zu prüfen, weil dieses Recht allein der Landesherrschaft zukomme.

4. Sollte ihnen verboten werden, auf Landtagen über andere Dinge, als in der Proposition enthalten, zu beraten; falls zusätzliche Punkte, die der Landesherrschaft nicht bekannt wären, zu be-

---

438   B r e n n e y s e n II, S. 513.

handeln seien, sollten sie vorher dem Landesherrn mitgeteilt werden, damit sie in die Proposition aufgenommen werden könnten.

5. Sollte den Ständen »bey harter Straffe« verboten werden, sich in der oben zitierten Weise als Hauptpersonen zu bezeichnen; das seien Ansprüche, die von den Prinzipien der Monarchomachen herrührten.

6. Sollten sie die ständischen Beratungsergebnisse nicht in Form eines Protokollauszuges, »gleichsam als (wenn sie) aus ihrer Cantzley an subalterne decreta ertheilen«, an die Landesherrschaft geben, sondern als »unterthäniges Gutachten«.

7. Sollten sie auf Landtagen immer so lange versammelt bleiben, bis sie den Landtagsabschied »in Unterthänigkeit mit schuldigstem respect« angehört und vernommen hätten.

8. Sollten sie sich bei Streitigkeiten über die Wahl von Administratoren oder Ordinärdeputierten keine Entscheidung anmaßen, sondern diese dem Landesherrn überlassen.

9. Sollten das Administratorenkollegium und das Hofgericht wegen einiger kürzlich zu Unrecht übernommener »Privat«-Prozesse in eine gehörige Strafe verurteilt und die entsprechenden Prozesse kassiert werden.

10. Sollte den Ständen und allen Untertanen bei Strafe befohlen werden, die landesherrlichen Bedienten »in der qualität, darin sie (von der Landesherrschaft) bestellet sind, unwegerlich (an)zuerkennen und zu respectiren«, damit in Zukunft keine Hinderung in der Bestellung der landesherrlichen Bedienten vorkomme.

11. Sollte den Ständen und den Deich- und Sielachten befohlen werden, die Oberaufsicht und Direktion des Landesherrn in diesen Bereichen ohne Einschränkung anzuerkennen. Die Deich- und Sielachtsinteressenten sollten zwar ihre Meinung sagen dürfen, dem Landesherrn aber sollte es freistehen, diese als »bloßes Consilium, Rat und Gutachten« anzusehen und eigene Entscheidungen zu treffen, die für die Deich- und Sielachten verbindlich sein sollten. Außerdem sollten sie in den täglich vorkommenden Deich- und Sielsachen den landesherrlichen Beamten »die Mit-Direction conjunctim mit den Teich- und Siehl-Richtern in Befehlen und Anordnen (...) ungekräncket« lassen sowie in Fällen von Pflichtversäumnissen der Deich- und Sielrichter oder der Interessenten Poenalmandate der Beamte anerkennen[439].

---

439   Zu den Kompetenzstreitigkeiten im Deichbau vgl. unten S. 159 ff.

12. Sollte den Ständen verboten werden, den Landesherrn in der Ausübung seines Rechts zu behindern, Gesetze und Verordnungen in Polizei- und Regierungssachen sowie im geistlichen Wesen zu erlassen.
13. Sollten sie 160.000 Reichstaler als Ersatz für die durch den langsamen Deichbau verursachten Einnahmeausfälle des Landesherrn bezahlen und zu einer angemessenen jährlichen Subsidienzahlung verpflichtet werden, die Brenneysen später mit jährlich 100.000 fl. anschlug[440].

In einem Postskriptum[441] beschwerte Brenneysen sich über die von den Eingesessenen des Reiderlandes verweigerten Wachtdienste an den Grenzen nach Münster, wobei diese sich darauf berufen hatten, der Landesherr dürfe ohne Einverständnis der Stände die Untertanen nicht aufbieten[442]. Brenneysen forderte deshalb eine kaiserliche Entscheidung, die die Stände und Eingesessenen dazu verpflichtete, einem landesherrlichen Aufgebot unweigerlich Folge zu leisten. Weiter klagte[443] er über die Ausschließung des Deputierten Folkert ter Borg aus Marienwehr, Amt Emden, von allen ständischen Versammlungen, die die Stände als Reaktion auf dessen Unterwerfung unter die kaiserlichen Dekrete verfügt hatten. Insbesondere beschwerte er sich dabei über den Emder Syndikus Hessling, auf den dieser Beschluß zurückgehe, sowie über die dem Landesherrn verweigerte Untersuchung der »strafbahren Reden«, die dieser Mann auf dem Landtag geführt habe. Die Stände hatten sich bei dieser Verweigerung auf Cap. 3, Art. 12, des Haagischen Vergleichs von 1662[444] berufen können, der eine solche Untersuchung verbot. Brenneysen focht das nicht weiter an; er argumentierte, so wie der Landesherr berechtigt sei, einen Mordfall, der auf dem Landtag vorkomme, zu untersuchen, sei er auch berechtigt, jede andere dort geschehene Rechtswidrigkeit zu untersuchen. Da niemand auf Landtagen »die Freyheit habe, jemanden impune zu ermorden«, sei den Ständen »ex identitate rationis auch nicht gelaßen, auf andere Weise zu excediren, ihren nechsten mit der Zungen zu tödten oder sich zur Ungebühr wieder ihre von Gott vorgesetzte Obrigkeit mit ungebührlichen Reden (...) zu vergreifen«. Eine sehr merkwürdige Begründung, die Brenneysen hier anführte; gerade die »identitas rationis« bestritten die Stände, und das zweifellos

---

440 Vgl. oben S. 127.
441 StaA., Rep. 4, C III a, 123, hinter Nr. II.
442 Vgl. oben S. 56; Cap. 4, Art. 11, des Haagischen Vergleichs von 1662, B r e n n e y s e n II, S. 800 f., enthält zwar eine entsprechende ständische Forderung und eine staatische Resolution, die diese bekräftigt, der Landesherr jedoch hatte dagegen protestiert, so daß die Sache letztlich unentschieden blieb. Die Ansprüche beider Seiten in dieser Angelegenheit blieben weiterhin bestehen, und jeder versuchte, für sich Präjudizien zu erreichen.
443 StaA., Rep. 4, C III a, 123, Nr. IX, präsentatum Wien, 18. 5. 1722.
444 B r e n n e y s e n II, S. 790 f.

zu Recht. Sie verlangten die Freiheit, auf Landtagen unbeeinträchtigt zu deliberieren und zu votieren, aber natürlich nicht die Freiheit, einen Mord ungestraft begehen zu können. Diese Argumentation war jedoch typisch für Brenneysen, dem kein Klotz zu grob war, wenn es um ein für ihn wichtiges Ziel ging.

Die angeführten Forderungen waren z. T. zweifellos berechtigt, z. B. wegen der Form der ständischen Gutachten, aber im wesentlichen ging es Brenneysen auch hier über die Abstellung eines konkreten Mißstandes hinaus um grundsätzliche Ziele. Mit der zuletzt angeführten Klage wollte er erreichen, alle »Rechtswidrigkeiten« auf Landtagen untersuchen zu dürfen, um damit eine Handhabe zu haben, ständische Deputierte jederzeit belangen zu können; in einer so diffizilen Materie wie dem Verhältnis zwischen Landesherrschaft und Landständen waren Äußerungen, die sich gegen die »wahre Relation zwischen Obrigkeit und Untertanen« richteten und damit nach Brenneysens Auffassung strafwürdig waren, kaum zu vermeiden. Gerade um eine gewisse »Immunität«, eine genügende Unabhängigkeit der Landtagsdeputierten zu gewährleisten, hatten die Stände die angeführte Bestimmung in den Haagischen Vergleich von 1662 aufnehmen lassen, und gerade auf diese weitgehende Unabhängigkeit der Stände und jedes einzelnen Deputierten hatte Brenneysen es abgesehen. Dazu war es nötig, die Beratungs- und Redefreiheit auf den Landtagen einzuschränken, nur noch die Punkte behandeln zu lassen, die der Landesherr in seine Proposition aufgenommen hatte; dazu war es nötig, Einfluß auf die Wahlen der Administratoren und Ordinärdeputierten zu bekommen, gehörte das Recht, als Landesherr dann entscheiden zu können, wenn die Stände in ihren Beratungen keine Einigung erzielten, dazu gehörte auch, die Stände bei der Prüfung der Vollmachten der Deputierten des zweiten und dritten Standes auszuschalten, und dazu war schließlich notwendig, völlig freie Hand in der Wahl der landesherrlichen Räte und Beamten zu haben. In den Unruhen Ende des 16. Jahrhunderts hatten die Stände hier das Indigenatsprinzip durchgesetzt und zusätzlich erreicht, alle landesherrlichen Bedienten auf die Akkorde zu vereidigen. Das hatte die Konsequenz, daß die Stände vor der Übergabe eines entsprechenden eidlichen Reverses niemanden als landesherrlichen Bedienten anerkannten und ihm daher jede Berechtigung zu Amtshandlungen bestritten[445]. Davon wollte Brenneysen sich jetzt losmachen und für die Stände die Verpflichtung durchsetzen, jeden landesherrlichen Bedienten vom Augenblick seiner Ernennung an anzuerkennen. Zusätzlich versuchte er, im Deich- und Sielwesen die landesherrlichen Hoheitsrechte erheblich auszudehnen.

Ein Teil der Forderungen Brenneysens war vordergründig berechtigt,

445 Vgl. oben S. 136 f. und unten S. 174 f.

insgesamt entsprachen sie aber keineswegs der ostfriesischen Verfassung. Die angestrebte Stellung der Landesherrschaft sollte auch im Landtagsrecht die »wahre Relation zwischen Obrigkeit und Untertanen« zur Geltung bringen. Auf den ersten Blick erscheinen die hier behandelten Forderungen weniger gravierend als die vorher angesprochenen, sie bildeten jedoch als Ergänzung der übrigen Streitpunkte den notwendigen Schlußstein in Brenneysens absolutistischem Regierungsgebäude. Weil sie juristisch auf schwächeren Füßen standen, brachte Brenneysen sie erst nach der ersten Entscheidung über die Hauptstreitpunkte zusammen mit den Klagen über den Ungehorsam der Stände gegen die kaiserlichen Dekrete vom 18. August 1721 in Wien vor und erhöhte damit die Chancen, auch wegen dieser »Mißstände« die erwünschten Conclusa zu erlangen.

5.8. Die Konfessionsspaltung als verschärfendes Moment der Auseinandersetzung

Der hier zu behandelnde Aspekt der Auseinandersetzung erfordert eine eigene Untersuchung zum Thema Kirche und Gesellschaft im Ostfriesland der frühen Neuzeit. Nur einige charakterisierende Bemerkungen sind daher möglich.

Es klang schon mehrfach an, daß die ostfriesische Machtkonstellation seit dem 16. Jahrhundert davon gekennzeichnet war, daß es der Landesherrschaft während der Reformation nicht gelungen war, ein einheitliches Landeskirchentum durchzusetzen und damit sich selbst eine unangefochtene Stellung in der kirchlichen Hierarchie zu verschaffen. Von Beginn an vorhandene theologische Unterschiede verdichteten sich seit Graf Edzards II. und seiner orthodox-lutherischen Gattin Katharinas Zeiten zu einem Nebeneinander von lutherischem und reformiertem Bekenntnis. Als deutlich wurde, daß wirklich zwei evangelische Konfessionen in Ostfriesland bestanden, begann sofort aus dem Nebeneinander ein Gegensatz zu werden, der seine Wurzeln allerdings nur z. T. in der Theologie selbst hatte. Immerhin war die religiöse Überzeugung im 16. Jahrhundert ein mächtiger Faktor, und Prediger beider Seiten taten intolerant und grob vereinfachend das ihre, die Glaubensunterschiede zum Gegensatz anzuheizen; seine großen Dimensionen aber bekam dieser konfessionelle Gegensatz durch die untrennbare Verbindung mit politischen Momenten. Die Landesherrschaft war seit Edzard II. lutherisch und gedachte das nachzuholen, was sie in den ersten Jahrzehnten der Reformation versäumt hatte, nämlich eine einheitliche Landeskirche zu schaffen, und traf dabei auf den zu großem Selbstbewußtsein aufgestiegenen Westen des Landes mit Emden an der Spitze, der sich sein reformiertes Bekenntnis nicht wegnehmen lassen und gleichzeitig ein seinem Selbstbewußtsein angemessenes politisches Mitspracherecht durchsetzen wollte. So kam es, daß die große Auseinandersetzung an der Wende vom 16. zum 17. Jahrhundert eine politische und konfessionelle zugleich war. Vereinfacht gesagt: Wer lutherisch war, war auch gräflich oder allenfalls gemäßigt ständisch gesinnt, und wer sich zum reformierten Glauben bekannte, der war auch Anhänger radikaler ständischer Ziele. Entsprechend wurde die Theologie auf beiden Seiten eingesetzt. Die Landesherrschaft bemühte sich, möglichst überall lutherische Prediger ins Amt zu bringen, weil sie sich von der gepredigten lutherischen Obrigkeitslehre einen allgemeinen Gehorsam gegenüber ihren Anordnungen versprach, während die von diesen Bemühungen betroffenen Gemeinden alles daran setzten, ihr bisheriges Bekenntnis und ihr Predigerwahlrecht zu behaupten. Dabei waren die Stände ihre natürlichen Verbündeten. Die konfessionell durchwirkte politische Auseinandersetzung zog konsequent die literarische Fehde über die Anfänge der Reformation, und das heißt: die Auseinandersetzung über das ältere und damit größere Recht der Reformierten oder Lutheraner, nach sich. Auch sie trug zur Parteibildung und zur weiteren geistigen Klimaverschlechterung bei. Es gelang damals den führenden Teilen der Stände, ihre reformierte Konfession endgültig abzusichern und für ganz Ostfriesland, auch für die lutherischen Gemeinden, das freie Predigerwahlrecht durchzusetzen. Im Laufe des 17. Jahrhunderts schliffen sich dann die scharfen konfessionellen Unterschiede ein wenig ab; vor allem im Alltag und im Geschäft vertrugen sich beide Seiten recht gut. Das politische Gegeneinander von Ständen und Landesherrschaft blieb freilich latent vom Glaubensunterschied bestimmt, und diese latente Spannung konnte bei Gelegenheit leicht zum offenen Ausbruch kommen und das ganze Land erfassen.

Die Grundtatsache der engen Verflochtenheit politischer und konfessioneller Momente in den Auseinandersetzungen zwischen Landesherrschaft und Landständen gab auch dem Streit dieser Jahre seine besondere Ausprägung. Der Harkenrohtprozeß war zwar in erster Linie ein Angriff auf die Jurisdiktion des Hofgerichts, aber auch die konfessionelle Seite dieses Falles war von Belang. Daß dem Reformierten Harkenroht historische Bemerkungen zur Reformation verboten wurden, die dem Lutheraner Funck erlaubt waren, mußte zur Verschärfung des konfessionellen Miteinander beitragen, hatte aber nicht unbedingt direkte Auswirkungen auf das Verhältnis zwischen den Ständen und der Landesherrschaft. Mit der Zuspitzung der Auseinandersetzung nach 1721 aber setzten beide Seiten die Religion als Mittel der Parteifestigung ein. Nachdem im Herbst 1724 die subdelegierte kaiserliche Kommission ihre Arbeit aufgenommen hatte, wurde in Emden kolportiert, der Fürst wolle sich »souverän machen« und die lutherische Religion in der Großen Kirche in Emden einführen, »wodurch die Reformirten gegen Ihre fürstl. Durchl. und die Lutheraner sehr aufgebracht« wurden. Eine alte Weissagung von einem »Mann in einem weißen

Hembde auf der Canzel« wurde ausgegraben und »auf die Catholische Religion gedeutet, und da der eine von denen Hohen Herren Commissarien der Catholischen, der andere der Lutherischen Religion zugethan wäre, so wolte man das dahin ziehen, als ob sich diese beyde Religionen in Embden ausbreiten würden[446]«. Ein solches Gerücht war bestens geeignet, den Widerstand gegen die Landesherrschaft zu verstärken, denn in Emden war das öffentliche exercitium religionis seit dem Delfzijler Vertrag von 1595 und den Konkordaten von 1599 dem reformierten Bekenntnis allein vorbehalten[447], und die Große Kirche war als »Moederkerck« den niederländischen Calvinisten während des Unabhängigkeitskrieges gegen Spanien zu einem Symbol geworden; die Abhaltung lutherischen oder gar katholischen Gottesdienstes in dieser Kirche mußte daher als ein Sakrileg erscheinen. Um diesem Gerücht die Wirkung zu nehmen, beeilte sich die subdelegierte kaiserliche Kommission, es als völlig aus der Luft gegriffen zurückzuweisen[448]. Umgekehrt wies die Stadt Emden im Februar 1726 in einem — der Propaganda wegen auch gedruckten — Schreiben an den Magistrat und die Qualifizierte Bürgerschaft von Norden das Gerücht zurück, »als ob die von Emden (...) die Lutherische Religion gäntzlich außzurotten gesinnet seyn solten[449]«.

Das Problem, wie weit der Anspruch der Obrigkeit auf den Gehorsam der Untertanen reiche, war in diesen Jahren besonders virulent. Auf reformierter Seite wurde mit der vor allem auf alttestamentarischer Grundlage fußenden »Theologie des religiösen Bundes«, die im späten 16. Jahrhundert innerhalb des Calvinismus eine große Rolle gespielt hatte[450], argumentiert. Der in Sappemeer (Provinz Groningen) lehrende Prediger Petrus Venhuisen, der 1728 als Nachfolger des verstorbenen Emder Pastors Everardus Evers zur Wahl stand, gab 1727 im Rahmen einer Kathechisation auf die Frage, ob der Obrigkeit auch dann gehorcht werden müßte, wenn sie »swähre, unträgliche und wieder die landes wetten streytende läste auflegte«, selbst die Antwort, wenn das sein müßte, wären die Niederlande noch immer unter der Herrschaft Spaniens. Als die Vorfahren »mit Supliquen nicht mehr gewinnen konten, haben sie selbst daß zwert aufgenommen wieder ihre jegenpartey«, und fügte, auf Ostfriesland zielend, hinzu, »gelyk wy daar van ook een deerglyke exempel hebben gesien in onse nabuiren[451]«.

---

446   Protokoll der Kommissionssitzung vom 18. 11. 1724, StaA., Rep. 4, C III c, 96, fol. 152.
447   Seit 1695 waren den Lutheranern in Emden zwar vier Gottesdienste im Jahr gestattet, diese durften aber nur in einem Privathaus nach vorheriger Genehmigung durch den Magistrat und in Gegenwart eines reformierten Predigers stattfinden; vgl. S m i d , Kirchengeschichte, S. 345 ff.
448   In einer gedruckten Anzeige vom 25. 1. 1725 »wider das von denen vorigen Administratoribus sub Dato Emden den 15. Januar 1725 durch den Druck ausgestreuete Avertissement, wegen Ablegung der Landes-Rechnungen«, StaA., Rep. 4, C III a, 114.
449   StaA., Rep. 4, C III c, 105, fol. 12.
450   Vgl. im einzelnen O e s t r e i c h , Religiöser Bund, bes. S. 168 ff.

Der Widerstand gegen eine nicht vertragstreue Obrigkeit war damit theologisch sanktioniert. Mit einer solchen Theologie fiel den reformierten Predigern mitunter eine Schlüsselstellung in der Auseinandersetzung der Stände mit der Landesherrschaft zu. Als seit 1722 Brenneysen und die ständischen Führer für bzw. gegen die Unterwerfung unter die kaiserlichen Dekrete kämpften und überall auf dem Lande die Eingesessenen mobilisiert wurden, machte sich das bemerkbar. So schrieb der Greetsieler Rentmeister Schmid die Schuld an der Widerrufung der Paritionsanzeige des Johann Jacob Wehling dem Einfluß des Pilsumer Pastors Knoterus zu[452]. Zwei Jahre später war es der Groothuser Pastor Bertling, der die Eingesessenen des Amtes Greetsiel »wieder die allerhöchste Kayserl. Commission aufzuwiegeln suchet[453]«. Der Pastor von Hamswehrum sprach im Kirchengebet von Gott als einem »Wunder-Gott«, der nicht nur in der Vergangenheit durch die Generalstaaten in Ostfriesland Wunder getan habe, sondern das auch jetzt tun werde, indem der preußische König und die Generalstaaten »den Fürsten darzu (d. h. zur Nachgiebigkeit) pressirten[454]«. Pastor Swarte aus Visquard wurde vorgeworfen, mit seinen Predigten die Renitenz im Amte Greetsiel erheblich gesteigert zu haben. So sollte er während des eigentlichen »Appelle-Krieges« von der Kanzel gelehrt haben, wer bei einem Zusammenstoß mit der landesherrlichen Miliz den Tod finde, »würde bey sich selbst das Zeugnüß im Gewissen befinden, daß er für Gott und eine gerechte Sache das Leben hätte eingebüsset[455]«. 1729, nach der Niederlage der »renitenten« Stände, forderte der Emder Prediger Eilhard Folkert Harkenroht, ein Bruder des oben behandelten Larrelter Pastors, von der Kanzel die Emder Bürger auf, sich nicht den kaiserlichen Dekreten zu unterwerfen, sondern Leben und Güter zum Besten des Vaterlandes, so wie es hier verstanden wurde, aufzuopfern, und der Emder Kirchenrat überlegte, ob nicht alle, die ihre Unterwerfung erklärten, als Meineidige vom Abendmahl auszuschließen seien[456]. Umgekehrt ließ sich 1733, als die Sache der »Renitenten« in Wien gut stand, der lutherische Hofprediger Bertram in einigen gedruckten Predigten über die Sünde des Aufruhrs aus und meinte, es sei tausendmal besser, seine gute Sache Gott zu befehlen und dessen Hilfe in

451   Protokoll der Aussage Hinrich Moerkraemers, Teilnehmer an der Katechisation, vom 6. 7. 1728, StaA., Rep. 4, C III b, 19.
452   Bericht vom 24. 2. 1723, StaA., Rep. 4, C II b, 134.
453   StaA., Rep. 4, C III c, 98, fol. 434.
454   66. gemeinschaftliche Relation der subdelegierten Kommission vom 8. 11. 1726, HHuStaW., RHR., Den. rec. K. 892.
455   Bericht des Greetsieler Amtmanns Sta vom 29. 11. 1728, StaA., Rep. 4, C III b, 64.
456   105. gemeinschaftliche Relation der subdelegierten kaiserlichen Kommission vom 3. 2. 1729, HHuStaW., RHR., Den. rec. K. 900; im einzelnen siehe dazu unten S. 397. Bei dem in Rede stehenden Eid handelte es sich um einen im November 1724 der ganzen Bürgerschaft abverlangten Eid, sich den kaiserlichen Dekreten zur Verteidigung der städtischen Rechte und Freiheiten zu widersetzen, vgl. unten S. 226 f.

christlicher Geduld zu erwarten, um zu seinem Recht zu kommen, als sich »den mörderischen Klauen des Satans Preis zu geben. Besser und sicherer ist es zu leiden, und Gott die Sache zu befehlen, als sich mit den Aufrührern zu vermengen[457]«. Wie schon in den Ständekämpfen Ende des 16. Jahrhunderts war auch jetzt die intensive Beschäftigung mit der Reformationsgeschichte eine typische Begleit- und Folgeerscheinung der Auseinandersetzung. Mehrere Jahre herrschte ein leidenschaftlich geführter literarischer Streit, der u. a. einige auch heute noch wertvolle Quelleneditionen zeitigte[458].

Anhänger der Landesherrschaft wurden von reformierter Seite vielfach ganz selbstverständlich als konfessionelle Partei angesprochen. Der Emder Syndikus Hessling z. B. fragte im Herbst 1725 den Rentmeister der Herrlichkeit Rysum, ob er wie sein Herr lutherisch sei. Auf die Auskunft, »er wäre reformiert, und sein Herr auch«, antwortete Hessling: »So meine ich es nicht[459]«. Als im April des folgenden Jahres die fürstlichen Soldaten und aufgebotenen Bauern in Leer eine Niederlage erlitten und sich zurückziehen mußten, veranlaßte das die Frau des Esklumer Pastors, die vom Deich aus zugesehen hatte, zu dem Kommentar, nun würde den »Lutherischen und Catholischen wohl ein Kram auff die Nasen geleget werden[460]«. Trotz dieser sicher wohl typischen Gleichsetzung politischer und konfessioneller Momente durch die Zeitgenossen darf der spätere Beobachter nicht in den Fehler verfallen, den religiösen Bereich in seiner Komplexität derart zu vereinfachen: eine bestimmte religiöse Überzeugung hatte eben nicht, wie schon das Beispiel des Herrn von Rysum zeigte, ausnahmslos eine einzige politische Haltung zur Folge. Der reformierte Prediger Welp in Leer handelte sich eine Absetzungsdrohung seines Kirchenrates ein, als er im Herbst 1724 an das Evangelium vom ungerechten Verwalter eine Predigt über die Mißbräuche des Administratorenkollegiums anschloß. Verschiedentlich wurde ihm dabei vorgeworfen, er zeige auf diese Weise, »gut Lutherisch zu seyn« und versuche, »Serenissimum zum Souverain zu machen[461]«. Das reformierte Bunde, gleichzeitig eine Hochburg ständischen Bewußtseins, hatte heftige Auseinandersetzungen mit seinem Prediger Eishonius, der es nicht nur ablehnte, von der Landesherrschaft nicht approbierte Schatzungen von der Kanzel zu publizieren, weil in seinen Augen die Stände nicht

457 W i a r d a , Bd. VII, S. 464 f., Anm. m.
458 Zur konfessionell bestimmten Historiographie dieser Jahre vgl. S m i d , Kirchengeschichte, S. 374 ff.
459 StaA., Rep. 4, C III c, 101, fol. 169.
460 Bericht des Leeraner Amtmanns vom 20. 8. 1726, StaA., Rep. 4, C III b, 19. Mit den »Catholischen« war sowohl der eine der beiden subdelegierten kaiserlichen Kommissare als auch die kaiserliche Salvegarde gemeint, in der viele Katholiken dienten.
461 Reskript Fürst Georg Albrechts an die Beamten in Leer vom 1. 9. 1724 sowie deren Bericht mit dem Protokoll der Befragung Welps vom 11. 9. über diese Angelegenheit, StaA., Rep. 4, C III b, 35, Vol. I.

der Landesherr waren, sondern auch nachdrücklich die lutherische Obrigkeitslehre verteidigte[462]. Das Einverständnis des Bunder und einiger anderer reformierter Prediger mit Brenneysen hatte seine Wurzeln in einem ganz unvermuteten Bereich, dem Pietismus. Beide waren Anhänger dieser Art persönlicher Frömmigkeit, die fast überall in Ostfriesland heftige Spannungen zur Folge hatte, weil die weitaus meisten Gemeinden beider Konfessionen dieser Haltung im allgemeinen skeptisch bis scharf ablehnend gegenüberstanden, wenn sie in einer so extremen Form wie von Eishonius vertreten wurde[463]. Trotz unterschiedlichen Bekenntnisses konnte der Pietismus daher Interessenidentitäten der beschriebenen Art hervorbringen; wie weit die politische Wirksamkeit des Pietismus in Ostfriesland sonst reichte, ist im einzelnen noch zu erforschen.

---

462   Eishonius an Brenneysen, 19. 12. 1722, StaA., Rep. 4, C I g, 11.

463   Im August 1725 fand der Bunder Prediger Eishonius folgendes Pamphlet vor seiner Tür: »Ghy Labbedissten!

Och Eylaes Eylaes, wat moet men hier beklagen van onse leeraers hyr en noch wel ander meer, en noch den belsebock, hy woont niet verre van hyr, hy spreekt al met geveinst en met geveindigheden, dan menen den de domme luy, het syn dogh al gebeden: dan spreekt hy met hoog moet, als al de gecken horen, en denkt niet om gods werck, waer van hy is geboren: Hyr ben der dan oock twee en willen oock wat weten en bennen ongeleert; wo sal men sulcke heten, bent ghy noch ongeleert, so gaet een weinigh leeren, en bent ghy dan geleert, so koompt weer tot ons keeren; laet af van dese saek, als ghy somtyts doet spreken: wel dwaes, wat hoor ick hier, wat hoor ick hier, wat hoor ick hier, wat hoor ick van u spreeken, so seght men in de kerck, de beede boecken moet men brannen, hout ghy een valsche leer, so moet men u hier uyt bannen.

Eylaes Eylaes, laet af van u paepse grillen, gaet na het pavsdoom toe, daer sy sulcke hebben willen, verbiet den bybel mee, het syn ja paepse grillen: ghy segt soo menigh maal, ick kan sy hyr syn sitten, wat godes kinder syn en woveel int getal, dat roept men over al: wel, o ghy dwaese welt, dat sullen leeraers heten, waer van kompt dit van daen, dat ghy sulcken dingh kont weten, bent ghy een verstandigh man, laet af van dese seckten, so ghy se niet nalaet, so hout men u voor gecken: dat dan ghy ouden oock mit eens men moet bestraffen, somtyts is het gebeurt en is oock wel bekent, als hy het niet betruet; het is een groot Elent, dan suypt hy sick duyn en vol en lopt dan by de straten en soekt dan hier en daer an venus lust te raken: wel schaampt u dan gewis, om predikant te syn, en u dan in de kerck als leeraers doet vertonen: als dan de borgeri de growel moet an komen, wat dese seckten nu als Sondaeghs doet vertellen, dan kan ghy anders niet, den seght men hy wat gehoort van fleersters en labeyen: dan roept men op den Stoell, als de paepe gooy doet crajen: hebt ghy geen boeken in huys, so sal men u doen kopen, en leert dan godes woort en laet dy fleersters en labeyen lopen. Lest maels is het gebeurt, dat men haer lyt roepen by een persoon in noot, dan koompt men daer al an en sprekt met onverstant, en geeft hem syn oordeel voort en werpt hem in de brant: wel het u dat geleert, van wel hebt ghy sulke leere, dat ghy een verdoemer zyt, stelt u als gott de heere: wel sondaer, dy ghy syt, weet ghy wel, van waer ghy zyt, en blyft wel by de leere, en brengt u niet in het verdryt.

Labedistenleere!

Eylaes, wat droefheyt is dese klught Assonyes liefhebber«!

StaA., Rep. 4, C III b, 19. Fast gleichlautende Pamphlete bekamen auch die beiden Weeneraner Prediger Schortenhuys und Klugkist, ebenda. Vgl. zu Eishonius' gemeindezerstörendem Pietismus H o l l w e g , S. 194 f. Eishonius ging z. B. so weit, daß er als Spendeformel beim Abendmahl sprach: »Nehmet, esset und trinket es euch zum Gericht, wie Judas der Verräter«, womit er die in pietistischen Kreisen herrschende Auffassung, nur der innerlich wiedergeborene Mensch dürfe das Abendmahl empfangen, andernfalls esse er es sich wie Judas zum Gericht, besonders extrem vertrat. Daß seine Gemeinde ihn hart angriff, war bei solcher Polarisierung kein Wunder. Zu Schortenhuys und Klugkist, die, wenn auch gemäßigter, ebenfalls solche zur Abendmahlsscheu führenden Auffassungen predigten, vgl. ebenda, S. 168 ff.

Auch außerhalb Ostfrieslands wurde die politische Auseinandersetzung mit konfessionellen Momenten durchmischt gesehen. In der 1728 in den Niederlanden erschienenen Schrift »Embdens Recht en Onschuld ...« ist folgender Passus enthalten[464]: »Het gaat nog verder en dusdanig, dat de Beede stonden, van de Magistraat in alle Haare Kerken aangestelt, om in deese droevygt Oostfriesse Tyden sig voor God te vernedrigen en eene gewenschte Vreede af te bidden, van Haar (Landesherrschaft) zyn gecasseert en nu niet meer gehouden werden. Overweegt dog deese Grouwelen Leeser! men mag God volgens Zyne Geboden in de Dagen van Benauwtheit niet meer opsoeken nog aanbidden«. Emden wird also daran gehindert, Gott gehorsam und treu zu bleiben und in der Stunde der Not zu ihm zu beten! Von dieser Warte aus war jeder Widerstand gegen eine solche Obrigkeit gerechtfertigt.

Es muß genügen, mit den wenigen angeführten Beispielen diese Seite der Auseinandersetzung zwischen Landesherrschaft und Landständen zu charakterisieren. Der politische Machtkampf war vor allem nach außen hin in hohem Maße von konfessionellen Gegensätzen gekennzeichnet. Die Zugehörigkeit zum einen oder zum anderen evangelischen Bekenntnis war geeignet, die Parteinahme auf beiden Seiten zu beeinflussen. Politik und Glauben waren also, wie sich hier zeigt, so untrennbar miteinander verflochten, daß alle Bereiche des öffentlichen Lebens davon betroffen waren und Auseinandersetzungen auf der einen Ebene sofort solche auf der anderen nach sich zogen; einen zwingenden, von vornherein feststehenden Zusammenhang allerdings gab es nicht.

Zwischenergebnis

Aus der Zusammenfassung aller Streitpunkte schält sich im wesentlichen das Gebäude der ostfriesischen Verfassung heraus. Jeder einzelne dieser kontroversen Gegenstände bildete eine tragende Säule dieses Baus, und keine einzige konnte verändert werden, ohne den Gesamtkomplex zu beeinträchtigen. Deshalb rief von Anfang an jeder Versuch Brenneysens, im einen oder anderen Fall die Stellung der Landesherrschaft zu verbessern, den entschlossenen Widerstand der Landstände hervor. Damit war die Stufenfolge der antiständischen Politik Brenneysens vorgegeben. Nach mehreren kleineren Gefechten auf — allerdings machtpolitisch nicht unwichtigen — Nebenschauplätzen der ostfriesischen Verfassung (»fremde Völker« vor al-

---

464   Embdens Recht en Onschuld, tegens alle Onwaare Beschuldigungen beweesen en verdediget . . ., Haarlem 1728, S. 86. Deutsche Übersetzung dieses Büchleins handschriftlich StaA., Rep. 4, C III c, 30.

lem) galt sein erster Hauptangriff der Jurisdiktion des Hofgerichts, weil diese Institution im täglichen Geschäft der Innenpolitik eine entscheidende Barriere gegen Übergriffe der landesherrlichen Verwaltung darstellte. Weil die Stände dem Hofgericht Rückendeckung gaben und alle Prozesse, in denen die Kompetenz dieses Gerichts in Streit gezogen wurde bzw. die Landesherrschaft die in den Akkorden fixierten oder gewohnheitsmäßig begründeten Rechte der Untertanen zu kränken suchte, auf Landeskosten übernahmen, folgte der zweite Hauptangriff gegen die fast unabhängige ständische Finanzverwaltung mit innerer Konsequenz: Der einzige Weg zum Ziel in Brenneysens Bemühen, die »wahre Relation zwischen Obrigkeit und Untertanen« in Ostfriesland aufzurichten oder, wie er sich an anderer Stelle ausdrückte, Verhältnisse, die wie in Ostfriesland »Ochlocratiam und folglich anarchiam[465]« hervorbrachten, abzuschaffen, konnte nur über einen Totalangriff auf alle Einrichtungen der ostfriesischen Verfassung führen, denn jeder isolierte Versuch, eine dieser streitigen Gegebenheiten auszuschalten, konnte wohl eine Schwächung des ganzen Systems bewirken, nicht aber dessen Überwindung. In diesem großen inneren Zusammenhang der Verfassung zeigt sich nachträglich die politische Klugheit der ostfriesischen Stände, die Ende des 16./Anfang des 17. Jahrhunderts die Grundlagen dazu gelegt hatten. Brenneysen dagegen erwies sich in seiner praktischen Politik als ein wirklicher Kenner der ostfriesischen Verfassung, die er in allen seinen Schriften immer nur als Zerrbild darstellte. Hatte er seinen Angriff zunächst auf die Hauptstreitpunkte (Hofgericht, ständische Finanzverwaltung, Status der Stadt Emden) beschränkt, so weitete er in den Klagen der folgenden Jahre seine Zielsetzung — zumindest offen — immer mehr aus, um die landesherrlichen Hoheitsrechte auch in den weiten Bereichen des bisher von den Ständen besetzten öffentlichen Lebens wirksam zur Geltung zu bringen.

Bei aller entschiedenen Kampfbereitschaft auf beiden Seiten darf aber nicht übersehen werden, daß — anders als in späteren Zeiten — unter den Bedingungen der »alteuropäischen Gesellschaft« zumindest in den Klein-, Kleinst- und Zwergterritorien des alten Reiches ein solcher Gegensatz sich auf der Ebene der beteiligten Personen weit weniger dramatisch darstellte, wenn er sich nicht oft sogar auflöste. Wie auch anderswo[466], bestanden enge persönliche Beziehungen zwischen beiden Seiten. Die Front verlief quer durch die führenden Familien des Landes. So war der Norder Amtsverwalter Johann Diedrich Kettler vor seinem Amtsantritt Bürgermeister in Norden und einer der eifrigsten ständischen Parteigänger, der deswegen auch mit der Landesherrschaft in Konflikt geraten war[467]. Sein Vetter Engelbert

465   Brenneysen an den Gesandten Brawe in Wien, 23. 11. 1717, StaA., Rep. 4, A IV c, 241.
466   von R e d e n für das Herzogtum Sachsen-Lauenburg; vgl. auch P r e s s , Herrschaft, Landschaft und »Gemeiner Mann«, S. 173 f.

Kettler stand dagegen bis zu seiner Absetzung als Bürgermeister im Jahre 1724 fest auf ständischer Seite und war in Norden sein Gegenspieler. Die Familie Stürenburg aus Aurich stellte zu dieser Zeit im Amt Aurich den Amtmann und den Rentmeister und im Amt Stickhausen den Amtmann[468], während der Auricher Ratsherr Diederich Ulrich Stürenburg offen die ständische Fahne hochhielt. Bis 1720 war einer der Emder Bürgermeister ein Zernemann[469] und ein weiterer Angehöriger dieser Familie bis 1725 Landschaftssekretär, während gleichzeitig sein Vetter die Amtmannstelle im Amt Greetsiel innehatte[470]; sein Bruder Konrad Christian Zernemann war ab 1734 Regierungsrat[471]. Haro Burchard von Frydag zu Gödens, Angehöriger eines Nebenzweiges der gödensschen Herrlichkeitsbesitzer, war seit 1723 Drost in Emden[472], während sein Bruder, Oberstleutnant Karl Christian von Frydag zu Gödens, die Stelle des Kommandeurs der brandenburgischen Garnison in Ostfriesland bekleidete, womit er sich nach Begriffen einer späteren Zeit des Landesverrates schuldig gemacht hätte. Unbeschadet dessen wurde er 1726 ritterschaftlicher Hofgerichtsassessor[473]. Ein letztes Beispiel: Die Schwester des Regierungsrates Tammena war in erster Ehe mit dem 1723 verstorbenen landschaftlichen Administrator van Lengering verheiratet, in zweiter Ehe aber mit Brenneysen. Diese Beispiele ließen sich leicht vermehren. Schon ein flüchtiger Vergleich der Namen der landesherrlichen Räte und Beamten der gräflich-fürstlichen Zeit mit denen der bedeutenderen ständischen Wortführer zeigt, daß es ein und dieselbe Bevölkerungsschicht war, die auf beiden Seiten die Akteure stellte. Diese Verhältnisse bedeuteten jedoch keine Verschärfung der Auseinandersetzung, sondern brachten, trotz der oft zu beobachtenden besonderen Härte, mit der Bruder- und Familienzwiste geführt werden, eher eine Tendenz zur Einebnung der Gegensätze mit sich.

Nachdem die Hauptgegenstände der Auseinandersetzung und ihre Voraussetzungen systematisch dargelegt sind, muß es im folgenden darum gehen, das Geschehen selbst chronologisch zu erfassen.

467   W i a r d a , Bd. VII, S. 189, Anm. f. Zur Verwandtschaft der beiden vgl. I t e s , Stammfolge Kettler, S. 112 und 114.

468   K ö n i g , Verwaltungsgeschichte, S. 534 und 548.

469   S c h ö n i n g h , Zusammenstellung, S. 185.

470   K ö n i g , Verwaltungsgeschichte, S. 542.

471   ebenda, S. 515. Daß er ein Bruder des Landschaftssekretärs war, geht aus dessen Brief an die subdelegierte kaiserliche Kommission vom 15. 12. 1725, StaA., Rep. 4, C III c, 9, hervor.

472   K ö n i g , Verwaltungsgeschichte, S. 537.

473   ebenda, S. 525.

B: Chronologischer Abschnitt

6. Landtage bis 1717

Seit den letzten Jahren des 17. Jahrhunderts war in Ostfriesland politisch weitgehend Ruhe eingekehrt. Der Spanische Erbfolgekrieg machte vorübergehend den Streit um die brandenburgische Garnison gegenstandslos, weil Brandenburg-Preußen das von Ostfriesland zu stellende Kontingent an Reichstruppen übernommen hatte. Im übrigen brachte dieser Krieg vielen Kaufleuten gute Geschäftsmöglichkeiten[1] und trug damit zu einer wirtschaftlichen Blüte bei, die durch eine Reihe guter Ernten zusätzlich gestützt wurde. Auf den Landtagen schlugen sich diese Verhältnisse in einem weitgehend konfliktlosen Routinebetrieb nieder. Im allgemeinen fand im Frühjahr und Herbst je ein Landtag statt, auf dem die Stände der landesherrlichen Proposition ihre wenigen Gravamina gegenüberstellten. Die Verhandlungen wurden fast ausschließlich mündlich geführt und führten meistens sehr schnell zum Ergebnis. Zwar brachte Brenneysen, seit er verantwortlicher Leiter der landesherrlichen Politik geworden war, jedesmal die Angelegenheit der »fremden Völker« zu Sprache, aber das bedeutete noch keine ernsthafte Störung der politischen Ruhe. Lediglich aus Wien kamen gelegentlich alarmierende Nachrichten, z. B. von dem oben besprochenen »Historischen Bericht« über die Jurisdiktion des Hofgerichts; in den ersten Jahren aber nahmen die Stände Brenneysen als Gegner offenbar nicht so ernst, und für ihn bot sich vorerst nur wenig Gelegenheit zum Angriff auf die ständischen Positionen. Die relative Saturiertheit auch in den Geestämtern ließ Unzufriedenheit mit der Amtsführung der Administratoren kaum aufkommen. Vor diesem Hintergrund ließ sich bei der festen Verwurzelung der Stände im Lande nur schwer ein erfolgversprechender Schlag zugunsten der Landesherrschaft führen.

---

[1] W i a r d a , Bd. VII, S. 2, K l o p p , S. 485. Dieser Aspekt lohnt einmal eine eigene Untersuchung, die besonders Zahlenmaterial bringen könnte.

7. Die Viehseuchen 1715/16 und die Weihnachtsflut von 1717 und ihre wirtschaftlichen Folgen als Voraussetzung für eine erfolgreiche antiständische Politik durch den Landesherrn

Die wirtschaftliche Blüte welkte seit Anfang des Jahres 1715 schnell dahin. Eine durch ganz Europa sich ziehende Rinderseuche erreichte trotz aller Vorsichtsmaßnahmen zu diesem Zeitpunkt auch Ostfriesland. Große Mengen Rindvieh fielen der Seuche zum Opfer. Es gibt zwar keine genauen Aufstellungen über die Gesamtzahl der in diesen Jahren eingegangenen Tiere, aber Schätzungen der fürstlichen Oberrentkammer bewegten sich zwischen 50.000 und 80.000 Stück Rindvieh. Bei einem Durchschnittspreis von 10 Reichstalern pro Tier[2], von den Folgewirkungen durch einen weitgehenden Generationsausfall gar nicht zu reden, kam allein hierdurch ein gewaltiger Schaden zustande. Das Jahr 1716 brachte zusätzlich zum Viehsterben eine überdimensionale Mäuse- und Wurmplage, die erhebliche Teile der Ernte kostete[3]. Kleinere Sturmflutschäden kamen vor, fielen aber noch nicht besonders ins Gewicht. Geradezu verheerende Folgen aber hatte die große Weihnachtsflut von 1717, die an der gesamten deutschen und niederländischen Nordseeküste unübersehbare Schäden anrichtete. Das Wasser zerstörte einen Großteil der Deiche und stand bis weit ins Binnenland hinein. Die folgenden Tabellen[4] sagen über die Höhe der Schäden mehr aus als viele Worte.

---

2   Schätzungen und Durchschnittspreise nach StaA., Rep. 4, B II p, 7. W i a r d a , Bd. VII, S. 4, erwähnt Schätzungen von 60.000 gestorbenen Tieren, gleichfalls K l o p p , S. 486.

3   W i a r d a , Bd. VII, S. 6 f., bringt als Beispiel, daß ein Bauer in Rysum aus 4 Grasen (ca. 5 Morgen) allein 20 Tonnen (= Fässer) Bohnen, die die Mäuse als Wintervorrat gesammelt hatten, aus der Erde ausgrub.

4   Nach StaA., Rep. 4, B II p, 7. Dies ist das von der Kanzlei aufgrund der Schadensmeldungen aus den einzelnen Ämtern zusammengestellte Zahlenmaterial. Die Tabellen bei W i a r d a , Bd. VII, S. 18, und K l o p p , S. 492, sind nach den damals in der Literatur zugänglichen Zahlen angelegt und weichen von den hier verwendeten Zahlen, z. T. nur geringfügig, ab.

I: Gesamtaufstellung der Verluste an Menschen, Vieh und Häusern für Ostfriesland und Harlingerland:

| | Häuser | | ertrunken | | | | |
	weggespült	beschädigt	Menschen	Pferde	Rindvieh	Schafe	Schweine
1) In den 9 Ämtern	465	977	1122	1509	5814	2116	479
2) In den 10 Herr-lichkeiten	129	114	422	145	1221	94	56
3) Harlingerland:							
Amt Essens	330	422	842	354	1624	293	305
Amt Wittmund	86	325	373	251	855	111	208
4) Insel Juist	20	?	28	-	-	-	-
Gesamt	1030	1838	2787	2259	9514	2614	1048

II: Spezifikation der Schäden für einzelne Ämter:

| | ganze u. halbe Herde | | Warfstellen | | ertrunken | | | | |
	weggespült	beschädigt	weggespült	beschädigt	Menschen	Pferde	Rindvieh	Schweine	Schafe
1) Amt Esens	30	235 1/4	200	187	842	348	1574	305	293
2) Amt Wittmund	19	109	67	216	373	251	855	208	111
3) Amt Berum	5	117	183	47	585	389	1465	207	657
4) Amt Leer	6	78	6	71	5	129	816	3	30
5) Amt Aurich	6	121	87	198	92	404	2013	52	184
6) Amt Emden (unspezifiziert)	34 weg	59 beschädigt			53	85	419	27	519
7) Amt Greetsiel	1	7	39	61	85	28	133	23	168
8) Amt Friedeburg	-	10	-	14	-	21	71	30	-

153

III. Aufstellung über Verluste an eingelagerter Ernte

	Weizen Tonnen	Roggen Tonnen	Gerste Tonnen	Hafer Tonnen	Erbsen u. Bohnen Tonnen	Butter Tonnen	Käse Pfd.	Malz Tonnen
1) Amt Esens	124 1/4	192 1/8	519	503 3/8	492 1/2	1 11/16	600	12 1/2
2) Amt Wittmund	37	149 3/8	851	637 1/8	598 3/4	21 1/2	44 Stck.	10 3/8
3) Amt Berum	485	1641	1980	2154	1627	8 3/4	3081	-
4) Amt Leer	70	221	270	431	2	-	-	25
5) Amt Greetsiel	57 1/2	194	2401	1974	1765	14	-	-
6) Amt Friedeburg	?	14 1/4	44 3/8	37 1/8	3/8	9/16	117	7
Gesamt	773 3/4	2411 3/4	6065 3/8	5736 5/8	4485 5/8	46 1/2	3798 + 44 Stck.	54 7/8

Für die Ämter Esens und Wittmund sind auch für das nicht ertrunkene Vieh Zahlen überliefert, so daß sich folgendes Bild ergibt:

	von 4638 Pferden	von 12.397 Stück Rindvieh	von 1319 Schafen	von 1687 Schweinen
überlebten	4039 = 87 %	9.968 = 80,5 %	915 = 69 %	1174 = 69,5 %
ertranken	599 = 13 %	2.429 = 19,5 %	404 = 31 %	513 = 30,5 %

Aus diesen Zahlen ist in etwa die Größenordnung der Schäden zu ersehen.

154

Weitaus gravierender waren die längerfristigen Folgen der Weihnachtsflut. Schwere und schwerste wirtschaftliche Not stellte sich allenthalben im
Lande ein. Die fürstliche Rentei errechnete an Einnahmeverlusten, die ihr
allein durch die gänzliche Zahlungsunfähigkeit eines Teils der landesherrlichen Pächter und Abgabepflichtigen entstanden, für das Jahr 1720[5]:

im Amt Aurich	4.705 Reichstaler
im Amt Berum	2.656 Reichstaler
im Amt Norden	3.972 Reichstaler
im Amt Greetsiel	23.962 Reichstaler
im Amt Pewsum	5.790 Reichstaler
im Amt Emden	1.873 Reichstaler
im Amt Leer	2.860 Reichstaler
GESAMT:	45.818 Reichstaler

Die mehrere Jahre offenen Deiche hatten Dauerüberschwemmungen der
am tiefsten gelegenen Landstriche mit Salzwasser zur Folge. Besonders betroffen waren alle Dörfer des Amtes Emden, die westlich der Stadt lagen,
sowie das Brookmerland, die Bedekaspeler Marsch und der Riepster
Hammrich. Für Osteel sind oben bereits Zahlen mitgeteilt worden[6], die eindrucksvoll belegen, wie schwer alle Eingesessenen unter dieser Überschwemmung zu leiden hatten. Den Dörfern in den küstennahen Ämtern
erging es insgesamt nicht wesentlich anders. Reihenweise stellten ganze
Ortschaften seit 1718 Anträge auf Steuererlaß oder -stundung, bis das
Land wieder trocken und nutzbar sei[7]. Das Beispiel des Claes Gerjes aus
Klein-Heykeland (nördlich Abbingwehr in der Nähe von Georgsheil) beleuchtet das Dilemma der Eingesessenen in diesen Jahren. Zuerst trafen ihn
die Viehseuche und der Mäusefraß, dann kam die Sturmflut mit den vielen
Deichzerstörungen, deren Wiederherstellung grundsätzlich zu Lasten der
Deichachtsinteressenten ging. In den Jahren 1718—20 kostete ihn diese
Verpflichtung schon über 1000 fl., während er wegen der Dauerüber-
schwemmung seines Landes keinerlei Einnahmen hatte. Eine einzige Kuh,
die sich im Sommer ihr Futter mühsam zusammengesucht hatte, war ihm
geblieben; für Winterfutter aber hatte er nicht sorgen können. Drei Jahre
hatte Claes Gerjes alles Notwendige bezahlt, dann war er am Ende und bat
auf dem Landtag im Dezember 1720 um Stundung der Schatzungen[8]. Tam-

5 StaA., Rep. 4, C III a, 123, Nr. II, Beilage Nr. 173.
6 Siehe oben S. 49 f.
7 Z. B. Landtag Dezember 1718: Ostermarsch 1. Rott, Ayenwolde, Riepster Hammrich, Bedekaspel,
   Forlitz und Blaukirchen, Bangstede, Riepe, Westermarsch, Osteel, Hinter und Midlumer Vogtei,
   Rysum und Loquard, Larrelt, Wybelsum, Hagermarsch und Uphusen, StaA., Dep. 1, 1410, fol.
   218 ff. Ähnlich für diese und weitere Dörfer und Vogteien Dep. 1, 1431, fol. 240 ff.; Dep. 1, 1433,
   fol. 80 f.
8 StaA., Dep. 1, 1623, fol. 327 ff.

me Janssen aus Nesserland (damals eine Insel vor Emden) klagte auf dem Landtag im Juli desselben Jahres, er besitze nur noch einige Schafe und habe keinerlei Einnahmen aus seinem überschwemmten Land, von dem der Landesherr dennoch die beheerdischen Heuern haben wolle. »Het Credit is weg, Koopman, Backer, Kruidener is niet meer van tho erlangen, en ik hebbe ein Huißhoudinge van tin leevendigin Menschen, die wat eten moeten; ick weit my niet langer tho redden, so die Herren Landstende my niet helpen[9]«. Die halbjährlich verpachtete Akzise auf allerlei Lebensmittel (Getreide, Brot, Bier, Branntwein etc.) ist ein Spiegel der wirtschaftlichen Notlage. Als Beispiel sei in einer Graphik gegenübergestellt, wieviel die Akzisepächter für die Emder Kluft in den Jahren 1713—1724 jeweils boten und wieviel Geld tatsächlich einkam[10].

9   ebenda, fol. 149.
10 Zusammengestellt aus den Landrechnungen dieser Jahre und aus dem Protokollbuch der halbjähr-
    lichen Verpachtung: StaA., Dep. 1, 2042, fol. 5; Dep. 1, 2040, fol. 26, 32 und 38; Dep. 1, 2036, fol.
    2; Dep. 1, 2024, fol. 1 und 2; Dep. 1, 2027, fol. 2; Dep. 1, 2033, fol. 31, 37, 43; Dep. 1, 2029, fol.
    43; Dep. 1, 731, fol. 118, 128, 152, 156, 174, 189, 194; Dep. 1, 2057, fol. 48. Die Schuldsummen aus
    Dep. 1, 2069, fol. 19 ff. Die Zahlen:

Jahr	geboten	weniger bezahlt
1713/14	10.900 fl. ostfr.	—
1714/14	10.000 fl. ostfr.	—
1714/15	11.400 fl. ostfr.	—
1715/15	10.200 fl. ostfr.	—
1715/16	9.800 fl. ostfr.	—
1716/16	9.900 fl. ostfr.	—
1716/17	11.000 fl. ostfr.	513 fl. ostfr.
1717/17	10.100 fl. ostfr.	2.715 fl. ostfr.
1717/18	11.400 fl. ostfr.	1.995 fl. ostfr.
1718/18	9.300 fl. ostfr.	5.481 fl. ostfr.
1718/19	8.700 fl. ostfr.	1.675 fl. ostfr.
1719/19	9.500 fl. ostfr.	4.902 fl. ostfr.
1719/20	9.100 fl. ostfr.	4.681 fl. ostfr.
1720/20	8.400 fl. ostfr.	6.145 fl. ostfr.
1720/21	6.900 fl. ostfr.	
1721/21	5.550 fl. ostfr.	
1721/22	4.500 fl. ostfr.	
1722/22	5.200 fl. ostfr.	
1722/23	5.400 fl. ostfr.	
1723/23	4.400 fl. ostfr.	
1723/24	6.000 fl. ostfr.	
1724/24	5.850 fl. ostfr.	

Seit 1720 war die Emder Kluft an die Niederlande verpfändet; daher liegen seitdem keine Angaben über die Zahlungseingänge vor. Aus den deutlich gesunkenen Angeboten ist zu schließen, daß diese inzwischen in etwa dem Ertrag angepaßt worden waren und also die Pächter nichts schuldig zu bleiben brauchten.

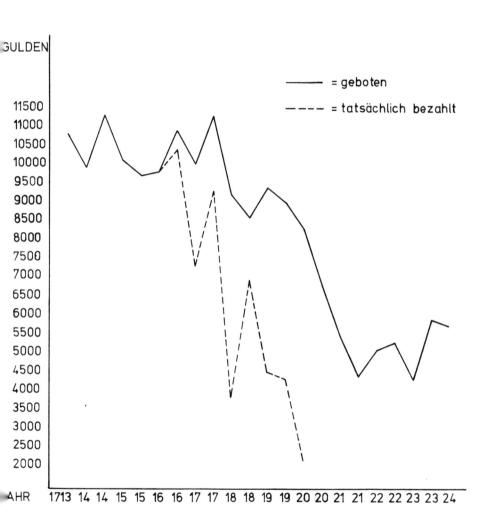

Abb. 1: Pacht und tatsächlicher Ertrag der Emder Kluft in Gulden (1713—1724)

Deutlich ist hier abzulesen, mit welcher Geschwindigkeit seit der Weihnachtsflut von 1717 die Pachterträge in sich zusammenschrumpften. Bei den laufenden ordentlichen und außerordentlichen Schatzungen sah es nicht viel besser aus. Zu jedem Termin mußte ein erheblicher Teil als restant angesetzt werden. Auch mit Zwangsmitteln war daran kaum etwas zu ändern, weil bei den meisten der Schuldner nichts zu holen war. In diesen Fällen, in denen die Betroffenen »durch Fortsetzung der Execution auff einmahl am Bettelstab kommen möchten, ohne daß dem Aerario damit gedienet wäre[11]«, beschlossen die Stände, auf Zwangsmittel zu verzichten. Die schlimmste Not brachte der Winter 1719/20, in dem in den betroffenen Gebieten die Armut so groß war, daß viele Menschen Hungers hätten sterben müssen, »wan sie nicht mit dem Aas des an der Kranckheit gestorbenen Viehes, welches öffters schon vergraben gewesen, ihr kümmerliches Leben hätten durchbringen« können[12]. Diese Aussage wird von anderer Seite bestätigt[13].

Die angeführten Beispiele geben einen kleinen Einblick in die Not dieser Jahre; das wirkliche Elend war vermutlich noch erschütternder. Auf die Administratoren kamen in dieser geldknappen Zeit enorme Probleme zu, die Brenneysen dagegen sehr begünstigten. Die Händler z. B., die Holz, Eisen, Lebensmittel etc. zum Deichbau geliefert hatten, oder die »Ramm-und Deichbaase«, die Teilstücke des Deichs zum Bau übernommen hatten, verlangten mit Recht ihre Bezahlung, die das Administratorenkollegium bei ausbleibenden Einnahmen nur schleppend und mit z. T. längerer Verzögerung gewähren konnte. Es blieb daher nicht aus, daß Bittschriften wegen der Bezahlung solcher Forderungen teilweise nicht mehr an die Stände, sondern an die Landesherrschaft gingen. So klagten verschiedene »Baase« aus der oberemsischen Deichacht, sie seien durch die schleppende Bezahlung in große Not geraten und wüßten sich vor ihren Gläubigern nicht länger zu schützen. »Durch diese eußerste noth getrieben, kommen wie anjetzo mit dieser unserer unterthäniger und fußfälliger Bitte zu Eurer Hochfürstlichen Durchleuchtigkeit, (...) und bitten auffs wehmütigste (...), Eure Hochfürstl. Durchleuchtigkeit wolle Sich über Uns erbarmen, die wir so fleißig am Teiche gearbeitet[14]«. Für Brenneysen waren solche direkt an die Landesherrschaft gerichteten Suppliken ein weiterer Beweis für die »Miß-

---

11   So der Administrator von dem Appelle in seinem Bericht über die Finanzsituation auf dem Landtag im März 1720, StaA., Dep. 1, 1432, fol. 118 ff.

12   ebenda. Die Viehseuche hatte in den Jahren 1715/16 ihren Höhepunkt, forderte aber auch in den folgenden Jahren viele Opfer.

13   Die Emder Eisenlieferanten schrieben in einer Supplik, die sie auf dem Landtag im Juli 1720 einreichten, sie hätten wie viele andere »zu dem Bettelstab (...) greiffen oder die verreckte Ase mit unsere(n) Kinder(n) wegen Hungers freßen« müssen, wenn sie nicht ihre Wertgegenstände aus Silber, Kupfer und Zinn verkauft hätten. StaA., Dep. 1, 1623, fol. 147.

14   StaA., Rep. 4, C II b, 132, Landtag März.

stände« in der ständischen Finanzverwaltung. Da das Administratorenkollegium für die Finanzverwaltung und die Bezahlung solcher und anderer Forderungen zuständig war, mußte es allein den Mißmut in allen diesen Fällen ertragen. Die Bevölkerung, die mitten in der geschilderten Misere steckte und über die gesunkenen Zahlungseingänge trotz zusätzlicher Schatzungen keinen Überblick hatte, richtete — ganz natürlich — ihren Zorn auf das Administratorenkollegium und die Stände, ohne danach zu fragen, ob nicht objektive Gründe den Geldmangel verursachten. Es kam so weit, daß die Leute, bei denen der Exekutor die Schatzung eintreiben sollte, die Glocken zogen, sich zusammenrotteten und den Exekutor mit Gewalt abwiesen[15]. Landesherrliche Propaganda unterstützte solches Vorgehen im Laufe der Zeit immer häufiger, wenn sich nur irgend ein Vorwand dazu finden ließ[16]. Vor allem boten die wirtschaftliche Not und der langwierige Deichbau Brenneysen eine hervorragende Basis seiner Klagen über die ständische »Mißwirtschaft« beim Reichshofrat. Im weiteren Verlauf der Streitigkeiten sollte sich zeigen, daß die Folgen der Weihnachtsflut von 1717 eine der entscheidenden Voraussetzungen für einen vorläufigen Erfolg der Politik Brenneysens waren. Ohne die schwere Notlage großer Teile der Bevölkerung hätte er schwerlich mit seiner Propaganda über die »Mißbräuche« in der Finanzverwaltung eine nennenswerte Resonanz gefunden und die Bereitschaft erzeugt, der Landesherrschaft eine stärkere Stellung gegenüber den Ständen einzuräumen.

8. Der Deichbau und seine Probleme

Im folgenden sollen nicht Detailfragen des Deichbaus oder gar technische Probleme sowie die Geschichte des Deichbaus nach der Weihnachtsflut von 1717 im einzelnen erörtert werden[17], sondern der Deichbau wird nur so weit behandelt, wie er zur Quelle von Auseinandersetzungen zwischen Landesherrschaft und Deichachten bzw. Ständen werden konnte.

8.1. Kompetenzstreitigkeiten

Die Zerstörungen, die die Weihnachtsflut an den Deichen angerichtet hatte, waren gewaltig. An vielen Stellen war alles weggespült, mehrere Kolke waren entstanden, der größte an der gefährdeten Stelle zwischen Emden

---

15   StaA., Dep. 1, 706, fol. 122.
16   Im einzelnen siehe unten S. 190 ff. und 215 f.
17   Der Deichbau ist einigermaßen vollständig geschildert bei S i e b e r t , Deichwesen, S. 340 ff., außerdem bei W i a r d a , Bd. VII, S. 35 ff.

und Larrelt, und fast alle Siele waren derart beschädigt, daß eine angemessene Entwässerung des Hinterlandes nicht möglich war. Der Wiederaufbau erforderte daher überdurchschnittliche Maßnahmen und Anstrengungen aller Beteiligten. In den Deich- und Sielrechten war die grundsätzliche Pflicht der Deich- und Sielachtsinteressenten zur Instandhaltung und Reparatur ihrer Deiche und Siele festgelegt, und das war gut so, weil eine dezentrale Organisation mit persönlicher Haftung jedes Interessenten das Verantwortungsgefühl aller stärkte. Ein wesentlicher Teil des »Freiheitsstolzes« der Friesen geht auf diese Eigenverantwortlichkeit im Kampf mit dem Meer zurück, und die Stände konnten politischen Nutzen aus diesem großen Selbstbewußtsein in ihren Auseinandersetzungen mit der Landesherrschaft ziehen. Grundsätzlich hatten weder die Stände noch die Landesherrschaft mehr als nur gewisse Aufsichtsrechte bei der Deichschauung; beide enthielten sich auch deshalb größerer Eingriffe in das als lokale Angelegenheit geltende Deichwesen, »um keine falschen Vorstellungen über (finanzielle) Beihilfen für angeschlagene Deichunterhaltsträger aufkommen zu lassen[18]«.

Lagen jedoch Schäden in der Größenordnung vor wie nach 1717, waren die Deichachten mit dem Wiederaufbau von vornherein überfordert; hier konnte nicht einmal das Spatenrecht helfen, weil dann der größte Teil der Deichachtsinteressenten den Spaten in den Deich hätte stechen und ihre Plätze verlassen müssen, ohne daß damit dem Deichbau gedient gewesen wäre. § 15 des »Alten Deichrechts« und § 12 des Deichrechts Graf Edzards I. von 1515[19] sah deshalb vor, daß bei Einbrüchen von Kolken und großen Löchern, die weder der einzelne Interessent noch die Gemeinden zusammen wieder schließen könnten, die betreffenden Gemeinden Anspruch auf Landeshilfe hätten und ein Spatenrecht nicht in Betracht komme. Diese Landeshilfe erstreckte sich nur auf die Schließung solcher Löcher, nicht auf die sonstige Reparatur und Unterhaltung der Deiche. Auf dieser Rechtsgrundlage wandten sich Anfang 1718 alle Deichachten an die Landschaft mit der Bitte um finanzielle Unterstützung, die die Stände mit einer Summe von 270.000 fl.[20], die sie in Hannover aufgenommen hatten, erfüllten; darüber hinaus aber kümmerten sich weder die Stände noch die Landesherrschaft viel um den Deichbau, abgesehen davon, daß Brenneysen seine Forderungen nach Abschaffung der »fremden Völker«, der Emder ständischen Garnison etc. mit Hinweisen auf die prekäre Lage verband. Zeit, Kräfte und Geld reichten in diesem Jahr nicht, um die Deiche in einen stabilen Zustand zu bringen. Frühzeitige Sturmfluten im Sommer und Herbst

18   S i e b e r t , Deichwesen, S. 98.
19   von W i c h t , Das Ostfriesische Land-Recht, nebst dem Deich- und Syhlrechte, S. 888 bzw. 913; vgl. hierzu auch S i e b e r t , Deichwesen, S. 158 ff.
20   StaA., Dep. 1, 2061, fol. 82.

zerstörten das wenige, das aufgebaut war, wieder, so daß die Deichachten im Frühjahr 1719 noch ärmer dastanden als im Jahr zuvor.

Einvernehmlich wurde daher der als Kapazität geltende Drost Anton Günther von Münnich zum Direktor des gesamten Deichbaus an der Ems bestellt. Trotz guter Ansätze ließen widrige Umstände und vor allem Geldmangel die Deiche auch in diesem Jahr nicht fertig werden. Von Münnichs Berufung durch die Landesherrschaft löste vielfach Kompetenzstreitigkeiten aus. Die Deichachten waren es gewöhnt, ihre Probleme in eigener Verantwortung zu lösen, dennoch hätten sie sich wohl mit von Münnich einigen können, hätte nicht ein tiefes Mißtrauen gegen weitergehende Ansprüche der Landesherrschaft bestanden. Wo immer sich die Gelegenheit bot, betonte Brenneysen die der Obrigkeit zustehende Oberaufsicht über das Deichwesen. Er berief sich dabei auf die von den Cirksena seit Erringung der Landesherrschaft mehrfach geänderten bzw. neu erlassenen Deichrechte, übersah dabei aber — entsprechend seiner Auffassung der ostfriesischen Geschichte und Verfassung —, daß seit Ende des 16. Jahrhunderts die Zeit nicht stillgestanden hatte und die Erstarkung der Stände auch zu einem (Wieder)Erstarken der lokalen Organisationen, hier der Deich- und Sielachten, geführt hatte mit der Folge, daß der Anspruch der Landesherrschaft auf Oberaufsicht über Deiche und Deichachten zwar bestehen blieb, die Praxis aber ganz anders aussah. Sogar im Amt Pewsum, das zum Kammergut der Cirksena gehörte und keinen Anteil an der ständischen Verfassung hatte, nahm ein landesherrlicher Beamter an den Schauungen und Deichachtsversammlungen nur noch in besonderen Fällen mit Spezialkommission teil. Insgesamt gab es große lokale Verschiedenheiten, die von der Unterordnung der Deichoffizianten unter die landesherrlichen Beamten (Amt Berum) über eine Mitwirkung der Beamten an der Hauptschauung und der Rechnungslegung (Ämter Norden und Aurich) bis zur vollständigen Beseitigung ihrer Mitwirkung (Ämter Greetsiel, Emden, Leer und Stickhausen) reichte[21]. Diese Gegebenheiten hielten Brenneysen nicht davon ab, in einer Klage beim Reichshofrat zu beantragen, die Oberaufsicht und Direktion des Landesherrn im Deich- und Sielwesen festzustellen und den Ständen und Interessenten die Anerkennung dieser Feststellung zu befehlen. Die Meinung der Deichachten sollte als »bloßes Consilium, Rat und Gutachten« gelten, das die Landesherrschaft ohne Einspruchsrecht der Interessenten annehmen oder verändern könne. Außerdem sollte den landesherrlichen Beamten in den täglich vorkommenden Deich- und Sielsachen »die Mit-Direction conjunctim mit den Teich- und Siehl-Richtern in Befehlen und Anordnen« uneingeschränkt bestätigt werden und ihnen freistehen, Interessenten und Deichoffizianten durch Poenalmandate an ihre Pflicht zu erinnern[22].

---

21 N o o s t e n , Deichrecht, S. 75 mit Anm. 502.

Die Folge dieser Einstellung war, daß das latent vorhandene Mißtrauen gegen die Landesherrschaft wuchs und sich zunächst gegen von Münnich richtete; trotz seiner unbestrittenen Qualitäten lehnte der dritte Stand ihn im Frühjahr 1720 als Leiter des gesamten Deichbaus ab, weil »dessen Arbeit Ihnen nicht gefiele[23]«. Darüber und über die Nachfolgeregelung erhob sich auf den Landtagen dieser Monate ein heftiger Streit zwischen Landesherrschaft und Ständen. In der Proposition vom 24. Mai 1720 ließ sich Brenneysen scharf über das »verzögerliche«, »unzulängliche« und »widerrechtliche« Verfahren der Stände aus, die auch im dritten Jahr ihrer »Mittglieder Wolfahrt negligiret(en)«. Er verlangte ein Gutachten zur Rettung des Landes, »damit das Werck unter Unserer Landesobrigkeitlicher Autorität mit Ernst ohne Zwietracht und Uneinigkeit angegriffen werden möge«. Er wolle die alte Klage Graf Ennos III. und Graf Rudolph Christians nicht gerne wiederholen, daß diejenigen, die dem Landesherrn die ihm zukommende »Obrigkeitliche Autorität in dem Teichwesen benehmen wollen, Werckzeuge seyn, das gantze Land zur wilden See zu machen[24]«. Das war ein schwerer Vorwurf, der sachlich nicht gerechtfertigt war, denn die Landesherrschaft hatte bisher eher weniger praktisches Engagement als die Stände beim Deichbau gezeigt, dafür umso häufiger Buß- und Bettage angesetzt[25]. Vor allem mußte sich ein unter diesen Umständen provozierter Streit über das Recht der Obrigkeit im Deichwesen lähmend auf den Deichbau auswirken. Der dritte Stand verlangte in dieser Situation die Einsetzung einer Kommission aus erfahrenen Mitgliedern der Stände, denen ein Ingenieur zur Seite stehen sollte. In den Instruktionen sollte das der Ober- und Niederemsischen Deichacht zukommende »Recht in Bestellung ihrer Officianten, den Accorden und Verträgen gemäß, in posterum vollenkommen reserviret« werden[26]. Für die niederemsische Deichacht wurden Hans Homfeld und Jacob Campen, für die oberemsische der Emder Bürgermeister de Pottere und Poppe Homfeld als Kommissare gewählt. Die Landesherrschaft, die lieber von Münnich im Amt gelassen hätte, akzeptierte wegen der Widerstände des dritten Standes diese vier Personen.

Brenneysen, verschiedene Zeitgenossen und viele spätere Historiker haben diese vier als Dilettanten bezeichnet, die vom Deichbau wenig verstanden und alles nur schlimmer gemacht hätten, als es vorher war. So schrieb Brenneysen im Dezember 1720 in der Erwiderung auf ein ständisches Gutachten, der Mangel an »Wissenschaft, Erfahrung und Tüchtigkeit« dieser vier Personen sei offenbar; die Befürchtungen, die die Landesherrschaft

22   StaA., Rep. 4, C III a, 123, Nr. II, § 46, präsentatum Wien, 7. 5. 1722; siehe oben S. 139.
23   StaA., Dep. 1, 1432, fol. 45.
24   StaA., Dep. 1, 1431, fol. 272 f.
25   W i a r d a , Bd. VII, S. 37 f.
26   StaA., Dep. 1, 1431, fol. 294.

wegen der Berufung dieser vier von Anfang an gehabt habe, hätten sich vollauf bestätigt[27]. Von solchen Befürchtungen konnte in Wahrheit keine Rede sein. In einem »Meine unmaßgebliche unterthänigste Meinung, was bey gegenwärtigen Umbständen das beste und sicherste sey« betitelten Gutachten Brenneysens vom 30. Mai 1720 heißt es nämlich über die neuen Deichdirektoren: »… muß ich offenhertzig bekennen, daß (praesupposito, daß der Herr von Münnich die direction nicht länger continuire) keine bessere Leute im Lande ausgesuchet werden könten, als die in dem Ständischen Gutachten benannten Personen. Ich weiß nicht anders, als daß die beyden Homfelden Leute seyn, 1) die Gott wahrhafftig fürchten, 2) die lange Jahre bey Teich-wesen hergekommen seyn, 3) die auch alle Zeit, so viel ich weiß, vor vielen andern Devotion und Treue gegen das fürstl. Hauß gezeiget haben, 4) die sich auch gern, so viel Ihnen möglich, nach Serenissimi Intention richten werden[28]«. Zumindest im voraus hatte also auch die Landesherrschaft keinen Grund gehabt, an der Qualifikation der neuen Deichbaudirektoren zu zweifeln. Wie weit die Vorwürfe über ihre Arbeit berechtigt sind, kann hier nicht entschieden werden. Immerhin sollte, wer z. B. die Klagen der Larrelter Interessenten über die Zurückverlegung ihres Deiches und den damit verbundenen Verlust einiger Ländereien übernimmt, um dadurch den Beweis der Unfähigkeit der Deichbaudirektoren zu führen[29], bedenken, daß die Sache auch einen anderen Aspekt haben kann. Hans Homfeld und Jacob Campen wiesen auf das besondere Interesse der Larrelter an der Beibehaltung der alten Deichlinie hin. Diese hätten nämlich an dem alten, sehr nahe liegenden Deichabschnitt, in den bei fast jeder Flut Löcher gerissen seien, durch »Annehmung (der Reparaturen) von denen andern und weit entfernten Teichachts-Interessenten ansehnliche gelder verdienet, und um so zu rehden jederzeit eine guhte Milche-Kuhe daran gehabt (…), dahero Sie Sich diesen Teich dan auch so ohngerne entziehen lassen wollen[30]«.

Nachdem 1720 die Deiche wieder nicht fertig geworden waren und die schwere Silversterflut beinahe noch größere Schäden als die Weihnachtsflut von 1717 angerichtet hatte, erhoben sich im Frühjahr 1721 von neuem heftige Streitigkeiten zwischen Fürst und Ständen über die Oberaufsicht beim Deichbau; die Stände wollten sie den niederländischen Generalstaaten, die auch das Geld vorschossen, übertragen. Dagegen protestierte Brenneysen mit Heftigkeit: Es gehe dem Landesherrn außerordentlich zu Herzen, daß die Stände einer fremden Obrigkeit eine Aufgabe anvertrauen wollten, die ihm »als hoher Landes-Obrigkeit vermöge der Landes-Gesetze

---

27   StaA., Dep. 1, 1433, fol. 237.
28   Konzept von Brenneysens Hand, StaA., Rep. 4, C II b, 131, Landtag Mai.
29   S i e b e r t , Deichwesen, S. 346 ff.
30   StaA., Dep. 1, 1431, fol. 145.

zukäme«. Die Stände führten sich auf, »als wenn kein Landes-Herr mehr im Lande wäre« und sie »als ein Leib ohne Haupt, nach eigenem Guttfinden in allen Dingen schalten und walten« könnten[31]. Vorher hatte er bereits durch den ostfriesischen Agenten in Haag, Stuermann, gegen die ständische Absicht protestieren lassen[32].

Durch alle diese Kompetenzstreitigkeiten wurde Ostfriesland ein schlechter Dienst erwiesen. Nachdem am Anfang beide Seiten die Probleme des Deichbaus offenbar unterschätzt und die Deichachten weitgehend allein gelassen hatten, lähmten die beginnenden Streitigkeiten den weiteren Fortgang des Deichbaus sehr. Die Stände trugen mit ihrer Prinzipientreue an der schleppenden Reparatur erhebliche Mitschuld, aber es war Brenneysen, der diesen Streit zur Unzeit begonnen hatte und nicht sehen wollte, daß er damit nur ungeheuren Schaden anrichtete. Die Folgen dieses oft kleinlichen Beharrens auf den jeweiligen Positionen zeigten sich deutlich am Hauptproblem des Deichbaus, der Finanzierung.

8.2. Geldbeschaffung

Unmittelbare Ursache des immer wieder erfolglosen Deichbaus war neben mehrfach auftretenden Sommersturmfluten der Geldmangel. Arbeiter, die vergeblich auf ihren Lohn warteten, machten »Laway[33]«, Lieferanten weigerten sich, weiter auf Kredit zu liefern, und die »Ramm- und Baubaase« übernahmen keine Aufträge. Alle Anstrengungen nützten daher nichts, wenn das Geld vor Beendigung des Deichbaus ausging und im Herbst das Flickwerk eine leichte Beute der Stürme wurde.

Seit 1718 waren die Stände darauf bedacht, die nötigen Gelder aufzunehmen. Im ersten Jahr liehen sie in Hannover 270.000 fl., im folgenden Jahr in Braunschweig und Berlin noch einmal zusammen ca. 113.000 fl. Dazu kamen die Erträge aus der Zeichnung der Obligationen zu 25 Reichstalern mit insgesamt ca. 125.000 fl. sowie einige kleinere Posten. Alles in allem gaben die Stände in diesen beiden Jahren 524.348 fl. für den Deichbau aus, wovon die Niederemsische Deichacht mit 281.082 fl. den Löwenanteil erhielt[34]. Nachdem 1719 die Anleihe größerer Kapitalien in Hannover, Ber-

---

31 StaA., Rep. 4, C II b, 132, Konzept eines Briefes vom 3. 5. 1721 an das Administratorenkollegium.

32 Das geht aus einem Brief des Landschaftssekretärs Zernemann an Brenneysen vom 25. 4. 1721 hervor, ebenda.

33 Benennung einer Arbeitsniederlegung, die durch den Ruf »Laway« ausgelöst wurde, wobei dann jeder auf Befragen sagte, er würde gerne arbeiten, dürfe es wegen dieses Rufes aber nicht. Je nach Lage der Dinge dauerte es einen oder mehrere Tage, bis nach Verhandlungen über den Lohn die Arbeit wieder aufgenommen wurde. Vgl. die ausführliche Schilderung eines »Laway« bei S i e b e r t , Deichweisen, S. 271 ff.

34 Alle Zahlen nach der Landrechnung 1722/23, StaA., Dep. 1, 2061, fol. 82 ff.

lin und Holland daran gescheitert war, daß Fürst und Stände sich nicht über die zu stellenden Sicherheiten (z. B. Verpfändung des Amtes Leer) einigen konnten[35], nahmen die Stände 1720 mit dem Einverständnis der Landesherrschaft 600.000 fl. unter Garantie der Generalstaaten in den Niederlanden auf. Die Akziskluften Emden, Norden und Leer wurden zum Abtrag dieser Schulden verpfändet. Die Verwaltung des Geldes wurde nach dem Willen der Stände dem Administratorenkollegium aufgetragen, und die Abrechnung sollte mit in der Landrechnung erscheinen. Hier ergab sich der erste Konflikt, denn die Stände beharrten von vornherein darauf, »die Fürstlichen müsten bey dem Assignieren nichtes zu sagen haben und die Hände daraus halten[36]«, während Brenneysen ein Mitaufsichtsrecht ausdrücklich verlangte und in Briefen die Generalstaaten sogar eindringlich beschwor, den Administratoren keinen Heller der negotiierten Gelder zur Verwaltung zu übergeben, weil diese damit nur Mißbrauch trieben[37]. Dieser Streit konnte nicht zur Beförderung des Deichbaus beitragen, wie sich schnell zeigte.

Nachdem die erste niederländische Anleihe nichts Entscheidendes bewirken konnte, weil sie in zwei Raten zu 200.000 und 400.000 fl. im Abstand von fast 4 Monaten[38] eintraf und es dadurch am kontinuierlichen Geldfluß und durchgehender Arbeit gefehlt hatte, beschlossen die Stände im Frühjahr des folgenden Jahres, erneut um eine Anleihe in derselben Höhe bei den Generalstaaten nachzusuchen. Über die zu stellenden Sicherheiten gab es Uneinigkeit innerhalb der Stände, die Brenneysen ausnutzte, indem er die Abschaffung der Emder ständischen Garnison, die Abführung der »fremden Völker« und die Einsparung der übrigen von ihm als Mißbräuche angesehenen Ausgaben zur Bedingung für den landesherrlichen Konsens zu der neuen Anleihe machen wollte[39]. Weil aber auch Brenneysen einsehen mußte, daß ohne eine neue Anleihe kein Deich gebaut werden konnte und selbst die sofortige Abschaffung aller von ihm beanstandeten Ausgaben das benötigte Geld nicht auf einmal hergeschafft hätte, stimmte er schließlich der neuen Anleihe zu, doch hatten die Auseinandersetzungen den Beginn der Verhandlungen so weit verzögert, daß das erste Geld[40] erst

---

35 Vgl. ausführlicher bei W i a r d a , Bd. VII, S. 40 f., und StaA., Dep. 1, 1624, fol. 46 f.
36 StaA., Dep. 1, 1410, fol. 227 und 229 f.
37 So in zwei Briefen vom 5. und 8. 8. 1721, StaA., Rep. 4, C III a, 121.
38 W i a r d a , Bd. VII, S. 52 und 54.
39 StaA., Dep. 1, 1433, fol. 387 f.
40 Für diese 2. Anleihe von 600.000 fl. holl. waren den Generalstaaten pro Jahr 4 Kapital- und 8 Personalschatzungen verschrieben worden.

im Sommer in Ostfriesland eintraf; die Zeit für einen erfolgreichen Abschluß des Deichbaus war dadurch eigentlich zu knapp geworden. Dennoch hätten in diesem Jahr die Deiche in einen winterfesten Stand gebracht werden können. Der Bericht über die gemeinsame Deichschauung vom Februar 1722 stellte fest, daß im Herbst des Vorjahres lediglich Geldmangel die Fertigstellung der Deiche verhindert hatte[41]. Diesen Geldmangel hatte objektiv Brenneysen zu verantworten. Nicht nur, daß er den Beginn der Anleihe im Frühjahr verzögert hatte und durch die erwähnten Briefe im Sommer weiterhin erschwerte, nach dem Erlaß der ersten kaiserlichen Dekrete vom 18. August 1721, die einem Teil seiner Forderungen stattgaben[42], trug er den Kampf gegen die Stände auch ins Ausland, indem er diese Dekrete drucken und in den Niederlanden verteilen ließ. Damit erreichte er aber nur, daß die Geldaufnahme augenblicklich zum Stillstand kam, weil jeder potentielle Geldgeber fürchtete, »de penninge« würden wegen der Streitigkeiten zwischen Fürst und Ständen »daar niet secuur (...) syn[43]«. Es war Brenneysens Prinzipienstarrsinn, der ihn hinderte, bis zur glücklichen Beendigung des Deichbaus die Streitigkeiten zurückzustellen, um nicht alle Kräfte zu lähmen. Er hat schließlich selbst eingesehen, daß die Verknüpfung des Deichbaus mit den Landesstreitigkeiten verhängnisvolle Folgen haben konnte. Nachdem ihn auch der dänische Kanzleirat von Münnich, ein Sohn des oben genannten Drosten, ermahnt hatte, im Interesse des Deichbaus auf solche Rechthaberei zu verzichten[44], trennte Brenneysen bis zum Abschluß der Arbeiten stets beide Bereiche voneinander.

Eines seiner Hauptargumente gegen die Anleihen und deren Verwaltung durch die Administratoren war die Beschuldigung, es werde von diesem Geld nur ein Teil zum Deichbau, der Rest aber mißbräuchlich ausgegeben. Dieser Vorwurf ist später übernommen worden[45]. Die Klärung der Frage,

---

41 StaA., Dep. 1, 1435, fol. 207 ff. Auch Brenneysen selbst war überzeugt, daß bei genügendem Geld die Deiche noch 1721 fertig werden könnten, Reskript an den Gesandten Stuermann im Haag von Brenneysens Hand vom 29. 8. 1721, Rep. 4, A IV c, 199.

42 Im einzelnen siehe unten S. 176 ff.

43 Bericht des Agenten Stuermann aus dem Haag an Brenneysen vom 7. 10. 1721, StaA., Rep. 4, C III a, 130.

44 StaA., Dep. 1, 1439, fol. 256 f.

45 So behauptet H i n r i c h s , Landstände, S. 174, von dem gesamten angeliehenen Geld sei nur die Hälfte wirklich zum Deichbau verwandt worden. Er beruft sich dabei auf einen Bericht der Kriegs- und Domänenkammer aus dem Jahre 1755. Es scheint allerdings, daß dieser Bericht nicht auf konkretem Zahlenmaterial beruht und also nur mit Vorsicht zu gebrauchen ist. Vor allem scheint die Behauptung, dies Geld sei z. T. zum Kampf der Renitenten gegen die Landesherrschaft benutzt worden, in dieser pauschalen Form höchst fragwürdig, da die Phase des eigentlichen Widerstandes, der viel Geld kostete, erst 1722/23 einsetzte, als die Anleihen längst ausgegeben waren. Anders verhält es sich mit den ca. 500.000 fl., die die Stadt Emden nach 1725 von den Interessenten zum Deichbau erhoben hatte und die wohl zum größten Teil zur Finanzierung des Widerstandes ausgegeben wurden, vgl. ebenda, S. 207. Der ersten Behauptung Hinrichs' folgt auch S i e b e r t , Deichwesen, S. 97.

ob dieser Vorwurf zu Recht erhoben wird, ist anhand der Abrechnungen weitgehend möglich. Vorhanden sind 1) eine Abrechnung über die erste Anleihe von 600.000 fl. von 1720[46], 2) eine Abrechnung der gesamten Deichbaufinanzierung 1718—1723 in der Landrechnung 1722/23[47] und 3) eine Abrechnung des niederländischen Finanzmaklers Henckel über die von ihm in den Jahren 1720—1723 insgesamt aufgenommenen Gelder und deren Verwendung[48]. Diese Abrechnungen sind nicht vollständig miteinander zur Deckung zu bringen, die Differenzen sind jedoch nicht sehr schwerwiegend. Manche Unklarheiten ergeben sich auch daraus, daß die Abrechnungen z. T. in holländischen, z. T. in ostfriesischen Gulden aufgestellt sind[49]. In der folgenden Zusammenstellung ist die jüngste Abrechnung aller Ausgaben bis zum Herbst 1722 nach der Landrechnung 1722/23 zu Grunde gelegt worden. Der Einfachheit halber werden nur volle Guldensummen genannt, die Angaben über Stüber und Witten weggelassen.

46 StaA., Dep. 1, 1433, fol. 206, vorgelegt auf dem Landtag im Dezember 1720 von von dem Appelle.
47 StaA., Dep. 1, 2061, fol. 82—129.
48 StaA., Dep. 1, 1439, fol. 132 f.
49 Diesen Unterschied hat W i a r d a , Bd. VII, S. 76, in seiner Abrechnung nicht immer berücksichtigt, vor allem bei den zurückgezahlten Schulden an die hannoverschen Kreditoren.
50 Diese Aufstellung aller Gelder, die die einzelnen Deichachten 1718—1722 erhalten haben, wurde auf dem Landtag im März 1723 vorgelegt, StaA., Dep. 1, 1439, fol. 133. Sie stimmt im groben mit den Einzelabrechnungen überein.
51 Im Herbst 1722 waren noch etwa 240.000 fl. holl. bzw. 360.000 fl. ostfr. beim holländischen Finanzmakler in Amsterdam. Diese Summe kam erst im Frühjahr und Sommer 1723 nach Ostfriesland und wurde für den dann von der Stadt Emden übernommenen Deichbau verwendet.

Einnahmen

	fl.ostfr.
1718 Kredit in Hannover	270.810
1719 Kredit in Braunschweig	81.245
1719 Kredit in Berlin	32.400
1719 Obligationen zu 25 Reichstaler freiwillig abgenötigt	62.167 / 62.842
1719 Kopfschatzung und sonstige zum Deichbau verwendete laufende Einnahmen	14.883
1720 Kredit in den Niederlanden	900.000
1721/22 Kredit in den Niederlanden	540.000[51]
	1.964.347

Ausgaben

	1718/19 fl.ostfr.	1720 fl.holl.	1721/22 fl.holl.	gesamt[50] fl.ostfr.
1) Niederemsische Deichacht	281.082	220.678	152.900	841.567
2) Oberemsische Deichacht	77.544	166.028	62.505	400.246
Nebenkosten für beide Deichachten	3.744	7.864	15.074	in 1.u.2. enthalten
3) Greetsieler Deichacht	41.500	2.110	11.783	60.950
4) Norder Marschdeichacht)	62.100	7.000	58.832	144.265
5) Norder Polderdeichacht)		-	7.500	10.500
6) Hager Deichacht	5.521	-	-	5.521
7) Südbrookmer Deichacht	1.534	-	1.310	3.368
8) Nessmer Deichacht	500	-	-	500
9) Herrlichkeit Dornum	16.200	-	6.723	25.612
10) Herrlichkeit Lütetsburg	-	-	933	1.306
11) Neermoorer Deichcht	-	-	1.033	1.446
				1.495.284

Es ergibt sich damit eine Summe von ca. 470.000 fl. ostfr., die nicht an die Deichachten gegeben wurden. Auch über die Verwendung dieses Restes geben die Abrechnungen Aufschluß:

1) Negotiations- und Transportkosten

1718/19		fl. ostfr.	21.224
1720	23.702 fl. holl. =	fl. ostfr.	35.553
1721/22	10.564 fl. holl. =	fl. ostfr.	15.846
		fl. ostfr.	72.623

2) Zinszahlungen an die Generalstaaten
für die Kredite 1720—22

1720	15.000 fl. holl. =	fl. ostfr.	22.500
1721/22	23.330 fl. holl. =	fl. ostfr.	34.995
		fl. ostfr.	57.495

3) Zins- und teilweise Kapitalrückzahlung
nach Hannover

1720	109.183 fl. holl. =	fl. ostfr.	163.774

4) Ausfälle durch nicht eingegangene Gelder
bei den 25-Reichstaler-Obligationen,
der Kopfschatzung etc.

1719		fl. ostfr.	12.303
1721/22	5.310 fl. holl. =	fl. ostfr.	7.965
GESAMT:		fl. ostfr.	314.160

Alle diese Ausgaben hingen unmittelbar mit dem Deichbau zusammen; es entfällt also hierfür Brenneysens Vorwurf. Übrig bleibt damit ein Rest von ca. 155.000 fl. ostfr., der tatsächlich nicht zum Deichbau verwendet worden ist. Dieses Geld wurde ausschließlich von der ersten Anleihe über 600.000 fl. holl. aus dem Jahre 1720 abgezweigt. In den Abrechnungen sind diese Posten als »extraordinaire Ausgaben kraft Landtagsresolution« aufgeführt. Von diesem Geld bekam:

Fürst Georg Albrecht	4.000 fl. holl. =	fl. ostfr. 6.000,0
sein Bruder Prinz August Enno	8.000 fl. holl. =	fl. ostfr. 12.000,0[52]
die älteste Prinzessin	7.281 fl. holl. =	fl. ostfr. 10.921,5
		28.921,5

52   Die Originalquittungen für die beiden Zahlungen an Fürst Georg Albrecht und seinen Bruder August Enno vom 14. 9. und 19. 11. 1720, StaA., Dep. 1, 945, fol. 244.

Weiter wurden bezahlt:
Unterhaltskosten für die

brandenburg. Garnison	8.000 fl. holl.	= fl. ostfr.	12.000,0
Münsterische Subsidien	6.000 fl. holl.	= fl. ostfr.	9.000,0
Weitere Schuldentilgung	2.089 fl. holl.	= fl. ostfr.	3.133,5
Prozeß- und Gerichtskosten, Salarien der Agenten in Wien und Wetzlar, Zahlungen an ungenannte auswärtige Minister	11.485 fl. holl.	= fl. ostfr.	17.227,5
Korrespondenz	1.574 fl. holl.	= fl. ostfr.	2.361,0
GESAMT:		fl. ostfr.	72.643,5

Es bleibt somit ein Rest von ca. 83.000 fl. ostfr., dessen Verbleib nach den vorhandenen Abrechnungen und Belegen nicht aufgeklärt werden kann. Brenneysens Vorwurf, von den geliehenen Geldern würden sehr große Summen zu anderen Zwecken als zum Deichbau verwendet, reduziert sich also auf eine vergleichsweise niedrige Summe. Seine bei jeder Gelegenheit in Wien und in Ostfriesland erhobenen Beschuldigungen, die ihm gerade der Beweis für die Notwendigkeit landesherrlicher Kontrolle über die ständische Finanzverwaltung waren, erweisen sich nach diesen Aufstellungen als pure Propaganda; die Tatsache, daß allein Mitglieder des Hauses Cirksena fast 30.000 fl. aus den Deichbaugeldern bekommen hatten, überging Brenneysen dabei mit Stillschweigen. Auch hier zeigt sich, daß sich Landesherrschaft und Stände beim Umgang mit Geld kaum unterschieden. Zweifellos ist ein Teil des geliehenen Geldes anders als vorgesehen verwendet worden, und es mag sich unter den ausgewiesenen Summen noch manche Unrichtigkeit der Verwalter verbergen, von einem Geldmißbrauch großen Stiles kann aber keine Rede sein.

8.3. Abbröckelnde Solidarität der nicht überschwemmten Ämter

Für die Stände untereinander stellte sich das Problem des Deichbaus in anderer Weise. Unmittelbar betroffen waren die Ämter Greetsiel, der rechtsemsische Teil des Amtes Emden sowie Teile der Ämter Norden und Aurich. Weiter im Binnenland aber waren nur mittelbare oder gar keine Schäden zu verzeichnen, dennoch mußte das ganze Land zu den Kosten beitragen. Zunächst war dies noch keine Quelle innerer Spannungen, als mit den Jahren der Deichbau aber immer kostspieliger und schwieriger wurde, machte sich nicht nur Unmut über die Schuldigen bzw. die, die dafür gehalten wurden, breit, sondern es sank auch die Bereitschaft, als Nichtbetroffener zur Rettung der überschwemmten Ämter und Vogteien beizutragen. Brenneysens Propaganda tat das ihre dazu. Insbesondere auf den Landtagen im Frühjahr und Sommer 1722 trat diese Spannung zutage.

Es begann damit, daß im Frühjahr dieses Jahres ein neues allgemeines Aufgebot zum Deichbau im Gespräch war. Die Mehrheit des dritten Standes lehnte das als unpraktikabel ab und forderte dagegen, daß jeder Interessent selbst für sein Deichstück sorgen müsse. Wer das nicht könne, müsse eben den Spaten in den Deich stechen und sein Land aufgeben[53]. Die Deputierten des Amtes Emden als Hauptbetroffene wandten zu Recht dagegen ein, daß eine so rigide Anwendung des Spatenrechtes die Mehrzahl der ohnehin fast völlig ruinierten Eingesessenen um Haus und Hof bringen werde; dem Lande sei damit aber nicht im geringsten gedient. Außerdem wiesen sie auf die Bestimmungen des Deichrechts hin, die bei größeren Deichbrüchen die Verpflichtung des ganzen Landes zur Hilfeleistung vorsahen[54]. Sie plädierten daher für eine weitere Kreditaufnahme in den Niederlanden[55]; das Amt Greetsiel schloß sich diesem Votum an[56]. Die Deputierten der Stadt Aurich waren dagegen; nachdem sie zunächst verlangt hatten, jede Kreditaufnahme als nutzlos sofort zu stoppen[57], machten sie deutlich, daß die Stadt Aurich am Deichbau nicht interessiert war[58]: Sie hätten »mit der reparation der Teichen nicht(s) zu schaffen[59]«.

Der Riß wurde notdürftig gekittet, brach aber auf dem Landtag im Juni breiter als vorher wieder auf. Bei der Wahl der außerordentlichen Administratoren, die die aufgenommenen Gelder verwalten sollten, kam es innerhalb des dritten Standes zu schweren Differenzen. Die Ämter Emden, Greetsiel, Norden und Aurich wählten Leo van Wingene aus dem Amt Emden, die Ämter Leer, Stickhausen, Berum und Friedeburg Dr. Coop Ibeling von Rehden aus Leer. Diese vier Ämter, die später durch die höher gelegenen Vogteien des Amtes Aurich verstärkt wurden, erklärten, sie wollten zum Deichbau nichts mehr beitragen, wenn ein am Deichbau selbst interessierter Mann gewählt werde[60]. Die streitige Wahl wurde nicht nur mit den zur Debatte stehenden außerordentlichen Schatzungen zum Deichbau verknüpft, sondern auch mit den gewöhnlichen Schatzungen[61]. Erst auf dem Landtag im Juli wurde der Streit durch eine neue Wahl beigelegt[62]. Die Schatzungen zum Deichbau aber sorgten weiterhin für Spannung. Die Mehrheit des dritten Standes verlangte, daß alle Deichachten und Kommunen, die von den Anleihen etwas bekommen hätten, sich schnellstens über

53   StaA., Dep. 1, 1435, fol. 236.
54   Siehe oben, S. 160.
55   StaA., Dep. 1, 1435, fol. 233 ff.
56   ebenda, fol. 241 bzw. fol. 185.
57   ebenda, fol. 253.
58   StaA., Dep. 1, 1632, fol. 87, und Rep. 4, C II b, 133.
59   So der Deputierte Stürenburg auf Befragen, StaA., Dep. 1, 1435, fol. 190.
60   ebenda, fol. 316.
61   ebenda, fol. 325 f., 358 ff., 365 ff.
62   ebenda, fol. 398 und 427 f.

den Modus der Rückzahlung äußern sollten[63], ein an sich gerechtes Begehren, das aber zu diesem Zeitpunkt verfrüht vorgebracht wurde und den aufgestauten Unmut deutlich signalisierte. Dieser Unmut äußerte sich auch darin, daß die Ämter Leer, Stickhausen, Berum und Friedeburg sowie die Mehrheit des Amtes Aurich die außerordentlichen Schatzungen zum Deichbau zwar bewilligten, sie aber erst in sechs bis neun Monaten erheben lassen wollten[64]. Die betroffenen Ämter Emden und Greetsiel sowie die Südbrookmer und die Riepster Vogtei des Amtes Aurich erhoben feierlichen Protest und stellten zu Recht fest, daß durch die späte Erhebung derselbe Effekt wie durch die gänzliche Ablehnung solcher Schatzungen durch die Städte Norden und Aurich erreicht werde[65]. Brenneysen unterstützte den Unmut der küstenfernen Ämter noch mit der Erklärung, die Landesherrschaft könne in keine außerordentliche Schatzung zum Deichbau einwilligen, ehe Emden nicht seine schuldige 6. Quote bezahlt habe[66]. Diese Erklärung machte sich propagandistisch gut, half in der Sache aber nicht, denn Emden war nicht in der Lage, kurzfristig den gesamten Rückstand aufzubringen.

In allen angeführten Beispielen kommt eine außerordentlich gereizte Stimmung zum Ausdruck. Mehrjährige vergebliche teure Bemühungen, die Deiche zu schließen, hatten in den küstenfernen Ämtern und Städten die Bereitschaft zur Hilfeleistung gegenüber den unmittelbar Betroffenen auf ein Minimum sinken lassen. Nur rasche Erfolge und tatkräftiges Handeln konnten diese Spannungen wieder beseitigen.

8.4. Die endgültige Regelung des Deichbaus

Der Stadt Emden war es zu danken, daß die bisherige Lethargie überwunden und das Land wieder in den Schutz des Deiches kam. Der Vierziger Spree erbot sich im Juni 1722, den großen Kolk zwischen Emden und Larrelt für eine Summe von 30.000 fl. holl. zu schließen, wenn ihm von der Landschaft das nötige Holz und Eisen zur Verfügung gestellt werde. Gegen den heftigen Widerspruch der Landesherrschaft übertrugen ihm die Stände diese Arbeit[67], die er trotz enormer Schwierigkeiten bis zum Februar 1723 abschließen konnte. Brenneysen, der noch im Dezember 1722 beim Reichshofrat darüber Beschwerde geführt hatte, daß Spree vom Deichbau nichts verstünde[68], mußte sich vom Erfolg überzeugen lassen. Alle Beteiligten wa-

63   ebenda, fol. 428 f.
64   ebenda, fol. 439.
65   ebenda, fol. 445 ff.
66   ebenda, fol. 456 ff.
67   Vgl. die Landtagsakten von Juni und Juli 1722, StaA., Dep. 1, 1435, fol. 310—471 passim.

ren daher bereit, der Stadt Emden zunächst den Bau des Kaideiches in den beiden emsischen Deichachten anzuvertrauen. Emden erklärte sich für eine Summe von 270.000 fl. ostfr. dazu bereit. Obwohl alle Fachleute einschließlich des inzwischen zum landesherrlichen Deichbauleiter bestellten dänischen Kanzleirates von Münnich diese Summe für angemessen und eher bescheiden hielten und den Vertrag in Ordnung fanden, konnte Brenneysen es nicht lassen, kleinlich an verschiedenen Bestimmungen etwas auszusetzen; er versuchte, die Summe auf 250.000 fl. zu drücken, stieß damit aber auf den entschiedenen Widerstand aller[69]. Für Brenneysen war diese Verhaltensweise sehr typisch; bei dieser Art, die Dinge zu behandeln, war es kein Wunder, daß die Deiche immer noch nicht fertig waren. Sein Starrsinn nahm auf den Deichbau keine Rücksicht. Von Münnich hatte das klar erkannt und Brenneysen eindringlich zur Nachgiebigkeit aufgefordert, weil den Schaden das ganze Land und nicht nur die unmittelbar Betroffenen zu tragen hätten[70]. Erst als die Stände drohten, den Deichbau unter sich zu regeln[71], änderte Brenneysen seine Haltung. Der Vertrag wurde in der ausgehandelten Form approbiert. Schon im Sommer waren die Kaideiche fertig. Jetzt übernahm Emden auch den Bau des Hauptdeiches in beiden emsischen Deichachten für eine Summe von 800.000 fl. ostfr. Die Interessenten sollten innerhalb von 4 bzw. 12 Jahren mit einer Zahlung von 20 fl. pro Gras die Kosten wieder aufbringen, zur Sicherheit wurden der Stadt einige Schatzungen verschrieben, und die Landschaft haftete für eine möglicherweise auftretende Finanzierungslücke[72]. Bis 1725 waren die Deiche endgültig fertiggestellt.

Seit Emden den Deichbau übernommen hatte, war er keine Quelle des Streites zwischen Landesherrschaft und Ständen mehr; auch Brenneysen hatte einsehen müssen, daß dies der einzige Weg zur Rettung war. Insgesamt zählte der Deichbau nicht zu den grundsätzlichen Streitpunkten, aber die Art seiner Behandlung auf den Landtagen und die vielen Mißhelligkeiten und Unzulänglichkeiten bei seiner Verwirklichung bargen ein gehöriges Maß an Spannung, das zur Verschärfung der Auseinandersetzungen erheblich beitrug. Obwohl die Landesherrschaft nur wenig zum Deichbau tat, ihn vielmehr durch ihre den Ständen unannehmbaren Forderungen sowie durch Kompetenzstreitigkeiten und Behinderungen bei der Kreditaufnahme objektiv verzögerte, fiel im Lande und in Wien die Schuld daran den Ständen zu, weil sie nach außen hin die Verantwortung trugen. Dieser Eindruck kam der Landesherrschaft zugute und erzeugte für Brenneysens Pro-

68   StaA., Rep. 4, C III d, 7, Vol. 4, S. 375 ff., präsentatum Wien, 15. 12. 1722, § 13.
69   StaA., Dep. 1, 1439, fol. 246 ff.
70   ebenda.
71   ebenda, fol. 223 ff.
72   Der Vertrag ebenda, fol. 451 ff.

paganda einen günstigen Nährboden. Neben der großen Notlage erweist sich der langwierige Deichbau als zweite Voraussetzung einer erfolgreichen Durchsetzung der Politik Brenneysens.

9. Landtage 1718 bis 1721

Nach allen bisher behandelten Streitpunkten und Auseinandersetzungen, für die zum großen Teil die Landtage dieser Jahre den Schauplatz abgaben, braucht unter dieser Überschrift nur weniges erwähnt zu werden. Der Ton, das ist deutlich geworden, hatte sich in einem Maße verschärft, daß dem nachträglichen Betrachter der Geschichte dieser Jahre der spätere bewaffnete Kampf als fast selbstverständliche Konsequenz erscheinen muß. Ein Beispiel aus dem Jahre 1720 illustriert, wie stark sich die Fronten bereits verhärtet hatten und wie wenig Gesprächsbereitschaft vorhanden war.

Im Juli dieses Jahres war der Regierungsrat Kercker anstelle des verstorbenen Regierungsrates Schleiff erstmalig von der Landesherrschaft zu den Landtagsverhandlungen zugezogen worden. Als geborener Nichtostfriese mußte Kercker von den Ständen anerkannt werden, ehe sie ihn als landesherrlichen Verhandlungspartner auf Landtagen akzeptierten. Weil es auf diesem Landtag um Deichbauprobleme gehen sollte, baten sie, die Anerkennung bis zum Herbst zu verschieben und Kercker solange nicht mit zu den Verhandlungen zu schicken. Brenneysen aber bestand auf Kerckers sofortiger Zulassung zum Landtag und drohte, andernfalls nicht zur Verlesung der Proposition zu erscheinen. Die Stände dagegen lehnten die Beratung der ihnen zwischenzeitlich durch einen Boten schriftlich zugestellten Proposition ab. Weil beide Seiten auf ihrem Standpunkt beharrten, erschienen Brenneysen und die Räte nicht in der Landtagsversammlung, während die Stände die Proposition ohne mündliche Verlesung durch den Kanzler als nicht existent betrachteten. Sie hielten sich daher zu einer Resolution ohne Proposition berechtigt und verhielten sich entsprechend[73].

Der Streit hatte sich an einem harmlosen Punkt entzündet. Niemand hatte etwas gegen die Person Kerckers einzuwenden[74], und die Stände waren von vornherein bereit, ihn als landesherrlichen Bevollmächtigten anzuerkennen, aber sie waren nicht gewillt, Kercker ohne diese Approbation zum Landtag zuzulassen, wie es Brenneysen durchzusetzen versuchte. Die Auseinandersetzung, die auf den ersten Blick lächerlich erscheint, sagt viel über

---

73 Die ganze Angelegenheit StaA., Dep. 1, 1433, fol. 1 ff. bzw. fol. 61 ff., und Rep. 4, C II b, 131, Landtag Juli.

74 Der Kanzleisekretär Dettmers vermerkte nach einem Besuch beim ständischen Präsidenten von Closter in seinem Protokoll vom 19. 7. 1720, dieser habe von Kercker »mit allem Lobe« gesprochen, StaA., Rep. 4, C II b, 131.

das beiderseitige Selbstverständnis und die Stimmung jener Jahre aus. Auf dem nächsten Landtag wurde die Angelegenheit beigelegt[75].

Die wachsende Verbitterung der Stände über Brenneysens Ansprüche belegt schließlich deutlicher als alles andere das folgende Zitat. Als Brenneysen im Dezember 1720 die Stände heftig angegriffen hatte, erhielt er zur Antwort, sie könnten im Moment nicht näher darauf eingehen, »da das Christ-Fest herannahete und fast ein jeder gegen solche Zeit sich zur devotion zu praepariren gesinnet wäre[76]«. Der offene Ausbruch des Konfliktes war nur noch eine Frage der Zeit.

10. Die kaiserlichen Dekrete vom 18. August 1721

Den ersten grundsätzlichen Erfolg in seiner antiständischen Politik konnte Brenneysen verbuchen, weil es ihm gelungen war, mit seinen staatstheoretischen Ansichten im Wiener Reichshofrat offene Ohren zu finden. Der Reichshofrat war zusammen mit dem Reichskammergericht, das 1495 auf Drängen der Reichsstände ins Leben gerufen worden war, eines der beiden höchsten Gerichte im alten Reich, jedoch weit stärker als das Reichskammergericht, das von den Reichsständen zu unterhalten war, vom Kaiser abhängig. Gegründet im wesentlichen als Äquivalent zum Reichskammergericht, war der Reichshofrat ebenso ein politisches Beratungsorgan des Kaisers und österreichischer Hofrat wie Gericht; erst seit der zweiten Hälfte des 16. Jahrhunderts, verstärkt seit dem Ende des Dreißigjährigen Krieges, stand die Gerichtsfunktion im Vordergrund, ohne daß der Reichshofrat deswegen seinen politischen Charakter ganz eingebüßt hätte. Das lag insbesondere daran, daß er wegen der hinter ihm stehenden kaiserlichen Macht für Prozesse zwischen Obrigkeiten und Untertanen der einzelnen Territorien des Reiches das gegenüber dem Reichskammergericht geeignetere Gericht war und seinen Urteilen leichter Geltung verschaffen konnte. Anders als das Reichskammergericht war der Reichshofrat von Gerichtsordnungen, Verfahrensregelungen, Kapitulationen etc. im Zweifelsfall unabhängig; obwohl er grundsätzlich der Reichskammergerichtsordnung folgen sollte, hatte er so die Möglichkeit, in jedem Prozeß die nötige Flexibilität zu wahren und den politischen Realitäten gegebenenfalls Rechnung zu tragen[77]. Der Reichshofrat bestand aus der Herren- und der Gelehrten-

75   ebenda, Landtag Oktober, und StaA., Dep. 1, 1433, fol. 73.
76   StaA., Dep. 1, 1433, fol. 168.
77   S e l l e r t , Prozeßgrundsätze, bes. S. 88 ff. Zur Abgrenzung vom Reichskammergericht vgl. d e r s ., Zuständigkeitsabgrenzung. Zur Stellung des Reichshofrates im Spannungsfeld von Politik und Justiz und den dabei auftretenden Parteiungen vgl. für den hier behandelten ostfriesischen Prozeß unten S. 204 ff. und bes. ab S. 400 passim.

bank, hatte grundsätzlich 18 Mitglieder, von denen seit der zweiten Hälfte des 17. Jahrhunderts sechs evangelisch sein sollten; darüber hinaus gab es zahlreiche adelige Supernumerare, die als unbezahlte Mitglieder den Reichshofrat als juristisch-politische »Lehrstätte« und als Durchgangsstation ihrer Karriere nutzten. Für die Prozesse war Schriftlichkeit vorgeschrieben, und nur die am Reichshofrat zugelassenen Prokuratoren konnten Schriftsätze der Parteien einreichen. Jeweils ein Referent und ein Korreferent bearbeiteten die einzelnen Fälle und trugen in den gemeinsamen Sitzungen des Reichshofrates ihre Relationen vor, aufgrund derer durch Abstimmung eine Entscheidung gefällt wurde. In allen wichtigen Sachen, insbesondere solchen mit politischer Brisanz, ging sie vor einer Veröffentlichung als »Votum ad Imperatorem« an die kaiserlichen Beratungsgremien, im Zeitraum dieser Untersuchung also an die Geheime Konferenz, die zusammen mit dem Kaiser das zentrale Entscheidungsorgan des Wiener Hofes bildete.

In den ersten Jahren des von Brenneysen seit 1720 betriebenen Hauptprozesses »Ostfriesland Fürst contra Ostfriesland Stände in puncto diversorum gravaminum« war es jedoch der Reichshofrat allein, der sich mit der Angelegenheit befaßte. Am 18. August 1721 erließ er die ersten Dekrete in den Ostfriesischen Landesstreitigkeiten. Das Hauptdekret[78] richtete sich an die Stände, die Administratoren und die Stadt Emden. Darin wurde angeordnet:

1. Emden sollte ab sofort wieder die 6. Quote zu den Landeslasten bezahlen und für den Rückstand einen Finanzierungsplan vorlegen.
2. Das Administratorenkollegium sollte über die Brüche in Verstößen gegen die Akzisepachtordnung genau Buch führen, dem Landesherrn die ihm zustehenden 50% abführen und den aufgelaufenen Rückstand bezahlen.
3. Schatzungsrestanten sollten ohne Ansehen der Person frühzeitig eingetrieben werden, damit kein hoher Rückstand entstehe.
4. Die Landrechnung sollte bei Einnahmen und Ausgaben Tag, Monat und Jahr sowie den Verwendungszweck genau angeben.
5. Privatprozesse auf Landeskosten, Geschenke an ungenannte Patrioten, Zinszahlungen für die ohne Zustimmung der Landesherrschaft aufgenommenen Kapitalien, Legations- und Kommissionskosten sollten sofort aufhören. Dem Landesherrn wurde wegen des Steueraufkommens seines Kammergutes ein

---

78 Ausfertigung StaA., Dep. 1, 1371; darüber hinaus existieren zahllose Abschriften und Drucke dieser und auch der späteren Dekrete. Im folgenden wird einheitlich nach den Abschriften in Rep. 4, C III a, 122, zitiert, weil dort alle Reichshofratsentscheidungen und die zugehörigen Sitzungsprotokolle von 1720—1724 vereinigt sind.

Schadenersatzanspruch gewährt, wogegen allerdings ausdrücklich Rechtsmittel zugelassen waren.

6. Die Oberaufsicht über die Landesmittel sollte die Landesherrschaft führen, weil die fehlende Kontrolle darüber das Hauptübel in Ostfriesland und die Quelle aller anderen Mißstände sei. Diese Oberaufsicht sollte durch einen landesherrlichen Kommissar erfolgen; insbesondere die Verwendung der Gelder und ihre ordnungsgemäße Einnahme wurde als seine Aufgabe genannt. Die Landrechnung sollte mit den dazugehörigen vollständigen Belegen zur Prüfung eingeschickt werden, für die festgestellten Mängel waren die Administratoren haftbar. Diese letzte Bestimmung sollte auch für alle Landrechungen seit 1693 gelten, soweit sie ohne Prüfung durch einen landesherrlichen Kommissar abgelegt worden waren.

7. Bei Streitigkeiten zwischen Fürst und Ständen über die Landrechnung sollte diese mit allen Unterlagen nach Wien geschickt werden und einzig die Entscheidung des Kaisers gelten.

8. Kein Mitglied der Stände sollte auswärtige Zivil- oder Militärdienste annehmen, die dem Interesse und dem Nutzen der Landesherrschaft zuwiderliefen.

9. Die jährlichen Subsidienzahlungen an den Landesherrn sollten so bemessen sein, daß daraus der Stände »Lieb, Treu und Ehrerbietung vor Ihren Landts-Herren darob zu ihrem sonderbahren Lob bey männiglichen zu verspühren sey«, d. h. sie sollten deutlich erhöht werden.

10. Alle diese Bestimmungen wurden bei einer Strafe von 50 Mark lötigen Goldes erlassen. Binnen zwei Monaten sollte eine von den Städten Norden und Aurich sowie dem dritten Stand mitvollzogene Paritionsanzeige der Stände in Wien eingereicht werden.

In einem weiteren Dekret[79] wurde den Landständen verboten, die Abmachungen mit Brandenburg und Münster wegen des längst kassierten Konservatoriums aufrechtzuerhalten, d. h. alle Unterhalts- und Subsidienzahlungen sollten sofort eingestellt werden. Gleiches galt für die Beiträge zu der nicht zustande gekommenen Kreisarmatur. Jeder Rekurs an auswärtige Mächte innerhalb und außerhalb des Reiches wurde an den Konsens der Landesherrschaft gebunden. Für Streitigkeiten wurde die alleinige Zuständigkeit des Reichshofrates als Entscheidungsinstanz festgestellt. Dem Landesherrn wurde für alle diese Punkte betreffenden Zahlungen der Vergangenheit ein Schadenersatzanspruch eingeräumt. Auch auf dieses Dekret

79 StaA., Rep. 4, C III a, 122.

sollte bei Vermeidung einer Strafe von 50 Mark lötigen Goldes binnen zwei Monaten eine schriftliche Paritionsanzeige erfolgen. An den Bischof von Münster und den König in Preußen ergingen kaiserliche Reskripte[80]. In dem einen wurde das kaiserliche Konservatorium endgültig für erloschen erklärt; jede darauf fußende Unterstützung der ostfriesischen Stände sei daher unzulässig. In dem anderen wurde die sofortige Abführung der brandenburgischen Miliz aus Ostfriesland befohlen; nach Vollzug werde die kaiserliche Salvegarde das Land ebenfalls räumen. Hierüber erging auch eine entsprechende Instruktion[81] an den Hofkriegsrat. Schließlich wurden Bürgermeister und Rat der Stadt Emden die eigenmächtige Privilegierung der Kommerzien-Kompanie verboten und alle im Vorjahr deswegen publizierten Patente kassiert. Auch in dieser Angelegenheit sollte bei einer Strafe von 50 Mark lötigen Goldes binnen zwei Monaten eine Paritionsanzeige in Wien eingebracht werden[82].

Mit diesen Dekreten hatte der Reichshofrat erhebliche Teile von Brenneysens Klagen übernommen und ohne vorherige Anhörung der Stände tief in das ständische Verfassungsgefüge Ostfrieslands eingegriffen. So sehr auch einzelne dieser Entscheidungen gerechtfertigt waren, insgesamt liefen sie dem Sinn der Akkorde zuwider. Es ist daher zu fragen, was den Reichshofrat, der gleichzeitig in der mecklenburgischen Streitigkeit die ständische Position unterstützte, veranlaßte, sich in Ostfriesland so einseitig auf die Seite des Fürsten zu stellen. Michael Hughes hat in seiner 1969 fertiggestellten Dissertation[83] hierauf eine Antwort gegeben. Es lag danach im Interesse des Kaisers, die Reichsgesetze und -satzungen möglichst weit zur Geltung zu bringen, damit das Reich im Innern der Territorien der einzelnen Reichsstände ein desto größerer Machtfaktor werden konnte. Nur im Rahmen der Reichsgesetze sollte jeder Territorialstaat seine eigene Verfassung haben. Reichsgesetze waren u. a. auch die kaiserlichen Wahlkapitulationen, die den Landesherren als Reichsständen notgedrungen weit entgegenkommen mußten und daher mit einer Reihe von landständischen Privilegien nur schwer in Einklang zu bringen waren. Folglich mußte die ständische Freiheit in Ostfriesland, die in den Augen des Reichshofrates ohnehin zu weit ging, auf bestimmte Grenzen zurechtgestutzt werden. Bei der starken Position der Niederlande in Ostfriesland war dem Wiener Hof daran gelegen, Kaiser und Reich mehr als bisher als Machtfaktor zur Geltung zu bringen. So war der Reichshofrat schnell bereit, Brenneysens in den schwärzesten Farben gemalten Klagen ohne Anhörung der Gegenseite stattzugeben und der Landesherrschaft dazu zu verhelfen, die von ihr bean-

80   ebenda.
81   ebenda.
82   ebenda.
83   H u g h e s , Imperial judicial authority, S. 294.

spruchte Stellung in der Verfassung zu erreichen. Weil diese Intention der zeitgenössischen Staatstheorie gemäß war, haftete der Entscheidung außerhalb Ostfrieslands nichts besonderes an.

11. Versuche der Durchsetzung der kaiserlichen Dekrete und die ständische Opposition dagegen

11.1. Der Inspektor beim Kollegium

Bald, nachdem die kaiserlichen Dekrete auf dem Landtag im Oktober 1721 den Ständen bekannt gemacht worden waren, begann Brenneysen sie in die Tat umzusetzen. Wegen der besonderen Bedeutung der Finanzen machte er mit dem landesherrlichen Inspektor beim Administratorenkollegium den Anfang. Unter dem 13. November 1721 entwarf er eine Instruktion[84] für den Emder Amtmann Bluhm, der diese Aufgabe beim Administratorenkollegium übernehmen sollte. Darin waren seine Hauptaufgaben festgelegt: Er sollte allen regelmäßigen und unregelmäßigen Versammlungen der Administratoren präsidieren und insbesondere auf die Einhaltung der Kollegiumsgerichtsordnung und auf eine ordnungsgemäße Abstimmung achten sowie für die sofortige Abführung des der Landesherrschaft zustehenden Anteils an den Brüchen aus Akzisestreitigkeiten sorgen. Alle Assignationen müßten in der Zwecksetzung den kaiserlichen Dekreten entsprechen und sollten ohne Gegenzeichnung des Inspektors ungültig sein. Außerordentliche Versammlungen der Administratoren sollten ihm rechtzeitig vorher mitgeteilt werden, damit noch Zeit bleibe, nach Aurich zu berichten. In Angelegenheiten, die zum Aufgabenbereich des Kollegiums gehörten, sollte der Inspektor mit abstimmen, im übrigen aber auf vollständige Protokollführung achten. Insbesondere sollte er dafür sorgen, daß das Administratorenkollegium sich seiner Zweckbestimmung gemäß nur um die Verwaltung der Landesmittel kümmere, sich nicht in Regierungssachen einmische und den Bestimmungen der kaiserlichen Dekrete generell Gehorsam leiste.
Am selben Tage hatte Brenneysen den Administratoren die Einführung des Inspektors für den 3. Dezember angekündigt[85]. Auf einer deswegen einberufenen Versammlung der Ordinärdeputierten und Administratoren am 28./29. November wurde beschlossen, gegen das Vorgehen der Landesherrschaft zu protestieren und die Einstellung aller derartigen Aktivitäten

84   StaA., Rep. 4, C III a, 123, Nr. II, Beilage 124.
85   StaA., Dep. 1, 1435, fol. 160.

bis zum endgültigen Entscheid des Prozesses in Wien — die Stände hatten mittlerweile Rechtsmittel gegen die kaiserlichen Dekrete eingelegt — zu fordern. Die Ordinärdeputierten und Administratoren baten daher um den Verzicht auf die Amtseinführung des Inspektors[86], konnten Brenneysen aber nicht umstimmen. Der Versuch, Bluhm als Inspektor beim Administratorenkollegium einzuführen, scheiterte daran, daß die Klunderburg, Sitz des Kollegiums, zur angesetzten Zeit verschlossen und keiner der Administratoren oder Ordinärdeputierten zu erreichen war[87]. Im Oktober des folgenden Jahres wiederholte sich dieser Versuch und endete, wie der erste, vor den verschlossenen Türen der Klunderburg[88]. Auf diesem Wege war Brenneysen also — wenigstens vorerst — kein Erfolg beschieden.

11.2. Spaltungsversuche Brenneysens: Das Bemühen um Paritionsanzeigen

Sein Hauptaugenmerk richtete Brenneysen, entsprechend der Zweiteilung Ostfrieslands in reiche reformierte Marsch und arme lutherische Geest, darauf, die Stände zu spalten und der Stadt Emden und ihrem Anhang die Basis zu entziehen. Am geeignetsten dazu erschienen die vom Reichshofrat verlangten Paritionsanzeigen. Es hieß in den Dekreten diesbezüglich wörtlich »... eine von beiden Städten Norden und Aurich und dem dritten Stande mit vollzogene Anzeige«. Auf diesen Passus hatte der ostfriesische Gesandte in Wien, Brawe, hingearbeitet. Im Frühjahr 1721 hatte er an Brenneysen geschrieben: »das divide wird auch hier als ein sehr bequemes Mittel angesehen, dem Gebrechen abzuhelffen, vielleicht, daß die Kayserl. Resolution selbst darauff deuten und den Wohlgesinnten Gelegenheit geben mögte, sich des unerträglichen Jochs der Ritterschafft und der Stadt Embden loß zu machen[89]«. In einer ersten Abschrift der kaiserlichen Dekrete, die Brawe sich offenbar vor der offiziellen Publikation verschafft hatte, hat er als Marginalie hierzu vermerkt: »divisio. Hier wäre nun fürstl. Seiten sehr accurate darauff zu sehen, die Gemüther zu gewinnen und dadurch die division zu etablieren[90]«. Was damit gemeint war, sollte sich schnell zeigen.

Am 14. Oktober 1721 ging an die Magistrate der Städte Norden und Aurich sowie an alle Amtsverwalter der Befehl, die qualifizierte Bürgerschaft bzw. die vornehmsten Eingesessenen aus den Kirchspielen, d. h. die einflußreichsten Interessenten, zu versammeln und ihnen die im Druck beige-

86   ebenda, fol. 161 ff.
87   Vgl. das Notariatsinstrument darüber ebenda, fol. 165—171.
88   StaA., Dep. 1, 706, fol. 167 ff.
89   Brawe an Brenneysen, 15. 4. 1721, StaA., Rep. 4, A IV c, 242.
90   StaA., Rep. 4, C III a, 117.

gebenen kaiserlichen Dekrete vorzulesen und zu erläutern, weil zu befürchten sei, daß die von den Ständen angefertigten Abschriften Fehler enthielten. Insbesondere sollte den Versammelten eingeschärft werden, daß »in specie unsern Städten Norden, Aurich und dem dritten Stand darin anbefohlen ist, daß sie ihre absonderliche Paritionsanzeige in dem angesetzten termino bey allerhöchstbesagter Kayserlicher Mayestät einbringen sollen[91]«. Nach der Formulierung in den Dekreten konnte von einer von den Städten Norden und Aurich sowie dem dritten Stand verlangten »absonderlichen« Paritionserklärung nicht die Rede sein; sie sollten die ständische Anzeige vielmehr mitvollziehen. Eine gesamtständische Gehorsamsleistung war also verlangt und allein sinnvoll, denn in der Hauptsache waren die Stände in ihrer Gesamtheit, als Korporation, beklagt. Jeder Versuch, mit einzelnen Mitgliedern oder gar einem ganzen Stand über die Paritionsanzeigen zu verhandeln, war von den Dekreten nicht gedeckt und lief der ostfriesischen Verfassung zuwider, die solche »extracomitialischen« Verhandlungen in Landessachen ausdrücklich verbot[92]. Da Brenneysen die innerständischen Machtverhältnisse zu gut kannte, um nicht zu wissen, daß er vom ständisch bewußten Westen des Landes und damit von den Ständen in ihrer Gesamtheit vorerst keine solche Erklärung erhalten würde, versuchte er auf diesem Wege zu ersten Erfolgen zu kommen.

Der Text der Paritionsanzeigen, die Brenneysen im Winter 1721/22 zur Unterschreibung verteilen ließ, war sehr geschickt formuliert. Er lautete: »Demnach die Römische Kayserliche Mayestät in dero allerhöchsten Decretis vom 18. August jüngst, so allen Communen auff Hochfürstlichen gnädigsten Befehl für einigen Wochen schriftlich mit getheilet sind, denen Städten Norden, Aurich und dem dritten Standt allergnädigst anbefohlen haben, innerhalb zwey Monath, welche schier verfloßen, bey 50 Marck löthigen goldes Brüche parition zu dociren; so hatt man die Gehorsahmen mit denen ungehorsahmen nicht in gleiche Straffe zu bringen nöthig erachtet, dieses allen Gemeinen (N. N.) Vogdey durch den Außkündiger zustellen zu laßen, auff daß diejenige, so solche allerhöchst- und gnädigsten Verordnungen schuldigsten Gehorsahm zu leisten gesinnet, durch eines jeden Orths Schüttemeisters oder Poelrichters Unterschrifft solches bezeugen können[93]«. Trotz der in dieser Formulierung enthaltenen Suggerierung, jeder einzelne müsse im Falle des Ungehorsams die 50 Mark Brüche bezahlen, unterschrieben bis zum Frühjahr 1722 nur insgesamt 11 Personen aus Marienwehr, Twixlum, Nenndorp und Canum, alle im Amt Emden bele-

91   Konzept Brenneysens StaA., Rep. 4, C III a, 130.
92   Emder Landtagsschluß von 1619, Cap. 3, Postulatum 7 mit dazugehörigen Resolutionen, B r e n n - e y s e n II, S. 513 f. Entsprechende Bestimmungen auch im Emder und Haagischen Vergleich von 1662/63, ebenda, S. 786 f.
93   StaA., Rep. 4, C III a, 123, Nr. IX, Beilagen 255 ff.

gen, diese Erklärung[94]. Eine Reihe von Interessenten des Amtes Norden hatte über einen Notar eine Erklärung abgeben lassen, in der zwar von der Abschaffung der mißbräuchlichen Geldausgaben, der Abführung der »fremden Völker« und von der 6. Quote der Stadt Emden die Rede war, die kaiserlichen Dekrete aber mit keinem Wort erwähnt wurden. Es hieß lediglich, die Finanzverwaltung sollte den in den Akkorden festgelegten Endzwecken entsprechen[95]. Als Paritionsanzeige des Amtes Norden war dieser Text nicht recht zu gebrauchen. Einzig das Amt Friedeburg, abseits gelegen und von nur gering ausgebildetem ständischen Selbstbewußtsein, erklärte, daß seine Deputierten auf dem nächsten Landtag gegen die vielen Schatzungen protestieren und den gegen ihren Willen »wieder Ihro Durchl. von den Ständen angestellten process in Unserm Nahmen verwerffen« und »zur bestellung eines fürstlichen Commissarii bey dem Collegio beförderlich« sein würden. Das ganze Amt Friedeburg werde sich den Kaiserlichen Dekreten »völlig unterwerffen und an der Übrigen Ungehorsahm keinen theil nehmen[96]«.

Sonst hatte Brenneysen mit seinen Bemühungen keinen Erfolg. Die ständische Basis war mit ihrer Spitze noch so weit in Einklang, daß der Widerstand gegen die kaiserlichen Dekrete vorerst einigermaßen einheitlich war. Zudem verhinderte der schwebende Prozeß ein härteres Zugreifen des Landesherrn. In der Verknüpfung mit den Schatzungen, wie in der Friedeburger Anzeige geschehen, war der Weg gewiesen, den in den folgenden Monaten und Jahren Brenneysens Politik gehen würde. Solange die Deiche offen und die Steuerlast hoch war, hatten die Stände einen schweren Stand gegen eine landesherrliche Propaganda, die davon ausgehend die Anerkennung der landesherrlichen Oberaufsicht über die Finanzen als wirksames Rettungsmittel empfahl. In der täglichen Politik und auf den Landtagen dieser Zeit versäumte Brenneysen es nie, die Stadt Emden, die Ritterschaft, die Administratoren sowie einige wenige Personen des dritten Standes für alle Übel verantwortlich zu machen, die übrigen Glieder der Stände aber als gehorsam für die Landesherrschaft zu gewinnen[97].

94 ebenda.
95 ebenda, Beilage 262.
96 ebenda, Beilagen 259—261.
97 So ist z. B. in der Proposition zum Landtag Februar/März 1722 von allerhand Mißbrauch zum Schaden des Landes bei der holländischen Geldaufnahme die Rede, den die »getreuen Stände, die an solchem Unwesen keinen theil haben«, hoffentlich bald erkennen würden, StaA., Dep. 1, 1435, fol. 206. Obwohl die Formel »getreue Stände« grundsätzlich die Stände in ihrer Gesamtheit umfaßt, zielt sie hier ganz offen nur auf einen Teil.

11.3. Der Prozeßverlauf in Wien 1721/22 und das kaiserliche Dekret vom 18. August 1722

Die kaiserlichen Dekrete vom 18. August 1721 waren erlassen worden, ohne daß die Stände zu den Klagen der Landesherrschaft gehört worden waren, ja sie kannten nicht einmal den genauen Inhalt der fürstlichen Eingaben. Ihr Hauptbemühen war daher darauf gerichtet, diese Klagen kennenzulernen. Am 16. Dezember 1721 gab der Reichshofrat diesem Begehren statt; der fürstliche Anwalt sollte der Gegenseite die Kopien sämtlicher Schriftsätze zustellen[98]. Das geschah jedoch sehr schleppend. Erst nach mehrmaligen Beschwerden wurden dem ständischen Anwalt diese Kopien ausgehändigt, die letzte im August 1722[99]. Aus der Tatsache, daß die Einreden der Stände in Wien angenommen worden waren, folgerten diese zu Recht, daß der Prozeß noch in der Schwebe sei und alle in den Dekreten von 1721 genannten streitigen Punkte bis zum endgültigen Entscheid unvollzogen bleiben müßten. In der vollen Überzeugung ihres Rechtes hatten die Stände aus der Entscheidung des Reichshofrates vom 16. Dezember 1721 offenbar eine Aufhebung der Dekrete überhaupt herausgelesen. Brenneysen wies deshalb den Emder Amtmann Bluhm an, bekanntzumachen, daß die Dekrete damit keineswegs aufgehoben seien, wie »man zu Embden den unwißenden weißmache[100]«.

Während in Ostfriesland selbst die Auseinandersetzung um die kaiserlichen Dekrete vorerst nur eine geringe Bedeutung hatte, intensivierte Brenneysen seine Bemühungen in Wien. Am 7. und 18. Mai sowie am 22. Juni 1722 ließ er insgesamt 12 neue umfangreiche Klagen einreichen, die, wie im systematischen Abschnitt behandelt, neben der Wiederholung und Vertiefung der vorherigen Beschwerdepunkte vor allem Fragen des Landtagsrechtes, den Status der Stadt Emden und die Befugnisse der Administratoren betrafen. Die Stände dagegen warteten weiter auf die Abschriften der ersten Klagen, so daß eine inhaltliche Auseinandersetzung vorerst unterbleiben mußte.

Am 18. August 1722 bestätigte der Reichshofrat seine Entscheidungen des Vorjahres. Zur Begründung hieß es, daß die streitigen Dekrete in den früheren kaiserlichen Resolutionen und Verordnungen und der ostfriesischen Landesverträgen gegründet seien und »ins gemein der vernünfftigen Ordnung, die zwischen Obrigkeit und Unterthanen in allen wohlbestelten Landes-Regierungen unverbrüchlich beobachtet zu werden sich gebühret«, entsprächen[101]. Den Ständen wurde bei Androhung einer Strafe von 50

---

98   StaA., Rep. 4, C III a, 122, S. 108.
99   ebenda, S. 111 ff.
100   Reskript vom 22. 1. 1722, StaA., Rep. 4, C III a, 130.
101   StaA., Rep. 4, C III a, 122, S. 123 ff.

Mark lötigen Goldes eine neue Zweimonatsfrist zur Beibringung ihrer Paritionserklärung, »worinnen zugleich die würckliche Abthuung derer nach der insinuation verübten Contraventionen dociret werden soll«, gesetzt. Der ·Reichshofrat war damit Brenneysens Argumentation völlig gefolgt, was wegen der fehlenden ständischen Rechtfertigung kaum anders zu erwarten war. Die Position der Stände hatte sich verschlechtert.

11.4. Die Paritionsanzeigen vom Herbst und Winter 1722/23

Nach der Bestätigung der kaiserlichen Dekrete des Jahres 1721 erneuerte Brenneysen sofort seine Bemühungen, von den einzelnen Ämtern bzw. Kirchspielen Paritionsanzeigen zu erlangen. Die Amtleute ließen dazu entweder auf Kirchspiels- und Vogteiversammlungen vorformulierte Erklärungen vorlesen und wenn möglich unterschreiben, oder sie bzw. ihre untergeordneten Beamten gingen von Haus zu Haus, um die Unterschriften einzeln zu sammeln. Im Amt Greetsiel z. B. lautete der entscheidende Passus der Erklärung, die Untertanen des Kirchspiels N. N. geben »demüthigst zu erkennen, daß denen am 18. Augusti 1721 eröffneten und am 18. Augusti 1722 wiederhohlten Allerhöchsten Kayserlichen Decretis und Verordnungen allerunterthänigst Unß freywillig zu unterwerffen wir bereit sind, und sowohl denenselben Unß billigst submittiren alß auch Euer Hochfürstl. Durchl. Landesväterliche und gerechteste Intention hierunter zu preisen Ursache haben[102]«. In den Vogteien anderer Ämter hieß es nach einer allgemeinen Gehorsamserklärung an die ostfriesische Landesherrschaft, »... declariren und erklähren Wir unß unterthänigst, obangeregte allergnädigste Kayserliche Decreta, als welche nach Ihro Kayserlichen Mayestät Selbst eigenen allergerechtesten Außspruch auf die hiebevorige Kayserl. Resolutiones und Verordnungen, auch auf die Ostfriesische klare Landes-Verträge und Accorden und verbundliche Zusagen sich gründen, nach derselben gänzlichen Einhalt allerunterthänigst an(zu)nehmen, denenselben (zu) folgen und unverbrüchlich, soviel an uns ist, nach(zu)kommen[103]«. Mit solchen Formulierungen begegnete Brenneysen geschickt der weitverbreiteten Überzeugung, daß diese Dekrete im Gegensatz zu früheren kaiserlichen Entscheidungen und den Akkorden stünden. Nach den ausführlichen Darlegungen im systematischen Abschnitt gibt es keinen Zweifel daran, daß zwischen der Intention der Akkorde bzw. der ostfriesischen Verfassung(swirklichkeit) einerseits und den Dekreten des Jahres 1721 ein unüberbrückbarer Gegensatz bestand. Nur eine Interpretation der Akkor-

---

102   StaA., Rep. 4, C III a, 123, Nr. XXI, Beilage 12.
103   ebenda, Beilage 9.

de, wie Brenneysen sie betrieb und wie sie der Reichshofrat, weitgehend in Unkenntnis der ostfriesischen Realität, übernahm, konnte beides miteinander in Einklang bringen. Die Stände mochten dieser Sicht der Dinge begreiflicherweise nicht zustimmen, und so gewann die Berufung auf den Kaiser, der die Übereinstimmung der Dekrete mit den Akkorden ausdrücklich festgestellt habe, besondere Bedeutung in dem Bemühen um die Paritionsanzeigen.

Es kam Brenneysen zugute, daß detailreiche Kenntnisse der Dekrete und der Landesverträge nicht sehr verbreitet waren. Die gerechte Forderung, Emden solle zu den Landeslasten das seinige beitragen, vermengte er mit der Propaganda, an dem immer noch nicht vollendeten Deichbau seien die mißbräuchlichen Ausgaben, insbesondere für den Unterhalt der fremden Truppen, schuld, und der Drohung, jeder, der die Erklärung nicht unterschreibe, müsse die Strafe von 50 Mark lötigen Goldes bezahlen[103a]. Auf diese Weise gelang es ihm, zahlreiche Unterschriften zu erhalten, so daß er Anfang Januar 1723, als er alle Paritionsanzeigen in Wien übergeben ließ, erklären konnte, nur Stadt und Amt Emden sowie das Amt Leer, »welches von erstbenannter (Stadt) in ihrer Wiederspenstigkeit annoch aufgehetzt wird«, verharrten im Ungehorsam[104]. Diese Behauptung Brenneysens blieb nicht unwidersprochen. Noch während der Sammlung der Unterschriften beklagten sich die Stände über die dabei angewandten Drohungen und daß jeder einzelne Eingesessene zur Unterschrift aufgefordert werde; vor allem behaupteten sie, daß diese Unterschriften in der Hauptsache von fürstlichen Bedienten, Erbpächtern und sogar von Bettlern und armen Leuten stammten. In einer Eingabe an den Reichshofrat vom 11. Februar 1723[105] traten sie für den Flecken Greetsiel exemplarisch den Beweis dafür an und legten folgende Aufstellung vor.

103a Sebastian Eberhard I h e r i n g berichtet in seiner Neuere(n) Historia des Amtes Friedeburg, geschrieben im Jahre 1730, StaA., Dep. 53, Nr. 2, fol. 183, diesbezüglich über die Vorgänge im Amt Friedeburg: Drost von Staudach und Amtmann Ihering reisten mit den Notaren Conrad Hellmts und Enno Hildebrand im »gantzen Amte auf allen Dörffern herum, stelleten denen deshalben convocirten qualificirten Eingeseßenen für, in welcher Gefahr das Amt Friedeburg sich befünde, wenn eine unausbleibliche Kayserliche Execution die Ungehorsamen zu paaren triebe. Man mögte dieses wohl behertzigen und dabey erwegen, wie wenig Gehör dieses Amts Eingeseßene bishero bey dem Emdischen Collegio gefunden und mit welchen übermäßigen Schatzungen sie von demselben beleget würden. Es wäre jetzo die beste Gelegenheit, sich solcher Sclaverey zu entschütten und sich in eine wahre Freyheit zu setzen, zumahl da so wenig Kayserliche Mayestät als Ihro Hochfürstliche Durchlaucht die Unterdrückung, sondern vielmehr den rechten Gebrauch der Landes-Verträge beziehleten«.

104 StaA., Rep. 4, C III a, 123, Nr. XXI.

105 StaA., Rep. 4, C III d, 7, Vol. 6, S. 240 ff.

Es hatten unterschrieben	Beruf/Status
Egbert Grodius	fürstlicher Ausmiener
Ubbo Emmen	sein Schwiegersohn
Gerhard Deters	fürstlicher Prokurator, ebenfalls Schwiegersohn des Ausmieners
Wwe. Lindenberg	des Ausmieners Schwiegertochter
Eppe Hinrichs	Schiffer, der für den Ausmiener fährt
Christopher Günther	Fuhrmann, vorher des Ausmieners Knecht
Hermann Deters	fürstlicher Prokurator
Peter Schütt	fürstlicher Burggraf
Giorcke Benen	fürstlicher Vogt
Albert Wilts	Schiffsknecht, Schwager des Vogts
Harm Albers	Heuermann des fürstlichen Schatthauses
Garrelt Jacobs	Heuermann eines fürstlichen Herdes in Sielmönken
Ricke Foldrichs	Pächter der fürstlichen Mühle
Albert Frerichs	Knecht auf dieser Mühle
Peter Cornelies und Michael Rückers, sein Schwiegersohn	Zimmerleute an den fürstlichen Grashäusern
Jannes Michels	Maurer an den fürstlichen Grashäusern
die Wwe. des Vogts Dunschelmann	schon 90 Jahre alt
die Wwe. des unglücklichen Leutnants Ainmersbeck	Tochter des (fürstlichen?) Kapitäns Meyer
Hinrich Lübbers	armer Tagelöhner
Weit Onnen	Schuhflicker, der mit seinen Kindern von Haus zu Haus in den Dörfern bettelt.

Diese Aufstellung zeigt eindrucksvoll, wie sich Verfassungskonflikte in der Realität für die Eingesessenen und kleinen Leute darstellten. Im Vordergrund ihrer Entscheidung zugunsten der einen oder anderen Seite stand ganz deutlich die Existenzsicherung, die sich auf ihr Personal mit übertrug.

In den Kirchspielen gab es nur vereinzelt fürstliche Bediente oder sonst direkt von der Landesherrschaft abhängige Leute. Hier ließ Brenneysen wahllos jeden unterschreiben, der sich dazu bereitfand. Wichtig war allerdings nur, wer von den Interessenten sich den Dekreten unterwarf, denn nur auf diese allein ständisch berechtigte Personengruppe kam es an, nicht aber auf die Warfsleute, Landhandwerker und Arbeiter. Ein Vergleich der Unterschriften unter den Paritionsanzeigen verschiedener Dörfer mit den Kopfschatzungsregistern von 1719 zeigt, daß von einer einhelligen Unterwerfung, wie Brenneysen behauptete, keine Rede sein konnte. In Pilsum hatten zwar 68 Personen ihren Gehorsam erklärt, von den 14 Interessenten aber nur 5[106], und gerade der am häufigsten zu Landtagen deputierte Deich- und Sielrichter Habbe Richts war nicht darunter. Vermutlich wären es noch weniger Unterschriften gewesen, wenn nicht gerade damals der junge Johann Jacob Wehling, »ein Höchstpreißlicher Eiferer vor dem Hoch- fürstlichen interesse wieder das Collegium der Herren Administratorum als Landsknechte und wieder die dem gemeinen Wesen so schädliche Stadt Emden[107]«, großen Einfluß genommen hätte. Seine heftigen Reden gegen die Stände hinderten ihn nicht, knapp zwei Monate später seine Paritions- erklärung zu widerrufen, weil er »aus dem Erfolg ersehen, daß es umb der Ständen freyheit zu thun wäre[108]«.

In den anderen Kirchspielen des Amtes Greetsiel ist der Befund ähnlich. In Upleward[109] unterschrieben 36 Eingesessene, von den 5 eigenerbten Interessenten aber nur einer, von den 7 berechtigten Pächtern 2; alle übri- gen Unterschriften stammten von Handwerkern und Arbeitern. In Uttum unterschrieben von den 14 Interessenten 6, ausnahmslos Pächter; in Hams- wehrum unterwarf sich von 12 Interessenten nur einer, und in Manslagt waren es von 17 sieben[110]. Die führenden Landtagsdeputierten waren in kei- nem Falle dabei. Brenneysen reichte also Paritionsanzeigen in Wien ein, die im großen und ganzen wertlos waren, weil die Personen, auf die es ankam, sich nicht unterworfen hatten. Mit der Unterschrift der Nichtberechtigten hatte Brenneysen dennoch etwas erreicht: Er hatte diese Bevölkerungs- schichten auf die Seite der Landesherrschaft gezogen. Seine Propaganda, die ständische Mißwirtschaft sei Ursache aller Übel im Lande und die An- nahme der kaiserlichen Dekrete einzige Voraussetzung zu ihrer Überwin- dung, mußte zwangsläufig die ländlichen Unterschichten gegen die stän- disch privilegierten Interessenten aufbringen, wenn diese die Dekrete nicht annahmen und damit — nach dieser Sichtweise — das Elend verlängerten. So konnten auch die Paritionsanzeigen von Nichtinteressenten der Landes- herrschaft nützen. In den Ämtern Emden und Leer gelang es Brenneysen bis auf wenige Ausnahmen nicht, vollwertige Paritionsanzeigen oder solche der behandelten Art zu erhalten. Lediglich aus Midlum und Kritzum[111] im Niederreiderland sowie aus den Geestdörfern Steenfelde und Ihrhove[112] gingen Unterschriften ein.

106 StaA., Rep. 4, C III a, 123, Nr. XIV, Beilage 317 b, und ebenda, Nr. XXI, Beilage 12.
107 So die Charakterisierung durch den Greetsieler Ordinärdeputierten Paul Wilckens in einem Schrei- ben an die Administratoren vom November 1722, StaA., Dep. 1, 707, fol. 86 ff.
108 So seine Erklärung auf dem Landtag in Hinte Anfang Januar 1723, StaA., Dep. 1, 1439, fol. 34 f. Er blieb dann auf Seiten der Stände, vgl. oben S. 41, Anm. 105.
109 StaA., Rep. 4, C III a, 123, Nr. XXI, Beilage 12.
110 alle Angaben ebenda.
111 ebenda, Nr. XIV, Beilage 317 a.
112 ebenda, Nr. XVI, Beilage 9 und 10.

Auf der Geest bot sich ein anderes Bild. Die Berichte der Auricher Beamten geben hierüber Aufschluß[113]. In Osteel hatte allein der Leutnant Meint Gathena trotz vielen Zuredens nicht unterschrieben. Nach Aussage des Vogts lag das daran, daß Gathena »von der Waterloischen Pacht, wovon er ein großes gezogen, als Bürge noch einige Tausend Gulden schuldig und also bange wäre, das Collegium mögte ihn auf geschehene Unterwerffung ausplündern«. In Upgant und Schott hatte, entgegen der Erwartung der Beamten, sogar der Ordinärdeputierte Abbo Poppinga unterschrieben. In Engerhafe weigerte sich die Keddschaft Vehnhusen, die Unterschriften zu leisten, wofür die Beamten die beiden Deichrichter Broer Lynesch und Peter Hanssen verantwortlich machten. Im Kirchspiel Victorbur hatte sich die Keddschaft Westertheene nicht unterworfen, weil sie sich von dem erwähnten Peter Hanssen und dessen Schwager, Leutnant Remet Addekes, »dessen Bruder Harmen Addekes als (sc. Akzise) Comptoir-Schreiber zu Uthwerdum auch nicht unterschrieben, (hätte) aufwiegeln« lassen, um vom Administratorenkollegium nicht wegen der rückständigen Schatzungen behelligt zu werden, auf deren Eintreibung wegen der Überschwemmung großer Teile der Victorburer Gemarkung bisher verzichtet worden war. In der ganzen Vogtei Holtrop hatte sich nur der in Lübbertsfehn wohnende Peter Hanßen wegen seines auf Landeskosten geführten Prozesses[114] nicht unterworfen. Die Eingesessenen von Ochtelbur schickten nach einer Versammlung im Hause des Ordinärdeputierten und Deichrichters Edo Peters die Paritionserklärung ohne Unterschrift nach Aurich zurück, »welchem Exempel die vom (sc. benachbarten) Bangstede, vermuhtlich aus Furcht, der Schatzung halber ausgeplündert zu werden«, folgten. Barstede und die drei Kirchspiele in der Wolde, Forlitz, Bedekaspel und Blaukirchen, unterwarfen sich zwar, erbaten aber vorsichtshalber landesherrlichen Schutz gegen zu befürchtende Schatzungsexekutionen.

Aus diesen Angaben lassen sich deutlich die Grundzüge der Auseinandersetzung um die Anerkennung der Dekrete erkennen. Auf der Geest, wo ständisches Bewußtsein nur in minderer Form vorhanden war, kam es überall dort zu Widerstand gegen die landesherrlichen Bemühungen, wo der eine oder andere Eingesessene entschieden die ständische Partei ergriff. Bei diesen Personen handelte es sich um Ordinär- oder oftmalige Extraordinärdeputierte mit viel Einfluß auf ihre Umgebung. Ihre Parteinahme konnte darüber hinaus ganz handfeste materielle Gründe haben oder mehr auf verwandtschaftlichen Bindungen beruhen. Besonders anfällig für ständische Einflußnahme waren die Kirchspiele des Südbrokmerlandes und der angrenzenden Gebiete. Weil diese Gegend sehr tief liegt und seit der Weih-

---

113   Bericht vom 13. 12. 1722, StaA., Rep. 4, C III a, 123, Nr. XXI, vor Beilage 15. Als Ergänzung dazu die Berichte vom 16. 12. 1722 und vom 13. 1. 1723, Rep. 4, C I g, 11.
114   Siehe oben S. 111.

nachtsflut von 1717 oft und lange überschwemmt war, waren die hier gelegenen Dörfer von den Schatzungen befreit, und es verwundert daher nicht, daß die Furcht vor der bei einer Unterwerfung zu erwartenden Aufhebung der Befreiung größer war als der Einfluß der landesherrlichen Verwaltung. Manche Eingesessenen waren dem Administratorenkollegium auch individuell verpflichtet, wie z. B. Peter Hanßen aus Lübbertsfehn. Die Treue zur einen oder anderen Seite war also in der Realität weniger von Prinzipien bestimmt als vielmehr von vorhandenen Abhängigkeiten von der Landesherrschaft oder von den Ständen. Auf der Geest konnte Brenneysen, nicht zuletzt unter Zuhilfenahme von Geldzahlungen an die Unterzeichner[115], sein Ziel weitgehend erreichen.

In den Städten Aurich und Norden mit juristisch gebildeten Mitgliedern im Magistrat ergaben sich für Brenneysen Probleme, weil in beiden Rathäusern mehr oder weniger einflußreiche ständische Parteiungen vorhanden waren. In Aurich wandte Brenneysen sich deswegen unter Übergehung von Bürgermeister und Rat direkt an die qualifizierte Bürgerschaft mit der Begründung, daß einer der Ratsherren Ordinärdeputierter sei und der eine Bürgermeister im nächsten Jahr Administrator werden wolle und »daher das Collegii gunst« suche. Auf das zu erwartende Argument, die Akkorde verböten solche Separierungen, wie Brenneysen sie hier betrieb, hatte er eine Antwort schon parat. Solche Reden kämen von Leuten, die selbst nur Nutzen aus den Unordnungen zögen und anderen mit diesen Worten Sand in die Augen zu streuen suchten. Im Gegenteil, es »müssen Spaltungen, das ist Trennungen, unter euch sein, auf daß die, so rechtschaffen sind, offenbahr werden. Das Licht muß sich von der Finsterniß trennen, die gehorsahmen müßen sich von den ungehorsahmen separiren, und Ihro Kayserl. Mayestät haben eben um deßwillen Ihre Decreta nicht alleine in die gesamte Land-Stände in genere und überhaupt, sondern an jeden Stand in specie und insonderheit mit großem Bedacht an die Städte Norden, Aurich und den dritten Stande gerichtet, weil Sie aus den Acten wohl ersehen haben, daß die Edelleute und die Stadt Emden diesen praetext brauchen würden, andere damit an sich zu halten.« Schädlich sei nur eine Trennung, die verhindere, daß sich die Gemüter der Untertanen »in Treu, respect, unterthänigkeit und gehorsahm mit dem Hertzen ihres Landes-Herrn« vereinigten[116]. Klarer kann Brenneysens Spaltungsbemühen kaum beschrieben werden. Gerade deswegen legte er so großen Wert auf Paritionsanzeigen jedes einzelnen Kirchspiels und jeder einzelnen Kommune, gerade deswegen aber versuchten die führenden Kräfte der Stände, die Unterschriften mit allen

---

115   Die Aufstellung der Kosten, die der Landesherrschaft im Amt Friedeburg während der gesamten Auseinandersetzung erwachsen waren, enthält für das Jahr 1722 einen Posten von 36 Reichstalern für »die Unkosten, so bey Ausstellung der Paritions Erklärungen des Amts Friedeburg aufgegangen«, StaA., Rep. 4, C III b, 50.
116   Abschrift StaA., Dep. 1, 706, fol. 183 ff.

Mitteln zu verhindern. Von Aurich bekam Brenneysen noch im November 1722 eine vage formulierte Paritionsanzeige: »... weilen sie aber den gantzen Einhalt der Kayserlichen Decretorum in allen puncten so genau nicht einsehen könten, jedennoch wolten Sie dieselbe in soweit Sie denen hiesigen Accorden und Landes-Verträgen nicht zuwieder lieffen, allerunterthänigst annehmen und dergestalt denen besagten decretis sich gehorsamlich submittiren[117]«; Norden aber blieb eine solche Erklärung vorerst schuldig[118].

Die Motive der Stände gegen eine Anerkennung der kaiserlichen Dekrete faßte der Ordinärdeputierte des Amtes Leer und spätere Administrator Dr. Coop Ibeling von Rehden treffend zusammen. Gäben die Stände den Dekreten nach, insbesondere hinsichtlich der landesherrlichen Aufsicht über die Finanzverwaltung, machten sie den Fürsten letztlich »zu einem Souverainen Herren im Lande, denn sind Ihro Durchlaucht Meister über die Landes Kaste, so sind dieselbe auch Herr und Meister über das ganze Land, zu mahle derjenige, so mein Schwerd in Händen hat, auch mächtig ist, mich damit zu können tödten[119]«. Kein Wunder, daß beide Seiten erbittert um jeden Fußbreit Boden kämpften.

11.5. Der Streit um die Schatzungen 1722/23 — Schatzungsverweigerung und militärische Exekution

Unmittelbar verknüpft mit Brenneysens Spaltungsversuchen über die Paritionsanzeigen war der im Herbst des Jahres 1722 zum ersten Mal akut werdende Streit um die Schatzungen. Wegen der wirtschaftlichen Notlage und des daraus resultierenden Geldmangels waren vor allem die Deputierten des dritten Standes in diesen Jahren nur zur Bewilligung der allernötigsten Schatzungen bereit. Seit 1718 waren die brandenburgische und die ständische Garnison nur schleppend bezahlt worden, die kaiserliche Salvegarde in Leer hatte fast nichts erhalten, und auch die Münsterischen Subsidien waren seit längerem rückständig, von den Zinsen für die 1718/19 in Hannover, Braunschweig und Berlin aufgenommenen Kredite ganz zu schweigen. Nach mehrfachen Ermahnungen war der Bischof von Münster im Herbst 1722 nicht mehr gewillt, länger auf seine Subsidien zu warten und verlegte Truppen an die ostfriesische Südgrenze mit der Drohung, binnen kurzem das Geld selbst im Lande einzutreiben. Unter diesem Druck be-

---

117   Abschrift StaA., Dep. 1, 707, fol. 93.
118   Die Entscheidung wurde trotz mehrfacher Ermahnung bis zum Frühjahr 1723 vertagt, StaA., Dep. 1, 707, fol. 132 f. und 230.
119   Brief vom 23. 11. 1722 an das Administratorenkollegium, StaA., Dep. 1, 706, fol. 186.

schlossen die Stände auf dem Landtag im Oktober 1722, dem Bischof zunächst den Rückstand für zwei Jahre in Höhe von 9600 Reichstalern sofort mit Wechseln zu bezahlen[120]. Zur Abdeckung dieser Wechsel, zum Unterhalt der drei Garnisonen und zur Zinszahlung für die Kredite bewilligten sie 8 Kapital- und 16 Personalschatzungen[121], die in vier Raten im Laufe des Winters ausgeschrieben werden sollten. Das war eine gewaltige Steuerlast, die das Land in einem knappen halben Jahr aufbringen sollte; vor 1717 hatte oft weniger als die Hälfte in einem ganzen Jahr genügt. Verschiedene Deputierte hatten daher Skrupel, und ohne die Drohung durch die münsterischen Truppen wäre eine Schatzungsbewilligung in dieser Höhe nicht zustande gekommen. So sperrten sich offen nur die Deputierten der Stadt Norden; sie bewilligten lediglich 6 Kapital- und 12 Personalschatzungen.

In der landesherrlichen Antwort auf diese Resolution kündigte Brenneysen an, diese Schatzungen, die zu offenbar verbotenen Zwecken vermeintlich eingewilligt seien, nicht zu bestätigen[122]. Am 19. Oktober 1722 ging in 300 Exemplaren ein gedrucktes Mandat ins Land, in dem allen Eingesessenen die Bezahlung dieser Schatzungen, die eigenmächtig eingewilligt und zu verbotenen Zwecken bestimmt seien, untersagt wurde. Für den Fall der bewaffneten Eintreibung wurde allen Betroffenen landesherrlicher Schutz versprochen[123] — eine weitgehend leere Formel angesichts der ostfriesischen Machtverhältnisse. Die Administratoren schrieben ungeachtet dieses fürstlichen Mandats am 6. November die ersten zwei Schatzungen aus und wiesen Brenneysens Rechtsauffassung als mit den Akkorden, insbesondere dem kaiserlichen Dekret vom 28. Juni 1684[124], unvereinbar zurück[125]. Als Zweck der Schatzungen hoben sie die Bezahlung der kaiserlichen Salvegarde hervor. In diesem Sinne schrieben sie auch an den Kaiser, um sich in Wien von vornherein ins Recht zu setzen[126]. Um die Bekanntmachung der Ausschreibung auf jeden Fall zu gewährleisten, ließen sie — völlig unüblich — die Plakate von den Kanzeln verlesen; die Publikationsgebühr hatten sie im voraus bezahlt, und die Plakate selbst wurden erst während der Predigt auf die Kanzeln gebracht, so daß kein Pastor vorher wußte, was er bekanntmachen sollte. Auf diese Weise gelang die Publizierung in fast allen Kirchen der Ämter Emden, Greetsiel und Leer sowie in verschiedenen der übrigen Ämter[127]. Wegen des fürstlichen Verbots[128] ging freiwillig fast kei-

120   StaA., Dep. 1, 1435, fol. 532 f.
121   ebenda, fol. 498 und 540 f.
122   ebenda, fol. 541.
123   StaA., Rep. 4, C II b, 135.
124   Abschrift StaA., Dep. 1, 707, fol. 177. Es besagte, daß die Landesherrschaft die Administratoren in der Verwaltung, Ausschreibung und Eintreibung der Steuern und Römermonate und überhaupt in ihren Rechten nicht behindern solle.
125   ebenda, fol. 174 f.
126   ebenda, fol. 175 ff.

nerlei Schatzung ein — wo die Pastoren sie nicht von der Kanzel verkündet hatten, hatten auch die Schüttemeister sie nicht bekannt gemacht[129]. Die Ausrufer weigerten sich z. T., die Schatzungen anzusagen, weil, wie in Aurich, die Bürger gedroht hatten, ihnen »arm und bein entzwey zu schlagen[130]«. Die Administratoren beschlossen deswegen, die Schatzung mit militärischer Unterstützung einzutreiben. Den Anfang wollten sie in Aurich machen, wo nicht nur bei den Bürgern und Einwohnern der Stadt exekutiert werden sollte, sondern auch bei allen landesherrlichen Bedienten einschließlich Kanzler und Räten[131]. Deren Steuerpflicht war umstritten, und trotz des Anspruchs, den die Stände darauf erhoben, hatten sie in den letzten Jahrzehnten keinen Versuch gemacht, diesen Anspruch zu verwirklichen[132]. Es war also auf eine offene Machtdemonstration abgesehen, die zeigen sollte, daß unmittelbar unter den Augen der Landesherrschaft die verbotenen Schatzungen eingetrieben werden konnten. Gelang das, war auf dem Lande kein weiterer Widerstand zu erwarten.

Am 7. Dezember wurden die Kommandeure der brandenburgischen Garnison, Oberstleutnant von Fridag, und der kaiserlichen Salvegarde, Oberst von der Ley, um die Durchführung der Exekution gebeten. Gegenüber beiden konnten die Administratoren darauf verweisen, der Ertrag der Schatzungen sei zum größten Teil zu deren eigenen Bezahlung vorgesehen. Den Kommandeur der Salvegarde verpflichtete im übrigen seine über 40 Jahre alte Instruktion zur Sicherung der akkordmäßigen Schatzungseintreibung, den Kommandeur der brandenburgischen Garnison der Vertrag zwischen den Ständen und dem Großen Kurfürsten von 1682. Beide erklärten sich grundsätzlich bereit, die Aufgabe zu übernehmen; Oberst von der Ley wollte aber nicht, wie die Administratoren gewünscht hatten, in einer ge-

127 Vgl. die Berichte der Amtmänner vom 16., 19., 22., 23. und 24. 11. und 6. 12. 1722, StaA., Rep. 4, C I g, 11. Besonders pikant war, daß diese Publikation ausgerechnet am 23. Sonntag nach Trinitatis vor sich ging, an dem alle Pastoren eine Predigt über den Gehorsam gegenüber der Obrigkeit halten mußten, vgl. oben S. 59, Anm. 191.

128 Im Amt Friedeburg war darüber hinaus allen fürstlichen Heuerleuten und Müllern befohlen worden, ab sofort alle vom Landtag bewilligten und von der Landesherrschaft approbierten Schatzungen nicht mehr an die Schüttemeister zu bezahlen, sondern direkt an die fürstliche Rentei, »damit dieselbe ad destinatos usus können verwant werden«, StaA., Dep. 1, 707, fol. 98. Es ist bezeichnend, daß dieser den Bestimmungen der Akkorde völlig entgegenlaufende Befehl gerade im Amt Friedeburg erteilt wurde. Hier hatten die Stände ihre schwächste Basis.

129 StaA., Dep. 1, 707, fol. 90.

130 So nach dem Brief des Auricher Bürgermeisters Solling an das Administratorenkollegium vom 9.12.1722, ebenda, fol. 118 f.

131 ebenda, fol. 6.

132 Wegen dieser Streitfrage hatte Brenneysen am 18.5.1722 zwei Klagen beim Reichshofrat einreichen lassen, in denen er die ständische Forderung als unberechtigt zurückwies. Er mußte allerdings einräumen, daß die Landesherren es wegen der unruhigen Zeiten seit fast 100 Jahren hätten geschehen lassen müssen, daß die landesherrlichen Bedienten, »dem geringsten Unterthanen gleich«, der Akzise unterworfen seien, wovon er jetzt ebenfalls Befreiung verlangte. StaA., Rep. 4, C III a, 123, Nr. VII und VIII.

meinsamen Aktion tätig werden, weil er dadurch den Einsatz der brandenburgischen Truppen entgegen den kaiserlichen Dekreten gerechtfertigt hätte. Daher sollten seine Soldaten im Amt Friedeburg die Exekution verrichten, und Oberstleutnant von Fridag übernahm das Kommando gegen Aurich allein[133]. Am 11. Dezember rückte er mit 120 Mann bis nach Fahne,
wenige Kilometer südwestlich von Aurich gelegen, vor, während von der
Ley ein kleines Kommando nach Friedeburg in Marsch setzte. In Aurich
war mittlerweile die ganze Bürgerschaft zu den Waffen gerufen worden,
die Bauern der umliegenden Dörfer waren aufgeboten[134], und alle erreich-
bare Munition wurde hier gesammelt[135]. Der Fürst selbst ritt mit blankem
Säbel durch die Stadt und rief alle Bürger zum Widerstand gegen die dro-
hende Exekution auf. Ständische Parteigänger wie Bürgermeister Solling
oder Ratsherrn Stürenburg beschimpfte er als »meineidige Hunde«; sogar
mit der Peitsche soll er sie bedroht haben. Auf der Straße durften sie sich in
diesen Tagen kaum sehen lassen, wenn sie unbehelligt bleiben wollten. Fast
niemand wurde in die Stadt herein- oder aus ihr herausgelassen, und als
Oberstleutnant von Fridag selbst zu Gesprächen dort war, wurde er mit
Kot beworfen. »De duivelse land upvreters[136]« wurden die brandenburgischen Soldaten genannt; damit waren zugleich alle ständischen Führer, die
für diesen Einsatz verantwortlich waren, gemeint. Unter diesen Umständen
wollte von Fridag keinen Angriff auf Aurich ohne ausdrückliche Zustimmung aus Berlin wagen; die möglichen Folgen eines solchen massiven bewaffneten Eingriffs in Ostfriesland waren unabsehbar, besonders, nachdem von Wien aus Ordre an Oberst von der Ley ergangen war, sofort einen
Teil seiner Truppen zum Schutz der Landesherrschaft nach Aurich zu verlegen. Von der Ley selbst wurde durch ein Geschenk von 100 Speciesdukaten, die ihm Hofmarschall von Worm übergab[137], für die fürstliche Seite
gewonnen. Da die Hoffnung der Administratoren, die Landesherrschaft
und Brenneysen würden gegen eine von brandenburgischen Truppen
durchgeführte Schatzungseintreibung nichts unternehmen, vergeblich gewesen war, verzichteten sie zur Vermeidung von Weiterungen auf die militärische Schatzungserhebung in Aurich und den umliegenden Dörfern. In
und um Marienhafe hatten zwischenzeitlich über 1000 Bauern ein dorthin
entsandtes Kommando gestoppt und den Exekutor gefangen nach Aurich

---

133 Die Requisitionen an beide Kommandeure und ihre Zusagen StaA., Dep. 1, 707, fol. 102 ff., 112 f.,
     117 f., 127 ff.
134 Vgl. im einzelnen zum Geschehen das Diarium des Kommandeurs der fürstlichen Miliz, Oberstleut-
     nant von Unger-Sternberg, StaA., Rep. 4, B X a, 34, fol. 1 ff. Befehle an die Bürgerschaft, Mel-
     dung von Freiwilligen und Aufgebot der »neun Loogen« Rep. 4, B X d, 4.
135 So mußte z. B. der Norder Amtmann Kettler alles dort vorhandene Pulver aufkaufen und nach Au-
     rich schicken, vgl. seinen Bericht vom 13.12.1722, StaA., Rep. 4, C I g, 11.
136 StaA., Dep. 1, 707, fol. 134 ff.
137 StaA., Rep. 4, C III d, 7, Vol. 5, S. 317.

gebracht[138]; die brandenburgischen Truppen wurden daraufhin in die Nähe Emdens zurückbeordert. Erst im Januar und Februar 1723 wurde die Schatzungseintreibung fortgesetzt, diesmal durch Soldaten der Emder ständischen Garnison. Dabei gab es in Ditzum im Reiderland eine Schießerei, bei der ein Einwohner getötet und mehrere verletzt wurden[139].

Begleitet waren diese Aktionen von einem heftigen Briefwechsel zwischen den Administratoren und Brenneysen. Diese wiesen auf die Befugnis zu ihrem Vorgehen hin, Brenneysen dagegen führte die Unrechtmäßigkeit der vermeintlichen Bewilligung und den in den kaiserlichen Dekreten verbotenen »Recurs ad exteros« an. Gleichzeitig sandte er über alle Vorfälle genaue Berichte und entsprechende Klagen nach Wien[140]. Die Stände rechtfertigten in mehreren Eingaben ihr Vorgehen und gaben der Landesherrschaft die Schuld an den Vorfällen, weil sie die Bezahlung rechtmäßig eingewilligter Schatzungen verboten habe[141]. Es waren die bekannten Argumente, die ausgetauscht wurden und zwischen denen eine Brücke nicht zu schlagen war. Wie tief der Graben zwischen Landesherrschaft und Landständen inzwischen geworden war und wie sehr Brenneysens Spaltungspolitik gewirkt hatte, erhellt aus einem Schreiben, das die Administratoren am 16. Dezember 1722 an Oberst von der Ley schickten. Sie baten ihn, keine Mannschaft nach Aurich zum Schutz der Landesherrschaft zu schicken, sondern mit der Schatzungsexekution im Amt Friedeburg zu beginnen. Er werde damit »Uns und alle redliche(n) Patrioten oder die rechtmässige(n) Stände unendlich obligiren, wo aber nicht, werden wir das wiedrige erdulden und der Ständen Gerechtsamen so gut, als wir können, vorstehen und im übrigen Gott und der Zeit anheim stellen (...), welchergestalt alles seine Endschafft erreichen wird[142]«. »Redliche Patrioten« oder »rechtmäßige Stände«, das war die Formel, die in den folgenden Monaten und Jahren die Szene beherrschte. Gegen alle Spaltungen, die der Landesherrschaft gelingen mochten, führten die ständischen Führer diese Worte ins Feld. In ihrem Selbstverständnis war die Politik Brenneysens ein großes Unrecht und bedeutete Schaden für Land und Leute. Ihre »patria« war mit der landesherrlichen in keiner Weise identisch. Nicht Ostfriesland als solches war der Wert, an dem sich die Geister schieden; ein ständisches und ein landesherr-

138   StaA., Dep. 1, 707, fol. 183 ff. und 215 f.
139   Berichte über die Vorfälle in Ditzum StaA., Rep. 4, C I g, 11, Rep. 4, C III a, 114, und Dep. 1, 1439, fol. 93 f. Der Bericht der Bauern weist Kapitän de Nove, der das Kommando führte, die Schuld zu; er habe in die friedlich dastehende Menge schießen lassen. De Nove selbst führte in seinem Bericht an, er sei mit seinen Leuten vom Dorf aus beschossen worden und habe sich nur verteidigt. Welche Aussage richtig ist, läßt sich nicht entscheiden.
140   StaA., Rep. 4, C III d, 7, Vol. 5, S. 66 ff. und 267 ff., und Rep. 4, C III d, 7, Vol. 6, S. 94 ff. und 142 ff.
141   So in einem Schreiben vom 17.12.1722, StaA., Dep. 1, 707, fol. 165 ff., und in zwei größeren Eingaben vom 9.1. und 16.2.1723, Rep. 4, C III d, 7, Vol. 6, S. 30 ff. und 250 ff.
142   StaA., Dep. 1, 707, fol. 161.

liches Ostfriesland standen sich hier unversöhnlich und unvereinbar gegenüber. Was der einen Seite rechtmäßig und patriotisch erschien, war der anderen immer nur ein Beweis, daß in Ostfriesland die »wahre Relation zwischen Obrigkeit und Untertanen« mit Füßen getreten werde, und was
Brenneysen als Landeswohlfahrt ausgab, war für die Stände nur nacktes
Streben zu einem absoluten Dominat, zu einer souveränen Stellung im
Lande[143].

Der Schatzungsstreit endete schließlich mit einem kleinen Sieg der Administratoren. Weil von Berlin aus wegen des 1719 aufgenommenen Kredits
zum Deichbau, der sog. Le Jeune'schen Schuld, mit Exekution gedroht
wurde und weil an der Notwendigkeit von Schatzungen nicht zu rütteln
war, erteilte die Landesherrschaft am 22. Januar 1723 den Konsens zu der
ersten Hälfte der streitigen Schatzungen[144], womit sie indirekt die Unrechtmäßigkeit des ursprünglichen Verbots zugab. Wegen der anderen Hälfte
gab es noch lange prozessuale Auseinandersetzungen, die seit dem Spätherbst 1723 in Wien weitergeführt wurden[145].

11.6. Offene Spaltung in »gehorsame« und »rechtmäßige« (»renitente«) Stände — Der doppelte Landtag im Januar 1723

Das landesherrliche Verbot, die auf dem Landtag im Oktober 1722 bewilligten Schatzungen zu bezahlen und die darauf folgenden Verwicklungen hatten die Spaltung innerhalb der Stände erweitert. Im Januar des folgenden Jahres wurde das vollends deutlich. Wegen der zugespitzten Situation und der Mobilisierung der Auricher Bürger baten die Administratoren
am 18. Dezember 1722 um Verschiebung des auf den 11. Januar 1723 prorogierten Landtages bis zum 15. Februar und um seine Verlegung nach
Norden[146]. Sie beriefen sich bei dieser Bitte auf Art. 13 des Haagischen Akkords von 1603[147], der Landtage an befestigten Orten verbot — eine für die

143 Wie völlig unterschiedlich zentrale Begriffe der Verfassung verstanden wurden, zeigt das folgende
   Beispiel treffend. Den auf der ständischen Freiheit im Sinne der »iura ac libertates« bestehenden
   Ständen hielt der sächsische Vizekanzler Ritter, einer der beiden subdelegierten kaiserlichen Kommissare, die ab 1724 zur Untersuchung und Entscheidung der Streitigkeiten im Lande weilten, den
   landesherrlichen Freiheitsbegriff entgegen. Unter Berufung auf das Bibelwort »Wo der Geist des
   Herrn ist, da ist Freiheit« (Kor. 3, Vers 17) führte er aus, die »rechte Freyheit« bestehe darin, daß
   »die hohe Landes-Obrigkeit nach Anleitung derer Fundamental-Gesetze regierete und die Unterthanen den ihm (!) obliegenden Gehorsahm leisteten«. StaA., Rep. 4, C III c, 95, fol. 274. Daß
   über die Auslegung der »Landesfundamentalgesetze« völlig gegensätzliche Auffassungen bestanden, ist in der Darstellung der Streitpunkte, siehe oben S. 76 ff., zur Genüge deutlich geworden.
144 StaA., Dep. 1, 707, fol. 247.
145 Vgl. z. B. die Auseinandersetzung darum im Amt Berum, Bericht der dortigen Beamten vom 8.11.
   1723, StaA., Rep. 4, C I g, 11.
146 StaA., Dep. 1, 707, fol. 177.
147 W i e m a n n , Grundlagen, S. 208/09, bzw. B r e n n e y s e n II, S. 310.

damaligen unruhigen Zeiten typische Bestimmung, die jetzt keine Bedeutung mehr hatte, weil die Landtage schon seit mehreren Jahrzehnten immer
in Aurich stattfanden. Brenneysen gab dem Begehren daher nicht statt; die
Behauptung, die Stände seien in Aurich nicht sicher, sei eine »recht aus der
Luft ergriffene« Begründung[148]. Auf einer Versammlung der Ordinärdeputierten Anfang Januar in Emden wurde das Problem daraufhin eingehend
erörtert. Die Ritterschaft und die Deputierten der Stadt Norden und des
dritten Standes stimmten für die Verlegung, während Aurich — ohne Begründung — und Emden — unter dem Motto: Jetzt erst recht! — für die
Abhaltung des Landtags in Aurich trotz aller zu erwartenden Schwierigkeiten plädierten. Die Mehrheit war damit für eine Verlegung. Um aus der
Ortsfrage keinen Streitpunkt zwischen Norden und Leer zu machen, einigten sie sich auf Hinte[149], ein Dorf wenige Kilometer östlich von Emden. Die
Berechtigung zu der eigenmächtigen Verlegung bot der eben angeführte 13.
Artikel des Haagischen Akkords von 1603, der der Landesherrschaft die
Pflicht auferlegte, auf Ersuchen eines Teils oder der Gesamtheit der Stände
einen Landtag einzuberufen; weigerte sie sich, durften die Stände allein einen Landtag abhalten. In dem Einberufungsplakat ermahnten die Ordinärdeputierten »alle guten Patrioten«, dafür zu sorgen, »daß die Landesverträge nicht *Wortlich* / sondern *Würcklich* mögen aufrecht gehalten werden«. Wer sich nicht danach richten wolle, werde »als Zerstöhrer der gemeinen ruhe« angesehen und behandelt werden[150]. Schließlich erklärten alle
anwesenden Deputierten — Otto Bley aus dem Amt Friedeburg und Dirk
Schweers aus dem Amt Stickhausen waren bereits abgereist — feierlich, in
Hinte zum Landtag erscheinen zu wollen. Gegenüber der Landesherrschaft
rechtfertigten sie sich mit den erwähnten Bestimmungen des Haager Akkords und beklagten die »bittere Schreibart« Brenneysens[151].

Absprachegemäß fand seit dem 11. Januar im großen Saal der Burg Hin-
ta, Sitz der adeligen Familie von Freese, der Landtag der »rechtmäßigen«
Stände statt, die Brenneysen seitdem die »Renitenten« nannte. Gekommen
waren außer der Ritterschaft und den Vertretern der Stadt Emden jeweils
mehrere Deputierte aus den Ämtern Emden, Greetsiel und Leer, während
aus den Ämtern Norden, Berum und Stickhausen nur je ein Deputierter anwesend war. Insgesamt waren es 22 Abgeordnete des dritten Standes, 2 aus
Norden sowie 12 aus Emden und der Ritterschaft; alle Anwesenden sind
der ständischen Führungsschicht zuzuzählen[152]. Ein Mandat der Landes-

148   StaA., Dep. 1, 707, fol. 233 ff.
149   Protokoll dieser Versammlung StaA., Dep. 1, 1439, fol. 1 ff.
150   ebenda, fol. 15 f. Hervorhebung im Original.
151   Schreiben an die Landesherrschaft vom 8.1.1723, ebenda, fol. 17 ff.
152   Die Namen der Teilnehmer gehen aus den beiden Berichten des Hinter Vogts vom 14. und
      18.1.1723 hervor, StaA., Rep. 4, C II b, 134.

herrschaft an die Hinter Schüttemeister, bei 1000 Goldgulden Strafe die »angemaßte Versammlung« — von Landtag sprach Brenneysen hierbei nie — notfalls mit Aufbietung der Eingesessenen aufzulösen, hatte keinerlei Wirkung[153], so daß der Landtag, der inhaltlich nur die üblichen Probleme dieser Jahre, Deichbau, Geldnot und Schuldenlast, behandelte, am 20. Januar in Ruhe zu Ende ging. Die Schlußresolution wurde mit der Bitte um landesherrliche Approbation nach Aurich geschickt, die Brenneysen jedoch, wie nicht anders zu erwarten, verweigerte.

Gleich nachdem dieser im Dezember die Bitte um Verlegung des Landtags abgelehnt hatte, bekräftigte er in einem öffentlichen Mandat die Einberufung des Landtages zum festgesetzten Termin nach Aurich. Außerdem ging ein Reskript an alle Amtleute, diejenigen Eingesessenen ihrer Ämter, die sich den Dekreten unterworfen hätten, zusammenzurufen und nachdrücklich zu ermahnen, nur den Auricher Landtag zu beschicken. Darüber hinaus sollten die Beamten darauf drängen, in die Vollmachten ausdrücklich den Passus aufzunehmen, daß die Deputierten nichts gegen die Bestimmungen der kaiserlichen Dekrete beschließen dürften. Auf diesen Versammlungen erreichten die Beamten ihr Ziel weitgehend[154]. Nach dieser massiven Beeinflussung war der Besuch des Auricher Landtages entsprechend stark: Allein aus dem Amt Aurich waren 16 Abgeordnete erschienen, darunter die sonst fast nie vertretenen Kirchspiele Westerende, Ardorf und Middels. Aus dem Amt Stickhausen waren 8 und aus den Ämtern Friedeburg, Berum und Norden je 3 Deputierte gekommen[155]. Außerdem waren drei Vertreter der Stadt Aurich anwesend sowie je ein Deputierter aus Leer und Nenndorp im Niederreiderland; beide waren Exponenten einer zu den ständischen Führern in Opposition stehenden Gruppe[156]. In Ermangelung eines Mitgliedes der Ritterschaft führte der Auricher Bürgermeister Greems das Präsidium. Die Beratung war kurz; nach knapp zwei Tagen waren sich die Deputierten über die Deliberanda einig. Wie von Brenneysen gewünscht, bewilligten sie eine Kapital- und zwei Personalschatzungen zum Unterhalt der kaiserlichen Salvegarde. Diese Schatzung sollte sofort ausgeschrieben und nicht an das Administratorenkollegium in Emden, sondern an den Auricher Barbier und Schatzheber von Bühren zur Weiterleitung an Oberst von der Ley bezahlt werden. Im übrigen bedauerten die »gehorsa-

---

153 StaA., Dep. 1, 1439, fol. 64 f. und 35.

154 Vgl. die Berichte der Amtleute vom 4.—11. 1. 1723, StaA., Rep. 4, C II b, 135.

155 Die Namen aller Anwesenden schrieb Brenneysen gleich zu Beginn des Landtags eigenhändig auf, um später »schwarze« und »weiße Schafe« voneinander trennen zu können, StaA., Rep. 4, C II b, 135.

156 Das Kirchspiel Midlum im Reiderland, das ebenfalls hierzu gehörte und deswegen im Januar/Februar 1723 bei der militärischen Schatzungseintreibung besonders hart behandelt wurde, hatte als Ausdruck des Gehorsams einen Deputierten nach Aurich geschickt, dieser aber hatte wohl die Nerven verloren und war, ohne abzuwarten, ob ein Landtag stattfinde, wieder abgereist. Schreiben der Midlumer Schüttemeister vom 23. 1. 1723, StaA., Rep. 4, C I g, 11.

men Stände«, wie sie im Gegensatz zu den »renitenten« genannt wurden, die augenblickliche Spaltung und hofften auf baldige Wiedervereinigung, weil sie wußten, daß ein Erfolg im Deichbau ohne die Fehlenden nicht zu erzielen war. Zu diesem Thema stellten sie daher ihre Resolution bis zum demnächst erhofften gemeinsamen Landtag aus[157].

Mit diesem Doppellandtag war die weitgehende Spaltung offenbar geworden. Es zeigte sich, daß die ständische Basis in den 5 Geestämtern zu gering war, um einer offensiven Landesherrschaft, die zudem kaiserliche Rückendeckung hatte, nennenswerten Widerstand entgegenzusetzen. Die Deputierten dieser Ämter waren leicht zu lenken, und die Kirchspiele bzw. Kommunen handelten bei der Bevollmächtigung nach dem Willen Brenneysens. Die starke Steuerbelastung dieser Jahre bei gleichzeitig geringen Erträgen der Landwirtschaft drückte auf der Geest besonders hart, und es war daher nicht schwer, die Eingesessenen gegen die Stände bzw. deren Führer aufzubringen, weil nach außen hin sie es waren, die Steuern bewilligten, ausschrieben und für die Eintreibung sorgten. Daß die latent vorhandene Spaltung gerade bei den streitigen Schatzungen offen ausbrach, war daher nur folgerichtig.

11.7. Innerständische Einigungsbemühungen

Die sich in dem Doppellandtag von Hinte und Aurich dokumentierende Spaltung der Stände war vorläufig nur kurzfristig. In zwei Mandaten vom 7. und 25. Februar 1723 wurde allen Landtagsdeputierten sicheres Geleit garantiert und gleichzeitig allen Eingesessenen Ostfrieslands bei 100 Goldgulden Strafe die Beleidigung der durchreisenden Landtagsabgeordneten mit Worten und Taten verboten[158]. Damit war der Weg für gemeinsame Landtage, die wegen des Deichbaus unbedingt notwendig waren, frei.

Die Ereignisse des letzten Winters hatten bei den Ständen, insbesondere bei den »renitenten«, die Bereitschaft gefördert, alles zur Einigkeit mögliche zu tun. Hauptkeil war nach wie vor der Beitrag Emdens zu den Landeslasten. In den kaiserlichen Dekreten war die Verpflichtung Emdens zur 6. Quote festgeschrieben worden, damit aber fühlte sich die Stadt — vermutlich zu Recht — überfordert. Als Emden im Frühjahr 1723 den Deichbau übernahm, bot sich Gelegenheit, dieses Problem aus der Welt zu schaffen. Emden verpflichtete sich, zu jeder einfachen Kapitalschatzung 1100 fl. beizutragen; der Rückstand seit 1701, auf 40.000 Reichstaler festgesetzt, wurde mit den Deichbaugeldern verrechnet, so daß der an Emden auszuzahlende Betrag um diese Summe gekürzt wurde. Bis zu einer Höhe von 7292 fl.

157   Vgl. Landtagsprotokoll StaA., Rep. 4, C II b, 135.
158   StaA., Dep. 1, 707, fol. 290 f.

jährlich sollten die Emder Steuern direkt zum Unterhalt der ständischen Garnison verwendet werden; erst der darüber hinaus fällig werdende Rest stand dem Administratorenkollegium zur Verfügung. Weil Emden die Übernahme des Deichbaus von der Annahme dieser Einigung abhängig machte, konnten sich die Deputierten des dritten Standes, die den Beitrag auf 1200 fl. pro Kapitalschatzung festsetzen und die Laufzeit des Vertrages auf das Jahr 1750 statt auf 1800 begrenzen wollten, nicht durchsetzen. Bis auf die Abgeordneten des Amtes Berum stimmten Anfang Mai 1723 alle diesen Abmachungen zu[159], Brenneysen dagegen beharrte auf der Erfüllung der Bestimmungen der kaiserlichen Dekrete, also auf der 6. Quote. Damit war, wenn auch unter Druck, eine Einigung erzielt, und Emden konnte nicht mehr beschuldigt werden, gar nichts zu den Landeslasten beizutragen.

Auf dem Landtag im März 1723 verpflichteten sich alle anwesenden Deputierten zur Geheimhaltung dessen, was beraten wurde; diese Verpflichtung, die auch alle in Zukunft erscheinenden Deputierten binden sollte, sollte bis zur Wiedererlangung der »so sehnlich verlangte(n) Einigkeit« gelten[160]. Dem Landesherrn signalisierten die Stände gleichzeitig Verhandlungsbereitschaft und baten darum, seine »Intention« und »was Sie von denen Ständen eigentlich praetendirten«, zu erfahren[161]. Sie hatten immer noch nicht begriffen, daß diesmal ein Generalangriff ins Haus stand, der mit einem Vergleich nach dem Muster der früheren nicht abzuwenden war.

Im Dezember 1723 legte Herr von dem Appelle ein »Vereinigungswerk« vor. In diesem Vertrag war unter ausführlicher Zitierung aller einschlägigen Bestimmungen der Landesverträge seit 1589 festgelegt, daß keine Spaltungen und »extracomitialischen« Handlungen mit einzelnen Gliedern der Stände bzw. einzelnen Kirchspielen geduldet werden sollten. Daneben enthielt er die ausdrückliche Verpflichtung, alle auf Landtagen ordentlich eingewilligten Schatzungen auch dann zu bezahlen, wenn es der Landesherr verbiete. Für Verstöße waren 1000 Reichstaler Buße und dauernder Ausschluß von den Landtagen vorgesehen, wer aber von der Landesherrschaft wegen seiner Vertragstreue gerichtlich belangt werde, sollte auf Landeskosten vertreten werden[162]. Da Aurich jedoch diese Sanktion gestrichen haben wollte und Norden meinte, ein solcher Vertrag verschlimmere den Streit mit der Landesherrschaft nur, kam das »Vereinigungswerk« nicht zustande[163].

159 Vertragstext StaA., Dep. 1, 792, fol. 1 ff., und Rep. 4, C III a, 146. Die Verhandlungen in Dep. 1, 1439, fol. 229 ff.; vgl. auch oben S. 130 f.

160 StaA., Dep. 1, 1439, fol. 109. Die Geheimhaltung wurde immer wieder durchbrochen. Der Greetsieler Rentmeister Schmid gab in den Jahren 1721 bis 1724 insgesamt 400 Reichstaler aus, um sich Abschriften der ständischen Landtagsprotokolle zu beschaffen und hatte damit immer Erfolg. Bericht Schmids vom 17. 1. 1728, StaA., Rep. 4, C III b, 50.

161 StaA., Dep. 1, 1439, fol. 109.

Vorher hatten die ständischen Führer versucht, Deputierte, die bereits Paritionsanzeigen abgegeben hatten, zum Widerruf zu bewegen. In den dazu vorformulierten Revokationsscheinen war entweder von erzwungener Unterschrift die Rede, oder es hieß, der Betreffende habe teils unter Zwang, teils aus Übereilung und unbedacht sowie unter Vorspiegelung falscher Tatsachen seine Parition erklärt[164]. Diese Bemühungen hatten anfangs einigen Erfolg, auf die Dauer jedoch waren die Deputierten der gehorsamen Ämter — nur um diese allein ging es — dem Druck der landesherrlichen Beamten und ihrer Basis in den Kirchspielen nicht gewachsen, so daß alle diese Revokationen keinen Wert hatten. Unter diesen Umständen mußte auch der Appell des Emder Syndikus Hessling an die Stände, den »löbliche(n) Fußstapffen der wackeren Vorfahren«, die tapfer für die Rechte des Vaterlandes gekämpft und »das damalen eben auch mit vielen Unwahrheiten hart beschuldigte Collegium verthädiget« hätten, zu folgen, ohne Erfolg zu bleiben[165].

Die Stände versuchten viel, um zu größerer Einigkeit zu gelangen und damit Brenneysen keine oder weniger Angriffsfläche zu bieten, insgesamt aber mußten diese Bemühungen erfolglos bleiben: Die in der Struktur Ostfrieslands begründeten Unterschiede machten sich immer in Spannungen bemerkbar; jetzt, da sie von Brenneysen bewußt geschürt wurden, schlugen sie in offene Spaltung um, die solange nicht zu überwinden war, wie die Landesherrschaft ihre Politik nicht änderte.

12. Die kaiserlichen Dekrete vom 8. und 11. Juni 1723

Bis zum Herbst 1722 hatte lediglich Brenneysen Klagen mit seiner Interpretation der ostfriesischen Landesverträge beim Reichshofrat eingereicht; im November dieses Jahres begannen die Stände, sich inhaltlich mit Brenneysens Schriften auseinanderzusetzen. Alle ständischen Gegenschriften betrafen den »Gebrauch der ostfriesischen Akkorde« und behandelten nach allgemeinen Ausführungen zu diesem Problem jeweils einen der von Brenneysen in Streit gezogenen Punkte. Bis Ende Februar 1723 liefen 16 solcher Gegenschriften[166] beim Reichshofrat ein, in denen die Brenneysens Interpretation der ostfriesischen Verfassung entgegenstehende ständische Position eingehend erläutert wurde. Damit waren in Wien die ostfriesi-

---

162   Text dieses Vertrages StaA., Dep. 1, 1345.
163   StaA., Dep. 1, 1439, fol. 470 f. und 508.
164   Verschiedene solcher Revokationsscheine vom Mai 1723 StaA., Dep. 1, 522.
165   StaA., Dep. 1, 1452, fol. 35.
166   StaA., Rep. 4, C III d, 7, Vol. 3, 4, 5 und 6 passim.

schen Verhältnisse besser bekannt geworden. Für den Reichshofrat stellte sich jetzt das Problem, ob die 1721 ergangenen Dekrete tatsächlich zur Exekution gebracht werden sollten[167]. Daß sie sich mit verschiedenen Bestimmungen der Akkorde rieben, hatte er inzwischen bemerkt, die Vorstellungen der Stände, die Ostfriesen seien ein freies Volk, erschienen aber nicht nur Brenneysen, sondern auch den Wiener Herren von gefährlicher Konsequenz. Wenn »wieder diese Vermeßenheit nicht ernstliche Mittel vorgekehret« würden, werde der Landesherr alle »Kennzeichen einer Superiorität und Obrigkeit«, entgegen der Reichsverfassung, verlieren und sich in einem »dermaßen verächtlichen Stand« befinden, daß er gegen die »offenbahren Unordnungen« nichts unternehmen könne, sondern den Administratoren »durch die Finger zu sehen« und ihnen »die völlige Oberherrschaft, Directorium (und) Praeminenz« über sich und sein Land einzuräumen gezwungen werde.[168] Bei solcher Beurteilung der ostfriesischen Verhältnisse konnte die Entscheidung des Reichshofrates nur in eine Richtung zielen. Am 11. Juni 1723[169] wurden die Dekrete vom 18. August 1721 und 1722 nochmals bestätigt. Zwar wurde das Recht der Stände, alle von ihnen ordentlich bewilligten Schatzungen gemäß den Akkorden durch die Administratoren ohne Behinderung auszuschreiben, einzuziehen und zu verwalten, bestätigt, die landesfürstliche Oberaufsicht über die Landesmittel zur Vermeidung aller Mißbräuche jedoch bekräftigt. Diese Oberaufsicht wurde präzisiert: Der Inspektor beim Kollegium brauchte nicht mehr notwendigerweise die Landrechnungen mit zu unterschreiben, alle seit 1693 von den Ständen allein abgenommenen Landrechnungen aber sollten so lange ungültig sein, bis sie von der Landesherrschaft auf die in den Dekreten von 1721 und 1722 festgelegte Art geprüft worden seien.[170] Ein Stimmrecht wurde dem Inspektor vorenthalten, über die festgestellten Mängel aber sollte er Monita machen, auf Abstellung dringen und an die Landesherrschaft zur Einholung einer näheren Instruktion berichten dürfen. Alle Bestimmungen der vorherigen Dekrete über die halben Brüche bei Verstößen gegen die Akzisepachtordnung, über das Restantenwesen, über die Form der Landrechnung, über die Verwendung der Landesmittel zu Prozeß-, Legations- und Kommissionskosten etc. wurden bestätigt. Das Steueraufkommen des landesherrlichen Kammergutes durfte nur dann zu Zinszahlungen für aufgenommene Kapitalien verwendet werden, wenn diese »zu Conservation des Landes und zum gemeinen Landes nutzen würcklich und

---

167   Vgl. H u g h e s , Imperial judicial authority, S. 311 f.

168   So in dem Gutachten betreffend die Oberaufsicht über die Landesmittel, das der Reichshofrat vor den Dekreten vom Juni 1723 verfaßte. Der ostfriesische Gesandte in Wien, Brawe, verschaffte sich davon eine Abschrift und schickte sie nach Aurich, StaA., Rep. 4, C III d, 9.

169   StaA., Rep. 4, C III a, 122; die Patente an die gesamten Stände sowie die Ordinärdeputierten und Administratoren in der Ausfertigung in Rep. 4, C III a, 131.

170   Siehe oben S. 177.

wahrhafftig, auch ohne unbillige übermaß, verwendet« worden seien. Die Übernahme von »Privatprozessen« gegen die Landesherrschaft wurde verboten, ausgenommen die Fälle, in denen den Ständen ein Interventionsrecht ausdrücklich zustehe. Schließlich wurde die Rechtfertigung der Stände für die eigenmächtige Verlegung des Landtags nach Hinte im Januar 1723 verworfen, alle dort gefaßten Beschlüsse kassiert und eine Untersuchung und Bestrafung gegen die Beteiligten vorbehalten. Alle Bestimmungen, die in einem ausführlichen Patent an die Ordinärdeputierten und Administratoren noch eingehender gefaßt waren[171], wurden wiederum bei einer Strafe von 50 Mark lötigen Goldes erlassen. Im Publikationspatent wurde die von den Ordinärdeputierten und Administratoren in Anspruch genommene »unbefugte Extension auff eine unbeschränckte Licentz zu excessen und unordnungen, auch Eingriffe in die Landes Fürstliche Oberbothmäßigkeit und auffsichte und *solche Rechte, derer unterthanen gar nicht fähig seynd* und die keine privilegia auffheben können«, scharf gerügt. Eine mit Brenneysens Staatstheorie übereinstimmende Auffassung von der »wahren Relation zwischen Obrigkeit und Untertanen« spricht aus solchen Formulierungen. Hier lag der Kernpunkt dieser und vergleichbarer Auseinandersetzungen in anderen Territorien des Reiches: Wie weit können obrigkeitliche Rechte durch Rechte der Untertanen eingeschränkt werden? In den Ostfriesland betreffenden Entscheidungen hatte sich damit eine absolutistische Auffassung durchgesetzt, nach der von vornherein bestimmte Rechte dem Einfluß der Stände entzogen wurden, weil sie ihrer »nicht fähig« waren.

Die Untersuchung der Streitpunkte und die Exekution der Dekrete übertrug der Reichshofrat dem König von Polen als Kurfürsten von Sachsen und dem Herzog von Braunschweig-Wolfenbüttel, nachdem er bereits am 8. Juni auf diese beiden Fürsten ein Konservatorium für den ostfriesischen Landesherrn, seine Familie und Bedienten sowie für alle getreuen und gehorsamen Untertanen erteilt hatte[172]. Aus Kostengründen war lediglich eine subdelegierte kaiserliche Kommission vorgesehen[173], d. h. die Kommissionshöfe brauchten nur je einen erfahrenen hohen Beamten mit dem notwendigen Personal nach Ostfriesland zu schicken.

An den Bischof von Münster erging ein Mandat, das die frühere Aufhebung des Konservatoriums von 1681 noch einmal bestätigte, die Verbote, mit den ostfriesischen Landständen Verträge abzuschließen, bekräftigte und die Zurückzahlung der im Herbst 1722 durch militärischen Druck er-

---

171 Hier wurde z. B. »schimpffliches Reden und Schreiben vom Fürstlichen Ministerio« verboten.

172 StaA., Rep. 4, C III a, 122. Insbesondere in Fällen mit politischer Brisanz war die Einsetzung solcher Kommissionen ein beliebtes Mittel, Zeit zu gewinnen oder auf eine vergleichsweise Beilegung des Streites hinzuwirken, vgl. S e l l e r t , Prozeßgrundsätze, S. 194 ff.

173 H u g h e s , Imperial judicial authority, S. 314.

preßten Gelder[174] an die landschaftliche Kasse bei Strafe von 50 Mark lötigen Goldes befahl. Außerdem wurde ein ostfriesischer Ersatzanspruch für die damals von den münsterischen Soldaten verursachten Schäden festgestellt. An den König in Preußen erging ein Mandat, das ihm bei einer mittlerweile auf 100 Mark lötigen Goldes erhöhten Strafe die sofortige Abführung seiner Truppen aus Ostfriesland befahl und ihm die Einmischung in die ostfriesischen Angelegenheiten, insbesondere die Schatzungseintreibung, sowie den Schutz der Stände oder einzelner ihrer Glieder gegen ihre Landesherrschaft verbot. Der Hofkriegsrat schließlich wurde veranlaßt, dem Kommandeur der kaiserlichen Salvegarde in Leer eine Instruktion zum Schutz und zur Unterstützung der subdelegierten kaiserlichen Kommission zu erteilen[175].

Wichtigste Bestimmung dieser Dekrete war zweifellos die Erteilung einer Untersuchungs-, Manutenenz- und Exekutionskommission auf Sachsen und Braunschweig-Wolfenbüttel. Hinter der Beauftragung gerade dieser beiden Höfe steckte politisches Kalkül: Brandenburg-Preußen, dem als Mitglied des Direktoriums des auch Ostfriesland einschließenden niederrheinisch-westfälischen Reichskreises eine solche Aufgabe eigentlich zustand, sollte von einem direkten Eingreifen in Ostfriesland abgehalten werden. Um das zu verhindern, wurde eine Kommission aus dem niedersächsischen Kreis eingesetzt, in der Erwartung, Preußen werde sich vor den Augen des Reiches vor einem offenen Übergriff hüten[176]. Der Protest der übergangenen Kreisdirektoren, neben Brandenburg-Preußen der Erzbischof von Köln als Bischof von Münster und der Kurfürst von der Pfalz als Herzog von Jülich und Berg, blieb nicht aus, erreichte aber nichts[177].

13. Weiterer Verlauf des Wiener Prozesses und seine Kosten

Mit der abermaligen Bestätigung der früheren Entscheidungen des Reichshofrates hatte sich die Position der Stände weiter verschlechtert. Sie beschlossen daher noch auf dem Landtag im Juli 1723 eine Intensivierung ihrer Verteidigung. Dazu gründeten sie die sog. »Geheime Kommission«, die sich um alles, was mit den ständischen Privilegien zusammenhing, kümmern sollte, insbesondere um den Wiener Prozeß. Mitglieder der »Gehei-

---

174   Siehe oben S. 190 f.
175   Außerdem wurde den Buchdruckern in Emden verboten, von den Ständen entworfene »empörische Schrifften«, wie z. B. das Einberufungsplakat zum »Renitentenlandtag« in Hinte (siehe oben S. 196), zu drucken.
176   Vgl. H u g h e s , Imperial judicial authority, S. 313 und 319.
177   In Mecklenburg war ein Parallelfall gegeben, weil auch hier die eigentlich zuständigen Kreisdirektoren ausgeschlossen wurden, ebenda, S. 328 f.

men Kommission« waren der ständische Präsident von Closter, Herr von dem Appelle, der Emder Syndikus Hessling, die Administratoren Solling und Dr. von Rehden, der spätere Landrentmeister Cornelius Schlüter aus Weener sowie der Advocatus patriae Dr. Homfeld[178]. Im wesentlichen ist damit der Kreis der Personen genannt, die in den folgenden Jahren die ständische Politik bestimmten.

Alle ständischen Eingaben in Wien bis zum Sommer 1723 hatten sich mit Brenneysens Klagen auseinandergesetzt und die ostfriesische Verfassung in ständischem Licht dargestellt. Im September dieses Jahres beschlossen die Stände auf Vorschlag des Emder Syndikus Hessling, auch ihrerseits Klagen über jedes akkordwidrige Verhalten der Landesherrschaft in Wien einzubringen »umb bey Kayserl. Mayestät nicht allemahl vor beklagte et per consequens für Leute, welche in reactu wären, zu passiren«; die Stände müßten deshalb »das praevenire in dieser Sache spiehlen[179]«. Die Folge war eine Flut von ständischen Klagen. Von Ende September 1723 bis Mitte Januar 1724 reichten sie neun umfangreiche Schriften ein[180], von März bis Mai 1724 weitere neun[181]; fast alle betrafen fürstliche Eingriffe in das Schatzungswesen. Diese verstärkte Aktivität nützte jedoch nichts. Am 24. Januar 1724 bestätigte der Reichshofrat alle vorherigen Entscheidungen, gab Sachsen und Braunschweig-Wolfenbüttel auf, für die schleunige Eröffnung der Kommission Sorge zu tragen und verwies alle ständischen Eingaben zur Untersuchung und Entscheidung an die Kommission; vor Beendigung dieser Kommission mit »unnöthigen und vergeblichen« Schriften wie in der Vergangenheit beim Reichshofrat einzukommen, wurde den Ständen verboten. An das Hofgericht erging gleichzeitig der Befehl, keine Prozesse in Sachen, die in den kaiserlichen Dekreten enthalten und der Kommission zur Untersuchung und Exekution zugewiesen seien, anzunehmen oder gar zu entscheiden[182]. Vom Reichshofrat hatten die Stände also kaum etwas zu erwarten; daß das z. T. ganz »handfeste« Ursachen hatte, wird sich im folgenden erweisen.

Es ist an der Zeit, nach den Kosten des schon mehrere Jahre dauernden Wiener Prozesses zu fragen. Auseinandersetzungen wie die hier behandelte um die Machtverteilung zwischen Landesherrschaft und Landständen wurden nicht mit juristischen Mitteln allein entschieden; das Geld spielte dabei eine große Rolle. Hughes hat das Gewicht von Bestechungen in solchen Prozessen stark relativiert und vor allem politische Einflüsse auf Entschei-

---

178   StaA., Dep. 1, 1439, fol. 324 f. Solling, der gleichzeitig Bürgermeister in Aurich war, schied 1724 aus, der Emder Ratsherr Budde kam später dazu.
179   StaA., Dep. 1, 708, fol. 30.
180   StaA., Rep. 4, C III d, 7, Vol. 7, passim.
181   StaA., Rep. 4, C III d, 7, Vol. 8, passim.
182   StaA., Rep. 4, C III a, 122; vgl. oben S. 108, Anm. 348.

dungen des Reichshofrates als ausschlaggebend angesehen[183], die Zeitgenossen beurteilten dieses Problem aber anders; wegen der Summen, um die
es dabei gelegentlich ging, muß deren Auffassung stärker berücksichtigt
werden. Gschließer hat in seiner Untersuchung über den Reichshofrat feststellen zu können gemeint, die Bestechlichkeit der Reichshofratsmitglieder
habe unter Karl VI. durch pünktliche Bezahlung und Erhöhung der Besol-
dungen entscheidend abgenommen[184]. Wie es sich in der Wirklichkeit verhielt, zeigt ein interessantes Promemoria des ostfriesischen Gesandten in
Wien, Brawe, aus dem Jahre 1720 zu diesem Thema[185]: »Die in bewegung
kommende Lands Fürstliche Gerechtsame sowohl respectu der Harkenro-
dischen Sache, als wegen der im lande liegenden Völcker, item des Frydagischen Gesuchs[186], der Lands Mittel und was hac occasione ferner nog werden mögte, da dann zuforderst unvorgreifflich zu erinnern, daß alles dieses
pro archa und andere(n) zu praeveniren in instanti hinzugeben, dabey aber,
wenn die zu glücklich(em) und gerechte(m) Ende gebracht werden würden,
wo nicht das alterum tantum, doppelt, wenigst eben soviel zu versprechen
und zu praestiren seyn würde. Hieneben kommen in speciale Consideration:

a) 153 (= Reichsvizekanzler Friedrich Karl Graf
   Schönborn[187]). Diesem ist, welches mit gnädigster
   Erlaubnuß unterthänigst gemeldet werden muß,
   mit einem Gespann Pferd(e) nicht gedient (wie
   Brenneysen vorgeschlagen hatte[188]), und er würde
   es refusiren, weil es zu viel Redens und ihn in seinen guten Willen mutil machen würde, dahero ohne unterthänigste Maaßgebung ihm lieber ein present von Ein Tausend Species Ducaten offerirt
   werden mögte, umb das Interesse von Ostfrießland, sonderbahr wegen der Frydagischen Gebrüder und der im Land liegenden Völcker, zu beför-
   dern.   fl. rhein. 4.000
   (Randbemerkung): Pro notitia: Wolten Serenissi-
   mus 42 (= Graf Althan[189]) mit einem saubern Zug

183   H u g h e s , Imperial judicial authority, S. 283 f.
184   von G s c h l i e ß e r , S. 50 und 377.
185   Beilage zum Bericht vom 26. 6. 1720, StaA., Rep. 4, A IV c, 245.
186   Der jüngere Bruder des in Wiener Diensten stehenden Grafen von Fridag zu Gödens sollte Nachfol-
      ger des Obersten von der Ley als Kommandeur der kaiserlichen Salvegarde in Leer werden. Brenn-
      eysen wollte auf jeden Fall verhindern, daß ein Mitglied der Stände diese wichtige Stelle bekleidete.
187   Reichsvizekanzler seit 1706 und in dieser Eigenschaft Mitglied des Reichshofrates, von G s c h l i e -
      ß e r , S. 364. Die Auflösung der in diesem und anderen Berichten enthaltenen Verschlüsselungen
      war durch die Zusammenstellung vereinzelt in den Korrespondenzakten vorhandener Klarschriften
      möglich.
188   Reskript an Brawe, 14. 6. 1720, StaA., Rep. 4, A IV c, 245.

(Pferde) bedenken, würde es wohl angewendet seyn, doch wären Sie noch nicht zu schicken, sondern erst, ob er sie annehmen wolte, mit guter Art zu sondiren und hernach pro re nata die Sendung zu veranstalten, doch gantz ohnvorgreifflich.

b) 5 (= Reichshofratsvizepräsident Karl Ludwig Graf von Sinzendorf[190]) scheinet sehr vor die Stände portirt und praevenirt zu seyn, umb Ihn aber einigermaßen zu binden, wäre ihm sub generali recommendatione, wenn das Votum wegen der Völcker und der Graven von Frydag wohl außschlage, ein present von 300 Spec. Duc. zu thun.

             fl. rhein. 1.200

c) 163 (= Johann Wilhelm Graf von Wurmbrand, Reichshofrat[191]) scheinet auch in jenem interesse mehr zu stehen, mann mögte ihn aber doch mit 200 Spec. Duc. und einer Hoffnung zu mehrern im interesse zu halten trachten, ist

             fl. rhein. 800

d) 175 (= Christoph Heinrich Graf von Stein, Reichshofrat[192], Referent in der ostfriesischen Sache), der am meisten informirt, folglich am meisten nutzen oder schaden kan, auch das letzte, wo er nicht gnüglich belohnet wird, gewiß nicht unterläßet, hat in der Frydagischen Sache, sonderlich wegen des Commando, darinn er 183 (= Referent) ist, ungemeinen Fleiß und Mühe angewendet, die Sache gründlich aus den actis heraus zu holen, davor ihm, wann das Votum wohl gefaßet, und 65 (= Kaiser) derselben bewandtnuß solide vorgestellt würde, zu einer Erkendtnuß von 500 Ducaten Hoffnung gemacht worden, haubtsächlich in dem absehen mit, weil die connexa, insonderheit wegen der Landsmittel, auch in seine Hände kommen werden und er die Harkenrodische schon hat, ist

             fl. rhein. 2.000

e) Eidem sind, wann er in erstbesagter Harkenrodischer Sache den gerechten außschlag nach der vorgeschlagenen Maaß vermitteln würde, auff des Herrn Vice Cantzlers (Brenneysen) gutfinden zu ei-

---

189 Kaiserlicher Oberststallmeister, Günstling Karls VI., von G s c h l i e ß e r , S. 389.
190 Bekleidete dieses Amt von 1706—1722, ebenda, S. 529.
191 Mitglied des Reichshofrates seit 1697, 1722—1728 Reichshofratsvizepräsident, ab 1728 Reichshofratspräsident, ebenda, S. 335 f.
192 Mitglied von 1700 bis zu seinem Tode 1731, ebenda, S. 342 f.

ner Erkenndtnuß von tausend Spec. Ducaten die gedancken beygebracht worden, so doch ehender nicht bezahlet werden dörffen, mithin alhie nur pro memoria notirt werden (4.000 fl.).

f) 414 (= Freiherr Friedrich Karl von Danckelmann, Reichshofrat[193]) so sich wohlgeneigt bezeyget, und niemal mit etwas bedacht worden, zur general beforderung 300 Ducaten, ist   fl. rhein. 1.200

g) 217 (= Johann Horatius Bartholotti von Parthenfeld, Reichshofrat[194]) zu eben diesem Ende 200 Spec. Duc.   fl. rhein.   800

h) 4018 (= Heinrich von Heuwel, Reichshofrat[195]) welcher sich sonst zimlich geneygt bezeyget, insonderheit aber dem Ständischen Negotianten gar kein Gehör gibt, ebenfallß 200 Duc. Spec.   fl. rhein.   800

i) 920 (= Dr. Georg Josef von Keller, Reichshofrat[196]) der von eben dieser Eygenschafft ist uti antecedens, dabey aber in der occasion der Holländischen Geldnegotiation große Meynung und aplication vor Serenissimum und Dero interesse erwiesen, hingegen von den Ständischen, denen man es doch an die Hand gegeben, verächtlicher weise außer Acht gesetzet worden, zu gewinnung seiner beständigen Wohlmeynung und beytritts 300 Spec. Duc., ist   fl. rhein. 1.200

k) 621 (= Anton Esaias Freiherr von Hartig, Reichshofrat[197]) so insgemein vor die Landsfürstliche Jura und derselben conservation spricht und stehet und in der letzten Sache wegen der Völcker und (des) Frydagischen Gesuch(s), da er zum Correferenten constituiret worden, reale und gleiche Dienste praestirt, 300 Spec. Duc.   fl. rhein. 1.200

l) 622 (läßt sich nicht entschlüsseln) von eben diesem

---

193   Mitglied 1703—1738; er war ein Sohn des brandenburg-preußischen Premierministers unter Kurfürst Friedrich III., Eberhard von Danckelmann, ebenda, S. 350 ff.

194   Mitglied seit 1701, zuerst auf der Gelehrtenbank, wurde 1704 in den Freiherrnstand und 1729 in den Reichsgrafenstand erhoben; von 1709 bis zu seinem Tode 1734 saß er auf der Herrenbank, ebenda, S. 348 f.

195   Mitglied der Gelehrten-, dann auf der Herrenbank von 1694 bis zu seinem Tode 1724, ebenda, S. 327 f.

196   Mitglied von 1706 bis November 1720, danach als kaiserlicher Minister bei den nordischen Friedensverhandlungen, während der er in Braunschweig starb, ebenda, S. 365 f.

197   Mitglied von 1709—1754; 1734—1740 und 1745 bis zu seinem Tode Reichshofratsvizepräsident, ebenda, S. 370 f.

Schlag und hat, nachdem 173 (= Graf Stein) ver-
reiset, auff der Ständen in eadem materia besche-
henes Anbringen die Stelle des 183 (= Referenten)
vertreten, darinnen auch sich gut erwiesen, 300
Spec. Duc.   fl. rhein. 1.200

m) 1024 (= Johann Christoph Steininger, Reichshofrat[198]) so totus quantus pro 125 (= Lichtenstein,
mit dem sich Ostfriesland seit über 100 Jahren in
einer Geldauseinandersetzung befand) stehet und
ex duplici causa auch die doppelte(n) Dienste thut,
jedoch mit mehr moderation als andere sich befrie-
digt, 200 Spec. Duc.   fl. rhein. 800

n) Es sind noch zwey 15 (= Reichshofräte), so theils
ostfriesische Sachen, in specie die Völgerische und
Ölsische (in diesem Zusammenhang nicht wichtig)
in Handen haben, auch sich in zimliches Ansehen
und Gewicht setzen, dabey wohl intentionirt bezey-
gen; sie sind aber noch zur Zeit in diesem Punct etwas delicat. Wann sie jedoch auch davor halten
solten, daß pro promovenda justitia ein Honorari-
um nicht verbotten seye, würden sie billich ein je-
der mit 200 Duc. Spec. bedacht, ist   fl. rhein. 1.600

o) 5028 (= Franz Wilderich von Menßhagen oder
Franz von Hessener, beide Reichshofratssekretäre)
ne noceat 100 Duc.   fl. rhein. 400

p) 29 (= Johann Sigismund von Hayek, Hofrat[199]
und Sekretär des Reichsvizekanzlers Schönborn) in
reflexion auff die Rittbergische Sache (schon sehr
lange schwelende Erbauseinandersetzung zwischen
Rietberg und Ostfriesland) totidem   fl. rhein. 400

q) 40 und 41 (= Pain und Augustin, Assistenten des
Reichshofratssekretärs), item Richard und Paul als
getreue assisstenten von 5028 (= Reichshofratssekretär Menßhagen oder Hessener) zusammen 50
Ducaten, ist   fl. rhein. 200

r) Dem jetzigen jungen Secretario von 153 (=
Reichsvizekanzler Graf Schönborn), so guten We-
sens und viele Dienste thun kan, auch würcklich
thuet, 50 Ducaten   fl. rhein. 200

s) Dem Cammerzahlmeister von 205 (= Kaiserin, die

---

198 Mitglied von 1713 bzw. 1716 bis zu seinem Tode 1720, ebenda, S. 383.
199 ebenda, S. 437.

208

eine volle Cousine von Fürst Georg Albrecht war),
welcher in allen Gelegenheiten bei 203 (= Kaiserin)
und sonst mit großem Eyfer und Application auch
nutzlichen effect sich employrt, umb ihn beständig
in Interesse zu haben und zu behalten, 200 Duc.
spec.

	fl. rhein.	800
	Summa	18.800

Das Agio auff alles dieses wird nach dem Cours
wenigst auff jedes Schilling 3 Groschen betragen,
thut

	fl. rhein.	705
	fl. rhein.	19.505

Eine Summe in dieser Höhe zu bezahlen, mußte dem ständig geldknappen Haus Cirksena sehr schwer fallen. Brawe unterstrich deshalb Notwendigkeit und Nutzen dieser Bestechungen. »Wahr ist es, daß es primo intuitu
etwas großes zu seyn scheinet, wann mann aber den betrübten gegenwärtigen Lauff der Zeiten und Gebräuche vor eines, sodann 2) daß in so langen
Jahren nichts recht ergiebiges angewendet worden, 3) daß es nicht umb ein
geringes, sondern umb die Erhaltung und Verbeßerung der sonst in eine(m)
de(m) gantzen Reich ärgerlichen Dominat der Unterthanen über Ihren
Lands Herrn zu thun, 4) bey der gantzen Sache außer diesem in Betrachtung derselben Wichtigkeit gewiß geringe(n) Stück Geld(es) nichts zu ver-
liehren, wohl aber 5) zu hoffen seye, daß bey getreuer besorgung der Sache
nicht allein in der Regierungsform Serenissimi Landesfürstl. respect,
Macht und gewalt auß den bißherigen insulten gerißen und in einen verbe-
ßerten stand gesetzt, sondern auch 6) Ihro ein jährliches Subsidium auß
den Landsmitteln zu bestreitung der gemeinen, zumal zu des Landes Besten
erforderlichen Nothdurfften errungen werden mögte, bey allem diesen aber
auch 7) diese wichtige consideration einschlägt, daß, wenn mann etwas an-
wenden will und muß, allzeit auff die Zulänglichkeit eines presents gesehen
werde, sintemal darunter eines theils der respect der Hohen Herrschafften,
andern theils aber und vornemlich das eygene interesse darunter versiret,
weil die Erfahrung zeyget, daß ein unzulängliches present erstlich keinen
Danck noch obligation verdienet, hingegen einen innerlichen Verdruß und
insgemein schädliche Geringachtung und Haß nach sich zu ziehen pfleget,
so bin ich der ohnmaßgeblichen Meynung, daß es vielmehr vor ein geringes
zu achten und Serenissimo anzurathen seye, nicht allein diese Summe in
continenti daran zu setzen, sondern darauff bedacht zu seyn, daß diese
Summa noch mit mehrern soutenirt und, wenn es nöthig, noch ein-,
zwey-, drey- biß viermahl soviel daran gewendet und zu solche(m) Behuff
gleichsam in steter Bereitschafft gehalten werde, umb alle Stunde, wo es
Zeit und Gelegenheit erfordert, damit zu Werck gehen und den Geschäff-
ten den effect geben zu können«.

Auch in den folgenden Jahren erstellte Brawe solche Bestechungslisten. Aus seinem Promemoria[200] vom November 1721 erhellt erneut, eine wie große Bedeutung dem Gelde beigemessen wurde. Zunächst schärfte Brawe die unbedingt notwendige Geheimhaltung ein, denn wenn in Ostfriesland jemand »auff die Spuhr einiger Anwendungen, sonderlich der an 185 (= Referent in der ostfriesischen Sache, Graf von Stein) und einige andere IM COLLEGIO, kommen ṣolte, würde er das gantze bißherige *Systema wancken* zu machen *und* mit *Veränderung derer, die nun von allem gründlich informirt und gefaßet sind,* zu *verstellen,* gewiß nicht unterlaßen«. Nachdem Brawe im allgemeinen auf die Notwendigkeit hingewiesen hatte, Reichshofrat Danckelmann, Reichsvizekanzler Schönborn, dessen Sekretär und einem weiteren ungenannten Reichshofrat für zukünftige gute Dienste, insbesondere in der Subsidienfrage, erhebliche Belohnungen in Aussicht zu stellen, kam er auf die Erfordernisse der Gegenwart zu sprechen: »Pro hic et nunc aber wird eben nicht nöthig erachtet, große Anwendungen weiter zu thun, sondern nur die Gute(n) theilß in ihrer rechtschaffenen Intention zu erhalten, theilß zu subarchiren und sich ihrer des künfftigen weitern Beystands halben zu versichern. Dieses sind nun

1) 185 (= der Referent in der ostfriesischen Sache, Graf von Stein), der von Zeit zu Zeit unterhalten werden muß, und da könnten zu dem, so erst kürtzlich sich gar wohl gefügt, noch etwa 4 à 500 Reichsthaler angewendet werden, die Folge wird zeygen, von was effect dieses seyn wird, und wann darauff die gnädigste Resolution folget, auch zugleich das fürstl. Schreiben ihm beybringen können, welches biß dahin noch auffgehalten werden soll.

2) dem CORREFERENTEN noch einhundert Ducaten, und eben soviel

3) dem *Ersten* guten Freund, so oben benannt,

4) dem 15 (= Reichshofrat LANGENBACH[201]), so eine beständige Neygung vor das gute bißhero erwiesen, wenigst 500 fl.

5) dem 13 (= Reichshofrat BECK[202]), deßen cognition am Hoff, item mit 155 (= Reichsvizekanzler) und mit andern habende und weiter mittheilende Communication wichtig ist, einhundert Ducaten.

So könnte auch BERGER[203] mit soviel bedacht und der neue 15 (=

---

200   Beilage zu einem Bericht aus Regensburg an den Hofmarschall von Worm vom 5. 11. 1721, StaA., Rep. 4, A IV c, 246. Brawe war seit dem Sommer 1721 als Gesandter beim Reichstag in Regensburg tätig, während sein Sohn die Wiener Geschäfte übernommen hatte. Was in diesem Promemoria in Geheimschrift geschrieben ist, ist auf einem eingelegten Blatt entschlüsselt. In der folgenden Wiedergabe sind diese Stellen groß geschrieben. Hervorhebungen im Original.

201   Johann Wilhelm von Langenbach, Reichshofratsmitglied von 1716 bis zu seinem Tode 1725, von G s c h l i e ß e r , S. 385 f.

202   Freiherr Johann Gottfried Beck von Leopoldsdorf, seit 1720 Mitglied des Reichshofrates, zunächst als Supernumerar auf der Herrenbank, ebenda, S. 393.

203   Dr. Johann Heinrich Berger, Mitglied des Reichshofrates von 1712 bis zu seinem Tode 1732 auf der

Reichshofrat BRAILLARD[204]) mit einem gleichen subarchirt werden, seine gleich beym Eintritt bezeygte gute Intention zu continuiren«.

Zwei Jahre später stellte Brawe jun. fest[205]: »Es ist aber und bleibet fest, daß mann in nichts und mit bestand reussiret, ja wohl zu grunde gehen mögte, wo mann nicht hier und da mit dem nervo eine Unterstützung den vielmahl sehr wankenden Säulen geben kan. Ein kleiner Stein zu rechter Zeit eingesetzt, wird öffters einen großen Riß aufhalten. Pecuniam et sic in tempore negligere maxime prodest«.

Um einen genauen Überblick zu bekommen, werden im folgenden alle Geldanforderungen aus Wien für die Jahre 1717 bis 1724 zusammengestellt.

1717 4.000 fl.
      1.000 fl.[206]
1718 Ein Gespann Kutschpferde für Graf Althan[207]
1719 1.000 Speciesdukaten im Harkenrohtprozeß[208]
1720 500 Dukaten[209]
      19.505 fl. rhein. und ein Gespann Kutschpferde[210]
1721 4.000 fl. für den Reichsvizekanzler
      400 fl. für seinen Sekretär
      2.500 fl. und 400—500 Reichstaler für verschiedene Personen[211]
1722 3.500 fl. rhein[212]
1723 1.000 fl. rhein.[213]
      5.600—6.000 fl. rhein.[214]

Gelehrtenbank, ebenda, S. 380 f.

204 Heinrich Christian von Braillard, Mitglied des Reichshofrates von 1721 bis zu seinem Tode 1729, war der Nachfolger Steiningers, ebenda, S. 394.

205 »Unterthänigste Erläuterung über ein und andere Puncten zum Gnädigsten Verhaltungsbefehl. Das Wiener Haupt-Negotium betr.«, vom 17. 10. 1723, StaA., Rep. 4, A IV c, 248. Das Original, mit Randbemerkungen Fürst Georg Albrechts, Rep. 4, C III a, 148.

206 Anforderungen vom 12. 2. und 16. 4. 1717, StaA., Rep. 4, A IV c, 241.

207 Bericht Brawes vom 10. 8. 1718, StaA., Rep. 4, A IV c, 243.

208 Brawe an Brenneysen, 30. 12. 1719, StaA., Rep. 4, A IV c, 244.

209 Brawe an Brenneysen, 18. 5. 1720, StaA., Rep. 4, A IV c, 245.

210 Bericht Brawes vom 26. 6. 1720, ebenda; siehe oben S. 205 ff.

211 Brawe sen. aus Regensburg an Hofmarschall v. Worm, 5. 11. 1721, StaA., Rep. 4, A IV c, 246; siehe oben S. 210.

212 Brawe jun. an Brenneysen, 22. 1. 1722, mit folgender Bemerkung: »Wo nichts ist, sieht es gefährlich aus, und sollten stünd- und täglich diese Gelder hier seyn, wann anders die Gemüther nicht von dem Gegentheile gewonnen werden sollen«. StaA., Rep. 4, A IV c, 257.

213 Bericht Brawes vom 11. 6. 1723, StaA., Rep. 4, A ÍV c, 248.

214 Bericht Brawes vom 13. 10. 1723, ebenda. Von diesem Geld sollte u. a. 175 (= Graf von Stein, der Referent in der ostfriesischen Angelegenheit) »wegen des letztern, nach seiner Meynung nicht genüglich recompensirten Dienstes, und anderer noch zu erhalten stehender Vortheile« 1500 fl. bekommen.

1724 ca. 2.000 fl. rhein.[215]

5.000—6.000 fl. rhein.[216]

je 1 Faß Rhein- und Moselwein[217]

12.000 fl. rhein.[218]

350 Dukaten und 2 Fässer Wein[219]

Umgerechnet auf eine gemeinsame Währung ergibt das eine Gesamtsumme von 68.500—70.000 rheinische Gulden. Dazu müssen noch zwei Gespanne Kutschpferde und vier Fässer Wein gezählt werden.

Weniger genau läßt sich klären, wieviel tatsächlich an Bestechungsgeldern nach Wien geflossen ist, denn die genannte Summe überstieg die gerade in diesen Jahren wegen der Wasserschäden sehr beengten Möglichkeiten des Hauses Cirksena. Im folgenden werden die nachgewiesenen Zahlungen zusammengestellt.

1720 1.000 Speciesdukaten für den Harkenrohtprozeß, insbesondere für den Referenten in der ostfriesischen Sache, Grafen von Stein, bestimmt[220].

Ein Gespann Kutschpferde für Graf Althan sowie 10.000 fl. für Verschiedene[221]

ca. 10.000 fl. für Verschiedene[222].

1723 3.000 fl. rhein.

2.000 Reichstaler

3.000 Reichstaler

4.000—5.000 fl. rhein.[223]

215 Bericht Brawes vom 2. 2. 1724, StaA., Rep. 4, A IV c, 249. Das Geld war bestimmt für:
4018 (= Reichshofrat Heinrich von Heuwel) 100 Dukaten
1024 (= Reichshofrat Johann von Binder, Mitglied seit 1722, von G s c h l i e ß e r , S. 395 f.) »mit dem in Merseburg (vgl. Anm. 205) gnädigst resolvirten«, also mit 400 fl.
3026 (= Reichshofrat Langenbach) 400 fl.
99 (= Reichshofrat Braillard) 400 fl.
5028 (= einer der beiden Reichshofratssekretäre) 200 fl.
190 (läßt sich nicht entschlüsseln) 50—70 Dukaten.

216 Bericht Brawes vom 1. 3. 1724, ebenda.

217 Bericht Brawes vom 16. 8. 1724, ebenda.

218 Diese Forderung Brawes läßt sich nur aus dem Reskript an ihn vom 3. 10. 1724, das diesen Vorschlag wegen Geldmangels ablehnte, rekonstruieren, ebenda.

219 Brawe jun. aus Regensburg, wo er sich vorübergehend aufhielt, an Fürst Georg Albrecht, 30. 10. 1724, ebenda. Die beiden Fässer Wein waren für den Grafen von Stein und den Korreferenten in der ostfriesischen Sache, Anton Esaias von Hartig, bestimmt. Von dem Geld sollte Graf von Stein 300 und der Reichshofratssekretär 50 Dukaten erhalten.

220 Brenneysen an Brawe, 22. 12. 1719, StaA., Rep. 4, A IV c, 244, und 16. 1. 1720, Rep. 4, A IV c, 245.

221 Reskript an Brawe, 9. 7. 1720, ebenda. Es heißt darin, daß vorerst nur der »Halbscheid deßen, was Ihr gemeldet habet«, mit dem Kammeretat zu vereinbaren sei.

222 Protokoll einer Konferenz Brawes mit Brenneysen und Hofmarschall von Worm in Aurich am 16. 10. 1720, ebenda. Hiervon sollte die Hälfte für Graf von Stein als Referenten in der ostfriesischen Sache, 1/4 für den Reichsvizekanzler Graf Schönborn und das letzte Viertel an weitere, nicht näher angegebene Personen gehen.

1724 7.000 fl. rhein.[224]

je 1 Faß Mosel- und Rheinwein, jedes zu etwa 300 Reichstaler[225].

Einschließlich des Geldes, das der Wein kostete, sind also mit Sicherheit fast 47.000 fl. rhein. in diesen Jahren von der Landesherrschaft in Wien zur Bestechung der einflußreichsten Personen ausgegeben worden.

Auch aus der Kreditaufnahme des Hauses Cirksena in diesen Jahren läßt sich ein Eindruck von der Größenordnung der Prozeßkosten gewinnen. Von diesem aufgenommenen Geld ist zwar ein erheblicher Teil zur Schuldentilgung, zum Deichbau im Harlingerland und zur Zinszahlung für alte Kredite verwendet worden, eine bedeutende Summe aber blieb für den Wiener Prozeß. Fürst Georg Albrecht und Brenneysen bemühten sich laufend und an vielen Orten um Geld, teils vergeblich wie beim Fürsten von Thurn und Taxis um 100.000[226] und 1719 im Haag um 40.000—50.000 Reichstaler[227], teils mit Erfolg wie in Hannover, wo 1716—18 zusammen 82.000 Reichstaler geliehen wurden[228], sowie 1717 und 1724 im Haag, wo die Landesherrschaft zusammen 325.000 fl. holl. aufnahm[229]. Allein die zusätzliche Verschuldung für die Jahre 1710—1720 belief sich nach einer Aufstellung des Kammerrates Teepcken auf 122.748 Reichstaler[230], und von 1719—1744 wuchs die Gesamtschuldenlast des Hauses Cirksena nochmals um mehr als 80.700 Reichstaler[231]. 1745 schlugen aus den Jahren 1710—1732 insgesamt 416.456 Reichstaler an unbezahlten Schulden zu Buche[232]. Schließlich weist auch das Gehalt des Wiener Gesandten Brawe — 3200 Reichstaler pro Jahr im Vergleich zu maximal 350 Reichstalern, die Stuermann im Haag als bestverdienender aller übrigen ostfriesischen Gesandten und Agenten bezog[233] — darauf hin, daß in diesen Jahren bedeutende Summe zur »Beförderung der Justiz« ausgegeben worden sind.

Die Stände auf der anderen Seite kannten die Bedeutung des Geldes in Wien ebenfalls. So erinnerte Administrator van Lengering im Mai 1721

223 Reskripte an Brawe vom 8. 7. und 17. 8. sowie Berichte Brawes vom 4. 7. und 27. 11. 1723, StaA., Rep. 4, A IV c, 248.
224 Reskript an Brawe vom 18. 2. 1724, StaA., Rep. 4, A IV c, 249.
225 Brenneysen an den Agenten Hassel in Frankfurt, 29. 8. 1724, ebenda. Dieser sollte »ein Stück guten Rhein-Wein und ein Stück guten Moseler-Wein, beyde vom Jahr Gewächs 1718«, nach Wien schicken. Er durfte notfalls mehr als 300 Reichstaler pro Faß ausgeben, »wan nur unsere intention, daß es recht gute Weine seyn, erreichet wird«.
226 StaA., Rep. 4, A IV b, 124.
227 StaA., Rep. 4, B VI a, 122.
228 StaA., Rep. 4, B VI a, 124, fol. 4, bzw. Rep. 4, A II b, 314.
229 StaA., Rep. 4, A II a, 15, und Rep. 4, A II a, 16.
230 StaA., Rep. 4, B VI a, 60, fol. 179 f.
231 W o l k e n , S. 56 f.
232 StaA., Rep. 4, A II d, 6.
233 Die Angaben über die Gehälter der auswärtigen Bedienten in den verschiedenen Etats dieser Jahre, z. T. von Fürst Georg Albrecht selbst aufgestellt, StaA., Rep. 4, B VI a, 58, fol. 159; Rep. 4, B VI a, 60, fol. 75, 106 f. u. 150 ff.; Rep. 4, B VI a, 127, fol. 51.

daran, die ständischen »Patrone« beim Reichshofrat »in hac crisi« zu konservieren »und zu dem Ende die gewöhnliche Wechseln, welche schon längst (hätten) abgeschickt werden sollen«, so schnell wie möglich fertigzumachen. Er verwies dabei auf ein entsprechendes Schreiben des ständischen Gesandten in Wien, Martensegg[234], der gebeten hatte, »auf ein zulängliches present für des Herrn Reichs-Hoffrahts Presidenten Excellentz, umb dero hohes Patrominium zu gewinnen, bedacht« zu sein[235]. Ähnlich äußerte sich im Januar 1724 der Advocatus Patriae, Dr. Homfeld[236]. Ende 1722 war von 30.000—40.000 fl. die Rede, die die Stände in den Niederlanden angeblich aufnehmen wollten, »umb, so es möglich, die Kayserliche Decreta damit umbzustoßen[237]«.

Über die ständischen Zuwendungen an Mitglieder des Reichshofrates läßt sich leider nichts detailliertes sagen, weil für diese Jahre keinerlei Korrespondenz mit dem ständischen Gesandten in Wien existiert. Immerhin läßt sich die Größenordnung einigermaßen feststellen. Die Landrechnungen vermerken für die Jahre 1720—1724 folgende Summen, die jeweils mit Wechseln über die Juden Goldschmidt, die ständischen Bankiers in Emden, nach Wien bezahlt wurden.

1720 11.485 fl. holl. =	17.227 fl. ostfr.[238]
1721/22	2.082 fl. ostfr.[239]
1722/23	8.123 fl. ostfr.
	148 fl. ostfr.[240]
1723/24	· 3.036 fl. ostfr.
	3.285 fl. ostfr.
	4.670 fl. ostfr.
	154 fl. ostfr.
	763 fl. ostfr.[241]
Gesamt:	39.488 fl. ostfr.

Auch die Stände verwendeten also bedeutende Summen zur Bestechung des Reichshofrates, waren damit aber nur wenig oder gar nicht erfolgreich, weil die Zahlungen der Landesherrschaft nicht nur früher eingesetzt hatten und wesentlich höher waren, sondern vor allem den Vorteil hatten, mit der

234 Martensegg war im »Hauptberuf« Gesandter der mecklenburgischen Landstände, wurde 1719 zum Titular-Reichshofrat ernannt, von G s c h l i e ß e r , S. 526.
'235 StaA., Dep. 1, 705, fol. 175.
236 StaA., Dep. 1, 709, fol. 9.
237 Agent Stuermann aus dem Haag an Brenneysen, 3. 11. 1722, StaA., Rep. 4, C III a, 141.
238 StaA., Dep. 1, 2061, fol. 103 f. Dieses Geld stammte aus den ersten in den Niederlanden angeliehenen 600.000 fl.
239 StaA., Dep. 1, 2064, fol. 53.
240 StaA., Dep. 1, 2061, fol. 50 und 52.
241 StaA., Dep. 1, 2046, fol. 156 und 158 f.

politischen Richtung des Reichshofrates übereinzustimmen[242]. Der Reichshofrat, das ist deutlich geworden, war fast vollständig Bestechungsgeldern oder Geschenken zugänglich. Zwar konnten auf diese Weise keine Entscheidungen herbeigeführt werden, wenn außenpolitische oder habsburgische Hausinteressen ins Spiel kamen[243]; war das aber, wie in den ersten Jahren der ostfriesischen Auseinandersetzung, nicht der Fall, dann war mit Geld sehr viel zu erreichen.

14. Fortschreitende Spaltung im Lande

14.1. Schatzungsbefreiungen durch Brenneysen im Winter 1723/24

In Ostfriesland erwies sich die Bestimmung der Dekrete vom Juni 1723, daß alle ordentlich eingewilligten Schatzungen von den Administratoren ohne Behinderung ausgeschrieben, eingezogen und verwaltet werden sollten, als besonders konfliktträchtig, denn Brenneysen legte diesen Passus anders aus als die Stände. »Ordentlich« eingewilligt waren für ihn nur solche Schatzungen, die einstimmig beschlossen, zu in den Dekreten nicht verbotenen Zwecken bestimmt und von der Landesherrschaft daraufhin approbiert worden waren. Die Stände dagegen beharrten — der ostfriesischen Verfassung gemäß — darauf, daß der Landesherrschaft darüber keinerlei Entscheidungsbefugnis zukomme.

Der Druck der Beamten auf die Eingesessenen in den Dörfern machte sich im Laufe des Jahres 1723 zum Nachteil der Stände bemerkbar. Auf dem Landtag im Dezember dieses Jahres klagte von dem Appelle darüber, daß viele Deputierte des dritten Standes, »wie Sie gemercket, daß Schatzungen eingewilliget werden solten, sich absentiret und desfals bey ihre(n) Communen sich weis zu brennen, die anwesende aber schwartz zu machen suchten[244]«. Weil gleichzeitig einige Deputierte aus Berum und der Nordbrokmer Vogtei, die ihre Paritionsanzeigen nicht widerrufen wollten, vom Landtag ausgeschlossen wurden[245], fiel es Brenneysen nicht schwer, »Unordnungen« bei der Schatzungsbewilligung festzustellen; hierzu zählte er auch, daß als Verwendungszweck unter Verzicht auf eine genaue Spezifikation nur Tilgung der Landesschulden angegeben war. Er versagte daher die

242   Vgl. oben S. 201.
243   Siehe unten S. 384 ff.
244   StaA., Dep. 1, 1439, fol. 483.
245   ebenda. In den fürstlichen Landtagsakten befindet sich die Beschwerde von Jibbe Poppinga aus Upgant vom 11. 12. 1723 über seinen Ausschluß, StaA., Rep. 4, C II b, 135.

landesherrliche Approbation[246]. Nachdem sich Dirk Imels Agena aus
Osteel im Januar 1724 über seinen Ausschluß vom letzten Landtag beschwert hatte, wurde den Eingesessenen von Osteel und Upgant erlaubt, so
lange keine Schatzungen zu bezahlen, bis ihre ausgeschlossenen Deputierten wieder zum Landtag zugelassen würden[247]. Wenig später wurde diese
Befreiung auf die während des Augustlandtages eingewilligten Schatzungen ausgedehnt; davon ausgenommen blieben nur die Sonderschatzungen
für den Deichbau und die Tilgung der holländischen Kredite[248]. Diese
Schatzungsbefreiung durch die Landesherrschaft zog eine Kettenreaktion
nach sich. Aus vielen Kirchspielen der fürstentreuen Geest gingen Suppliken ein, in denen die Interessenten versicherten, ihre Deputierten weder im
letzten Sommer noch beim Dezemberlandtag zur Einwilligung von Schatzungen bevollmächtigt zu haben. Brenneysen »belohnte« solche Bekun-
dungen mit der Schatzungsbefreiung, so nacheinander für Sandhorst,
Strackholt, Arle, Ostermarsch, Hage, Hagermarsch, Nesse, die Stadt Aurich sowie die Ämter Norden, Friedeburg und Stickhausen[249]. Brenneysen
konnte mit dieser populären Maßnahme den Keil zwischen den »gehorsamen« und den »renitenten« Ständen ein großes Stück tiefer treiben und
weitere militärische Schatzungsexekutionen provozieren[250], wodurch sich
das Administratorenkollegium gegenüber den kaiserlichen Dekreten immer
weiter ins Unrecht setzen mußte und gleichzeitig an Anhang im Lande ver-
lor.

14.2. Die Norder Märzunruhen 1724

Wie im vergangenen Winter, so erwuchsen auch jetzt aus Brenneysens
Schatzungsbehinderungen schwerwiegende Folgen. Insbesondere in Norden machten sie sich bemerkbar. Es begann damit[251], daß der stände-

246   StaA., Dep. 1, 1439, fol. 530 f.
247   Das Dekret datiert vom 12. 1. 1724, StaA., Rep. 4, C I g, 12.
248   Dekrete vom 27. und 28. 1. 1724, ebenda.
249   ebenda, passim. Die Eingesessenen von Bagband wollten besonders schlau sein. Als sie von den
      vielfach erteilten Schatzungsbefreiungen erfuhren, hatten sie 2 Termine der streitigen Schatzungen
      schon bezahlt. Sie beantragten daher in ihrer Supplik vom 28. 3. 1724, diese Schatzungen nachträg-
      lich in die ersten beiden Termine der holländischen Schatzung umzuwandeln. Das lehnte Brenney-
      sen mit dem Bemerken ab, sie hätten die Schatzung schließlich freiwillig bezahlt, ebenda.
250   Von April bis zum Herbst 1724 wurden in Stadt und Amt Norden, in den Ämtern Berum und Frie-
      deburg und im Nordbrokmerland sowie in einigen anderen Teilen des Amtes Aurich die Schatzun-
      gen durch die brandenburg-preußische Garnison eingetrieben. Nach anfänglichem Widerstand dul-
      dete die Landesherrschaft diese Exekution stillschweigend, weil Oberstleutnant von Fridag eine aus-
      drückliche Ordre des Königs in Preußen dazu hatte; zu diesen Exekutionen StaA., Rep. 4, B X d, 8,
      Vol. I und II.
251   Über die Norder Märzunruhen gibt es auf der einen Seite den Bericht des fürstlichen Amtsverwal-

freundliche Bürgermeister Palm am 1. März 1724 vor seiner Haustür einen Brief fand, in dem er als »ein elender Ja-Bruder«, der auf Landtagen immer nach dem Willen der Ritterschaft und der Stadt Emden Schatzungen einwillige, beschimpft wurde. Weiter wurde ihm vorgeworfen, in Norden mehr Personalschatzung zu erheben, als an das Administratorenkollegium tatsächlich abgeführt werde. In den folgenden Tagen nahm die gereizte Stimmung offenbar erheblich zu; viele Bürger seien »sehr schwermüthig geworden«, umschrieb Amtsverwalter Kettler die Situation. Beschwerden über die vielen Schatzungen verwies der Magistrat an die Stände, was Versammlungen der gemeinen Bürgerschaft und eingeworfene Fensterscheiben bei dem ständisch gesinnten oftmaligen Landtagsdeputierten Rudolf Schröder zur Folge hatte. Daraufhin forderte der von den ständetreuen Bürgermeistern Palm und Kettler einberufene Rat zunächst den Schutz der Bürgerwache an, am nächsten Morgen aber ein Kommando ständischer Miliz aus Emden zur »Assistentz wieder einen von dem Pöbel erregten und noch während tumult[252]«. An allen Ratsversammlungen und -beschlüssen dieser Tage war der fürstentreue Bürgermeister Wenckebach nicht beteiligt, obwohl eine Ratsversammlung ohne ihn als zur Zeit worthaltender Bürgermeister an sich nicht stattfinden durfte.

Das Administratorenkollegium in Emden gab dem Ersuchen aus Norden sofort statt und schickte in der Nacht zum 6. März ein Kommando von 109 Mann unter Führung von Kapitän Andree ab. Als die Soldaten am frühen Nachmittag des 6. März in Norden einrückten, kam es zu einer Schießerei, bei der drei Norder getötet und einer verletzt wurde. Über dieses und die folgenden Ereignisse gehen die Meinungen auseinander. Während der Norder Vogt berichtete, einige Bürger hätten unbewaffnet gegen den Einmarsch protestiert, woraufhin sofort das Feuer auf sie eröffnet worden sei[253], war in der Darstellung der Bürgermeister Palm und Kettler davon die Rede, daß der »Pöbel« sich in großer Zahl vor dem Haus des Bürgermeisters Wenckebach versammelt und ihm lautstark die Ankunft der Soldaten gemeldet habe. Daraufhin habe dieser dem »Pöbel« befohlen, »das Volck wieder weg zu steinigen«, was »die Canaille« auch sofort mit Dreck und Steinen begonnen habe. Nur zum eigenen Schutz und erst »nach vielem Warnen« habe Kapitän Andree das Feuer eröffnen lassen[254]. Nach der

ters Kettler vom 5. 3., StaA., Rep. 4, C III d, 7, Vol. 8, S. 335 ff., die Aussagen des Norder Vogts vom Abend des 6. 3., ebenda, S. 341 ff., den Bericht des Amtsverwalters Kettler vom 7. 3., Rep. 4, B IV i, 117, fol. 301 ff., sowie die, allerdings erst mit dem 7. 3. abends einsetzenden Berichte des fürstlichen Leutnants de Lamy, Rep. 4, B X a, 34, fol. 79 ff., andererseits die Darstellung der persönlich betroffenen ständefreundlichen Bürgermeister Palm und Kettler, die sie auf dem im selben Monat stattfindenden Landtag vortrugen, Dep. 1, 1452, fol. 79 ff. Diese Darstellung ist auch in der Klage, die die Stände über diese Vorfälle in Wien gegen die Landesherrschaft einbrachten, enthalten, Rep. 4, C III d, 7, Vol. 8, S. 444 ff.

252   StaA., Dep. 1, 709, fol. 57.
253   StaA., Rep. 4, C III d, 7, Vol. 8, S. 341 f.

Schießerei besetzten die Soldaten das Rathaus und stellten eine Wache vor das Weinhaus, wo der Rat gerade tagte. Am nächsten Morgen forderte Amtsverwalter Kettler die ganze Bürgerschaft bzw., je nach Blickwinkel, »den gemeinen Mann und alles Canaille« auf das Rathaus, wo die aufgebrachte Volksmenge die Ratsstube stürmte und den Rat für mehrere Stunden gefangen hielt. Sie forderte den unverzüglichen Abmarsch der Soldaten und die Abgabe ihrer Waffen; Kommandant und Fähnrich aber sollten in Haft kommen. Um Blutvergießen zu vermeiden, ließ der eingesperrte Rat nicht auf den »Pöbel« schießen, sondern schickte die ständischen Soldaten am Mittag, allerdings mit Waffen und Offizieren, nach Emden zurück; so die ständische Version. Amtsverwalter Kettler schrieb dagegen, die arrestierten Offiziere hätten sich in dem allgemeinen Durcheinander unter ihre Leute mischen und aus der Stadt fliehen können, während Palm und Kettler vor der Menge »mit gefalteten und gewrungenen Händen« um Gnade und freien Abzug gebeten hätten. Nach ihrer Freilassung begaben sich beide auf Schleichwegen »theils mit naßen, theils mit trockenen füßen[255]« zu ihrem »Abgott nach Lützburg[256]«, wo sie vor persönlicher Verfolgung sicher waren. In Norden gingen derweil bei den Häusern verschiedener ständisch gesinnter Bürger die Fensterscheiben zu Bruch, das Haus des Deputierten Schröder wurde sogar geplündert; Palms und Kettlers Haus entgingen nur durch Zureden der Prediger Pauli und Fideler demselben Schicksal.

Die Unruhen waren ein typischer Ausdruck der Norder politischen Verhältnisse. Die bis jetzt dominierende ständische Partei hatte infolge der vielen Unzulänglichkeiten beim Deichbau und wegen der zahlreichen Schatzungen bei gleichzeitig schlechter Wirtschaftslage an Anhang verloren. Ein großer Teil der Bevölkerung nahm daher die von Amtsverwalter Kettler und Bürgermeister Wenckebach verbreitete landesherrliche Propaganda gegen die Stände, die an allen Mißständen schuld seien, offen auf, so daß ein kleiner Anstoß genügte, um die Opposition zur Rebellion zu bringen. Daß bei der Beurteilung dieser Ereignisse die eine Seite immer von der löblichen Bürgerschaft, die andere dagegen vom Pöbel sprach, dem es in Ostfriesland freistehe, zu rauben und sich zu empören, war angesichts der diffizilen Norder Machtverhältnisse und der Konsequenz dieser Vorfälle kein Wunder; für die Stände war es eine ausgemachte Sache, daß Brenneysen »durch Zuthun des Pöbels« die Stände zwingen wolle, »sich dem intendirten absoluten Dominat zu unterwerffen[257]«.

254   ebenda, S. 444 ff.
255   ebenda.
256   StaA., Rep. 4, B IV i, 117, fol. 303.
257   So in ihrer diesbezüglichen Eingabe an den Reichshofrat, präsentatum 4. 5. 1724, StaA., Rep. 4, C III d, 7, Vol. 8, S. 425 ff.

Am 8. März wurden die Bürgermeister Palm und Kettler von der Landesherrschaft mit der Begründung abgesetzt, eigenmächtig und verbotenerweise Truppen aus Emden geholt zu haben[258], und bereits zwei Tage später ging eine von allen Rottmeistern unterschriebene Supplik der Norder Bürgerschaft in Aurich ein, worin sie sich insgesamt — vorher hatten nur einzelne ihre Paritionsanzeigen eingereicht — den kaiserlichen Dekreten unterwarfen, um Befreiung von den oben behandelten streitigen Schatzungen baten und Schutz vor erneuter Heimsuchung durch die Emder Garnison verlangten. Darüber hinaus wollte die Bürgerschaft das Recht erhalten, aus jedem Rott einen Mann an den Sitzungen des Rates teilnehmen lassen zu dürfen, damit heimlichen Konventikeln im Rat vorgebeugt werden könne[259]. Norden war damit aus der Reihe der »rechtmäßigen« Stände ausgeschieden. Als Reaktion darauf wurden im Sommer 1724 mehrmals die Schatzungen durch Soldaten der brandenburgischen Garnison eingetrieben. Weil einige »die ständische Parthey haltende« Bürger[260] sich danach nicht mehr sicher fühlten, wurde eine Salvegarde brandenburgischer Soldaten nach Norden verlegt, die bis zum Frühjahr des folgenden Jahres dort verblieb[261].

14.3. Der »Partei«-wechsel des Bischofs von Münster

Trotz aller früheren kaiserlichen Anordnungen hatte der Bischof von Münster den ostfriesischen Ständen Unterstützung gewährt. Nach der in den Dekreten vom Juni 1723 angeordneten Rückzahlung der im Herbst des Vorjahres erpreßten Subsidien war er dazu nicht mehr unbedingt bereit. Im September 1723 begann der münsterische Geheime Rat und Oberst Freiherr von der Horst, zunächst noch ohne Vollmacht seiner Regierung, Verhandlungen mit Brenneysen, in denen sich beide darauf verständigten, daß Münster auf das Konservatorium völlig verzichten wolle, wenn Ostfriesland dafür keine Ansprüche auf die Rückzahlung der Subsidien erhebe[262]. Dieses Zugeständnis zu machen fiel Brenneysen nicht schwer, denn dieses Geld wäre ohnehin der Kasse der Stände zugute gekommen. Daß er damit eigenmächtig eine Bestimmung der sonst so peinlich genau beachteten De-

---

258 Absetzungsmandat StaA., Rep. 4, B IV i, 117, fol. 627 ff. Am 24. März bedankten sich Amtsverwalter, Bürgermeister und Rat sowie die Bürgerschaft von Norden bei der Landesherrschaft deswegen und baten, Palm und Kettler nie wieder ins Amt zu lassen, ebenda, fol. 404 f.
259 Die Supplik ebenda, fol. 321 ff.
260 StaA., Dep. 1, 709, fol. 123 f.; Rep. 4, B X d, 8, Vol. I, fol. 147 ff., 241 ff., 355 ff. und passim.
261 Der ganze Vorgang StaA., Rep. 4, B IV i, 54, und Rep. 4, C I g, 13.
262 Zum Gang der Verhandlungen, die im wesentlichen auf einer Konferenz zwischen von der Horst und Brenneysen am 30. 11. 1723 in Rhede, an der Grenze zwischen Ostfriesland und dem Niederstift Münster gelegen, zum Ergebnis führten, StaA., Rep. 4, B I f, 1363, bes. fol. 40 ff. und passim.

krete außer Kraft setzte, machte ihm hier, wo es darum ging, den Ständen einen ihrer Patrone zu nehmen, keine Gewissensbisse, ein weiteres Beispiel dafür, daß diese Auseinandersetzung, in der es allein um die Macht ging, mit den Kategorien Recht und Unrecht nicht zu erfassen ist[263]. Der Vertrag[264] wurde am 21. Februar 1724 in Münster und am 9. April 1724 in Aurich ratifiziert. Der Bischof von Münster verpflichtete sich dabei auch, die Stände zum Gehorsam zu ermahnen. In zwei Schreiben vom 30. Mai und 17. Juni an die Administratoren und Ordinärdeputierten kam er dieser Verpflichtung nach[265]. Einen ihrer auswärtigen Beschützer hatten die Stände damit eingebüßt.

14.4. Der Streit um die Anerkennung der subdelegierten kaiserlichen Kommission

Die in der Reichshofratsentscheidung vom Juni 1723 auf Sachsen und Braunschweig-Wolfenbüttel erkannte Kommission war den Ständen sehr ungelegen, denn sie befürchteten — wie sich herausstellen sollte, zu Recht —, daß eine von diesen beiden Reichsständen gestellte Untersuchungskommission von vornherein nicht unparteiisch arbeiten werde, weil das Haus Cirksena zu beiden enge verwandtschaftliche Verbindungen hatte[266]. Sie hätten stattdessen lieber eine Vermittlung der Generalstaaten oder des Königs in Preußen gesehen; das aber lehnte die Landesherrschaft entschieden ab, weil diese beiden Mächte wegen ihrer Interessen in Ostfriesland von vornherein unakzeptabel weit auf der Seite der Stände stehen mußten[267]. Für Brenneysen kam es nach dem Erlaß der Dekrete zunächst darauf an, beide Höfe zur Übernahme der Kommission zu bewegen. Er schickte des-

---

263 Der Reichshofrat war über diese Eigenmächtigkeit sehr geteilter Meinung, Bericht des Wiener Gesandten Brawe vom 26. 2. 1724, StaA., Rep. 4, A IV c, 249.

264 Ausfertigung StaA., Rep. 4, B I f, 1365, fol. 38 ff. Für seine Bemühungen um das Zustandekommen des Vertrages wurde von der Horst »Silberwerck, an Wehrt 268 Rthlr. 18 Schaf«, verehrt, Nebeninstruktion Fürst Georg Albrechts für Brenneysen vom 17. 4. 1724, StaA., Rep. 4, B I f, 1363, fol. 81.

265 StaA., Rep. 4, C III c, 92, fol. 128 f. und 130 f.

266 Die Großmutter Fürst Georg Albrechts und die Schwiegermutter des Königs von Polen bzw. Kurfürsten von Sachsen waren Schwestern. Zusätzlich bestand über die zweite Gattin Georg Albrechts, Prinzessin Sofie Karoline von Brandenburg-Bayreuth, die er im November 1723 geheiratet hatte, eine Verschwägerung zum sächsischen Herrscherhaus, weil Sofie Karoline eine, allerdings erheblich jüngere, halbe Cousine der Gattin Friedrich Augusts I. war. Herzogin Christine Luise von Braunschweig-Blankenburg war Georg Albrechts Tante; deren Tochter Elisabeth Christine, Georg Albrechts volle Cousine, war Gattin Kaiser Karls VI. Seit seiner zweiten Ehe war Georg Albrecht auch der Schwager des dänischen Kronprinzen Christian (VI.), der als Graf von Oldenburg sein unmittelbarer territorialer Nachbar war. Vgl. zu diesen Verwandtschaftsbeziehungen die Stammtafel im Anhang.

267 Siehe unten S. 231 ff. und S. 243 ff.

wegen im Sommer 1723 zunächst den Wiener Gesandten Brawe[268] und anschließend Hofmarschall von Worm nach Dresden und Wolfenbüttel, um die notwendigen Verhandlungen zu führen, die im Laufe des Winters zum Erfolg führten[269]. Sobald die Namen der beiden Räte feststanden, die als subdelegierte Kommissare nach Ostfriesland gehen sollten, machte Brenneysen sich daran, ihnen die »richtige« Vorstellung über die ostfriesische Verfassung und die Akkorde zu vermitteln. Der Wolfenbütteler Rat Röber bedankte sich für die Übersendung eines Exemplars der »Ostfriesischen Historie und Landesverfassung« mit den Worten: »die Ostfriesische Historie zeiget mir die kräfftigste Mittel meine intention zu erhalten, und würde ohne dieselbe mir schwer fallen, von dem Systemate Ostfrisico mir eine zu recht beständige idee zu machen[270]«. Über die Kommissionskosten wurde ebenfalls Einigkeit erzielt: jeder der beiden subdelegierten Räte sollte 10, jeder Sekretär 2 und jeder Kopist 1 Reichstaler Tagegeld erhalten; insgesamt wurden also pro Tag 26 Reichstaler fällig[271]. Den Ständen wurde während des Märzlandtages die Übernahme der Kommission durch die beiden Höfe sowie der Termin der Eröffnung mitgeteilt[272]. Diese erklärten daraufhin, in dieser Sache an den Reichshofrat appellieren zu wollen[273].

Am 8. Mai schrieb die Landesherrschaft einen Landtag für den 19. aus, auf dem den Ständen die Zitation vor die subdelegierte Kommission insinuiert und gleichzeitig die Kostenfrage geregelt werden sollte. Auf dem gerade stattfindenden Landrechnungstag in Emden protestierten die Extraordinär- und Ordinärdeputierten gegen dieses Landtagsausschreiben, weil zum einen in Wien noch nicht über die diesbezügliche ständische Appellation entschieden worden und zum anderen ein eigener Landtag zu die-

268   Instruktion vom 24. 8. 1723, StaA., Rep. 4, A IV c, 248.
269   Im einzelnen StaA., Rep. 4, C III a, 148.
270   ebenda, Brief vom 1. 2. 1724.
271   ebenda, Protokoll einer Konferenz in Leipzig am 31. 3. 1724. Dabei wurde ausdrücklich festgestellt, daß diese Tagessätze an den untersten vertretbaren Grenzen lägen; in Mecklenburg bekämen die Primarii pro Tag 16 und die übrigen gelehrten Teilnehmer 14 Reichstaler. Brenneysen meinte, daß »in dergleichen Commissionen solche Gelder sonst wol doppelt so hoch zu lauffen pflegen«. Reskript an den Wiener Gesandten Brawe vom 11. 4. 1724, StaA., Rep. 4, A IV c, 249.
272   Notariatsinstrument darüber vom 18. 3. 1724, StaA., Rep. 4, C III a, 131.
273   StaA., Dep. 1, 1452, fol. 97 ff. Diese Appellation wurde am 25. 4. 1724 beim Reichshofrat eingereicht. Darin baten die Stände unter Hinweis auf die nahe Verwandtschaft zwischen den Kommissionshöfen und dem Haus Cirksena, auf die Tatsache, daß Ostfriesland im niederrheinisch-westfälischen und nicht im niedersächsischen Kreis liege, auf die Glaubensverschiedenheit zwischen dem katholischen Kurfürsten von Sachsen (als König von Polen) und den Ostfriesen und auf das noch nicht entschiedene Gesuch der Stände um restitutio in integrum um Aufhebung der Kommission, Rep. 4, C III d, 7, Vol. 8, S. 357 ff. Eine weitere ständische Eingabe in dieser Sache mit der Bitte um Aufhebung der Kommission, präsentatum 28. 4. 1724, ebenda, S. 391 ff. Die übergangenen ausschreibenden Fürsten des niederrheinisch-westfälischen Kreises, der König in Preußen als Herr von Kleve, der Erzbischof von Köln als Bischof von Münster und der Kurfürst von Pfalz als Herzog von Jülich und Berg, protestierten am 24. 4. 1724 beim König von Polen gegen dessen Übernahme der Kommission, Abschrift Rep. 4, C III a, 148, im Mai auch beim Kaiser. Dort wurden sie aber abgewiesen, vgl. H u g h e s , Imperial judicial authority, S. 328 f.

sem Zweck zu kostspielig sei. Vorsichtshalber beauftragten sie aber zwei Notare, zum angegebenen Zeitpunkt nach Aurich zu fahren und dort gegen eventuell stattfindende Verhandlungen zu protestieren. Bis auf zwei Berumer Deputierte hatten alle Anwesenden diesen Protest unterschrieben[274], woran sich wieder einmal die labile Situation der Deputierten aus den »gehorsamen« Ämtern zeigt. Außerdem publizierten sie ein Mandat, in dem sie ihre Einwände gegen die Kommission und den deswegen angesetzten Landtag darlegten und die Eingesessenen, »so lieb einem jeden seine eigene und des Vaterlandes Wollfahrt seyn mag«, ermahnten, diesen unnötig und akkordwidrig einberufenen Landtag nicht zu besuchen[275]. Trotz dieser Propaganda kamen neben den Vertretern der Städte Norden und Aurich insgesamt 39 Deputierte des dritten Standes, davon aber nur sieben aus den drei Marschämtern[276]. Daß diesmal zahlreiche Abgeordnete sehr armer Geestdistrikte, so aus Walle, Sandhorst, Egels, Wallinghausen und Popens, kamen, war eine Folge des massiven Einflusses, den die Beamten in den Kirchspielen ausgeübt hatten. Auf Brenneysens Geheiß hatten sie nämlich auf Amts- und Vogteiversammlungen den Eingesessenen »das werck nochmahls mündlich vorzustellen und dahin zu dirigiren, daß die Vollmachten zu diesem Landtag dergestalt, wie es der paritions-Erklährung gemäs ist, abgefaßet werden, damit die Eingeseßenen, wie bishero leyder! geschehen, von den wiederspenstigen nicht auffgewiegelt werden[277]«. Die beiden auf dem Landrechnungstag beauftragten Notare wurden mit ihrem Protest gar nicht erst vorgelassen, weil »dieselbe allhie nichtes zu schaffen hätten[278]«. Die Beschlüsse dieses Landtages fielen wie im Januar 1723 nach kurzer Beratung wunschgemäß und entsprechend der »Ordnung zwischen Obrigkeit und Unterthanen[279]« aus: Die Kommissionseröffnung für den 19. Juni wurde akzeptiert und eine Kapital- und zwei Personalschatzungen zum Unterhalt der Kommission eingewilligt[280]; diese Schatzung sollte direkt nach Aurich bezahlt werden. Die Spaltung war damit beinahe perfekt. Brenneysen

274 StaA., Dep. 1, 1452, fol. 169 ff.
275 ebenda, fol. 225.
276 StaA., Dep. 1, 1451, fol. 1 ff.
277 Reskript vom 8. 5. 1724, StaA., Rep. 4, C II b, 138. Für einen Teil der ganz armen Dörfer reichte die einmalige Bemühung der Beamten noch nicht aus. Sie mußten mehrfach ermahnt werden, einen Deputierten zum Landtag zu schicken. So bevollmächtigten die Eingesessenen von Wiesens erst am 26. 5. einen Abgeordneten, die von Extum noch einen Tag später. Zu diesem Zeitpunkt war der Landtag aber schon 2 bzw. 3 Tage beendet. Beide Vollmachten ebenda.
278 StaA., Dep. 1, 1451, fol. 9; der Bericht der beiden Notare Dep. 1, 697, fol. 111 f.
279 So Brenneysen in seiner Antwort auf das Gutachten der Stände, StaA., Dep. 1, 1451, fol. 67 f.
280 In der Proposition hatte Brenneysen die Bestätigung der von den »gehorsamen« Landständen bereits auf dem Landtag im März 1724 eingewilligten Kommissionsschatzung gefordert, StaA., Dep. 1, 1451, fol. 25 ff. Von einer damals geschehenen Einwilligung kann jedoch keine Rede sein. Lediglich die Voten einiger Abgeordneter der Ämter Aurich, Berum und Friedeburg enthielten einen entsprechenden Passus, diese Voten waren aber nicht auf dem Landtag abgegeben worden, sondern direkt bei Brenneysen in der Kanzlei. Die Voten vom 21. bzw. 30. 3. 1724 in Rep. 4, C II b, 137.

trug dem Rechnung, indem er schon seit dem Landtag im März dieses Jahres die Schlußformel unter landesherrlichen Schreiben an die Stände abgeändert hatte. Hatte es seit dem Beginn der Streitigkeiten immer geheißen, der Fürst bleibe den Ständen »reservatis reservandis« gewogen, so lautete die Formel jetzt: »verbleiben Wir allen denen, so Uns mit wahrer schuldiger Treue und Devotion ergeben sind, mit Gnaden und wohlgeneigten Willen beygethan[281]«. Die Ritterschaft, die Stadt Emden und wesentliche Teile der drei Marschämter waren hierin nicht mehr eingeschlossen.

Weil die Stadt Emden und keiner der Administratoren zum Landtag erschienen war, wurde beiden die Citation auf den 19. Juni direkt durch zwei Notare insinuiert[282]. Als die Kommission zum festgesetzten Zeitpunkt eröffnet werden sollte, waren nur je zwei Vertreter der Städte Norden und Aurich sowie je ein Deputierter der Ämter Norden, Aurich und Berum gekommen. Weil es, wie Brenneysen selbst ausführte, in Ostfriesland üblich sei, nicht zu den festgesetzten Zeiten zu einem Landtag zu erscheinen, sondern erst einen oder zwei Tage später, wurde die Versammlung auf den 21. Juni vertagt[283]. Dieses Mal war zusätzlich zu den vorherigen nur je ein Deputierter der Ämter Stickhausen und Friedeburg erschienen. Trotz Brenneysens Antrag, gegen die Ausgebliebenen, also die Mitglieder der Ritterschaft, Bürgermeister und Rat der Stadt Emden, die Gemeinden der drei Marschämter und gegen die Administratoren und Ordinärdeputierten, »in contumaciam« zu verfahren, setzten die subdelegierten Räte den 6. Juli als neuen, endgültigen, Eröffnungstermin fest und erließen dazu peremptorische Citationen an diese Teile der Stände[284]. Dagegen protestierten wenige Tage später das Administratorenkollegium sowie Bürgermeister und Rat von Emden; sie bekräftigten ihren bereits vor dem Mailandtag geltend gemachten Rechtsvorbehalt und entschuldigten damit ihr bisheriges Ausbleiben, erreichten aber nichts[285]. Zum neuen Eröffnungstermin waren neben weiteren Deputierten des dritten Standes auch die Sekretäre Haykens und van Wingene, der eine für die Stadt Emden, der andere für das Administratorenkollegium, erschienen, um abermals — vergeblich — zu protestieren. Die kaiserliche Kommission wurde offiziell eröffnet[286]. Zwar appellierten die Emder und das Administratorenkollegium deswegen an den Reichshofrat, u. a. mit dem Argument, am 6. Juli sei ein Teil der Deputierten des dritten Standes unqualifiziert oder nicht ordentlich bevollmächtigt gewesen[287], alle diese Rechtsmittel erwiesen sich jedoch als fruchtlos, so

---

281   Erstmals in der Proposition zum Märzlandtag 1724, StaA., Dep. 1, 1452, fol. 54.
282   Notariatsinstrument StaA., Rep. 4, C III c, 92, fol. 35 ff.
283   ebenda, fol. 74 ff.
284   ebenda, fol. 85 f. und 107 ff.
285   ebenda, fol. 132 und 155 ff.
286   ebenda, fol. 227 ff.

daß die Administratoren und Ordinärdeputierten im September beschlossen, die Kommission und die zu ihrem Unterhalt im Mai bewilligten Schatzungen unter Beibehaltung ihrer abweichenden Rechtsauffassung anzuerkennen, um in gütliche Verhandlungen eintreten zu können[288]. Gleichzeitig baten sie den König von Polen (als Kurfürst von Sachsen), den Sitz der Kommission von Aurich nach Emden zu verlegen; unter Brenneysens Einfluß wurde diese Bitte jedoch zurückgewiesen[289]. Vordergründig stand damit nur noch ein Problem an: die von Brenneysen, der Kommission und vom Reichshofrat verlangte vorbehaltlose Unterwerfung der »Renitenten« unter die Dekrete.

14.5. Die endgültige Spaltung — Absetzung der Administratoren und Ordinärdeputierten, deren Neuwahl und die Verlegung der Landeskasse nach Aurich

Mit den kaiserlichen Reskripten und Dekreten vom 14. Juni bzw. 10. August 1724[290] wurde der auf dem Landrechnungstag im Mai formulierte Protest als aufrührerisch kassiert, die bisherigen Reichshofratsentscheidungen bestätigt, alle Einreden der »Renitenten« dagegen verworfen bzw. zur Entscheidung an die Kommission verwiesen und auf den König von Schweden als Herzog von Pommern ein Auxiliatorium erkannt; Brenneysen stand damit kurz vor dem Ziel.

Einen wegen dringender Deichbauprobleme im August 1724 erforderlich gewordenen Landtag hatten »Renitente« und »Gehorsame« noch gemeinsam besucht, aber eigentlich schon nicht mehr miteinander, sondern gegeneinander verhandelt. Die »Renitenten« waren vor allem darauf bedacht, zu gütlichen Verhandlungen mit der Landesherrschaft unter Vermittlung der Kommission zu kommen. Folgende Prinzipien wollten sie dabei angewendet wissen[291]:
1) Jede Seite behält sich ihr Recht für den Fall des Scheiterns der Verhandlungen vor.
2) Solange die gütlichen Verhandlungen nicht abgeschlossen sind, soll der Fürst wegen der endgültig ergangenen Dekrete keine Exekution verlangen und nichts gegen die Stände unternehmen.

---

287 StaA., Rep. 4, C III c, 93, fol. 12; u. a. war der Deputierte Harringa aus Hatzum genannt, »welcher sich annoch auf Schulen informiren läßet«, was eine Landtagsqualifikation ausschließe.
288 StaA., Dep. 1, 1452, fol. 439 ff., und Rep. 4, C III c, 94, fol. 242. Diese Verhandlungen fanden Ende Oktober statt, führten aber zu nichts, Rep. 4, C III c, 95, fol. 272—504, und Dep. 1, 525.
289 StaA., Rep. 4, C III c, 94, fol. 238 f. und 291 ff.
290 StaA., Rep. 4, C III a, 122.
291 StaA., Dep. 1, 1452, fol. 360 ff.

3) Bei den Verhandlungen sollen die Akkorde die Grundlage bilden und alles nach Maßgabe von Art. 1 des Hannoverischen Vergleichs von 1693[292] verhandelt werden.

4) Alles, was während der Verhandlungen aus »Liebe zum Frieden« oder sonst getan wird, darf niemals Gegenstand einer gerichtlichen Untersuchung werden noch sonst einem der Beteiligten zum Nachteil ausschlagen.

Weder die subdelegierten Kommissare noch Brenneysen ließen sich darauf ein. Zu gütlichen Verhandlungen habe es in der Vergangenheit Gelegenheit genug gegeben, jetzt sei es zu spät; allenfalls über die Punkte, die in den kaiserlichen Dekreten noch nicht entschieden seien, könne gesprochen werden, wenn vorher die Kommission und alle Dekrete vorbehaltlos anerkannt worden seien[293]. Die Deputierten der Städte Norden und Aurich sowie der fünf »gehorsamen« Ämter protestierten entschieden gegen die Verhandlungsbemühungen der »Renitenten[294]« und wurden von Brenneysen offen zu eigenen (Landtags)Verhandlungen auf die Kanzlei bestellt[295]; ihre Voten gaben die »Gehorsamen« seit dem Frühjahr ohnehin dort ab[296]. Teilweise waren sie nur verlängerter Arm Brenneysens auf dem Landtag. So hatte dieser an Bürgermeister und Rat von Norden vor Beginn des Landtages ein Reskript geschickt, in dem er ihnen befahl, einen Antrag der »gehorsamen« Stände auf Abschaffung der Emder ständischen Garnison zu stellen[297]; der Antrag veranlaßte den ständischen Präsidenten von Closter, Bürgermeister Wenckebach zu fragen, »ob er nun gar ein Geck wäre, daß er umb Abschaffung vorerwehnter Guarnison supliciret hätte[298]«. Das Gegeneinander gipfelte in der notariellen Mitteilung der »Gehorsamen« an die Administratoren der Stadt Aurich und des dritten Standes sowie an alle Ordinärdeputierten ihrer Ämter, sie in dieser Eigenschaft nicht mehr anzuerkennen; alles, was sie weiterhin vornähmen, ginge zu ihrer eigenen Verantwortung[299]. Schließlich erging ein Landtagsabschied, womit der seit 1695 prorogierte Landtag, einseitig und gegen den Protest der »Renitenten«, geschlossen wurde, weil, so Brenneysen, dieser Landtag von Beginn an hauptsächlich zur Abschaffung der Gravamina und zur Herstellung guter Ordnung zwischen Obrigkeit und Untertanen einberufen gewesen wäre, diesem Ziel jedoch nicht gedient habe[300].

---

292   Darin war festgelegt, daß die Landesherrschaft »alle Kayserl. Decreta und Resolutiones, Compactata, Apostillen, Decisien und Abscheide / insgemein Accorde genannt / als Grund-Festen der Ost-Friesischen Regierung« konfirmieren wolle, B r e n n e y s e n II, S. 1060.

293   StaA., Dep. 1, 1452, fol. 368 ff. und 426 ff.

294   ebenda, fol. 410 f.

295   ebenda, fol. 254 f.

296   StaA., Rep. 4, C II b, 137, Voten vom 20., 21. und 30. 3. und 23. 8. 1724.

297   Reskript vom 4. 8. 1724, ebenda.

298   Protokoll von Wenckebachs Anzeige bei der Kanzlei am 26. 8. 1724, ebenda.

Damit war im wesentlichen das vorweggenommen, was eine an das letzte kaiserliche Dekret angehängte Instruktion für die Kommission vorgeschlagen hatte. Das beste Mittel zur Dämpfung der Unruhe sei, die bisherigen Administratoren und Ordinärdeputierten ihrer Ämter und Rechte zu entsetzen, die Landeskasse von Emden nach Aurich zu verlegen, auf einem autoritate Caesarea auszuschreibenden Landtag Neuwahlen für diese Posten abzuhalten und allen Eingesessenen zu verbieten, Schatzungen nach Emden zu bezahlen[301].

Bis zum Herbst hatten sich, teilweise mit gewundenen Erklärungen[302], der adelige Administrator von Knyphausen, der ständische Präsident von Closter und einige andere adelige Mitglieder der Stände unterworfen, weil sie offenbar die drohenden Folgen weiteren Widerstandes fürchteten. Obwohl inzwischen mehrere Termine zur Einbringung der geforderten Paritionsanzeigen verstrichen waren, setzte die Kommission allen noch »Renitenten« eine letzte Frist bis zum 4. November, weil ihrer Meinung nach bisher viele Eingesessene übel berichtet waren, »als ob es auf die Vernichtung der Accorden und Privilegien zu Stabilirung eines despotischen Regiments überall gerichtet sey[303]«. Als wiederum nur Notariatsinstrumente der Stadt Emden und des Administratorenkollegiums über neue Appellationen nach Wien eingingen[304], wurde beschlossen, gemäß der kaiserlichen Instruktion zu verfahren und die Administratoren und Ordinärdeputierten ihrer Ämter zu entheben, ihnen alle Zusammenkünfte und jede weitere Geschäftsführung zu verbieten, die Einschickung des Siegels anzuordnen und zur Neuwahl einen Landtag ausschließlich für die »Gehorsamen« auszuschreiben. Außerdem wurde Oberst von der Ley befohlen, die Hauptträdelsführer verhaften zu lassen[305]. Bürgermeister und Rat von Emden reagierten auf diese

299   Requisition an die Notare vom 17. 8. 1724, ebenda.
300   StaA., Dep. 1, 1452, fol. 426 ff.
301   StaA., Rep. 4, C III a, 122.
302   In der Submissionsanzeige von Closters vom 30. 10. 1724 heißt es, nachdem alle gütlichen Verhandlungen gescheitert seien und »Ihro Kayserl. Mayestät schlechthin paritionem wißen wollen«, jetzt den Dekreten »mich zu submittiren nicht entübriget seyn können, sondern selbige sowohl als die Commission hiemit agnoscire«. Er gab zugleich seiner Hoffnung Ausdruck, daß die Dekrete nicht weiter, als die Akkorde es zulassen, ausgelegt würden und erinnerte an das kaiserliche Konservatorium vom 8. 6. 1723, worin den Kommissionshöfen aufgegeben sei, »die Landesstände bey denenjenigen Rechten, so ihnen laut resolutionen und accorden zustehen, ebenmäßig zu mainteniren«. StaA., Rep. 4, C III a, 114.
303   StaA., Rep. 4, C III c, 95, fol. 351.
304   ebenda, fol. 444 ff.
305   StaA., Rep. 4, C III c, 96, fol. 50 ff. Die Versuche, die Hauptträdelsführer zu verhaften, waren von vornherein zwecklos, weil die Administratoren Dr. von Rehden, ter Braeck und von dem Appelle ihren Wohnsitz inzwischen in das sichere Emden verlegt und dorthin neben ihrem Hausgerät vor allem ihre sie möglicherweise belastenden Papiere gebracht hatten. Bericht des Emder Amtmanns Bluhm vom 12. 9. 1724, StaA., Rep. 4, C I c, 97. Außerdem erbaten sich diese drei bei Bedarf preußische Salvegarden in ihre Häuser in Großmidlum, Groothusen und Leer, Dep. 1, 709, fol. 169 und 217, und Rep. 4, B IV i, 54, fol. 47.

Drohungen mit der Vereidigung der gesamten Bürgerschaft; Bürgerkompanie für Bürgerkompanie gelobte, sich dem Bemühen der Landesherrschaft, mittels der kaiserlichen Dekrete die ostfriesischen Freiheiten und Privilegien aufzuheben, mit Gut und Blut innerhalb und außerhalb der Stadt widersetzen zu wollen[306].

Der auf den 23. November einberufene Landtag brachte vor allem für das Amt Aurich eine Rekordbeteiligung. Von den insgesamt 79 Deputierten des dritten Standes kamen allein 32, also fast die Hälfte, aus diesem Amt; hier hatten die Beamten offenbar besonders intensiv für die Landesherrschaft geworben. Die anderen Ämter stellten nur jeweils acht (Stickhausen, Leer, Greetsiel, Berum), sieben (Emden und Friedeburg) bzw. einen Deputierten (Norden)[307]. Bei der Durchsicht der Vollmachten stellt sich jedoch heraus, daß es mit der Unterwerfung der »Gehorsamen« teilweise nicht weit her war; zumindest wollte sich ein Teil der landtagsberechtigten Bevölkerung auf der Geest noch nicht klar festlegen. Die Vollmacht für den Osteeler Deputierten z. B. trug zwar insgesamt 36 Unterschriften, davon stammten aber nur vier von den landtagsberechtigten Interessenten; im übrigen hatten u. a. acht Warfsleute, sieben kleine Handwerker und acht Arbeiter unterschrieben[308]. In Victorbur hatten die langjährigen ständischen Deputierten nicht unterschrieben, die Vollmacht von Osterhusen, Amt Emden, hatte nur zwei Unterschriften. In Manslagt, Amt Greetsiel, hatten sogar 49 Personen die eine ausdrückliche Paritionsanzeige enthaltende Vollmacht ausgestellt, obwohl dort nicht mehr als zehn Interessenten wohnten. Bemerkenswert ist die Vollmacht, mit der einige der ständischen Protagonisten aus Pilsum, Manslagt, Groothusen und Visquard zwei gemeinsame Deputierte nach Aurich entsandten: Sie trugen ihnen lediglich auf, »daselbst unser Beste(s) zu beobachten; werden solches, als von uns selbst verrichtet, genehm (...) halten[309]«, von Parition aber kein Wort. Dennoch wurde diese Vollmacht angenommen. Angesichts dieser Verhältnisse dachten die »Renitenten« nicht daran, Beschlüsse dieses Landtages als von den Ständen gefaßt anzuerkennen; für die »rechtmäßigen« Stände hielten sie sich nach wie vor selbst.

Obwohl dieser Landtag bis zum 16. Dezember, also über drei Wochen, dauerte, ging er unproblematisch vonstatten. Die Landeskasse wurde nach Aurich verlegt und neue Administratoren und Ordinärdeputierte gewählt. Dabei bestanden die Städte Aurich und Norden, die sich bisher im Zwei-

306   StaA., Rep. 4, C III c, 96, fol. 100 f. Um diesen Eid ging es bei den oben, S. 145, erwähnten Überlegungen des Emder Kirchenrates im Jahre 1729.
307   StaA., Dep. 1, 1451, fol. 75—82.
308   Vollmacht vom 22. 11. 1724, StaA., Rep. 4, C II b, 139. Diese Aufschlüsselung ergibt sich aus einem Vergleich mit dem Kopfschatzungsregister von 1719, Rep. 4, C I g, 59.
309   Alle Vollmachten ebenda.

bzw. Drei-Jahresrhytmus abwechseln mußten, auf einem »perpetuellen« Administratoren für jede der beiden Städte, d. h. auch für den Fall, daß wieder Landtage mit Beteiligung Emdens stattfinden sollten. Dagegen erhob Herr von Knyphausen, einziger Vertreter seines Standes auf diesem Landtag, Einspruch, so daß diese Angelegenheit nicht endgültig geregelt wurde[310]. Die Eidesformel der neuen Ordinärdeputierten und Administratoren, die vorher auf die Akkorde allein gelautet hatte, wurde in einer bezeichnenden Weise ergänzt. Die neuen Administratoren mußten schwören, sich »bey solcher Bedienung in allen Stücken nach denen am 18. Augusti 1721, 18. Augusti 1722, 11. Juni 1723 und folgends ertheilten Kayserl. Decretis, sodann denen Ostfriesischen Landes Verträgen, jedoch daß der mißbrauch und alle eigenmächtige auslegung derselben, denen jetzt besagten Kayserl. Decretis zu wieder, verhütet werde, mit aller Treue und Fleiß« zu verhalten[311]. Das Ziel ist deutlich: Die Administratoren und übrigen ständischen Repräsentanten sollten sich auf eng begrenzte Aufgaben beschränken und die bisherige Funktion, zusätzlich über die Einhaltung der Akkorde im ständischen Verständnis zu wachen, nicht mehr wahrnehmen dürfen. Einziger Streitpunkt auf diesem Landtag waren die Subsidien für die Landesherrschaft; die Stände fanden wegen der schlechten Zeiten vorerst 6.000 Reichstaler pro Jahr angemessen, während die Kommission und Brenneysen auf der doppelten Summe bestanden; auf die Dauer sollte sie sogar auf 18.000 Reichstaler erhöht werden[312].

Zwar waren auf diesem Landtag einige Deputierte aus den »renitenten« Marschämtern erschienen, von einer Wende zugunsten der Landesherrschaft in diesen Ämtern konnte aber noch keine Rede sein; die Spaltung war nur bestätigt worden.

15. Auftakt zur Phase der gewaltsamen Auseinandersetzung — Die doppelte Akziseverpachtung im Januar 1725

Die alten Administratoren und Ordinärdeputierten hatten ihre Absetzung nicht hingenommen, sondern sofort nach Wien appelliert. Noch vor Eröffnung des Landtages hatten sie die Appellation drucken und überall im Lande verteilen lassen[313]. Mit der Neuwahl und der Verlegung der Landeskasse nach Aurich gab es daher zwei Administratorenkollegien, das »alte« und das »autoritate Caesarea« bestellte. Trotz Verbotes der kaiserlichen Kommission[314] wurde Ende Januar 1725 nicht nur in Aurich, sondern

310 StaA., Dep. 1, 1451, fol. 86 ff.
311 ebenda, fol. 226 ff.
312 ebenda, fol. 231 f. und 236.
313 StaA., Rep. 4, C III c, 96, fol. 251 ff.

auch in Emden die Akzise für das nächste halbe Jahr verpachtet, wobei allerdings eine gewisse Zurückhaltung der Pächter beim Gebot nicht zu verkennen war[315]. Bei dieser Konstellation waren gewaltsame Konflikte nicht zu vermeiden, weil jedes der beiden Kollegien ihre Kandidaten in den Kluften durchsetzen wollte. Beide Seiten waren daher auf bewaffneten Schutz der Pächter bedacht, so daß es am 2. Februar 1725 in Leer zum ersten gewaltsamen Zusammenstoß kam[316]. Der »Appelle-Krieg« hatte begonnen.

Zwischenergebnis:

Es ist deutlich geworden, daß der »Appelle-Krieg« am Ende einer langen Auseinandersetzung stand, in der es seit der Ernennung Brenneysens zum verantwortlichen Leiter der landesherrlichen Politik um die Umgestaltung der ständischen Verfassung Ostfrieslands in Richtung auf ein absolutistisches Regiment ging. Brenneysens Angriff erfolgte zunächst nur langsam und bei passender Gelegenheit, dann immer umfassender und planmäßig aufgebaut; keinesfalls aber ist seine Politik als unmittelbare Reaktion auf tatsächliche oder vermeintliche Mißstände in der Zeit der wirtschaftlichen Notlage nach der Weihnachtsflut von 1717 zu verstehen. Diese war lediglich ein willkommener Hintergrund seiner Schwarzmalerei, geeignet, ihm die nötige Resonanz für seine Propaganda zu verschaffen. Es war eine Auseinandersetzung um die Macht in einem Lande, das im Gegensatz zu vielen anderen Territorien des Heiligen Römischen Reiches Deutscher Nation in einer vorabsolutistischen Verfassung verharrte, die vielen außerostfriesischen Zeitgenossen als Anachronismus ohnegleichen erschien[317]. Die Staatstheorie des 18. Jahrhunderts beantwortete die Hauptstreitfrage, wie weit landesherrliche Hoheitsrechte durch überkommene Privilegien und Freiheiten der Untertanen eingeschränkt werden könnten, eben wesentlich enger, als sie das hundert Jahre vorher getan hatte. Die Reichsverfassung war dieser geänderten Auffassung allmählich angepaßt worden und wies den Reichsständen, also den einzelnen Landesherren, eine quasi-souveräne Stellung gegenüber ihren Landständen zu. Hier erhob sich das für das juristische Verfahren entscheidende Problem der ostfriesischen Auseinandersetzung: Wie konnten die Akkorde, die der Landesherrschaft enge Fesseln anlegten, mit der Reichsverfassung, die das genaue Gegenteil tat, vereinbart werden, bzw. konnten die Verfassungsbestimmungen des Reiches die

314   StaA., Rep. 4, C III c, 98, fol. 135.
315   Bericht der Emder Beamten vom 30. 1. 1725, ebenda, fol. 242 f.
316   Siehe unten S. 251 f.
317   Michael H u g h e s hat deshalb völlig zu Recht eine Gesamtcharakteristik der ostfriesischen Land-
       stände »The East Frisians, the Survival of powerful Provincial Estates in N. W. Germany in the
       18th Century«, benannt.

eines Landes brechen? Solange diese Frage nicht nur in Aurich, sondern auch in Wien mit »Ja« beantwortet wurde, konnten die ostfriesischen Akkorde entgegen ihrem ursprünglich intendierten Sinn interpretiert und damit die von den Ständen mit Selbstverständlichkeit wahrgenommene Verteidigung ihrer Rechte als Ungehorsam gegen Kaiser und Reich ausgelegt und schließlich bestraft werden. Trotz des im Finalrezeß von 1663 enthaltenen Versprechens der ostfriesischen Landesherrschaft, sich der Reichskonstitution und -benefizien nur »in casibus licitis et per pacta provincialia non exceptis[318]« zu bedienen, war es Brenneysen unter geschickter Ausnutzung innerständischer, sich aus der Strukturverschiedenheit Ostfrieslands zwischen Marsch und Geest ergebender Spannungen gelungen, die Stände an den Rand einer Niederlage zu treiben. Der »Appelle-Krieg«, den Brenneysen stets die »Emder Rebellion« nannte, ist daher als der verzweifelte Versuch führender Teile der Stände zu verstehen, die Exekution der ihrem Rechtsverständnis völlig entgegenlaufenden kaiserlichen Dekrete zu verhindern.

318   Cap. 7, Anm. zu Gravamen 16, B r e n n e y s e n II, S. 885 f.

Zweiter Hauptteil

Der »Appelle-Krieg« 1725—1727

1. Die europäische und deutsche Mächtekonstellation der 1720er Jahre als
   Bedingungsrahmen des »Appelle-Krieges«

Es war für das alte Reich — zumindest in den letzten beiden Jahrhunderten seines Bestehens — charakteristisch, daß als Folge seiner territorialen Aufsplitterung und der relativen Souveränität der Reichsstände auch die kleineren unter diesen die Möglichkeit hatten, in der »großen« deutschen und europäischen Politik gelegentlich eine Rolle zu spielen. Voraussetzung dazu war, daß eine der deutschen oder außerdeutschen Mächte ein Bündnis mit einem solchen Reichsstand gegen den Kaiser wünschte oder, meistens aus geographisch-strategischen Gründen, an der inneren Machtverteilung in dessen Territorium interessiert war. Im zweiten Falle übernahm die interessierte Macht oft den Schutz für ständische Kräfte, die in Opposition zu ihrer Landesherrschaft standen. Auf diese Weise konnten Konflikte innerhalb des so beeinflußten Herrschaftsbereiches eines Reichsstandes leicht eine Dimension annehmen, die ihnen ihrer Bedeutung nach eigentlich nicht zukam. Dabei kam es vor, daß eine der streitenden Parteien nur deswegen ihre Ansprüche nicht durchsetzen konnte, weil der Einfluß einer auswärtigen Schutzmacht ein mehr als nur verbales Engagement des Kaisers oder anderer Mächte von vornherein verhinderte, sollte nicht aus solcher Streitigkeit ein Krieg entstehen. Die europäische und deutsche Mächtekonstellation konnte daher für Verlauf und Ausgang eines Konfliktes zwischen Ständen und Landesherrschaft bedeutsam, wenn nicht sogar die Vorbedingung sein. Auch die hier zu untersuchende Auseinandersetzung ist ohne einen Blick auf die europäischen und deutschen Mächte nicht hinreichend verständlich.

1.1. Das Interesse der Niederlande an Ostfriesland und das Problem der
     niederländischen Garantie für die ostfriesischen Akkorde

Wie im Abriß der Geschichte der ostfriesischen Stände seit dem späten 16. Jahrhundert schon angesprochen[1], machte sich die unmittelbare Nach-

---

1   Siehe oben S. 13 ff.

barschaft Ostfrieslands zu den um ihre Unabhängigkeit von Spanien kämpfenden Niederlanden im Verhältnis der ostfriesischen Stände zu ihrer Landesherrschaft bemerkbar: Um einen spanischen Einfall von dieser Seite her von vornherein zu verhindern, unterstützten die Generalstaaten die Stände gegen deren spanienfreundliche Landesherrschaft. Das Ergebnis dieser Politik war die Durchsetzung der oben beschriebenen außergewöhnlich weitreichenden ständischen Verfassung; weil dadurch die innere Machtverteilung in der Schwebe blieb und einer selbständigen Politik der Landesherrschaft enge Grenzen gezogen waren, konnte den Niederlanden von Ostfriesland aus kein spanischer Angriff mehr drohen. Im Zuge der »Vorfeld-« oder »Barrierepolitik« unterhielten die Generalstaaten seit Anfang des 17. Jahrhunderts Garnisonen in Leerort und in Emden; durch ihre Vermittlung waren die meisten ostfriesischen Akkorde zustande gekommen, und im Osterhuser Akkord von 1611 hatten sie die Garantie der ostfriesischen Verfassung sowie die Auslegung streitiger oder unklarer Bestimmungen übernommen[2].

Ob und wie weit diese Garantie mit dem Reichsrecht zu vereinbaren war oder nicht, spielte so lange keine Rolle, wie darüber nicht ernsthaft gestritten wurde. Während der problematischen Zeit des Dreißigjährigen Krieges und danach hatten Kaiser und Reich an dem an der Peripherie gelegenen Ostfriesland wenig Interesse, während im letzten Drittel des 17. Jahrhunderts sich die Generalstaaten aus eigenem Interesse ein wenig von ihrem ostfriesischen Engagement zurückgezogen hatten. Mit dem neuerlichen Ausbruch der ostfriesischen Streitigkeiten im zweiten Jahrzehnt des 18. Jahrhunderts und mit der großen Kreditgewährung für den Deichbau nach 1717 änderte sich die Lage jedoch. Hatten sich die Generalstaaten aus den Streitigkeiten um die Schatzungen in den Jahren 1722/23 trotz mehrfacher Bitten der Administratoren herausgehalten, so wurden sie seit 1724 von Fürst und Ständen in die ostfriesische Auseinandersetzung hineingezogen. Brenneysen verlangte von den Generalstaaten, nach dem Vorbild des Bischofs von Münster die Administratoren und die Stadt Emden nachdrücklich zum Gehorsam zu ermahnen[3], während die Stände die Generalstaaten mehrmals um Vermittlung eines gütlichen Vergleichs und um diplomatische Aktivitäten zu ihren Gunsten bei den europäischen Mächten und den Kommissionshöfen baten[4]. Daraufhin beschlossen die Generalstaaten, auf Mäßigung und einen gütlichen Vergleich hinzuwirken und dementsprechend beim Kaiser, beim König von England, bei den Kommissionshöfen und beim Fürsten von Ostfriesland zu intervenieren[5]. Zwischen Aurich und

2 Wiemann, Grundlagen, S. 258/59, bzw. Brenneysen II, S. 376.
3 So in einem Schreiben vom 10. 7. 1724, StaA., Rep. 4, C III a, 149.
4 StaA., Dep. 1, 1351, fol. 37 ff. und 54 ff.
5 Resolution vom 30. 9. 1724, StaA., Rep. 4, C III c, 95, fol. 245 ff.

Den Haag kam bis zum Ausgang des Jahres 1724 ein reger Briefwechsel zustande, in dem Brenneysen sich darauf beschränkte, die Rechtmäßigkeit der landesherrlichen Politik und die Unrechtmäßigkeit der ständischen Forderungen darzulegen. Der Landesherr verlange nichts, als eine akkordenmäßige Regierung führen zu können; der Streit betreffe ausschließlich die Frage, wem die Regierung in Ostfriesland mit Recht zustehe. Weil der Kaiser diesen Streit gerechterweise zugunsten der Landesherrschaft entschieden habe, komme es lediglich auf die Gehorsamsleistung einer kleinen Zahl bisher noch Renitenter an, so daß eine Vermittlung der Generalstaaten überflüssig sei[6].

Die Generalstaaten teilten diese Meinung nicht. In einem Promemoria, das der niederländische Gesandte in Wien, Hamel Bruininks, am 24. November 1724 überreichte[7], betonten sie ihr großes Interesse am benachbarten Ostfriesland, das sich erst jüngst in der Kreditgewährung für den Deichbau offenbart habe. Innerliche Streitigkeiten wie die in Ostfriesland ließen sich am besten durch Vermittlung eines befreundeten Dritten beilegen. Sie hätten in Ostfriesland seit über 100 Jahren, zum besten aller Beteiligten und mit deren freiwilliger Zustimmung, nicht nur die Schlichtung ausgeübt, sondern auch die Garantie über die Landesverträge übernommen. Durch dieses niederländische Engagement seien dem Reich und seinen Rechten nie Kränkungen widerfahren, im Gegenteil, das Reich habe sich in der Vergangenheit oft zufrieden über das niederländische Interesse an Ostfriesland gezeigt, weil dadurch die Wohlfahrt eines Reichsstandes gewährleistet worden sei. Ihr jetziges Eintreten für Ostfriesland sei von dem Wunsch bestimmt, dem Ruin des Landes, der auch die niederländischen Kreditoren treffen werde, zuvorzukommen. Es schmerze die Generalstaaten sehr, daß die ostfriesische Landesherrschaft nicht nur alle Angebote der Stände zu gütlichen Verhandlungen abgelehnt, sondern auch im Laufe des Wiener Prozesses »die hohe Gerechtigkeit des Kaisers« derart zu hintergehen gewußt habe, daß die Stände ungehört verurteilt und einer Kommission aus einem fremden Reichskreise die Exekution der Dekrete aufgetragen worden sei. Sie forderten daher vom Kaiser, sich in dieser »delicaten affaire« nicht zu übereilen. Er möge reiflich erwägen, welcher Schaden Ostfriesland und dem Reich erwachsen werde, weil sie als Nachbarn »die Vermehrung der Combustions-Bitterkeiten, Partheylichkeiten, Unordnungen und Confusions auff ihren gräntzen *nicht werden mit guten ansehen können*[8]«. Der subdelegierten kaiserlichen Kommission in Aurich solle daher befohlen werden, alle Maßnahmen gegen die vermeintlichen Renitenten, insbesondere Exekutionen, einzustellen; stattdessen solle sie ei-

---

6   StaA., Rep. 4, C III a, 149, passim.
7   Abschrift StaA., Dep. 1, 556, fol. 78 ff.
8   Hervorhebung vom Verfasser.

ne gütliche Einigung herbeiführen, die sich ausdrücklich auf alle bisherigen Akkorde, also auch auf die unter niederländischer Vermittlung zustande gekommenen, zu gründen und beide Seiten in ihren hergebrachten Rechten zu schützen habe.

Die Generalstaaten hatten damit mehr als deutlich ihr Interesse an Ostfriesland vorgetragen. Besonders umstritten an dieser Argumentation war das von ihnen ins Feld geführte Garantierecht über die ostfriesischen Akkorde. Dieses schwierige verfassungsrechtliche Problem ist bisher noch nicht untersucht worden und muß daher an dieser Stelle in der notwendigen Breite behandelt werden. Befürworter und Gegner, die ständische und die fürstliche Partei, lieferten sich dazu ein heftiges literarisches Gefecht. Als Reaktion auf die niederländischen Ansprüche erschien 1726 eine »Fürstliche Ost-Friesische kurtze Anweisung / was es mit der / von der Stadt Emden, und ihren Anhängern, vorgegebenen Garantie, respective, der Cron Engelland / Sr. Chur-Fürstlichen Durchlauchtigkeit zu Braunschweig-Lüneburg / und derer Herren General-Staaten / über die Ost-Friesische Landes-Verträge / für eine Beschaffenheit habe[9]«. In dieser Schrift legte Brenneysen anfangs dar, daß dem König von England — dessen Gesandter Wynwood hatte 1606 zusammen mit niederländischen Unterhändlern den das Kollektenwerk regelnden Emder Landtagsschluß vermittelt — keinerlei Garantierecht über die ostfriesischen Akkorde zukomme. (Im Ernst behauptete das auch niemand mehr.) Zur niederländischen Garantie argumentierte er, die Generalstaaten hätten zwar in den Artikeln 2 und 90 des Osterhuser Akkords von 1611 die Garantie über diesen und alle vorherigen Landesverträge übernommen, diese Übertragung der Garantierechte an die Generalstaaten durch Graf Enno III. und die Stände sei jedoch nichtig, weil die im Osterhuser Akkord ebenfalls bestätigte Kaiserliche Resolution von 1597 in Art. 55 eine fremde Garantie verbiete. Weder damals noch in den Jahren 1662/63 seien daher Landesherrschaft und Stände berechtigt gewesen, den Generalstaaten die Garantierechte zu übertragen. Während der Streitigkeiten unter der Regentschaft der Fürstin Christine Charlotte seien seit 1667 mehrfach kaiserliche Verbote des Rekurses ad exteros ergangen; die Stände hätten daraufhin am 24. Juli 1677 erklärt, daß sie zum Präjudiz des Kaisers einen solchen Rekurs nicht gebrauchen wollten. Sie hätten sogar selbst auf ein kaiserliches Verbot solchen Rekurses gedrängt, weil damals die Politik der Niederlande zum Vorteil der Fürstin gewesen sei. Als Fürstin Christine Charlotte nach der Kassation einiger ihr günstiger niederländischer Resolutionen durch den Kaiser verlangt habe, auch die unter niederländischer Vermittlung zustande gekommenen Akkorde und die dazugehörigen Garantierechte aufzuheben, habe Kaiser Leopold in einem De-

---

9   Gedruckt 1726 in Oldenburg, enthalten im Sammelband M 20, 238, Bd. IX, der Bibliothek des Staatsarchivs Aurich.

kret vom 1. Oktober 1688[10] nicht nur alle fremden Garantien aufgehoben, sondern den Gebrauch der Akkorde dahin begrenzt, daß sie nur so weit gültig sein sollten, wie »dieselbe Unserm und des Reichs Hoheit / Rechten und Jurisdiction unpraejudicirlich und unnachtheilig« seien. In Art. 1 des Hannoverschen Vergleichs von 1693[11] seien alle vorherigen kaiserlichen Resolutionen und Dekrete von 1589 an bestätigt worden; daraus folge, daß damals die staatische Garantie als aufgehoben und verboten betrachtet worden sei. Die Garantie dieses Vergleichs liege beim Kaiser, und die Huldigungsreversalien des Landesherrn enthielten seitdem die Klausel, die Akkorde »mit Vorbehalt Ihrer Kayserlichen Mayestät und des heiligen Reichs Ober-Jurisdiction und Hoheit« beachten zu wollen. Mit diesen Bestimmungen sei ein niederländisches Garantierecht nicht zu vereinbaren. Wer sich dennoch darauf berufen wolle, handle unsinnig und strafbar.

Die »Renitenten« sahen die Sache anders. Noch im selben Jahr erschien als ausführliche Gegendarstellung »Het levende Staatische Recht van Guarantie over de Oostfriesische Accorden[12]«. Darin wurde die Entwicklung der Landesstreitigkeiten bis zum Osterhuser Akkord und die mehrfach auf Bitten beider ostfriesischer Kontrahenten erfolgte Schlichtung der Generalstaaten beschrieben, wobei nicht nur auf die von diesen im Osterhuser Akkord übernommene Garantie über alle bis dahin bestehenden Landesverträge abgehoben, sondern auch auf die den Staaten freiwillig übertragene Befugnis hingewiesen wurde, künftige Streitigkeiten, insbesondere bei der Interpretation der Akkorde, zu schlichten. Damit sie diese Aufgabe besser und ungehindert wahrnehmen könnten, habe Graf Enno III. ihnen »als Guarandeurs, Deciseurs en Interpretateurs derselver Accorden« gestattet, außer der in Emden liegenden niederländischen Garnison eine zweite auf der Festung Leerort zu unterhalten. Der Eid des Kommandanten dieser Garnison enthalte deshalb auch einen Passus vom Schutz der Akkorde[13]. Fürst Enno Ludwig habe 1655 bestätigt, daß die niederländische Garnison zum Schutz der ostfriesischen Verfassung im Lande liege[14]. Daraus folge, daß die Garantie der Akkorde, eine »Extraordinaris Protectie«, nach den Artikeln 2 und 90 des Osterhuser Akkords jeder Seite erlaube, sich »in casu obveniente« an die Generalstaaten zu wenden und um Schutz zu bitten. Das könne nicht als Prohibition des Rekurses an den Kaiser ausgelegt werden. Die Hoheit und Jurisdiktion von Kaiser und Reich seien durchaus mit einer niederländischen Garantie über die ostfriesischen Akkorde zu verein-

10   B r e n n e y s e n II, S. 1009—1013; die Bestimmung über den Gebrauch der Akkorde in § 7.
11   B r e n n e y s e n II, S. 1058—1062, hier S. 1060.
12   StaA., Rep. 4, C III a, 173.
13   § 3 des Vertrages zwischen Graf Enno III. und den Generalstaaten, B r e n n e y s e n II, S. 1108/09.
14   Remonstration an die Generalstaaten vom 10. 2. 1655, ebenda, S. 720—740, hier S. 724 (§ 5) und 735 (§ 21).

baren. Bei Verstößen gegen die Akkorde müsse der 1. Artikel der Staatischen Decision von 1626[15] zugrunde gelegt werden; dieser bestimmte, daß zur Aufhebung der in den Akkorden festgelegten Punkte keine kaiserlichen Mandate beantragt werden dürften. In der Zeit nach dem Osterhuser Akkord sei mit der Bestimmung, daß sich das Hofgericht zur Durchsetzung von Urteilen gegen die Landesherrschaft notfalls der niederländischen Garnison bedienen dürfe[16], über das Garantierecht hinaus sogar ein militärisches Eingriffsrecht der Niederlande festgelegt worden. In den Verträgen der Jahre 1662/63, wiederum auf Vermittlung der Niederlande zustande gekommen, seien die Schutzfunktion und das Garantierecht der Generalstaaten nicht nur im allgemeinen bestätigt, sondern auch in einer Reihe von Einzelbestimmungen konkretisiert worden[17]. Die fürstlichen Beamten und Räte, die Hofrichter, Assessoren etc. müßten seitdem bei Antritt ihres Dienstes einen Eid ablegen, daß sie alle diese »Tractaten, Accorden und Verträge / imgleichen Ihrer Hochmögenden der Herren General-Staaten der vereinigten Niederlande in denen Ost-Friesischen Sachen gemachte Decision, punctuel und getreulich unterhalten / und denselben nachkommen« wollten[18]. Den Ständen mußte davon ein eidlicher Revers zugestellt werden. Schließlich enthielten die landesherrlichen Huldigungsreversalien eine Bestätigung aller Akkorde.

Nach Meinung der Stände war damit erwiesen, daß die Generalstaaten vor und nach 1611 immer von beiden Seiten angerufen worden seien; auch die Landesherrschaft habe sie dadurch als Garantiemacht anerkannt. Dennoch sehe das fürstliche Ministerium diese Bestimmung »mit scheelen Augen« an; es handele nach der Regel, daß die Regierung des Landes nicht nach den Akkorden, sondern die Akkorde »nae de Commoditeyt van eene eigenmagtige Regeeringe sigh schikken« müßten. Zu diesem Zweck behaupte es, die durch niederländische Vermittlung aufgerichteten Akkorde seien mit Gewalt eingeführt worden und richteten sich gegen die Hoheit und Jurisdiktion von Kaiser und Reich. Weil die Generalstaaten sich nicht gerne als »Geweldsame Lieden« beschimpfen lassen wollten, müsse geklärt werden, ob »die pacta publica, dewelcke *ex necessitate publica*[19] ontsproten«, nach dem Natur- und Völkerrecht nicht heilig gehalten werden müß-

---

15   ebenda, S. 601 f.

16   Emder Landtagsschluß von 1618, ebenda, S. 507 f.; siehe oben S. 89.

17   So wurde die Einschaltung der Generalstaaten zur Durchsetzung von Hofgerichtsurteilen gegen die Landesherrschaft bestätigt, Haagischer Vergleich von 1662, Cap. 1, Resolutio ad Gravamen 10, B r e n n e y s e n II, S. 762, sollten die Generalstaaten den Administratoren die hilfreiche Hand bieten, wenn der Landesherr sich direkt oder indirekt in das Steuerwesen mische, Cap. 2, Res. ad Grav. 4, ebenda, S. 776, was notfalls auch bewaffnet geschehen konnte, Finalrezeß von 1663, Res. ad Grav. 8, ebenda, S. 778, und schließlich sollten die Generalstaaten auch dafür sorgen, daß die Landesherrschaft ohne Bewilligung der Stände nicht Soldaten in größerer Zahl annehme, Haagischer Vergleich von 1662, Cap. 4, Res. ad Grav. 11, ebenda, S. 801.

18   Text des Eides ebenda, S. 794 f.

19   Hervorhebung im Original.

ten. Dazu wurde aus einer Schrift des württembergischen Ministers Meyler von Ehrenbach zitiert: »... attamen Principum etiam ea, quae NB. necessitate publica urgente, promisit aut pactus est, servare debere et promissis stare tenere censeo, et hoc tam iure gentili quam morali«. Beigefügt war der lapidare Kommentar: »En waer sal men Origines rerum publicarum anders te huis brengen?« Von einer Beeinträchtigung der Hoheit und Jurisdiktion von Kaiser und Reich durch die Akkorde könne gleichfalls keine Rede sein, weil diese lediglich die innere Regierung des Landes regelten, Ostfrieslands Status als Reichslehen aber nicht berührten. In diesem Zusammenhang kamen auch die militärischen Eingriffsrechte der Generalstaaten zur Sprache. »Maar wat relatie heeft dit met het Heyl. Römische Ryck?« Der Einsatz der Soldaten diene allein der Sicherung einer unparteilichen, billigen und kurzen Justiz in Ostfriesland und beeinträchtige das Reich in keiner Weise. Im Haagischen Vergleich von 1662 habe die Landesherrschaft ausdrücklich anerkannt[20], daß sich Stände und Administratoren an die Generalstaaten wenden dürften und habe nichts gegen Kaiser und Reich Gerichtetes darin gesehen.

Schließlich ging es um die Entwicklung seit dem letzten Drittel des 17. Jahrhunderts. Die Landesherrschaft behauptete, durch die damals ergangenen kaiserlichen »Mandata de non recurrendo ad dominos Status Foederati Belgii« sei die staatische Garantie kassiert. Nach Meinung der Stände war der Sinn dieser Mandate, klarzustellen, daß nicht alle Streitigkeiten zwischen Landesherrschaft und Ständen in Ostfriesland der kaiserlichen Jurisdiktion entzogen und die Generalstaaten »*indifferement*[21]« die einzigen Richter in diesen Angelegenheiten seien. Die Garantierechte seien damit aber nicht berührt. Vielmehr habe der Kaiser die Rechte der Generalstaaten in Ostfriesland selbst anerkannt. So mußte 1667 der kaiserliche Gesandte im Haag zwar gegen die Einmischung der Niederlande in Vormundschaftssachen des fürstlichen Hauses protestieren, aber gleichzeitig versichern, »daß denselben das Recht / so sie ex Privilegiis vel concordatis erworben / keineswegs geschmälert werden solte[22]«. 1683 hatten die Generalstaaten durch ihren Gesandten in Wien dem Kaiser vorgestellt[23], daß sie nicht verlangten, sich in Sachen, »soo niet NB. *onder de Maintenue der Accorden behooren*[24], te meleeren«; sie erwarteten dafür vom Kaiser, daß er

---

20 Gravamen 10 gegen das Administratorenkollegium, B r e n n e y s e n II, S. 781: »Daß die Ordinaire Deputirte und Administratores ausser denen in den Accorden / in specie in Ihrer Hochmögend. Resolution ad Art. 3. gravaminum vom Collegio derer Administratorum, begriffenen casibus, ohne der Land-Stände / als ihrer Principalen, Vorwissen und special-Commission sich der gemeinen Landes-Sachen nicht anmassen«.

21 Hervorhebung im Original.

22 Auszug aus dem Reichshofratsprotokoll vom 1. 12. 1667, B r e n n e y s e n II, S. 930 f.; in der hier referierten Schrift sind diese Passagen ins Niederländische übersetzt.

23 Resolution der Generalstaaten vom 18. 1. 1683, in deutscher Übersetzung bei B r e n n e y s e n II, S. 998 f.

ihnen weder direkt »nog NB. *indirecte* in dat geene, waarvan Sy by de 100 Jaaren in possessie geweest waeren, eenigen indragt geschieden laeten soude«. Sie wiesen dabei auf einige Promemorien des kaiserlichen Gesandten im Haag hin, in denen die Erwartung ausgesprochen war, daß sie sich in Ostfriesland »niet *verder,* als het, NB. *de Maintenue* over de Accorden, met sigh bragte«, einmischten. Damit hätten die Generalstaaten ihr Garantierecht unzweifelhaft bekräftigt und ausdrücklich festgestellt, der kaiserlichen Jurisdiktion in Ostfriesland dadurch keinen Einhalt tun zu wollen. Übereinstimmend mit dieser Rechtsauffassung habe Kaiser Leopold, als er 1682 eine von der Fürstin Christine-Charlotte »erschlichene« niederländische Resolution wegen des ständischen Siegels kassiert habe, weil das Recht, hierüber zu urteilen, allein ihm zukomme, festgestellt, daß es jedem Reichsstand freistehe, sich in Streitigkeiten auswärtiger Vermittlung zu bedienen; in Ostfriesland seien die Generalstaaten dazu besonders geeignet, weil es das sinnvollste sei, denen die Interpretation der Akkorde zu überlassen, unter deren Vermittlung sie zustande gekommen seien.

Das Argument, seit 1682 hätten die Generalstaaten keine Entscheidungen mehr in ostfriesischen Angelegenheiten getroffen, besagte nach Meinung der Stände nichts, denn: »non-usus non tollit legem«. Die Generalstaaten unterhielten schließlich nach wie vor ihre »tot geen ander eynde« als zur Sicherung des inneren Friedens und der Akkorde in Ostfriesland liegenden Truppen, und die auf die Beachtung der Akkorde an sich »en op die observatie der Staatischen Maintenue derselver« gerichteten Eide der fürstlichen Beamten hätten noch immer denselben, die niederländische Garantie miteinschließenden, Wortlaut, obwohl Fürstin Christine-Charlotte 1682 vom Kaiser verlangt habe, ihre Beamten von dem auf die Akkorde und die »Staatische Maintenue (...) mit-gerichteten (...) Eyd zu entschlagen[25]«. Ungezwungen und ohne Zutun der Niederlande seien schließlich im Hannoverschen Vergleich von 1693 und im Auricher Vergleich von 1699 alle vorherigen Akkorde als »Grundpfeiler der ostfriesischen Regierung« von der Landesherrschaft bestätigt und anerkannt worden. Nach dieser freiwilligen Anerkennung der alten Akkorde könne sich die Landesherrschaft nicht mehr darauf berufen, die unter fremder Vermittlung oder gar »vi et metu« zuwege gebrachten Verträge seien ungültig. Das gelte auch für das Argument, diese Verträge seien wegen nicht ordnungsgemäßer Ratifizierung[26] von Anfang an ungültig. Für den Verfasser dieser Schrift war damit das nach wie vor bestehende »Recht van Guarantie

24   Diese und die folgenden Hervorhebungen in der hier behandelten ständischen Schrift.
25   B r e n n e y s e n II, S. 989.
26   So hatte der damalige Kanzler Franzius in einem Brief vom 6. 6. 1603 Graf Enno III. geraten, dem Kaiser von dem kurz vorher abgeschlossenen Haager Akkord unter seiner Hand und seinem Siegel keine Kenntnis zu geben, um so eine einwandfreie Ratifizierung zu verhindern.

der Oostfriesche Accoorden en Conservatie van Rust en Vreede van binnen in het Land« durch die Generalstaaten eindeutig bewiesen. Die Wirren des »Appelle-Krieges« verhinderten eine schnelle Antwort der Landesherrschaft auf diese ständische Schrift. Erst 1729 erschien eine »Kurtze Antwort auff einen so genannten Gründlichen Bericht von der wahren Beschaffenheit des Ost-Friesischen Staatischen Guarantie-Rechts aus der Anno 1726 durch den Druck publicirten Deduction: das lebende Staatische Guarantie-Recht über die Ost-Friesische Accorden genannt; in einem kurtzen Begriffe vorgestellet[27]«. Darin wurden im großen und ganzen die schon 1726 vorgebrachten Argumente wiederholt und hervorgehoben, daß die Kaiserliche Resolution von 1597 jedes Hineinziehen der Generalstaaten in die ostfriesischen Streitigkeiten eindeutig verboten habe und daß die Garantie fremder Mächte mit den Lehn- und Reichsrechten grundsätzlich nicht zu vereinbaren sei. Ende des 17. Jahrhunderts habe der Kaiser nicht nur alle fremden Garantierechte aufgehoben, sondern auch die Bestimmung über den Gebrauch der ostfriesischen Akkorde — den kaiserlichen und Reichsrechten und ihrer Oberhoheit nicht präjudizierlich — erlassen. Lediglich mit dieser Einschränkung seien die früheren Akkorde im Hannoverschen Vergleich 1693 bestätigt worden. In Artikel 16 sei, anstelle der früheren staatischen Garantie, ausdrücklich eine kaiserliche Konfirmation des Vertrages festgelegt worden. Daher sei es ganz ungereimt, zu behaupten, die Garantie liege trotz kaiserlicher Konfirmation bei den Generalstaaten. In allen Streitigkeiten der letzten 40 Jahre hätten die Stände nie die staatische Garantie bemüht, bis sie 1724 wieder ins Gespräch gekommen sei. Die Befürworter des niederländischen Garantierechts machten den Fehler, die Garantie über einen Vergleich mit diesem selbst gleichzusetzen; wenn die Landesherrschaft mit den streitigen Akkorden argumentiert habe, habe sie in der Angelegenheit der streitigen Garantierechte nichts präjudiziert. In den neuesten kaiserlichen Dekreten seit 1721 seien die Klausel vom unpräjudizierlichen Gebrauch der »niederländischen« Akkorde und für die Stände das Verbot des Rekurses ad exteros bestätigt worden. Die Huldigungsreversalien, denen der Fürst angeblich zuwider handle, sähen gleichfalls den eingeschränkten Gebrauch der Akkorde, also ohne die staatischen Garantierechte, vor. Auch dem letzten müsse daher klar sein, daß von einem bestehenden staatischen Garantierecht angesichts der vielen kaiserlichen Verbote keine Rede sein könne. Die in dieser Frage längst überholten Vergleiche von 1662/63 dürften in dieser Auseinandersetzung nicht angeführt werden, und die niederländischen Garnisonen hätten mit der Garantie der Landesverträge nicht das geringste zu tun, sondern lägen völlig unrechtmäßig in Ostfriesland.

---

27 StaA., Rep. 4, C III a, 173.

Das Problem der von beiden Seiten wortreich vorgebrachten Argumentation ist deutlich zu greifen; was schon bei der Behandlung der Hauptstreitpunkte zwischen Fürst und Ständen festzustellen war, gilt auch hier: Jede Seite mochte noch so viele Bestimmungen der zahlreichen Landesverträge für ihre Rechtsauffassung anführen, es ändert nichts daran, daß es im Grunde kein juristisches, sondern ein Machtproblem war. Die Generalstaaten haben sich von Anfang ihres Engagements an in Ostfriesland nur deswegen interessiert gezeigt, weil es ihnen aus grundsätzlichen Sicherheitserwägungen geboten schien. Solange dieses Interesse an der ostfriesischen Innenpolitik bestand, konnte die Landesherrschaft beim Kaiser Mandate und Dekrete gegen die niederländische Einflußnahme erwirken, so viel sie wollte, wirklich durchsetzbar waren sie unter diesen Umständen nicht. Daß eine niederländische Garantie über die ostfriesischen Akkorde mit der Reichsverfassung nur schwer zu vereinbaren war, ist keine Frage, angesichts der Realität stellt sich dieses Problem jedoch als Scheinproblem dar, und alle Erwägungen über den Fortbestand oder die längst geschehene Aufhebung dieses Rechts erweisen sich als juristische Spiegelfechterei.

Ein 1728 erschienenes kleines Büchlein »Der Herren General-Staaten Recht und Interesse auf Emden und Ostfrießland«[28] verzichtete in richtiger Bewertung der Verhältnisse weitgehend auf juristische Ausführungen und arbeitete im wesentlichen mit von der Interessenpolitik diktierten Argumenten, die durch historisch-konfessionelle, an eine gewisse emotionale Verbundenheit der Niederländer mit Ostfriesland — Emden als Moederkerck im 16. Jahrhundert — appellierende Erwägungen ergänzt wurden. Nach einer knappen Darlegung der Hauptstreitpunkte (der Fürst will souverän sein, die Streitigkeiten sollen nur nach den Reichsgesetzen entschieden werden, der Fürst verlangt ein Verfügungsrecht über die Steuern), wobei der Verfasser deutlich für die ständische Position eintrat (der Fürst will die Reichsgesetze deswegen angewendet wissen, weil diese »kein frey Volck statuiren, sondern auf dem Fundamente gebauet sind, als ob alle Fürsten des Teutschen Reichs souverain wären, und dieselben vor souverain erkennen«), kam er zum eigentlichen Problem: Die Generalstaaten seien zum Schutz der Stadt Emden, der Stände und aller ihrer Privilegien 1. befugt, 2. verpflichtet und 3. dabei höchst interessiert. Die Argumente zur Befugnis begannen mit dem friesischen Freiheitsbund von 1430, zu dem auch einige heute niederländische Provinzen gehört hatten (Groningen, Friesland); an deren im Kreise der Hochmögenden sitzenden Nachfahren sei es, die von

---

28   Het Recht en Interesse van Haare Hoog Moogende de Heeren Staten Generaal der Vereenigde Nederlanden op de Stadt Embden en Oostfriesland. Beschreeven door Henderk van Mastricht, Koopman buiten Amsterdam. Te Amsterdam, by Cornelis van der Waal, voor Jan van Stavoren, Boekeverkoper. 1728. Noit voor deesen gedruckt. Notariell beglaubigte deutsche Übersetzung StaA., Rep. 4, C III c, 32.

den Vorfahren eingegangene Verpflichtung einzulösen. Im übrigen führte der Verfasser alle oben behandelten einschlägigen Stellen der Akkorde an und kam als Konsequenz zu der Forderung, die Generalstaaten müßten, um alle Versuche, die Ostfriesen um ihre Privilegien zu bringen, im Keim zu ersticken, ihr Garantierecht »kräfftiglich« durchsetzen und die fürstlichen Minister »als perturbatores Reipublicae« bestrafen. Ihre Güter müßten eingezogen und daraus der Schaden, den die Stadt Emden und ihre Anhänger durch die Verteidigung der Landesfreiheiten erlitten hätten, bezahlt werden. »Ich bin versichert, daß alßdann ins künfftige kein Fürstlicher Minister sich es werde träumen laßen, dasjenige zu thun, waß jetzt geschehen ist«.

Die Verpflichtung der Generalstaaten zur Hilfeleistung für Emden und Ostfriesland erwachse aus der moralischen Forderung nach Wiedergutmachung bzw. Gegenleistung für die vielen Hilfen, die die Niederländer hier gefunden hätten. Emden habe ihnen zur Zeit des Herzogs Alba, Anfang des 17. Jahrhunderts und während des niederländisch-französischen Krieges 1672/73 so viel Unterstützung gewährt, daß die Mutterkirche Emden von den sieben niederländischen Provinzen, die mit Recht ihre Töchter genannt werden könnten, in der jetzigen bedrängten Lage unterstützt werden müsse. Die Verpflichtung zur Hilfeleistung ergebe sich zusätzlich als Gegenleistung aus der Stationierung der niederländischen Truppen in Emden und Leerort: Diese Truppen lägen ausschließlich zum Vorteil der Niederlande dort, weil dadurch die Provinzen Groningen und Friesland gedeckt würden und die Generalstaaten »Meister von Niederlandes Schloß und Teutschlandes Schlüßel, welches Embden mit Recht genennt wird«, seien. Kämen die Generalstaaten dieser Verpflichtung nach, so schließt dieser Abschnitt, werde göttlicher Segen auf ihnen ruhen, wie er im 16. Jahrhundert auf Emden geruht habe.

Schließlich wurde das Interesse der Niederlande an einer Hilfeleistung angesprochen. Durch den Schutz der ständischen Privilegien werde eine souveräne Stellung des Landesherrn verhindert. Sei er aber souverän, habe er die Möglichkeit, durch die unbeschränkte Verfügungsgewalt über alle Einkünfte von Stadt und Land leicht 8000 Mann ständig unter Waffen zu halten und die Niederlande zu bedrohen. Er könne alte Ansprüche auf Groningen und Friesland erheben (wie zuletzt Graf Edzard I. Anfang des 16. Jahrhunderts) oder sich (wie Graf Enno III. es Anfang des 17. Jahrhunderts vorgehabt hatte) zum Herrn einer Reichsflotte erheben lassen und auf diese Weise die niederländischen Küsten unsicher machen. Alle an das Reich grenzenden niederländischen Provinzen böten eine offene Flanke, kurz: Emden würde ein genauso großer Unsicherheitsfaktor für die Niederlande wie Dünkirchen und Ostende. Weitere Konsequenz einer souveränen Stellung des ostfriesischen Landesherrn werde sein, daß dieser nach englischem Vorbild den Handel protegieren und viele fremde Kaufleute nach

Emden ziehen könne, so daß die Stadt, die vortreffliche Voraussetzungen für Handel und Manufaktur biete, bald zu einer gewaltigen Konkurrenz für den niederländischen Handel werde. Spätestens die nächste Generation werde zugrunde gehen, wenn den niederländischen Häfen über Emden und das Reich die Herzader abgeschnitten werde.

Gegen ein niederländisches Eingreifen in Ostfriesland spreche nichts. Niemand dürfe sich von den Beteuerungen der Landesherrschaft, nur einige Mißbräuche abschaffen zu wollen, blenden lassen, denn die Einschränkung, die Akkorde dürften nur so weit gelten, wie sie mit der Hoheit und Jurisdiktion von Kaiser und Reich über Ostfriesland zu vereinbaren seien, bedeute »nach der teutschen Weise« ebenso viel, wie die Akkorde »mit einem Souverainen Herrn und mit absoluten Unterthanen compatibel sind«, nämlich gar nicht. Folgerichtig seien die Ostfriesen in den kaiserlichen Schriften bereits »mit dem Nahmen von Vasallen getauffet« worden. Unter Hinweis auf das militärische Eingreifen der Generalstaaten in Ostfriesland in den Jahren 1602/03 forderte der Verfasser, die Exekution der kaiserlichen Dekrete auf jeden Fall zu verhindern. An die kaiserlichen Kassationen der staatischen Garantierechte dürften sich die Generalstaaten nicht kehren, denn kaiserliche und niederländische Garantie könnten gut nebeneinander bestehen: So viele Akkorde, so viele Garanten. Die fatalen Folgen, die eine souveräne Stellung der Landesherrschaft in Ostfriesland für die Niederlande haben könnte, würden bei der nicht unwahrscheinlichen Erbfolge des viel mächtigeren Königs in Preußen noch schwerwiegender. Fazit: Kein längeres Zögern mehr, »um unsere schwache Mutter und Unserer Voreltern Herberge aufs eyligste zu assistiren und je eher je lieber zu helfen, damit die Flammen von Unsers Nachbars Hause das unsrige nicht auch anstecken und verzehren mögen, um so viel mehr, da es auf den totalen Untergang der Mutterkirche angesehen ist«.

In dieser Schrift sind die entscheidenden Motive angesprochen, die die Niederlande seit dem Ende des 16. Jahrhunderts für ein Eintreten zugunsten der ostfriesischen Stände bewogen haben. Emden und Ostfriesland als »Niederlandes Schloß und Deutschlands Schlüssel«, das ist der alles erklärende Begriff, wobei bemerkenswert ist, daß 80 Jahre nach dem Ende des Unabhängigkeitskrieges gegen Spanien solche grundsätzlichen Sicherheitserwägungen noch eine Rolle spielten, die die Generalstaaten zur Aufrechterhaltung ihrer damals begonnenen »Barrierepolitik« veranlaßten. Durchaus eigennützige Überlegungen bescherten also den ostfriesischen Ständen bzw. den »Renitenten« einen mächtigen Schutzpatron, der ihrem Widerstand gegen die Errichtung einer absolutistischen Herrschaft in Ostfriesland den Rücken stärkte. Das Engagement der Niederlande in Ostfriesland bestimmte darüber hinaus die Haltung der meisten deutschen und europäischen Mächte, die mit dem Konflikt zu tun hatten. Zunächst sind aber einige Bemerkungen über die in Ostfriesland unmittelbar interessierten Reichsstände notwendig.

1.2. In Ostfriesland interessierte Reichsstände

1.2.1. Brandenburg-Preußen

Neben den Niederlanden war vor allem der König in Preußen in Ostfriesland direkt interessiert. Schon 1675 hatte der Große Kurfürst als Entschädigung für die von ihm geleistete Reichshilfe die Anwartschaft auf Ostfriesland verlangt, aber erst sein Sohn, Kurfürst Friedrich III. (König Friedrich I. in Preußen seit 1701) erhielt 1694 diese Exspektanz. 1714 war sie König Friedrich Wilhelm I. bestätigt worden[29]. Seit 1682 unterhielt Brandenburg-Preußen eine zunächst im Rahmen eines Konservatoriums auf die ausschreibenden Fürsten des niederrheinisch-westfälischen Kreises nach Ostfriesland verlegte Garnison, die die Stände als ihre Schutztruppe bezahlten[30]. Die trotz mehrfacher kaiserlicher Verbote aufrechterhaltene Stationierung dieser Garnison beruhte nicht auf einer Sympathie für die landständische Verfassung in Ostfriesland, sondern diente ausschließlich dazu, die brandenburgischen Sukzessionsansprüche zu sichern. Die Stützung der ständischen Position war daher lediglich eine Folge dieses übergeordneten Interesses. Daß unter diesen Umständen die ostfriesische Landesherrschaft Brandenburg-Preußen gegenüber nur ein einziges Ziel, die Abführung der »fremden Völker«, hatte, liegt auf der Hand.

Der preußische König hatte den Ständen frühzeitig seine Unterstützung, vor allem durch Eingaben seines Gesandten in Wien, zugesagt[31] und ihnen darüber hinaus mehrmals zur Exekution der streitigen Schatzungen den Einsatz seiner Soldaten erlaubt[32]. Nachdem er mit den anderen ausschreibenden Fürsten des niederrheinisch-westfälischen Kreises gegen die Übergehung bei der Erteilung der kaiserlichen Kommission protestiert hatte[33], ging im Laufe des Sommers 1724 von ihm eine Initiative zur gütlichen Beilegung der Streitigkeiten aus, die jedoch ohne Ergebnis blieb, weil die Auricher Regierung erklärte, sich der kaiserlichen Entscheidung nicht entziehen zu können[34]; außerdem wollte sie über das vom Haus Cirksena stets bestrit-

---

29 Vgl. H i n r i c h s , Landstände, S. 63 f.
30 Siehe oben S. 18 und S. 77 ff.
31 So z. B. in Briefen an das Administratorenkollegium vom 30. 1., 6. 2. und 20. 3. 1723, Dep. 1, 707, fol. 260 f., 263 f. und 293.
32 Siehe oben S. 192 f. und S. 216, Anm. 250.
33 Siehe oben S. 203.
34 Fürst Georg Albrecht an König Friedrich Wilhelm I., 30. 6. 1724, StaA., Rep. 4, C III a, 148.

tene brandenburgische Sukzessionsrecht verhandeln und bestand darüber hinaus auf dem sofortigen Abzug der brandenburgischen Garnison, Bedingungen, auf die sich König Friedrich Wilhelm I. nicht einlassen wollte[35]. Im Herbst 1724 riet der Reichshofrat zu einer gütlichen Einigung zwischen diesen beiden Reichsständen, weil der Kaiser gegen den preußischen König ernsthaft nichts vornehmen werde[36]. Im Winter 1724/25 wurde die brandenburgische Garnison in Emden, gleichzeitig mit der niederländischen, erheblich verstärkt[37]. Die neu angekommenen Soldaten wurden ausdrücklich auf den Schutz der akkordgemäßen Verfassung, der Verwaltung und Erhebung der Schatzungen und auf die Respektierung des 1682 zwischen den Ständen und dem Großen Kurfürsten geschlossenen Vertrages vereidigt[38], und der preußische König übernahm selbst die Unterhaltskosten seiner Garnison, die bisher die Stände getragen hatten. Dem ostfriesischen Hofe gegenüber verteidigte der König die Truppenvermehrung mit der Sicherung seines Sukzessionsrechtes und wies im übrigen alle Beschuldigungen, an den Unruhen in Ostfriesland mitschuldig zu sein, energisch als Erfindung des fürstlichen Ministeriums zurück[39]. Nachdem der erste bewaffnete Zusammenstoß zwischen ständischen und fürstlichen Soldaten stattgefunden hatte, befahl der König Anfang April 1725 seinem Wiener Gesandten, nachdrücklich für die Privilegien und Rechte der ostfriesischen Stände und der Stadt Emden einzutreten. Dem Kaiser und Fürst Georg Albrecht gegenüber erklärte er, sich in die Auseinandersetzung in Ostfriesland nicht einmischen und sich in reichskonstitutionsmäßigen Schranken halten zu wollen, sollten die Ostfriesen aber seinetwegen bedrängt und um ihre Rechte gebracht werden, könne er nicht teilnahmslos zusehen[40].

Damit ist die brandenburg-preußische Position in etwa umrissen. Es ging Friedrich Wilhelm um die Sicherung seines Sukzessionsrechtes, so daß ein Abzug seiner Truppen aus Ostfriesland für ihn nicht in Betracht kam; wegen des fürstlichen Widerstandes gegen die Truppenstationierung und das Sukzessionsrecht ergab sich fast zwangsläufig eine Interessenübereinstimmung zwischen den Ständen und dem preußischen König. Wie weit seine Unterstützung für die ostfriesischen Stände angesichts des Konfliktes zwischen seinen Gehorsamspflichten als Reichsstand und seinen Sukzessions-

35 Diese Verhandlungen sind ausführlich dargestellt bei R o t h e r , S. 55 ff.

36 Bericht Brawes vom 20. 10. 1724, StaA., Rep. 4, A IV c, 249. Der Reichshofrat gab dabei zu bedenken, »daß die ernstliche extrajudiciale Vorhaltung und Erklärung weit mehreren Nachdruck als die judiciale Verfügung mit sich zu führen pflegt«, H u g h e s , Imperial judicial authority, S. 326, Anm. 1. Eine aufschlußreiche Selbsteinschätzung des Reichshofrates!

37 Am 21. 12. 1724 kamen 350 Mann brandenburgische Soldaten und am nächsten Tag 8 Kompanien (= 273 Mann) niederländische Soldaten an, StaA., Rep. 4, C III c, 96, fol. 454 f.

38 Das Eidesformular StaA., Dep. 1, 2866.

39 Friedrich Wilhelm I. an Fürst Georg Albrecht, 26. 1. 1725, StaA., Rep. 4, C III c, 98, fol. 253 ff.

40 StaA., Rep. 4, C III c, 99, fol. 70.

interessen in Ostfriesland gehen würde, war nur schwer auszumachen, denn Friedrich Wilhelms relativ große Reichstreue setzte seiner Unterstützung der ostfriesischen »Renitenten« engere Grenzen, als den Generalstaaten der Niederlande gezogen waren.

1.2.2. Hannover

Außer Brandenburg-Preußen gab es mit Kur-Hannover einen zweiten Bewerber um die Erbfolge in Ostfriesland. Als Gegengewicht gegen das seit den 1680er Jahren deutliche brandenburgische Bestreben in dieser Richtung, das sich bereits in der Stationierung von Truppen in Ostfriesland und der weitreichenden Übereinstimmung mit den ostfriesischen Ständen manifestierte, hatte Fürst Christian Eberhard 1691 einen geheimen Erbverbrüderungsvertrag mit Hannover geschlossen, der beim Aussterben der Cirksena den Welfen die Nachfolge in Ostfriesland zusprach, während im umgekehrten Falle den Cirksena die Grafschaften Hoya und Diepholz zufallen sollten. Für diesen Erbverbrüderungsvertrag wurde jedoch die oberlehnsherrliche Genehmigung des Kaisers nicht eingeholt, wobei vor allem das hannoversche Interesse, Brandenburg-Preußen wegen dessen notwendiger Zustimmung zu der damals gerade entstehenden hannoverschen Kurwürde nicht zu verärgern, eine Rolle spielte. Der Hannoversche Vergleich von 1693 wurde daher von beiden Mächten gemeinsam vermittelt[41].

Seit der hannoversche Kurfürst König von England war, hatten sich die Gewichte innerhalb der hannoverschen Politik so weit verschoben, daß das Hauptinteresse auf europäischer Ebene lag. Die Erbverbrüderung mit den Cirksena und ein Eintreten für die ostfriesische Landesherrschaft kam daher nur noch dann in Frage, wenn das vom englischen Interesse her geboten schien. An diesem Punkt scheiterten in den kritischen Jahren der ostfriesischen Auseinandersetzung alle Versuche Brenneysens, über eine Erneuerung des Erbverbrüderungsvertrages eine kräftige Unterstützung der landesherrlichen Position zu gewinnen. Als Anfang 1725 der vorläufig letzte Vorstoß in dieser Richtung unternommen wurde, wurde dem ostfriesischen Abgesandten in Hannover deutlich zu verstehen gegeben, daß der Zeitpunkt ungünstig gewählt sei. Die »europäischen Conjuncturen« ließen ein kräftiges Eintreten Hannovers für Ostfriesland nicht zu. Stattdessen wurde Fürst Georg Albrecht an den Kaiser verwiesen und ein Übereinkommen mit den Niederlanden angeraten[42]. Trotzdem stand Hannover grundsätzlich

41   Vgl. zum Abschluß des Erbverbrüderungsvertrages und den Umständen der folgenden Jahre
      R o t h e r , S. 17 ff.
42   vgl. ebenda, S. 61—65.

weiter zur Erbverbrüderung und warnte Fürst Georg Albrecht vor einer Übereinkunft mit Brandenburg-Preußen wegen der Erbfolge[43]. Die an die englischen Interessen gebundene hannoversche Politik konnte also in Ostfriesland keinen nennenswerten Einfluß auf den Gang der Dinge nehmen.

1.2.3. Die Nachbarn Ostfrieslands

Zur Abrundung des Bildes müssen noch kurz die unmittelbaren Nachbarn Ostfrieslands erwähnt werden. Im Süden grenzte das Bistum Münster mit seinem Niederstift an Ostfriesland. Wie oben näher dargestellt[44], hatte der Bischof von Münster seit den 1680er Jahren gegen eine jährliche Subsidienzahlung die Stände unterstützt; im Frühjahr 1724 hatte er die »Partei« gewechselt und ermahnte seitdem die Stände zum Gehorsam gegen die Landesherrschaft. Das Bistum Münster war in dieser Zeit mit dem Erzbistum Köln in Personalunion verbunden und daher den dortigen Interessen untergeordnet. Aus noch näher darzulegenden Gründen unterblieb deswegen eine aktive Hilfe für Fürst Georg Albrecht.

Im Osten grenzte die Grafschaft Oldenburg an Ostfriesland. Auch Oldenburg war zu dieser Zeit nicht selbständig, sondern in Personalunion mit dem Königreich Dänemark verbunden, so daß hier ebenfalls übergeordnete Interessen berührt waren, wenn die ostfriesische Landesherrschaft um Hilfe gegen ihre Landstände bat. Wegen der vielfältigen europäischen Interessen, die bei den hier vorgestellten Mächten eine Rolle spielten, komplizierte sich die Situation der ostfriesischen Landesherrschaft erheblich.

Um die »europäischen Conjuncturen«, die Hannover z. B. davon abhielten, sich für die Interessen der ostfriesischen Landesherrschaft einzusetzen, zu verstehen, ist es nötig, kurz auf die europäische und deutsche Mächtekonstellation insgesamt einzugehen.

1.3. Die Bündnisse von Wien und Hannover-Herrenhausen

Nach den beiden großen europäischen Kriegen der ersten zwanzig Jahre des 18. Jahrhunderts, dem Spanischen Erbfolge- und dem Nordischen Krieg, waren die beiden folgenden Jahrzehnte von dem Bemühen um ein europäisches Gleichgewicht unter Vermeidung eines Krieges bestimmt. Von »Kongreß-Europa« hat Fritz Wagner deshalb zutreffend gesprochen[45]. In diese Politik des Gleichgewichts waren alle angesprochenen

43   ebenda, S. 70.
44   Siehe oben S. 18, 82 f., 190 f. und 219 f.
45   W a g n e r in seinem Abschnitt im Handbuch der europäischen Geschichte, Bd. 4, S. 40. Vgl. zum folgenden darüber hinaus die Ausführungen zu Frankreich, England, der Habsburger Monarchie,

Mächte eingebunden. Auf der einen Seite stand die Habsburger Monarchie als führende Macht, auf der anderen England. Hatten beide Mächte noch bis 1720 gemeinsam mit Frankreich und den Niederlanden in der »Quadrupelallianz« die Versuche Spaniens, die Ergebnisse des Spanischen Erbfolgekrieges zu revidieren, zurückgewiesen, so waren die nächsten Jahre von einer allmählichen Annäherung zwischen Wien und Madrid gekennzeichnet, die 1725 zum »Wiener Bündnis« führte. Diese förmliche Allianz rief England und in seinem Gefolge die Niederlande und Frankreich auf den Plan. Die beiden ersteren Staaten waren wegen der 1722 in den nunmehr österreichischen Niederlanden (Belgien) gegründeten »Ostendekompanie« — ein Konkurrenzunternehmen zu den großen englischen und niederländischen Handelsgesellschaften — bereits seit längerem gegen die kaiserliche Politik eingenommen. Als Gegengewicht zum Wiener Bündnis schlossen diese drei Mächte sowie der wegen Religionsstreitigkeiten im Regensburger Reichstag verstimmte preußische König noch im Herbst desselben Jahres das Bündnis von Hannover-Herrenhausen. Das dadurch vorläufig hergestellte Gleichgewicht suchten beide Seiten zu ihren Gunsten zu verändern. Kaiser Karl VI. gelang es zunächst, die Unterstützung vor allem der in München, Heidelberg und Köln regierenden Wittelsbacher zu gewinnen, schließlich sogar, durch Versprechungen hinsichtlich der Erbfolge im Herzogtum Berg, den durch östlichen Druck verunsicherten preußischen König im Vertrag von Wusterhausen (12. Oktober 1726) auf seine Seite zu ziehen. Auf der anderen Seite stand Dänemark fest auf Seiten der Partner von Hannover-Herrenhausen, weil England als Garantiemacht des den Nordischen Krieg beendenden Friedens von Frederiksborg (1720) die Vereinigung des ganzen Herzogtums Schleswig mit der dänischen Krone gegen die gottorfischen Ansprüche auf ihre dortigen Anteile sicherte. Von Rußland unterstützte Bemühungen der folgenden Jahre, die Gottorfer auf den schwedischen Thron zu bringen und ihnen gleichzeitig ihren verlorenen Anteil an Schleswig zu restituieren, trieben Dänemark noch enger in die Arme Englands.

Mehrmals schien in diesen Jahren der Ausbruch eines großen Krieges bevorzustehen, er wurde jedoch immer wieder vermieden, weil beide Seiten, in dem Willen, den Frieden zu erhalten, eine gewisse Reizschwelle nicht überschritten. An diesem Punkt wurde die europäische Mächtekonstellation für die ostfriesische Auseinandersetzung bedeutsam. Ausschlaggebend war das starke niederländische Interesse an einer Beibehaltung der bisherigen innerostfriesischen Machtverteilung; dieses Interesse band notgedrungen auch die Bündnispartner der Niederlande. Da alle für eine Exekution der kaiserlichen Dekrete bzw. für eine unmittelbare Hilfeleistung an die

den skandinavischen Staaten und den Niederlanden in den einschlägigen Abschnitten, ebenda, S. 226, 347, 431 f., 544 f. und 652 f., sowie die entsprechenden Passagen bei B r a u b a c h , Vom Westfälischen Frieden, S. 309 ff.

ostfriesische Landesherrschaft in Frage kommenden Mächte entweder auf
der einen oder der anderen Seite gebunden waren, ergab sich als Konsequenz, daß beide »Blöcke« sich gegenseitig paralysierten, wollten sie es wegen Ostfriesland nicht zu einem Krieg kommen lassen. Das auf diese Weise
entstandene Machtvakuum führte dazu, daß die ostfriesischen Kontrahenten weitgehend sich selbst überlassen blieben. Die europäische und deutsche Mächtekonstellation bildete damit den Bedingungsrahmen des
»Appelle-Krieges«.

2. Die Mission des Regierungsrates Becker nach Den Haag im Januar und Februar 1725

In dem Briefwechsel[46] zwischen der ostfriesischen Landesherrschaft und
den Generalstaaten hatten diese in einem Schreiben vom 18. Dezember
1724 ihr Garantierecht bekräftigt und ernstlich zu einem gütlichen Vergleich geraten, ehe die Folgen des Streites durch die Verzweiflung derer, die
sich um ihr in den Akkorden festgelegtes Recht gebracht sähen, unabsehbar würden[47]. Daraufhin wurde in Aurich beschlossen, Regierungsrat
Becker nach Den Haag zu schicken, um den Generalstaaten die ganze Angelegenheit »richtig« darzustellen. In einer langen und ausführlichen Instruktion vom 28. Dezember 1724[48] trug Brenneysen Becker auf, in Den
Haag ein Memorial etwa folgenden Inhalts einzureichen: Die Generalstaaten sollten die Renitenten nicht weiter unterstützen, sondern zum Gehorsam veranlassen, weil damit der Landeswohlfahrt in Ostfriesland am besten gedient sei. Die meisten Eingesessenen hätten längst erkannt, daß der
Fürst nur die »wahre Wohlfahrt« seines Landes und seiner Untertanen be-
achte und der Stände »rechtmäßig hergebrachte Freyheit nicht zu
kräncken« vorhabe. Die »ungebundene licenz« der Stadt Emden und ihrer
Anhänger, von der alles Übel in Ostfriesland herrühre, könne aber nicht
länger geduldet werden. Nur um diesen dem »wahren besten« des Landes
dienenden Zweck zu erreichen, habe der Fürst den Kaiser zum Richter angerufen. Im Wiener Prozeß seien nicht nur die Gesetze des Reiches, sondern auch die ostfriesischen Landesverträge zu Grunde gelegt worden. Alle
kaiserlichen Entscheidungen seit 1721 seien den Akkorden gemäß, so daß
die Generalstaaten nicht im geringsten sich auf ihr früheres Garantierecht
berufen könnten. Zu diesem Problem folgten die oben eingehend behan-

---

46   Siehe oben S. 232 f.
47   StaA., Rep. 4, C III a, 149.
48   Abschrift StaA., Rep. 4, C III a, 114.

248

delten Argumente. Die kurz vorher erfolgte Verstärkung der niederländischen Garnison in Emden habe »die wiederspenstige(n) (...) in ihrer boßheit gestärcket«. Von einer zu harten Behandlung der Renitenten und ihrer Exponenten, der alten Administratoren, könne keine Rede sein; eigentlich hätten sie für »ihr Eyd- und Gewissenloses, ja recht rebellisches Betragen« eine schlimmere Strafe verdient. Es werde von den Staaten, die sich jetzt über angeblich zu große Härte beschwerten, mit zweierlei Maß gemessen, weil sie sich an den jahrelang »von Unterthanen gegen ihre legitime Landes-Obrigkeit vorgenommenen wohl nicht leicht irgendwo erhörte(n) violentien« nicht gestört hätten. Die Generalstaaten brauchten nicht zu fürchten, daß durch den Prozeß zwischen Fürst und Ständen, der in den meisten Punkten bereits entschieden sei, »Confusiones und Unordnungen« entstehen würden, die die Tilgung der niederländischen Deichbaukredite gefährdeten. Im Gegenteil, wenn die kaiserlichen Dekrete zur Exekution gebracht würden, sei der Wohlfahrt, »wofür Ihro Durchl. krafft tragenden hohen Amts am meisten zu sorgen hätten, durch eine ordentliche Regierung unter göttlichem Beystande« am besten gedient. Komme es zu Widerstand, seien daran diejenigen Schuld, die die Renitenten allzu lange unterstützt hätten, also die Generalstaaten. Der weitere Verlauf der Sache hänge allein vom Verhalten der Renitenten und den Instruktionen der kaiserlichen Kommission ab. Fühlten sich die Generalstaaten beschwert, müßten sie sich daher an die Kommission, nicht aber an die ostfriesische Landesherrschaft wenden. Aus diesem Grunde wisse Fürst Georg Albrecht auch keinen Vorschlag zu machen, wie die Sache noch in Güte beigelegt werden könnte.

Damit hatte Brenneysen seine wahren Absichten angedeutet. Es kam ihm nicht darauf an, den Streit durch einen gütlichen Vergleich beizulegen, sondern den Ständen voll und ganz den landesherrlichen Willen aufzuzwingen. Daß dies auf dem Wege der Güte nicht zu erreichen war, war ihm von Anfang an klar. Diese Absicht sollte Becker den Generalstaaten gegenüber klar aussprechen, falls sich zeige, daß diese den Fortgang der Kommission behindern wollten. »Wann wir durch Assistenz der Commission zu unserm rechtmäßigen Zweck nicht sollten wieder Verhoffen verhofften werden«, komme nur noch eine Einigung mit Brandenburg-Preußen in Betracht. Der preußische König könne in seiner Anwartschaft auf Ostfriesland »ohne Unsere Einwilligung nicht reussiren« und habe deshalb bereits »avantageuse Vorschläge gethan« und sich erboten, »wieder Unsere wiederspenstige(n) Stände Uns quovis modo zu assistiren und dieselbe zu paaren zu treiben«. Solche Angebote gab es in Wirklichkeit zwar nicht, und sich mit Brandenburg-Preußen wegen der Anwartschaft zu einigen, scheute sich die Auricher Regierung in diesen Jahren immer[49], aus diesen Passagen wird

---

49 Vgl. R o t h e r , S. 70 f.

aber deutlich, wie ernst es Brenneysen mit seinen Absichten war.

Seit Anfang Januar 1725 weilte Becker in Den Haag und bemühte sich bis Ende Februar vergeblich, das gewünschte Ziel zu erreichen. In zahlreichen Gesprächen mit verschiedenen der »Hochmögenden Herren«, die mit den ostfriesischen Angelegenheiten befaßt waren, wurde ihm bedeutet, er und seine Regierung müßten endlich begreifen, »daß Serenissimus Princeps nicht Ostfrisiae, sondern nur in Ostfrisia« sei[50]. Der Kaiser sei zwar oberster Richter im Reich, es komme ihm aber nicht zu, die unter niederländischer Garantie stehenden Akkorde neuartig auszulegen. Weiter machten Beckers Gesprächspartner klar, es komme vor einer möglichen Entscheidung der Generalstaaten darauf an, daß der ostfriesische Landesherr die Kontraventionen seiner Stände konkret darlege, damit diese sich dazu äußern könnten. Darüber hinaus wünschten sie zu wissen, welche Versicherungen der Landesherr wegen der niederländischen Kredite geben könne und wie er sich wegen der Garnisonen in Emden und Leerort zu verhalten gedenke; sie müßten befürchten, daß bei nächster Gelegenheit deren Abzug verlangt werde[51]. Weil Becker dazu keine Antworten übermitteln konnte, verlegte er sich gemäß seiner Instruktion allmählich aufs Drohen und malte die üblen Folgen für die staatischen Garnisonen aus, wenn der Kaiser wegen des Ungehorsams der Renitenten gezwungen sein werde, Exekutionstruppen zu schicken und der Fürst von Ostfriesland sich mit dem preußischen König verständige. Von den kaiserlichen Dekreten könne und wolle Fürst Georg Albrecht keinen Schritt abgehen. Herr van Dorp gab ihm darauf zur Antwort, über die Garnisonen in Emden und Leerort als »unentbehrliche Barrieres in casu belli« könne es keine Diskussion geben[52].

Beckers Gesprächspartner forderten immer wieder gütliche Verhandlungen, von denen die Auricher Regierung nichts wissen wollte. Emden werde der ostfriesische Landesherr auch »ohne Schwerdstreich (...) demüthigen und sich dem Kayserlichen Willen zu submittiren« zwingen können; es brauchte nur die außerhalb Emdens gelegenen Besitzungen der Stadt und ihrer Bürger eingezogen zu werden[53]. Herr van Singendonck verlangte, der Fürst solle sich an seine Huldigungsreversalien halten und warnte davor, im Vertrauen auf das augenblicklich günstige Klima am Wiener Hof die Ziele zu hoch zu stecken. Das könne über kurz oder lang mehr Schaden als Nutzen bringen[54], eine sehr realistische Einschätzung der Lage in Ostfriesland. Herr van Wynbergen schließlich blieb trotz aller Einreden Beckers dabei, daß in Ostfriesland, wo »die hohe Landes Obrigkeit bey Serenissimo

---

50   So in Beckers Diarium, StaA., Rep. 4, C III c, 8, fol. 324.
51   ebenda, fol. 343.
52   ebenda, fol. 363, insgesamt fol. 349 f. und 360 ff.
53   ebenda, fol. 383 f.
54   ebenda, fol. 397.

und denen Land Ständen conjunctim, folglich Princeps nur primus in ordine wäre«, keine Rebellion im Gange sei, sondern »nur eine Defension der etwahigen privilegiorum[55]«.

Bei solcher Auffassung der Sachlage mußte die Mission Beckers fehlschlagen. Nachdem die Generalstaaten lange gezögert hatten, ihm überhaupt eine offizielle Antwort zu erteilen, bekam er schließlich einen Auszug aus den »Resolutien der Staten Generaal« vom 22. Februar 1725, in dem zum gütlichen Vergleich geraten und zugleich die Überzeugung geäußert wurde, wenn beide Seiten die Verträge und Akkorde, »die de grondwetten van Oostfriesland maken«, beherzigten, könnten die Streitigkeiten schnell beigelegt werden[56]. Damit war deutlich, daß die Generalstaaten zwar an einer Mäßigung, auch ihrer Klientele, interessiert, aber nicht bereit waren, ihre Position und ihren Einfluß in Ostfriesland aufzugeben.

3. Der bewaffnete Zusammenstoß in Leer vom 2. Februar 1725 und seine Folgen

Da das Emder Administratorenkollegium seine Absetzung durch die kaiserliche Kommission nicht akzeptiert und Ende Januar 1725 in Konkurrenz zu den Auricher Administratoren die fällige Akziseverpachtung vorgenommen hatte[57], war eine bewaffnete Machtprobe nicht zu vermeiden, wenn jede Seite ihre Pächter in den ihnen zugeteilten Kluften einsetzen wollte. Ostfriesland war insgesamt in sechs solcher Kluften eingeteilt: 1. die Emder Kluft, die den rechtsemsischen Teil des Amtes Emden, die Ämter Greetsiel und Pewsum, die Herrlichkeiten Rysum, Jennelt, Up- und Wolthusen sowie kleine an das Amt Emden grenzende Teile des Amtes Aurich umfaßte, 2. die Norder Kluft mit Stadt und Amt Norden, dem Amt Berum, den Herrlichkeiten Dornum und Lütetsburg und der Nordbrokmer Vogtei, 3. die Oldersumer Kluft, zu der die Herrlichkeiten Oldersum, Petkum, Jarßum und Widdelswehr, das Niederreiderland und einige an Oldersum grenzende Kirchspiele des Amtes Aurich gehörten, 4. die Kluft Leer mit den Ämtern Leer und Stickhausen sowie einigen Dörfern des Amtes Aurich diesseits der Spetze, 5. die Auricher Kluft mit der Stadt und dem Rest des Amtes Aurich sowie 6. die Friedeburger Kluft mit dem Amt Friedeburg und der Herrlichkeit Gödens[58]. Entsprechend der Ostfriesland zweiteilenden Linie zwischen Marsch und Geest, die in etwa auch den Grad des Ge-

---

55   ebenda, fol. 406.
56   ebenda, fol. 426 ff.
57   Siehe oben, S. 228 f.
58   Zur Einteilung der Kluften und ihrer Entwicklung vgl. K ö n i g , Verwaltungsgeschichte, S. 353 f.

horsams gegenüber den kaiserlichen Dekreten anzeigte, waren die Kluften Norden, Aurich und Friedeburg völlig unproblematisch; hier versuchten die Emder »Rebellen« gar nicht erst, ihre Kandidaten durchzusetzen. In Emden selbst war der Fall mit umgekehrten Vorzeichen ebenfalls klar, während die relativ kleine Oldersumer Kluft nicht sofort zum Streitobjekt werden sollte. Die große ertragreiche Kluft Leer aber wollten beide Seiten für sich behaupten.

200 Mann der Emder ständischen Garnison wurden deswegen auf Anforderung der alten Administratoren am 1. Februar 1725 nach Leer geschickt[59], um dort den Emder Pächter in den Besitz des Pachtkontors zu setzen und ihn bei der Pegelung, d. h. der Bestandsaufnahme der akzisepflichtigen Waren, zu schützen. Die Landesherrschaft ließ daraufhin Oberstleutnant von Unger-Sterenberg mit dem größten Teil der fürstlichen Miliz, etwa 100 Mann, gleichfalls nach Leer marschieren, um für den Schutz und die Einführung des Auricher Pächters zu sorgen. Als am Morgen des 2. Februar die fürstliche Miliz in Leer ankam, hatten sich die beiden Pachtkandidaten unterdessen geeinigt und nahmen gemeinsam die Pegelung vor, der eine unter dem Schutz von zwei Soldaten der kaiserlichen Salvegarde, der andere mit zwei Mann der Emder Garnison im Rücken[60]. Die gemeinschaftliche Pegelung war zwar nach dem Sinn der Emder Offiziere, mit den Instruktionen Unger-Sterenbergs aber nicht zu vereinbaren. Oberst von der Ley als Kommandeur der Salvegarde zog deswegen seine Leute ab und unterband dadurch die Pegelung. Mittags, das fürstliche Kommando war inzwischen durch aufgebotene Bauern aus dem Amt Stickhausen verstärkt worden, kam es zu einer Schießerei, in der die ständischen Soldaten, nicht gerade klug geführt, etwa 15 Tote und Verwundete hatten, während auf der anderen Seite nur ein Mann getötet und sechs verwundet wurden. Der Aufforderung, sich zu ergeben, kamen die Emder Soldaten nicht nach, sondern zogen sich mit Dunkelwerden heimlich an die Ems zurück, wo sie sich einschifften und nach Emden zurückfuhren[61]. Teile der brandenburgischen Garnison, die auf Drängen des Emder Magistrats die ständischen Soldaten unterstützen sollten, machten auf halbem Wege wieder kehrt[62].

59 Bericht des Emder Drosten Fridag v. Gödens vom 1. 2. 1725, StaA., Rep. 4, C III c, 98, fol. 260 f.

60 W i a r d a , Bd. VII, S. 238, schreibt fälschlich, beide Seiten hätten sich der kaiserlichen Salvegarde als Schutz bedient.

61 Der Bericht Oberstleutnants v. Unger-Sternberg über die Leeraner Aktion StaA., Rep. 4, B X a, 34, fol. 266 ff. Eine ausführliche Schilderung der Ereignisse bringt W i a r d a , Bd. VII, S. 237 ff., auf die hier verwiesen wird.

62 »Kurtze Facti Species von der am 2. Febr. 1725 (...) vorgefallenen Action«, StaA., Rep. 4, C III a, 114. Es war dies vorerst das letzte Mal, daß die brandenburgischen Soldaten massiv für die Stände eingesetzt wurden. In der Folge hielten sie sich auf Befehl aus Berlin neutral und beschränkten sich darauf, in Greetsiel jede Gewalttätigkeit zu unterbinden.

Die Landesherrschaft hatte sich damit in der ersten großen Machtprobe durchgesetzt. In einem gedruckten Mandat vom 14. Februar 1725 wurde allen Eingesessenen unter Berufung auf einschlägige Bestimmungen der Akkorde und wegen der vielfältigen Gewalttaten der Emder Garnison in den letzten Jahren befohlen, »wann die besagte Emdische Stadts-Völcker sich außerhalb Unserer Stadt Emden in einiger Execution oder Commando antreffen lassen / sie als Übelthäter und Delinquenten zu tractiren / und durch Läutung der Glocken oder sonst / zusammen zu kommen / sich ihrer zu bemächtigen / ihnen auf alle Weise Abbruch zu thun / und die sie gefangen kriegen / als Übelthäter anhero an Uns einzuliefern[63]«. Der Sieg in Leer animierte die Dichter, die ihn als Eingreifen Gottes gegen die Rebellen darstellten. So wurde bei der Beerdigung des gefallenen fürstlichen Soldaten in Leer u. a. gesungen:

> Wie bistu Lichtmeßtag, so dunckel eingefallen,
> so frißt er hier in Lehr bey hellem Sonnenschein,
> Mariae Reinigung macht unsern Flecken rein.
> Nein! Nein! Gott hat's gethan, das sage ich euch allen.
> Dich Herrscher hat endlich der Frevel verdrossen,
> der schändliche, greuliche Frevel und Possen[64].

Nach dieser Niederlage waren die »Renitenten« bereit, sich den kaiserlichen Dekreten zu unterwerfen. Die Generalstaaten hatten sie dazu gedrängt in der Erwartung, danach durch ihre Einflußnahme beim Kaiser die bisherigen Entscheidungen abmildern und eine friedliche Einigung leichter herbeiführen zu können. So reichten am 12. und 14. Februar 1725 das alte Administratorenkollegium und die Stadt Emden gleichlautende Paritionsanzeigen bei der kaiserlichen Kommission ein. Darin hieß es[65], »daß Wir der Allerhöchsten Kayserl. in den ostfriesischen Landes differenten führenden intention nicht wiederstreben, sondern schlechthin abwarten wollen, was Gott und Ihro Kayserl. Mayest. dem Wercke vor Ziehl und maaß zu setzen guhtfinden mögten, nicht zweifelnd, daß Ihro Kayserl. Mayest. nach dero gerechtigkeit liebenen gemühte und überhaupt gethanen allergnädigsten Versicherung die Stände und Uns bey dem alten Herkommen,

---

63 StaA., Rep. 4, C III a, 114. Die Emder ständische Garnison durfte nach der staatischen Resolution vom 12. 6. 1619 ohne Bewilligung der Landesherrschaft und der Stände nicht außerhalb der Stadt gebraucht werden, B r e n n e y s e n II, S. 481; Bürgermeister und Rat von Emden hatten daraufhin am 18. 4. 1620 in einem eidlichen Revers erklärt, sich danach richten zu wollen.

64 StaA., Dep. 1, Msc. fol. 41, Bd. II, Bl. 62 f. Gleichzeitig entstand ein Gedicht, das folgendermaßen begann:
»Seyd fröhlich ihr Ostfriesen, wer Redlichkeit und Treue
dem Fürst und Land erwiesen, daß Emdens Zwinglandy
durch Gott und Kaysers Macht beglückt zu Fall gebracht,
ihr Braviren und Stolzieren nicht mehr acht«.
ebenda, Bl. 64 ff., in etwas abweichender Form gedruckt in: O s t f r i e s i s c h e s M o n a t s - b l a t t , Jg. 1873, S. 225 f.

65 StaA., Rep. 4, C III c, 98, fol. 362 f.

denen Accordemäßigen Privilegien und Freyheiten allemahl zu schützen und zu handhaben in allerhöchsten gnaden geruhen werden. Solchemnach ergehet an Ew. Wohlgeb. unser nachmahliges ergebenstes Suchen, Sie wollen hochgeneigt geruhen, diese Paritions-Anzeige als hinlänglich anzunehmen und darauf die provisorische Verordnung wegen des Collegii hinwiederum aufzuheben und das hieselbst etablirte Collegium in seinem wesen verbleiben und darüber die gehörige Patentes im Lande ergehen zu laßen«. Wenn auch verklausuliert, es war eine vollständige Unterwerfungsanzeige, wurde doch ausdrücklich erklärt, dem kaiserlichen Willen nicht widerstreben zu wollen. Daß gleichzeitig die Hoffnung ausgesprochen wurde, der kaiserliche Wille werde nicht gegen die Akkorde sein, minderte den Wert der Erklärung nicht, denn diese Hoffnung war keine Vorbedingung. Gleichlautende Paritionsanzeigen[66] reichten im Laufe des Februar und März auch viele Kirchspiele, insbesondere des Amtes Leer, ein, so Weener, Bunde, Mitling, Markk, Kirchborgum, Esklum, Neermoor, Vellage, Stapelmoor, Grotegaste, Böhmerwold und St. Georgiwold, also diejenigen, die sich bisher noch nicht unterworfen hatten[67].

Einer friedlichen Beilegung des Streites stand damit eigentlich nichts mehr im Wege; die Landesherrschaft hatte die seit über 100 Jahren ersehnte Chance, die ostfriesische Verfassung auf dem Verhandlungswege zu ihren Gunsten zu verändern. Das hätte allerdings eine gewisse Mäßigung ihrerseits vorausgesetzt, denn sie war trotz ihres Sieges in Leer nicht stark genug, die Verfassung mit einem Schlage vollständig zu ändern. Zu solcher Zurückhaltung war Brenneysen aber nicht bereit. Er wollte, was schon bei den Verhandlungen des Regierungsrates Becker in Den Haag deutlich geworden war, einen vollständigen landesherrlichen Sieg. »Es ist ein Volck, bey dem kein Raht noch Verstand ist. Sie sind wie die wilden Thiere. Es muß ihnen ein Gebiß ins Maul geleget werden, ihren Stolz zu dämpfen. Praemia et poena sunt fulcra reipublicae[68]«, schrieb er wenig später. Zum landesherrlichen Sieg erstrebte er zusätzlich die Demütigung und Bestrafung der Unterlegenen. Aus dieser Haltung heraus wurden unter Brenneysens Einfluß die Paritionsanzeigen, die in dieser Form von anderen jederzeit akzeptiert worden wären, für ungenügend erklärt und verworfen, obwohl die Instruktion des Reichshofrates für die subdelegierte Kommission den Passus enthielt, die Landesherrschaft zur Vermeidung von Weiterungen zur Mäßigung anzuhalten[69]. Brenneysens Verhalten sollte sich als sehr unklug herausstellen, denn mit seinem Streben nach Demütigung erweckte

66 ebenda, fol. 413 ff.
67 Eine Aufstellung der Kirchspiele und Einzelpersonen, die sich noch nicht unterworfen hatten, von Ende 1724 StaA., Rep. 4, C III c, 96, fol. 457—468.
68 Brenneysen an den Gesandten Brawe in Wien, 31. 8. 1725, StaA., Rep. 4, A IV c, 250.
69 StaA., Rep. 4, C III c, 91, fol. 36 ff.

er den Trotz der »Renitenten«. Als sie sahen, daß mit Konzessionsbereitschaft der Streit nicht beizulegen war, suchten sie ihr Heil in der bewaffneten Verteidigung ihrer akkordmäßigen Freiheiten und Rechte. Die »Rebellion«, von der Brenneysen schon so lange gesprochen hatte, begann eigentlich erst jetzt, provoziert durch seinen Starrsinn, der ihm den Blick für die Realitäten in Ostfriesland verstellte.

4. Die Entwicklung bis zum Spätsommer 1725

4.1. Möglichkeiten zur Niederringung der »Renitenten«

Brenneysens ehrgeizige Ziele ließen sich nur auf dem Wege des Zwangs verwirklichen. Es kam für ihn darauf an, dazu geeignete Mittel und Wege zu finden. Eine Konferenz, die am 18. und 23. Oktober 1724 zwischen Brenneysen, der kaiserlichen Kommission und dem Kommandeur der kaiserlichen Salvegarde, von der Ley, stattgefunden hatte, hatte sich mit diesem Thema beschäftigt[70]. Dabei waren zunächst die Hauptträdelsführer festgestellt worden: die beiden Administratoren von dem Appelle und Dr. Coop Ibeling von Rehden, der Emder Syndikus Hessling und der Advocatus patriae Dr. Homfeld. Eingeschränkt wurden auch die übrigen alten Administratoren und der ständische Präsident von Closter dazugezählt. Die vier erstgenannten Personen, so beschloß die Versammlung, sollten bei nächster Gelegenheit verhaftet und nach Aurich gebracht werden. Oberst von der Ley, dem die Ausführung zufallen sollte, lehnte unter Hinweis auf seine viel zu geringe Mannschaft sofort ab, so daß fürstliche Beamte für diese Aufgabe vorgesehen wurden. Das mobile und immobile Vermögen dieser vier Personen sollte festgestellt werden, um es bei Bedarf beschlagnahmen zu können. Brenneysen trug danach folgende Möglichkeiten des Vorgehens gegen die »Renitenten« insgesamt vor; die meisten seiner Vorschläge richteten sich gegen Emden als das Haupt der Bewegung. Die brandenburgische und die Emder ständische Garnison sollten finanziell ausgetrocknet werden, um auf diese Weise deren Abzug bzw. Auflösung zu erreichen. Die Herrlichkeiten der Stadt — Oldersum, Jarssum, Widdelswehr, Groß- und Kleinborßum sowie Up- und Wolthusen — wie auch alle Landgüter der Emder Ratsherren und Vierziger sollten unter Sequester gestellt und alle Einkünfte daraus solange gesperrt werden, bis Magistrat und Stadt zum Gehorsam bereit seien. Darüber hinaus sollten aus diesen Geldern Er-

---

70 StaA., Rep. 4, C III c, 95, fol. 217 ff.

satzansprüche der Landesherrschaft wegen des Emder Zolls[71] befriedigt werden. Beim König von Dänemark wollte Brenneysen beantragen, den Sund für Emder Schiffe zu sperren, um auf diese Weise den Emder Handel zu treffen; durch Arrestierung von Emder Schiffen in den Häfen von Ostende, Danzig, Hamburg, Lübeck und Bremen, ein bereits in der ersten Phase der Ständekämpfe um 1600 praktiziertes Kampfmittel, sollte diese Maßnahme ergänzt werden. Weiter schlug er vor, Emden selbst von aller Zu- und Ausfuhr abzuschneiden, womit allerdings, wie Oberst von der Ley sofort einwandte, Ostfriesland härter als die Stadt getroffen worden wäre, weil im Winter außer in Emden als dem Kornspeicher des ganzen Landes nirgendwo Getreide zu bekommen sei. Als letzte Maßnahme war die Aberkennung aller Rechte und Privilegien der Stadt und der übrigen »Renitenten« vorgesehen. Wegen der auf dem Lande wohnenden »Renitenten« machten sich die Konferenzteilnehmer keine Gedanken, weil Exekutionen dort kaum verhindert werden konnten.

Nur ein Teil dieser Vorschläge war erfolgversprechend. So scheiterten Brenneysens Ziele hinsichtlich der brandenburgischen und der Emder ständischen Garnison daran, daß der preußische König ab Dezember 1724 seine Truppen selbst bezahlte und die Stadt Emden den Sold für die ständischen Soldaten vorschoß[72]. Am ehesten konnte die ostfriesische Landesherrschaft die Verhaftung der Hauptträdelsführer verwirklichen, weil dazu keine fremde Hilfe nötig war.

4.2. Die gescheiterte Verhaftung von dem Appelles

Mit der Verhaftung des Freiherrn von dem Appelle sollte der Anfang gemacht werden. Den Anstoß dazu gab Brenneysen. Auf seine Veranlassung beschloß die kaiserliche Kommission Mitte Mai 1725, bei nächster Gelegenheit die Verhaftung vorzunehmen[73]. Als die alten Administratoren Mitte Juli dieses Jahres öffentlich gegen die bevorstehende Akziseverpachtung in Aurich protestierten, beantragte Brenneysen am 24. Juli, »nunmehro wieder den von Appel et consorten nach Einhalt der Kayserlichen Verordnungen mit der würcklichen apprehendirung, damit des auffwiegelns ein Ende gemachet werde, zu verfahren[74]«. Die kaiserliche Kommission gab dem

---

71 Siehe oben S. 127.
72 Einschließlich der Nebenkosten gab die Stadt Emden in den Jahren 1724—1727 96.148 fl. für die Emder Garnison aus, Stadtarchiv Emden, I. Registratur, 911, S. 61 ff.
73 Protokoll der Konferenz zwischen Brenneysen und der kaiserlichen Kommission vom 16. und 17. 5. 1725, StaA., Rep. 4, C III b, 41, Vol. VIII a.
74 ebenda.

Antrag statt und erließ, weil von dem Appelle sich gerade auf seinem Gut in Großmidlum aufhielt, die Anordnung, ihn sofort verhaften zu lassen. Dabei ließen sich Kommission und fürstliche Räte von der Hoffnung leiten, die bevorstehende Akziseverpachtung werde angesichts des in Aurich im Gefängnis sitzenden Haupträdelsführers der »Renitenten« problemloser ablaufen und möglicher Widerstand dadurch von vornherein verhindert werden. Außer von dem Appelles sollten sich die fürstlichen Beamten auch Dr. Coop Ibeling von Rehdens bemächtigen und beider Papiere beschlagnahmen[75].

In der Nacht zum 27. Juli setzten sich die Drosten von Fridag und von Specht mit allen verfügbaren Gerichtsdienern und niederen Amtsbediensteten sowie einigen Bauern aus dem Amt Pewsum in Großmidlum fest in der Absicht, sich am kommenden Morgen mit List Zugang zur Burg zu verschaffen. Die List und damit die Verhaftung mißlang jedoch, so daß das Kommando, dem die Dorfeingesessenen recht drohend begegneten, unverrichteter Dinge wieder abziehen mußte[76]. Von dem Appelle begab sich unter Bedeckung sofort nach Emden, seine Familie und einige Wagen mit Hausgeräten kamen am Nachmittag nach. Den Schutz der Burg übernahm eine Wache von vier Soldaten der Emder ständischen Garnison[77]. Angesichts dieses Fehlschlages bedeutete es nicht mehr als bloße Rhetorik, daß Brenneysen am 30. Juli bei der Kommission die unverzügliche Feststellung aller Güter von dem Appelles und von Rehdens verlangte, damit die gehorsamen Untertanen sehen könnten, daß es dem Kaiser mit der Bestrafung dieser Leute, »die dem Lande so viel Übels zugezogen haben, andern zum exempel«, ernst sei. Gleiches gilt für den Befehl an den Emder Magistrat, von dem Appelle auszuliefern[78].

Die alten Administratoren protestierten am 30. Juli[79] bei der kaiserlichen Kommission scharf gegen die Großmidlumer Aktion, die nur »durch sonderbahre Schickung des Allerhöchsten« gescheitert sei. Unter Berufung auf Art. 14 des Nordischen Exekutionsrezesses von 1593[80], auf Art. 47 und 48 der Konkordate von 1599[81] und Cap. 1, Art. 12 des Auricher Vergleichs von 1699[82], die allesamt eine Verhaftung, wie sie hier versucht worden war,

---

75 ebenda, Antrag der kaiserlichen Kommission auf fürstliche Amtshilfe vom 26. 7. 1725.
76 Gemeinsamer Bericht der beiden Drosten vom 27. 7. 1725, ebenda. Auf die Vorgänge braucht im einzelnen nicht eingegangen zu werden. Nach einer »Facti Species« aus ständischer Sicht, die in den Einzelheiten mit dem Bericht der beiden Drosten übereinstimmt, als Beilage zu einem Protest der alten Administratoren gegen diese Aktion vom 30. 7. 1725, ebenda, bringt W i a r d a , Bd. VII, S. 248 f., eine detaillierte Darstellung, auf die hier verwiesen wird.
77 Zweiter Bericht v. Spechts vom 27. 7. 1725, StaA., Rep. 4, C III b, 41, Vol. VIII a.
78 Beide Vorgänge ebenda.
79 ebenda.
80 B r e n n e y s e n II, S. 46.
81 W i e m a n n , Grundlagen, S. 175, bzw. B r e n n e y s e n II, S. 138.
82 B r e n n e y s e n II, S. 1085.

verboten, verlangten sie, die beteiligten Drosten als öffentliche Friedens-
störer gemäß Art. 54 der kaiserlichen Resolution von 1597[83] und Art. 30
des Osterhuser Akkords von 1611[84] zu bestrafen, damit durch die Ahndung
solch friedbrüchigen Handelns »die gerechte Strafe Gottes von dem armen
Lande und den unschuldigen Eingesessenen, deren Thränen gewiß zu Gott
gen Himmel steigen, möge abgewendet werden«. Sie kehrten damit Brenneysens Sicht um und verstanden das Elend und die Not Ostfrieslands als
Strafe Gottes für das verfassungswidrige Vorgehen der Landesherrschaft.

Ein eilig entstandenes langes Gedicht beklagte die landesherrliche
Willkür[85]:

Jan in de Hoek (= Fürst Georg Albecht) is nu weer an't practiseren,
Wie wiet, wat Schelmstukken hy noch koomt te leeren.
Wat hy niet wiet, dat wiet Brandysen voor gewiß.
Sy willen dit ons Land in Regelmaten setten
Nae haar Concepten. Brui-Wegh met de oude Wetten,
De Oostfriesland wel eer met bloed heeft duir gekopt,
De sullen nui maar schlegt ter zyden zyn gebrogt.
Dann sullen wy voortaen niet anders zyn als Slaven,
De in onwetenheit halstarrig zyn begraven.

Nach einer ausführlichen Darstellung der versuchten Verhaftung von
dem Appelles gab der Verfasser dieses Gedichtes den Lesern die Warnung
mit auf den Weg:

Pas op Oostfriesland, het is tyd,
of ghy bent Uw Vriedom quyd.
Stryt, Vegt, Volgt u voorganger naa,
Berouw wil komen velste spaa.

Die gescheiterte Verhaftung hatte die Fronten verhärtet und konnte die
Entschlossenheit zum Widerstand nur erhöhen.

4.3. Der Kommissionslandtag im August 1725

Die im Laufe des Sommers 1725 von der Stadt Emden endgültig fertiggestellten Deiche in den beiden emsischen Deichachten machten die Abhaltung eines Landtages erforderlich, um Maßnahmen zu beraten und zu beschließen, wie in Zukunft die Deiche besser in Stand gehalten werden könnten als vor der Katastrophe von 1717. Obwohl Emden das größte Verdienst
an der glücklichen Beendigung des Deichbaus zukam, wie auch der landesherrliche Deichbaukommissar von Münnich zugeben mußte[86], wurde die

83   W i e m a n n , Grundlagen, S. 158 f., bzw. B r e n n e y s e n II, S. 92.
84   ebenda, S. 234 ff., bzw. 360 f.
85   StaA., Dep. 1, Msc. fol. 93 a, Bl. 23 f.
86   So in zwei Gutachten über die künftige Aufsicht über das Deichwesen vom Sommer 1725, StaA.,
      Dep. 1, 1436, fol. 235 ff.; die Deichschauberichte ebenda, fol. 103—234.

258

Stadt mit allen anderen »Renitenten« von dem von ihr selbst beantragten Landtag ausgeschlossen. So waren neben den fünf »gehorsamen« Ämtern, die insgesamt 17 Deputierte geschickt hatten, und den Städten Norden und Aurich nur drei Kirchspiele aus dem zum Amt Emden gehörenden Niederreiderland und ein Kirchspiel aus dem Amt Leer vertreten[87]. Konrad Höting aus Leer und die beiden für das Amt Greetsiel erschienenen Dirck Herlyn aus Manslagt und Sicco Mennen aus Greetsiel dürfen dagegen nur bedingt als ordnungsgemäß deputiert angesehen werden. Sie waren Exponenten einer kleinen Minderheit gehorsamer Eingesessener ihrer Ämter. Das zeigt deutlich eine Vollmacht für zwei weitere Greetsieler Deputierte, die jedoch allem Anschein nach am Landtag nicht teilgenommen haben[88]. Darin hieß es, sie sollten den Landtag mit der ausdrücklichen »Restriction, daß Sie nicht sollen eingehen, was wieder die vorige Allerhöchste Kayserliche Resolutiones und andere Pacta, Accorden und Verträgen mögte streytig seyn«, besuchen und wegen der »Swährigkeiten, welche wegen dieses Ambts gemachet (werden) oder vorkommen mögten«, »accordmäßigen Redres« suchen. Die Vollmacht war also sehr zweideutig abgefaßt und hatte in der Berufung auf die Akkorde und den »accordmäßigen Redres« altständische, »renitente« Bestandteile. Insgesamt hatten nur acht Personen unterschrieben, und zwar je ein Interessent aus Pilsum, Manslagt, Upleward, Visquard, Greetsiel, Eilsum, Grimersum und Wirdum, für die Vollmacht eines ganzes Amtes zu wenig. Als einziger Angehöriger der Ritterschaft war Victor von Hane aus Upgant anwesend.

Auf dem Landtag selbst ging es unproblematisch zu, abgesehen von einigen Streitigkeiten zwischen den Deputierten der Ämter Emden, Greetsiel und Leer einerseits und denen der übrigen fünf Ämter andererseits über die Frage, ob die rückständigen Schatzungen auch von den wegen der langen Überschwemmung und Versalzung unfruchtbaren Ländereien in den drei erstgenannten Ämtern eingetrieben werden sollten. In dieser Angelegenheit waren sich die »Gehorsamen« aus den betroffenen Ämtern mit den übrigen »Gehorsamen« keineswegs einig, ein Zeichen, daß auch der gemeinsame Gehorsam gegenüber der Landesherrschaft den tiefgreifenden Strukturunterschied Ostfrieslands nicht aufheben bzw. überbrücken konnte. Einige Schatzungen wurden zum Unterhalt der Kommission und der kaiserlichen Salvegarde sowie zur Tilgung der niederländischen und hannoverschen Kredite bewilligt und für die Deiche eine zwölfjährige Inspektionskommission des Landes eingesetzt[89].

87 Teilnehmerliste StaA., Rep. 4, C III c, 100, fol. 188 ff.
88 Vollmacht des Amtes Greetsiel für Roelf Ebbels und Harmen Friese vom 14. 8. 1725, StaA., Rep. 4, C II b, 140. Beider Namen sind nicht in der eben zitierten Liste der kaiserlichen Kommission aufgeführt.
89 StaA., Dep. 1, 1436, fol. 264 ff. und 296 ff.

Die eigentlichen Probleme des Landes wurden damit auf diesem Landtag gar nicht angesprochen, Ausdruck einer allmählich um sich greifenden Unsicherheit, die auf einem anhaltenden Stillschweigen des Reichshofrates und des Kaisers in den ostfriesischen Streitfragen basierte.

4.4. Ausbleibende kaiserliche Bestätigung der bisherigen Dekrete und Anordnungen

Hatte der Reichshofrat in den Jahren 1723 und 1724 in der ostfriesischen Auseinandersetzung noch relativ schnell seine Entscheidungen getroffen, so war seit dem Erlaß der letzten kaiserlichen Dekrete im August 1724 nichts mehr aus Wien ergangen. Das hatte seinen Grund zweifellos in den geschilderten »europäischen Conjuncturen«, in denen die Niederlande sich seit einiger Zeit immer stärker für ihren Schützling engagierten[90]. Die Auswirkungen beschrieb der Wiener Gesandte Brawe[91]: »einige Puissancen, welche von denen Ostfriesischen gegen Ew. Hochfürstl. Durchl. alß Ihren Landes-Fürsten so unbillig wütenden Landständen auffgebracht« worden seien, hätten trotz ihrer früheren Bekundung, sich in die ostfriesische Streitsache nicht einzumischen, für die Stände interveniert und auf gütliche Verhandlungen gedrungen; es hätte nicht viel gefehlt, daß »alles Bißherige übern Hauffen« geworfen und die Fürsprecher der Stände »wo nicht in totum, doch in tantum zu dem intendirten Zweck gelanget« wären. »Es ist nicht zu beschreiben«, schloß Brawe, »wie beschwer- und gefährlich bey der jezigen crisi und conjuncturen die negotiationen, und wie leicht auch Sachen, die sonsten mit aller asseurance und Bestandt determiniret werden, allerhand alteration exponiret seyn, welche auch mit der größten vigilance und Geschicklichkeit öffters nicht oder kaum praecaviret werden können«. Trotz grundsätzlicher Geneigtheit für die landesherrliche Position verzögerte sich daher eine neue Reichshofratsentscheidung immer wieder. Erst Ende Januar 1726 wurden neue Dekrete erlassen[92].

Diese lange Verzögerung hatte für die Klärung der Lage in Ostfriesland Konsequenzen, die Brenneysen genau erkannte. Auf den Vorschlag des Referenten in den ostfriesischen Streitigkeiten, Grafen von Stein, der Gesandte Brawe solle einen Zwischenbescheid beantragen, damit alle Eingesesse-

90 Auf Beschwerden der alten Administratoren und der Stadt Emden beschlossen die Generalstaaten, ihren Wiener Gesandten Hamel Bruininks beim Kaiser in dieser Angelegenheit vorstellig werden zu lassen, Resolutien der Staten Generaal vom 9. und 18. 4. 1725, StaA., Rep. 4, C III c, 99, fol. 238 f. Auch in den folgenden Monaten verwandten sie sich mehrfach für die ostfriesischen »Renitenten«, vgl. H u g h e s , Imperial judicial authority, S. 341 f.
91 Bericht Brawes vom 20. 10. 1725, StaA., Rep. 4, A IV c, 250.
92 Siehe unten S. 275.

nen in Ostfriesland sähen, daß der Reichshofrat weiterhin bei seinen früheren Entscheidungen bleibe, äußerte Brenneysen die Befürchtung, daß eine Interimsresolution zum jetzigen Zeitpunkt, da »alles hier im Lande eine(r) nachdrückliche(n) finale(n) resolution entgegen« sehe, das Gegenteil erreichen werde. Jeder werde daraus schließen, daß es »mit der Hauptresolution kein Ernst sey, ja selbst die hiesige Herren Subdelegati und ihre Höffe würden von selbst auff solche Gedancken kommen[93]«. Mit dieser Beurteilung gab Brenneysen die augenblickliche Stimmung in Ostfriesland treffend wieder. Unsicherheit bei der kaiserlichen Kommission, bei der Landesherrschaft und auf dem Lande in den »gehorsamen« Ämtern machte sich breit, ob die Entscheidungen und Maßnahmen, die die subdelegierte Kommission seit dem Herbst 1724 getroffen hatte, vom Kaiser bestätigt würden. Die Amtsenthebung der alten Administratoren und Ordinärdeputierten, die Verlegung der Landeskasse nach Aurich, die Ausschließung der »Renitenten« von Landtagen und die Verwerfung ihrer Paritionsanzeigen vom Februar und März 1725 waren wegen der fehlenden kaiserlichen Bestätigung noch nicht endgültig rechtskräftig. Zwar hatten sich die »Renitenten« in der Hoffnung auf die Annahme ihrer Submissionserklärungen durch den Reichshofrat seit den Ereignissen vom 2. Februar zurückgehalten und sich auf gelegentliche Proteste gegen die Ausübung der Administrationsgeschäfte durch die Auricher Amtsinhaber beschränkt, das lange Ausbleiben einer neuen kaiserlichen Entscheidung stärkte bei ihnen aber die Bereitschaft zum Widerstand[94]. So war die Situation in Ostfriesland von Ungewißheit bestimmt, die sich, je länger sie dauerte, zugunsten der »Renitenten« auszuwirken begann.

5. Der Rittertag vom 10./11. Oktober 1725 und seine Folgen

5.1. Das Schreiben der Ritterschaft an die subdelegierte kaiserliche Kommission

Im Laufe des August 1725 war der seit vielen Jahren in kaiserlichen Diensten stehende Besitzer der Herrlichkeit Gödens, Graf von Fridag, nach Ostfriesland gekommen, von wo er im Spätherbst in kaiserlichem Auftrage

93 Reskript an Brawe vom 10. 7. 1725, StaA., Rep. 4, A IV c, 250.
94 Der ständische Präsident von Closter, Dornum, hatte schon im Mai 1725 gegenüber einem Sekretär der subdelegierten Kommission geäußert: »Sie, die Stände, hätten einen breiten Rücken und könnten was ausstehen, wenn man es aber gar zu arg machte, hätten Sie noch was zur reserve, da wolten Sie das rauhe heraus kehren und dann sehen, wer die Oberhand behielte«. 25. gemeinschaftliche Relation der subdelegierten Kommission vom 18. 5. 1725, HHuStaW., RHR., Den. rec. K. 889.

nach Kopenhagen weiterreisen wollte. Dieser, mit den ostfriesischen Wirren bisher kaum befaßt, ergriff die Initiative und schlug Herrn von Closter als Ältestem der Ritterschaft die Einberufung eines Rittertages vor, auf dem alle Probleme in Ruhe beraten werden sollten[95]. Von Closter war damit einverstanden und meinte, als Ort der Versammlung komme nur Emden in Frage, weil sie nur dort »vor der populace oder frechen Gesindel« sicher seien[96]. Gleichzeitig bemühte sich Graf Fridag, mit der kaiserlichen Kommission über die ostfriesischen Streitfragen zu reden, wobei er sich insbesondere über Brenneysen und dessen akkordwidriges Verfahren beklagte[97]. In einem ausführlichen Schreiben an Reichsvizekanzler Graf Schönborn vom 28. August 1725 gab Fridag seinen Eindruck von der Situation in Ostfriesland wieder; ohne einseitig zu werden, klagte er sehr über Brenneysens Beeinflussung der Kommission und deren dadurch bewirkte Parteilichkeit[98]. Fridags Aktivitäten blieben der ostfriesischen Landesherrschaft nicht verborgen. In einem langen Memorial an die subdelegierte Kommission kritisierte Brenneysen das Verfahren und die Person des Grafen Fridag heftig und schloß mit der Mahnung, sich nicht von den »Renitenten« beeinflussen zu lassen[99]. Die Kommission folgte diesem Rat, wies in mehreren Schreiben an Fridag auf die bisherigen kaiserlichen Dekrete und ihre Konsequenzen für die »Renitenten« hin und verbot die Einberufung eines Rittertages, falls dieser in Emden, der Quelle allen Übels, stattfinden und bisher noch »Renitente«, also von dem Appelle, teilnehmen sollten[100]. An Reichsvizekanzler Graf Schönborn schrieb Fürst Georg Albrecht persönlich, um sich über Fridags Verhalten, das sich mit dessen Pflichten als kaiserlicher Bediensteter und ostfriesischer Untertan nicht vertrage, zu beklagen. Er bat, Fridags etwaigen Vorschlägen kein Gehör zu geben und bald geeignete Wege zur Exekution der Dekrete zu weisen, weil es sonst um seine landesherrliche Hoheit und um den Respekt vor der kaiserlichen Autorität in Ostfriesland geschehen sei[101].

Ungeachtet aller Widerstände fand am 10. und 11. Oktober 1725[102] der Rittertag in Emden statt. Teilnehmer waren Graf Fridag, von Closter/Dornum, von Closter/Langhaus, von dem Appelle und der frühere Kommandeur der brandenburgischen Garnison, Oberstleutnant von Fridag zu Groothusen. Außerdem hatten Wwe. von Freese, Hinte, Baron von Wedel,

95   Schreiben Graf Fridags an von Closter vom 21. 8. 1725, StaA., Rep. 4, C III c, 101, fol. 22.
96   Antwort von Closters vom 22. 8. 1725, ebenda.
97   ebenda, fol. 25 f.
98   ebenda, fol. 99 ff.
99   ebenda, fol. 32 ff.
100   ebenda, fol. 27 ff. und 64.
101   Fürst Georg Albrecht an Reichsvizekanzler Graf Schönborn, 25. 9. 1725, StaA., Rep. 4, C III a, 110.
102   W i a r d a , Bd. VII, S. 254, schreibt fälschlich 21. 9.

Loga und Logabirum, von Knyphausen, Lütetsburg und Jennelt[103], sowie die Besitzer des adeligen Gutes Middelstewehr Vollmachten zum Gebrauch ihrer Stimme geschickt, während von Closter/Dornum und von dem Appelle als Vormünder über die Beninga'schen bzw. die Hane'schen Kinder für die Güter Grimersum und Leer mitstimmen konnten[104]. Nach zweitägiger Beratung schickten sie ein ausführliches Schreiben an die kaiserliche Kommission, worin sie den Standpunkt der Ritterschaft zu den ostfriesischen Streitigkeiten darlegten[105]. Sie ersuchten, zur Vermeidung weiterer Tätlichkeiten, die Kommission, »die fürstlicher Seits gehäuffte particular processus praetensae renitentiae so lang zu suspendiren«, bis auf einem allgemeinen freien Landtag die »Accordmäßige Executions-Recessus der Kayserl. Decretorum« behandelt worden seien. »Wehmütigst« beklagten sie, daß die von der Ritterschaft, dem alten Administratorenkollegium und der Stadt Emden eingereichten Paritionsanzeigen nicht akzeptiert worden seien. Hauptursache der seit 1724 eskalierenden Entwicklung sei, daß es die Kommission auf dem Landtag im August 1724 versäumt habe, »ein jedes Corpus der Ständen insbesondere zur paritions-Anzeige« zu veranlassen; stattdessen habe sie »die von einigen unqualificirten der Städte und wenigen des dritten Standes qua particularibus geschehene ultraneas submissiones auf einseitiges Angeben der fürstlichen Ministrorum vor Submissiones des mehresten Theils dieser beyden Ständen angenommen« und den Einwänden der Ritterschaft und der alten Administratoren, die »nicht quoad submissionem sed quoad qualificationem« erfolgt seien, kein Gehör gegeben. Deshalb würden sie »auf fürstlicher ministrorum Angeben« als renitent angesehen. Mittlerweile sei alles in Verwirrung gekommen, und Brenneysen habe die Submission mit vielen anderen Forderungen vermengt, »ut dum singuli pugnarent omnes vincerentur«. Sie wiesen auf die Spannung zwischen der Reichs- und Landesverfassung hin und bestanden darauf, daß in allen streitigen Punkten den Akkorden der Vorzug vor den Reichsgesetzen zu geben sei. Die Landesherrschaft dagegen wolle »nach einer eigenmächtigen, von dem Herrn Canzler Brenneysen gemachten Ordnung« regieren. Weil die Landesherrschaft die gemeinsame Grundlage mißachte, sei es kein Wunder, daß die Streitigkeiten trotz aller Bemühungen der Ritterschaft, der Stadt Emden und der Administratoren noch nicht beigelegt seien. Noch eine Reihe weiterer Beschuldigungen gegen Brenneysen und die als parteilich eingeschätzte Kommission wurden erhoben, ehe die Rede auf

---

103   Der bisherige Administrator und Besitzer der Herrlichkeit Lütetsburg, Franz Ferdinand von Knyphausen, war im Sommer 1725 gestorben, so daß sein in preußischen Diensten stehender Bruder Friedrich Ernst im Moment der einzige volljährige männliche Knyphausen war und für Lütetsburg und Jennelt auftreten konnte.

104   Protokoll des Rittertages StaA., Dep. 28 b, 119. Aus dem Protokoll geht allerdings nur der äußere Ablauf hervor, Einzelheiten der Beratungen enthält es nicht.

105   StaA., Rep. 4, C III c, 101, fol. 214 ff.

den Zweck des Rittertages kam.

Die Ritterschaft habe als Stand bisher keine Paritionsanzeige abgeben können, weil niemand sich angesichts der angedrohten Geldstrafen getraut habe, einen Rittertag einzuberufen. Sie erklärten jetzt zur Bezeugung ihres »allerunterthänigsten Gehorsams«, »sofort nach Entscheidung der Praejudicialquaestion ratione translocati aerarii« dem Urteil, »wie Ihro Kays. Mayest. dem Wercke Ziel und Maß zu setzen allergerechtest belieben werden«, Folge leisten zu wollen. Die Administratoren von ihrer Verantwortung über ihre Amtsführung freizusprechen, sei ihnen nie in den Sinn gekommen. Wenn die kaiserliche Entscheidung über die umstrittenen Paritionsanzeigen und die beantragte Rückverlegung der Landeskasse nach Emden erfolgt sei, »soll es bey obgedachter Paritionsdeclaration und bey der unweigerlichen Anhaltung der Administratoren zu Erstattung ihrer Verantwortung verbleiben«. Auf einem demnächst einzuberufenden allgemeinen, freien prorogierten Landtag solle über eine gesamtständische Paritionserklärung und über eine mögliche Anerkennung des Auricher Administratorenkollegiums verhandelt werden. Bis dahin bzw. bis zum Erlaß entsprechender kaiserlicher Entscheidungen aber könnten sie das neue Kollegium nicht anerkennen. Um Auseinandersetzungen über diese Frage zu vermeiden, sollten von Aurich aus vorerst keine neuen Schatzungen ausgeschrieben, sondern lediglich die Restanten eingetrieben werden. Das Schatzungsaufkommen der Herrlichkeiten schließlich wollten sie solange zur Deckung der zur Verteidigung der ständischen Gerechtsame notwendigen Kosten verwenden.

Trotz mancher unklarer Formulierung war die Submissionsanzeige deutlich: Der Kaiser sollte über die streitigen Maßnahmen der subdelegierten Kommission entscheiden, und dieser Entscheidung wollten sie gehorchen, nur sollte das Auricher Kollegium bis dahin nicht tätig werden. Damit war nochmals eine Basis gegeben, auf der die Landesherrschaft sich mit den Ständen hätte einigen und viele ihrer Ziele mit friedlichen Mitteln erreichen können. Aber wie im Frühjahr war Brenneysen nicht bereit, auf seinen Strafanspruch zu verzichten. Auf Bitten der Kommission, die das ritterschaftliche Schreiben »gantz unordentlich und verworren und die Worte alle auff Schrauben gesetzet[106]« fand, verfaßte Brenneysen ein langes, in 39 Punkten bestehendes Gutachten, in dem er an den Teilnehmern des Rittertages und an ihrer Erklärung kein gutes Haar ließ[107]. Die kaiserliche Kom-

---

106 ebenda, fol. 226 ff.
107 ebenda, fol. 256—281. Um den Geist dieses Gutachtens zu erkennen, braucht nur einiges angeführt zu werden. Im Punkt 13 etwa ließ er sich über die Tatsache aus, daß die Verfasser »ihren angebohrenen Erb- Ober- und Landes-Herrn nur so schlechthin Ihre Durchl. den Fürsten nennen; damit geben sie ihren disrespect und ihren Ungehorsahm gegen die Kayserl. Decreta, als worinnen ihnen eine gantz andere Arth, mit ihrem gnädigsten Landes-Herrn zu handeln, anbefohlen, an den Tag«. In Punkt 30 revanchierte er sich für manche Verachtung, die ihm von Seiten der Ritterschaft wegen seiner bürgerlichen Geburt entgegengebracht worden war (s. o. S. 75): »Recht-Adliche Gemüther

mission schloß sich Brenneysens Urteil an und fand das ritterschaftliche Schreiben keineswegs nach Submission eingerichtet. Graf Fridag bekam daher einen mißfälligen Brief, in dem die Vorwürfe gegen die Kommission zurückgewiesen und er für alle Folgen seiner Initiative verantwortlich gemacht wurde[108]. Bereits auf der Reise nach Kopenhagen begriffen, rückte Fridag in einem Brief vom 1. November 1725[109] die ihm vorgeworfenen Unklarheiten zurecht und erklärte »vor mich und obgemeldte meine Mitstimmen, daß der ganze Einhalt bemeldten Schreibens auf nichts anderes abziehle, als

1. unsere puram et simplicem paritionem erga Caesaream Majestatem, ejusque jusse immediata zu declariren, hingegen aber
2. circa facta Commissionis in casibus NB. quaestionis denen Asserenten ihre Nothdurfft verwahren zu lassen, Kayserl. Mayestät darüber den gerechtesten Ausspruch und uns, nach dessen Erfolg, nudam obsequii gloriam, vorzubehalten, unterdessen aber
3. (...) alle Thätlichkeiten dem alten Collegio in puncto suae manutenentiae zu entsagen«.

Gegen das neue Kollegium hätte die Ritterschaft den einzigen Vorbehalt, daß es »als ein factum contra mentem Augustissimi ab alma commissione intraductum« anzusehen sei und deshalb erst nach der kaiserlichen Bestätigung anerkannt werden könne. Im übrigen wiederholte er die Vorwürfe über Brenneysens Politik der Verunglimpfung unschuldiger Leute. Dieser Klarstellung stimmten die übrigen Teilnehmer des Rittertages, auch von dem Appelle, ausdrücklich zu[110], erreichten aber trotzdem keine einer friedlichen Beilegung der Streitigkeiten dienende Reaktion der Landesherrschaft. Das ritterschaftliche Schreiben vom 11. Oktober hatte nämlich viel Resonanz im Lande gefunden.

pflegen an Verunglimpfungen ehrlicher Leute kein Gefallen zu haben. Es ist auch eine schlechte Kunst, und wer das thut, der gibt damit zu verstehen, daß er den rechten Adel, der in Tugend und Vernunfft bestehet, nicht habe«. Brenneysens Gutachten wurde Herrn von Closter, Dornum, zur Stellungnahme zugesandt. Am 10. 12. reichte dieser seine in insgesamt 251 Anmerkungen bestehende Antwort bei der Kommission ein. Diese war ganz vom ständischen Geist durchtränkt, z. B. Anm. 34: »Man spricht immer von renitenten, da man doch dieselbige in specie nicht anweisen kann, worin die renitenz bestehe. Soll es eine renitenz seyn, wenn man seine jura zugelaßener Weise zu defendiren suchet, so muß man gestehen, daß sich in Ostfrießland renitenten finden, welche nemlich Kays. May. das große Unrecht, welches man ihnen auffbürden will, allerunterthänigst vorstellig machen.« StaA., Rep. 4, C III c, 102, fol. 54—145, Zitat fol. 85.
108 StaA., Rep. 4, C III c, 101, fol. 315 ff.
109 ebenda, fol. 355 ff.
110 ebenda, fol. 400 f.

5.2. Der Beitritt der Stadt Emden und großer Teile des dritten Standes zum Schreiben der Ritterschaft

Die Ritterschaft hatte ihr Schreiben gleich nach der Verabschiedung Bürgermeister und Rat der Stadt Emden zur Kenntnis gegeben. Bereits am 12. Oktober erklärten diese in einem Brief an die Kommission ihren Beitritt zu der Deklaration der Ritterschaft[111]. Auch der Klarstellung Graf Fridags vom 1. November stimmten sie voll zu[112]. Für Brenneysen waren diese Erklärungen nur ein weiteres Zeichen der Renitenz. Der Emder Beitritt allein hätte vermutlich keine schwerwiegenden Folgen nach sich gezogen.

Weit größere Dimensionen bekam die Angelegenheit, als mit einer gewissen Verzögerung große Teile des dritten Standes, und zwar nicht nur in den »renitenten« Marschämtern, sondern auch, allerdings weniger zahlreich, aus den Ämtern Aurich und Stickhausen ihre Zustimmung erklärten. Den Text hatte vermutlich der Advocatus patriae, Dr. Homfeld, entworfen; anschließend waren die Unterschriften gesammelt worden[113]. Am 30. November 1725 gingen die Erklärungen aus den Ämtern Emden, Greetsiel und Leer[114] bei der Kommission ein, am 14. Januar des folgenden Jahres diejenigen aus den Ämtern Aurich und Stickhausen[115]. Im Laufe des Dezember wurden die Deklarationen der drei erstgenannten Ämter gedruckt und im Lande verbreitet[116].

Die unterzeichneten Interessenten und Eingesessenen der drei Ämter hätten, so hieß es, das ritterschaftliche Schreiben vom 11. Oktober und die Zustimmung der Stadt Emden vom 12. Oktober »in reiffe überlegung« gezogen und ebenfalls »der Wahrheit gemäß« befunden, daß »die quelle alles übels« darin liege, daß die Landesherrschaft die Akkorde nicht Akkorde sein und als Grundstein ihrer Regierung gelten lassen wolle, sondern sich auf die Reichsgesetze, »wieder den klahren Buchstaben der Accorden«, berufe. Dazu komme die eigenmächtige Auslegung der Akkorde durch das fürstliche Ministerium sowie die Tatsache, daß unqualifizierte bzw. nicht ordnungsgemäß deputierte Personen als Landtagsdeputierte anerkannt und deren Votum als das des dritten Standes gewertet worden sei, daß im August 1724 der Landtag gegen den Willen der Stände und den Wortlaut der Akkorde abgebrochen und stattdessen solche »Versammlungen veranstaltet worden (seien), wohin entweder Qulificirte Eingeseßene nicht kom-

---

111   ebenda, fol. 224.

112   ebenda, fol. 402 ff.

113   So berichteten die Greetsieler Beamten am 27. 11. 1725, daß Johann Jacob Wehling ein Dokument unbekannten Inhalts in Manslagt, Pilsum, Visquard, Hamswehrum, Groothusen und Upleward herumgetragen und Unterschriften dazu gesammelt habe, StaA., Rep. 4, C III c, 102, fol. 26 ff.

114   StaA., Rep. 4, C III c, 103, fol. 1 ff.

115   ebenda, fol. 39 ff.

116   Ein gedrucktes Exemplar StaA., Rep. 4, C III a, 167.

men wollen oder dörffen«, daß trotz geschehener Submission das Emder Kollegium abgesetzt, die Landeskasse nach Aurich verlegt und dort unter Ausschließung der Ritterschaft, der Stadt Emden und ganzer Ämter ein neues Administratorenkollegium eingesetzt worden sei, daß die alten Administratoren ohne Untersuchung der unehrlichen Verwaltung beschuldigt würden, daß ganzen Teilen der Stände vorgeworfen werde, die kaiserliche Autorität zu verachten, während sie in Wirklichkeit den Kaiser in allertiefster Devotion verehrten und lediglich »ein Allergnädigstes gehör« verlangten. Schließlich wiesen sie auf das »wieder Accordliche aufbiethen der Eingeseßenen«, auf widerrechtliche Exekutionen trotz entgegenstehender Mandate des Hofgerichts, auf Anmaßungen der Beamten bei der Wegeschau und auf die Einrichtung von Gilden und Zünften, »zu unleidentlicher beschwerde der Eingeseßenen[117]«, hin. Wie die Ritterschaft und die Stadt Emden erklärten sie, ohne »unwiederbringlichen Nachtheil der Ständischen Gerechtsahmen« das Auricher Kollegium vor einer kaiserlichen Entscheidung nicht anerkennen zu können. Sie hofften, es werde ihnen »nicht zugemuhtet werden«, bis dahin Schatzungen nach Aurich zu bezahlen; diese wollten sie vielmehr »zu behauptung der Ständischen Gerechtsahmen« verwenden, es sei denn, »daß ein anders auf einem allgemeinen freyen Landtage von gesamten Ständen möchte ausfundig gemachet werden«.

Diese deutliche Deklaration hatten insgesamt 422 Personen unterschrieben, 67 aus dem Amt Emden, 130 aus dem Amt Greetsiel und 225 aus dem Amt Leer. Das sind erstaunlich große Zahlen, die es wert sind, an einem Beispiel näher aufgeschlüsselt zu werden. In Pilsum hatten 37 Eingesessene die Unterschrift geleistet, und zwar 10 Interessenten, 6 Angehörige der Schicht der kleineren Landeigentümer bzw. -gebräucher, 7 Handwerker, 6 Warfsleute und 3 Arbeiter; 5 Namen sind beruflich nicht zu identifizieren[118]. Der Bevölkerungsteil, auf den es besonders ankam, hatte also fast geschlossen unterschrieben, dazu aber auch eine große Anzahl Nichtinteressenten. Eine Reihe dieser Leute hat offenbar eine gewisse Abhängigkeit von der Stadt Emden zu ihrer Unterschrift bewogen, wie das folgende Beispiel zeigt: Der »Rammbaas« Friedrich Hinrichs, der beim Deichbau der letzten Jahre gearbeitet und noch Lohn von der Stadt zu fordern hatte, wollte im Januar 1726 einen Abschlag haben; vom Stadtrentmeister Hessling bekam er aber zur Antwort, »weil er das von einigen aus dem dritten Stande an die Subdelegirte Commission abgelaßene Schreiben nicht mit un-

---

117 So gab es in Weener wegen Gründung einer Schustergilde viel Unruhe, StaA., Rep. 4, C III c, 101, fol. 173 ff.; siehe auch unten S. 340 f.

118 Die berufliche Identifizierung erfolgte nach dem Kopfschatzungsregister des Amtes Greetsiel von 1719, StaA., Rep. 4, C I g, 63, und nach einer Aufstellung der Greetsieler Beamten, die sie ihrem Bericht vom 25. 12. 1725 beifügten, Rep. 4, C III c, 103, fol. 85.

terzeichnet hätte«, werde er »weiter nicht das geringste empfangen[119]«. Eine solche Abhängigkeit konnte, insbesondere im Amt Emden, auch für stark belastete Interessenten gegeben sein[120]. Damit ist zwar festzustellen, daß eine Reihe der Unterzeichner des Schreibens keine Interessenten bzw. von Emden wirtschaftlich abhängig waren, aber es bleibt eine bedeutende Zahl solcher Interessenten, für die diese Motive bei der Unterschriftsleistung nicht ausschlaggebend waren. Bereits eine flüchtige Durchsicht der Namen zeigt, daß fast alle einflußreichen Landtagsdeputierten und ihre »Basis« in ihren Heimatkirchspielen das Schreiben an die kaiserliche Kommission unterstützt haben. Damit hatte die Bewegung, die der Rittertag ausgelöst hatte, Dimensionen angenommen, die die Lage in Ostfriesland entscheidend veränderten. Die durch das lange Ausbleiben der kaiserlichen Bestätigung für die umstrittenen Maßnahmen wieder gewachsene Hoffnung der »Renitenten« fand hier ihren Niederschlag. Fatale Konsequenzen für die Landesherrschaft konnten nicht ausbleiben.

5.3. Schatzungsverweigerungen in den Ämtern Emden, Leer und Greetsiel

Hatten die meisten Eingesessenen der »renitenten« Ämter bis zum Sommer 1725 ihre Schatzungen einigermaßen bereitwillig bezahlt, so änderte sich das mit zunehmender Unsicherheit wegen der ausbleibenden kaiserlichen Bestätigung für die Maßnahmen der subdelegierten Kommission. Im August 1725 kam es zuerst in der dem Freiherrn von Knyphausen gehörenden Herrlichkeit Jennelt zur Schatzungsverweigerung und zum Widerstand gegen die daraufhin angeordnete Exekution durch ein kleines Kommando der kaiserlichen Salvegarde. Die Eingesessenen der zu Emden gehörenden Herrlichkeit Oldersum verweigerten die Schatzung und leisteten Widerstand, weil der Emder Magistrat gedroht hatte, wenn sie die von Aurich ausgeschriebenen Schatzungen bezahlten, müßten sie dieselbe Summe noch einmal nach Emden bezahlen[121]. Diese Befürchtungen hegten auch Bewohner der »gehorsamen« Landesteile. So äußerte ein Tauschläger aus Norden Ende September 1725, er wolle keine der Auricher Schatzungen bezahlen,

---

119 Beilage zum Bericht des Emder Amtmanns Homfeld vom 26. 1. 1726, StaA., Rep. 4, C III c, 103, fol. 130.

120 So schrieben die Emder Beamten in ihrem Bericht vom 22. 1. 1726, daß z. B. die Unterzeichner aus Wybelsum, Amt Emden, zwar Interessenten seien, »es sind aber dieselbe durchgehends von schlechtem Vermögen, so daß unterschiedene ihre Länder, wenn sie die auf dieselbe liegende onera, absonderlich an die Stadt Embden, abtragen solten, übergeben und abandoniren müsten. Und weil dem Vernehmen nach die Stadt auf Bezahlung derselben so sehr nicht dringet, so ist leicht zu erachten, daß diese Leuthe, wenn sie nicht überfallen und ruiniret werden wollen, derselben alles zu Gefallen thun und laßen müßen«. StaA., Rep. 4, C III c, 103, fol. 122.

121 Schreiben des Obersten von der Ley an die kaiserliche Kommission vom 1. 9. 1725, StaA., Rep. 4, C III c, 101, fol. 84 f.

es »müste doch alles wiederum de novo ans alte Collegium nach Emden bezahlet werden[122]«. In Victorbur, Amt Aurich, gab es ebenfalls Unruhen[123]. Im Laufe der folgenden Wochen weitete sich die Schatzungsverweigerung immer mehr aus. Unter Hinweis auf das ritterschaftliche Schreiben vom 11. Oktober faßten fast überall in den drei Marschämtern die Eingesessenen den Beschluß, nicht eher neue Schatzungen zu bezahlen, bis alle Rückstände eingetrieben seien und der Kaiser das Auricher Kollegium bestätigt habe[124]. Sogar im Amt Aurich waren Bestrebungen im Gange, die Kommissionsschatzungen zu verweigern, »es wäre denn, daß die Herren Commissarii ihnen die Confirmation von Wien schaffeten[125]«. In Weener wurde am 24. November ein sechs Mann starker Trupp der kaiserlichen Salvegarde verjagt, und wegen der daraufhin zu befürchtenden Exekution durch ein größeres Kommando schlossen sich die Eingesessenen von Weener und Bunde zusammen, um auch dagegen gewappnet zu sein. Unter diesen Umständen mußten Brenneysen und die Kommission auf die Exekution verzichten, weil die insgesamt 30 Soldaten der Salvegarde zur Durchführung solcher Aktionen viel zu schwach waren[126].

Mitte Dezember 1725 und Anfang Januar 1726 bekräftigten die meisten Vogteien der drei Marschämter in gleichlautenden Schreiben an die Kommission ihre Erklärung vom 30. November. Sie wiesen die Unterstellung, den Kaiser nicht als obersten Richter anerkennen zu wollen, zurück und stellten klar, daß sie lediglich eine akkordmäßige Regierung verlangten, die den Ständen und allen Eingesessenen ihre alten Rechte und Freiheiten lasse. Das »ohne Ihro Kayserl. Mayest. allergnädigsten Befehl, wieder Willen der Ständen und mit gäntzlicher Ausschließung der vornehmsten Gliedern angeordnete Collegium« aber könnten sie nicht anerkennen. Die Kommission möge es ihnen daher nicht übel ausdeuten, wenn sie nach Aurich keine Schatzungen bezahlten. Die beiden neuen Administratoren des dritten Standes erhielten eine offizielle Erklärung der drei Marschämter, daß sie in dieser Eigenschaft nicht legitimiert seien[127]. Dieses Mal hatten noch mehr Personen unterschrieben als im November. Im Amt Leer waren es 382, allein in Pilsum 51 Unterschriften; das Bild der sozialen Zusammensetzung der Unterzeichner unterscheidet sich jedoch nicht von den obigen Ergebnissen.

Auf diese Weise wurde die Unruhe koordiniert und die Bildung einer

---

122   Bericht des fürstlichen Leutnants Gerhard Denhauf, StaA., Rep. 4, C III b, 19.

123   StaA., Rep. 4, C III c, 101, fol. 183 ff.

124   Vgl. etwa den Bericht des Exekutors der Kluft Leer, Cornelius Schütte, vom 13. 11. 1725, StaA., Rep. 4, C III c, 101, fol. 396, und Rep. 4, C III c, 102, fol. 221 ff. und 228 ff.

125   So die Anzeige des Auricher Bürgermeisters Greems, der davon gehört hatte, StaA., Rep. 4, C III c, 101, fol. 150.

126   Der ganze Vorgang StaA., Rep. 4, C III c, 102, fol. 240 ff.

127   StaA., Rep. 4, C III c, 103, fol. 224 ff. und 242 ff.

Eidgenossenschaft der Oberreiderländer Kommunen erreicht, »daß nemlich eine Commune die andere assistiren, für einen Mann stehen und ein jeder indemnisiret werden solle[128]«. Aus der Schatzungsverweigerung war damit eine umfassende Bereitschaft zum Widerstand und zur Verteidigung der ständischen Rechte geworden, die Bewegung hatte eine durchaus neue Qualität gewonnen. Kassationen der Erklärungen des dritten Standes durch die Landesherrschaft und die subdelegierte Kommission sowie verschiedene Mandate, sofort den Widerstand aufzugeben und den Hauptträdelsführern, z. B. Hinrich Gryse aus Weener, Hinrich Groenefeld aus Leer, Johann Schluiter aus Jemgum und Warner ter Braeck aus Groothusen, keine Zinsen, Pachten etc. zu bezahlen[129], bewirkten in dieser Situation nichts mehr. Die »Emder Rebellion« breitete sich aus.

5.4. Die Ereignisse in Leer im Januar und Februar 1726

Die Unruhe auf dem Lande reaktivierte Ende Dezember 1725 das alte Administratorenkollegium in Emden, das sich bisher weitgehend zurückgehalten hatte. In mehreren Schreiben an die subdelegierte Kommission protestierten die alten Amtsinhaber gegen alle Eingriffe in ihre Rechte. Das bisherige Verfahren und ihre Amtsenthebung sei über alle Maßen unrechtmäßig. Selbst die Unbilligkeit könne daher nicht von ihnen verlangen, »unter dem Vorwand einer Kayserl. Verordnung« und des Widerspruchs einiger »disqualificirte(r)« Eingesessener gegen den »landkündigen« Willen der Stände auf die Administration oder gar die »geziemende Vertretung der ständischen Befugsamkeit« zu verzichten, weil sonst die Stände »gäntzlich unverthädiget gelaßen« würden. Sie baten darum die Kommission, dafür zu sorgen, »daß wir, bis ein anderes ausfündig gemachet, bey unserm Amte und der durchaus unschuldigen Vertretung der Ständischen Befugsahmkeit nicht mögen beunruhiget werden[130]«. Auf diese Forderungen reagierte die kaiserliche Kommission mit scharfen Verboten, sich keinesfalls irgendwelche Amtsgeschäfte anzumaßen[131], bewirkte damit jedoch nichts.
Eine besonders breite und ausgeprägte Basis hatte der beginnende ständische Widerstand im Oberreiderland, vor allem in Weener, Stapelmoor und Bunde, und in Leer. Hier hatte die Unruhe bereits Ende Dezember 1725 ein solches Ausmaß angenommen, daß eine geordnete Verwaltung der landesherrlichen Beamten gefährdet erschien. Die ständischen Anführer in Leer

128   Bericht des Leeraner Amtmanns Kettler vom 24. 12. 1725, StaA., Rep. 4, C III c, 103, fol. 88.
129   Das Schreiben vom 30. 11. wurde durch Patent der Kommission vom 24. 12. 1725 kassiert, Mandate der Kommission waren am 5. 11., StaA., Rep. 4, C III c, 101, fol. 191 f., und 28. 12. 1725, Rep. 4, C III c, 103, fol. 100 ff., der Landesherrschaft vom 24. 12. 1725, ebenda, fol. 93 f., ergangen.
130   So in dem Schreiben vom 31. 12. 1725, StaA., Rep. 4, C III c, 102, fol. 179 ff.
131   ebenda, fol. 196 ff., und StaA., Rep. 4, C III c, 103, fol. 156 ff.

hielten sich bei ihren Häusern »so viel Canallie in Vorrath«, daß keine Exekution gegen sie vorgenommen werden konnte. Abends riefen die Leute z.
T. »Vivat das alte Collegium«, z. T. »Vivat unser Fürst von Ostfriesland,
er lebe lang«. »Was soll ich sagen, die Sachen hier in Leer stehen also, daß
man sich befürchten muß, daß eine general rebellion entstehen möge«, ur-
teilte der dortige Amtmann Kettler[132]. Auf seine Anregung wurde ein Mandat an alle Tonnenträger und Weberknechte — in Leer wegen der blühen-
den Leinenmanufaktur sehr zahlreich ansässig — erlassen, das diesen jede
Unruhe verbot und die Arbeitgeber für die Ausschreitungen ihres Personals verantwortlich machte[133]. Kettlers Bericht und das daraufhin erlassene
Mandat geben einen interessanten Einblick in die Praxis der beginnenden
Auseinandersetzung: Zwar mußte die Bereitschaft zum Widerstand bei den
eigentlichen ständischen Schichten selbst vorhanden sein und mußten von
hier die Impulse ausgehen, im konkreten Fall aber waren es der Unterschicht zuzurechnende Bevölkerungskreise, die einer Forderung den nötigen Nachdruck gaben. Materielle Vergünstigungen verschiedenster Art
(vom Freibier bis zu kleinen Geldgeschenken) brachten diese Leute dazu,
für ständische Interessen einzutreten, die sie im Grunde nicht berührten.
Diese Art der Motivation bewirkte aber keine in Überzeugung wurzelnde
Kampfbereitschaft, so daß für die Stände keine verläßliche Basis entstehen
konnte.

Die Ende Januar 1726 wieder anstehende halbjährige Akziseverpachtung
wurde wie im Vorjahr der Kristallisationspunkt der von der Landesherrschaft befürchteten »generalen rebellion«. Unter dem 21. Januar hatte das
Emder Administratorenkollegium ein Plakat publiziert, in dem unter Hinweis auf die Nichtanerkennung ihrer Auricher Konkurrenten durch große
Teile der Stände und der darauf beruhenden Schatzungsverweigerung dem
ganzen Lande bekannt gemacht wurde, daß die alten Administratoren es
um der Ordnung willen nicht unterlassen könnten, vom 2. Februar an
selbst wieder Akzisepächter einzusetzen[134]. Die Leeraner »Renitenten« und
die Bauern aus den oberreiderländischen Zentren des ständischen Widerstandes dominierten mit ihren Anhängern schon einige Tage vor diesem
Termin in Leer. Am Morgen des 2. Februar begannen sie von sich aus mit
der Pegelung der akzisepflichtigen Waren, um den von Emden bestellten
Pächter in seinem Amt zu sichern. Ein Kommando der kaiserlichen Salvegarde, das das Haus des neuen Landrentmeisters Sieveken schützen sollte,
wurde entwaffnet und vorübergehend gefangen genommen, und die Führer
der »gehorsamen« Partei in Leer bekamen Einquartierungen; Häuser, Mo-
biliar und Vorräte wurden dabei nicht geschont. Zahlreiche »Gehorsame«

132 Kettlers Bericht vom 28. 12. 1725, StaA., Rep. 4, C III c, 103, fol. 109.
133 Mandat StaA., Rep. 4, C III b, 35, Vol. I.
134 StaA., Rep. 4, C III c, 103, fol. 166.

271

flüchteten aus Leer, um zumindest persönlich der Gewalt zu entgehen. Die konfessionelle Durchwirkung der ganzen Auseinandersetzung wurde deutlich in einem Brief aus Leer, in dem es hieß, an den Versammlungen und Gewalttaten seien »in summa alle reformirte, die nur Füße hätten«, beteiligt gewesen[135].

Am 3. Februar kam in Form eines »Extractus protocolli« des Reichshofrats vom 23. Januar 1726 die erste Nachricht der endlich ergangenen Bestätigung des Auricher Administratorenkollegiums in Ostfriesland an[136], zu spät, um in ihrer knappen, fast inhaltsleeren Form der Bewegung, die mittlerweile ein bedeutendes Eigengewicht gewonnen hatte, Einhalt zu gebieten[137]. Nach drei Tagen, am 5. Februar, erging von Aurich aus der Befehl an die Beamten in Stickhausen, die Bauern ihres Amtes sofort aufzubieten, Leer von den »Renitenten« zu befreien, deren Führer nach Möglichkeit gefangen zu nehmen und für eine ordnungsgemäße Einsetzung des Auricher Akzisepächters zu sorgen. Am Nachmittag des 6. Februar »besetzte« der Stickhauser Drost de Lamy mit seinen Bauern Leer, fand aber keinerlei Widerstand, weil die »Renitenten« gerade im südlichen Teil des Amtes Leer die akzisepflichtigen Waren pegelten und die dortigen Kirchspiele zum Anschluß an ihre Bewegung zu gewinnen suchten. Schon am nächsten Tag mußten die aufgebotenen Bauern Leer vor einem großen Kommando der Emder Garnison räumen[138]. Leer war damit wieder im Besitz der »Renitenten« und bildete neben Emden deren wichtigstes Zentrum. Ähnlich wie in Leer wurden auch im Bereich der Ämter Emden und Greetsiel die vom alten Administratorenkollegium bestimmten Pächter eingesetzt, ohne daß es dabei zu so spektakulären Vorfällen wie in Leer kam.

Der Beginn der gewalttätigen Einsetzung des »Renitentenpächters« in Leer verdient, näher betrachtet zu werden. Am Morgen des 2. Februar zogen die »Renitenten« in einem großen Zuge zum Amtshaus und ließen durch einen Notar dem Amtmann eine mit vielen Unterschriften versehene Erklärung öffentlich vorlesen und anschließend überreichen, worin sie ihren Rechtsstandpunkt darlegten und bekräftigten, das »aufgeworfene« Auricher Kollegium nicht anerkennen zu können[139]. Diese Aktion rückt ein zentrales Problem des ganzen »Appelle-Krieges« in den Blick, das von den

---

135 StaA., Rep. 4, C III c, 103, fol. 332. Die Berichte über die Auseinandersetzungen der ersten Februartage ebenda, passim, und Rep. 4, C III b, 35, Vol. II.

136 StaA., Rep. 4, C III a, 133; im einzelnen unten S. 274 f.

137 So schrieb Brenneysen am 8. 2. 1726 an den Wiener Gesandten Brawe: »Weil wir aber noch zur Zeit nicht wißen, wie die Kayserlichen Conclusa vom 23. Jan. 1726 eigentlich lauten, so müßen wir dabey (sc. den Unruhen) stille seyn und die Ausfertigung abwarten«, und vier Tage später, am 12. 2., schrieb er: »Wenn wir wüsten, wie die Kayserliche decreta lauten, so könten wir uns in hoc frangenti darnach richten. So aber wißen wir nicht, was wir machen sollen«. Beide Briefe StaA., Rep. 4, A IV c, 251.

138 Die Befehle an de Lamy und seine Berichte vom 6. und 7. 2. 1726 StaA., Rep. 4, C III b, 35, Vol. I.

139 Text StaA., Rep. 4, C III b, 35, Vol. II, und Rep. 4, C III c, 103, fol. 313 ff.

Ständen bzw. den »Renitenten« in Anspruch genommene Widerstandsrecht. Hier standen ganz offenbar noch einige Denkkategorien des spätmittelalterlichen Fehdewesens in Geltung, denn die öffentlich verlesene und übergebene Erklärung an den Amtmann als örtlichen Vertreter der Landesherrschaft stellte nichts anderes dar als einen förmlichen Absagebrief. Erst ein solcher Absagebrief konnte die folgende gewaltsame Einsetzung des Emder Akzisepächters als legitim erscheinen lassen.

Aus dem Bereich des auf gegenseitiger Verpflichtung beruhenden Verhältnisses zwischen Landesherrschaft bzw. Obrigkeit und Landständen bzw. Untertanen (Schutz und Schirm gegen Rat und Hilfe) stammte das andere Argument, das die »Renitenten« zur Rechtfertigung ihres Verhaltens gebrauchten. Auf ein Mandat der Landesherrschaft vom 9. Februar an alle Eingesessenen, sich der »Emdischen Empöhrung« zu widersetzen, Gewalt mit Gewalt zu beantworten und sich der »Auffrührer« und ihres Anhangs »todt oder lebendig zu bemächtigen« und nach Aurich einzuliefern[140], antworteten Bürgermeister und Rat von Emden sowie das alte Administratorenkollegium mit einer »Abgenöthigte(n) Anzeige«, in der sie unter Hinweis auf die vielen ungeahndeten Gewalttaten im Lande (z. B. die Norder Märzunruhen 1724 und die darauf folgende Absetzung der beiden ständefreundlichen Bürgermeister) ihr Vorgehen rechtfertigten. Auf Ersuchen vieler Eingesessener, die das widerakkordlich eingerichtete Auricher Kollegium nicht hätten anerkennen wollen, hätten die alten Administratoren ihre Tätigkeit wieder aufnehmen müssen und Pächter in verschiedenen Akzisekluften eingesetzt. Die aufgebotenen Bauern des Amtes Stickhausen hätten den akkordmäßigen Pächter jedoch vertrieben und in Leer ganz erbärmlich gehaust, geplündert und Leute gequält. Als daraufhin die betroffenen Eingesessenen von Leer in Emden um Hilfe gegen diese gewaltsamen Aktionen gebeten hätten, hätten sie sich den Bitten nicht verschließen können, umso mehr, als »nach Göttlichen / Weltlichen / und Natürlichen Rechten erlaubet (sei) / *bey Ermangelung des Obrigkeitlichen Schutzes / und Beytritts / sich selbst wieder alle Vergewaltigung zu verthädigen*«[141]. Das ist der zweite Schlüsselbegriff, der Zugang zu einer der heutigen Zeit völlig fremden Vorstellungswelt ermöglicht. Zur Wahrung der Rechtsverhältnisse gehörte die obrigkeitliche Pflicht, Schutz gegen eigenmächtige Übergriffe zu gewähren; versagte sie bei dieser Aufgabe, waren Maßnahmen wie die der »Renitenten« nicht länger illegitim. Denkkategorien, die das Verhältnis zwischen den verschiedenen Gewalten im Lande, zwischen Landesherrschaft und Landständen, auf eine vorinstitutionalisierte Weise, gleichsam offen zur Aufkündigung des Gehorsams, verstehen wollten, traten hier zutage und bestimmten die Monate des »Appelle-Krieges« in Ostfriesland.

---

140 StaA., Rep. 4, C III b, 22.

6. Die kaiserlichen Dekrete und Patente vom Januar und Juni 1726

Nach der langen Verzögerung, die mit dafür verantwortlich war, daß seit dem Spätherbst 1725 immer größere Teile des Landes dem neuen Administratorenkollegium in Aurich ihre Anerkennung versagten und keine Schatzungen mehr bezahlten, kam am 2. bzw. 3. Februar 1726, also nach dem Beginn des eigentlichen Widerstandes, die erste kaiserliche Entscheidung in Ostfriesland an, ein Protokollauszug der Reichshofratssitzung vom 23. Januar. Darin wurde kurz und knapp festgestellt, daß gegen die Ungehorsamen verschärfte Patente erlassen und dem ständischen Reichshofratsagenten Graeve bei Androhung des Verlustes seiner Zulassung verboten werden sollte, weiterhin Schriftsätze im Namen der »Renitenten« einzubringen. Die Kommission sollte auf pünktliche Rückzahlung der im Ausland aufgenommenen Deichbaukredite sowie auf die Exekution der früheren Dekrete achten und das Auricher Administratorenkollegium allein als rechtmäßig gelten[141]. Diese knappen Feststellungen waren trotz der Bestätigung des neuen Kollegiums wenig geeignet, Ruhe zu schaffen, solange der Inhalt der neuen Patente noch nicht bekannt war. Die Ungewißheit band nicht nur der Landesherrschaft die Hände[143], sie verschaffte den »Renitenten« auch Gelegenheit zu Gegenaktionen.

Noch im Laufe des Februar gingen von der Stadt Emden und dem Amt Greetsiel Bevollmächtigungen an den Reichshofratsagenten Graeve, »in unser aller Nahmen (...) einen leiblichen Eyd zu Gott zu schwehren, daß Wir nicht vertrauen noch glauben können, von den Subdelegierten Herren Räthen unpartheyische Justiz zu erlangen«, ein letzter Versuch, »von den Subdelegirten Herren Räthen (...) befreyet« zu werden[144]. Die Erklärung der Stadt Emden trug insgesamt ca. 1600 Unterschriften, die des Amtes Greetsiel 140, wovon fast die Hälfte von Pilsumer Eingesessenen stammte; dieses Mal waren ständisch nicht berechtigte Bevölkerungsteile also wesentlich stärker herangezogen worden als bei den Erklärungen vom Spätherbst des Vorjahres. Neben der Leistung des Perhorreszenzeides sollte Graeve unter Hinweis auf ihren beständigen Gehorsam gegenüber dem Kaiser um Aufhebung der Bestätigung des Auricher Kollegiums bitten[145], weil die Ritterschaft und die Städte Emden und Norden[146] gar keinen Administrator

---

141   StaA., Rep. 4, C III c, 105, fol. 258 ff.; Hervorhebung vom Verfasser.
142   StaA., Rep. 4, C III a, 133.
143   Siehe oben Anm. 137.
144   StaA., Rep. 4, C III c, 105, fol. 270 ff. die Bevollmächtigung der Stadt Emden, fol. 155 ff. die des Amtes Greetsiel.
145   ebenda, fol. 403.
146   Sie beriefen sich dabei auf eine kurz vorher bekannt gewordene Erklärung der »ständischen« Partei in Norden, den Administrator Wenckebach und den Ordinärdeputierten Lübbert Jansen wegen nicht ordnungsgemäßer Wahl nicht anzuerkennen. Vgl. die verschiedenen Berichte des Norder

stellten und die beiden Amtsinhaber des dritten Standes mehrheitlich nicht anerkannt würden. Mehr als einen propagandistischen Effekt in Ostfriesland selbst hatte diese Aktion jedoch nicht.

Es dauerte bis zum 18. März, bis die Ausfertigungen der Januardekrete über Wolfenbüttel in Aurich eintrafen[147]. In diesen Dekreten und Patenten[148] wurde zunächst die Emder ständische Garnison wegen ihres verbotenen Einsatzes außerhalb der Stadt kassiert und Bürgermeister und Rat von Emden und den neuen Administratoren befohlen, ab sofort kein Geld zum Unterhalt der Garnison mehr zu fordern bzw. zu bezahlen. An die »ungehorsamen und beharrlichen Ost-Friesischen Renitenten« erging ein Patent, in dem ihre bisherigen Einreden und Appellationen verworfen und alle früheren Dekrete und Patente des Kaisers und der subdelegierten Kommission bestätigt wurden. Den »Renitenten« wurde, vom Zeitpunkt der Veröffentlichung der Dekrete an zu rechnen, noch eine letzte Frist von zwei Monaten zur Einbringung einer »vollkommenen und unconditionirten Submission und Gehorsams-Leistung« nach dem Vorbild der gehorsamen Landstände eingeräumt, andernfalls sie als »öffentliche vorsetzliche beharrliche Rebellen im gantzen Röm. Reich« erachtet und behandelt und mit dem Verlust aller ihrer »so wol anererbten / als sonsten erlangten Ehren / Würden / Diensten / Freyheiten / auch Leib und Lebens« bestraft werden würden. Der gemeinen Bürgerschaft und allen Eingesessenen der Stadt Emden wurde befohlen, sich an dem aufrührerischen Verhalten des Magistrats und der Vierziger nicht zu beteiligen, und den gehorsamen Landständen und Eingesessenen Ostfrieslands wurde kaiserlicher Schutz und Wiedergutmachung aller erlittenen Schäden aus dem Vermögen der »Renitenten« zugesichert. Alle Reichsstände und Ostfriesland benachbarten Obrigkeiten wurden ersucht, die nach Ablauf der Zweimonatsfrist in ihren Territorien angetroffenen »Ehrenlosen Verächter und Beleidiger Unser(er) Kayserl. Majestät« zu verhaften und der Kommission nach Aurich auszuliefern.

Diese kaiserlichen Entscheidungen ließ die Kommission sofort drucken und Ende März/Anfang April von den Kanzeln verkündigen und überall im Lande anschlagen. Im Amt Leer wurden die Prediger z. T. so hart bedrängt, daß sie von der Publikation Abstand nahmen[149]; wo das nicht zum Erfolg führte, gingen, wie in Bunde, »die wiedrig gesinneten alle zur Kirche hinaus«, als die Publikation begann[150]. Im Amt Greetsiel gab es bei der

Amtsverwalters Kettler vom 29. 1. bis zum 2. 2. 1726, StaA., Rep. 4, C III b, 37, Vol. I.

147 Reskript an den Wiener Gesandten Brawe, 19. 3. 1726, StaA., Rep. 4, A IV c, 251.

148 Alle StaA., Rep. 4, C III a, 133.

149 Vgl. den Bericht des reformierten Pastors Welp aus Leer über die Behandlung, die die »Renitenten« ihm angedeihen ließen, StaA., Rep. 4, C III c, 105, fol. 321 ff.

150 Anzeige des Bunder Vogtes Johann Hofmeister vom 3. 4. 1726, StaA., Rep. 4, C III a, 133.

Verlesung von den Kanzeln keine Probleme, dafür wurde aber ein Teil der
ausgehängten Exemplare abgerissen[151]. In allen Kirchen mußte ein Dankgebet gebetet werden, das mit der Bitte endete:

»Er segne das Vermögen Sr. Hochfürstl. Durchl. Unsers gnädigsten Fürsten und Herrn. Er lasse Ihm gefallen die Wercke Seiner Hände. Er zuschlage den Rücken derer / die sich wider Ihn auflehnen / und derer / die
Ihn hassen / daß sie nicht aufkommen. Der Herr erhöre Ihn in der Noth.
Der Nahme des Gottes Jacobs schütze Ihn. Er sende Ihm Hülffe vom Heyligthum / und stärcke Ihn aus Zion / damit Wir Seinen Nahmen ewiglich
loben und dancken mögen Amen«[152].

Als die geforderten Paritionsanzeigen ausblieben, ergingen am 9. und
13. Juni 1726 neue kaiserliche Patente[153], in denen die »ungehorsamen /
friedbrüchigen Freveler von Ständen und Unterthanen in Ost-Frießland«
in die im Januar angedrohten Strafen verurteilt und alle Obrigkeiten im Reich
dazu aufgefordert wurden, »zu Niederdrück- und Vertilgung dieser greulicher Empöhrung und Befreyung des Fürsten zu Ost-Frießland Liebden«,
alle in ihren Herrschaftsbereichen anzutreffenden »Renitenten« in Haft zu
nehmen und nach Aurich auszuliefern. Den gehorsamen Eingesessenen
wurde von neuem Schutz und Wiedergutmachung der erlittenen Schäden
aus dem Vermögen der Rebellen versprochen. Auf den Erzbischof von
Köln als Bischof von Münster, den König von England als Kurfürsten von
Braunschweig-Lüneburg (Hannover) und den Kurfürsten von der Pfalz als
Herzog von Jülich und Berg wurden Auxiliatoria erteilt, auf Antrag der
subdelegierten Kommission »Hilff und Beystand (zu) leisten« und »die in
Waffen befindliche(n) Rebellen ungeschonet zu deren Niederlegung mit
starcker militerischer gewalt (zu) zwingen«, damit der Fürst von Ostfriesland in seiner Stellung geschützt und »andere etwa zu aufruhr geneigte unterthanen durch dieses exempel davon abgeschrecket werden mögen«. In
einer Reichshofratsentscheidung vom 13. Juni wurde das streitige ritterschaftliche Schreiben vom 11. Oktober 1725 sowie das »Begehren der Admission ad juramentum perhorrescentiae«, d. h. die dem Reichshofratsagenten Graeve von Emden und dem Amt Greetsiel aufgetragene Eidesleistung, kassiert, und in einer Instruktion vom 19. Juni 1726 wurde der sub-

151 Berichte des Greetsieler Amtmanns Zernemann vom 2. und des Drosten von Specht vom 13. 4.
1726, StaA., Rep. 4, C III c, 106.
152 StaA., Rep. 4, C III a, 133.
153 ebenda. Obwohl dieses Mal kaum eine Verzögerung eintrat, klagte der Wiener Gesandte Brawe
mehrmals über dieses Problem. So schrieb er am 18. 4. 1726 nach Aurich: »Es stehet aber in desjenigen, der das negotium führt, Vermögen nicht, wenn Er auch alles in der Welt anwendet, zumahln, da auch die conjuncturen in dergleichen Dingen fast allezeit die gröste influenz haben und
das hiesige terrain gantz anderst ist, alß es wohl angesehen werden mögte, vor den Ausschlag zu
guarantiren, noch weniger, wann vorhero ein Mangel in etwas gewesen, denselben nach eygenem
Wunsch zu ersezen«. Am 8. 6. schrieb er: »Es ist unbeschreiblich, wie langsam in denen affairen
fortzukommen ist«. Beide Berichte StaA., Rep. 4, A IV c, 251.

delegierten Kommission befohlen, nach Gutfinden der ostfriesischen Landesherrschaft die benachbarten Reichsstände um Hilfe zu ersuchen bzw. angebotene Hilfe zu gebrauchen[154]. Dieser Passus bezog sich auf den König von Dänemark als Grafen von Oldenburg, auf den wegen des massiven niederländischen und preußischen Widerstandes in Wien kein förmliches Auxiliatorium erteilt worden war. Daher war der Umweg über ein Gesuch der ostfriesischen Landesherrschaft erforderlich[155]. Unter dem 5. August 1726 wurden diese kaiserlichen Entscheidungen von der Kommission zusammen mit der Aufforderung an die Ritterschaft, neue Administratoren und Ordinärdeputierte zu wählen, publiziert[156]. Mit diesen Dekreten war die »rechtliche« Seite der Auseinandersetzung vorerst zu einem Abschluß gelangt, die tatsächliche Machtprobe aber war keineswegs entschieden, im Gegenteil, die »Renitenten« errangen im Laufe des Jahres 1726 mehrere Erfolge, die fast ganz Ostfriesland auf ihre Seite brachten.

7. Der »Appelle-Krieg« im Abriß (Februar 1726—Mai 1727)

Es erscheint am sinnvollsten, den Verlauf des eigentlichen »Appelle-Krieges« zunächst nur in seinen großen Zügen darzustellen, ehe das Geschehen, das sich im Prinzip überall im Lande glich, exemplarisch an einigen Kirchspielen, vor allem den im ersten Teil dieser Arbeit eingehend vorgestellten Dörfern Pilsum und Osteel, auch in Einzelheiten so analysiert wird, daß dadurch die beteiligten Personen bzw. Bevölkerungsschichten greifbar werden und die Realität dieser Auseinandersetzung möglichst deutlich hervortritt.

Gleichzeitig mit der gewaltsamen Einsetzung eines von Emden bestimmten Akzisepächters in Leer hatten in den Ämtern Emden und Greetsiel sowie in der der Stadt Emden gehörenden Herrlichkeit Oldersum »renitente« Kräfte ebenfalls begonnen, die akzisepflichtigen Waren zu pegeln und Pächter ihrer »Partei« einzusetzen. Unterstützt wurden sie dabei vor allem von den im Winter weitgehend arbeitslosen Bootsknechten, Kornmessern und Tonnenträgern aus Emden, die der Administrator Dr. Coop Ibeling von Rehden in einer flammenden Rede vor der Börse in Emden aufgefordert hatte, »pro libertate zu streiten« und sich nicht vor fremden Mächten und Soldaten zu fürchten, wobei großzügig verteiltes Freibier seinen Worten die nötige Überzeugungskraft verliehen hatte[157]. Mit dem Einsatz der Emder Garnison in Leer am 7. Februar wurden die Emder Beamten (Drost,

154   StaA., Rep. 4, C III a, 133.
155   Vgl. H u g h e s , Imperial judicial authority, S. 350.
156   StaA., Rep. 4, C III a, 133.
157   Zwei Berichte des Emder Amtmanns Homfeld vom 6. 2. 1726, StaA., Rep. 4, C III b, 32.

Amtmann, Rentmeister und Unterbediente) unter Hausarrest gestellt und die Beamten in Leer, soweit sie nicht rechtzeitig geflohen waren, verhaftet und nach Emden gebracht[158]. Diese Maßnahme sollte neben der Einschüchterung vor allem dazu dienen, den Forderungen nach Freilassung einiger von den Stickhauser Bauern am 6. Februar in Leer gefangen genommener »Renitenter« Nachdruck verleihen zu können[159]. Die Emder Garnison, die für die nächsten Monate mit einem größeren Kommando in Leer, mit einem kleineren im Amt Greetsiel bzw. in Pewsum lag, wurde durch Werbungen verstärkt; die dazu und zum Unterhalt der Soldaten nötigen Kosten wurden als Schatzung in den Dörfern eingetrieben bzw. von diesen mehr oder weniger gezwungen »bewilligt«[160]. Teilweise durch solchen Druck bewogen, teilweise aus ständischer Überzeugung, gingen im Laufe des Frühjahrs immer mehr Dörfer des Amtes Leer und des Niederreiderlandes zu den »Renitenten« über, die Leer als ihr »Hauptquartier« mittlerweile befestigt hatten.

Nach intensiver Beratung im Geheimen Rat[161] wurde eine weitere militärische Aktion gegen Leer beschlossen, zu der neben den Bauern der in der Nähe Leers liegenden Vogteien der Ämter Aurich und Stickhausen auch das ganze Harlingerland (= Ämter Esens und Wittmund) — mit Ostfriesland lediglich durch Personalunion verbunden — aufgeboten werden sollte. Am 7. April, einem Sonntag, führten ca. 100 Mann fürstlicher Miliz und etwa 2000 aufgebotene Bauern den Angriff auf Leer aus; nach anfänglichen Erfolgen wurden sie von den »Renitenten« in die Flucht geschlagen[162]. In den folgenden Monaten wuchs angesichts der fürstlichen Unterlegenheit im Amt Stickhausen bei vielen die Bereitschaft, für die ständische Sache einzutreten. Wenn Ahlrich Janssen aus Wolde erklärte, er wolle »die alte(n) gerechtigkeiten, wovon Er selber ein großer Liebhaber wäre, (...) maintenieren«, so sprach er damit öffentlich aus, was »wohl die meisten wohlhabende(n)«, besonders der Oberledinger Vogtei, dachten[163]. Die »Renitenten« nannten sich jetzt »Vereinigte Communen« der Ämter

158   Brief des Emder Prokurators Henrich an Brenneysen vom 8. 2. 1726, ebenda.
159   Vgl. die Berichte von dem Aufgebot der Stickhauser Bauern vom 6./7. 2. 1726 und die anschließenden Akten StaA., Rep. 4, C III b, 35, Vol. I.
160   Berichte und Briefe des Leeraner Amtmanns Kettler bzw. des dortigen Advokaten Völger vom 28. 2., 4., 8. und 9. 3. 1726, StaA., Rep. 4, C III b, 35, Vol. II. Im Amt Stickhausen war vorerst nur das Oberledingerland betroffen, weil die übrigen Teile dieses Amtes von fürstlicher Miliz geschützt wurden. Am 13. und 14. 3. 1726 erfolgte die erste Aktion gegen die Dörfer des Oberledingerlandes, die dabei gezwungen wurden, pro Woche zwischen 5 und 12 fl. zu bezahlen, Bericht der Stickhauser Beamten vom 18. 3. und Anzeige von Roelf Jelschen vom 3. 4. 1726, Rep. 4, C III b, 39.
161   Protokoll vom 11. 3. 1726, StaA., Rep. 4, B II w, 13.
162   Berichte über die mißglückte Aktion und die anschließende Untersuchung gegen die Aufgebotsführer der Harlinger Bauern StaA., Rep. 4, C III b, 27, außerdem Rep. 4, C III c, 107, fol. 78 f. und 244.
163   Bericht der Stickhauser Beamten vom 27. 7. 1726, StaA., Rep. 4, C III b, 39.

Leer, Stickhausen, Emden und Greetsiel[164]. In einer Erklärung vom 16. April griffen sie Brenneysens akkordwidrige Art, die ostfriesische Verfassung auszulegen, an und machten seinen »unermeßlichen bekandten falschen Ehrgeitz« für das auf Ostfriesland lastende Elend verantwortlich[165]. Trotz der mittlerweile bekannten kaiserlichen Dekrete vom Januar 1726 und trotz vieler fürstlicher Mandate und Edikte, z. B. die Post von Aurich nach Leer und Emden bzw. umgekehrt täglich auf »verdächtige« Briefe zu kontrollieren[166], gaben die »Renitenten« nicht nach, kein Wunder, nachdem sie erst einmal zum offenen Widerstand übergegangen und eine Reihe von Erfolgen erzielt hatten. Auf Seiten der Landesherrschaft und ihrer Anhänger wurden Erinnerungen an das Täuferreich von Münster und an den Bauernkrieg wach[167], abermals ein Hinweis darauf, daß sich in dieser Auseinandersetzung zwei völlig gegensätzliche Rechtsauffassungen gegenüberstanden, die nur zuließen, den jeweiligen Gegner entweder als schlimmsten Rebellen oder als alle angestammten Rechte umstoßenden Tyrannen anzusehen.

Im Laufe des Frühsommers unterblieben größere Aktionen auf beiden Seiten. Die kaiserliche Salvegarde in Leer, die nach dem Tode des Obersten von der Ley von Oberst von Höfflinger kommandiert wurde, stand in der Haneburg praktisch unter Hausarrest, denn in Waffen wurde kein Soldat herausgelassen. Die ausbleibenden Soldzahlungen führten dazu, daß die Soldaten im Mai mit Gehorsamsverweigerung und dem Übergang zu den Communherren drohten[168]. Erst Ende Juli, als die halbjährige Akziseverpachtung wieder anstand[169], mehrte sich die Unruhe im Lande, insbesondere in Norden, wo die »renitente« Partei sich im Laufe der letzten Wochen erheblich verstärkt hatte[170]. Auf das Gerücht, die »Renitenten« wollten sich

---

164 Aussage des Postführers aus Leer vom 10. 4. 1726, StaA., Rep. 4, C III b, 35, Vol. II.
165 StaA., Rep. 4, C III b, 35, Vol. I.
166 Mandat vom 9. 2. 1726, StaA., Rep. 4, C III b, 22.
167 So sprach der reformierte Pastor Welp aus Leer, der selbst mehrfach Pressionen ausgesetzt war, von den »Renitenten« als dem »rasenden und Knipperdollingischen Hauffen«, Welp an Brenneysen, 22. 5. 1726, StaA., Rep. 4, C III b, 35, Vol. II. Auch Brenneysen und der münsterische Geheime Rat und Oberst von der Horst zogen in ihren Briefen vom 8. bzw. 14. 5. 1726 Parallelen zum Bauernkrieg und zum Täuferreich von Münster, Rep. 4, B I f, 1363, fol. 106 f. und 109.
168 StaA., Rep. 4, C III c, 107, fol. 37 ff., 284 f. und 292 ff.
169 Bei dieser wie auch der im folgenden Januar vorgenommenen Akziseverpachtung wiederholte sich das schon bekannte Spiel: Das alte Administratorenkollegium schrieb die Verpachtung nach Emden aus, die kaiserliche Kommission kassierte durch Patent diese Ausschreibung und befahl stattdessen die Verpachtung nach Auricher Kollegium, StaA., Rep. 4, C III c, 108, fol. 127 ff.
170 So war z. B. Anfang Juli 1726 ein heftiger Streit über die Rechte von Bürgermeister, Rat und Amtsverwalter gegenüber denen der Qualifizierten Bürgerschaft bei der Bestellung der Ausrufer entbrannt. Die Qualifizierte Bürgerschaft fühlte sich in ihren Rechten beschnitten und wandte sich deswegen ans Hofgericht, Bericht des Amtsverwalters Kettler vom 11. 7. 1726, der die »heimlichen Renitenten« selbstverständlich für alles verantwortlich machte, StaA., Rep. 4, C III b, 37, Vol. I. Vorher waren verschiedentlich Parolen laut geworden, die Norder Bürger sollten wie die Stadt Emden und die vier Ämter Emden, Greetsiel, Leer und Stickhausen ebenfalls ihre »Freiheit verteidigen«, Bericht Kettlers vom 11. 6. 1726, ebenda.

in den Besitz des Norder Akzisekontors setzen, wurde die Norder Bürgerschaft durch Mandate der kaiserlichen Kommission und der Landesherrschaft eindringlich zum Gehorsam ermahnt; dieses Bemühen hatte jedoch nur einige absichtlich unklar gefaßte Beschlüsse der Norder Bürgerschaft zur Folge[171]. Nachdem Anfang August das ganze Amt Stickhausen nach mehreren »Ausfällen« der »Renitenten« nach Remels, Nortmoor, Hesel und Brinkum mehr oder weniger freiwillig die Seite gewechselt hatte[172], lösten die sichtbar werdenden Vorbereitungen der »Renitenten«, Stadt und Amt Norden sowie das Brokmerland und den größten Teil des Amtes Berum zu »erobern«, umfangreiche Sicherungsmaßnahmen der Landesherrschaft aus. Die Bauern der Ämter Berum und Norden sowie der beiden Brokmer Vogteien des Amtes Aurich wurden aufgeboten[173], um zusammen mit einem stärkeren Kommando fürstlicher Miliz dieses Vorhaben zu verhindern. Das Schott, eine den südlichen und westlichen Zugang zu den Ämtern Norden und Berum beherrschende Schanze bei Marienhafe, wurde besetzt und Norden befestigt.

Die »Renitenten« ließen sich Zeit und warteten so lange ab, bis der Großteil der aufgebotenen Bauern, deren Kampfeswille ohnehin nur schwach war, heimlich und offen das Schott wieder verlassen hatte; Versorgungschwierigkeiten und dringende Erntearbeiten hatten zu dieser »Absetzbewegung« wesentlich beigetragen[174]. Bis zum 20./21. August hatte lediglich bei Wirdum, gegenüber dem Schott, ein Kommando ständischer Bauern und Soldaten gelegen; dann kam aus Leer der dort kommandierende Kapitän Andree mit weiteren Soldaten und ca. 1000 Reiderländer Bauern über Riepe und Wigboldsbur ins südliche Brokmerland und vereinigte sich mit dem aus Grimersum heranmarschierten Kapitän Cramer und dessen Leuten. Vor der drohenden Einkesselung von drei Seiten — vom Südwesten von Wirdum her, vom Westen und Nordwesten vom Deich her und vom Osten und Südosten von der im Südbrokmerland stehenden Mannschaft her —, die den notfalls angeordneten Rückzug der fürstlichen Miliz über Berum nach Aurich abgeschnitten hätte, räumten die drei auf dem Schott kommandierenden Drosten, ohne daß ein Schuß gefallen war, ihre

171   Am 30. 7. 1726 wurde ein Kommissionssekretär eigens zur Bekanntmachung der gerade eingetroffenen kaiserlichen Dekrete vom Juni nach Norden geschickt; an diese Mission schlossen sich diese Resolutionen an, Berichte des Kommissionssekretärs vom 30. 7. 1726 und des Amtsverwalters Kettler vom 1. und 9. 8. sowie der landesherrliche Befehl an die Bürgerschaft vom 31. 7. 1726, StaA., Rep. 4, C III b, 23.

172   Anzeige von Pastor Zimmermann aus Remels vom 4. 8. 1726 und die Eingabe der Kirchspiele Nortmoor, Hesel und Brinkum vom selben Datum sowie der Bericht der Stickhauser Beamten vom 13. 8. 1726, StaA., Rep. 4, C III b, 39.

173   Die Befehle der Landesherrschaft für das Amt Berum z. B. vom 31. 7. und 4. 8. 1726, StaA., Rep. 4, C III b, 31.

174   Berichte des Berumer Amtmanns Greems sowie der drei auf dem Schott kommandierenden Drosten von Staudach, von Fridag und von Schacht vom 17. und 18. 8. 1726, StaA., Rep. 4, C III b, 23.

Stellung und gaben damit den Weg nach Norden frei[175]. Nach vorheriger Ankündigung, sie kämen »nicht als Feinde, sondern, da es euch gefält, als Freunde«, zogen die »Gute(n) Freunde und Mit-Stände, die zu Beybehaltung der Ostfriesischen Accorden und zu keinem andern Ende versammlete(n) Communen der vier vereinigten Aemter[176]« in Norden ein. Jetzt schlossen sich die Ämter Norden und Berum sowie der größte Teil des Amtes Aurich, wenn auch nicht unbedingt freiwillig, der Bewegung an, die sich seitdem nicht mehr »Communherren der Vereinigten Ämter« nannte, sondern »Vereinigte Stände«. Ein neues Siegel wurde angeschafft, das inmitten der Umschrift »Vereinigte Stände« und der Jahreszahl 1726 ein großes »L« für libertas zeigte. Die führenden Personen, von dem Appelle, Hessling, Dr. von Rehden, ter Braeck und Dr. Homfeld, trugen Palmzweige an ihren Hüten, Hinweis auf die Upstalsboomideologie der ostfriesischen Stände: »Wißet ihr nicht«, erklärte auf Befragen einer der Communherren dazu, »daß der Upstalsboom hat verdorren wollen, welcher nun wieder ausschlägt und wovon diese Zweige sind, bald wird er auch wiederum blühen[177]«. In Norden wurden die 1724 abgesetzten Bürgermeister Palm und Kettler wieder eingesetzt, eine Anzahl landesherrlicher Parteigänger aber gefangen genommen und nach Emden gebracht, wo sie z. T. bis Mitte Dezember in Haft blieben[178]. Die »Vereinigten Stände« hatten damit fast ganz Ostfriesland außer dem Amt Friedeburg und der Stadt Aurich auf ihrer Seite und behaupteten sich für die nächsten Monate in dieser Position.

Im Laufe des Sommers und Herbstes 1726 erschienen auf beiden Seiten eine Reihe von Druckschriften, die als »Anweisungen« und »Gegenanweisungen«, »abgenötigte Erklärungen« etc. die Rechtmäßigkeit der eigenen Position und die Unrechtmäßigkeit im Handeln des jeweiligen Gegners al-

175 Berichte der drei Drosten vom 22. und 24. 8. 1726, ebenda. von Fridag und von Staudach als die Hauptverantwortlichen wurden wegen der freiwilligen Räumung in Aurich mehrere Monate in Arrest gezogen; Brenneysen und die Räte Kercker und von Langeln sollten das Verhör führen, Befehl Fürst Georg Albrechts vom 28. 8. 1726, ebenda. Eine Reihe der Berichte über die Vorfälle im August 1726 sind unter dem Titel »Aus dem Ständekampfe« im Ostfriesischen Monatsblatt, Jg. 1876, S. 433—450, veröffentlicht.

176 So in einem durch den Notar Boeming dem Fähnrich des Bauernaufgebotes vom Upgant, Suntke Poppinga, zugestellten Schreiben vom 22. 8. 1726, StaA., Rep. 4, C III b, 23. Ein entsprechendes Schreiben mit der Versicherung »auff ehre, treu und glauben«, daß »im Fall dieselbe solches acceptiren und sich mit uns vereinigen werden, keinen an leib, haab und guht ein Haar gekräncket werden soll«, ging am 23. 8. 1726 an die Norder Bürgerschaft, Rep. 4, C III b, 37, Vol. I, die daraufhin beschloß, die Emder Soldaten und die sie begleitenden Bauern gutwillig einzulassen, Anzeige von Jan Gerdes Plünn und Claes Dircks Mestemacher bei der Kanzlei vom 24. 8. 1726, Rep. 4, C III b, 23.

177 Bericht des Kommissionsboten Leiner vom 27. 8. 1726, StaA., Rep. 4, C III b, 37, Vol. I. Zur Upstalsboomideologie vgl. D e e t e r s , Wappen.

178 Bericht des Norder Ratsherrn Wilckens vom 24. 12. 1726, StaA., Rep. 4, C III b, 37, Vol. I. Eidliche Reverse des Ratsherrn Mesander und des Bürgermeisters Wenckebach, nichts gegen die ständische Freiheit unternehmen zu wollen, die sie bei ihrer Entlassung aus der Haft unterschreiben mußten, Dep. 1, 1365, fol. 15, 27 und 29.

ler Welt vor Augen führen sollten[179]. Nach ihrem Sieg in Norden und dem Übergang fast des ganzen Landes auf ihre Seite versuchten die »Vereinigten Stände« im September 1726, aus einer Position der Stärke, mit der Landesherrschaft Verhandlungen aufzunehmen, um die Streitigkeiten gütlich beizulegen. Ein am 19. und 20. September 1726 in Norden tagender Rittertag, an dem in Person nur die Herren von Closter, Dornum, von dem Appelle und von Closter, Langhaus, teilnahmen, während Graf Fridag zu Gödens, von Honstede, Rysum, von Hane, Upgant, Wwe. von Freese, Hinte, sowie die Vormünder der unmündigen Kinder Beninga, Grimersum, und von Diepenbrock, Middelstewehr, Vollmachten geschickt hatten, erhob u. a. die Forderung nach einem allgemeinen prorogierten Landtag, auf dem alle streitigen Punkte behandelt und beigelegt werden könnten[180]. Dieser Forderung schlossen sich die Stadt Emden sofort, die Stadt Norden und der dritte Stand etwas später an[181]. Die Landesherrschaft wies das Ersuchen

179 So druckte die Landesherrschaft eine Beschwerde, die ein Teil der Landstände im Jahre 1661 an die niederländischen Generalstaaten wegen militärischer Schatzungseintreibung gegen die damaligen Administratoren gerichtet hatte, StaA., Rep. 4, C III c, 108, fol. 190 ff.; ferner erschien eine Anweisung, daß die Stadt Emden schuldig sei, die 6. Quote zu den Landeslasten zu bezahlen, ebd. fol. 191 ff., weiter eine »Gründliche Anweisung von dem Recht Sr. Hoch-Fürstl. Durchl. zu Ost-Frießland / in Bestellung dero Bedienten zu Regierungs- Justitz- und andern Aemptern / und denen ungegründeten Anmassungen der Stadt Emden und derer / so es mit ihr halten«, ebenda, fol. 192 ff., und schließlich ließ die Landesherrschaft eine ihrer seit 1720 beim Reichshofrat eingereichten Klagen gegen die Stände drucken, worin sie die Forderung, das Harlingerland solle zu den Landeslasten beitragen, zurückwies, ebenda, fol. 194 ff. Ständischerseits erschien ein »Onderscheid tusschen de niewe Keyserlyke Decreten en Oostvriesche Accorden off Accoordmaetige Justificatie der Oostvriesche Stenden in puncto Submissionis ad Decreta Caesarea ab Anno 1721 usque ad 1724 cum clausula: Salvis pactis publicis«, ebenda, fol. 193 ff. Die alten Administratoren und die Stadt Emden publizierten unter dem 22. und 27. 7. 1726 einen »Abgenöhtigten Bericht, und unumgängliche Anweisung« bzw. eine »Fernere veranlaßte Anweisung« auf die Patente der kaiserlichen Kommission wegen der Akziseverpachtung, ebenda, fol. 157 ff. und 169 ff. Die kaiserliche Kommission ließ unter dem 30. 9. 1726 eine umfangreiche Druckschrift erscheinen, in der sie alle von den »Renitenten« gegen sie erhobenen Vorwürfe zurückwies. Insbesondere rechtfertigte sie sich dabei mit der Klausel der kaiserlichen Dekrete, daß die ostfriesischen Akkorde nicht anders »als der Kayserlichen und des Reichs Hoheit / Rechten und Jurisdiction, und vernünftiger guter Ordnung zwischen der Landes-Fürstlichen Obrigkeit und Untherthanen unpraejudicirlich und unabbrüchig / gebrauchet werden sollen«, Rep. 4, C III c, 110, fol. 187 ff. Gegen die eben erwähnte (alt)ständische Anweisung des Unterschiedes zwischen den Akkorden und alten kaiserlichen Dekreten einerseits und den neuen kaiserlichen Dekreten seit 1721 andererseits erschien noch im selben Jahr, von den neuen Administratoren verfaßt, die »Accorden-mäßige Gegen-Anweisung (...) des nicht befindlichen Unterscheides« zwischen den Akkorden und den neuen Dekreten, Rep. 4, C III c, 111, fol. 317 ff. Anfang Januar 1727 schließlich erschien eine (gar nicht) »Kurtze Facti Species« von den Gewalttaten der »Renitenten«, ebenda, fol. 101—200.

180 Protokoll des Rittertages StaA., Dep. 28 b, 120. Außer der Bitte um Ausschreibung eines Landtages wurde beschlossen, beim Kaiser ein neues Rekusationsgesuch wegen der erwiesenen Parteilichkeit der kaiserlichen Kommission zu stellen, sowie bekräftigt, das neue Administratorenkollegium in Aurich nicht anzuerkennen. Die Besetzung der zweiten adeligen Administratorenstelle neben von dem Appelle — von Knyphausen war im Sommer 1725 gestorben — sollte bis zur Beilegung der Streitigkeiten ausgesetzt werden. Die Bitte um Ausschreibung eines Landtages Rep. 4, C III c, 109, fol. 428.

181 StaA., Rep. 4, C III c, 110, fol. 56 bzw. 346 ff. Die Vollmachten an die alten Administratoren und Deputierten des dritten Standes, bei der Landesherrschaft um einen allgemeinen prorogierten

— nicht anders zu erwarten — unter Berufung auf die im Juni 1726 bestätigten kaiserlichen Dekrete, die alle »Renitenten« ihrer ständischen Rechte
verlustig erklärt hatten[182], zurück[183], obwohl nach den Akkorden ein auf
diese Weise begehrter Landtag nicht verweigert werden durfte. Daraufhin
ging wegen dieser Streitfrage ebenfalls eine gedruckte »Abgenöhtigte Vorstellung« und eine »Special-Anzeige« der Stände ins Land, in der der Landesherrschaft schwerer Verfassungsbruch vorgeworfen wurde[184]. Die verworrene Lage in Ostfriesland hatte auch Rückwirkungen auf seine unmittelbaren Nachbarn. So beschloß Ende August 1726 die Regierung in der zu
Anhalt-Zerbst gehörenden Herrschaft Jever, die Lebensmittelvorräte auf
dem Schloß zu vergrößern und einen Beamten nach Aurich zu schicken,
der sich an Ort und Stelle informieren sollte[185].

Je länger die Auseinandersetzung dauerte, umso mehr machten sich Abnutzungserscheinungen bemerkbar; auf die Dauer wurde es den »Renitenten« schwer, das Land im offenen Widerstand gegenüber der Landesherrschaft im Griff zu behalten. So sehr sie einen Vergleich mit der Landesherrschaft zur gütlichen Beilegung des »Appelle-Krieges« erstrebten bzw. zu erzwingen suchten[186], der von Brenneysen völlig gelenkte Fürst Georg
Albrecht[187] war dazu unter keinen Umständen bereit.

Landtag zu bitten, hatte der ständische Sekretär Dr. Bertling vorher überall herumgeschickt, vgl. z.
B. sein Schreiben an die Eingesessenen des Amtes Berum vom 26. 9. 1726, Rep. 4, C III b, 31. Insgesamt hatten in den sieben Ämtern (außer Friedeburg) 744 Eingesessene diese Vollmachten unterschrieben, Abdruck Rep. 4, C III c, 110, fol. 346 ff.

182   Siehe oben S. 275.
183   Außerdem gebrauchte sie das Argument, ein prorogierter Landtag sei nicht möglich, weil im August 1724 der langjährige Landtag geschlossen worden sei. (Siehe oben S. 225). W i a r d a , Bd.
      VII, S. 320 f., verkennt jedoch die Sachlage, wenn er den Streit, ob es ein prorogierter oder ein neuer Landtag sein sollte, einen »unnütze(n) Formalitäten-Kram« nennt. Ein Eingehen auf die ständische Forderung nach einem prorogierten Landtag hätte der Landesherrschaft die Rechtsgrundlage
      ihres gesamten Handelns seit 1724 entzogen und konnte daher für sie nicht in Frage kommen.
184   StaA., Rep. 4, C III c, 110, fol. 56 ff. und 346 ff.
185   S c h a e r , Der »Appell-Krieg«. Vieles von dem, was der jeversche Assessor Balich berichtete, beruhte auf bloßen Gerüchten, so daß sein Bericht als Quelle für den tatsächlichen Verlauf des
      »Appelle-Krieges« wenig taugt.
186   So wurde versucht, Aurich von der Lebensmittelzufuhr abzuschneiden; eine Bestandsaufnahme ergab am 23. 8. 1726, daß der Lebensmittelvorrat der Landesherrschaft nur noch etwa vier Wochen
      reiche, StaA., Rep. 4, B II w, 12, fol. 43. Am 12. 9. 1726 ließ Brenneysen durch einen Trompeter
      die »so genannten Vereinigten Communen zu Lehr« fragen, ob sie bereit wären, dem geflüchteten
      Rentmeister »sicher und ungeturbiret die Hebung (sc. der fälligen Abgaben an Butter und Eiern)
      und was zu seinem Ampt gehöhret«, zu gestatten. Damit erreichte er aber nur, daß die Abgabenerhebung erst recht nicht zugelassen wurde; das Volk spottete sogleich über den »Butter- und Eyer
      Fürst(en)«, der »nicht mehr liehen könte«. Brief des Prokurators Schottler an Brenneysen vom 16.
      und Brenneysens Anfrage vom 12. 9. 1726, Rep. 4, C III b, 35, Vol. II.
187   Alle Angriffe der »Renitenten« zielten nie auf Fürst Georg Albrecht selbst, sondern immer nur auf
      Brenneysen. Auf einem Fest anläßlich des Geburtstages von dem Appelles am 12. 3. 1727 in Norden
      wurden z. B. allegorische Figuren gezeigt, auf deren Spruchbändern u. a. zu lesen war:
      »Es lebe der Fürst,
      Es leben die Stände,
      Wenn sie sich reichen in Frieden die Hände«.

Im März 1727 lief das Gerücht im Lande um, die »Renitenten« wollten das Schloß in Berum einnehmen[188]. Daraufhin erließ die Landesherrschaft Aufgebotsmandate, die die »Renitenten« mit Verstärkungen ihrer Kräfte beantworteten[189]. So standen sich Anfang April beide Seiten wieder in Waffen gegenüber. Als die fürstliche Miliz mit jeweils unterlegenen Kräften am 4. April bei Nesse und am folgenden Tage bei Hage gegen ständische Aufgebote siegte[190], erhielt die Landesherrschaft erheblichen Zulauf, während die »Vereinigten Stände« Norden räumen mußten. Die Stadt erklärte in einer Anzeige vom 9. April 1727 erneut ihren Gehorsam gegenüber der Landesherrschaft und den kaiserlichen Dekreten und setzte die vertriebenen Bürgermeister Wenckebach jun. und Wilckens wieder in ihre Ämter ein[191]. Die beiden Niederlagen entmutigten die »Renitenten« nicht; sie mobilisierten, wenn auch unter Schwierigkeiten[192], noch einmal alle Kräfte[193], um Norden zurückzuerobern. Nach anfänglichen Erfolgen erlitten sie am 25./26. April 1727 bei Norden eine schwere Niederlage, die z. T. auf den Tod eines der kommandierenden Offiziere, vor allem aber auf mangelnde Kampfbereitschaft der aufgebotenen Bauern aus den Ämtern Emden, Greetsiel und Leer zurückzuführen war[194]. Nachdem fast alle Bauern und

---

So in einem namentlich nicht gekennzeichneten Bericht aus Norden vom 12. 3. 1727, StaA., Rep. 4, C III b, 37, Vol. I. Dieses Beispiel wirft ein treffendes Licht auf das Bewußtsein der Stände, die keineswegs die Obrigkeit des Landesherrn abschaffen wollten, sondern lediglich ein Mit-Regiment beanspruchten.

188 Bericht des Berumer Amtmanns Greems vom 24. 3. 1727, StaA., Rep. 4, C III b, 31. Die darauf ergangenen Befehle zur Verstärkung der Besatzung und zum Aufgebot der Eingesessenen ebenda.

189 Vgl. die verschiedenen Berichte der z. T. ungenannten fürstlichen Informanten aus Emden vom 18. und 25. 3. und 1. 4. 1727 sowie den Aufgebotsbefehl der »Renitenten« vom 29. 3. 1727, StaA., Rep. 4, C III b, 32.

190 Ausführliche Berichte über den Ablauf der Treffen StaA., Rep. 4, C III b, 37, Vol. II. Die »umständliche und warhaffte Nachricht« von dem Gefecht bei Hage, die der Berumer Amtmann Greems am 14. 4. 1727 nach Aurich einsandte, Rep. 4, C III b, 31, liegt W i a r d a s ausführlicher Schilderung in Bd. VII, S. 334 f., zugrunde. Hier kann daher auf Einzelheiten verzichtet werden.

191 Brief Wenckebachs mit der angehängten Erklärung vom 9. 4. 1727, StaA., Rep. 4, C III b, 37, Vol. II.

192 In den Kirchspielen rund um Leer z. B. machten die Bauern Einwendungen und folgten nur widerstrebend einem neuen Aufgebotsbefehl. Es wurde daher jedem, der sich als freiwilliger Soldat meldete, 1 Reichstaler pro Tag versprochen, Pastor Welp aus Leer an Brenneysen, 14. 4. 1727, StaA., Rep. 4, C III b, 43.

193 Es wurden 15 metallene (= Bronze) Kanonen, 11 eiserne Kanonen und 1 Mörser mitgenommen, dazu 13.723 Pfd. Pulver, 8980 Pfd. Eisenkugeln, 7912 Pfd. Bleikugeln, 12 Bomben im Gesamtgewicht von 625 Pfd., 375 gefüllte Granaten sowie 6 Pfd. Salpeter und 6 Pfd. Schwefel, außerdem 871 »Schnapphahnen«, 300 »Soldatenflinten« mit Bajonett und 7207 Feuersteine. Die zur Verpflegung mitgeführten Lebensmittel, Bier, Brot, Käse, Wein und Branntwein, hatten einen Gesamtwert von 6.526 fl. Die schweren Waffen gingen alle, von den »Schnapphahnen« 754, von den »Soldatenflinten« 232 verloren. Alles in allem forderte die Stadt Emden, die die Kosten allein getragen hatte, später von den Ständen für diese Expedition nach Norden über 38.000 fl. zurück. Stadtarchiv Emden, I. Registratur, 911, S. 165 ff.

194 Berichte der Ereignisse aus der Zeit vom 20. bis 26. 4. 1727 StaA., Rep. 4, C III b, 30 (= Amt Aurich), C III b, 37, Vol. II (= Stadt und Amt Norden), C III b, 32 (= Stadt und Amt Emden) und C III b, 34 (= Amt Greetsiel). W i a r d a , Bd. VII, S. 341 ff., bringt wieder eine ausführliche

ein großer Teil der Soldaten geflüchtet waren, setzte sich der Rest der Emder Garnison in Grimersum auf der Beningaburg fest; nach kurzer »Belagerung« durch fürstliche Miliz handelten sie am 1. Mai ihren unbewaffneten Rückzug nach Emden aus[195]. Einige Tage vorher hatte der aus dem Amt Berum stammende Matrose Jan Tromp, der eine Art Freikorps um sich geschart hatte, die kleine ständische Besatzung auf der Pewsumer Burg gefangen genommen[196]. In das Amt Leer wurde Hauptmann von Capelle mit einem Kommando von 150 Mann entsandt. Durch das Amt Stickhausen zog er ins Oberledingerland, setzte bei Völlen in unmittelbarer Nähe der ostfriesischen Südgrenze über die Ems und besetzte anschließend Weener und das ganze Oberreiderland, ohne irgendwo auf Widerstand zu stoßen[197]. Die Ende April 1727 zur Unterstützung der ostfriesischen Landesherrschaft von Oldenburg aus ins Land gekommenen dänischen Soldaten traten erst nach der völligen Niederschlagung der Unruhen in Aktion; in das von den »Renitenten« geräumte Leer kam am 17. Mai eine Kompanie dänischer Soldaten, nachdem Hauptmann von Capelle den Ort schon am Tage vorher mit der fürstlichen Miliz besetzt hatte[198]. Damit war ganz Ostfriesland wieder fest in der Hand der Landesherrschaft. Lediglich Emden selbst blieb ein Hort der »Renitenten«, die sich in größerer Zahl hierher geflüchtet hatten, weil die Stadt wegen ihrer ausgezeichneten, während der letzten Monate noch verstärkten Verteidigungsanlagen nahezu uneinnehmbar war und weil die niederländischen und brandenburgischen Garnisonen innerhalb ihrer Wälle militärische Aktionen von vornherein unmöglich machten. Die Landesherrschaft hatte damit den »Appelle-Krieg« — aus eigener Kraft — siegreich beendet.

Nach diesem Abriß des Geschehens der Jahre 1726/27 gilt es zunächst, die Konsequenzen zu zeigen, die die eingangs dargestellte europäische Mächtekonstellation auf den Verlauf des »Appelle-Krieges« im konkreten Fall gehabt hat.

Schilderung, auf die hier verwiesen wird.

195   Bericht des Hauptmanns von Capelle vom 1. und 2. 5. 1727, StaA., Rep. 4, C III b, 34; ausführliche Schilderung bei W i a r d a , Bd. VII, S. 346 ff.

196   Bericht des Pewsumer Drosten von Specht vom 28. 4. 1727, StaA., Rep. 4, C III b, 38.

197   Berichte von Capelles vom 8., 10. und 15. 5. 1727, StaA., Rep. 4, C III b, 45.

198   StaA., Rep. 4, C III b, 44. W i a r d a , Bd. VII, S. 350, schreibt fälschlich, unter der Mannschaft von Capelles hätten sich auch Dänen befunden. H u g h e s , Imperial judicial authority, S. 359, führt den Sieg des Fürsten irrtümlich auf den Einmarsch der Dänen zurück.

8. Vermittlungsversuche und fürstliche Hilfsbemühungen

8.1. Die Politik der Niederlande

Nachdem die Generalstaaten sich im Laufe des Jahres 1725 sowohl bei der ostfriesischen Landesherrschaft als auch beim Kaiser massiv für die ostfriesischen »Renitenten« eingesetzt und auf einen gütlichen Vergleich gedrängt hatten, waren sie über die neuerlichen Gewalttätigkeiten im Februar 1726 sehr ungehalten. Auf verschiedene Briefe Brenneysens mit Anklagen gegen die »Renitenten[199]« sowie der Stadt Emden mit der Bitte, die staatischen Truppen in den Auseinandersetzungen zu ihren Gunsten einzusetzen, faßten sie am 19. Februar 1726 eine Resolution, die das Vorgehen der Emder scharf mißbilligte[200]. Den Ständen werde diese gewaltsame Aktion zum Schaden gereichen, den Kaiser verärgern und dazu führen, daß fremde Truppen ins Land kämen. Die von Emden verlangte Ausübung der Garantierechte in Form eines Einsatzes ihrer Garnison gegen die ostfriesische Landesherrschaft wiesen sie ab, weil ihre Truppen nur zur Sicherheit der Stadt dienten. Emden solle umkehren und sich bessern, wegen des Vorgefallenen sich entschuldigen und von allen weiteren Tätlichkeiten Abstand nehmen. Die Folgen weiterer Gewalt gingen allein zu Lasten des Emder Magistrats. Aus dieser herben Abfuhr spricht das niederländische Interesse, den gespannten europäischen Frieden nicht durch innerostfriesische Streitigkeiten zu gefährden. Die Generalstaaten schrieben aber auch an die ostfriesische Landesherrschaft einen ernsten Brief, in dem sie zwar ihre Mißbilligung der vorgefallenen Gewaltaktionen zum Ausdruck brachten, aber klarstellten, daß es dazu nicht gekommen wäre, wenn der Fürst sich zu den oft empfohlenen gütlichen Verhandlungen und einem Vergleich bereitgefunden hätte. Insbesondere warnten sie davor, fremde Truppen ins Land zu holen, weil daraus unabsehbare Folgen entstehen könnten[201]. Über ihren Berliner Gesandten Meyndershagen wollten sie außerdem den preußischen König dazu bewegen, mäßigend auf die ostfriesischen »Renitenten« einzuwirken[202].

Am nächsten Tage, dem 20. Februar 1726, beschäftigte die Generalstaaten das Thema Ostfriesland erneut. Sie beschlossen, Herrn Lewe von Aduart, einen seit langem mit der Materie vertrauten Mann, nach Ostfriesland zu schicken, um in direkten Gesprächen mit den Beteiligten die schäd-

---

199 Schreiben der Landesherrschaft vom 8. 2. 1726 an die Generalstaaten, StaA., Rep. 4, C III a, 167.
200 Brenneysen ließ diese Resolution wegen ihres propagandistischen Nutzens sofort in deutscher Übersetzung drucken und überall verteilen, StaA., Rep. 4, C III a, 114.
201 StaA., Rep. 4, C III a, 167.
202 Resolution der Generalstaaten vom 19. 2. 1726, ebenda.

lichen Folgen der Unruhen klar zu machen. Insbesondere war es den Generalstaaten darum zu tun, den Einmarsch fremder Truppen nach Ostfriesland zu verhindern, weil sie dadurch die Stellung ihrer eigenen Garnisonen in Emden und Leerort ernsthaft beeinträchtigt sahen. Die subdelegierte Kommission sollte von Aduart zu möglichster Moderation bewegen und darüber hinaus für die pünktliche Rückzahlung der Deichbaukredite sorgen[203]. Das eigene Interesse der Niederlande an den innenpolitischen Verhältnissen in Ostfriesland, nicht aber besondere Sympathie für die Ziele der »Renitenten«, bewog die Generalstaaten also trotz der Verärgerung über ihre ostfriesische Klientele dazu, sich zu deren Gunsten einzusetzen, weil der mögliche Einmarsch fremder Truppen die niederländische Position empfindlich beeinträchtigen konnte.

Herr von Aduart kam am 22. April 1726 in Aurich an und trug Fürst Georg Albrecht die niederländische Meinung im Sinne der eben behandelten Resolution vor[204]. Als Antwort erhielt er die bekannten Argumente: Die Landesherrschaft sei ebenfalls für einen friedlichen Austrag der Streitigkeiten und wolle den Ständen nichts nehmen, was diesen nach Recht und der in den Akkorden und kaiserlichen Dekreten festgelegten Relation zwischen Obrigkeit und Untertanen zukomme, die »Renitenten« trieben die Sache aber zu weit, und zu einem schimpflichen Vergleich lasse sie sich nicht zwingen. Brenneysen überreichte einen Katalog von Forderungen, die auf jeden Fall erfüllt werden müßten, wenn es zu einem Vergleich kommen sollte. Angefangen von der Forderung nach Abschaffung der Emder Garnison über die der Landesherrschaft zustehenden Gelder aus den in Emden verhängten Brüchen und dem Emder Zoll bis zur Konfirmation der Prediger in dieser Stadt waren darin alle Forderungen enthalten, die Brenneysen schon in der Klage vom 7. Mai 1722 gestellt hatte[205]. Von Aduart forderte dagegen, den »Renitenten« solle eine etwas längere Frist gesetzt werden, damit sie zur Besinnung kommen könnten. Alle in Aurich einsitzenden Gefangenen sollten zum Zeichen des guten Willens freigelassen werden. Er könne dann bei den Emdern und ihren Anhängern leichter für Mäßigung und eine Einstellung der Tätlichkeiten sorgen.

Am 30. April erhielt von Aduart eine »Finale Resolution«, in der die Ablehnung eines Vergleichs, wie ihn die Niederlande wünschten, eingehend begründet wurde. Nach der vielfachen Bestätigung der kaiserlichen Dekrete bedürfe es keines Vergleichs mehr, sondern nur noch des Gehorsams, den die Ritterschaft und ihr folgend die Stadt Emden sowie die drei »renitenten« Marschämter in ihren Schreiben vom Oktober und November 1725 angekündigt hätten. Im übrigen seien die alten Administratoren vom Kai-

---

203 Resolution der Generalstaaten vom 20. 2. 1726, StaA., Rep. 4, C III a, 169.
204 StaA., Rep. 4, C III a, 169; dort auch das folgende.
205 Siehe oben S. 134 ff.

ser abgesetzt worden und daher gänzlich unqualifiziert; die gehorsamen Stände aber würden sich zu Recht beschwert finden, wenn jetzt mit den »Renitenten« über die längst entschiedenen Punkte von neuem verhandelt werde. Über die noch offenen Streitpunkte allerdings sei eine gütliche Einigung nach vorheriger Submission der »Renitenten« möglich. Hier wurden die Schadenersatzforderungen[206] der Landesherrschaft, die Höhe der jährlichen Subsidien, die Höhe der Nachzahlung für den Emder Zoll und dessen Zahlungsmodus für die Zukunft genannt. Damit die Landesherrschaft sicher sein könne, daß ein Vergleich hierüber von der Stadt Emden und ihren Anhängern tatsächlich eingehalten werde, müsse die ganze Angelegenheit ausschließlich unter kaiserlicher Judikatur und Vermittlung behandelt werden, für die Niederlande komme daher diese Aufgabe nicht in Frage. Schließlich wurde an das gemeinsame Interesse aller Obrigkeiten appelliert: »diese Empöhrung (ist) von solcher Arth (...), daß alle Obrigkeiten daran billig einen Abscheu haben müßen und ein Nachbahr dem andern zu beybehaltung Richterlicher und Obrigkeitlicher Autorität zu deren Dämpfung die Hand billig zu bieten hat«.

Von Aduart nahm die Resolution »ad referendum« an, bedauerte, daß der Fürst sich nicht zu einer Amnestie und Einstellung der Tätlichkeiten habe durchringen können und mahnte noch einmal eindringlich vor den Folgen einer strengen, gewaltsamen Niederschlagung der Unruhe; diese könnten für das fürstliche Haus sehr viel unangenehmer sein, als es jetzt abzuschätzen sei. Mit einer Liste derjenigen Forderungen, die die Landesherrschaft sofort erfüllt haben wollte — Freilassung aller Gefangenen, ungehinderte Rückkehr und Amts- bzw. Berufsausübung für alle fürstlichen Bedienten und geflüchteten Eingesessenen, Rückzug aller ständischen Soldaten nach Emden und Niederlegung der Waffen —, versehen, beendete von Aduart seine Mission in Aurich und reiste zu Gesprächen nach Emden, in denen er die Freilassung aller Gefangenen erreichte. Dieses Ergebnis teilte er der fürstlichen Regierung mit und gab der Hoffnung auf weitere gute Resultate seiner Bemühungen Ausdruck. Im Postskriptum beschwerte er sich aber bereits über neue Gewalttätigkeiten der Landesherrschaft wie die gerade bekannt gewordene Verhaftung des Ditzumer Akzisekontorschreibers und warnte nachdrücklich vor den Folgen; das Volk sei aufs höchste darüber erregt und nur durch die sofortige Einstellung aller Gewalt zu beruhigen. Auch dieses Schreiben blieb ohne Erfolg. Die niederländischen Vermittlungsbemühungen waren damit gescheitert, weil die Landesherrschaft zu einem Kompromiß trotz ihrer bedrängten Situation nicht bereit war. Die Niederlande setzten dennoch den ganzen Sommer über brieflich alles daran, eine friedliche Beilegung der Auseinandersetzung zu erreichen.

206   Siehe oben S. 126 f.

288

Brenneysen wies diese Versuche schließlich endgültig zurück und bat, die Generalstaaten möchten »auf solchem Fuß, als es die Embder vorhaben, in Uns nicht weiter zum gütlichen Vergleich (...) dringen«, sondern sie zum Gehorsam und zur Einstellung aller Tätlichkeiten ermahnen[207].

Neben den direkten Kontakten mit der ostfriesischen Landesherrschaft bemühten sich die Niederlande auch auf andere Weise, die Auseinandersetzung auf friedlichem Wege beizulegen. Dazu gehörten mehrfach scharfe Ermahnungen an die Stadt Emden[208] und die Verstärkung ihrer dortigen Garnison[209], vor allem aber die Einschaltung ihrer Alliierten England und Frankreich in die Vermittlungsversuche; beide Mächte wurden ersucht, den König von Dänemark zum Rückzug seiner im Sommer 1726 nach Aurich verlegten Soldaten zu bewegen[210]. Kurköln, Kurpfalz, dem König von England als Kurfürsten von Hannover sowie den Kommissionshöfen in Dresden und Wolfenbüttel machten sie ihren Standpunkt ebenfalls klar[211]. Eine von Dänemark Anfang Oktober 1726 vorgeschlagene gemeinsame Vermittlung scheiterte bereits im Ansatz, weil beide Mächte über die Ziele eines Vergleichs völlig konträrer Ansicht waren[212]. Abgesehen von dieser diplomatischen Aktivität griffen die Generalstaaten nicht in das Geschehen ein, doch bereits ihr begrenztes Engagement hatte deutliche Folgen für das Bemühen der ostfriesischen Landesherrschaft, tatkräftige Hilfe zu finden.

8.2. Hilfsbemühungen bis zum Sommer 1726

Aller Bitten der ostfriesischen Landesherrschaft ungeachtet, hatten die Kommissionshöfe keine Truppen zur Exekution der Dekrete nach Ostfriesland entsandt[213]. Die in dieser Angelegenheit zurückhaltenden subdelegierten Kommissare schlugen nach dem am 7. April 1726 fehlgeschlagenen Versuch, die »Renitenten« in Leer zu besiegen, vor, den Erzbischof von

207   Brief an die Generalstaaten vom 17. 9. 1726, StaA., Rep. 4, C III a, 167; dort auch der ganze Briefwechsel dieses Sommers in dieser Angelegenheit.
208   Z. B. in Briefen vom 30. 8. 1726 und 19. 4. 1727, StaA., Rep. 4, B I f, 1093, fol. 79 ff. und 98.
209   Die Verstärkung wurde am 6. 7. 1726 nach der Ankunft einer Kompanie dänischer Soldaten zum Schutz der Residenz Aurich (siehe unten S. 291) beschlossen, ebenda, fol. 39.
210   Resolution der Generalstaaten vom 6. 8. 1726, ebenda, fol. 48 ff.
211   ebenda, und fol. 65.
212   Resolution der Generalstaaten vom 1. 10. 1726, ebenda, fol. 86 f.
213   Das hatte seinen Grund vor allem darin, daß beide Höfe sich nicht auch in Ostfriesland militärisch binden wollten; der Herzog von Braunschweig-Wolfenbüttel unterhielt bereits in Mecklenburg wegen des dortigen Konflikts ein Bataillon Soldaten, und seine Garnisonen »weiter zu entblößen«, fand er »bey denen jetzigen Zeiten bedenklich«. So in einem Brief vom 30. 9. 1726, StaA., Rep. 4, C III b, 29. Brenneysen klagte beim Wiener Gesandten Brawe über diese Zurückhaltung der Kommissionshöfe, die »auff alles Unser bißheriges Schreiben und Klagen wegen der würcklichen Hülffe keine Reflexion machen, auch ihre Subdelegirte auffs äußerste verhöhnen und verspotten laßen«. Brenneysen an Brawe, 13. 8. 1726, Rep. 4, A IV c, 251.

Köln als Bischof von Münster unter Hinweis auf das Abkommen vom Frühjahr 1724[214] sowohl um Warnungen an die »Renitenten« als auch um Verlegung von Truppen an die ostfriesische Südgrenze zu bitten, weil diese den Handel zwischen Emden und Westfalen einschränkende Maßnahme zur Zurückhaltung zwingen werde[215]. Brenneysen wollte sich damit nicht begnügen und fragte, ob es den Kommissionshöfen recht wäre, wenn Fürst Georg Albrecht in Münster »umb Reichs-constitutions-mäßige assistenz wieder dero Unterthanen« nachsuche. Die Kommission hatte nichts dagegen einzuwenden, weil Art. XV der Wahlkapitulation Kaiser Karls VI. jedem Reichsstand erlaubte, in Fällen wie der ostfriesischen Auseinandersetzung bei einem anderen um Hilfe zu bitten[216]. So gingen am 11. April an den Kölner Erzbischof und an den König von Dänemark als Grafen von Oldenburg Bittbriefe, Truppen an den ostfriesischen Grenzen bereitzustellen und sie im Bedarfsfalle zur Niederschlagung der Unruhe einzusetzen sowie die »Renitenten«, wenn sie münstersches oder oldenburgisches Gebiet betreten sollten, festzunehmen[217]. Aus Münster kamen auf diesen und weitere Bittbriefe nur ausweichende Antworten[218], der König von Dänemark jedoch zeigte sich hilfsbereit. Am 23. April schrieb er zurück, er habe sofort zwei Kompanien zu Fuß von Oldenburg nach Apen an die ostfriesische Grenze zu verlegen befohlen und den Freiherrn von Witzleben nach Emden geschickt, um dort gebührend — mit dem Hinweis auf die an der Grenze stehenden Soldaten — vor weiterer Gewalttätigkeit zu warnen. Er stellte Fürst Georg Albrecht frei, sofort eine der beiden Kompanien zum Schutz der Residenz und der fürstlichen Familie nach Aurich kommen zu lassen[219].

Der dänische König hielt Wort; am 30. April war von Witzleben in Emden und wurde wie angekündigt tätig. Der Emder Magistrat antwortete mit einer verklausulierten Erklärung vom 1. Mai, in der er alle Schuld an den Unruhen von den Ständen und sich selbst zurückwies und allein Brenneysen dafür verantwortlich machte. Es sei das gute Recht eines jeden, »bey Ermangelung des Obrigkeitlichen Schutzes sich selbst wieder die bißherige(n) so grausahmer weise verübte(n) Thätlichkeiten zu schützen«. Der dänische König könne es daher nicht als Ungehorsam auslegen, daß sie die Absicht der Landesherrschaft, »die Superioritaet zu Zerstöhrung der Landes-Verfaßung zu gebrauchen«, nicht hinnehmen wollten. Sie appellierten an die »weltgepriesene Gerechtigkeit und Milde« des Königs, nicht

214   Siehe oben S. 219 f.
215   StaA., Rep. 4, C III c, 107, fol. 104 ff.
216   ebenda, fol. 113 ff.
217   ebenda, fol. 116 ff.
218   StaA., Rep. 4, B I f, 1367, passim.
219   StaA., Rep. 4, C III c, 107, fol. 215 f. Die Bemerkung von H u g h e s , Imperial judicial authority, S. 350 f., Klopps Aussage über die dänischen Truppen bei Apen sei ein Irrtum, stellt sich damit ihrerseits als falsch heraus.

zuzulassen, daß die Entscheidung der Streitigkeiten beim Kaiser als oberstem Richter durch die von Fürst Georg Albrecht verlangte militärische Hilfeleistung erschwert werde. Schließlich stellten sie fest, daß entgegen den Behauptungen des fürstlichen Ministeriums »nicht eintzelne Persohnen, oder auch ein Glied der Ständen, sondern die *gesammten Stände* die bißherige Beobachtung des Ständischen Interesse besorget« und die »Freyheit ihres geliebten Vaterlandes« verteidigt hätten. Die alten Administratoren formulierten eine gleichlautende Antwort[220]. Die dänische Drohung hatte also keinen Erfolg.

Nach Ablauf der in den letzten kaiserlichen Dekreten gesetzten Zweimonatsfrist zur Einbringung der Paritionsanzeigen erbat Fürst Georg Albrecht die Verlegung einer der in Apen liegenden dänischen Kompanien nach Aurich[221]; Kopenhagen gab dieser Bitte sofort statt, verbot aber den Einsatz außerhalb der Stadt. Diese Einschränkung zeigte die dänische Regierung auch den Niederlanden an und erklärte, sie wolle nur die Sicherheit der Residenz gewährleisten, aber keine Seite favorisieren[222]. Die ostfriesische Landesherrschaft sah sich damit im wesentlichen von ihren Nachbarn im Stich gelassen. Sie entschloß sich daher, in mündlichen Verhandlungen den möglicherweise »falschen« Eindruck von den ostfriesischen Streitigkeiten zu korrigieren, um vielleicht doch noch die erstrebte Hilfe zu bekommen.

8.3. Von Münnichs Mission nach Bonn und Düsseldorf

Mitte Juli 1726 wurde der Geheime Rat von Münnich nach Bonn und Düsseldorf abgeschickt, um die in den jüngsten kaiserlichen Dekreten u. a. auf den Erzbischof von Köln als Bischof von Münster und den Kurfürsten von der Pfalz als Herzog von Jülich und Berg erteilten Auxiliatoria[223] zur Durchführung zu bringen. In der Instruktion war ihm aufgetragen, über Münster nach Bonn, der Residenz des Erzbischofs, und Düsseldorf zu reisen, bei allen einflußreichen Personen der dortigen Regierungen bzw. Höfe die ostfriesischen Querelen im Sinne der Landesherrschaft darzustellen und

---

220 Beide Erklärungen StaA., Rep. 4, C III c, 107, fol. 265; Hervorhebung im Original.
221 StaA., Rep. 4, B II w, 11, fol. 14. Am 1. 7. 1726 trafen diese in Detern ein, von wo sie durch einheimische Fuhrleute weitertransportiert wurden, Bericht der Stickhauser Beamten vom 4. 7. 1726, Rep. 4, C III b, 39. Die Auricher Bürgerschaft wehrte sich entschieden gegen die Verlegung der dänischen Soldaten in ihre Stadt; sie könnten Aurich selbst verteidigen. Erst recht lehnten sie unter Berufung auf den Osterhuser Akkord eine Einquartierung in ihre Häuser ab. Erst nach mehrfachen Verhandlungen und der Zusicherung nachbargleicher Behandlung, d. h. ohne Ausnehmung der fürstlichen Räte und Beamten sowie der Hofgerichtsmitglieder, erklärte sich die Auricher Bürgerschaft damit einverstanden, Rep. 4, B X c, 2, fol. 12 ff.
222 StaA., Rep. 4, B I f, 1093, fol. 33.
223 Siehe oben S. 276.

zu versuchen, Truppenhilfe zu erlangen. Der Einmarsch von 1000 Mann ins Reiderland, dem Hauptsitz der »Renitenten«, werde genügen, um die Ruhe wiederherzustellen. Außerdem sollte er die brandenburg-preußische Politik in Ostfriesland sowie die niederländischen Garantieansprüche als angemaßt und in hohem Maße für die Unruhen verantwortlich darstellen[224].

Am 1. August kam von Münnich in Bonn an, wo er in den folgenden drei Wochen im Sinne seiner Instruktion mit zahlreichen Räten Gespräche führte. Von Anfang an bekam er dabei die Unlust Kurkölns, die verlangte Hilfe zu leisten, zu spüren. Seine Gesprächspartner beschwerten sich über die ostfriesische Klage beim Kaiser wegen der Münsterischen Subsidien, die eingereicht worden war, ohne daß Fürst Georg Albrecht versucht habe, mit dem Erzbischof in dieser Angelegenheit ins reine zu kommen. Nachdem dieser freiwillig auf die ihm zustehenden Subsidien verzichtet habe, sei es um so befremdlicher, daß die ostfriesische Regierung die Erteilung der kaiserlichen Kommission auf Sachsen und Braunschweig-Wolfenbüttel verlangt habe. Die Exekution kaiserlicher Dekrete stehe ausschließlich den jeweils zuständigen kreisausschreibenden Fürsten zu; erst wenn deren Kräfte nicht ausreichten, dürften auf andere Reichsstände Auxiliatoria erteilt werden. Hier aber wollten Sachsen und Wolfenbüttel »dasitzen wie große Herren«, während Kurköln auf deren »Winck gleich zu Gebote stehen« solle. Es sei eine »gantz unerhörte« Sache, daß »auswertige eine execution solten dirigiren und die Kreisdirectores von Ihnen dependiren«. »Wann Chur-Cöllen nicht als Chef in der Sachen agiren könnte«, werde es sich nicht »davon meliren«; von diesem »praerogatif des Bisthums Münster im Westphälischen Kreise« könne und wolle der Erzbischof nicht im mindesten abweichen[225].

Mit dieser Argumentation war jedoch nur die halbe Wahrheit angesprochen. Entscheidend war die Rolle der Niederlande in diesem Konflikt, und daraus machten von Münnichs Gesprächspartner keinen Hehl: »Es könnten viele Umstände kommen, darinnen Sie (sc. Kurköln) der Staten Freundschafft nöthig hätten«; des Fürsten von Ostfriesland »Freundschafft aber würde Ihnen, wenn Sie verlegen wären, wenig helffen«. Und auf die europäische Mächtekonstellation eingehend: »Wo die Conjucturen sich nicht änderten, würden Ihro Durchl. (sc. von Ostfriesland) mit Ihrer gerechten Sache und mit allen Kayserl. Decretis nichts ausrichten[226]«.

224   Instruktion für von Münnich vom 16. 7. 1726, StaA., Rep. 4, B I c, 200, fol. 10 ff.

225   So der kurkölnische Oberkämmerer nach dem Diarium v. Münnichs, ebenda, fol. 542 f. Seine übrigen Gesprächspartner argumentierten ähnlich.

226   ebenda, fol. 535. Der Kölner Gesandte im Haag, Gansenot, stellte im Gespräch mit dem dortigen kaiserlichen Gesandten, Graf Königsegg-Erps, die Haltung seiner Regierung ebenfalls klar. Abgesehen von dem Risiko, das wegen des niederländischen Engagements in Ostfriesland ein bewaffnetes Eingreifen mit sich bringe, würde es »sehr unangenehm seyn, zum Vortheil anderer Leuthe Unko-

Kurköln war also nicht bereit, sich militärisch in die ostfriesischen Unruhen einzumischen; nicht nur die Niederlande, sondern auch England und Frankreich hatten nämlich auf Anfragen deutlich gemacht, daß sie eine Entsendung von Kölner Truppen nach Ostfriesland — Köln war Mitglied im Wiener Bündnis[227] — für einen casus foederis halten würden[228]. Genausowenig wie der Erzbischof von Köln war der Kurfürst von der Pfalz als Herzog von Jülich und Berg bereit, zugunsten des ostfriesischen Fürsten in den »Appelle-Krieg« einzugreifen. Mit ähnlichen Argumenten wurde auch in Düsseldorf die verlangte Hilfe abgelehnt[229]. Die Mission von Münnichs war damit fehlgeschlagen. Auf militärische Hilfe mußte die ostfriesische Landesherrschaft weiterhin warten.

8.4. Von Gersdorffs Mission nach Kopenhagen

Kurz nach der Abreise von Münnichs nach Bonn und Düsseldorf wurde der Regierungsrat und Kammerjunker von Gersdorff nach Kopenhagen entsandt, um vom dänischen König, der als Graf von Oldenburg der andere unmittelbare Nachbar Ostfrieslands war, die nötige Hilfe zu erbitten. In der Instruktion war von Gersdorff aufgetragen, unter Berufung auf das kaiserliche Reskript vom 19. Juni 1726 an alle Reichsstände, die ostfriesische Landesherrschaft bei der Niederschlagung der Unruhe zu unterstützen, dänische Assistenz zu erbitten. Er sollte dabei klar machen, daß das kaiserliche Reskript genausoviel wert sei wie die förmlichen Auxiliatoria, die auf Kurköln und Kurpfalz erteilt worden waren. Falls eine direkte Truppenentsendung abgelehnt werde, sollte er sich um die vorübergehende Überlassung eines genügend großen Kontingents an den ostfriesischen Fürsten bemühen; mit solchermaßen »ausgeliehenen« Truppen sei Ostfriesland auch geholfen. Außerdem sollte er darauf hinarbeiten, daß die Emder Schiffe, »deren viele unter Holländischen Flaggen und Päßen auslauffen«, in den dänischen und norwegischen Häfen festgehalten würden[230].

Schon zu Anfang seines Aufenthaltes in Kopenhagen wurde allerdings deutlich, daß trotz der kürzlich erfolgten bereitwilligen Entsendung von

sten anzuwenden; der Fürst von Friesland habe sehr üble Manieren gegen den Churfürsten gehabt«. Bericht Königsegg-Erps' vom 20. 8. 1726, HHuStaW., Reichskanzlei, Kleinere Reichsstände, Ostfriesland, Nr. 404.

227 Siehe oben S. 246 ff.
228 StaA., Rep. 4, B I c, 200, fol. 567.
229 ebenda, fol. 554 ff. und 576. Unter Hinweis auf ihre verletzten Rechte als Direktoren des niederrheinisch-westfälischen Kreises und die Warnungen der Niederlande lehnten der Erzbischof von Köln und der Kurfürst von der Pfalz in einem gemeinsamen Schreiben an den Kaiser vom 28. Oktober 1726 die Übernahme der Auxiliatoria offiziell ab, HHuStaW., RHR., Den. rec. K. 892.
230 Instruktion für von Gersdorff vom 29. 7. 1726, StaA., Rep. 4, B I f, 859, fol. 146 ff.

Soldaten zum Schutz der Residenzstadt Aurich weitere dänische Hilfe nur schwer zu bekommen sein werde. Kronprinz Christian (VI.), der Schwager Fürst Georg Albrechts, selber einer Hilfe nicht abgeneigt, kam sofort auf den Kern des Problems. London habe massiv deutlich gemacht, daß eine dänische Einmischung in Ostfriesland gegen die englischen Interessen verstoße, weil den Niederlanden bei deren Beitritt zum Bündnis von Hannover-Herrenhausen in einem geheimen Artikel zugesichert worden sei, ihre Ansprüche in Ostfriesland zu garantieren[231]. Wegen der englischen Garantie des Friedens von Frederiksborg[232] müsse Dänemark mit England »delicater umgehen« als mit Preußen. Dänemark könne nicht als einzige Macht bewaffnet in Ostfriesland eingreifen, während Kurköln und Kurpfalz und sogar die Kommissionshöfe solche Hilfe verweigerten. Um den König trotz dieser Lage vielleicht noch umzustimmen, riet der Kronprinz, von Gersdorff solle dem Großkanzler Hoffnung machen, die Auricher Regierung werde sein Eintreten für ihre Interessen »mit reeller Danckbarkeit erkennen«; er sollte also bestochen werden. Vor allem empfahl der Kronprinz, über den Hofprediger Conradi auf die Königin einzuwirken, »einen guten Entschluß bey Ihrer Mayest. dem König zu pressiren[233]«. Ein Erfolg war auf diese Weise aber nicht zu erzielen.

Eine Unterstellung dänischer Truppen unter die ostfriesische Fahne lehnte der König mit dem Argument ab, Truppen unter dem Befehl der ostfriesischen Landesherrschaft würden von den Niederlanden und Preußen kaum respektiert werden[234]. Im Einverständnis mit dem Kronprinzen versuchte von Gersdorff daher, mit einem Trick die Entscheidung des Königs zu beeinflussen. Würden die »Renitenten« sich an den in Aurich liegenden dänischen Soldaten vergreifen, werde, so beider Erwartung, der König »bald der Sachen ein Ende machen«. Von Gersdorff schlug der Auricher Regierung deswegen vor, gezielte Falschmeldungen über Tätlichkeiten ge-

231   Am 5. 7. 1726 hatte der englische Gesandte in Kopenhagen, Lord Glenorchy, die Instruktion erhalten, dem dänischen König das englische Befremden über die Entsendung der Soldaten nach Aurich auszusprechen. Man hoffe nicht, Kopenhagen wolle die kaiserlichen Dekrete »in opposition to his Majesty and the States General« durchsetzen; das widerspreche nicht nur der im Jahre 1606 von England übernommenen Garantie der ostfriesischen Landesverträge (vgl. oben S. 234), von der Dänemark jedoch nichts wissen könne, sondern vertrage sich überhaupt nicht mit der Politik, die England zugunsten Dänemarks betreibe: »when they consider what a fleet the King has sent into the Baltick to make good his guaranty given to Denmark, they will think it not very kind nor friendly to act at the same time in Ostfriesland against a guaranty his Majesty is obliged to maintain in conjunction with the States General«. Kopenhagen möge bedenken, daß der englische König in einer Reihe von Kommissionen, »which the Emperor has given him contrary to the interests of Denmark«, auch anders handeln könne als bisher. Er hoffe also, daß der dänische König sich in Ostfriesland nicht weiter einmische und »not contribute to the oppression of the states of Ostfriesland«. Gedruckt bei C h a n c e , S. 73 f.

232   Siehe oben S. 247.

233   So die Ausführungen des Kronprinzen Christian nach dem Diarium von Gersdorffs, StaA., Rep. 4, B I f, 860, Bd. I, fol. 11 f.

234   ebenda, fol. 16.

gen die dänischen Soldaten nach Kopenhagen gelangen zu lassen; wenn der Kommandeur der in Aurich liegenden Kompanie ebenfalls dazu veranlaßt werden könnte, »so würde solches den Hof sehr animieren, die Sache mit Ernst anzugreifen[235]«. Ein Erfolg blieb auch diesem Versuch versagt. Der dänische Vorschlag an die Niederlande, gemeinsam einen Vergleich zwischen den streitenden Parteien zu vermitteln[236], war vorerst das einzige Resultat der Mission von Gersdorffs.

Im Spätherbst machte der dänische Großkanzler ihm ohne jede Beschönigung die Lage der ostfriesischen Landesherrschaft klar: In dieser Angelegenheit gehe es nicht so sehr darum, »was billig und rechtmässig, sondern was möglich und zuträglich wäre«. Es komme darauf an, Mittel zu finden, die »die Holländer dahin bringen könnte(n), den Aufruhr zu stillen, und außer der Generalamnestie würde es ihnen auch vielleicht nicht möglich seyn, die Renitenten zu Niederlegung der Waffen zu bewegen«. Das war eine zutreffende Einschätzung der Lage. Solange die Dinge in Europa so standen wie zu dieser Zeit, war an eine ernsthafte Hilfe für Fürst Georg Albrecht nicht zu denken. Darüber hinaus waren die Sonderinteressen der beteiligten Mächte einer Hilfeleistung wenig förderlich. Der preußische König, der im Herbst 1726 im Vertrag von Wusterhausen die Fronten gewechselt hatte und nun zum Wiener Bündnis gehörte, wäre um den Preis einer Anerkennung seines Sukzessionsrechtes in Ostfriesland durch den Kaiser und die ostfriesische Landesherrschaft vermutlich bereit gewesen, den »Appelle-Krieg« niederzuschlagen. Dazu hätte er jedoch weitere Truppen nach Ostfriesland verlegen müssen, »an dessen Verhinderung (aber) sowohl dem König (sc. von Dänemark) als denen Holländern gelegen« war[237]. Beide Länder waren nicht daran interessiert, eine Macht von der Größe Brandenburg-Preußens zum unmittelbaren Nachbarn zu haben. Das dänische Interesse, Preußen aus der Sache herauszuhalten, hatte weiter zur Folge, daß Dänemark selbst vorerst auf keinen Fall weitere Soldaten nach Ostfriesland schicken durfte, weil das für den preußischen König ein Grund gewesen wäre, zur Sicherung seiner Sukzessionsansprüche seine ostfriesische Garnison zu verstärken.

Den europäischen »Conjuncturen« fiel auch das Verlangen, die nach Dänemark und Norwegen fahrenden Emder Schiffe zu arrestieren, zum Opfer. Weil verschiedene Emder Schiffe, z. T. völlig zu Recht[238], unter niederländischer Flagge führen, sei, so befand der dänische Großkanzler, die Verwechslungsgefahr mit wirklich niederländischen Schiffen zu groß[239].

---

235   von Gersdorff an Regierungsrat von Langeln, Ende August 1726 (undatiert), ebenda, fol. 125.
236   Siehe oben S. 289.
237   StaA., Rep. 4, B I f, 860, Bd. I, fol. 57.
238   Deren Eigner hatten sowohl das Emder als auch das Amsterdamer oder Groninger Bürgerrecht.
239   StaA., Rep. 4, B I f, 860, Bd. I, fol. 66 und 68.

Die daraus möglicherweise erwachsenden Konsequenzen könne Dänemark nicht auf sich nehmen. Von Gersdorffs Mission war eigentlich längst gescheitert; »das Ministerium (sieht) lieber meine Fersen als mein Gesicht«, schrieb er im Februar 1727 nach Aurich[240], wurde aber dennoch nicht zurückberufen.

Mitte April 1727 hatte seine Mission doch noch Erfolg. Vielleicht beeinflußt von dem ersten größeren Sieg der ostfriesischen Landesherrschaft über die »Renitenten« am 5. April bei Hage, der es möglich erscheinen ließ, daß Fürst Georg Albrecht sich im wesentlichen aus eigener Kraft werde durchsetzen können, entschied der dänische König am 14. April, drei weitere Kompanien von Oldenburg nach Aurich marschieren zu lassen. Dieser plötzliche Sinneswandel hatte seinen Grund auch in der europäischen Politik. Gleichzeitig war Dänemark nämlich dem Bündnis von Hannover-Herrenhausen beigetreten und hatte sich damit England und den Niederlanden gegenüber den Handlungsspielraum verschafft, der für diese Truppenverstärkung nötig war. Zum aktiven Eingreifen aber sollten die dänischen Soldaten auch jetzt nicht verwendet werden dürfen, sondern lediglich zur Verhinderung neuer Gewalttaten dienen. An von Gersdorffs Wunsch, den Einsatz der Soldaten nach ostfriesischen Vorstellungen ablaufen zu lassen, wäre die endlich erlangte Hilfe beinahe noch gescheitert[241]. Die Verstärkung, die erst Ende April in Ostfriesland eintraf, hat tatsächlich nichts mehr zum Sieg des Fürsten beigetragen[242].

8.5. Die Politik des Wiener Hofes und das Problem der brandenburg-preußischen Position in der ostfriesischen Auseinandersetzung

Nicht nur die Ostfriesland benachbarten Reichsstände wurden durch die europäischen »Conjuncturen« von einem wirksamen Eingreifen zugunsten der ostfriesischen Landesherrschaft abgehalten, die »Conjuncturen« beeinflußten auch die Politik des Kaisers bzw. des Reichshofrates entscheidend. Den niederländischen und preußischen Einwendungen hatte der Reichshofrat bereits im Sommer 1726 nachgegeben und auf Dänemark kein förmliches Auxiliatorium erteilt[243]. Als keiner der norddeutschen Reichsstände bereit war, für die Durchsetzung der kaiserlichen Dekrete zu sorgen, blieben dem Kaiser nur zwei Möglichkeiten, Fürst Georg Albrecht zu helfen, entweder durch Entsendung kaiserlicher Truppen bzw. durch die Vermehrung der in Ostfriesland liegenden Salvegarde auf mehrere hundert Mann

---

240   ebenda, fol. 222.
241   Der ganze Vorgang ebenda, fol. 102 f.
242   Siehe oben S. 285.
243   Siehe oben S. 276 f.

oder durch Erteilung eines Auxiliatoriums auf den preußischen König. Die zweite Möglichkeit hätte allerdings dessen Position in Ostfriesland erheblich gestärkt, was sowohl der Kaiser selbst als auch die benachbarten Mächte und die ostfriesische Landesherrschaft verhindern wollten. Ein Einsatz eigener Truppen kam nicht in Frage, weil dadurch die Alliierten von Hannover-Herrenhausen auf den Plan gerufen worden wären. Der Hofkriegsrat plädierte daher grundsätzlich für einen Einsatz der Salvegarde, deren Vermehrung auf 400 Mann die ostfriesische Landesherrschaft und die subdelegierte Kommission gefordert hatten. Für die Vermehrung aber fehlten nicht nur die nötigen Soldaten, sie erschien dem Wiener Hof auch zu riskant[244]. Alle Entscheidungen des Kaisers bzw. des Reichshofrates im Herbst und Winter 1726/27 blieben daher vielfach vage[245] und waren der ostfriesischen Landesherrschaft keine Hilfe. Wie in den Vorjahren wurde eine Entscheidung des Kaisers auch dieses Mal lange herausgezögert. Der Gesandte Brawe wurde immer wieder vertröstet, und gelegentlich wurde auch erwogen, den Reichstag in die Angelegenheit einzuschalten, eine Überlegung, die Brenneysen erst recht als Indiz dafür wertete, daß in Wien nur auf Zeitgewinn spekuliert werde[246].

Im Frühjahr 1727 entschloß sich der Kaiser trotz der möglichen internationalen Verwicklungen zu wirksameren Schritten. Am 23. April gingen außer an Kurköln und Kurpfalz auch an Brandenburg-Preußen Reskripte, die ostfriesische Unruhe sofort niederzuschlagen, wozu der preußische König ausdrücklich seine im Lande liegende Garnison benutzen sollte[247]. Friedrich Wilhelm I. erklärte sich bereit, die verlangte Hilfe zu leisten, bot sich ihm doch Gelegenheit, seine ostfriesischen Truppen ganz legal zu ver-

---

244   Der Wiener Gesandte Brawe berichtete am 5. 10. 1726, es gingen »bey denen Ministris die reden (...), daß, so sehr man auch die Sachen zu Herzen nehme und alles in der Welt thun wolle, man doch in öffentlichen Krieg deswegen nicht gehen, noch sich Kayserl. seits allein exponiren könne, da die Reichs-Stände ihr officium zu thun, so sehr decliniren«. StaA., Rep. 4, A IV c, 251. Vgl. zu dem ganzen hier angerissenen Problem auch H u g h e s , Imperial judicial authority, S. 353 f. Das Dilemma des Reichshofrates, der zwischen der Wahrung der kaiserlichen Autorität und österreichischen Interessen des Kaisers abzuwägen hatte, erhellt sehr gut aus einem Sitzungsprotokoll vom 17. 10. 1726. In dieser Sitzung ging es u. a. darum, ob die »Renitenten« in die Reichsacht zu erklären seien, wie Preußen zu behandeln sei und ob die Salvegarde auf 400 Mann vermehrt werden sollte. Wegen der europäischen Mächtekonstellation unterblieben jedoch klare Beschlüsse, vgl. H u g h e s / W i e m a n n , Sitzungsprotokoll. Die Reskripte des Hofkriegsrates an den Kommandeur der Salvegarde umgingen immer eine klare Antwort auf die geforderte Erhöhung der Mannschaftsstärke; stattdessen wurde ihm mehrfach befohlen, für die pünktliche Bezahlung der Soldaten Sorge zu tragen, z. B. StaA., Rep. 4, C III c, 109, fol. 400, und Rep. 4, C III c, 110, fol. 38.

245   So konnte der Gesandte Brawe als Ergebnis der eben erwähnten (Anm. 244) Reichshofratssitzung vom 17. 10. 1726 lediglich berichten, des Kaisers »allergnädigste Intention (gehe) dahin (...), Ew. Hochfürstl. Durchl. so viel alß es nur immer die gegenwärtige conjuncturen zulaßen würden, mit allem Nachdruck: zu helffen«. Bericht Brawes vom 30. 10. 1726, StaA., Rep. 4, A IV c, 251.

246   Brenneysen an Brawe, 21. 2. 1727, StaA., Rep. 4, A IV c, 252.

247   StaA., Rep. 4, C III a, 134.

mehren. Am 10. Mai teilte er den Niederlanden und der ostfriesischen Landesherrschaft seinen Entschluß mit und ermahnte die »Renitenten«, von jeder Gewalt abzulassen[248].

Die Aussicht auf preußische Hilfe behagte Brenneysen jedoch nicht. Schon im März dieses Jahres hatte er Fürst Georg Albrecht dazu geraten, einen vom dänischen Kronprinzen vorgeschlagenen Vergleich mit Brandenburg-Preußen hinsichtlich der Exspektanz abzulehnen, obwohl ein solcher Vergleich wirksame Hilfe bedeutet hätte. Weil die ostfriesische Landesherrschaft, so Brenneysen damals, langfristig mehr von einer Unterstützung durch den Kaiser, Braunschweig-Wolfenbüttel und Kurhannover zu erwarten habe, die alle durch einen solchen Vergleich vor den Kopf gestoßen worden wären, solle sie auch weiterhin auf kaiserliche Hilfe hoffen[249]. Auf dem Brief des preußischen Königs vom 10. Mai vermerkte Brenneysen daher, daß vorerst keine Antwort zu erteilen sei, weil noch über die Überlassung von dänischen Truppen unter die Befehlsgewalt der subdelegierten Kommission bzw. des Herzogs von Braunschweig-Wolfenbüttel verhandelt werde[250]. Stattdessen wurde Regierungsrat von Langeln nach Berlin geschickt, um über den dortigen kaiserlichen Gesandten, den Grafen von Seckendorff, den preußischen König dazu zu bewegen, auf die Verlegung zusätzlicher Soldaten nach Ostfriesland zu verzichten; nachdem die fürstliche Miliz zweimal über die »Renitenten« gesiegt habe, seien die vorhandenen Soldaten völlig ausreichend. Von Langeln hatte mit seiner Mission Erfolg[251]. Oberstleutnant de Bezuc, der Kommandeur der brandenburgischen Garnison in Ostfriesland, bekam die Ordre, sich mit der ostfriesischen Landesherrschaft wegen der Niederschlagung der Unruhen ins Einvernehmen zu setzen[252].

Alle diese Hilfen kamen zu spät; die ostfriesische Landesherrschaft hatte mittlerweile aus eigener Kraft den »Appelle-Krieg« siegreich beendet. Es war die Tragik Fürst Georg Albrechts, in dem Konflikt mit seinen Landständen ein Opfer der europäischen »Conjuncturen« zu werden. Die Entscheidungen des Kaisers halfen ihm so lange nicht, wie in Wien die Bereitschaft fehlte, sie tatsächlich durchzusetzen. Der Reichshofrat erwies sich als ein in solchen Lagen machtloses Organ. Weil über die europäische Mächtekonstellation hinaus verschiedentlich Sonderinteressen ins Spiel kamen, mußte auch eine durch Brandenburg-Preußen mögliche frühzeitige

248 StaA., Rep. 4, B I f, 693, fol. 141 ff., 146 ff. und 150 ff.
249 StaA., Rep. 4, B I f, 703, fol. 19 ff. und 120 ff.
250 StaA., Rep. 4, B I f, 693, fol. 150.
251 Die ganze Mission StaA., Rep. 4, B I f, 707.
252 eberda, fol. 23 f., und StaA., Rep. 4, B I f, 693, fol. 155 f. Die Übereinstimmung zwischen Aurich und Berlin dauerte allerdings nicht sehr lange. Schon ab Ende Mai 1727 protegierte Preußen wieder die »Renitenten« und verlangte von Fürst Georg Albrecht, die dänischen Truppen nach Oldenburg zurückzuschicken und die Eingesessenen nicht mehr mit Einquartierungen und dergleichen Beschwerungen zu plagen, ebenda, fol. 158 f., 161 ff., 179 ff. und passim.

Hilfe unterbleiben. Erst Georg Albrechts Sieg konnte der kaiserlichen Jurisdiktion und Autorität wieder zum Durchbruch verhelfen.

9. Einzeluntersuchungen

Nachdem der »Appelle-Krieg« im Abriß bereits dargestellt worden ist, sollen im folgenden Einzeluntersuchungen zu verschiedenen Aspekten angestellt werden, die das Geschehen dieser Jahre so konkret werden lassen, daß ein angemessenes Urteil möglich wird.

9.1. Bemühungen um Ausweitung der Bewegung

Hatten die »Renitenten« sich schon seit dem Beginn der Spaltung Ende 1724 darum bemüht, ihre Basis möglichst breit zu gestalten, so erst recht nach dem Beginn der gewaltsamen Auseinandersetzung. Gleich nach ihrem Sieg am 7. Februar 1726 verschickten die in Leer versammelten Communherren Briefe an die Kirchspiele des zum Amt Emden gehörenden Niederreiderlandes und des Amtes Stickhausen mit der Aufforderung, sich ihnen anzuschließen. Diese Briefe und ihr sich im Laufe der folgenden Wochen und Monate wandelnder Ton sagen viel über die Realität des »Appelle-Krieges« aus.

Am 10. Februar 1726 bekamen die »Geehrteste(n) Freunde« aus dem Amt Stickhausen einen Brief[253], der mit den Sätzen begann: »Es ist bekand, was Barbarische und Tirannische Handlungen zu Lehr an denen wohlmeinenden (Leer)Ohrtmer Ambts Eingeseßenen durch dieser Tagen aufgebottene Lengener Bauren et Consorten geschehen ist, woraus zur genüge zu ersehen, was für eine regirung einzuführen stehet«. Die Communherren erklärten, es gehe ihnen nur um die Verteidigung der »wohlhergebrachten, so theuer erworbenen Accorden«; sie könnten daher nicht glauben, daß sich die Eingesessenen des Amtes Stickhausen gegen ihre eigenen Mitstände und gegen ihr eigenes Interesse gebrauchen lassen wollten und erwarteten die Abschickung von Deputierten nach Leer. Niemand habe etwas zu befürchten, vielmehr würden sie »alß unsere Brüdere und Mit-Eingeseßene, so lieb uns unsere eigene wolfarth ist«, behandelt werden. Sie wollten »gemeinsahm die Hände in ein ander schlagen und auf ein oder ander arth alle unruhe auß dem Lande suchen wegkzunehmen, dan Wir gerne Ihro Durchl. alle gehorsam zu leisten nach einhalt der accorden so willig alß bereit seyn, dazu der (!) große Gott bitten, Er wolle Ihro Durchl. Hertze bewegen, seine

253 StaA., Rep. 4, C III b, 25.

getreueste Unterthanen nicht zu verderben, sondern dem Lande ruhe (zu) versorgen«. Deutlich ist hier abzulesen, daß es darum ging, den Widerstand gegen eine als tyrannisch empfundene Regierung als rechtmäßig hinzustellen und klar zu machen, daß eine Beteiligung an der Bewegung der »Renitenten« kein Ungehorsam gegen die Landesherrschaft sei. Diese Klarstellung war insbesondere für die Eingesessenen eines lutherischen Amtes notwendig, in dem der fraglose Gehorsam gegen die Obrigkeit gepredigt wurde.

Am 26. Februar erhielten die Stickhauser Amtseingesessenen einen zweiten Brief[254], auch dieser gerichtet an die »Geehrteste(n) Freunde und geliebte(n) Nachbarn«. In diesem Brief wiesen die Absender mit Entrüstung das böswillig ausgestreute Gerücht zurück, die Emder ständische Garnison und die Communherren aus dem Amt Leer trachteten danach, »unseren Brüdern in Christo, so der Lutherischen Religion zu gethan sind«, die Kirchen zu ruinieren. Dieses Gerücht wolle nur »die bedrückten Ostfrießländischen Eingesessenen gegen einander (...) verbittern«. Die Communherren stellten erneut klar, daß sie nichts verlangten, als nach ihren »wohlhergebrachte(n), so theuer erworbene(n) Accorden und Verträgen regiret zu werden«, und wiederholten die Aufforderung, Bevollmächtigte zur gemeinsamen Beratung der Landesangelegenheiten nach Leer zu schicken.

Nach dem zweiten gewaltsamen Zusammenstoß zwischen den »Renitenten« und der von aufgebotenen Bauern unterstützten fürstlichen Miliz am 7. April wandelte sich der Ton solcher Briefe. Die Eingesessenen vom Amdorf und Neuburg im Amt Stickhausen erhielten folgendes Schreiben[255]: »Es hat die vereinigte Communen sehr befremdet, daß Ein und ander aus Eure(n) Communen sich haben gegen Lehr und uns in die Waffen begeben, umb mit theil zu nehmen an dem Muthwillen der Gewalttreibenden Leuten, also sagen wir Euch hiemit, daß Ihr in Zeit 24 Stunden Euer freywilliges Contingent mit gnugsahme Bevollmächtigte alhie sendet; so nicht, werden wir Euch als unsere offenbahre Feinde tractiren, wann Ihr aber durch Eure Bevollmächtigte hie erscheinet, habt ihr für uns nicht(s) zu fürchten, und werden euch auch maintenieren«. Der Brief schloß mit der Hoffnung, daß »der große Gott wird unsere(r) gerechte(n) Sache weiter beystehen, uns und Euch Mannhafftig Hertz verleihen, umb allen Gewalt treibenden Leuten zu steuren, und einen accordmäßigen Frieden verleihen«. Der Erfolg hatte den »Renitenten« Stärke verliehen; sie brauchten nicht mehr zu bitten, sondern konnten bereits drohen, vergaßen dabei aber den Hinweis auf ihre im Grunde friedlichen Ziele nicht. Dieser Hinweis war nicht einmal unwahr, denn nach der ehrlichen Überzeugung der »Renitenten« war es die Landesherrschaft, die friedbrüchig handelte und eine Tyrannei aufzubauen trach-

254   ebenda.
255   ebenda.

tete. Wer den für rechtmäßig gehaltenen Widerstand aber ablehnte, womöglich die Partei der Landesherrschaft gegen die »Renitenten« ergriff, der galt als Feind der ständischen Freiheit.

Die im Laufe des Sommers 1726 zunehmende Stärke der »Renitenten« erlaubte es ihnen, auch widerstrebende Kirchspiele auf ihre Seite zu bringen. Jetzt hielten sie sich nicht mehr lange mit patriotischen Erklärungen auf, sondern schrieben Briefe wie den, der am 6. Juli an die Bauerrichter von Potshausen, Amt Stickhausen, ging[256]. »Es wird euch eingeseßene(n) von Potshusen hiemit angedeutet, daß ihr morgen früh alhie zu Lehr 8 Mann täglich auff die wacht bringen sollet, wenn ihr aber solches nicht nachlebet, so werden wir euch in kurtzer Zeit die visite geben«. »Die Visite geben«, das war eine offene Drohung mit militärischen Zwangsmaßnahmen, die bereits manches andere Dorf über sich hatte ergehen lassen müssen. Dieser Brief in seiner lapidaren Kürze hat unverkennbar Züge eines obrigkeitlichen Mandates an sich, die in dem »Zwangbrief[257]«, den die Schüttemeister von Hage, Amt Berum, nach dem Einmarsch der »Renitenten« in Norden am 25. August 1726 bekamen[258], ganz deutlich werden. Ihnen wurde nämlich bei 500 Reichstalern Strafe befohlen, allen Eingesessenen ihres Kirchspiels im Namen der »Vereinigten Ämter« Emden, Greetsiel, Leer und Stickhausen bekannt zu machen, daß »obgedachte Ämter ihnen etwas zu allerseits Nutzen und beybehaltung der allgemeinen Freyheit dienendes vorzustellen hätten« und deswegen die Absendung von Deputierten nach Norden verlangten. Kämen die Kirchspieleingesessenen dieser Aufforderung nicht nach, hätten sie zu gewärtigen, daß ihnen »nach Ansehen ihrer Halsstarrigkeit solche willkührliche(n) Straffen, wie man dann guht finden würde, ohne eintzige Verschonung würden abgeholet werden«. Das Amt Berum, das im Machtbereich der »Renitenten« lag, mußte sich solchen Quasi-Mandaten der in Norden versammelten »Vereinigten Ämter« beugen. Ein wirklich freiwilliger Anschluß an den »Appelle-Krieg« war in diesem Amt mit seinen großen Moor- und Heidegebieten von vornherein nicht zu erwarten. Lediglich eine kleine Anzahl von Familien, die fast ausschließlich die Landtagsdeputierten gestellt hatten, waren zu einer aktiven Verteidigung der Akkorde bereit, so Heino und Michael Sassen und der 1724 unter dem Einfluß der landesherrlichen Beamten von seinem Amt als Leutnant des Bauernaufgebotes abgelöste Albertus Gnaphaei Gerdes.

Anders war die Situation des abseits gelegenen armen Amtes Friedeburg. Dieses Amt lag auch nach der Besetzung Nordens nicht im Machtbereich

---

256 ebenda.
257 Alle Schreiben der »Renitenten« an die Eingesessenen der gehorsamen Ämter, auch wenn in ihnen keine Drohung enthalten war, hat Brenneysen unter dieser Rubrik gesammelt.
258 StaA., Rep. 4, C III b, 25.

der »Vereinigten Stände« und bekam daher einen freundlicher gehaltenen Brief[259]: »Gleichwie nicht zu zweiffeln, ein jeder Wohlmeinender ostfriesischer Patriot und Eingesessener werde sich jederzeit die Beybehaltung der theuren Accorden angelegen seyn laßen, also haben wir auch zu den Herren das Vertrauen, dieselbe werden in diesem Punct mit uns einig seyn«; sie hätten zum Ziel nur »die aus Nachlebung der Accorden ohnzweiffentlich fließende Ruhe und Friede des Landes« und versprachen bei Ehre, Treu und Glauben, daß den Eingesessenen des Amtes Friedeburg nichts geschehen solle, wenn sie sich mit ihnen vereinigten. Die Schüttemeister von Horsten, Etzel und Marx schrieben darauf im Namen des ganzen Amtes zurück[260], die Beibehaltung der Akkorde liege ihnen ebenso sehr am Herzen wie jedem ostfriesischen Patrioten. In der »Beobachtung der waaren Freyheit und rechten Wollfahrt« wüßten sie sich mit den in Norden Versammelten einig, daher brauche es einer Aufforderung zur Vereinigung nicht. Die streitigen kaiserlichen Dekrete von 1721 und 1723 hätten sie jedoch mit großem Vorbehalt anerkannt, weil diese dem Amt Friedeburg, »welches ohnedehm nach der bekannten Special-Liste[261] mit Herrschafftlichen Gefällen und beheerdischen Heuern[262], auch schweren Hoffdiensten, wovon andere Ämbter nichts wissen, entsetzlich beladen und überdehm in Ansehung anderer Ämbter (...) unproportionirliche Schatzungen bey bringen muß«, eine große Last von der Schulter genommen hätten. Sie wiesen den in dem Schreiben enthaltenen Herrschaftsanspruch der »Renitenten« über sich zurück — ein Stand habe dem andern nichts vorzuschreiben — und schlossen mit dem für die unübersichtliche Lage dieser Zeit bezeichnenden Satz: »En fin, wir Friedeburger suchen Friede, wir bitten, daß die Herren uns als abgelegene doch belieben, in ruhe zu laßen, wir bitten und begehren Friede; wir wollen es auf die Herren an kommen laßen und sehen, waß Sie werden Gutes und Vortheilhafftes für den Dritten Stande erstreiten, daß soll uns mit gelten«.

Der Hinweis auf die besonderen Belastungen des Amtes Friedeburg, die die Eingesessenen der anderen Ämter nicht oder nur z. T. zu tragen hatten, ist an dieser Antwort besonders aufschlußreich. Das Amt Friedeburg, dem ein ausgeprägtes ständisches Selbstbewußtsein wegen der begrenzten wirtschaftlichen Möglichkeiten und einer deshalb geringen sozialen Differenzierung fehlte, stand der bisherigen Politik der Stände und ihren dominierenden Personen durchaus kritisch gegenüber. Soziale Minderwertigkeits-

---

259 ebenda, Brief der »Vereinigten Ämter« Emden, Greetsiel, Leer, Aurich, Norden und Stickhausen vom 29. 8. 1726.

260 ebenda, Brief vom 3. 9. 1726.

261 Gemeint sind die dem Osterhuser Akkord von 1611 angehängten Spezialverträge eines jeden Amtes mit der Landesherrschaft, in denen alle Dienste und Abgaben fixiert und geregelt worden waren.

262 Siehe oben S. 33 f.

gefühle ließen die Stände wohl als weit über dem Amt Friedeburg stehend erscheinen; mit ihrer alleinigen Zuständigkeit in Schatzungsangelegenheiten mochten sie gar als Quasi-Obrigkeit aufgefaßt werden. Jetzt, da die ständische Führungsschicht das Amt Friedeburg hofierte und zum Übertritt auf ihre Seite zu bewegen versuchte, bekam sie den Mißmut der bisher Benachteiligten zu spüren; die augenblicklichen Gewaltaktionen waren nicht dazu angetan, einen solchen Vorbehalt abzubauen. Eine »Friesische Freiheit«, die dazu geführt hatte, daß das Amt Friedeburg an seinesgleichen überproportional Schatzungen bezahlen mußte, war hier kein Wert, der durch die Landesherrschaft oder die kaiserlichen Dekrete in Gefahr gebracht werden konnte. Immerhin wollten die Friedeburger ihre weiteren Entscheidungen noch nicht endgültig festlegen; falls die Bewegung der »Renitenten« Vorteile erreichen sollte, die dem Amt Friedeburg zugute kommen könnten, wollten sie ihre Ablehnung noch einmal überdenken.

Die Bereitschaft, notfalls mit Gewalt für die Verteidigung der ostfriesischen Akkorde einzutreten, war, das läßt sich als Fazit ziehen, davon abhängig, wie konkret die Vorteile waren, die die Akkorde für die einzelnen Ämter oder Kirchspiele bewirkten. Die »Ostfriesische Freiheit« als abstrakter Wert war dagegen nur sehr bedingt geeignet, die Entscheidung für den Widerstand gegen eine Tyrannei verheißende Landesherrschaft zu beeinflussen.

9.2. Exemplarische Darstellung des »Appelle-Krieges«

9.2.1. Pilsum und die nördliche Krummhörn[263]

Der Beginn des »Appelle-Krieges« vollzog sich im Bereich der Krummhörn zwar ähnlich wie in Leer und im Oberreiderland, nämlich mit der eigenmächtigen Einsetzung von Akzisepächtern des alten Administratorenkollegiums, aber bei weitem nicht so dramatisch. Beide Seiten, die Landesherrschaft und die »Renitenten«, konzentrierten ihre Kräfte zunächst auf den Schauplatz Leer. So waren es in der Krummhörn vor allem Emder Matrosen und Hafenarbeiter sowie Mitglieder des Bauernaufgebotes, unter deren Schutz die Pegelung der akzisepflichtigen Waren vorgenommen wurde. Der gemeinsame Drost der beiden Ämter Greetsiel und Pewsum floh

263 Einige Ausführungen zum »Appelle-Krieg« in der Krummhörn, vor allem im Bereich des Amtes Pewsum, hat Gerhard D. O h l i n g , Kulturgeschichte, S. 119—125, gemacht. Allerdings sind ihm dabei manche Fehler unterlaufen, so etwa die Zuordnung der beiden Administratoren des dritten Standes, Warner ter Braeck und Dr. Coop Ibeling von Rehden, zur Ritterschaft. Von Rehden war auch nicht Besitzer der Herrlichkeit Rysum, sondern wohnte in Leer.

am 10. Februar 1726 auf das Gerücht, er solle gefangen genommen werden, nach Aurich, was dort sehr übel aufgenommen wurde; Brenneysen warf ihm vor, durch seine Flucht die gehorsamen Eingesessenen irre gemacht zu haben und schickte ihn sofort nach Pewsum zurück[264]. Anfang März kam ein kleineres Kommando der Emder Garnison unter Kapitän Cramer in die Krummhörn, um die »Renitenten« bei der Sicherung der Akzisekontore zu unterstützen[265]. Landesherrliche Befehle an das Bauernaufgebot konnten in dieser Situation nichts bewirken, weil nach dem Bericht der Greetsieler Beamten fast alle Offizianten zu den »rebellischen Unterthanen« gehörten[266]. Zwar wurden bei einer fürstlichen Gegenaktion mit den aufgebotenen Nordbrokmer Bauern am 12. Februar in Wirdum einige »Renitente« gefangen genommen und das Haus des Bauernhauptmanns Jacob Campen geplündert[267], aber das bedeutete keinen Rückschlag. Die bei der Veröffentlichung der kaiserlichen Dekrete im März vorgenommene Verbrennung von Strohpuppen, die ständischen Führer darstellend — als geistiger Urheber wurde der Pewsumer Drost angesehen[268] —, war vielmehr geeignet, die Bereitschaft zum Widerstand zu steigern. Nachdem ein »Conventiculum einiger Auffrührer« am 5. März in Groothusen, Teilnehmer waren u. a. die Pilsumer Interessenten Habbe Richts, Johann Gaicken, Claes Heepckes und Agge Richts, zu keinem Ergebnis geführt hatte[269], wurden die Bemühungen, die Bewegung in den Ämtern Emden und Greetsiel zu koordinieren, intensiviert. In Hinte fand am 14. März eine Versammlung von Deputierten beider Ämter statt, auf der über die Einwilligung von Geldern zum Unterhalt einer Schutztruppe für beide Ämter beraten wurde[270].

Ab Ende März wurde das Amt Pewsum, das an der ständischen Verfassung Ostfrieslands nicht teil hatte[271], mit in die Pegelung der akzisepflichtigen Waren einbezogen und Pewsum selbst besetzt. Den Eingesessenen wurde ein Revers zur Unterschrift vorgelegt, nur den Pächter des alten Kollegiums sowie dieses selbst anzuerkennen; andernfalls sollten sie 600 fl. Brüche bezahlen. Eine Anzahl Pferde und Kühe wurde zu diesem Zweck im voraus gepfändet. Die das Kommando der Emder Garnison begleitenden Bauernaufgebote von Larrelt und Hinte unter dem Kommando der langjährigen

264   Berichte von Spechts vom 10. und 11. 2. 1726 mit daraufgesetztem »Rescribatur«, StaA., Rep. 4, C III b, 34.
265   Bericht von Spechts vom 4. 3. 1726, ebenda.
266   Bericht der Greetsieler Beamten vom 8. 2. 1726, ebenda.
267   Bericht der Greetsieler Beamten vom 13. 2. 1726, ebenda. Die Gefangenen waren alle Emder Matrosen, vgl. unten Anm. 306.
268   Bericht von Spechts vom 13. 3. 1726 mit Beilage, ebenda.
269   Bericht von Spechts vom 7. 3. 1726, ebenda.
270   Bericht des Greetsieler Amtmanns Zernemann vom 15. 3. 1726, ebenda.
271   Siehe oben S. 34.

Ordinärdeputierten Lehling und van Wingene sowie die Bauern von Pilsum, Visquard und Manslagt unter der Führung von Habbe Richts aus Pilsum wollten sich an der Aktion gegen Pewsum jedoch nicht beteiligen, weil es dabei über die Grenzen ihrer Ämter hinaus ging, und hatten sich deswegen vorher nach Hause begeben[272]. Hier wird in Ansätzen ein auf die Grenzen der jeweiligen Ämter fixiertes Amtsbewußtsein sichtbar, das sich im Laufe des »Appelle-Krieges« noch mehrfach finden läßt.

Sicco Mennen aus Greetsiel, der seit November 1724 Ordinärdeputierter des neuen Administratorenkollegiums in Aurich war, bekam durch den Emder Notar Niemann in Begleitung von etwa 20 Pilsumer Eingesessenen ein förmliches Mandat der alten Administratoren zugestellt, in dem ihm verboten wurde, weiterhin als Ordinärdeputierter aufzutreten, andernfalls müsse er mit seinem gesamten Vermögen haften[273]. Dirk Herlyn aus Visquard, ein über siebzigjähriger Mann, der ebenfalls als Ordinärdeputierter zum Auricher Kollegium gehörte, erging es ähnlich[274]. Hier läßt sich die die ganze Auseinandersetzung bestimmende Rechtsauffassung erkennen, nach der die akkordenverachtende Politik der Landesherrschaft a priori Schaden für das Land bedeute, den selbstverständlich jeder, der sich dabei als Werkzeug der Landesherrschaft gebrauchen ließ, abzutragen verpflichtet sei.

Waren die Ereignisse der ersten Wochen und Monate seit dem Beginn des »Appelle-Krieges« mehr davon bestimmt gewesen, in Ad-hoc-Aktionen die Akzisekontore zu sichern, während von einem planmäßigen Widerstand und einer längerfristigen Perspektive noch nichts zu spüren war, so änderte sich das nach dem Sieg der »Renitenten« in Leer am 7. April 1726. Der »Appelle-Krieg« bekam im Amt Greetsiel erst jetzt seine wirkliche Dimension. Am 8. April besetzte Kapitän Cramer mit seinen Soldaten die Burg in Pewsum[275] und machte sie für die nächsten Monate zum militärischen Hauptquartier dieser Gegend. Während eines neuen Aufgebotes der Bauern der Ämter Emden und Greetsiel zum Schutz gegen einen vom Brokmerland her befürchteten Angriff ging es erneut um die Geldbewilligung zum Unterhalt einer Schutztruppe, und dieses Mal kam es zum Schwur: Die Eingesessenen beider Ämter waren einhellig entschlossen, »die Vrey-

272 Berichte von Spechts vom 30. und 31. 3. 1726, StaA., Rep. 4, C III b, 34. Ähnliche Probleme hatten sich auch im Amt Leer ergeben. Im März 1726 z. B. machten viele Reiderländer Bauern große Schwierigkeiten, weil sie an einem »Ausfall« nach Uplengen, Amt Stickhausen, nicht teilnehmen wollten. Beilage zum Bericht des Leeraner Amtmanns Kettler vom 22. 3. 1726, Rep. 4, C III b, 35, Vol. II.
273 Anzeige Sicco Mennens bei der Auricher Kanzlei vom 28. 3. 1726, StaA., Rep. 4, C III b, 34.
274 Anzeige Harmen Ennens bei der Kanzlei vom 28. 3. 1726, ebenda.
275 Bericht von Spechts vom 8. 4. 1726, ebenda. Von Specht selbst hatte sich kurz vorher nach Osteel in Sicherheit gebracht, während der Burggraf und der Auskündiger gefangen nach Emden gebracht wurden.

heit, absonderlich unserer Landes Accorden, auff welche Arth es auch sey, entweder durch Beytragung nöthiger Geldmittel oder persöhnlicher Assistentz zu wollen verthätigen und bey zu behalten: So declariren Wir, (...) daß Wir (...) unsere theure Landes Freyheit, nach allem unserem Vermögen, *Greetmer und Embder Ambts, weiter aber nicht,* (...) mit verthätigen helffen« wollen[276]. Das eben erwähnte Amtsbewußtsein, das über die jeweiligen Grenzen nur schwer hinausreichte, ist hier mit aller Deutlichkeit zu greifen. Ständische Freiheit war diesem Bewußtsein ein konkreter Wert, der sich vor allem in den Einzelbestimmungen der Akkorde für die einzelnen Ämter manifestierte; hinter dieser Begrenzung mußte eine auf die ständische Freiheit ganz Ostfrieslands gerichtete Solidarität, aus der die Bereitschaft zur Verteidigung der Akkorde auch außerhalb des engeren Amtsbereiches erwachsen konnte, zurücktreten[277]. Ostfriesland als Gesamtheit war gelegentlich erst in Ansätzen ein wirksamer Bewußtseinsinhalt.

Am 9. April 1726 erließ die Landesherrschaft an die Ämter Emden und Greetsiel ein Mandat[278], das die »renitenten« Eingesessenen aufforderte, sofort die Waffen niederzulegen und nach Hause zu gehen, den landesherrlichen Beamten keinerlei Hinderung in ihrer Amtsausübung entgegenzusetzen, alle geflüchteten Personen zurückkehren zu lassen und die im Amt sich aufhaltenden Soldaten der Emder Garnison »wegzuschaffen«. Dagegen erklärte sich der Landesherr »für seine Person« zum »Pardon der verdienten Strafe« bereit. Falls Deputierte zur Beratung nach Aurich geschickt werden sollten, wurde freies Geleit zugesichert. Auf einer Amtsversammlung in Visquard am 16. April wurde dieses Mandat behandelt und die folgende Antwort beschlossen[279]. »Mit äußerster Wehmut« hätten die Interessenten des Amtes Greetsiel bemerken müssen, daß Fürst Georg Albrecht die falsche Meinung beigebracht worden sei, »alß wan die eingeseßne wieder Ihro Kayserl. Mayest. und Ihro Durchl. die waffen ergriffen« hätten; es sei landkundig, daß sie »bey ermangelung des obrigkeitlichen Schutzes« nur zur Abwehr solcher unerträglichen Gewalt, wie sie Hauptmann Jacob Campen getroffen habe[280], die ständische Miliz zu Hilfe gerufen hätten. Sie wollten in Ruhe und Frieden ihrem Broterwerb nachgehen, würden darin aber im Moment gestört. Die Flucht mancher Beamten hätten nicht sie zu verantworten; nie hätten sie diesen Hinderungen gemacht, sie könnten aber

276 Beilage zum Bericht von Spechts vom 12. 4. 1726, ebenda. Hervorhebung vom Verf.

277 »Die Stände verbünden sich nicht über ihre Landschaft hinaus«, konnte O e s t r e i c h , Vorgeschichte des Parlamentarismus, S. 79, als Grundzug aller zusammengesetzten Territorien in der frühen Neuzeit feststellen. Wie sich hier zeigt, waren oft bereits die Amtsgrenzen ein bewußtseinsbestimmender Faktor, offenbar gefördert durch die Tatsache, daß die Bauern einen großen Anteil an der ständisch berechtigten Bevölkerung stellten.

278 StaA., Rep. 4, C III b, 26.

279 ebenda.

280 Siehe oben S. 304.

nicht ändern, »wann das gemeine Volck wieder dieselbe so sehr erbittert, daß dieselbe sich bey den ihrigen nicht sicher zu seyn erachtet«. Die Erfüllung der diesbezüglichen landesherrlichen Forderung werde davon abhängen, ob »alle Hinderungen des ruhestandes durch ungekränckte Beybehaltung der Accorden auß dem weege geräumet werde(n) und allen gewalttreibenden Leuten einhalt geschehen möge«. Weil nach wie vor vielen Leuten »Jammer und Elend, ja der gäntzliche ruin« angedroht werde, könne ihnen »die entäußerung der ständischen Miliz ohnmöglich nach Recht zugemuhtet werden«. Die Pardonerklärung des Landesherrn wurde als unnötig zurückgewiesen, weil niemand von ihnen sich eines Verbrechens schuldig gemacht habe. Unterschrieben hatten diese Erklärung 26 Deputierte aus den Kirchspielen Manslagt, Pilsum, Groothusen, Visquard, Hamswehrum, Upleward und Wirdum, wobei die »Amts- und Arbeitsleute«, also die unter den Interessenten stehenden Handwerker, Kleinbauern und Landarbeiter, ausdrücklich mit erfaßt waren. Von Pilsum z. B. hatten neben dem Interessenten Jan Gaicken und dem kleineren Landeigner Jürgen Frerck Schuel der Barbier Dirck Staal und der Weber Albert Harmens für diese Bevölkerungsschicht unterzeichnet. Eine inhaltlich gleiche Antwort gaben auch die in Hinte versammelten Eingesessenen des Amtes Emden[281]. Trotz der kaiserlichen Dekrete vom Januar 1726, die die Maßnahmen der Landesherrschaft und der subdelegierten kaiserlichen Kommission bestätigten, beharrten die »Renitenten« auf ihrem Rechtsstandpunkt. Alle Angriffe gegen sich werteten sie als offen friedbrüchige Aktionen, gegen die sie sich in Ermangelung des obrigkeitlichen Schutzes selbst zur Wehr zu setzen müssen meinten. Ausschreitungen wie die Plünderung im Hause Jacob Campens in Wirdum boten dafür einen guten Hintergrund; die skizzierte Rechtsauffassung basierte jedoch nicht darauf, sondern legitimierte sich viel grundsätzlicher. Die auf Seiten der »Renitenten« selbst vorgekommenen Plündereien fielen in dieser Argumentation natürlich unter den Tisch bzw. wurden als Pfändungen zur Bezahlung der Kosten für die Rettung des Landes, d. h. konkret der ständischen Verfassung und Freiheit, verstanden.

Nachdem sich die Führer der ständischen Bewegung im Amt Greetsiel so weit exponiert hatten, versuchten sie in den Tagen danach, alle Kirchspiele und Einzelpersonen, die sich bis 1724 den kaiserlichen Dekreten unterworfen hatten, zum Widerruf ihrer Paritionsanzeigen zu bewegen. Spannungen entstanden dabei, und bezeichnende Äußerungen derjenigen, die nicht in der vordersten Reihe der Nutznießer ständischer Politik standen, blieben nicht aus. So brachte Peter Janssen aus Eilsum Leo van Wingene, einen der ständischen Führer, zur Weißglut mit der Frage, »ob denn darin die Frey-

281   StaA., Rep. 4, C III b, 26.

heit der Ostfriesen bestehen solte, daß man wieder alle Billigkeit immer nach seines gleichen pfeiffen solte dantzen oder sonsten gewertigen müßen, daß man gewaltsahmer weise deßwegen executiret oder auch woll gar selbst gefänglich hinweggeschleppet werden würde[282]«? Eine unter der Leitung der alten Administratoren in Groothusen stattfindende Amtsversammlung bewilligte jetzt einhellig die Zahlung von 1 Witte pro Gras und Woche zum Unterhalt der zum Schutz des Amtes in Pewsum liegenden Soldaten der Emder Garnison. Pilsum war dabei durch Jan Gaicken, Jürgen Schuel und seinen Schwiegersohn, den Barbier Staal, vertreten[283]. Bei Zahlungsunwilligen, erst recht bei den fürstlichen Heuerleuten, wurde dieses sog. Wittengeld durch militärische Exekution eingetrieben[284].

Bis zum Sommer kehrte Ruhe im Amt ein; ganz gewöhnlicher Alltag herrschte, mit dem einzigen Unterschied, daß nicht die Landesherrschaft, sonder die »Renitenten« die oberste Gewalt ausübten. In der Praxis hatte das vorerst kaum Konsequenzen. Bei der Vorbereitung des Angriffs auf Norden und das Brokmerland im August 1726 kam es zu Schwierigkeiten, die nach der Erklärung vom 11. April, nur innerhalb der Grenzen der Ämter Greetsiel und Emden für die ständische Freiheit kämpfen zu wollen, keine Überraschung waren. Zwar ließ in Pilsum Habbe Richts am 2. August die Glocke schlagen und ordnete bei Strafe von 100, 50 bzw. 25 Reichstalern, je nach Vermögen, ein allgemeines Aufgebot an, auf einer am nächsten Tag in Visquard stattfindenden Amtsversammlung wollte sich jedoch kaum einer zum Marsch nach Norden bereit finden. Dem Aufgebotsbefehl folgten nur etwa 60-70 Eingesessene nach Grimersum, wo sie sich mit den Soldaten der Emder Garnison und den Reiderländer Bauern vereinigen sollten, zogen aber am nächsten Tag truppweise nach Hause zurück. Aus Pilsum waren die beiden Interessenten Habbe Richts und Mencke Hinrichs, der kleinere Landeigner Jürgen Schuel und sein Schwiegersohn, der Barbier Staal, nach Grimersum gekommen[285]. Einem neuen Aufgebotsbefehl leisteten seit dem 17. August zwar 200-300 Eingesessene Folge, sie waren jedoch z. T. nur ungenügend bewaffnet und nach wie vor nicht willens, derartige Expeditionen außerhalb ihres Amtes mitzumachen. Erst der massive Druck der ca. 2000 Reiderländer Bauern, die zu dieser Zeit im Amt Greetsiel standen, bewirkte die Teilnahme der Greetsieler Eingesessenen; lediglich die in Wirdumer-Neuland wohnenden Mennoniten wurden gegen Zahlung von 350 Gulden von dieser Pflicht befreit[286].

282 Bericht des Greetsieler Amtmanns Zernemann vom 16. 4. 1726, StaA., Rep. 4, C III b, 34.
283 Bericht der Greetsieler Beamten vom 29. 4. 1726, ebenda.
284 Bericht der Greetsieler Beamten vom 18. 5. 1726 sowie ihre Berichte aus der zweiten Hälfte Juli 1726, ebenda.
285 Zum ganzen Vorgang die Berichte der Greetsieler Beamten vom 2., 3., 4. und 6. 8. 1726, ebenda.
286 Berichte der Greetsieler Beamten vom 17., 19. und 26. 8. 1726, ebenda.

Nach der Besetzung Nordens und dem teilweise erzwungenen Übertritt der Ämter Norden, Berum und Aurich zu den »Vereinigten Ständen« bekam der »Appelle-Krieg« im Amt Greetsiel abermals eine neue Dimension. Nach dem Vorbild des Amtes Leer wurden Communherren gewählt bzw. bestimmt: in Pilsum Agge Richts, in Groothusen Johann Wiltfang, in Upleward Claes Crynes Ohling, in Visquard Jannes Ulffers, in Grimersum Lüppe Eggena, in Wirdum Jacob Campen und in den zum Flecken Greetsiel gehörenden Kommunen Hauen und Sloet Ebe Ulffers. Ihr »Officium (soll) haubtsächlich darin bestehen«, urteilten die Greetsieler Beamten, »daß sie dasjenige, was ihnen aufgetragen werden möchte, zu executiren und in denen übrigen in den Communen entstehenden Streitigkeiten und Vorfällen zu decidiren haben sollen«[287].

Das Amt Pewsum hatte wegen seiner teilweise offen prolandesherrlichen Haltung seine eigenen Probleme. Vielfach konnte das in diesem Jahr nach der langen Notzeit seit 1717 erstmals wieder reichlich gewachsene Getreide nicht rechtzeitig geerntet werden, weil die Eingesessenen z. T. auf der Flucht waren und im übrigen ein großer Mangel an Pferden bestand[288]. Die in diesem Amt vorhandene Zweikonfessionalität machte sich im kleinen so bemerkbar, wie sie sich in Ostfriesland als ganzem auf die Parteinahme im »Appelle-Krieg« auswirkte. Der Pewsumer Drost berichtete, daß im Gegensatz zu den lutherischen Dorfschaften seines Amtes das »der Reformirten Religion zugethane Dorff Campen (sich) desto schlechter (bezeigt), als welches nicht nur nebst einigen Eingeseßenen von eben solcher Reformirten Religion aus Loquard (sc. Loquard war in der großen Mehrheit lutherisch) die bekannte Verschreibung verrichtet und sich bey denen Rebellischen Unternehmungen mit eingefunden, sondern sich auch so gar gebrauchen laßen, ihre Nachbahrn und Ambts-Mit-Eingesessene zu Pewsum mit helffen auszuplündern«[289]. Diese Unterstützung der »Renitenten« ist als Ausdruck der in einem zweikonfessionellen Amt ständig latent vorhandenen Spannung zwischen Lutheranern und Reformierten zu werten. Darüber hinaus bestand zwischen Campen und der Stadt Emden, die sich um 1640 massiv gegen die geplante Einsetzung eines lutherischen Predigers durch den Landesherrn gewandt und damit zur Beibehaltung des reformierten Bekenntnisses entscheidend beigetragen hatte[290], über den Coetus, die wöchentliche Versammlung der reformierten Prediger Ostfrieslands, eine enge Verbindung, die sich hier offenbar auswirkte.

287   Bericht der Greetsieler Beamten vom 26. 8. 1726, ebenda.
288   Bericht von Spechts vom 2. 9. 1726, StaA., Rep. 4, C III b, 38. Vgl. dazu auch die Klage der Wwe.
      Reins aus dem Pewsumer Hammrich über die verspätete Ernte bei O h l i n g , Kulturgeschichte, S.
      80. Die dort genannte Jahreszahl 1727 ist allerdings falsch, gemeint ist 1726.
289   Bericht von Spechts vom 4. 9. 1726, StaA., Rep. 4, C III b, 38.
290   Vgl. zu den Auseinandersetzungen um die Pfarrerbestellung in Campen S m i d , Kirchengeschichte, S. 291 ff., und Jannes O h l i n g , Campen, S. 57—59.

Anfang Oktober wurde auf einer Amtsversammlung u. a. darüber beraten, ob nicht, nach dem Vorbild des Amtes Leer, auch im Amt Greetsiel der Landesherrschaft die Abgaben verweigert werden sollten, um sie damit zur Nachgiebigkeit zu zwingen[291]. Im Laufe der folgenden Wochen wurde dieses Mittel immer bewußter eingesetzt. Jacob Campen aus Wirdum äußerte auf einer Deichachtsversammlung, »sie wüsten woll, daß sie dem Fürsten Praestationes schuldig wären, sie wollten aber nicht ehender zahlen, biß der Fürst sich mit ihnen gesetzet, sie wollten über 14 Tage absolute einen Land-Tag halten«[292]. Hier wird deutlich, daß es bei der Verweigerung der Abgaben nicht darum ging, wegen der günstigen Gelegenheit eine Reduzierung oder Aufhebung der Zahlungsverpflichtung zu erreichen, sondern die »Renitenten« standen zu ihren 1611 endgültig ausgehandelten Belastungen. Einzig die Beachtung der Akkorde durch die Landesherrschaft wollten sie gewährleistet wissen, und nur zu diesem Ziel machten sie von ihrem Widerstandsrecht auch auf diese Weise Gebrauch. Auf derselben Ebene lag das Verbot an alle landesherrlichen Unterbeamte, Vögte, Gerichtsdiener etc., ihren Dienst auszuüben; wer sich nicht danach richte und sich in Dienstausübung »betreten laße«, dem wurde sofortige Verhaftung angedroht[293]. Das Verbot richtete sich zunächst gegen die exekutivische Beitreibung der verweigerten landesherrlichen Intraden. In Befolgung dieser Anordnung nahmen am 31. Dezember 1726 die Pilsumer Eingesessenen den Pewsumer Burggrafen Johann Druve, die Auskündiger Andreas Dirks, Johann Aaper und Arent Harmens sowie ihren Helfer Christoffer Wilhelms fest, als sie mit dem gepfändeten Gut zweier säumiger landesherrlicher Heuerleute über den Deich zur Rentei nach Greetsiel ziehen wollten[294]. Mit der Unterbindung derartiger Exekutionen war aber auch eine Ausschaltung des Amtsgerichtes intendiert, wie die Beamten richtig erkannten[295]. Das Bemühen zur Ausschaltung der landesherrlichen Obrigkeit nahm im Laufe des Winters noch zu. So wurde Anfang März 1727 allen Eingesessenen bei 50 Reichstalern Strafe verboten, landesherrliche Vorladungen anzunehmen oder zu befördern[296].

Während des Winters 1726/27 beschränkte sich der »Appelle-Krieg« hier wie auch vielfach sonst darauf, daß regelmäßig Wachen nach Norden ge-

291   Bericht der Greetsieler Beamten vom 7. 10. 1726, StaA., Rep. 4, C III b, 34.

292   Bericht der Greetsieler Beamten vom 16. 11. 1726, ebenda.

293   Bericht der Greetsieler Beamten vom 21. 10. 1726, ebenda.

294   StaA., Dep. 1, 1355, fol. 12 und 22 f. Habbe Richts und Behrent Jargs Tjaden, die beiden derzeitigen Schüttemeister, fragten beim Advocatus patriae Dr. Homfeld in Emden, was mit den Verhafteten geschehen sollte. Homfeld ordnete darauf an, zu antworten, die Pilsumer Eingesessenen hätten »wohl gethan«, so sollten die Arrestierten aber freilassen mit der ernsten Verwarnung, sich nicht wieder für solche Exekutionen gebrauchen zu lassen.

295   Bericht der Greetsieler Beamten vom 21. 10. 1726, StaA., Rep. 4, C III b, 34. Vgl. hierzu näher unten S. 337 ff.

296   Anzeige von Folkert Berens bei der Kanzlei vom 12. 3. 1727, StaA., Rep. 4, C III b, 34.

schickt werden mußten; im übrigen aber herrschte normaler Alltag, der eigentlich nichts von einer »Rebellion« spüren ließ. Erst das Ende März befohlene allgemeine Aufgebot nach Norden[297] brachte Änderung. Wieder ergaben sich die in einem engen Amtsbewußtsein begründeten Probleme. Das ganze Dorf Groothusen z. B. hatte, so die Greetsieler Beamten, »resolviret, nicht weiter als Grimersum zu gehen« und, »wann ihnen nach Norden sich zu begeben zugemuhtet würde, den Rückweg nach Hause zu nehmen«; darüber hinaus, urteilten die Beamten weiter, seien wegen der Strafandrohung zwar viele zum befohlenen Sammelplatz gekommen, es sei aber »gewiß, daß unter denselbigen gar wenige sich zum fechten anschicken, sondern bey der ersten Gelegenheit das reiß aus nehmen werden«[298]. Erst recht machte sich diese Unwilligkeit nach der Niederlage der »Renitenten« bei Hage am 5. April 1727 bemerkbar. Die Mehrheit des Kirchspiels Visquard war so sehr gegen ein neues Aufgebot, um Norden zurückzugewinnen, daß sie »alle diejenige(n), so sich wieder auffzuziehen unterstehen würden, mit Weib und Kindern aus dem Dorffe verjagen wollten«. Ähnlich war die Stimmung in Uttum, Hamswehrum und Upleward[299]. Nur unter starkem Druck der Emder Soldaten und der Reiderländer Bauern wurden die meisten Dörfer der nödlichen Krummhörn schließlich doch zur Befolgung des Aufgebotsbefehls gebracht, allerdings »unter entsetzlichem Heulen und Weinen der Weiber«[300]. Solche Auflösungserscheinungen zeigten sich auch bei den Kommandos der Emder Garnison; wegen unregelmäßiger Soldzahlung, aber wohl auch, weil ihnen der Einsatz gegen ihren eigenen Landesherrn — die große Mehrheit der Soldaten waren geborene Ostfriesen — nicht geheuer war, desertierten viele oder drohten zumindest offen damit[301]. Mit der Niederlage bei Norden am 25./26. April und der anschließenden Besetzung des Amtes Greetsiel durch fürstliche Soldaten endete der »Appelle-Krieg« hier.

Wer von den Eingesessenen sich besonders belastet glaubte, floh, nach Möglichkeit mit dem Großteil seiner Wertgegenstände, nach Emden. Je nach dem Maß der persönlichen Anteilnahme am »Appelle-Krieg« wurden in den Wochen danach die »Renitenten« registriert. Diese Listen erlauben, abschließend die Frage nach der Trägerschicht des »Appelle-Krieges« für Pilsum und die nördliche Krummhörn zu beantworten. In einer ersten Aufstellung waren die Hauptrenitenten des Amtes Greetsiel aufgeführt, die als

297 Bericht der Greetsieler Beamten vom 31. 3. 1727, ebenda.
298 Bericht der Greetsieler Beamten vom 3. 4. 1727, ebenda.
299 Berichte von Spechts vom 14. und 17. 4. 1727, ebenda.
300 Bericht von Spechts vom 20. 4. 1727, ebenda.
301 Von Specht schrieb am 22. 4. 1727, die Emder Soldaten hätten »keine große Lust zu der vorhabenden Expedition«, sondern desertierten »von Zeit zu Zeit stark«, ebenda. Vgl. auch die Berichte von Kapitän Cramer und Leutnant Müller über ihre Schwierigkeiten mit den Soldaten, StaA., Dep. 1, 1356, passim.

Communherren fungiert bzw. die einschneidendsten Beschlüsse gefaßt hatten[302]. Als Communherren sind genannt:

Name	Ort	Höhe des Vermögens nach Schätzung der Beamten
Jacob Campen	Wirdum	27.000 fl. ostfr.
Lüppe Eggena	Grimersum	16.000 fl. ostfr.
Jannes Ulffers	Visquard	10.000 fl. ostfr.
Harmen Freyts	Hamswehrum	6.000 fl. ostfr.

Teilnehmer der Amtsversammlung vom 14. Juli 1726, die die militärische Exekution der »Wittengelder« bei Rückstand beschlossen hatte, waren:

Name	Ort	Höhe des Vermögens (Schätzungen)
Johann Gaycken	Pilsum	10.000 fl. ostfr.
Habbe Richts	Pilsum	30.000 fl. ostfr.
Roelff Ebbels	Manslagt	24.000 fl. ostfr.
Arien Ariens	Manslagt	keine Angabe
Johann Wybens	Manslagt	7.000 fl. ostfr.
Warner ter Braeck	Groothusen	200.000 fl. ostfr.
Johann Wiltfang	Groothusen	12.000 fl. ostfr.
Harmen Freyts	Hamswehrum	s. o.
Haye Ahten	Hamswehrum	keine Angabe
Enne Harmens	Visquard	5.000 fl. ostfr.
Jacob Campen	Wirdum	s. o.

An einer Amtsversammlung Anfang Oktober hatten teilgenommen:

Mencke Hinrichs	Pilsum	20.000 fl. ostfr.
Claes Crynes Ohling	Upleward	20.000 fl. ostfr.
Sybet Ennen	Visquard	20.000 fl. ostfr.
Seben Bartels	Eilsum	12.000 fl. ostfr.

Den Beschluß, keine Praestationen mehr zu bezahlen, hatten im Herbst 1726 folgende Personen mit getragen:

Agge Richts	Pilsum	10.000 fl. ostfr.
Jan Gaycken	Pilsum	s. o.
Roelff Ebbels	Manslagt	s. o.
Arien Ariens	Manslagt	s. o.
Jan Wybens	Manslagt	s. o.

---

302 StaA., Rep. 4, C III b, 76. Alle Vermögensangaben beziehen sich auf Ende 1727.

Johann Wiltfang	Groothusen	s. o.
Harmen Freyts	Hamswehrum	s. o.
Claes Crynes Ohling	Upleward	s. o.
Sybet Ennen	Visquard	s. o.
Willem Jacobs	Uttum	keine Angabe
Jacob Cornelies	Uttum	keine Angabe
Peter Janssen	Eilsum	keine Angabe
Foldrich Hayen	Eilsum	keine Angabe
Lüppe Eggena	Grimersum	s. o.
Tönjes Claessen	Wirdum	keine Angabe

Schließlich wurden die Teilnehmer der Amtsversammlung vom 14. April 1727, auf der das zweite allgemeine Aufgebot beschlossen wurde, genannt:

Name	Ort	Höhe des Vermögens
Ebe Ulffers	Hauen	keine Angabe
Roelff Ebbels	Manslagt	s. o.
Warner ter Braeck	Groothusen	s. o.
Johann Wiltfang	Groothusen	s. o.

Diese Aufstellung, insgesamt 24 Personen umfassend, zeigt, daß alle Hauptrenitenten des Amtes Greetsiel zur Schicht der Interessenten gehörten. Das kann nach allem, was im ersten Teil dieser Arbeit über die soziale Verankerung der Stände und das in einer starken ökonomischen Stellung wurzelnde ständische Selbstbewußtsein gerade der Marschbauern zusammengetragen worden ist, nicht verwundern. Die Wirklichkeit war jedoch, wie fast immer, erheblich differenzierter. Für Pilsum zeigen nämlich zwei weitere Aufstellungen — Grundlage der »Renitentenregister«, nach denen der Unterhalt für die dänischen Soldaten erhoben wurde —, daß eine längere gewaltsame Auseinandersetzung wie der »Appelle-Krieg« weit mehr Personen, auch aus mittleren und unteren Bevölkerungsschichten, zu aktiver Parteinahme veranlaßte. Bei der Aufstellung unterschieden die Beamten zwischen den »Rädelsführern« und den »Renitenten« insgesamt. Als Rädelsführer wurden gewertet[303]:

Name	»Handtierung«	Größe und Art des Vermögens
Habbe Richts	Gewesener Deich- und Sielrichter, sonst ein vornehmer Hausmann	30.000 fl., bestehend in 131 3/4 Grasen Landes, Pferden und Kühen, Kapitalien auf Zinsen.

303   StaA., Rep. 4, C III b, 51, Vol. I.

Ubbo Hansken Ubben	Hauptmann des Bauernaufgebotes, vornehmer Hausmann und ansehnlicher Brauer.	150.000 fl. etwa, bestehend in über 300 Grasen Landes, Pferden und Kühen und ansehnlichen Kapitalien auf Zinsen.
Jan Jacob Wehling	»Auffgeworfener Fändrich unter der Emder Rotte« (= zuerst Emder, dann niederl. Garnison)	10.000 fl. ca., bestehend in einem schönen Haus, Scheune und Garten und 83 Grasen Landes unter Pilsum.
Dirk Staal	Barbier	Hat Jürgen Frerichs Schuel Tochter zur Frau.

Als ihre »Verbrechen nur einigermaßen« waren genannt bei Habbe Richts: »Hat sich in allen vor den Embdern außgesetzt, verwegen wieder S. Hochfürstl. Durchl. aufgezogen, verbottene Conventicula in Embden und zu Visquard gehalten, denen Eingesessenen zur Rebellion auffgemuntert, in summa alles gethan, was ein rechter Rebell thun können«. Ubbo Hansken Ubben wurde die Teilnahme an den militärischen Aktionen gegen Norden und das Amt Berum vorgeworfen. »Er ist sonsten der erste gewesen, der sich denen allerhöchsten Kays. Decreten allerunterthänigst submittiret gehabt, auch mit der erste gewesen, so davon wieder abgegangen«, und den Reiderländer Bauern habe er geholfen, das Vieh des Ausmieners Grodius zu rauben. Johann Jacob Wehling wurde beschuldigt: »Er ist ursache, daß das Dorff Pilsum mehrentheils von der einmal gethanen allerunterthänigsten Submission wieder abgegangen ist«. Am »Renitentenlandtag« in Hinte im Januar 1723 hatte er teilgenommen und sich »in worthen und wercken gegen seinen angebohrenen gnädigsten Landesherrn (...) vergriffen«. Von Dirk Staal schließlich hieß es: »Ist der Erzverwegenste Bube, so die Embder in ihrer Rotte haben gehabt«. Er hatte die Eingesessenen zur Renitenz und Rebellion aufgewiegelt, Leute beraubt und den Rentmeister von Greetsiel verhaften wollen, »in summa, er hat sich in allem schuldig gemachet, dahero Er auch neulicher Zeit durch Gerichtsbediente in Arrest gezogen (...) worden«.

In einer zweiten Liste wurden die Pilsumer »Renitenten« insgesamt aufgeführt[304]:

---

304   ebenda.

Name	"Handtierung"	Größe und Art des Vermögens	Ausmaß der persönl.Schuld
Habbe Richts	s.o.	s.o.	sehr graviret
Ubbo Hansken Ubben	s.o.	s.o.	" "
Jürgen Frerich Schuel	Schmied und Hausmann	8.000 fl; (18 3/4 Grasen Landes; Pferde, Kühe, eigenes Haus)	" "
Mehne Jargs Wwe.	vornehme Hausmännin	80.000 fl.; (110 3/4 Grasen Landes, dazu 60 Grasen Stücklande, ansehnliche Kapitalien auf Zinsen, Pferde, Kühe)	mittelmäßig graviret
Mencke Hinrichs	vornehmer Hausmann	20.000 fl.; (112 Grasen, die ihm gemeinsam mit Pastor de Buhr aus Rysum gehörten; dazu viele Stücklande unter Pilsum; guter Bestand an Pferden und Kühen, Kapitalien auf Zinsen)	sehr graviret
Jan Gaycken	Bäcker, Krämer und Hausmann	10.000 fl.; (einiges Land, Hausgerät, Pferde und Kühe)	sehr graviret
Agge Richts	Hausmann	10.000 fl.; (47 Grasen Landes, guter Bestand an Pferden und Kühen)	sehr graviret

Name	"Handtierung"	Größe und Art des Vermögens	Ausmaß der persönl.Schuld
Claas Heepkes	Heuermann seiner Mutter, hat deren 47 Grasen und weiteres Land gepachtet.	7.000 fl.; (schöner Bestand an Pferden und Kühen)	mittelm.graviret
Frerich Hoeken	Heuermann der 107 1/2 Grasen Landes des Oberrentmeisters Ihering.	8.000 fl.; (schöner Bestand an Pferden und Kühen, außerdem 10 Grasen Landes im Eigentum)	sehr graviret
Reemt Jargs	Heuermann von 101 1/4 Grasen Landes	20.000 fl.; (schöner Bestand an Pferden und Kühen, dazu Kapitalien von seinem Vater Jarg Tjaden und Schwiegervater Ubbo Hansken Ubben)	mittelm.graviret
Peter Heepkes	Heuermann von 70 1/2 Grasen Landes	6.000 fl.; (schöner Bestand an Pferden und Kühen)	mittelm.graviret
Jacob Janssen	Eigner, hat Tjade Jargs Wwe. zur Frau, die Ubbo Hanskens Tochter ist.	25.000 fl.; (112 Grasen Landes, schöner Bestand an Pferden und Kühen, Kapitalien auf Zinsen)	mittelm.graviret

Name	"Handtierung"	Größe und Art des Vermögens	Ausmaß der persönl. Schuld
Johann Jacob Wehling	s.o.	s.o.	sehr graviret
Detert Reemts	Schuster	500 fl.; (eigenes Haus, "auch sonst gut im Stande")	mittelm. graviret
Enno Eggen	Arbeitsmann	2.000 fl.; (eigenes Haus und 18 1/2 Grasen Landes, einiges Vieh)	mittelm. graviret
Daniel Jürgens	Arbeitsmann	400 fl.; (eigenes Haus, Kühe, Schafe)	mittelm. graviret
Wilcke Jürgens	Arbeitsmann	400 fl.; (eigenes Haus, Kühe und Schafe)	sehr graviret
Hinrich Harms	Arbeitsmann	200 fl.; (eigenes Haus, Schafe)	mittelm. graviret
Joest Jansen v. Post	Weber	300 fl.; (eigenes Haus, Webergerätschaft und Schafe)	mittelm. graviret
Reemt Tolten	Weber	300 fl.; (eigenes Haus, Webergerätschaft und Schafe)	mittelm. graviret

Name	"Handtierung"	Größe und Art des Ver- mögens	Ausmaß der persönl. Schuld
Dirck Theyssen	Zimmermann	300 fl.; (eigenes Haus)	mittelm. graviret
Ehme Harmens	Arbeitsmann	2.000 fl.; (eigene Häuser und etwa 15 Kühe)	mittelm. graviret
Jan Sybens	Kuper	400 fl.; (eigenes Haus, 1 Kuh, Schafe)	mittelm. graviret
Reint Andressen	Arbeitsmann	300 fl.; (eigenes Haus)	mittelm. graviret
Otto Hayen	Arbeitsmann	2.000 fl.; (eigenes Haus, Kapitalien auf Zinsen)	mittelm. graviret
Edo Janßen	Arbeitsmann und Kleinbauer	2.000 fl.; (eigenes Haus, 12 oder 13 Kühe, einige Schafe)	mittelm. graviret
Harm Ayts	Arbeitsmann	300 fl.; (eigenes Haus, 2 Kühe und einige Schafe)	mittelm. graviret
Frerich Jürgens Schuel	Schmied und Kleinbauer	4.000 fl.; (9 Grasen Landes unter Manslagt in ungeteiltem Besitz mit seinen Verwandten)	sehr graviret

Name	"Handtierung"	Größe und Art des Vermögens	Ausmaß der persönl. Schuld
Hinrich Jürgens	Arbeitsmann	500 fl.; (eigenes Haus, 6 Grasen Landes, 3-4 Kühe, einige Schafe)	mittelm. graviret
Berend Jargs Tjaden	Freyperson	7.000 fl.; (unverteilte Landgüter und Kapitalien)	mittelm. graviret
Dirck Staal	s.o.	s.o.	sehr graviret
Reemt Ayels	Freyperson	16.000 fl.; (22 1/2 Grasen Landes, Kapitalien auf Zinsen, lebt mit seiner Schwester und seinem Bruder in Communion, Pastor Knoterus ist Curator)	mittelm. graviret

319

Aus dieser Aufstellung läßt sich ein realistisches Bild derjenigen Personen gewinnen, die die Träger- und Mitläuferschicht des »Appelle-Krieges« im Pilsum bildeten. Nicht nur fast alle Interessenten hatten sich mehr oder minder an der »Verteidigung der ständischen Freiheit« beteiligt, sondern auch 19 Personen, die z. T. zur handwerklichen Mittelschicht, z. T. zur Unterschicht, dort allerdings nicht ganz unten stehend, zu rechnen sind. Das »Sündenregister« dieser Leute bestand in der Regel darin, daß sie an verschiedenen Aufgeboten teilgenommen und darüber hinaus die Mandate der »Renitenten« mit auszuführen geholfen hatten, z. B. die Verhaftung des Pewsumer Burggrafen und seiner Begleiter im Dezember 1726. Aus allem schält sich als Ergebnis heraus, daß der »Appelle-Krieg« in Pilsum und der nördlichen Krummhörn zwar in erster Linie eine Angelegenheit der Nutznießer der »ostfriesischen Freiheit« war, daß der Widerstand gegen eine als Tyrannei empfundene Politik der Landesherrschaft aber auch in breiteren Kreisen der Bevölkerung Rückhalt fand. Trotz der oligarchischen Tendenzen auf der Marsch scheint daher die Vermutung nicht unangemessen zu sein, daß die ständische Verfassung insgesamt recht tief verankert war. Für diese Verankerung muß nicht unbedingt eine reale Grundlage vorhanden gewesen sein; Propaganda und gelegentlich ein in irrationalen Werten befangenes Bewußtsein, darüber hinaus Abhängigkeiten vielfältiger Art innerhalb der dörflichen Gemeinschaft, konnten für diese Parteinahme ausschlaggebend sein.

9.2.2. Osteel und die Nordbrokmer Vogtei

Anders als im Marschamt Greetsiel hatte sich in Osteel und der Nordbrokmer Vogtei während des Jahres 1725 keinerlei Aktivität finden lassen, die als proständisch eingestuft werden kann. Die Eingesessenen dieser Gegend, wirtschaftlich schlechter gestellt als die Marschbauern, verfügten nur über ein schwach ausgebildetes ständisches Selbstbewußtsein. Als »Gehorsame« hofften sie, mit den kaiserlichen Dekreten mehr Nutzen für sich zu gewinnen, als ihnen die von den Marschbauern und der Stadt Emden dominierte ständische Verfassung bisheriger Prägung gebracht hatte. Mit dem Beginn der offenen Unruhen in den Ämtern Leer, Emden und Greetsiel seit Anfang 1726 kam dem Verhalten des unmittelbar an das Amt Greetsiel grenzenden Nordbrokmerlandes eine erhöhte Bedeutung zu. Daß sich die dortigen Eingesessenen mehrheitlich zur Position der Landesherrschaft bekannten, zumindest einen erheblichen Vorbehalt gegen die von der Stadt Emden und den drei reformierten Marschämtern oft ausgeübte Bevormundung hatten, hatten sie in der Vergangenheit öfter bewiesen[305]. So folgte die

---

305   So z. B. in den gewaltsamen Auseinandersetzungen des Jahres 1660, als eine ähnliche Spaltung wie

Nordbrokmer Landkompanie bereitwillig dem landesherrlichen Aufgebotsmandat und rückte in der Nacht vom 11. auf den 12. Februar 1726 in das gleich jenseits der Grenze zum Amt Greetsiel liegende Wirdum ein, wo sie insgesamt 23 »Renitente«, ausschließlich Emder Matrosen und ihren Anführer, den Emder Kupferschläger Tönjes Bartholomäus Blecker, festnahm, aber auch das Haus Jacob Campens nicht ungeschoren ließ. Als Zeichen des landesherrlichen Dankes ließ Brenneysen noch am 12. Februar einige Fässer Bier an die Nordbrokmer Vogtei ausgeben[306]. Mehr als dieser begrenzte Erfolg war im Moment allerdings nicht möglich, im Gegenteil, die Nordbrokmer fürchteten wegen ihres profürstlichen Einsatzes Racheaktionen und baten deshalb um die Verlegung eines Kommandos landesherrlicher Miliz nach dem Schott, um vor solchen Übergriffen sicher zu sein[307]. An eine Gegenreaktion gegen das Nordbrokmerland dachte aber niemand auf Seiten der »Renitenten«; stattdessen verboten sie allen Bewohnern der Stadt Emden und der Ämter Emden und Greetsiel, mit den Brokmerländern Handel zu treiben[308]. Mit einer solchen Sperre wurden die Nordbrokmerländer offenbar ziemlich getroffen, denn ein von der Landesherrschaft umgekehrt erlassenes Verbot, mit den »renitenten« Ämtern Handel zu treiben, baten sie schon Ende März 1726 aufzuheben[309]. Die labile Situation, in der sich die Eingesessenen, die gleichzeitig im Einflußbereich der Landesherrschaft bzw. ihrer Anhänger und der »Renitenten« lagen, kommt treffend in der Erklärung der unmittelbar an der Grenze der beiden Ämter Greetsiel und Aurich wohnenden Wirdumer Eingesessenen zum Ausdruck. Am 10. April 1726 erklärten sie unter Hinweis auf die Nähe der Amtsgrenze, daß sie sich »bey diese(n) Conjuncture(n) Neutral, so wohl an Seiner Hochfürstl. Durchl. Seiten als an die Herren Administratores Collegii zu Embden halten« wollten[310]. Nichts war typischer für die Entscheidungsprobleme, vor die alle diejenigen gestellt waren, die nicht von Anfang an eindeutig der »renitenten« Seite zuneigten.

Erst nach der Räumung des Schotts durch die fürstlichen Soldaten und der Einnahme Nordens durch die »Renitenten« Ende August 1726 wurde

---

in den 1720er Jahren herrschte, vgl. S c h m i d t , Politische Geschichte, S. 283. Bei den ersten militärischen Schatzungsexekutionen im Dezember 1722 hatte sich das Nordbrokmerland ebenfalls gegen die von den späteren »Renitenten« ausgehende Gewalt gestellt, siehe oben S. 193.

306 Zum ganzen Vorgang vgl. den Bericht der Auricher Beamten vom 13. 2. 1726 und die daran anschließenden Reskripte und Vernehmungsprotokolle der Verhafteten, StaA., Rep. 4, C III b, 30. Siehe auch oben S. 304 und Anm. 267.

307 Gesuch der Nordbrokmer Bauernoffiziere Meint Gathena und Dirk Ihmels Agena aus Osteel, Suntke Poppinga aus Upgant und Hilwert Kuchenbecker aus Marienhafe vom 23. 2. 1726, StaA., Rep. 4, C III b, 30.

308 Aussage des Pächters des Tjücher Grashauses bei der Auricher Kanzlei vom 9. 3. 1726, ebenda.

309 Mündliches Gesuch von Gerd Itzen aus Osteel und Abbo Poppinga aus Upgant vom 26. 3. 1726, ebenda.

310 ebenda.

der »Appelle-Krieg« in Osteel und der Nordbrokmer Vogtei wirklich konkret. Da die »Renitenten« jetzt die Macht hatten, konnten die Osteeler Eingesessenen einer Entscheidung für den Anschluß an die ständische Widerstandsbewegung nicht mehr aus dem Wege gehen. In vorsichtigen Worten formulierten sie daher eine Vollmacht für Willem Schweers, Folkert Ubben, Gerd Ritjes, Peter Ratjes und Sieben Pupts, »daß sie sich vorerst in Unsern und der Unsrigen Namen mit denen Vier Ämtern, als Gretmer, Emder, Leerohrtmer und Stickhauser Amt, nach denen Ostfriesischen Accorden und Freyheiten a dato dieses an, doch ohne Ihro Kayserl. Majestädt und Ihro Hochfürstl. Durchl. praejudiz und Nachtheil, wegen gegenwärtigen Umständen vereinigen mögen[311]«. Diese von der Gemeinde selbst formulierte Vollmacht zeigt deutlich, daß die Osteeler in Wirklichkeit nicht bereit waren, sich aktiv für die von den »Renitenten« verfolgten Ziele einzusetzen. Diesen genügte eine so eingeschränkte Erklärung erwartungsgemäß nicht. Was sie brauchten, war ein klares Bekenntnis zu den Akkorden und zur Verteidigung der ständischen Freiheit. Herr von dem Appelle hatte für solche Fälle eine Vollmacht vorbereitet, die die genannten Osteeler Deputierten unterschreiben mußten[312]. Darin erklärten die Eingesessenen des Kirchspiels Osteel, daß sie nach der Vereinigung mit den Ämtern Emden, Greetsiel, Leer und Stickhausen als ihre Communherren Deichrichter Gerd Itzen, Sielrichter Hinrich Jansen und Sieben Vienna gewählt hätten. Diese sollten mit den »Vereinigten Ämtern fleißige Correspondentz« halten und alles »thun und (...) laßen, was zu beybehaltung des Vaterlandes Freyheit, hingegen zu Abwendung deßen Nachtheil und Schaden mag nützlich und nötig erachtet werden«. Was die Deputierten »dieserwegen verrichten möchten«, wollten sie »jederzeit agnosciren und genehm halten«. Mit dieser Vollmacht, die dem Willen des Großteils der Osteeler Gemeinde nicht entsprach, war den »Renitenten« genügend gedient. Zu Deputierten bzw. Communherren waren mit dem Deichrichter Gerd Itzen und dem Sielrichter Hinrich Jansen sowie dem Brauer und Hausmann Sieben Vienna solche Personen ernannt worden, die in der sozialen Rangfolge in Osteel ziemlich weit oben standen und noch am ehesten mit den Communherren der Marschämter eine gemeinsame Basis hatten. Dies war bei den fünf von den Osteeler Eingesessenen zunächst ausgewählten Deputierten nicht der Fall. Wilhelm Schweers war Arbeiter, Peter Ratjes Schmied und Kleinbauer,

---

311   »Vollmacht, auf was Manier die Osteeler Gemeine sich an die alten Administratores übergeben wolten«, datiert vom 26. 8. 1726 und unterschrieben von der ganzen Gemeinde, StaA., Rep. 4, C III c, 109, fol. 302.

312   Vollmacht von Osteel für Deichrichter Gerd Itzen, Sielrichter Hinrich Janssen und Syben Vienna vom 29. 8. 1726, StaA., Rep. 4, C III b, 77. Vermutlich wurde erst in Norden den fünf Deputierten der eben behandelten Vollmacht die neue Formulierung vorgelegt, diese aber, entgegen der Angabe des Unterschriftsortes am Ende des Textes, nicht in Osteel zur Unterschrift herumgereicht. Im Gegensatz zur ersten Vollmacht, die die ganze Gemeinde unterschrieben hatte, trägt die neue Vollmacht lediglich die Unterschriften der in der ersten Vollmacht genannten fünf Deputierten.

Gerd Ritjes Sohn des Besitzers einiger Enden Wildlandes, während Sieben Pupts' soziale Stellung nicht zu bestimmen ist; lediglich Folkert Ubben, der 31 Diemat »brauchte«, ist nach Ausweis des Kopfschatzungsregisters von 1719 zu den Interessenten zu zählen[313]. Eine gleichlautende Vollmacht, wie sie den Osteeler Deputierten zur Unterschrift vorgelegt wurde, wurde von Marienhafe auf Deichrichter Abbo Poppinga ausgestellt[314].

Den nunmehr auf der Seite der »Renitenten« stehenden Nordbrokmer Eingesessenen wurde eine Reihe von »Vereinigungspunkten« vorgelegt. So sollten sie sich verpflichten,

— alle ordinären und extraordinären Schwierigkeiten mitzutragen
— die kaiserlichen Dekrete als verworfen und kassiert anzusehen
— auf Verlangen am Aufgebot gegen die Landesherrschaft teilzunehmen
— das neue Administratorenkollegium in Aurich zu verwerfen
— dafür das alte vollständig anzuerkennen
— mit der Exekution gegen diejenigen in ihren Reihen, die an den Aufgeboten nicht teilnehmen wollten, einverstanden zu sein und
— täglich 40 Mann aus ihrer Vogtei zur Wache nach Norden zu schicken.

Die Communherren mußten sich zusätzlich zur Verschwiegenheit über alle Vorfälle verpflichten[315].

Der Druck der ersten Tage bewirkte, daß die Eingesessenen der Nordbrokmer Vogtei mehrheitlich den Anordnungen der »Renitenten« nachkamen. Erst ein scharfes Mandat der Landesherrschaft vom 11. September bewog die meisten der nach Norden aufgebotenen Bauern zur Rückkehr nach Hause[316]. Die damit sichtbar gewordene Bereitschaft zum Gehorsam gegenüber der Landesherrschaft trotz der augenblicklichen Machtverteilung hatte bemerkenswerte Folgen. Die Führer der »Renitenten« brachten eine Reihe von Eingesessenen aus Osteel, Upgant und Marienhafe dazu — mit welchen Mitteln, sei dahin gestellt —, einen Brief an Fürst Georg Albrecht zu schreiben, in dem sie aus der Sicht der nun »Bekehrten« die Dinge darstellten[317]. Zunächst bekundeten sie ihre Treue, Devotion und Willigkeit zum Gehorsam gegenüber der Landesherrschaft; sie und alle anderen Eingesessenen Ostfrieslands wollten immer dabei verbleiben, »wann nur unser so sehr bedrücktes Vaterland so unglücklich nicht seyn wird, daß durch friedensstöhrende Werckzeuge die Erfüllung derer von Ihro Durchl.

313   Alle Angaben nach dem Kopfschatzungsregister von 1719, StaA., Rep. 4, C I g, 59.
314   StaA., Rep. 4, C III b, 30.
315   »Specification, waß bey denen Sachen so von Upgand, Ostel, Marienhove und Schott mit denen Rebellen ist vorgefallen«, vom 31. 8. 1726, ebenda.
316   Aussage des Marienhafer Vogtes Christian Eberhard Henning bei der Auricher Kanzlei vom 13. 9. 1726, ebenda.
317   Dieser Brief, eingegangen am 22. 9. 1726 bei der Kanzlei, StaA., Rep. 4, C III b, 61.

gnädigst ausgestellten Huldigungs-Reversalen wird behindert werden«. Gegen ihre Intention, die allein auf die Aufrechterhaltung der Akkorde gerichtet sei, seien sie bis vor kurzem zur Trennung von ihren Mitständen verleitet worden, woraus leicht Jammer und Elend hätte erwachsen können, »wenn es der gnädige und barmherzige Gott nicht verhütet hätte«. Dann folgte der entscheidende Satz: »Ihro Durchl. halten uns zu Gnaden, daß wir sagen müßen, daß wir nunmehro nach entdeckter wahrhafften Beschaffenheit der Sachen von keinen Emdischen Renitenten (...) zu sagen wißen«; vielmehr hofften sie, der Fürst werde »die bisherige, zu behauptung des Accorden-mäßigen Collegii zu Emden beschehene Verfügungen nicht als Gewalttätigkeiten, sondern als dergleichen Verrichtungen, wodurch Land und Leute in die so sehnlich gesuchte Ruhe zu bringen, ansehen«. Der Brief schloß mit der Hoffnung, Gott als ein »Gott des Friedens« werde das landesväterliche Herz des Fürsten »zu Herstellung des edlen Friedens (...) lenken und schaffen, daß Ihro Durchl. dem Landschafftlichen Collegio in Embden seinen Accorden-mäßigen Lauff laßen und dadurch Gelegenheit geben mögen, daß wir und alle Eingeseßene unsere unterthänigste treuhertzige Devotion werkthätig an den Tag legen können«. In selten schöner Form bringt dieser Brief die Rechtsauffassung der um ihre Verfassung und Privilegien kämpfenden »Renitenten« zum Ausdruck. Wie im Spätmittelalter, als das Fehdewesen noch in Blüte stand und in dem davon bestimmten Wertsystem »rechte und unrechte Gewalt« unterschieden wurde[318], galten dem Verständnis der Verfasser dieses Briefes auch die Aktionen der »Renitenten« nicht als Gewalttätigkeiten, d. h. als friedebrechende Taten, sondern als solche, die den Frieden, d. h. einen Zustand ungebrochenen Rechts, hier die überkommene akkordenmäßige Ordnung ständischen Verständnisses, wiederherstellen bzw. bewahren wollten. Insgesamt 34 Unterschriften standen unter diesem Brief, darunter die der Communherren und der ursprünglich dazu gewählten Personen, die, wie die landesherrliche Untersuchung ergab, nicht gewußt hatten, was sie unterschrieben. Manche Unterschrift war auch schlicht gefälscht, so die von Suntke Poppinga, der glaubhaft versichern konnte, in der fraglichen Zeit auf der Flucht vor den »Renitenten« gewesen zu sein[319].

Die anläßlich des landesherrlichen Mandats vom 11. September 1726 sichtbar gewordene Unwilligkeit des größten Teils der Nordbrokmer Eingesessenen, die Sache der »Renitenten« zu vertreten, zeigte sich auch weiterhin. Unter der Bedrohung, pro Mann und pro Tag der weiteren Verweigerung 25 Reichstaler Strafe bezahlen zu müssen, hatten die Eingesessenen von Osteel am 9. Oktober ihre zuvor verweigerte Unterschrift unter die

318   B r u n n e r , Land und Herrschaft, S. 41 ff.
319   Untersuchung gegen die Unterzeichner dieses Briefes StaA., Rep. 4, C III b, 61.

Forderung nach Einberufung eines Landtages gesetzt. Kaum aber war der unmittelbare Druck der exekutionsbereiten Soldaten von ihnen genommen, richteten sie eine Supplik an die Landesherrschaft, klagten über die ihnen geschehene Gewalt und berichteten von dem Anmuten der »Renitenten« an sie, der Landesherrschaft künftig keinerlei Abgaben mehr zu bezahlen; zur Begründung habe es geheißen, weil der Fürst den Ständen nicht geben wolle, was diesen zukäme, sollten sie dem Fürsten nicht zukommen lassen, was diesem an sich zustehe. Sie baten, ihre erzwungene Unterschrift nicht als Ungehorsam auszulegen[320].

Ende Oktober wurden die Offiziere, Unteroffiziere und Gefreiten des Nordbrokmer Bauernaufgebotes, Leutnant Meint Gathena, Fähnrich Suntke Poppinga, Sergeant Enne Aggen, die Korporale Johann Friedrichs, Hemme Gerdes, Bonne Hinrichs und Johann Harmens sowie die Gefreiten Peter Abben und Seben Walrad, nach Norden vor die Versammlung der Communherren vorgeladen und von ihnen verlangt, den Schaden, den die Nordbrokmer Landkompanie am 12. Februar 1726 bei Jacob Campen in Wirdum angerichtet hatte, zu ersetzen. Der Schaden betrug 1507 fl.; dazu sollten Leutnant und Fähnrich jeder 188 fl., die Unteroffiziere jeder 47 fl. beitragen[321]. Meint Gathena als kommandierender Offizier des damaligen Ausfalls wurde zusätzlich mit 270 fl. Brüchen belegt. Als es an die exekutivische Eintreibung dieses Geldes ging, sollte Gathena statt der 188 fl. das doppelte, 376 fl., bezahlen; zur Auslösung der ihm abgepfändeten fünf Pferde zahlte er 110 fl., die ihm als Abschlag angerechnet wurden[322].

Im Dezember bekam das ganze Nordbrokmerland deutlich die Folgen seines Widerwillens gegen die »Renitenten« zu spüren. Vom 9. bis zum 11. Dezember quartierte sich ein Kommando von 150 Soldaten der Emder Garnison bei ihnen ein und wollte, weil sich die Nordbrokmer immer treu zur Landesherrschaft gehalten hätten, angeblich 30.000 fl. Straf- und Schadenersatzgelder eintreiben. Bei dieser Gelegenheit wurden außerdem weitere Personen verhört, die verdächtigt wurden, an der Plünderung des Hauses Jacob Campens teilgenommen zu haben. »Gleichsam ein Gericht« hätten die »Renitenten« in dieser Angelegenheit »geheget«, faßten die Auricher Beamten ihren Eindruck zusammen[323]. Weil mittlerweile erkennbar geworden war, daß sogar die mit den Zielen der »Renitenten« sympathisierenden Communherren Abbo Poppinga und Peter Abben[324] aus Upgant nicht be-

320 Supplik der Eingesessenen von Osteel, am 15. 10. 1726 durch den Osteeler Schulmeister Ewald Bohlen nach Aurich zur Kanzlei gebracht, StaA., Rep. 4, C III b, 30.

321 Anzeige von Enne Aggen bei der Kanzlei vom 24. 10. 1726, ebenda.

322 Schreiben von Meint Gathena an die Landesherrschaft vom 2. 11. und 15. 12. 1726, ebenda.

323 Zu der ganzen Aktion verschiedene Klagen und Berichte der Osteeler und Nordbrokmer Eingesessenen und der Auricher Beamten vom 6. 12. 1726 ff., ebenda.

324 Der dem »Renitentenregister« des Amtes Aurich beigefügte Bericht der Auricher Beamten von Anfang Juni 1727 zählt diese beiden neben dem Osteeler Sielrichter Hinrich Janssen zu den Haupttreni-

dingungslos die Politik der »Renitenten« vertreten wollten, wurden sie bei dieser Gelegenheit wegen Nachlässigkeit in ihrer Amtsführung in Brüche verurteilt[325].

Der Befehl der »Renitenten«, keine Abgaben an die Landesherrschaft zu bezahlen, wurde partiell befolgt. Tjade Albers, ein kleiner Landgebräucher aus Osteel, wehrte sich gegen die vom Auricher Rentmeister Stürenburg vorgenommene Pfändung einiger Pferde und Kühe wegen verweigerter Abgaben mit einem aus Norden herbeigeholten Kommando Emder Soldaten. Sieben Vienna, bei dem das gepfändete Vieh einige Tage im Stall gestanden hatte, bekam auf seine Forderung nach Futtergeld zu hören, er solle sich das Geld bei der Landesherrschaft holen. Tjade Albers trug sein Verhalten trotz der Beteuerung, seine Frau sei damals nicht nach Norden gegangen, um Soldaten zu holen, sondern um das nötige Geld zu leihen, und die Soldaten seien von sich aus gekommen, später heftige Verfolgung und unerbittliche Eintreibung aller Schulden und Rückstände ein[326].

Während des Winters 1726/27 richteten die Nordbrokmer, vor allem Dirk Ihmels Agena aus Osteel, mehrfach Bitten um Schutz an die Landesherrschaft[327], was erst recht Verfolgung durch die »Renitenten« zur Folge hatte. Anfang März, als einige landesherrliche Unterbeamte wegen verbotener Amtsausübung gefangen genommen werden sollten, standen deshalb auch Dirk Ihmels Agena sowie Suntke und Jibbe Poppinga wegen ihrer bekannten fürstentreuen Haltung auf der Verhaftungsliste; sie konnten jedoch rechtzeitig fliehen[328].

Auch nach dem Sieg der fürstlichen Soldaten bei Hage am 5. April 1727 hatten die Nordbrokmer wegen ihrer exponierten Lage unter dem »Appelle-Krieg« bzw. seinen Folgen zu leiden. Solange die »Renitenten« nicht endgültig besiegt waren, wurde das Schott besonders gesichert; trotz der Schäden und Verluste, die der »Appelle-Krieg« ihnen bisher gebracht hatte, wurde eine Bitte der Nordbrokmer um Befreiung von den Verpflegungsgeldern für die fürstliche Miliz abgeschlagen[329]. Diese Schlußphase war von Mißtrauen zwischen dem Nordbrokmer Bauernaufgebot und der fürstlichen Miliz bestimmt. Eingedenk der Erfahrung vom August 1726, als die fürstlichen Soldaten, ohne daß ein Schuß gefallen war, das Schott vor den andringenden »Renitenten« geräumt und damit die dortigen Eingesessenen deren Zugriff überlassen hatten, zeigten die Nordbrokmer Bauern

tenten, StaA., Rep. 4, C III b, 51, Vol. I.

325 Bericht des sich im Brokmerland aufhaltenden Leeraner Amtmanns Kettler vom 10. 12. 1726, StaA., Rep. 4, C III b, 30.

326 Bericht des Auricher Rentmeisters Stürenburg vom 27. 5. 1727 und das angehängte Vernehmungsprotokoll Tjade Albers', StaA., Rep. 4, C III b, 61.

327 Z. B. am 10. 12. 1726 und 15. 1. 1727, StaA., Rep. 4, C III b, 30.

328 Bericht der Auricher Beamten vom 9. 3. 1727, ebenda.

329 Supplik der Nordbrokmer Vogtei vom 10. 4. 1727 mit aufgesetztem »Rescribatur«, ebenda.

wenig Kampfbereitschaft. Leutnant Meint Gathena erschien gar nicht erst zum Aufgebot, und sogar der äußerst fürstentreue Fähnrich Suntke Poppinga, der in den letzten Monaten besonderer Verfolgung durch die »Renitenten« ausgesetzt gewesen war, äußerte öffentlich, »daß er es aufgeben wolte«. Meint Gathena wurde wegen seines Verhaltens auf eigenhändige Ordre Fürst Georg Albrechts seines Kommandos enthoben[330].

Mit dem Ende des »Appelle-Krieges« erhob sich für diejenigen, die teils mehr, teils weniger gezwungen, als Communherren fungiert oder sich in irgendeiner Weise kompromittiert hatten, das Problem, möglichst von der Verantwortung dafür freizukommen. Deichrichter Gerd Itzen aus Osteel hatte schon Anfang Februar 1727 einen Brief an die Landesherrschaft gerichtet, in dem er sich als gezwungener Communherr bezeichnete und von den 50 Reichstalern Brüche, in die er wegen seines Eintretens für »das Wohl des Vaterlandes« von der Versammlung der Communherren verurteilt worden war, berichtete[331]. Der Rentmeister des Amtes Aurich, Stürenburg, bestätigte, daß Itzen nur unter Zwang das Amt eines Communherren angenommen, im übrigen aber jederzeit treu zur Landesherrschaft gestanden habe[332]. Am 9. April richteten Abbo Poppinga und Peter Abben, die Communherren des Kirchspiels Marienhafe, eine Supplik an die Landesherrschaft, in der sie um Vergebung ihres Verhaltens während der letzten Monate baten. Auch Hinrich Jansen, der Communherr aus Osteel, kam mit einer ausführlichen Begründung seines Verhaltens und der Bitte um Verzeihung bei der Kanzlei ein. In seiner Supplik wies er darauf hin, daß er »ohn alles mein Gesuch, Wißen und Willen« zum Communherren gemacht worden sei und von diesem Amt nicht habe zurücktreten können, solange die Emder mit ihrer Miliz Norden und die umliegenden Gemeinden »unter ihrem Zwang« gehabt hätten. Vielmehr sei er durch scharfe Poenalmandate, mit bis zu 200 Reichstalern Strafandrohung, zur Teilnahme an den Versammlungen der Communherren zitiert worden. Schließlich führte er seine Unkenntnis und Einflußlosigkeit an: »...ich auch als ein einfältiger Hausmann, wie mehr meines gleichen, die Sachen, die man trieb, nicht verstanden, mit meinem Worte gegen die, welche das Gesag hatten und alles nach ihrer Willkühr ordneten und beschloßen, nichts ausrichten konnte, sondern (mit) anderen meines gleichen einfältigen Hausleuten jener Anschläge und Unternehmungen ungehemmten Lauff laßen müßen[333]«.

330   Berichte Leutnants Hochland und des Pagen von Reusch vom 20. 4. 1727 sowie die Ordre Fürst Georg Albrechts vom 24. 4. 1727, ebenda.
331   Schreiben Gerd Itzens an die Landesherrschaft vom 4. 2. 1727, ebenda.
332   Bericht Stürenburgs vom 28. 1. 1727, ebenda.
333   Supplik Hinrich Janssens, präs. 22. 4. 1727, StaA., Rep. 4, C III b, 61.

Diese Erklärungen und Bitten halfen allen dreien nichts; das »Renitentenregister« des Amtes Aurich führt sie als Hauptschuldige auf. Hinrich Jansen hatte nach dem Urteil der Auricher Beamten »den Eingesessenen alles Unglück übern Halß gezogen und auf Discretion mit ihnen gelebet«, während Abbo Poppinga sich als bereitwilliger Helfer der »Vereinigten Stände« erwiesen habe, indem er z. B. dem Marienhafer Prediger Reershemius das Publikationsverbot landesherrlicher Mandate und Anordnungen »quasi insinuiren« habe wollen. Peter Abben dagegen wurde u. a. trotziges Verhalten gegenüber dem Auricher Rentmeister vorgeworfen; er hatte diesen nämlich spöttisch zur Specksammlung aufgefordert, als gerade ein Kommando Emder Soldaten im Nordbrokmerland einquartiert war[334]. Das »Renitentenregister«[335] gibt auch für Osteel und die Nordbrokmer Vogtei einen aufschlußreichen Einblick in die Gruppe derer, die sich mehr oder weniger engagiert für die Ziele der »Renitenten« eingesetzt hatten.

334 Bericht der Auricher Beamten von Anfang Juni 1727, Beilage zum Auricher »Renitentenregister«, StaA., Rep. 4, C III b, 51, Vol. I.
335 ebenda.

1. Osteel

Name	"Handtierung"	Größe und Art des Vermögens	Ausmaß der persönl. Schuld
Hinrich Jansen	Bauer und Sielrichter des Addingaster Siels	"Ist bey seinem Weibe eingefreyet, er hat aber seine Güter hineingebracht und komt ihm Stante Matrimonio der halbe gewin zu, und kan noch zur Zeit nicht determiniret werden".	"Ist ein Commun und vornehmster Rädelsführer der Rebellion. Schwer graviret".
Wilhelm Schweers	Warfsmann, braucht zusätzlich Stücklanden	Haus, Warf und einige Stücklanden	"Hat denen Eingesessenen unter Bedrohung eines Commando das Speck abgezwungen. Mittelmäßig graviret".
Tiade Albers	Bauer und Erbpächter von 13 Grasen Landes	"Ein Corps eines vollen Herdes mit 7 Diemathen Landes, so aber mit Schulden sehr beschwehret".	Mittelmäßig graviret
Leutnant Meint Gathena und sein Weib	Eigenerbe	"Besitzet den besten Herd in Osteel".	Mittelmäßig graviert

329

2. Marienhafe

Name	"Handtierung"	Größe und Art des Vermögens	Ausmaß der persönl. Schuld
Abbo Poppinga	Eigenerbe, Deichrichter	"Besitzet zwei Herde".	"Ein Commun und Ertzrebell. Schwer graviret".
Peter Abben	Eigenerbe	"Besitzet 1/4 Herd mit 50 Diemathen Landes".	"similiter. Schwer graviret".
Leffert Telen oder Hajunga und sein Weib	Eigenerbe	"Besitzet einen vollen Herd, so von seinem Weibe herrühret".	Mittelmäßig graviert
Harmen Janssen Kirchvogt	Brauer und Bierschenker in Marienhafe	"Besitzet ein Haus cum pertinentiis und einiges Land".	Mittelmäßig graviert
Sieben Walrave	Eigenerbe	"Besitzet uxorio nomine einen vollen Herd".	Gering graviert
Talcke Janssen und ihre Kinder	"Brauen und schenken auch Bier".	"Besitzen ihr eigen Haus cum pertinentiis".	Gering graviert
Eylert Andressen und sein Weib	Bäcker	"Besitzet sein eigen Haus cum pertinentiis".	Gering graviert
A.C. Bolenius	Pastor in Marienhafe	"Besitzet nichts".	Mittelmäßig graviert

3. Siegelsum

Mittelmäßig graviert

Wie nach dem Verhalten der Eingesessenen der Nordbrokmer Vogtei während des »Appelle-Krieges« nicht anders zu erwarten, sind in diesem Register nur wenige Personen aufgeführt; die bereits in Pilsum zu beobachtende relativ breite soziale Streuung ist jedoch auch hier, wenigstens in Ansätzen, festzustellen. Von einer dominierenden Trägerschicht wie in den Marschämtern läßt sich aber nicht sprechen; die große Mehrheit der Interessenten hatte sich für die Ziele der »Renitenten« nicht eingesetzt. Es bestätigt sich damit insgesamt das Ergebnis der eingangs durchgeführten Analysen der Struktur verschiedener Marsch- und Geestdörfer und den daraus folgenden Konsequenzen für das ständische Bewußtsein, ohne daß damit das Verhalten jedes einzelnen vorgegeben gewesen wäre: Abweichungen lassen sich hier wie dort feststellen.

Im Gegensatz zu den Registern anderer Ämter wird in dem vorliegenden die Rolle einiger Pastoren deutlich. In ihrem Bericht stellten die Auricher Beamten zu diesem Thema zunächst fest, daß die Predigten der aufgeführten Pastoren Anlaß gegeben hätten, sie mit im Register aufzuführen; dadurch hätten sie nicht nur ihre Sympathie mit den Zielen der »Renitenten« zum Ausdruck gebracht, sondern — viel schlimmer — die in ihren Kirchspielen lebenden »Renitenten« bestärkt und die gehorsamen Eingesessenen in Zweifel gesetzt und kleinmütig gemacht. Der Siegelsumer Prediger Brawe sollte z. B. »zu der Vermeßenheit gerahten« sein, »daß er die Kayserliche(n) Decreten mit den Päbstischen Creutzen an den Weegen verglichen, für welche zwarn die Päbstler, die nicht beßer wüsten, veneration bezeugten, die Protestanten aber nicht«. Pastor Bolenius, dem zweiten Geistlichen in Marienhafe, wurde wie seinem Wigboldsburer Kollegen Siauken u. a. vorgeworfen, die Danksagung für den fürstlichen Sieg über die »Renitenten« nicht nur sehr lau, sondern auch »in zweideutigen terminis« verrichtet zu haben. Über Pastor Holtzapfel in Bangstede heißt es, er habe sich »bekanntermaßen mehr auf die Accorden als auf die Bibel legen und seine Pfarrkinder daraus informiren wollen« und habe damit seine Gemeinde zur Renitenz angehalten, ein Vorwurf, der in abgeschwächter Form auch gegen den Bagbander Pastor Matthiae erhoben wurde. Von dem Barsteder Prediger Bierhausen konnten die Beamten zwar nur allgemein »verdächtige Reden« berichten, als Schwiegersohn des Deichexekutors der Niederemsischen Deichacht werde er mit den »Renitenten« aber sicherlich »in ein Horn« geblasen haben. Im übrigen führe er kein priesterliches Leben, sondern lasse »sich öffters gantz besoffen antreffen«, womit zwar keine Renitenz bewiesen, aber der schlechte Eindruck, den die Beamten von ihm hatten, hinreichend verstärkt werden konnte.

Diese Vorwürfe und das ganze Auricher »Renitentenregister« zeigen, daß, allerdings auf niedrigerer Stufe als auf der Marsch, ein gewisses ständisches Widerstandsbewußtsein auch auf der Geest vorhanden war. Es stand in deutlicher Distanz zu den seit der Ausbildung der landständischen

Verfassung in Ostfriesland dominierenden ständischen Führern aus der Stadt Emden und den Marschämtern und bewirkte deshalb nicht einen völligen Anschluß an den »Appelle-Krieg«. Bedingungslos fürstentreu aber war die Geest deswegen nicht. Ihr Widerstand äußerte sich weniger grundsätzlich und war stark von lokalen und personellen Bedingungen abhängig. Oft beschränkten sich die Eingesessenen nur darauf, den Aufgebotsbefehlen der Landesherrschaft keine Folge zu leisten, und gelegentlich verweigerten sie die der Landesherrschaft schuldigen Dienste, wie z. B. die Dörfer der Riepster Vogtei, die 1726 auf der »Herrenmehde« in Barstede ihrer Verpflichtung zum Heumachen nicht nachkamen[336]. Der »Appelle-Krieg« hatte in Marsch- und Geestdörfern, das hat die exemplarische Darstellung ergeben, durchaus unterschiedliche Gesichter, die den fundamentalen Strukturunterschieden Ostfrieslands entsprachen und im wesentlichen aus ihnen zu erklären sind.

9.3. Schäden

Bürgerkriegsähnliche Auseinandersetzungen wie der »Appelle-Krieg« sind fast immer dadurch charakterisiert, daß in ihrem Gefolge eine große Menge Schäden entstehen, die vor allem diejenigen treffen, die auf der Seite der unterlegenen Gegner tatsächlich oder vermeintlich stehen; so auch hier. Teils noch während des »Appelle-Krieges«, teils nach seinem Ende, schickten aus allen Teilen des Landes einzelne Eingesessene oder ganze Kirchspiele Aufstellungen der Schäden, die die »Renitenten« bei ihnen verursacht hatten, ein. Diese Aufstellungen geben auf ihre, wenn auch vielfach trockene Weise einen guten Einblick in die unmittelbare Realität der Auseinandersetzung. Aus der Fülle der fünf umfangreiche Volumina ausmachenden Schadensaufstellungen sollen im folgenden nur einige aus dem Nordbrokmerland und der nördlichen Krummhörn vorgestellt werden[337], um auf diese Weise die exemplarische Gegenüberstellung des Geschehens in den beiden Gebieten zu ergänzen.

Nach der militärischen »Strafaktion« gegen Osteel und das Nordbrokmerland im Dezember 1726[338] mit ihrer drei Tage dauernden Einquartierung stellten die Betroffenen, alle Interessenten und ein großer Teil der Warfsleute, ihre Schäden zusammen[339]. Bis zu 20 Soldaten und aufgebotene Bauern hatten einzelne in ihrem Haus gehabt und verpflegen müssen;

---

336   ebenda.
337   Alle behandelten Schadensregister erscheinen voraussichtlich in einer vollständigen Edition in Bd. 62 des Emder Jahrbuchs.
338   Siehe oben S. 325 f.
339   StaA., Rep. 4, C III b, 30.

die Kosten dafür festzusetzen, überließen sie der subdelegierten Kommission. Fast allen waren Vorräte und Hausgerät gestohlen oder zerschlagen worden. Dirck Ihmels Agena z. B. vermißte 20 Tonnen Hafer, 2 Tonnen grüne Erbsen und 10 Hühner, Redleff Jibben fünf Zinnlöffel, eine Leinenhose, eine wollene Schürze und ein neues ostfriesisches Gesangbuch. Einige waren von den Soldaten bei der Suche nach versteckten Lebensmitteln verprügelt worden. Insgesamt, so klagten die Osteeler, hatten sich die Soldaten und die sie begleitenden Communherren »nicht wie rechtschaffene Kriegsleute und Nachbahren, sondern wie Türcken und Tartaren« aufgeführt.

Nicht nur unmittelbare Schäden durch Plünderung, Zerstörung, Diebstahl etc. waren den Eingesessenen von Osteel während des »Appelle-Krieges« erwachsen; die häufigen Wachen, die in diesen unruhigen Monaten zuerst von der Landesherrschaft, dann von den »Renitenten« angeordnet worden waren, hatten viel Geld gekostet, so daß »mancher Arbeitsmann, so von seiner Hände Arbeit sich und die seinigen kümmerlich ernähren muß, durch so viele Geldpressuren fast gantz an den Bettelstab dadurch gerahten ist[340]«. 1724 hatten sie während der militärischen Schatzungseintreibung am Deich den Durchzug nach Norden gesperrt; von Februar bis August 1726 hatten sie das Schott auf Befehl der Landesherrschaft besetzt, und anschließend bis zum April 1727 hatten die »Renitenten« sie regelmäßig zu Wach- und Schanzdiensten nach Norden aufgeboten. Die Schadenersatzforderungen hierfür schwankten nach sozialem Status: die Arbeitsleute verlangten 52—55 fl., die kleineren Landeigentümer 65 fl. und die Interessenten 93 fl. Insgesamt forderten die Osteeler Eingesessenen als Ersatz für alle Wachen 9597 fl.

Der Marienhafer Vogt Christian Eberhard Henning war einer derjenigen, die bei fast allen Aktionen der »Renitenten« im Nordbrokmerland besonders zu leiden hatten. Sein Fall scheint typisch zu sein für die Situation der landesherrlichen Unterbeamten, die der Gewalt des »Appelle-Krieges« am ehesten ausgesetzt waren[341]. Während des »Angriffs« auf Norden im August 1726 kamen über 80 Communherren und Soldaten aus dem Reiderland in Hennings Haus und ließen sich und ihre Pferde ausgiebig verpflegen. Weil ihnen das zuerst vorgesetzte Dünnbier nicht schmeckte, verlangten sie nicht nur besseres, sondern zerschlugen auch das Faß und ließen das Dünnbier auslaufen. Was ihnen an Hausgerät und Kleidungsstücken gefiel, nahmen sie bei ihrem Abmarsch mit (Kissen, Bettwäsche, Mützen, Stoff, Teile des Zinngeschirrs etc.). Mitte September ließ sich ein Kommando der

340 Begleitschreiben zu der Aufstellung aller Wachdienste der Osteeler Eingesessenen, StaA., Rep. 4, C III b, 72, Vol. I.

341 »Specificatio damni ad causam Voigts Christian Eberhard Hennings Ehefrauen Supplicantinnen contra Ludewig Bruens, Enno Vietor et Consorten«, StaA., Rep. 4, C III b, 64.

»Renitenten« auf dem Durchzug zweimal verpflegen, und wieder wurde viel gestohlen, z. B. Pantoffeln und Strümpfe, die die Soldaten Hennings Frau von den Füßen zogen. Ihre geistlichen Bücher wurden mutwillig zerstört und einige Stühle durch Entfernen der Nägel unbrauchbar gemacht. Während der »Strafaktion« im Dezember 1726 bekam Henning abermals Einquartierung und erlitt durch das von den »Renitenten« bei ihm untergestellte Vieh einen erheblichen Verlust an Heu und Stroh. Auf diese Weise kam ein Schaden von fast 500 fl. zusammen. Weil Henning selbst auf der Verhaftungsliste der »Renitenten« stand, mußte er sich während der meisten Zeit verstecken und konnte seinem Dienst als Vogt nicht nachkommen. Die von ihm betriebene Bierbrauerei stand während des »Appelle-Krieges« völlig still, weil er den Braukessel nach Aurich in Sicherheit gebracht hatte. Ein Teil der Kunden war daraufhin zu anderen Brauern abgewandert, so daß nicht nur während des »Appelle-Krieges« ein totaler Einnahmeverlust entstanden war, sondern auch für die Zeit danach das Geschäft nur in verkleinertem Umfang wieder aufgenommen werden konnte. Schließlich verlangte Hennings Frau für allen ausgestandenen »Hohn, Spott, unmenschliche Schläge und Drangsahl« 1340 fl.; insgesamt entstand damit eine Forderung von 2694 fl.

Gegenüber dem »gehorsamen« Brokmerland gab es in der Krummhörn mit ihren zahlreichen »Renitenten« geringere Schäden. Am häufigsten waren sie im Amt Pewsum, das an der ständischen Verfassung keinen Anteil hatte und daher wie z. T. die Geestämter quasi »besetzt« war. Der Witwe Hilcke Rickleffs aus Pewsum waren außer Lebensmitteln, Hausgerät, Geschirr und Bettzeug auch ein großer und ein kleiner Eichenschrank gestohlen worden, und ihre beiden Söhne mußten mehrere Wochen »die Flucht nehmen«, weil sie wegen ihrer Hilfe für den Auricher Akzisepächter auf der Verhaftungsliste der »Renitenten« standen. Sie verlangte insgesamt 123 Reichstaler Schadenersatz[342]. Aus den Kirchspielen des Amtes Greetsiel liegen, abgesehen von den Schadenslisten der höheren und niederen landesherrlichen Beamten, nur wenige solcher Aufstellungen vor. Aeyelt Poutets Rechnung[343] scheint dabei sehr typisch für die Art der Schäden zu sein, die der »Appelle-Krieg« hier verursacht hat. Die »Renitenten« hatten ihm im Herbst 1726 alle Pferde gepfändet, so daß er sein Land nicht ordentlich bestellen konnte. Von sieben Grasen Landes, die er mit Wintergerste besät hatte, erntete er deswegen nur 1 1/2 Last (ca. 56 Zentner); auf weiteren fünf Grasen mußte er die Wintersaat im nächsten Frühjahr wieder unterpflügen. Weil er durch die vielen Brüche, die die »Renitenten« ihm auferlegt hatten, kein Bargeld besaß, konnte er nach Beendigung des »Appelle-Krieges« die regulären Schatzungen nicht bezahlen, so daß der Exekutor

---

342   StaA., Rep. 4, C III b, 72, Vol. I.
343   StaA., Rep. 4, C III b, 72, Vol. IV.

bei ihm pfändete. Er forderte für alle Schäden 334 fl.

Sehr aufschlußreich sind die Aufstellungen der Schäden, die Sicco Mennen aus Greetsiel und Dirck Herlyn aus Visquard erlitten hatten. Diese beiden gehörten zu der kleinen Gruppe derer, die zuerst lange Jahre Deputierte beim Emder Administratorenkollegium gewesen waren und in der ständischen Politik eine Rolle gespielt hatten, sich im Herbst 1724 aber nicht nur den kaiserlichen Dekreten unterworfen hatten, sondern auch als Ordinärdeputierte des neuen Administratorenkollegiums tätig geworden waren. Sie waren deshalb den Verfolgungen der »Renitenten« besonders ausgesetzt. Sicco Mennen forderte[344] für die fast fünf Monate, die er auf der Flucht vor den »Renitenten« in Aurich zubringen mußte, 140 Reichstaler Verpflegungskosten. Um seine Kühe vor der Pfändung und dem Verkauf durch die »Renitenten« zu bewahren, mußte er sie bereits Anfang August 1726 aufstallen; durch mangelhaftes Futter gingen Milchleistung und Gewicht erheblich zurück. Weil seine Pferde gepfändet worden waren, konnte er weder seine Ernte rechtzeitig einbringen noch im Herbst Mist aufs Land fahren lassen, so daß ein Teil seines Landes deswegen unbestellt blieb. Für seine Schmiede mußte er für die Zeit seiner Abwesenheit zusätzlich zwei Knechte einstellen, ohne dadurch die vorübergehende Schließung verhindern zu können. Insgesamt forderte er 733 Reichstaler Schadenersatz.

Dirck Herlyns Rechnung[345] zielte demgegenüber mehr auf einen ideellen Schaden ab. Er hatte im Frühjahr 1726 nicht rechtzeitig fliehen können, war vorübergehend verhaftet und vor Zeugen vom Emder Notar Niemann verhört worden. Für diesen »Schimpf« und die dabei entstandenen Kosten verlangte er 270 fl. Später war er von der »Geheimen Kommission« in Emden zur Untersuchung vorgeladen worden, hatte im Herbst 1726 Einquartierung gehabt, und schließlich war im Mai 1727 sein Sohn in Emden kurze Zeit ins Gefängnis gekommen; bei der Freilassung hatten sie ihm »viehle Schimpfworte« für seinen Vater mit auf den Weg gegeben. Für alle Beleidigungen und Schäden forderte er 934 fl.

Alle diese Beispiele, die ausgewählt wurden, weil sie typisch zu sein scheinen für die hier näher untersuchten Marsch- und Geestgebiete, zeigen, daß derartige Begleiterscheinungen des »Appelle-Krieges« Angehörige aller Bevölkerungsschichten, Interessenten wie Nichtinteressenten, in gleicher Weise trafen. Der unterschiedlichen Ausprägung des »Appelle-Krieges« in Marsch und Geest, in »renitenten« und »gehorsamen« Kirchspielen entsprechend, waren die Schäden in beiden Bereichen unterschiedlicher Art; trafen sie im Nordbrokmerland mehr zufällig einzelne Eingesessene oder ein ganzes Kirchspiel fast gleichermaßen, so geschah die Verfolgung von Personen, deren Parteinahme für den Fürsten bekannt war bzw. die dessen

---

344   ebenda.
345   ebenda.

verdächtigt wurden, gezielt und hatte daher meistens größere Schäden zur Folge. Aus den hier vorgestellten Schadensaufstellungen, die allesamt von den »Renitenten« zu verantworten waren, darf allerdings nicht geschlossen werden, Plündereien, Diebstähle etc. seien nur auf Seiten der »Renitenten« vorgekommen, gleichsam als typischer Ausdruck der von ihnen ausgeübten »Schreckensregierung im Kleinen«, wie der ungenannte Herausgeber einiger Aktenstücke aus dem »Appelle-Krieg« vor gut 100 Jahren die Tätigkeit der Communherren genannt hat[346]. Bei den wenigen fürstlichen Gegenaktionen, an denen Bauernaufgebote beteiligt waren, kamen derartige Dinge genauso vor, sie konnten nur nicht die gleiche Größenordnung erreichen[347].

9.4. Die »Vereinigten Stände«: Wahrnehmung obrigkeitlicher Aufgaben in Landesverwaltung und Justiz

Nach der Einnahme Nordens durch die »Renitenten« im August 1726 charakterisierte Brenneysen die Hilflosigkeit der Landesherrschaft mit den Worten: »Indeßen verlauffet die Zeit, die Justitz und die gesamte Regierung stehet stille, und alle unsere Revenüen werden uns gehemmet[348]«. Diese Beurteilung der Situation war in hohem Maße realistisch. Eine geordnete Verwaltung war nur noch im Amt Friedeburg und im Harlingerland möglich. Es ist daher besonders aufschlußreich, nach den Vorstellungen, Zielen und Maßnahmen der »Renitenten« in den Bereichen zu fragen, die sonst in die Zuständigkeit der Obrigkeit fielen, also nach ihrem Tätigwerden in Landesverwaltung und Justiz.

Daß das alte Administratorenkollegium in Emden gleich nach den ersten Erfolgen der »Renitenten« im Frühjahr 1726 seine Gerichtstätigkeit wieder aufnahm[349], ist hier nicht als Besonderheit anzuführen, weil alle Verstöße im Bereich der Steuer- und Akziseverwaltung der Jurisdiktion der Administratoren unterlagen. Zu einer vollständigen Amtsführung, und das war das erklärte Ziel der alten Administratoren, gehörte also auch die Gerichtsbarkeit. Die Ausschreibung von Schatzungen, die zwar nicht auf einem Landtag, sondern von der Versammlung der Communherren »bewilligt«

346 Ostfriesisches Monatsblatt, Jg. 1876, S. 434.
347 Dem Bericht der Wittmunder Beamten vom 29. 1. 1728 ist z. B. eine lange Liste der Gegenstände beigefügt, die sie nach dem Angriff auf Leer am 7. 4. 1726 den aufgebotenen Harlinger Bauern abgenommen hatten, StaA., Rep. 4, C III b, 35, Vol. I; in Rep. 4, C III c, 105, fol. 261 ff., die Aufstellung der Güter, die Hauptmann Jacob Campen am 12. 2. 1726 durch die Nordbrokmer Landkompanie gestohlen worden waren.
348 Reskript an den Wiener Gesandten Brawe vom 10. 9. 1726, StaA., Rep. 4, A IV c, 251.
349 Am 12. 3. 1726 berichtete Prokurator Henrichs aus Emden nach Aurich, daß »man ordentlich auf dem Collegio wieder Gericht haltet und nach altem Gebrauch damit verfahret«, StaA., Rep. 4, C III b, 32.

worden waren[350], läßt sich ebenfalls hierher zählen. Anders verhält es sich mit den Maßnahmen, die aus dem von den »alten Ständen« wahrgenommenen Widerstandsrecht gegen die Landesherrschaft abzuleiten sind. Dazu gehörten zunächst die Gebote an die vom Auricher Administratorenkollegium eingesetzten Akzisepächter, sich ihrer Tätigkeit zu enthalten[351], wie auch entsprechende Gebote an die Ordinärdeputierten dieses Kollegiums[352]. Erheblich weitergehend waren die Gebote an die Vögte und Gerichtsdiener, sich aller Amtshandlungen zu enthalten, insbesondere keine landesherrlichen Mandate zuzustellen und keine Exekutionen vorzunehmen[353]. Dieses Bemühen gipfelte in dem generellen Verbot, sich an das Amtsgericht zu wenden, wie es z. B. im Amt Greetsiel im Laufe des Winters 1726/27 ergangen war[354].

Eine solche Ausschaltung der landesherrlichen Gerichtsbarkeit erforderte von den »Renitenten« selbst die Ausübung einer Jurisdiktion anstelle der landesherrlichen Amtsgerichte. Zur Erfüllung dieser Aufgabe kamen zwei »Gremien« in Frage, die »Geheime Kommission« in Emden, die die Politik der »Renitenten« insgesamt lenkte bzw. dies versuchte, sowie die Versammlungen der Communherren, vor allem in Norden und in Leer. Die »Geheime Kommission« in Emden hielt im Laufe des Winters 1726/27 regelmäßig jeden Montag Gericht, vor dem Verstöße gegen die von den »Renitenten« erlassenen Verbote verhandelt wurden. Ende Februar 1727 z. B. wurden aus Pilsum Reemt Jargs Tjaden, seine Schwägerin Geeske Ubben und Mencke Hinrichs vorgeladen, weil sie zur Bestätigung der von Reemt Jargs Tjaden und Mencke Hinrichs übernommenen Vormundschaft über Geeskes Sohn entgegen dem Verbot das Greetsieler Amtsgericht eingeschaltet hatten. Geeske Ubben wurde als Hauptschuldige in 20 Reichstaler Brüche verurteilt, die beiden Vormünder in je 10, außerdem wurden ihnen

---

350 Mitte November 1726 wurde in der Nordbrokmer Vogtei z. B. eine reguläre Schatzung, und zwar eine halbe Kapital- und eine ganze Personalschatzung, ausgeschrieben. Sie war zur Deckung der Kosten bestimmt, die die verschiedenen »Ausfälle«, insbesondere der gegen Norden im August des Jahres, verursacht hatten, Aussage von Reimer Janssen aus Oldeborg bei der Kanzlei vom 19. 11. 1726, StaA., Rep. 4, C III b, 30. Unter dem 21. 12. 1726 erging von Norden aus ein Schatzungsausschreiben für 1 Kapital- und 2 Personalschatzungen für die »zur Defension und gemeiner Freyheit und Beschützung der Stadt Norden und herum liegenden Ämtern« nötigen Kosten, Rep. 4, C III b, 37, Vol. I. Über die Eingänge dieser Schatzung wurde sehr genau Buch geführt; in Rep. 4, C III b, 37, Vol. III, liegen die Einnahme- und Ausgabebücher sowie insgesamt 541 dazugehörige Belege.
351 So im Amt Greetsiel Ende März 1726 geschehen, Bericht des Amtmanns Zernemann vom 26. 3. 1726, StaA., Rep. 4, C III b, 34.
352 Siehe oben S. 305.
353 Im Amt Greetsiel erging nach mehreren Einzelverboten im Oktober 1726 ein generelles Tätigkeitsverbot, Bericht der Greetsieler Beamten vom 21. 10. 1726, StaA., Rep. 4, C III b, 34; Amt Aurich: Bericht der Beamten vom 21. 2. 1727, Rep. 4, C III b, 30; Amt Stickhausen: Bericht der Beamten vom 28. 9. 1726 mit Beilagen, Rep. 4, C III b, 39; Amt Norden: Anzeige bei der Kanzlei vom 28. 9. 1726, Rep. 4, C III b, 37, Vol. I; Amt Berum: Bericht der Beamten vom 14. 9. 1726, Rep. 4, C III b, 31.
354 Bericht der Greetsieler Beamten vom 24. 3. 1727, StaA., Rep. 4, C III b, 34.

100 Reichstaler Brüche angedroht, falls sie sich noch einmal an das Greetsieler Amtsgericht wenden sollten[355]. Einen Monat später wurden erneut Reemt Jargs Tjaden und Geeske Ubben sowie Ubbo Hansken Ubben vorgeladen, weil sie entgegen dem Verbot einige Intraden an die fürstliche Rentei abgeführt haben sollten. Hierauf standen 50 Reichstaler Brüche[356].

Die in Leer versammelten Communherren verurteilten im Herbst 1726 den Stickhauser Amtmann Stürenburg zur Erstattung der Kosten, die die dortigen Fuhrleute im Juli wegen des Transportes der dänischen Soldaten von Apen nach Aurich gehabt hatten[357]. Die in Norden versammelten Communherren erließen Ende Oktober 1726 ein Mandat an die Eingesessenen der Nordbrokmer Vogtei, bei 500 Reichstalern Strafe den Schützen auszuliefern, der auf den Pachtkommissar Fraterma geschossen hatte[358]. Im Dezember wurde in Osteel »gleichsahm ein Gericht geheget«, vor dem eine Untersuchung gegen diejenigen vorgenommen wurde, die der Teilnahme an der Plünderung von Jacob Campens Haus in Wirdum am 12. Februar 1726 verdächtig waren, nachdem die Offiziere und Unteroffiziere der Nordbrokmer Landkompanie bereits einige Wochen vorher für ihr Kommando bei dieser Aktion mit Brüchen und der Verpflichtung zu Schadenersatz belegt worden waren[359]. Die Marienhafer Communherren Abbo Poppinga und Peter Abben wurden bei dieser Gelegenheit wegen Nachlässigkeit in Brüche verurteilt, wenige Wochen später der Osteeler Deichrichter Gerd Itzen aus demselben Grund[360]. Gegen einen Eingesessenen aus Wirdum erließen die Communherren eine Vorladung »ex Officio, wie in der Citation gestanden[361]«. Honse Warners, einem »dürfftigen« Tagelöhner aus Greetsiel, wurde vor dem Gericht der Communherren erklärt, »er hätte fast den Todt verdienet«, weil er in Eilsum den Vögten und Gerichtsdienern bei einer Exekution geholfen hatte; er habe damit »ihre Freyheiten wegzubringen gesuchet«. Honse Warners fühlte sich allerdings ganz unschuldig; bei solchen Gelegenheiten habe er immer geholfen, um etwas zu verdienen, »wann aber dieses Freyheit wäre, daß er und andere solchergestalt geplaget und, da er kein Brodt im Hause hätte, unverschuldeterweise Brüche geben sollte, so verstünde er solches nicht[362]«. Dieser Fall zeigt er-

355 Zeugnis des Greetsieler Notars Tobias Damm in dieser Angelegenheit vom 3. 3. 1727, ebenda.
356 Bericht der Greetsieler Beamten vom 24. 3. 1727, ebenda.
357 Bericht Stürenburgs vom 3. 10, 1726, StaA., Rep. 4, C III b, 39.
358 Mandat vom 24. 10. 1726, StaA.; Rep. 4, C III b, 37, Vol. I.
359 Bericht des im Nordbrokmerland sich aufhaltenden Leeraner Amtmanns Kettler vom 10. 12. 1726 und Aussage von Enne Aggen aus Siegelsum bei der Kanzlei vom 24. 10. 1726, StaA., Rep. 4, C III b, 30; vgl. oben S. 325.
360 Bericht Kettlers vom 10. 12. 1726 und Supplik Gerd Itzens vom 4. 2. 1727, StaA., Rep. 4, C III b, 30.
361 Bericht der Greetsieler Beamten vom 15. 12. 1726, StaA., Rep. 4, C III b, 34.
362 Bericht der Greetsieler Beamten vom 31. 3. 1727, ebenda.

neut, wie wenig die »Freiheit der Ostfriesen« für die unterständischen Schichten oft bedeutete, insbesondere wenn die Sorge um das tägliche Brot drückte.

Der Matrose Johann Tromp aus dem Amt Berum wurde mitsamt seiner Freikompanie[363] durch Mandat der »Vereinigten Stände« für vogelfrei erklärt[364]. Im Bereich der Ämter Leer und Stickhausen wurden zahlreiche Vögte und Gerichtsdiener des Landes verwiesen, weil sie dem gegen sie verhängten Tätigkeitsverbot nicht nachgekommen waren. Der Folmhuser Gerichtsdiener Jochums erhielt drei Jahre Landesverweisung[365]; nicht anders erging es dem Diener des Leeraner Amtmanns Kettler im Januar 1727[366] und dem Vogt von Weener[367] sowie seinem Amtskollegen im Oberledingerland[368] im Monat darauf. Auch andere Personen wurden auf diese Art bestraft. Der Goldschmied Hüfer und der Sohn des Tonnenträgers Johann Hinrichs z. B. wurden Ende Mai 1726 für vier Jahre aus Leer verbannt, weil sie sich in den Wochen vorher den Anordnungen der Communherren widersetzt hatten[369].

Die »Geheime Kommission« und die versammelten Communherren beschlossen im November 1726, alle Teilnehmer des autoritate Caesarea gehaltenen Landtages im November 1724, auf dem die alten Administratoren und Ordinärdeputierten abgesetzt und das neue Kollegium gewählt worden war, in 80 bis 100 Reichstaler Strafe zu verurteilen. Weyert Ayckes aus Nenndorp im Niederreiderland war einer der ersten, von dem die Zahlung dieser Summe verlangt wurde, weil er sich »zum Deputirten machen laßen und das (sc. neue) Collegium erwehlen« geholfen habe. »Solches wäre unverantwortlich und schelmisch gehandelt«; er habe damit »Land und Leuthe verraten[370]«. Im Amt Stickhausen wurden aus diesem Grunde u. a. Focke Luitjes aus Brinkum, Weyert Jacobs aus Nortmoor sowie Hinrich Jürgens und Johann Jürgens Schröder aus Detern vor die Versammlung der Communherren geladen und jeweils in 100 Reichstaler Brüche verurteilt[371]. Von Leutnant Richard Frey aus Völlen, einem weiteren Teilnehmer dieses Landtages, verlangten die Communherren sogar 200 Reichs-

363   Siehe oben S. 285.
364   Mandat vom 24. 1. 1727 an Fähnrich Blanck in Engerhafe, StaA., Rep. 4, C III b, 77; Bericht des Greetsieler Beamten vom 27. 1. 1727, Rep. 4, C III b, 34.
365   Jochum an Hofmarschall von Fridag, 1. 8. 1726, StaA., Rep. 4, C III b, 39.
366   Bericht Kettlers vom 18. 1. 1727, StaA., Rep. 4, C III b, 43.
367   Bericht des Vogtes Lucas Claessen vom 16. 2. 1727, ebenda.
368   Bericht der Stickhauser Beamten vom 26. 2. 1727, StaA., Rep. 4, C III b, 39.
369   Bericht aus Evenburg vom 6. 6. 1726, StaA., Rep. 4, C III b, 35, Vol. II.
370   Weyert Ayckes an Brenneysen, 19. 11. 1726, und die Kanzleiregistratur vom 23. 11. 1726, StaA., Rep. 4, C III b, 32.
371   Aussagen der beiden Erstgenannten vor der Kanzlei vom 4. und Bericht der Stickhauser Beamten vom 11. 1. 1727, StaA., Rep. 4, C III b, 39.

taler Strafe[372]. Alle diese Verurteilungen ergingen wegen des Schadens, den die Betroffenen durch ihr Verhalten dem Land, d. h. konkret den »Renitenten«, zugefügt hatten.

Mit der eigenständigen Justizpflege ließen es die »Vereinigten Stände« nicht bewenden. Solange sie das Heft in der Hand hielten, fühlten sie sich auch für weite Bereiche der sonst obrigkeitlichen Landesverwaltung verantwortlich. Die besonders notwendige Aufsicht, die die Deiche, Siele und Wege erforderten, ist hierbei an erster Stelle zu nennen. An die Poelrichter in Neermoor erging am 28. September 1726 das Mandat, den Eingesessenen von Kloster Thedinga und Schwoog anzusagen, innerhalb von drei Tagen ihre Wege in Ordnung zu bringen oder sie unverzüglich auf ihre Kosten reparieren zu lassen. Wegen der Mißachtung eines gleichlautenden früheren Mandates sollten sie außerdem jeder 10 Reichstaler Brüche bezahlen[373]. Im Amt Greetsiel fand im November 1726 die Deichschauung in eigener Verantwortung statt[374]. Im folgenden Frühjahr verlangten die in Visquard versammelten Eingesessenen dieses Amtes von der »Geheimen Kommission« in Emden, »uit alle Amten een Deputatie te doen, om zoo de Dyken in Emder Amt te visiteeren[375]«. Im Amt Leer hielt der Administrator Dr. Coop Ibeling von Rehden im Herbst 1726 zusammen mit einer Reihe von Communherren die Deichschauung und erklärte dabei klipp und klar, »man müste sich nun die Sachen angelegen seyn laßen, weilen Sie das Schwerd in den Händen hätten, und denen anderen solches ablernen, die für die Landes-Wohlfahrt und für die Freyheit nicht streiten wolten[376]«. »Das Schwert in Händen haben«, das war eine treffende Umschreibung der Situation, in der die »Vereinigten Stände« die Obrigkeit waren, nicht nur, weil sie im Augenblick die Macht dazu hatten, sondern weil nach ihrer Auffassung die Landeswohlfahrt allein von ihnen richtig beherzigt wurde. Die ostfriesische Landesherrschaft und die »gehorsamen« Stände hatten sich in den Augen der »Renitenten« durch ihr Verhalten so sehr disqualifiziert, daß sie weder als Obrigkeit noch als gleichberechtigtes Mitglied der Landstände gelten konnten.

Neben der Aufsicht über Deiche, Siele und Wege nahmen die »Vereinigten Stände« weitere obrigkeitliche Aufgaben in der Landesverwaltung wahr. Seit Mai 1726 verlangten sie von den in Leer wohnenden Mennoniten ein regelrechtes Schutzgeld[377], damit ihre bewußte Wahrnehmung obrigkeitlicher Aufgaben deutlich betonend. Die Rollen der in den Jahren zuvor

372 Klage Richard Freys vom 6. 3. 1727, StaA., Rep. 4, C III b, 43.
373 Mandat vom 28. 9. 1726, StaA., Rep. 4, C III b, 77.
374 Bericht der Greetsieler Beamten vom 16. 11. 1726, StaA., Rep. 4, C III b, 34.
375 StaA., Dep. 1, 1354, fol. 4.
376 Fähnrich der kaiserlichen Salvegarde in Leer Kröger an seinen Bruder, 15. 10. 1726, StaA., Rep. 4, C III b, 35, Vol. II.
377 Bericht aus Evenburg über die Zustände in Leer vom 28. 5. 1726, ebenda.

von der Landesherrschaft neu angeordneten Gilden und Zünfte im Oberreiderland, so der Zimmerleute, Maurer und Barbiere in Bunde und der
Schuster in Weener, verlangten die Communherren in Leer zur Prüfung
vorgelegt zu bekommen; »die von der Landschafft nicht mit unterschrieben (seien), wollten sie abgeschaffet wißen[378]«. Das von den Ständen bean-
spruchte Mit-Regiment bot ihnen für diese Prüfung die Legitimation; von
der Landesherrschaft allein vorgenommene Neuerungen konnte dieser Anspruch nicht als rechtmäßig anerkennen. Schließlich kam auch das Armen-
wesen den Communherren in den Blick. Als sie im Amt Greetsiel beschlossen, der Landesherrschaft vorerst keine Intraden mehr zukommen zu lassen und deswegen auch keine Exekution dulden zu wollen, nahmen sie davon die Beitreibung der rückständigen Deich- und Siel- wie auch der
Kirchen-, Schul- und Armengelder aus, die die Deich- und Sielrichter bzw.
die Kirchen- und Armenvögte in eigener Verantwortung einziehen
sollten[379]. Hier sollte es durch den Widerstand gegen die Landesherrschaft
keinen Stillstand zu Lasten der Armen geben. Für diejenigen, die sich für
die Sache der »Renitenten« eingesetzt hatten, ergriffen diese Maßnahmen
der sozialen Sicherung. So bat die Witwe eines Sergeanten der Emder Garnison im Sommer 1726 die »Geheime Kommission« um einen Zuschuß,
wenn möglich um die volle Erstattung aller Kosten, die ihr die Krankheit
und die Beerdigung ihres Mannes verursacht hatten; sie berief sich bei dieser Bitte auf »die Herren Communen« in Leer, die, »so jemandt ist krank
geworden oder gestorben, (...) alle unkosten auff sich genommen
haben«[380].

Der Bereich der Wahrnehmung obrigkeitlicher Aufgaben in Landesverwaltung und Justiz durch die »Vereinigten Stände« ist damit umrissen. Die
angesprochenen Maßnahmen reichten von der eigenverantwortlichen Aufsicht über Deiche, Siele und Wege über die Erhebung von Mennoniten-
schutzgeld, die Prüfung von Gilderollen und die Verantwortlichkeit im Ar-
menwesen bis zum Aufbau einer eigenen Jurisdiktion in den Ämtern unter
Ausschaltung der landesherrlichen Untergerichte. Trotz allen vielleicht re-
volutionär erscheinenden Schwunges, mit dem sich die Communherren an
diese Aufgaben machten, darf ihr Tätigwerden in Bereichen, die an sich in
die Zuständigkeit der Landesherrschaft fielen, nicht mit einem solchen At-
tribut belegt werden. Es ging einzig und allein um die Behauptung der ständischen Freiheit, um ein konservatives Ziel also. Der Erreichung dieses Zieles dienten alle hier behandelten Maßnahmen; nur weil eine ungehindert tä-
tige landesherrliche Verwaltung und Justizpflege sich der Erfüllung der
ständischen Forderungen in den Weg gestellt und überdies alle in ihrer

---

378 Berichte der Vögte von Bunde und Weener vom 14. 2. und 4. 3. 1727, StaA., Rep. 4, C III b, 43.
379 Bericht der Greetsieler Beamten vom 21. 10. 1726, StaA., Rep. 4, C III b, 34.
380 StaA., Dep. 1, 1355, fol. 10.

Überzeugung schwankenden Eingesessenen zu sehr beeinflußt hätte, setzten die Communherren eine alternative Praxis durch, für einen begrenzten Zeitraum allerdings, denn vom Moment der Verwirklichung des Zieles — einem Nachgeben der Landesherrschaft — an wären alle diese Maßnahmen auch im Verständnis der »Renitenten« illegitim geworden: Nur das praktizierte Widerstandsrecht konnte dieses Eindringen in Bereiche der obrigkeitlichen Zuständigkeit legitimieren.

Zwischenergebnis

Es bleibt das Problem der Bewertung und Einordnung des »Appelle-Krieges« in vergleichbare Geschehnisse in anderen Territorien. Klaus Gerteis hat in einer ersten Zusammenstellung von typischen Zügen der Bauernrevolten nach dem Bauernkrieg[381] in einer abschließenden Skizze auch die hier behandelte Auseinandersetzung erfaßt, ohne allerdings im Text auf sie einzugehen. Obwohl seine Ausführungen auf weite Bereiche des »Appelle-Krieges« zutreffen — sei es die Organisation in Form einer Eidgenossenschaft, die zumindest ideell die ganze Gemeinde (Kommune) als Trägerin des Widerstandes anzusehen erlaubte, sei es die Inanspruchnahme der vorhandenen militärischen Organisationsformen (Bauernaufgebot) durch die »Renitenten« und die Erhebung von Kontributionen zu ihrem Unterhalt (Wittengelder) oder die grundsätzliche Bewertung ihres Tuns als legitimen Widerstand gegen eine friedbrüchige Landesherrschaft zur Wiederherstellung ihrer gekränkten Rechte —, geht diese Einordnung am Kern der Auseinandersetzung vorbei. Zwar waren die Bauern der Marschämter eine entscheidende Trägerschicht des »Appelle-Krieges«, sie traten aber nicht als Bauern, sondern als Mitglieder der Landstände in deren Verbund auf. Es ging allen Beteiligten, der Stadt Emden, den wenigen Adeligen, den Marschbauern und den Trägern des Widerstands in den übrigen Teilen Ostfrieslands, allein um die Bewahrung ihrer landständischen Verfassung, um die Abwehr der absolutistisch bestimmten Politik Brenneysens. Es war, wie die ständisch gemischten Aufstände, die vielerorts im frühneuzeitlichen Europa gegen forcierte Zentralisation und wachsende Staatlichkeit entbrannten[382], eine politische Bewegung, die sich trotz aller wirtschaftlichen und sozialen Elemente, die sie am Rande beinhaltete, eindeutig als

381   G e r t e i s , Bauernrevolten.
382   R e i n h a r d , Theorie und Empirie.

Verfassungskonflikt[383] erweist, der mit einer Bauernrevolte allenfalls das Erscheinungsbild gemeinsam hatte, im übrigen aber grundsätzlich über sie hinaus ging und auf eine andere Ebene gehört.

---

383 G e r t e i s , Bauernrevolten, S. 60, vertritt für Bauernrevolten grundsätzlich zu Recht die Ansicht, eine eindeutige Zuordnung zu Kategorien wie »soziale Unruhen« oder »Verfassungskonflikte« sei nicht möglich; der »Appelle-Krieg« indes läßt eine solche eindeutige Zuordnung zu.

Dritter Hauptteil

Die Folgen (1727—1732)

A: Ostfriesland nach der Niederlage der »Renitenten«

1. Finanzielle und wirtschaftliche Konsequenzen

1.1. »Renitentensteuern«

Nach ihrer Niederlage bekamen die »Renitenten« die Folgen ihres Widerstandes sehr hart zu spüren. Im Mai und Juni 1727 wurden die schon angesprochenen »Renitentenregister[1]« angelegt, die über das Ausmaß der Beteiligung eines jeden »Renitenten« Auskunft gaben. Sie waren bestimmt für die Erhebung der Unterhaltsgelder für die dänischen Soldaten, die nun überall im Lande verteilt lagen, um einen etwa neu aufflackernden Widerstand sofort im Keim ersticken zu können. Je nach dem Ausmaß der Schuld und der Größe des Vermögens war die sog. »Renitentensteuer[2]« gestaffelt:

Vermögen	pro	schwer graviert	mittel	leicht
bis 500 fl.	100 fl.	6 Schaf	4 Schaf	2 Schaf
600-1000 fl.	100 fl.	4 1/2 Schaf	3 Schaf	1 1/2 Schaf
1000-5000 fl.	1000 fl.	1 Reichst.	18 Schaf	9 Schaf
6000-10000 fl.	1000 fl.	18 Schaf	12 Schaf	6 Schaf
11000-25000 fl.	1000 fl.	13 1/2 Schaf	9 Schaf	4 1/2 Schaf
25000-100000 fl.	1000 fl.	9 Schaf	6 Schaf	3 Schaf
über 100000 fl.	1000 fl.	6 Schaf	4 Schaf	2 Schaf

Diese Unterhaltsgelder mußten die »Renitenten« jeden Monat bezahlen. Von den Pilsumer »Renitenten« z. B. wurden die folgenden Summen verlangt:

---

1   Siehe oben S. 312 ff. und 329 f.
2   StaA., Rep. 4, C III b, 51, Vol. I.

	Reichst.	Schaf	Wit.
Habbe Richts	13	9	—
Ubbo Hansken Ubben	30	—	—
Jürgen Frerichs Schuel	5	18	—
Mene Jargs Wwe.	12	—	—
Mencke Hindrichs	10	—	—
Jan Gaycken	6	—	—
Agge Richts	6	—	—
Claes Heepkes	3	—	—
Frerich Hoeken	5	9	—
Reemt Jargs	6	—	—
Peter Heepkes	2	18	—
Jacob Janßen	8	—	—
Johann Jacob Wehling	5	—	—
Detert Reemts	1	—	—
Enno Eggen	1	9	—
Daniel Jürgens	—	13	10
Wilke Jürgens	—	22	—
Hinrich Harmens	—	7	10
Jost Janßen von Post	—	11	—
Reemt Folten	—	11	—
Dirk Theyssen	—	11	—
Eme Harmens	1	9	—
Jan Symens	—	15	—
Reint Andreßen	—	11	—
Otto Hayen	1	9	—
Edo Jansen	1	9	—
Harmen Ayts	—	11	—
Frerich Jürgens Schuel	4	—	—
Hinrich Jürgens	1	—	—
Berend Jargs Tjaden	3	—	—
Reemt Ayels	3	9	—

Insgesamt wurden im Amt Greetsiel 197 Personen zur »Renitentensteuer« herangezogen, die allein in diesem Amt pro Monat 588 Reichstaler erbrachte. Für Osteel und die Nordbrokmer Vogtei war das Register wesentlich kürzer:

Osteel:	Reichst.	Schaf	Wit.
Hinrich Jansen	3	—	—
Wilhelm Schweers	1	—	—
Tjade Alberts	1	—	—
Leutnant Meint Gatena und seine Frau	4	—	—

Marienhafe:

Deichrichter Abbo Poppinga	5	—	—
Peter Abben	3	—	—
Leffert Theelen Hayunga	1	9	—
Harmen Jansen	1	—	—
Sieben Walrave	—	18	—
Talcke Jansen u. Kinder	—	18	—
Eylert Andressen	—	15	—

Zahlreich waren dafür Eingesessene der Südbrokmer Vogtei, insbesondere von Victorbur und Wigboldsbur, aufgeführt, weil hier die Brüder Reemt und Harmen Addicks samt ihrer zahlreichen Verwandtschaft und der Deichrichter Peter Hanssen während des »Appelle-Krieges« die Eingesessenen öfter zu kleineren Widerstandshandlungen angestiftet hatten. Einigermaßen stark vertreten waren auch die Kirchspiele Riepe, Ochtelbur, Bangstede, Barstede und Westerende, die vor allem wegen ihrer Weigerung, 1726 auf der »Herrenmehde« in Barstede Heu für die Landesherrschaft zu machen, zur »Renitentensteuer« herangezogen wurden. Sogar für Rahe, Extum, Sandhorst, Middels, Holtrop, Westersander und Wrisse war je ein »Renitenter« genannt, für Schirum zwei. Insgesamt mußten 157 Personen zusammen 175 Reichstaler pro Monat bezahlen; damit ist auch hier die unterschiedliche Haltung von Marsch und Geest im »Appelle-Krieg« deutlich zu fassen.

Die Verpflichtung, zur »Renitentensteuer« beizutragen, blieb für die Betroffenen, allerdings mit abnehmender Höhe, solange bestehen, wie die dänischen Soldaten in Ostfriesland lagen; im Laufe der folgenden Jahre forderten aber nicht nur die »Renitenten«, sondern auch die »Gehorsamen« immer dringender den Abzug dieser Soldaten[3].

1.2. Schadenersatzforderungen

Mit der Veranlagung zur »Renitentensteuer« war es nicht getan. In den kaiserlichen Dekreten vom 9. und 13. Juni 1726 war die Wiedergutmachung aller während des »Appelle-Krieges« entstandenen Schäden aus dem Vermögen der »Renitenten« festgelegt worden[4]. Aufgrund dieser Bestimmung reichten die geschädigten »gehorsamen« Eingesessenen bei der subdelegierten Kommission an die 2600 Schadensaufstellungen und Rechnungen ein; einige davon sind oben behandelt worden[5]. Insgesamt forderten sie

---

3   Im einzelnen siehe unten S. 364 ff.
4   StaA., Rep. 4, C III a, 133; siehe oben S. 275 f.
5   Siehe oben S. 332 ff.

fast 380.000 Reichstaler als Entschädigung[6]. Nach der Prüfung durch die Kommission ergab sich folgender Gesamtschaden der »gehorsamen« Eingesessenen in den einzelnen Ämtern[7]:

	Reichst.	Schaf	Witten
Amt Norden	2.911	10	10
Amt Greetsiel	6.131	23	5
Amt Emden	15.636	8	20
Amt Stickhausen	1.840	19	—
Amt Aurich	7.251	5	10
Amt Berum	328	—	10
Amt Leer	9.548	10	15
Amt Pewsum	7.826	8	7 1/2
Gesamt:	51.474	5	7 1/2

Dazu kamen noch 3.060 Reichstaler, die der Stadt Esens und dem Harlingerland wegen der verschiedenen Aufgebote entstanden waren, so daß insgesamt eine Summe von 54.534 Reichstalern von den »Renitenten« aufzubringen war, um die Schäden der »gehorsamen« Eingesessenen wiedergutzumachen. Die Landesherrschaft erhob ebenfalls Schadenersatzforderungen, und zwar nicht nur für die während des »Appelle-Krieges« unmittelbar entstandenen Schäden, sondern sie verlangte auch die Erstattung aller Kosten und Ausgaben, die ihr seit 1720 in der Auseinandersetzung mit den Ständen erwachsen waren. Brenneysen machte dabei folgende Rechnung auf[8]:

Ausgaben von:	Reichst.	Schaf	Witten
Oberrentkammer	82.851	21	10
Brüchkasse	1.146	24	7 1/2
Esenser Rentei	207	13	15
Esenser Landschaftskasse	5.601	2	2 1/2
Wittmunder Rentei	2.016	17	15
Wittmunder Rezeptur	62	4	10
Friedeburger Rentei	136	16	10
Stickhauser Rentei	892	3	—
Leeraner Rentei	1.359	23	5
Leeraner Brüchkasse	60	13	2 1/2
Emder Rentei	259	10	15
Pewsumer Rentei	30	16	—

---

6   Die 175. gemeinschaftliche Relation der subdelegierten Kommission vom 22. 1. 1731 enthält eine Gesamtaufstellung aller Forderungen und der von der Kommission jeweils vorgenommenen Kürzungen, HHuStaW., RHR., Den. rec. K. 902.

7   StaA., Rep. 4, C III b, 72, Vol. III.

8   StaA., Rep. 4, C III b, 50.

Greetsieler Rentei	263	—	—
Norder Rentei	4.755	14	—
Berumer Rentei	2.955	6	2 1/2
Auricher Rentei	736	2	7 1/2
fürstlichem Kabinett	17.870	4	15
Bau- und Jagdkasse	475	14	10 1/2
Unterhaltskosten für die verschiedentlich aufgebotenen Bauern zum Schutz der Stadt Aurich	6.000	—	—
Schäden an den Schlössern und Amtshäusern in Pewsum, Berum und Norden sowie an den landesherrlichen Vorwerken, Mühlen etc.	8.000	—	—
Anteil der von den landesherrlichen Pächtern erhobenen Gelder für die münsterischen und preußischen Subsidien	2.400	—	—
Verlust durch unzureichende Verpachtung der landesherrlichen Ländereien	3.000	—	—
Verluste durch Hinderung der Abgabeneinziehung	20.000	—	—
Zinsen für notwendige Kredite	36.250		—
Gesamt:	197.331	2	8

Bis 1730 wurde diese Summe auf 242.762 Reichstaler hochkorrigiert. In einem Gutachten vom April 1728 legten Brenneysen und die anderen Räte der kaiserlichen Kommission dar, wie sie sich die Befriedigung dieser Forderungen vorstellten[9]. Zunächst sollten alle Forderungen, die die »Renitenten« aus Obligationen, die sie bzw. ihre Vorfahren von der Landesherrschaft erworben hatten, aufgehoben und mit den landesherrlichen Forderungen verrechnet werden; weil sich die Summe der Obligationen, die bei den Renteien von Emden, Greetsiel, Pewsum, Leer und Norden für die »Renitenten« zu verzinsen waren, auf 59.913 Reichstaler[10] belief, wäre das Haus Cirksena auf diese Weise von einem ansehnlichen Teil seiner Schulden befreit worden. Die Güter der »Renitenten« sollten meistbietend ver-

---

9   ebenda.
10   Aufstellung aller dieser Obligationen, die im September 1728 der kaiserlichen Kommission zuging, ebenda.

kauft, von den Erlösen zuerst die Landesherrschaft, danach die geschädigten Eingesessenen befriedigt werden. In einer beigefügten Liste hatte Brenneysen diejenigen »Renitenten« aufführen lassen, aus deren Vermögen die Landesherrschaft in erster Linie entschädigt werden wollte. In dieser Liste waren, angefangen mit dem Administrator des dritten Standes Warner ter Braeck bis zu verschiedenen Mitgliedern des Emder Magistrats, nur die wirtschaftlich stärksten »Renitenten« genannt, deren Vermögen die landesherrlichen Forderungen leicht abdecken konnte. Die kaiserliche Kommission entsprach den landesherrlichen Forderungen jedoch nicht in voller Höhe; lediglich eine Summe von 150.000 Reichstalern erkannte sie mit Dekret vom 20. Juli 1730 zu, was Brennesyen veranlaßte, bittere Klagen deswegen beim Kaiser einzubringen[11]. Insgesamt war damit den »Renitenten« eine gewaltige Zahlungsverpflichtung auferlegt, die in den prozessualen Auseinandersetzungen der folgenden Jahre besonders umstritten war. Zu einer wirlichen Eingung ist es dabei nie gekommen[12].

1.3. Flüchtlinge

Eine Reihe von Personen, die sich während der Unruhen antifürstlich hervorgetan hatten und daher jetzt Strafe fürchten mußten, wählte nach der Niederlage den, zumeist vorübergehenden, Weg ins »Exil«; die meisten entwichen, nach Möglichkeit mit dem wertvollsten Teil ihrer beweglichen Habe, über die Grenze in die Niederlande, einige wenige, wie z. B. von dem Appelle, fanden im sicheren Emden Zuflucht. Für den Flecken Leer und die Vogtei Bunde, unmittelbar an die Niederlande grenzend, liegt eine Ende Mai 1727 erstellte Liste aller geflüchteten Eingesessenen vor, aus der nicht nur die Größenordnung der Fluchtbewegung, sondern auch die Breite und soziale Zusammensetzung der »Renitenten«, die hier eines ihrer Zentren gehabt hatten, gut zu ersehen ist[13]. Insgesamt 99 »Renitente«, einige mit, die meisten ohne Familie, hatten einem landesherrlichen Mandat, nach Hause zurückzukehren, nicht Folge geleistet. Aufgeschlüsselt nach Berufen und sozialen Gruppen ergibt sich folgendes Bild:

Reeder, Tuchhändler, Kaufleute, z. T. in beiden Bereichen tätig	20
Weber	24
Brauer, Bäcker, Gastwirte, z. T. in allen drei Bereichen tätig	17

---

11 Dekret der Kommission vom 20. 7. 1730 sowie das Reskript vom 4. 8. 1730 an den Wiener Gesandten Brawe, deswegen beim Kaiser vorstellig zu werden, ebenda.
12 Siehe unten S. 420 ff.
13 Aufstellung für Leer vom 31. 5. 1727, StaA., Rep. 4, C III b, 44.

Schuhmacher	8
Fuhrleute, Schiffer, Fährleute	6
Schmiede	3
Schneider	2
Goldschmiede	2
Kleinhändler (»Höker«)	1
Hutmacher	1
Speldemacher (= Nadelmacher)	1
Perückenmacher	1
Maurer	1
Knopfmacher	1
»Tabaksmuller«	1
Bauer	1
»Rentner«	1
frühere Angehörige der ständischen Steuer- verwaltung (Akzisepächter, Kontorschreiber etc.)	4
unbestimmt	2
»Cannaille«	1
	99

Diese Aufstellung zeigt im Prinzip das gleiche Bild, das bereits aus der Auswertung der »Renitentenregister« für Pilsum und Osteel gewonnen wurde: neben einer dominierenden Gruppe von Angehörigen der wirtschaftlichen und politischen Führungsschicht[14] hat sich ein recht stattliches »Fußvolk«, bei dem, der wirtschaftlichen Struktur Leers mit der umfangreichen Leinenverarbeitung entsprechend, die Weber den weitaus größten Teil ausmachten, für die Ziele der »Renitenten« eingesetzt. Zwar war die Flucht bei den meisten nicht endgültig, dauerte aber trotzdem längere Zeit an; bis zum 14. Juli 1727 waren erst 34 der aufgeführten Personen nach Leer zurückgekehrt[15]. Aus Bunde waren neun Interessenten, die fast alle mehrmals Landtagsdeputierte gewesen waren, sowie zwei Schmiede und ein Krämer geflüchtet, aus Böhmerwold fünf Interessenten, während die aus St. Georgiwold, Boen und Wymeer möglicherweise Geflüchteten bei der Aufstellung der Liste bereits nach Hause zurückgekehrt waren[16].

Das Ausmaß und die Dauer der Fluchtbewegung läßt sich, von der hier behandelten Aufstellung abgesehen, insgesamt nicht exakt erfassen. Sie wird jedoch für die Situation der einzelnen wie für die Gesamtwirtschaft Ostfrieslands spürbar und einschneidend genug gewesen sein. Die Stadt

---

14 Die drei am häufigsten bis 1724 nachgewiesenen Landtagsdeputierten aus Leer, Severyn Schröder, Gerd Laurentz und Rudolph von Rehden, waren mit unter den Flüchtlingen.

15 StaA., Rep. 4, C III b, 44.

16 Aufstellung der Vogtei Bunde vom 3. 6. 1727, ebenda.

Emden und einige herausragende »Renitente« wie von dem Appelle bekamen darüber hinaus noch größere Härte zu spüren.

2. Die Sequestrierung der Emder Herrlichkeiten

Bereits in den Verhandlungen, die im Herbst 1724 zwischen der subdelegierten Kommission und der fürstlichen Regierung über die Niederwerfung
der »Renitenten« stattgefunden hatten, hatte Brenneysen die Sequestration
der Emder Herrlichkeiten Oldersum, Jarßum, Widdelswehr, Groß- und
Kleinborßum sowie Up- und Wolthusen gefordert[17], war damit aber auf
keine Resonanz gestoßen. Die im Mai 1728 schließlich doch angeordnete
Sequestration ist nur im Zusammenhang mit der ersten Phase der Auseinandersetzung um die Emder Paritionserklärung richtig zu verstehen. Dieser
Zusammenhang muß daher kurz dargestellt werden.

Als sich die »Renitenten« nach ihrer Niederlage im »Appelle-Krieg« um
Unterstützung an die Niederlande gewandt hatten, hatten diese ihnen un-
mißverständlich klar gemacht, daß die sofortige Unterwerfung unter die
kaiserlichen Dekrete die unabdingbare Voraussetzung für ihre weitere Hilfe, insbesondere den Kaiser zur Milde zu bewegen, sei[18]. Die Stadt Emden
als Wortführerin der »Renitenten« schickte daher am 3. Juni 1727 eine Paritionsanzeige nach Wien, die sie dort von ihrem Anwalt beim Reichshofrat
einreichen ließ. In dieser Anzeige wiesen Bürgermeister, Rat und Vierziger
wortreich darauf hin, daß sie bei der Verteidigung ihrer Freiheit niemals eine Verachtung des Kaisers und seiner Dekrete im Sinne gehabt hätten; danach erklärten sie sich klar zum Gehorsam und baten lediglich, »daß Ostfrieslands und der Stadt Emden Accorden und Freyheiten keines weges solten subvertiret (... und) die Decreta nicht nach der Rigeur zur Execution gestellt«, sondern Milde und Nachsicht geübt werden könnten[19]. Zeitgleich
mit der Einreichung dieser Anzeige in Wien schickte die Stadt am 17. Juni
1727 eine Abschrift an die subdelegierte Kommission nach Aurich[20]. Da
diese sich durch das Verfahren der Emder übergangen fühlte und die Emder Anzeige als nicht ausreichend wertete, gab sie per Dekret vom 19. Juni
Bürgermeister und Rat auf, binnen 14 Tagen, spätestens bis zum 5. Juli, eine gehörige und vollständige Paritionsanzeige bei ihr abzugeben[21]. Als die
Stadt dem nicht nachkam, bat Brenneysen in einem Memorial vom 7. Juli
die subdelegierte Kommission, gemäß dem kaiserlichen Dekret vom 9. Juni

17   Siehe oben S. 255.
18   Resolution der Generalstaaten vom 23. 5. 1727, StaA., Rep. 4, B I f, 1093, fol. 115 ff.
19   Text der Paritionsanzeige HHuStaW., RHR., Den. rec. K. 896.
20   StaA., Rep. 4, C III c, 71.
21   ebenda.

1726[22] »in contumaciam« gegen Emden zu verfahren; als erstes sollte der ostfriesische Landesherr mit Hilfe der kaiserlichen Salvegarde in den Besitz der Emder Herrlichkeiten gesetzt werden[23].

Zu solchen Schritten wollte die Kommission ihre Einwilligung jedoch nicht geben, weil der Reichshofrat abschließend über die Annahme der Emder Paritionserklärung befinden mußte. Dieser entschied am 4. Oktober 1727, die Emder Anzeige »als in re et modo unzulänglich / und denen bereits publicirten Kayserlichen Judicatis und Patenten gantz ungemäß / zumahlen aber mit vielen getreuen Unterthanen nicht zu- noch anständigen Conditionibus et Clausulis verwickelt«, zu verwerfen[24]. Erst Mitte Dezember 1727 kam diese Entscheidung auf dem Wege über die Kommissionshöfe in Dresden und Wolfenbüttel in Aurich an[25]. Gemäß der kaiserlichen Entscheidung setzte die subdelegierte Kommission der Stadt Emden eine letzte Frist zur Einbringung einer vollständigen Paritionsanzeige bis zum 11. März 1728; dieser Termin wurde nach einigen Einreden bis zum 11. April verlängert. Bürgermeister und Rat kamen der Anordnung jedoch nicht nach, sondern beriefen sich auf die im Reichshofrat erneut in Gang gekommenen Beratungen über die ostfriesische Streitsache; dem Ergebnis dieser Untersuchung könnten sie mit der geforderten Erklärung nicht vorgreifen. Abermals verlangte daraufhin Brenneysen die Sequestration der Emder Herrlichkeiten und hatte dieses Mal Erfolg: am 28. April 1728 gab die subdelegierte Kommission ihre Zustimmung[26] und ordnete die nötigen Schritte an. In völliger Heimlichkeit besetzten am frühen Morgen des 20. Mai Soldaten der kaiserlichen Salvegarde alle Emder Herrlichkeiten; erst danach veröffentlichte die subdelegierte Kommission ihre entsprechenden Patente[27]. Auf diese Weise verhinderte sie den von der niederländischen Garnison in Emden befürchteten Widerstand.

Mit dieser Aktion, deren Strafcharakter wegen der nicht abgegebenen Paritionsanzeige deutlich geworden ist, hatte die subdelegierte Kommission einen Weg betreten, auf dem sie und die ostfriesische Landesherrschaft auf die Dauer in Schwierigkeiten gerieten, weil ihr Schritt mit dem Reichshofrat nicht abgestimmt, geschweige von ihm angeordnet worden war und weil er nicht ohne Rückwirkungen auf das Engagement der Niederlande in Ost-

---

22 Siehe oben S. 276. Dieses Dekret hatte alle »Renitenten« ihrer Privilegien und ihres Besitzes verlustig erklärt.

23 StaA., Rep. 4, C III c, 71.

24 StaA., Rep. 4, C III a, 134. Das Reichshofratsvotum vom 20. 6. 1727, HHuStaW., RHR., Den. rec. K. 907, das die Ablehnung empfohlen hatte, begründete das u. a. mit der eigenmächtigen Interpretation der kaiserlichen Dekrete durch die Emder.

25 Das Reskript an die subdelegierten Räte datiert vom 9. 12. 1727, StaA., Rep. 4, C III c, 71.

26 Der ganze Vorgang ebenda.

27 StaA., Dep. 1, 567.

friesland blieb[28]. In Ostfriesland selbst aber blieben die Landtage wichtigster Schauplatz der Politik.

3. Landtage 1727—1732

3.1. Teilnehmerstruktur

Eine der einschneidendsten Änderungen nach der Niederlage der »Renitenten« ergab sich in der Teilnehmerstruktur der Landtage, weil gemäß der kaiserlichen Resolution vom 9. Juni 1726 alle, die sich am Widerstand gegen die Landesherrschaft beteiligt hatten, ihre ständischen Rechte verlieren sollten[29]. Außer der Stadt Emden und den führenden Vertretern der drei Marschämter Emden, Leer und Greetsiel sowie einiger Exponenten der Geestämter war vom Adel unmittelbar nur von dem Appelle von dieser Maßnahme betroffen. Todesfälle (von Knyphausen, Lütetsburg, und von Closter, Dornum) und freiwillige politische Abstinenz (von Closter, Langhaus, und von Honstede, Rysum) verminderten die Zahl der ritterschaftlichen Landtagsteilnehmer erheblich, bis nach dem Tode der beiden letztgenannten und des adligen Administrators Victor von Hane, Upgant, eine völlige Umschichtung der auf Landtagen vertretenen Ritterschaft zustande kam, weil in den Jahren 1728/29 die Söhne von Hane, Leer und Uttum, von Freese, Hinte, und von Starkenborg, Middelstewehr, ihre Volljährigkeit erreichten.

Anders als für die Landtage bis 1724 läßt sich für den hier zu behandelnden Zeitraum Zahl und Herkunft aller Teilnehmer exakt feststellen, weil zu Beginn eines jeden Landtages die Vollmachten aller Deputierten des zweiten und dritten Standes geprüft und genaue Protokolle darüber angefertigt wurden[30]. Aufgrund dieser Quellenlage lassen sich insbesondere für den Hausmannsstand genauere Analysen durchführen, als es im ersten Teil dieser Arbeit möglich war[31]. In der folgenden Graphik werden zunächst nach

---

28 Der Wiener Gesandte Brawe berichtete am 16. 6. 1728 nach Aurich, ein Großteil der Reichshofräte sei über dieses Vorgehen, insbesondere über den Zeitpunkt, nicht gerade erbaut, weil dadurch nur stärkere Interventionen der Niederlande zugunsten der »Renitenten« bewirkt bewirkt würden und die ganze Angelegenheit ins Wanken kommen könne, StaA., Rep. 4, A IV c, 253. Vgl. im übrigen unten S. 386.

29 Siehe oben S. 276.

30 Ständischerseits geben die Landtagsprotokolle hierüber Auskunft, StaA., Dep. 1, 1453, fol. 4—9 und 112—119; Dep. 1, 1456, fol. 4—8 und 244—246; Dep. 1, 1462, fol. 4—7, 25—27 und 97—99; Dep. 1, 1465, fol. 4—9, 155—158, 207—208 und 307—308; Dep. 1, 1420, fol. 3—4; und Dep. 1, 1484, fol. 3—6. Fürstlicherseits liegen die eigens darüber angefertigten Protokolle bei den Landtagsakten, Rep. 4, C II b, 141, 142, 143, 144, 145, 146, 148.

31 Siehe oben S. 60 ff.

Ständen getrennt die Gesamtteilnehmerzahlen für den Zeitraum 1727—1732 aufgeführt[32].

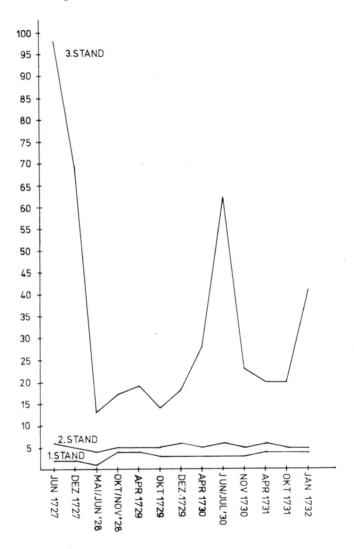

Abb. 2: Teilnehmer an Landtagen insgesamt (1727—1732)

32   Vgl. die nach Ämtern und Kirchspielen aufgeteilte Gesamtaufstellung im Anhang, S. 451 ff.

Die Graphik macht neben dem insgesamt erheblichen zahlenmäßigen Übergewicht des dritten Standes deutlich, daß dessen gewöhnliche Teilnehmerzahl einigermaßen konstant zwischen 15 und 25 lag. Nur die Landtage von Juni und Dezember 1727, Juni/Juli 1730 und Januar 1732 weichen deutlich hiervon ab. Diese Abweichung hat ihren Grund in den besonderen Angelegenheiten, die auf diesen drei Landtagen zur Beratung anstanden: im Juni und Dezember 1727 die Stabilisierung der durch den »Appelle-Krieg« erschütterten Ordnung, im Juni/Juli 1730 die Revision der Schatzungsregister und der -hebepraxis sowie die Rückzahlung der den Deichachten oder Einzelpersonen gewährten Kredite zum Deichbau in den Jahren 1718—1723 und im Januar 1732 die Einrichtung einer neuen Akzise. Die geringfügig höhere Teilnehmerzahl des Landtages im April 1730 schließlich erklärt sich aus den kurz zuvor im Amt Berum ausgebrochenen Unruhen wegen der Beiträge zu den Schatzungen, mit denen die niederländischen Deichbaukredite getilgt werden sollten; das Amt Berum hatte an der Behandlung dieses Problems auf dem Landtag großes Interesse und schickte deshalb insgesamt acht Deputierte statt wie gewöhnlich einen oder zwei.

Interessantere Erkenntnisse ergeben sich, wenn die Gesamtteilnehmerzahlen des dritten Standes nach Marsch- und Geestämtern getrennt werden.

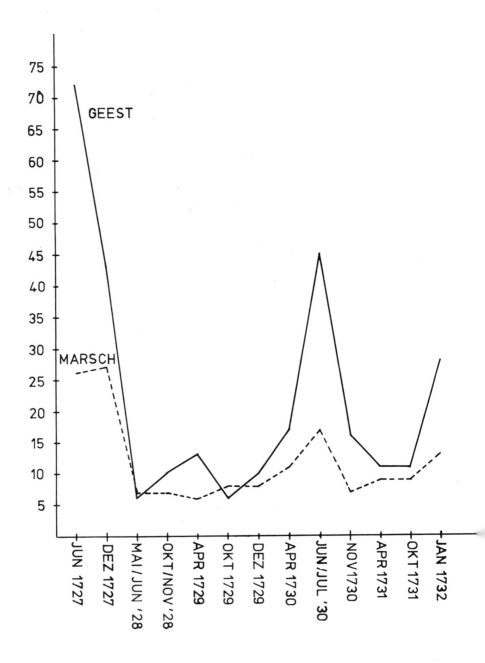

Abb. 3: Landtagsdeputierte des dritten Standes aus Marsch- und Geestämtern (1727—1732)

Während die gehorsam gebliebenen Teile der drei Marschämter, besonders das Niederreiderland, die beiden ersten Landtage stark beschickten und zunächst auch einige der »renitenten« Seite mehr oder weniger offen angehörende Deputierte bis zu ihrem Ausschluß anwesend waren, sank die Zahl der Marschdeputierten seit dem Frühjahr 1728 auf eine Größenordnung unter zehn, in der sie in den folgenden Jahren nahezu konstant blieb. Dabei ist hervorzuheben, daß das vor dem »Appelle-Krieg« dominierende Amt Leer häufig überhaupt keinen oder nur einen Deputierten und das Amt Emden meistens nur zwei oder drei Abgeordnete schickte. Obwohl das Amt Greetsiel in der Regel ebenfalls mit nur vier Personen vertreten war, gewann es durch ein hohes Maß an personeller Kontinuität an Gewicht und wurde daher bestimmend innerhalb der Marschämter; z. T. waren die Greetsieler Deputierten, wie z. B. Sicco Mennen Schmid, »Opfer« des »Appelle-Krieges«[33] und repräsentierten damit eine Gruppe, die in ausgesprochenem Gegensatz zu den früher dominierenden Kräften stand.

Demgegenüber schwankte die Zahl der Deputierten aus den fünf Geestämtern erheblich. Die Rekordbeteiligung von 72 Abgeordneten auf dem Landtag im Juni 1727 war allerdings eine nur mit der besonderen Situation unmittelbar nach dem Ende des »Appelle-Krieges« zu erklärende Ausnahme. Die Gründe für die ebenfalls weit über dem Durchschnitt liegende Teilnahme an den Landtagen im Dezember 1727, Juni/Juli 1730 und Januar 1732 sind bereits im Zusammenhang mit Abb. 2 behandelt worden. Insgesamt ergibt die nach Marsch und Geest getrennte Aufstellung der Deputierten des dritten Standes ein im völligen Gegensatz zu der bisherigen innerständischen Machtverteilung stehendes Übergewicht der Geest über die Marsch, das allerdings nur so lange dauern konnte, wie die Mehrzahl der landtagsberechtigten Marschbauern als »Renitente« von Landtagen ausgeschlossen blieb.

Trotz dieses von der Normalität, wie sie eingangs dieser Arbeit vorgestellt wurde[34], abweichenden Befundes ermöglichen die für diese Jahre exakt überlieferten Teilnehmerzahlen eine Analyse, die die unterschiedlich stark ausgeprägte oligarchische Struktur von Marsch und Geest in ihrer Auswirkung auf die Teilnehmerfrequenz der Landtage deutlicher als bisher möglich erfaßt. Die im Anhang abgedruckten Tabellen[35], die allen in diesem Punkt angestellten Überlegungen zugrunde liegen, enthalten nicht nur Angaben über die Häufigkeit, mit der ein Kirchspiel oder eine Kommune Deputierte zu Landtagen geschickt hat, sondern auch die Anzahl der verschiedenen Personen, die im untersuchten Zeitraum Landtagsdeputierte gewesen sind. Der Aussagewert dieser Zahl bleibt allerdings beschränkt,

---

33 Vgl. oben S. 305 und 335.
34 Siehe oben S. 60 ff.
35 Siehe unten, Anhang, S. 451 ff.

solange sie nicht mit anderen in Bezug gesetzt wird. Werden alle Teilnahmen eines Kirchspiels oder eines Amtes addiert und anschließend die Anzahl der verschiedenen Personen durch diese Summe geteilt, ergibt sich ein Quotient, der im Idealfall 1 ist, d. h. die Anzahl der Gesamtteilnahmen eines bestimmten Zeitraumes ist dann gleich der Anzahl der verschiedenen Personen, die zu Landtagsdeputierten gewählt worden sind. Dieser Rechenoperation liegt die Annahme zugrunde, daß die Anzahl der Personen, die aus einem grundsätzlich gleichberechtigten Kreis zur Teilnahme an Landtagen deputiert wurden, in stärker oligarchischen Verhältnissen deutlich geringer war als in Verhältnissen, die sozial weniger differenziert waren. Der so gewonnene Quotient gibt daher Auskunft über das Ausmaß an Oligarchie, soweit es sich bei der Auswahl der Landtagsdeputierten niedergeschlagen hat: Je näher der Quotient an 1 heranreicht, um so weniger ausgeprägt waren die zugrundeliegenden oligarchischen Strukturen bzw. umgekehrt, die Verhältnisse eines Amtes oder Kirchspiels waren um so oligarchischer, je weiter der Wert von 1 entfernt ist. Selbstverständlich gibt dieser Quotient nur ansatzweise Einblick in die Sozialstruktur, und insbesondere für die Marschämter ist wegen des Ausschlusses einer großen Zahl vormaliger »Renitenter« die Ausgangsbasis nur bedingt ausreichend[35a]; dennoch zeigen die Ergebnisse charakteristische Unterschiede für Marsch und Geest, die es rechtfertigen, diesen Wert als Oligarchiequotienten zu bezeichnen. Für die acht Ämter ergeben sich für den Untersuchungszeitraum Juni 1727 bis Januar 1732 folgende Oligarchiequotienten:

Amt Emden	0,333
Amt Greetsiel	0,188
Amt Leer	0,415
Amt Aurich	0,557
Amt Norden	0,266
Amt Berum	0,361
Amt Friedeburg	0,538
Amt Stickhausen	0,515

Auffällig sind hierbei die Werte für die Ämter Norden und Berum, während die übrigen die Vorüberlegungen bestätigen. Das Amt Norden, z. T. auch auf Marschboden reichend, war sehr klein und dünn besiedelt und bestand nur aus einer Gemeinde, Nachfahrin der alten Landesgemeinde Norden. Daher wurde im allgemeinen nur ein einziger Amtsdeputierter zum Landtag geschickt, während ein aus mehreren Kirchspielen oder Kommunen bestehendes Amt von vornherein mit mehreren Personen vertreten

35a   Verfasser arbeitet z. Zt. an einer breit angelegten Untersuchung zur Teilnehmerstruktur der ostfriesischen Landtage im 18. Jahrhundert, in der das hier angesprochene Problem ausführlicher behandelt wird.

sein mußte, wollte es vollständig repräsentiert sein. Die Tatsache, daß das Amt Norden Amtsdeputierte schickte, erklärt also, warum der Oligarchiequotient hier so niedrig liegt, ohne daß damit tatsächlich ein besonders hohes Maß an Oligarchie gegeben sein mußte. Dieselbe Erklärung relativiert den extrem tiefen Wert des Amtes Greetsiel. Im Gegensatz zu der Zeit vor dem »Appelle-Krieg« war es in diesen Jahren üblich, Amtsdeputierte statt Kirchspielsdeputierte zum Landtag zu entsenden. Außerdem war die Zahl der Wahlberechtigten durch den Ausschluß der »Renitenten« zusätzlich verringert, so daß der Oligarchiequotient für das Amt Greetsiel in Wirklichkeit höher anzusetzen ist. Der von der Vorüberlegung ebenfalls abweichende Wert des Amtes Berum schließlich erklärt sich aus einer insgesamt sehr geringen Teilnahme; nur auf den Landtagen im Juni und Dezember 1727 und im April 1730 waren acht bzw. sieben Deputierte anwesend, während im Juni/Juli 1730 drei, im Januar 1732 zwei, in allen übrigen Fällen sogar nur ein Vertreter dieses Amtes am Landtag teilnahm. Wurde aber jeweils nur ein Deputierter entsandt, war die Möglichkeit zu personeller Vielfalt stark beschnitten, und es entsteht das Bild einer ausgeprägteren Oligarchie als tatsächlich vorhanden.

Insgesamt bestätigt diese Analyse die mehr summarischen Ergebnisse im ersten Teil dieser Arbeit; das mit aller Vorsicht als Oligarchiequotient zu bezeichnende Ergebnis der hier vorgestellten Rechenoperation erlaubt, das Ausmaß der bei der Wahl der Landtagsdeputierten durchschlagenden Oligarchie exakt zu erfassen und charakteristische Unterschiede zwischen Marsch und Geest deutlicher zu erkennen. Ob und welche Konsequenzen das jetzt herrschende Übergewicht der Geest, die bis 1724 fürstlicher Einflußnahme relativ leicht zugänglich war, für die Landesherrschaft hatte, ist im folgenden zu untersuchen.

3.2. Verhandlungsgegenstände und Streitpunkte

Nach dem für die Landesherrschaft siegreichen Ausgang des »Appelle-Krieges« versuchte sie gleich auf dem ersten Landtag im Juni 1727, nicht nur alle aktuellen Probleme wie die Schuldentilgung und die Eintreibung der Restanten durch ein Gutachten der Stände zu einer Lösung zu bringen, sondern auch ihre weitergehenden Ziele durchzusetzen. Die in Abstimmung mit Brenneysen erstellte Proposition der subdelegierten Kommission vom 17. Juni 1727 enthält folgende Beratungspunkte[36]:
1. Erhöhung der fürstlichen Subsidien
2. Restanteneintreibung, Tilgung der ausländischen Schulden und

---

36   StaA., Dep. 1, 1453, fol. 33—62 (mit Beilagen).

Bezahlung der Rückstände an Diäten und sonstigen Unterhalts-kosten für die subdelegierte Kommission und die Salvegarde, da-zu die nötige Schatzungsbewilligung

3. Vermehrung der Salvegarde auf 400 Mann
4. Revidierung und Rektifizierung der Schatzungsregister
5. Ordnung und Instruktion für das Administratorenkollegium, Erhöhung der Gehälter für Administratoren und Landrentmei-ster wegen des Wegfalls der Tagegelder
6. Verbesserung der Hofgerichtsordnung
7. Aufstellung einer (neuen) Landtagsordnung
8. Aufsicht über das Deichwesen
9. Regelung der noch nicht entschiedenen Streitpunkte zwischen Landesherrschaft und Ständen
10. Richtige und glaubhafte Abfassung der Landtagsprotokolle

Dieser Katalog enthält im wesentlichen alle Streitpunkte, die in den fol-genden Jahren auf den Landtagen behandelt wurden; bei einigen Problem-bereichen wird bereits aus dieser ersten Proposition deutlich, daß die Lan-desherrschaft mit Vehemenz den jetzt geschwächten Ständen gegenüber Neuerungen von zentraler Bedeutung durchsetzen wollte. Es braucht hier nicht auf alle Verhandlungsgegenstände der Jahre 1727 bis 1732 eingegan-gen zu werden, die Untersuchung soll sich vielmehr auf die wichtigsten Punkte, aus denen sich das übrige von selbst ergibt, konzentrieren.

Erster Beratungsgegenstand, an dem sich die Geister schieden, waren die fürstlichen Subsidien. Bereits auf dem ersten Landtag ohne Beteiligung der »Renitenten« im November 1724 hatte Brenneysen eine jährliche Zahlung von 12.000 Reichstalern und deren baldige Erhöhung auf 18.000 Reichsta-ler gefordert, aber nur 6.000 Reichstaler pro Jahr durchsetzen können[37]. Jetzt forderte er eine zunächst nicht spezifizierte Erhöhung dieser Summe, über deren Ausmaß innerhalb der Stände große Meinungsunterschiede be-standen. Die Deputierten des Amtes Emden wollten über die 1724 bewillig-ten 6.000 Reichstaler nicht hinausgehen, die des Amtes Aurich waren zur Bewilligung von 8.000 Reichstalern bereit, die Ämter Leer und Friedeburg stimmten für eine Zahlung von 10.000 Reichstalern, während die Abgeord-neten der Ämter Norden, Berum und Stickhausen sogar 12.000 Reichstaler zahlen wollten[38]. Die Stände einigten sich schließlich auf die letztgenannte Summe pro Jahr an Subsidien, die in vier Raten zu je 3.000 Reichstalern vierteljährlich gezahlt werden sollte. Dafür erwarteten sie die Abschaffung ihrer Gravamina[39]. Diese Erhöhung genügte der Landesherrschaft auf

37 Siehe oben S. 228.
38 Protokoll über die Beratungen innerhalb des dritten Standes vom 19. 6. 1727, StaA., Rep. 4, C II b, 141.
39 StaA., Dep. 1, 1453, fol. 64 ff.

Dauer keineswegs; spätestens zum Zeitpunkt der Auflösung der subdelegierten Kommission wollte sie die Subsidien auf 24.000 Reichstaler pro Jahr erhöht wissen, und eine Koppelung an die Abschaffung der ständischen Gravamina wies sie heftig zurück[40].

Weil die Stände eine weitere Vermehrung, auch für die Zukunft, kategorisch ablehnten[41], brachte die fürstliche Regierung Anfang Juli 1727, gleich nach dem Ende dieses Landtages, einen Protest darüber bei der subdelegierten Kommission ein und fügte zur Untermauerung ihrer Forderungen eine pauschale Aufstellung aller Ausgaben bei, die die Landesherrschaft jährlich zum Nutzen Ostfrieslands und seiner Einwohner verwende[42]. Darin sind 28.000 Reichstaler zum Unterhalt des Personals in Regierung, Kanzlei, Konsistorium und in den Ämtern aufgeführt, durch das gewährleistet werde, »daß das Regiment in sacris et profanis wohl geführt, Recht und Gerechtigkeit administriret und ein jeder bey dem Seinigen geschützt werde«. Weiter erwüchsen der Landesherrschaft durch den Unterhalt von 400 Soldaten zum Schutz der Untertanen vor auswärtiger Gewalt und zur Sicherung des Friedens im Innern jährlich 16.000 Reichstaler Kosten, der Unterhalt der Festungen, Schlösser und Amtshäuser verschlinge 14.000 Reichstaler, Legationen und dergleichen an den kaiserlichen Hof in gemeinen Landesangelegenheiten verbrauchten 10.000 Reichstaler, und auch die Aufwendungen für Post und Boten, für Schreibmaterial in den Kollegien sowie für die Strafgerichtsbarkeit und den Unterhalt der Gefangenen kämen dem Lande zugute. Schließlich brauche der Landesherr, »seinem Charakter gemäß«, für Hofbediente, die Tafel, Kleidung, Möbel, Livreé, für Pferde und Jagd jährlich »wenigstens« 60.000 Reichstaler; dieser Posten wie auch die Apanagen für Angehörige des fürstlichen Hauses in Höhe von jährlich 20.000 Reichstalern seien hier zu Recht mit aufgeführt, weil sie »denen Unterthanen zur honneur und per indirectum zur avantage« gereichten. Insgesamt gebe die Landesherrschaft knapp 152.000 Reichstaler pro Jahr aus, so daß die Forderung nach 24.000 Reichstalern an Subsidien mehr als gerechtfertigt sei. Bezeichnenderweise unterließ es die Landesherrschaft, diese Aufstellung auch den Ständen zugänglich zu machen, wohl wissend, daß sie dort für den Großteil der aufgeführten Posten keinerlei finanzielle Unterstützung erwarten durfte. Die Angelegenheit blieb daher, von gelegentlichen Beschwerden über verspätete Zahlungen und der Androhung einer Klage über die Festsetzung des Zeitpunktes, von dem ab die Erhöhung der Subsidien gelten sollte — 1721 oder 1727[43] —, abgesehen,

40   ebenda, fol. 68 ff.
41   ebenda, fol. 73 ff.
42   StaA., Rep. 4, C III c, 112, fol. 146 f.
43   So im fürstlichen Landtagsnebenschluß vom 30. 6. 1727, StaA., Dep. 1, 1453, fol. 92 ff. Für den Termin 1721 berief sie sich auf die kaiserliche Resolution vom 18. 8. 1721, in der die Erhöhung der Subsidien angeordnet worden war, vgl. oben S. 177.

auf dem jetzt erreichten Punkt stehen.

Der zweite Streitpunkt, dessen Behandlung sich über eine Reihe von Landtagen hinzog, war die Revision der Schatzungsregister. Über die Notwendigkeit einer solchen Revision waren sich alle Beteiligten seit langem im grundsätzlichen einig, datierte doch die letzte Aktualisierung aus dem Jahre 1672. Ging es allerdings an die Beratung der dabei zu überwindenden Probleme, wurde zwischen Ständen und Landesherrschaft ein tiefer Graben sichtbar, der kaum zu überbrücken war. Die von den Ständen geforderte Schatzungspflichtigkeit der landesherrlichen Beamten und Bedienten hatte bereits 1722 zu einem eigenen Prozeß in Wien geführt[44], ohne daß bis jetzt darüber eine Entscheidung ergangen war. Daneben war es vor allem die Forderung nach Einbeziehung der z. T. schon seit über 100 Jahren eingedeichten Polder in die Register, an der sich der Streit weiter verschärfte. Grundsätzlich war es so, daß ein Polder als Anwachs galt und zum Kammergut der Landesherrschaft gehörte, sofern diese die Eindeichungskosten getragen hatte. Hatte eine Gruppe von Interessenten diese Kosten bezahlt, gehörte das neu gewonnene Land ihnen, wie z. B. der Bunder Interessentenpolder. In beiden Fällen waren diese Flächen zunächst schatzungsfrei, nicht zuletzt deshalb, weil sie in keinem Register verzeichnet waren. Das führte zu Spannungen und mündete in die berechtigte Forderung, diese Ländereien in die Schatzungsregister aufzunehmen und damit schatzungspflichtig zu machen.

Nachdem auf den ersten beiden Landtagen nach dem Ende des »Appelle-Krieges« im Juni und Dezember 1727 dieses Thema zwar in der Proposition enthalten, aber nur am Rande behandelt worden war, prallten im Juni 1728 die gegensätzlichen Positionen aufeinander[45]. Die Stände waren zwar bereit, der Landesherrschaft das von ihr geforderte Präsidium in der Revisionskommission zuzugestehen, das Direktorium jedoch, d. h. die inhaltliche Lenkung, müsse gemäß der kaiserlichen Resolution vom 11. Juni 1723[46] uneingeschränkt den Ständen zukommen. Kanzler, Räte und Mitglieder des Hofgerichts sollten vorerst schatzungsfrei bleiben, nicht aber die übrigen fürstlichen Bedienten. Alle bereits eingedeichten Ländereien verlangten sie uneingeschränkt in die Register aufzunehmen, während die in Zukunft gewonnenen Polder frei bleiben dürften, allerdings salvo iure statuum. Alle Streitfragen in dieser Angelegenheit sollte der Reichshofrat entscheiden, falls kein Kompromiß gefunden werden könne. Die Landesherrschaft lehnte in ihrer Entgegnung die ersten beiden Punkte rundweg

---

44   Siehe oben S. 192 mit Anm. 132.

45   StaA., Dep. 1, 1456, fol. 163 ff.

46   Diese hatte den Ständen ihre Alleinzuständigkeit in Schatzungsangelegenheiten grundsätzlich bestätigt, jedoch die Oberaufsicht der Landesherrschaft zugestanden; der landesherrliche Inspektor beim Administratorenkollegium hatte daher kein Stimmrecht, vgl. oben S. 201.

ab, während sie für die Schatzungspflichtigkeit der Polder eine Entscheidung des Kaisers bzw. der subdelegierten Kommission abwarten wollte[47]. Diese bemühte sich um einen Kompromiß und entschied, in der Instruktion für die Revisionskommission könne nicht von Präsidium und Direktorium nebeneinander die Rede sein; das Präsidium komme der Landesherrschaft zu, die sachdienliche Durchführung der Revision aber sei der »Dexterität der Mitglieder« anheimgestellt[48]. Dabei blieb es zunächst; erst auf dem nächsten Landtag im Oktober 1728 wurden die Verhandlungen in dieser Angelegenheit wieder aufgenommen. Die Schatzungspflichtigkeit der landesherrlichen Beamten und Bedienten und die Aufnahme der Polder in die Register waren die Punkte, an denen die Fronten unverändert starr waren. Mit Rücksicht auf den dritten Stand waren die Stände nicht bereit, bis zum Auskündiger und Exekutor herunter alle landesherrlichen Bedienten von der Schatzung zu befreien, und die Polder des Fürsten seien wie die nach einem langen Prozeß den Interessenten zugesprochenen alten Bunder Neulande Privatländereien und damit in die Register aufzunehmen. Die fürstlichen Räte dagegen wollten allenfalls zugestehen, daß diejenigen der fürstlichen Bedienten, die nebenher eine bürgerliche Nahrung trieben, wie z. B. der Mundschenk einen Weinhandel, dafür schatzungspflichtig sein sollten.

Um endlich mit der Revision überhaupt beginnen zu können, erklärten sich die Stände bereit, salvo iure diese Streitfrage vorläufig auszuklammern; nur »pro noto« sollten die fürstlichen Bedienten und Polder in die Register aufgenommen werden, die Sache selbst aber sollte der Reichshofrat entscheiden. Damit war an sich ein gangbarer Weg gewiesen, die Landesherrschaft beharrte jedoch auf der vorherigen Regelung und wollte ihre Polder erst dann in die Register setzen lassen, wenn der Reichshofrat sie für schatzungspflichtig erklärt habe. Mit diesem starren Festhalten an grundsätzlichen Positionen brachte die Landesherrschaft das ganze Revisionswerk ins Stocken, weil die Stände nicht weiter als geschehen von ihrem Standpunkt abweichen wollten[49]. Die Folgen dieses vorläufigen Scheiterns machten sich bald bemerkbar und trafen das ganze Land. Auf dem Landtag im April 1729, der ausschließlich zur Bewilligung von Schatzungen einberufen worden war, machten die Deputierten der Städte und des Hausmannsstandes jede zukünftige Schatzungsbewilligung von der vorherigen Revidierung der Schatzungsregister abhängig[50] und schoben damit der Landesherrschaft die Verantwortung für alle Verzögerungen und die daraus er-

47 StaA., Dep. 1, 1456, fol. 221.
48 ebenda, fol. 224 f.
49 Die gesamten Verhandlungen ebenda, fol. 348—352, 360—368, 377 f., 386 und 393. Die 104. gemeinschaftliche Relation der subdelegierten Kommission vom 20. 1. 1729 legt den ganzen Streit ausführlich dar, ohne daß eine Entscheidung ergangen wäre, HHuStaW., RHR., Den. rec. K. 900.
50 StaA., Dep. 1, 1462, fol. 17 ff.

wachsenden Folgen zu, nicht zu Unrecht, wie der Verlauf der Verhandlungen gezeigt hat.

Trotz dieser Uneinigkeit erließ die Landesherrschaft im Spätsommer 1729 ein Patent betreffend die Revision der Schatzungsregister, in dem davon die Rede war, daß der landesherrliche Inspektor beim Administratorenkollegium *nebst* den Administratoren die Register revidieren sollte. Mit dieser Formulierung rief sie den scharfen Protest großer Teile des dritten Standes, bezeichnenderweise besonders in den Ämtern Emden und Greetsiel, hervor, der unter Berufung auf die Akkorde, das kaiserliche Dekret vom 11. Juni 1723 und die letzten Landtagsresolutionen darauf bestand, daß die Revision von den Administratoren *im Beisein* des fürstlichen Inspektors zu erfolgen habe; nur diese Formulierung hätte in den entsprechenden Patenten enthalten sein dürfen[51]. Weitere Verzögerung war die Folge, so daß auf dem Landtag im Dezember desselben Jahres Städte- und Hausmannsstand trotz der offenkundigen Notwendigkeit größerer Schatzungsbewilligungen und ihrer grundsätzlichen Bereitschaft dazu jede Bewilligung überhaupt ablehnten, ehe nicht ein endgültiger Termin für den Beginn der Revision festgesetzt worden sei[52]. Damit wurde der Streit weiter verschärft. Auf dem nächsten Landtag drohte Brenneysen ganz offen damit, wenn die Stände wegen dieses Streites nicht genügend Schatzungen bewilligten und die auswärtigen Gläubiger Ostfrieslands daraufhin auf Exekution dringen sollten, werde er die geforderten Schatzungen auch ohne Bewilligung eintreiben lassen[53]. Es bedurfte eines weiteren Landtages mit Verhandlungen über dieses Thema[54], ehe schließlich im August 1730 die Revision der Schatzungsregister tatsächlich in Angriff genommen und bis 1733 zum Abschluß gebracht wurde[55]. Der Streit in dieser Angelegenheit zeigt deutlich, daß die Landesherrschaft sich mit den Ständen zwar über die gerechtere Verteilung der Lasten grundsätzlich einig war, daß sie die Erhöhung der finanziellen Leistungen jedoch allein zu Lasten der Stände durchsetzen wollte. Sie verfolgte damit ihre Politik, ein absolutistisches Regiment aufzubauen, unbeirrt und ohne Rücksicht auf den Schaden, der dem Lande in seiner bedrängten Lage daraus erwachsen konnte, weiter.

Eine lange Reihe von Gravamina kam in diesen Jahren auf den Landtagen zur Sprache. Sie betrafen zunächst die dänischen Soldaten, die seit 1726 bzw. 1727 im Lande lagen und von den »Renitenten« durch die Mo-

51 ebenda, fol. 54. Die ganze Angelegenheit wurde durch die Vorladung derjenigen vor die subdelegierte Kommission, die gegen den Wortlaut des Patents und die darin zum Ausdruck kommende landesherrliche Anmaßung protestiert hatten, noch verschärft.
52 StaA., Dep. 1, 1462, fol. 99.
53 Protokoll der Beratung zwischen den fürstlichen Räten und ständischen Deputierten vom 22. 4. 1730, StaA., Rep. 4, C II b, 145.
54 StaA., Dep. 1, 1465, fol. 164.
55 StaA., Dep. 1, 1466.

natsgelder (»Renitentensteuer«) unterhalten werden mußten. Das war den »gehorsamen« Ständen zwar an sich nicht zuwider, jedoch hatte die drückende Last, die die monatlichen Unterhaltsgelder für die betroffenen »Renitenten« bedeuteten, leicht ihre Auswirkung auf deren Fähigkeit, die regulären Schatzungen zu bezahlen. Die als Straf- und Sicherungsmaßnahme zugleich gedachte Einquartierung der Dänen erwies sich damit indirekt auch für die »gehorsamen« Stände als Nachteil. Sie bestanden deshalb schon wenige Monate nach dem Ende des »Appelle-Krieges« auf der Reduzierung und dem baldigen vollständigen Abzug der Dänen, zumal die Vermehrung der kaiserlichen Salvegarde und der fürstlichen Miliz auf zusammen fast 500 Mann gegen jedes Aufbegehren der durch die Niederlage und die hohen Zahlungsverpflichtungen aufs äußerste geschwächten »Renitenten« genügend Sicherheit bot[56]. Diese Forderungen erhoben insbesondere die Deputierten des dritten Standes auf fast jedem Landtag[57], gelegentlich mit der Drohung verbunden, solange keine Schatzungen zu bewilligen, wie kein Fortschritt in dieser Sache erreicht werde[58].

Einen ersten Erfolg hatten die Bemühungen der Stände, als Ende September 1728 eine der dänischen Kompanien nach Oldenburg zurückverlegt wurde[59], um den Rest aber ging die Auseinandersetzung weiter. Brenneysen versuchte, den immer drängenderen ständischen Forderungen mit der Verlagerung der Entscheidung nach Wien die Spitze zu nehmen. Solange der Kaiser in dieser Angelegenheit nichts entschieden und für gleichwertigen Ersatz gesorgt habe, damit der Fürst weiterhin vor Unruhen sicher sei, dürfe dieser selbst nichts unternehmen; das hieße sonst, der kaiserlichen Gerichtsbarkeit vorzugreifen[60]. Das war ein mehr als fadenscheiniges Argument; zwar hatte der Kaiser mit der Instruktion vom 19. Juni 1726 an die subdelegierte Kommission die Rechtsgrundlage für das Zuhilfeholen der dänischen Truppen gelegt[61], von einer ausdrücklichen Anordnung solcher Unterstützung aber konnte keine Rede sein und folglich auch nicht davon, daß die ostfriesische Landesherrschaft sich nicht selbst um die Zurückverlegung der Dänen bemühen dürfe. Die Stände ließen sich von solchen Scheinargumenten auch nicht beeindrucken und beschlossen, ihrerseits beim Kaiser einzukommen und auf den Abzug der Soldaten zu drängen, weil eine Verminderung des Schatzungsaufkommens die einzige Folge dieser Einquartierung sei[62]. Die Eingabe bewirkte, daß der König von Däne-

---

56 So bereits im Gutachten der Stände vom 19. 12. 1727, StaA., Rep. 4, C II b, 142; gleichfalls in dem vom 7. 6. 1728, Dep. 1, 1456, fol. 162.

57 So z. B. im Oktober 1729, StaA., Dep. 1, 1462, fol. 60.

58 StaA., Dep. 1, 1456, fol. 169 ff. (Juni 1728).

59 StaA., Rep. 4, C III c, 115, fol. 121.

60 Protokoll der Beratung zwischen einer ständischen Deputation und den fürstlichen Räten vom 22. 4. 1730, StaA., Rep. 4, C II b, 145.

61 Siehe oben S. 276 f.

mark im März 1731 der ostfriesischen Landesherrschaft zusagte, die Unterhaltskosten der Soldaten in der in der Grafschaft Oldenburg üblichen Höhe zu übernehmen. Da die Preise in Ostfriesland höher waren als in Oldenburg, gewährte Fürst Georg Albrecht den Dänen eine entsprechende Zulage, die er von den »ärgsten Renitenten« in den Ämtern Emden, Leer, Greetsiel und Stickhausen eintreiben ließ[63]. Entgegen dieser Praxis behauptete Brenneysen in Wien jedoch, die Landesherrschaft unterhalte die Dänen aus eigenen Mitteln[64], womit er, als die Unwahrheit dieser Behauptung bekannt wurde, nur eine neue Beschwerde der Stände beim Kaiser provozierte[65].

Bis zum endgültigen Abzug der Dänen vergingen noch einige Jahre, deren Unterhaltung fiel dann aber nicht mehr dem Lande zu. Der Streit zeigt, wie sehr die ostfriesische Landesherrschaft auf militärische Unterstützung zur Sicherung ihrer Position bedacht war, obwohl ihr von den »Renitenten« für lange Zeit nicht die geringste Gefahr drohen konnte. Wenn die »gehorsamen« Stände dem Kaiser und der Landesherrschaft gegenüber auch immer nur mit der Beeinträchtigung der finanziellen Leistungsfähigkeit der »Renitenten« zum Schaden des ganzen Landes argumentierten, stand letzlich mehr hinter ihrem eifrigen Einsatz zugunsten der ungeliebten »Renitenten«: die Furcht, die Landesherrschaft könne mit den ihr zur Verfügung stehenden fremden Truppen mehr durchsetzen wollen als nur die Niederhaltung der »Renitenten«. Es war ein grundsätzlicher Streit um das von der Landesherrschaft in Anspruch genommene Recht, allein über den Aufenthalt auswärtiger Soldaten und dessen Dauer zu entscheiden, um damit letzlich die eigene Macht zu verstärken.

Die übrigen Gravamina dieser Jahre brauchen nur kurz erwähnt zu werden; sie betrafen Eingriffe der Beamten in die Wegeschau[66], in die Deich- und Sielangelegenheiten entgegen den zugrundeliegenden Ordnungen[67], Rechtsanmaßungen der Beamten im Bereich der gemeindlichen Selbstverwaltung[68], die Erhebung von Schreibgebühren für bislang gebührenfreie Abgaben[69], die von den Predigern und Schüttemeistern verlangte Anzeigepflicht für Ausschreitungen bei Kindtaufen, Hochzeiten und Beerdigun-

62 StaA., Rep. 4, C II b, 145, Beilage 10 zu den Landtagsakten vom Juni 1730. Die vom 5. 7. 1730 datierte Eingabe wurde am 6. 9. 1730 beim Reichshofrat präsentiert, HHuStaW., Rk., Kleinere Reichsstände, Ostfriesland, Nr. 405.
63 StaA., Rep. 4, C III c, 118, fol. 387.
64 So z. B. zu entnehmen dem Protokoll der Sitzung der österreichischen Staatskanzlei vom 15. 9. 1731, HHuStaW., Vortr. Stk. K. 34.
65 StaA., Dep. 1, 1465, fol. 344 ff.
66 StaA., Dep. 1, 1462, fol. 54 ff., und Dep. 1, 1465, fol. 228 f.
67 StaA., Dep. 1, 1465, fol. 229 f., und Dep. 1, 1420, fol. 11 f.
68 ebenda und Dep. 1, 1420, fol. 11.
69 StaA., Dep. 1, 1465, fol. 228 ff., und Rep. 4, C II b, 148, Schreiben der Stände vom 28. 1. 1732.

gen[70] sowie das Verbot, Vögel, insbesondere Enten, zu jagen und in fließenden Gewässern zu fischen und die damit verbundene Anordnung, alle Gewehre zu Hause zu lassen und die Hunde zu »büngeln«, d. h. mit einem um den Hals gebundenen Stück Holz an der freien Bewegung zu hindern[71]. Hervorgehoben werden muß jedoch der Streit um die von der Landesherrschaft ohne Zuziehung und Konsens der Stände erlassenen Verordnungen; aus der Fülle der in Frage kommenden Fälle soll die Verordnung betreffend die Advokaten und Konsulenten am Hofgericht exemplarisch etwas näher behandelt werden.

Am 22. September 1727 erließ die Landesherrschaft eine Verordnung, nach der an allen Gerichten des Landes nur noch solche Personen als Advokaten und Konsulenten auftreten dürften, die vor dem Erlaß der kaiserlichen Patente vom 9. Juni 1726 für die Dekrete und Reichshofratsentscheidungen der Jahre 1721 bis 1726 ihre Paritionsanzeigen eingereicht hätten und darüber einen schriftlichen Revers der subdelegierten Kommission oder der Landesherrschaft vorweisen könnten. Zur Überwachung dieser Verordnung wurde bestimmt, daß alle bei Gericht eingereichten Schriftsätze den Namen des Konzipienten tragen müßten, andernfalls unbearbeitet zurückgegeben würden. Begründet wurde dieser Schritt mit der Tätigkeit einiger Advokaten und Konsulenten, die die Prozeßparteien zu Weitläufigkeiten, Eingriffen in die landesherrlichen Rechte und zum Ungehorsam gegenüber den kaiserlichen Dekreten verleitet hätten[72]. Die Befolgung dieser Verordnung hatte das Hofgericht am 30. Oktober 1727 mehrheitlich abgelehnt mit der Begründung, solche Verordnungen bedürften generell der Zustimmung der Stände, erst recht, wenn damit Neuerungen am Hofgericht eingeführt würden; dazu sei sogar die vorherige Einholung von Gutachten der Hofgerichtsmitglieder selbst erforderlich. Weil ein Großteil der Advokaten wie auch Tausende von gehorsamen Untertanen niemals zur Abgabe einer eigenen Paritionserklärung aufgefordert worden wären, ohne darum im geringsten am Widerstand gegen die Landesherrschaft je beteiligt gewesen zu sein, sei diese Verordnung der falsche Weg, die der »renitenten« Sache anhängenden Advokaten und Konsulenten herauszufinden; vielmehr würden viele unschuldig um ihre Existenz gebracht, und die Eingesessenen müßten in Prozessen oft auf einen Rechtsbeistand verzichten. Im übrigen sei es noch unausgemacht, wer im Zweifelsfalle zu entscheiden habe, ob jemand den Strafen, die in den kaiserlichen Patenten vom 9. Juni 1726 angedroht worden seien, tatsächlich unterliege[73]. Auf diese ablehnende Antwort des Hofgerichts hin schaltete die Landesherrschaft die subdelegierte Kom-

---

70 StaA., Dep. 1, 1465, fol. 230.
71 StaA., Dep. 1, 1462, fol. 50 ff., und Dep. 1, 1465, fol. 228.
72 StaA., Rep. 4, C III c, 114, fol. 3 f.
73 ebenda, fol. 30 ff.

mission ein und bat um Bekräftigung der Verordnung durch ein entsprechendes Mandat an das Hofgericht; diesem Wunsch wurde sofort entsprochen, woraufhin das Hofgericht mit denselben Argumenten an den Reichshofrat appellierte[74].

Auch das Administratorenkollegium schaltete sich ein und wies in einem Schreiben an die kaiserliche Kommission die Befugnis des Landesherrn, solche Verordnungen allein zu erlassen, als angemaßt zurück. Rat und Konsens der Stände seien erforderlich, und zwar auch nach den Bestimmungen der jüngsten kaiserlichen Resolutionen. Es gehe nicht darum, Advokaten, die zur »renitenten« Partei gehörten, vor der Bestrafung zu schützen, vielmehr handele es sich hier um einen ernsten Eingriff in die Rechte der Stände, die sie nicht hinnehmen könnten. Sie verlangten daher die Aussetzung dieser Verordnung und ihre Behandlung auf dem nächsten Landtag[75]. Sowohl diese Einrede als auch die Appellation des Hofgerichts erachtete die subdelegierte Kommission als unrechtmäßig und erneuerte ihren Befehl, die Verordnung gehörig zu publizieren. Nur unter der Aufrechterhaltung bzw. dem ausdrücklichen Vorbehalt der Appellation publizierten Hofgericht und Administratoren schließlich die streitige Verordnung[76]. Auf dem Landtag im Dezember 1727 pflichteten die Stände dem Verhalten der Administratoren ausdrücklich bei und bestritten der Landesherrschaft energisch das Recht, dergleichen Verordnungen ohne Beteiligung der Stände zu erlassen[77].

Die Stände taten ein weiteres: auf Vorschlag des dritten Standes wurde den Administratoren in diesem Streitfall und in »andere(n) publique(n) Landschaffliche(n) Sachen eine neue express ständische Commission« aufgetragen, um derartige Eingriffe des Landesherrn in die ständischen Rechte zu verhindern[78]. Eine solche Befugnis hatte sich das Administratorenkollegium schon bei seinem Eingreifen in den Streit um diese Verordnung unter Berufung auf den Emder Landtagsschluß von 1606, Cap. 2, Art. 6 und 14[79], zugeschrieben; sie seien nämlich verpflichtet, alle Rechtsangelegenheiten, die die Stände beträfen, aktiv und passiv zu vertreten, den gemeinen Nutzen »aller Stände des Vaterlandes« mit Fleiß und Treue zu befördern sowie die Stände und das Vaterland vor allem Schaden zu bewahren[80]. Mit der Inanspruchnahme solcher Rechte und Pflichten, von den Ständen auf dem Landtag ausdrücklich unterstützt, war Brenneysens

---

74 ebenda, fol. 5 f. und 17 ff.
75 ebenda, fol. 46 ff.
76 ebenda, fol. 101 f. und 105a/106.
77 StaA., Dep. 1, 1453, fol. 138 ff.
78 ebenda, fol. 141 f.
79 B r e n n e y s e n II, S. 322.
80 StaA., Rep. 4, C III c, 114, fol. 58 f.

Auffassung von den Aufgaben des Administratorenkollegiums — ausschließlich zur Steuerverwaltung bestellt — eine prononcierte Gegenposition erwachsen, die er mit der Entmachtung des alten Kollegiums gerade erst niedergeschlagen zu haben glaubte.

Daher entzündete sich an dieser Vollmacht der Stände an die Administratoren eine heftige Debatte. In einer ersten Stellungnahme zum Beschluß der Stände erklärten die landesherrlichen Räte, grundsätzlich sei gegen die Übertragung einer solchen Aufgabe an die Administratoren nichts einzuwenden, allerdings könnten die Stände eine solche Vollmacht nur mit ausdrücklicher landesherrlicher Genehmigung erteilen[81]. Als die Stände den Administratoren am 14. Januar 1728 eine förmliche Vollmacht erteilten, Kontraventionen gegen die Landesverträge am gehörigen Ort zu remonstrieren[82], erging wenige Tage später eine fürstliche Resolution, die unter Berufung auf die staatischen Resolutionen vom 22. Januar 1611, 13. April 1613 und 12. Juni 1619[83], den Emder Landtagsschluß von 1619, Cap. 2, Postulatum 3[84] und die einschlägigen Bestimmungen des Haagischen Vergleichs von 1662[85] den Administratoren die Ausübung einer solchen Aufgabe verbot. Die Vollmacht der Stände sei als angemaßt und daher ungültig anzusehen[86]. Dagegen beriefen sich die Stände auf ihre bereits angesprochene Rechtsposition und stellten fest, daß in den von der Landesherrschaft angeführten staatischen Resolutionen zwar die Befugnis der Administratoren auf die Finanzverwaltung eingeschränkt und ihnen ein Eingriff in die landesherrliche Gerechtsame untersagt sei, mit ihrer Vollmacht sei dergleichen aber gar nicht intendiert. Es gehe nicht um eine Erweiterung, sondern um die Verteidigung der ständischen Rechte. Die streitige Beauftragung der Administratoren daher als Eingriff in die landesherrlichen Rechte aufzufassen, sei völlig abwegig. Niemand könne den Ständen zumuten, neben den eigens bezahlten Administratoren weitere Deputierte zur Wahrung ihrer Rechte einzusetzen. Im übrigen habe Fürst Georg Christian im Haagischen Vergleich von 1662, Cap. 2, Gravamen 10, ausdrücklich die Befugnis des Administratorenkollegiums zur Wahrnehmung auch anderer als Finanzangelegenheiten zugestanden, wenn es mit Wissen und Billigung der Stände geschehe[87]. In der Tat war in allen von Brenneysen herangezogenen Bestimmungen primär von der verbotenen *eigenmächtigen* Ausdehnung auf andere Bereiche die Rede; die ausdrückliche Erteilung einer Voll-

81 Resolution vom 22. 12. 1727, StaA., Rep. 4, C II b, 142.
82 ebenda.
83 B r e n n e y s e n II, S. 426 und 479; die Resolution von 1611 ist nicht gedruckt und nur durch die Anführung in den späteren Resolutionen bekannt.
84 ebenda, S. 507 f.
85 ebenda, S. 779 f. (Gravamen 1 und 2).
86 Resolution vom 21. 1. 1728, StaA., Rep. 4, C II b, 142.
87 B r e n n e y s e n II, S. 781; die ständische Antwort vom 31. 1. 1728 StaA., Rep. 4, C II b, 142.

macht durch die Stände aber war dadurch nicht im geringsten beeinträchtigt. So zog er sich mit dem letzten Schriftsatz in dieser Angelegenheit unter Berufung auf Conring auf die Position zurück, das Klagerecht in solchen Fällen liege nicht bei den Administratoren, sondern bei den Ordinärdeputierten[88], was letztlich nichts anderes hieß, als die Position der Stände zu bestätigen; zwischen Ordinärdeputierten und Administratoren war nämlich im Grunde nicht zu unterscheiden, weil beide zusammen das »Kollegium der Ordinärdeputierten und Administratoren«, wie es vollständig hieß, bildeten.

Der eigentliche Kern dieses Streites ist deutlich genug geworden: es ging, wie schon seit 1720, um die Stellung des Administratorenkollegiums und um die Einengung seiner Tätigkeit ausschließlich auf die Verwaltung der Landesgelder. Der nächste Konflikt war daher unvermeidbar, als die subdelegierte Kommission in ihrer am 30. August 1729 erlassenen Instruktion für den landesherrlichen Inspektor beim Kollegium gerade diese Grenzen besonders betonte[89]. Im Prinzig war sie inhaltsgleich mit der im Herbst 1721 von Brenneysen ausgearbeiteten Instruktion[90], die wegen des ständischen Widerstandes nicht zur Anwendung gekommen war. Gegen die in § 1 enthaltene Bestimmung, der Inspektor solle bei allen ordentlichen und außerordentlichen Sitzungen des Administratorenkollegiums den Vorsitz führen, verlangten die Stände, sein Vorsitz könne nur solche Sitzungen betreffen, in denen es um die Verwaltung der Landesmittel gehe; würde aber über ständische Rechte (und deren Verteidigung) beraten, müsse der Inspektor seinen Platz räumen[91]. Diese Forderung wies die fürstliche Regierung auf dem Landtag im Dezember 1729 energisch zurück, verwies auf die bereits behandelten einschlägigen Stellen der Akkorde und hielt daran fest, das Amt der Administratoren erstrecke sich ausschließlich auf die Verwaltung der Schatzungen, so daß Sitzungen, auf denen andere als Finanzangelegenheiten Gegenstand der Beratung seien, gar nicht vorkommen könnten und dürften[92]. Eine von Regierungsrat Becker auf demselben Landtag in anderem Zusammenhang gebrauchte Formulierung faßte diesen landesherrlichen Anspruch in nuce und verdeutlicht Brenneysens unverrückbar bestehende Zielsetzung. Das Administratorenkollegium bekam in Beckers Ausführungen nicht mehr diesen Namen sonder hieß konstant »Collegium Inspectoris et Administratorum«[93]: Es ist mit Händen zu greifen, daß in einem solchen Kollegium die Stände nur mehr Hilfsfunktion haben würden.

88   Schreiben vom 8. 2. 1728, StaA., Rep. 4, C II b, 142.
89   StaA., Dep. 1, 1462, fol. 64—68.
90   Siehe oben S. 179.
91   StaA., Dep. 1, 1462, fol. 91 f.
92   ebenda, fol. 126 f.
93   ebenda, fol. 117—120.

Die in der angesprochenen Instruktion dem Inspektor ausdrücklich mit auf den Weg gegebene Weisung, er solle darauf achten, daß die Stände nur solche Prozesse zwischen der Landesherrschaft und »Privaten« aus Landesmitteln bezahlten, in denen den Ständen »ein ius interveniendi aus rechtmäßigen (...) Ursachen zustehet« und deren Übernahme die Deputierten des zweiten und dritten Standes »dem Vaterland zum guten erkennen«[94], zeigt die konkrete Zielrichtung und leitet zum Problemkreis »Hofgericht« über. Dessen Kompetenzen als weitgehend von der Landesherrschaft unabhängiges Obergericht zu erhalten, lag, unabhängig vom Verhalten vor und während des »Appelle-Krieges«, eigentlich jedem ständisch berechtigten Ostfriesen am Herzen, weil der Nutzen dieser Quasiunabhängigkeit sich in zahllosen Fällen gezeigt hatte. So war es eine der ersten Sorgen aller ständischen Deputierten auf dem Landtag im Juni 1727, für die schnelle Bezahlung der während der Monate des »Appelle-Krieges« unversorgt gebliebenen Hofgerichtsmitglieder zu sorgen[95], damit diese nicht etwa in finanzielle Not und womöglich Abhängigkeit von der Landesherrschaft gerieten.

Nach allem, was im ersten Teil dieser Arbeit über diesen Problembereich ausgeführt worden ist, brauchen hier nur in wenigen Strichen die neu auftretenden Fälle angesprochen zu werden; die Streitpunkte als solche waren unverändert dieselben wie seit 1710. Im Herbst 1727 weigerten sich die Beamten des Amtes Emden trotz mehrfacher Ermahnung, ein Urteil des Hofgerichts im Prozeß Fecke Gryse und Consorten gegen Johann Schluiter und Consorten zu exequieren, obwohl sie nach den Bestimmungen der Akkorde dazu verpflichtet gewesen wären. Eingaben des Hofgerichts bei der fürstlichen Regierung führten nur zu einem scharfen Verweis, so daß sich zuletzt die Stände der Sache annahmen[96]. Weil dieses Problem bestand, solange am Hofgericht Prozesse geführt wurden, durch deren Ausgang die Landesherrschaft sich beeinträchtigt fühlen konnte, jetzt aber die ursprünglich dafür vorgesehene Emder ständische Garnison bzw. die niederländischen Besatzungen in Emden oder Leerort ausfielen, drängten die Stände im Zusammenhang mit der Vermehrung der kaiserlichen Salvegarde auf eine Instruktion, die auch deren Verwendung zur Durchsetzung von Hofgerichtsurteilen umfaßte[97]. Diese Einsatzmöglichkeit wollte die Landesherrschaft jedoch nicht zugestehen, so daß der Reichshofrat entscheiden mußte. Dessen Resolution vom 31. August 1730 erlaubte eine solche Verwendung der

---

94   ebenda, fol. 66 f.

95   Den Administratoren wurde dabei eingeschärft, »daß das Hoffgericht nicht zu sehr postponiret werden möchte«. StaA., Dep. 1, 1453, fol. 22.

96   StaA., Dep. 1, 1453, fol. 134 f. Der Inhalt dieses eindeutigen Privatprozesses tut hier nichts zur Sache.

97   StaA., Dep. 1, 1453, fol. 64 ff., und Dep. 1, 1456, fol. 166.

Salvegarde auf Anforderung der Administratoren und Ordinärdeputierten in den Fällen, die nicht die landesherrlichen Regalien und die Polizei beträfen[98]. Keiner der Beteiligten war allerdings mit dieser Entscheidung zufrieden. Das Hofgericht sah seine Jurisdiktion beeinträchtigt und appellierte erneut nach Wien, u. a. mit dem Argument, bis zum Abschluß der Beratungen über die Hofgerichtsordnung gelte deren bisherige Fassung, die die angeordnete Einschränkung nicht vorsehe[99]. Die Stände schlossen sich diesem Schritt an[100]. Brenneysen dagegen stieß sich — trotz der abermaligen Bestätigung des in der Hofgerichtsstreitigkeit grundlegenden Urteils vom 25. Mai 1717[101] — an der den Administratoren zugestandenen Befugnis, den Einsatz der Salvegarde zu verlangen. In den Konkordaten von 1599, in denen Graf Enno III. sich freiwillig in Privatangelegenheiten der Jurisdiktion des Hofgerichts unterworfen habe, sei von einem den Ständen zustehenden ius exequendi manu militari nicht im geringsten die Rede, und die Reichsverfassung sehe so etwas auch nicht vor. Konsequenz dieser Entscheidung werde sein, daß der Kommandant der Salvegarde den Ständen alles zu Gefallen tun müsse, wolle er seine Unterhaltsgelder von diesen bezahlt haben[102]. Eine endgültige Entscheidung ist in dieser Sache nicht mehr ergangen.

Zahlreiche »Privat«-Prozesse, die z. T. Eingriffe der Landesherrschaft in die Selbstverwaltungsrechte der Gemeinden und Verbände, z. T. die Kompetenzen des Hofgerichts oder beides betrafen, übernahmen die Stände auf Landeskosten. Die Deichachtsinteressenten des Amtes Stickhausen waren im Herbst 1728 akkordwidrig von den Beamten unter Strafandrohung zu einer Deichachtsversammlung aufs Amtshaus zitiert worden, um einen neuen Deichrichter zu wählen, nachdem der bisherige gegen den einhelligen Willen aller Interessenten von der Landesherrschaft abgesetzt worden war[103]. Die Eingesessenen des Amtes Friedeburg hatten sich Ende 1728 unter Berufung auf den Spezialvertrag für ihr Amt von 1611[104] geweigert,

98 StaA., Rep. 4, C III a, 136.
99 StaA., Rep. 4, C III c, 118, fol. 318—325.
100 StaA., Dep. 1, 1465, fol. 210.
101 Siehe oben S. 101.
102 Brenneysen an die subdelegierte Kommission, 5. 12. 1730, StaA., Rep. 4, C III a, 136.
103 StaA., Dep. 1, 1456, fol. 272 f.
104 B r e n n e y s e n II, S. 401. Die Bestimmungen sind nicht ganz eindeutig; einerseits ist festgelegt, daß die Friedeburger Eingesessenen »sullen noch bedienen die Borch an Vestenisse / Bouw-Arbeit ende Tho-ende Affvoer van de Materialien / dartho requiriret«. Andererseits sollen sie »fry wesen ten ewigen Dagen van alle andere Hoff-Deensten, (...) Reparatien van Onse Huisen / ock van het Isen in de Grachten Onses Huises Fredeborch / ende andere Praestatien ende Beschwaernissen / die sy t' Onser Hofholdinge ende Onderholdinge tot Onses Huises Fredeborch van Rechts ofte Gewonheit wegen schuldig syn ofte mogen werden / ende die hen vormaels opgelecht syn / ende noch opgelecht souden mogen werden«.

einen neuen Wall zur Umleitung des Burggrabens zu setzen, weil sie dafür keinerlei militärische Notwendigkeit erkennen konnten, vielmehr — nicht unwahrscheinlich — vermuteten, Amtmann und Drost wollten auf diese Weise billig fruchtbares Gartenland gewinnen. Mehrere Mandate des Hofgerichts hatten die Beamten nicht umstimmen können. Nachdem sich die Stände der Sache angenommen hatten[105], hatte die subdelegierte Kommission den Administratoren im Juli 1729 verboten, weiterhin die Kosten in diesem Prozeß zu bezahlen, eine Anordnung, die selbst wieder ein Gravamen wurde und zu einem Prozeß führte[106]. Im Amt Greetsiel gab es heftigen Streit um Eingriffe der Beamten in die Wegeschau; auch die Behandlung dieser Angelegenheit war dem Hofgericht untersagt worden, so daß der Prozeß in Wien weitergeführt werden mußte[107]. Die Beamten zitierten sogar Advokaten, die in derartigen Prozessen für die Kommunen bzw. deren Repräsentanten oder für Einzelpersonen auftraten, auf die Amtshäuser und versuchten durch massive Beeinflussung, diese zur Niederlegung ihrer Mandate zu bewegen[108].

Zu weit allerdings gingen die Stände in ihrer Verteidigung der Hofgerichtskompetenzen, als sie den Hofgerichtsprokurator Emmius unterstützten, der in einer Privatsache als Zeuge vor die Kanzlei geladen war, dieser Ladung aber nicht Folge leisten wollte mit der Begründung, Angehörige des Hofgerichts dürften nur vor das Hofgericht selbst geladen werden[109]. Soweit es sich um Prozesse gegen Hofgerichtsmitglieder handelte, war eine solche Weigerung gerechtfertigt; als Prokurator jedoch konnte er sich auf diese Schutzbestimmung der Akkorde trotz seiner förmlichen Zulassung beim Hofgericht wohl nicht berufen, ganz abgesehen davon, daß er nur als Zeuge auftreten sollte, selber also gar nicht betroffen war.

Die hier angeführten Fälle, ergänzt von gelegentlichen Versuchen, die adligen Mitglieder des Hofgerichts als der Landesherrschaft durch besonderen Eid verpflichtete Personen von der Teilnahme an Landtagen auszuschließen[110], zeigen Brenneysens unveränderte Stoßrichtung mehr als

105 StaA., Dep. 1, 1462, fol. 12.
106 ebenda, fol. 50 ff. Die 143. gemeinschaftliche Relation der subdelegierten Kommission vom 2. 1. 1730 enthält ein ausführliches Gutachten (174 Blatt) hierzu, in dem sie zu dem Ergebnis kam, daß das Hofgericht in dieser Sache keine Kompetenz habe, daß die Friedeburger sich zu Unrecht der Arbeit am Wall entzogen hätten, daß den Ständen kein ius interveniendi zukomme und im übrigen die Friedeburger die bisher von den Ständen bezahlten Prozeßkosten zurückerstatten müßten. HHu-StaW., RHR., Den. rec. K. 899.
107 StaA., Dep. 1, 1462, fol. 54 ff.
108 StaA., Rep. 4, C II b, 148, Gravamen 5 vom 28. 1. 1732.
109 StaA., Dep. 1, 1465, fol. 210 und 212.
110 Als sich im Dezember 1727 die Stände weigerten, mit dem Regierungsrat von Langeln zusammenzuarbeiten, ehe dieser nicht seinen schriftlichen Revers auf die Akkorde eingebracht hatte, nahm Brenneysen das zum Anlaß, im Gegenzug bei der subdelegierten Kommission die Ausschließung des adligen Hofgerichtsassessoren Fridag von Gödens zu beantragen, weil dieser aufgrund seiner Funktion der Landesherrschaft mit einem Spezialeid verbunden sei. Sollte jedoch von Langeln oh-

deutlich; sie machen aber auch klar, daß seine vielleicht gehegte Hoffnung, nach der Ausschaltung der »Renitenten« leichter zum Ziel zu gelangen, ganz unberechtigt war. Das wirft erneut die Frage nach dem Bewußtsein der »gehorsamen« Stände auf.

3.3. Das Selbstverständnis der »gehorsamen« Landstände und das Problem der Wiederzulassung der »Renitenten« zu Landtagen

Stand bis zum Beginn des »Appelle-Krieges« einigermaßen klar fest, daß die Hauptgegner des fürstlichen Strebens nach einem absolutistischen Regiment in der Stadt Emden, in Teilen der Ritterschaft sowie in den westlichen Marschämtern saßen, während der Rest der Stände landesherrlicher Beeinflussung nicht unzugänglich war, eine Tatsache, aus der letztlich auch die Spaltung der Stände vor und während des »Appelle-Krieges« erwachsen war, so hatten sich mit dem Ende des gewaltsamen Widerstandes die Verhältnisse offenbar geändert. Es stellte sich heraus, daß die ständischen Privilegien und Freiheiten auch bei den »Gehorsamen« einen solchen Stellenwert hatten, daß sie zum Abbau der ostfriesischen Verfassung nicht im geringsten die Hand reichen wollten. Beispiele für erbitterte Auseinandersetzungen zwischen den fürstlichen Räten und den Ständen sind zur Genüge vorgestellt worden. Schon während des Landtages im Dezember 1727/Januar 1728 klagte Brenneysen darüber, daß »unter denen, so gehorsahm heißen wollen, ein ziemliches Murren« sich bemerkbar mache und daß im Administratorenkollegium »die Embdische principia« ihren Einzug hielten[111]. Im Herbst 1728 beschwerte er sich über die »heimlichen Renitenten« unter den »so genannten gehorsamen[112]«, im folgenden Mai über die

ne weitere Einreden von den Ständen akzeptiert werden, wollte er seine diesbezüglichen Bedenken zurückstellen, Schreiben vom 22. 12. 1727, StaA., Rep. 4, C II b, 142. Weil die subdelegierte Kommission die drei adeligen Hofgerichtsmitglieder von Honstede, Rysum, Fridag von Gödens, Groothusen, und von Closter, Langhaus, zum Landtag geladen hatte, ohne auf Brenneysens Forderung eingegangen zu sein, verlangte er in einem Schreiben vom 3. 1. 1728, diese drei müßten sich bei Beratungen über Angelegenheiten des Hofgerichts der Stimme enthalten, und zwar so lange, wie »die fürstlichen Bediente(n) von Land-Tages Versammlungen und Deliberationen excludiret werden«, ebenda, ein Verlangen, das weder in den Akkorden noch in einer über hundertjährigen Praxis eine Grundlage hatte. Daß Brenneysen selbst diese Forderungen mehr als taktische Waffe ansah, geht aus dem Protokoll einer Verhandlung mit der subdelegierten Kommission vom 16. 6. 1727 hervor. In dieser Verhandlung wurde beschlossen, diese Angelegenheit »vor jetzo (...) nicht zu(r) contradiction zu bringen«, weil sonst gemäß dem Norder Landtagsschluß von 1620 die einzigen gehorsamen Mitglieder der Ritterschaft sowie ein großer Teil der übrigen Stände, von denen viele »von Anfang her denen Commissions Handlungen bey gewohnet und nachgehends zu ordinair-deputirten erwehlet worden« seien, vom Landtag ausgeschlossen werden müßten, Rep. 4, C III c, 112, fol. 49.

111   Reskript an den Wiener Gesandten Brawe vom 20. 1. 1728, StaA., Rep. 4, A IV c, 253.
112   Reskript vom 26. 10. 1728, ebenda.

Finanzverwaltung, in der »die vorigen Mißbräuche« noch nicht aufgehört hätten[113], um Ende 1729 gar festzustellen, es fehle dem neuen Administratorenkollegium nur an der Macht, sonst würde es dasselbe Maß an »independenz und souverainität praetendiren, als die alten zu Embden sich angemaßet haben[114]«. Für Brenneysen war die Sachlage also klar: wer seine ab Juni 1727 energisch eingeleiteten Versuche, Änderungen in der ostfriesischen Verfassung zugunsten der Landesherrschaft durchzusetzen, nicht unterstützen wollte oder gar ablehnte, war ein »heimlicher Renitenter« und von Emden beeinflußt. Die »gehorsamen« Stände erwiesen sich in diesen Jahren, in denen sie allein der Landesherrschaft gegenübertraten, als ebenso konsequente Verfechter ihrer Verfassung wie vorher die »Renitenten«. Die von Brenneysen ins Werk gesetzte Spaltung der Stände hatte für ihn nicht den geringsten Nutzen gehabt, im Gegenteil, die dadurch vorübergehend aufgehobene innerständische Rivalität beflügelte die »Gehorsamen« zu einem hohen Maß an ständischem Selbstbewußtsein. Das eingangs dieser Arbeit erzielte Ergebnis diesbezüglicher Analysen, nämlich das Ausmaß ständischen Selbstbewußtseins auf der Geest nicht zu gering zu veranschlagen, wird von diesem Befund ergänzt und bestätigt. Hinrichs[115] und ihm folgend König[116] haben diese Bereitschaft der Stände und der neuen Administratoren zur tatkräftigen Bewahrung der ständischen Verfassung als Rückfall in die »ständische Mißwirtschaft« bewertet, die schlimmer und schamloser gewesen sei als die von den »Renitenten« betriebene, weil sie von keiner Tradition und Erfahrung in öffentlicher Verwaltung begrenzt worden sei. Die oben angeführten zahlreichen Beispiele widerlegen solche negative Bewertung eindeutig, es sei denn, Brenneysens Beschwerde über Schatzungsplakate, in denen die im Sommer 1727 kurzfristig verwendete Formulierung »Mit Consens Seiner hochfürstlichen Durchlaucht eingewilligte Schatzungen...« weggelassen war[117], wird als ausreichender Beweis für mißbräuchliche Amtsführung der Administratoren angesehen.

Entscheidend für die gelungene innerständische Spaltung waren innerständische Spannungen im wesentlichen sozialpsychologischer Art, die aus der übergroßen Dominanz der Stadt Emden und der Marschämter über den Rest der Stände zu erklären sind. Diese Vorbehalte kamen der Landesherrschaft zugute, solange die »Renitenten« die ständischen Führungspositionen innehatten; kaum aber waren diese den »Gehorsamen« zugefallen, änderte sich das Bild vollständig. Allerdings mußte die gegen Emden und die übrigen vormaligen ständischen Führungsschichten gerichtete Einigkeit

113   Brenneysen an Brawe, 24. 5. 1729, StaA., Rep. 4, A IV c, 254.
114   Reskript an Brawe vom 22. 11. 1729, ebenda.
115   H i n r i c h s , Landstände, S. 71.
116   K ö n i g , Verwaltungsgeschichte, S. 343 f.
117   So in einem Schreiben an die subdelegierte Kommission vom 4. 2. 1728, StaA., Rep. 4, C II b, 142.

zwischen Landesherrschaft und »Gehorsamen« in dem Moment zu neuem Leben erwachen, in dem eine Amnestierung der »Renitenten« und ihre daraus folgende Wiederzulassung zu Landtagen im Raume stand, weil damit die gerade errungenen Positionen der »Gehorsamen« in wesentlichen Bereichen wieder verloren zu gehen drohten. Als die Stadt Emden im April und Oktober 1729 unter Berufung auf die kaiserlichen Resolutionen vom 13. September 1728 bzw. 12. September 1729, die eine Amnestie in Aussicht stellten bzw. erteilten[118], gegen die Ausschreibung eines Landtages ohne ihre Zuziehung protestierte[119], waren sich Landesherrschaft und »Gehorsame« in ihrer Ablehnung völlig einig. Bereits im Februar und März dieses Jahres hatten beide in zwei in bewegenden Worten abgefaßten Memorialien an den Kaiser und die subdelegierte Kommission dafür plädiert, die Strafen für die »Renitenten« nicht aufzuheben, weil eine solche Begnadigung, die vor allem der niederländischen Unterstützung für Emden[120] zuzuschreiben sein werde, die oberstrichterliche Autorität des Kaisers in Frage stelle und am Ende die »Umbkehrung aller guten Ordnung und Einrichtungen« nach sich ziehen werde[121]. Eine in diesem Punkt mit der Landesherrschaft konforme Zielsetzung bewiesen die »gehorsamen« Stände bzw. die neuen Administratoren auch in ihren Eingaben an den Reichshofrat vom März und November 1729, Februar und Mai 1730, Januar, Februar, April und Oktober 1731 sowie Februar 1732[122], in denen sie massiv gegen die Wiedereinsetzung der »Renitenten« in ihre ständischen Rechte Stellung bezogen und die Aufhebung der entsprechenden kaiserlichen Resolutionen verlangten[123].

Ziel dieser Bemühungen waren nicht primär *die* »Renitenten«, sondern vor allem die Stadt Emden als ihr Haupt. Solange Emden auf Landtagen Sitz und Stimme nicht führen konnte, waren die »Gehorsamen« Einzelpersonen gegenüber durchaus großzügig. Insbesondere Bewohnern der Geestämter, die während des »Appelle-Krieges« auf der Seite der »Renitenten« gestanden hatten, kam diese Großzügigkeit zugute. Seit 1730 kam es vor, daß ehemalige »Renitente« nicht mehr vom Landtag abgewiesen wurden. Abbo Poppinga aus Marienhafe/Upgant, vor dem »Appelle-Krieg« Deichrichter und Ordinärdeputierter, der im »Renitentenregister« von 1727 mit 5

---

118   Im einzelnen siehe unten S. 392 und 403.
119   Protestschreiben der Stadt Emden vom 19. 4. und 1. 10. 1729 an die Landesherrschaft, StaA., Rep. 4, C II b, 144, sowie der durch zwei Notare am 4. 10. 1729 auf dem Landtag eingelegte Protest, Dep. 1, 1385.
120   Vgl. dazu im einzelnen unten S. 384 ff.
121   StaA., Rep. 4, C III c, 116, fol. 97 ff.
122   Alle StaA., Rep. 4, C III a, 163.
123   Vgl. auch das Reskript an den Wiener Gesandten Brawe vom 4. 9. 1731, in dem Brenneysen ein gemeinsames Vorgehen mit den »Gehorsamen« gegen die kaiserliche Resolution vom 22. 8. 1731 ankündigte, StaA., Rep. 4, A IV c, 255.

Reichstalern pro Monat veranlagt war[124], war zum ersten Male wieder auf dem Landtag im Januar 1732 anwesend[125]. Der Deichrichter Peter Hanssen aus der Victorburer Theene, der in einer Aufstellung der »Renitenten und Offenbahre(n) Rebellen« des Kirchspiels Victorbur vom September 1726 an erster Stelle genannt ist[126], besuchte bereits den Landtag im Oktober 1731 unbeanstandet[127], und dem Ochtelburer Sielrichter Edde Heeren, der im Dezember 1727 als aktiver Parteigänger der »Renitenten« vom Landtag abgewiesen worden war[128], wurde im Juni 1730 kein derartiges Hindernis mehr in den Weg gelegt[129]. Zwar waren dies vorerst nur Einzelfälle, sie weisen jedoch in die Richtung, in der sich die Verhältnisse in den folgenden Jahren entwickelten. Lediglich die Wiederzulassung der Stadt Emden blieb ein Punkt, bei dem von den »Gehorsamen« keinerlei Entgegenkommen zu erwarten war, wollten sie nicht selbst ihre Stellung unterminieren. Eine wichtige Funktion in dem Spannungsfeld zwischen Landesherrschaft, »gehorsamen« und »renitenten« Ständen kam der subdelegierten kaiserlichen Kommission zu. Ihr muß daher ein eigener Abschnitt gewidmet werden.

4. Die Stellung der subdelegierten kaiserlichen Kommission

Die Diskussion um die subdelegierte kaiserliche Kommission war so alt wie die ihrer Tätigkeit zugrundeliegende Reichshofratsentscheidung vom 8. Juni 1723[130], weil die Stände aus der recht nahen Verwandtschaft Fürst Georg Albrechts zu den regierenden Fürsten in Wolfenbüttel und Dresden eine Abhängigkeit der Kommissare vom Auricher Hof befürchteten und sie daher ablehnten; sie hätten stattdessen lieber eine auf Brandenburg-Preußen erteilte Kommission gesehen[131]. Brenneysens frühzeitige Kontaktaufnahme mit den als subdelegierte Räte ausgewählten Herren, dem Dresdner Vizekanzler Georg Gottlieb Ritter und dem Wolfenbütteler Hofrat Johann Joachim Röber, und die Tatsache, daß es außer seiner in ihrer Tendenz eindeutig absolutistisch ausgerichteten »Ost-Friesischen Historie und Landes-Verfassung« keine umfassende Einführung in die ostfriesischen Verfassungsverhältnisse gab, gewährleisteten eine von Anfang an enge Zusammenarbeit zwischen der Auricher Regierung und der subdelegierten

124   StaA., Rep. 4, C III b, 51, Vol. I; siehe oben S. 346.
125   StaA., Dep. 1, 1484, fol. 4.
126   StaA., Rep. 4, C III b, 30.
127   StaA., Dep. 1, 1465, fol. 308, und Dep. 1, 1484, fol. 4 (Januar 1732).
128   Protokoll über die Visitation der Vollmachten vom 6. 12. 1727, StaA., Rep. 4, C II b, 142.
129   StaA., Dep. 1, 1465, fol. 156.
130   Siehe oben S. 202.
131   Siehe oben S. 220 ff.

Kommission. Die Wirren des »Appelle-Krieges« und die dadurch unterbrochene Bezahlung der Diätengelder führte auch zu einer vorübergehenden finanziellen Abhängigkeit der Kommission von der ostfriesischen Landesherrschaft[132].

Solange der »Appelle-Krieg« dauerte, beschränkte sich die Tätigkeit der subdelegierten Räte vornehmlich darauf, Nachrichten über die Ereignisse in den Ämtern, die ihr die fürstliche Regierung in der Regel als Extrakte aus den Berichten der Beamten zukommen ließ, zusammenzufassen und als Relationen nach Wien weiterzuleiten[133]. Eigentliche Untersuchungsarbeit dagegen war ihr nicht möglich. Der von ihr im Juni 1727 einberufene kommissarische Landtag konnte in der kurzen Zeit kaum Ergebnisse bringen, und weitere Fortschritte verzögerten sich durch den plötzlichen Tod des sächsischen Kommissars Ritter am 3. August 1727[134]. Zu seinem Nachfolger wurde der Dresdner Hof-, Justiz- und Appellationsrat Christoph Heinrich von Berger bestellt, der Anfang Oktober in Aurich eintraf[135]. Diese Ernennung war der ostfriesischen Landesherrschaft sehr gelegen, weil Berger der Sohn eines Reichshofrates war, der, so hoffte der Wiener Gesandte Brawe, in Zukunft »beßer in die (ostfriesische) Sache mit eingehen mögte, alß er vorhero gethan[136]«. Ob sich diese Hoffnung im Einzelfall erfüllt hat, läßt sich nicht belegen; Gegenteiliges ist jedenfalls nicht bekannt.

Das Verhalten der subdelegierten Kommission zu den »gehorsamen« Ständen wurde im wesentlichen von ihrer Aufgabenstellung bestimmt. Dazu gehörte neben der Erneuerung bzw. Präzisierung der Ordnungen für das Hofgericht, das Administratorenkollegium und die Landtagsverhandlungen vor allem die Revision der Schatzungsregister und die möglichst schnelle Abtragung des Schuldenberges, den der Deichbau seit 1718 aufgehäuft hatte. Alle diese Punkte betrafen den zentralen Bereich der ständischen Verfassung und waren daher, wenn überhaupt, nur in langwierigen Verhandlungen zu regeln. Die weitgehende Unvereinbarkeit der ständischen und landesherrlichen Positionen hierzu ist im vorigen Abschnitt genügend deutlich geworden und braucht hier nicht wiederholt zu werden. Die Behandlung des Komplexes Schuldenregulierung mag an dieser Stelle zur Kennzeichnung der Tätigkeit der Kommission genügen. Klagen über die zu geringe Einwilligung von Schatzungen brachten Landesherrschaft und sub-

---

132   Am 14. 1. 1727 verlangte die Kommission von der Landesherrschaft einen Abschlag auf ihre rückständige Bezahlung; seit dem 1. 5. 1726 betrugen ihre Rückstände an Diäten und Sach-, vor allem Druckkosten, 9660 Reichstaler, StaA., Rep. 4, C III c, 111, fol. 88—93. Bis zum ersten Landtag nach dem Ende des »Appelle-Krieges« im Juni 1727 erhöhte sich der Rückstand auf 14.700 Reichstaler, Rep. 4, C II b, 141.

133   HHuStaW., RHR., Den. rec. K. 889—894, 896 und 897 passim.

134   StaA., Rep. 4, C III c, 112, fol. 265 ff. der Bericht des Arztes Dr. Backmeister.

135   StaA., Rep. 4, C III c, 113, fol. 1 ff.

136   Bericht Brawes vom 16. 8. 1727, StaA., Rep. 4, A IV c, 252. Bisher habe er es mit Mühe dahin gebracht, daß Berger »nicht öffentlich geschadet (habe) und entgegen gewesen« sei, ebenda.

delegierte Kommission auf fast jedem Landtag vor[137], weil die Forderungen einiger Großgläubiger aus Hannover immer drängender wurden, während gleichzeitig die laufenden Zahlungsverpflichtungen durch die Neuausrüstung bzw. den Unterhalt der Salvegarde und der subdelegierten Kommission etc. erheblich höher lagen als früher. Die immer noch angespannte wirtschaftliche Situation Ostfrieslands sowie die Verknüpfung dieser Angelegenheit mit anderen Streitpunkten (Abführung der dänischen Soldaten, Revidierung der Schatzungsregister) waren einer höheren Schatzungsbewilligung jedoch nicht förderlich, im Gegenteil, die Maßnahmen und Ermahnungen der kaiserlichen Kommission verschärften die Situation und belasteten das Verhältnis zwischen beiden Seiten zusätzlich. Nachdem im Sommer 1728 auf Druck der Landesherrschaft und der Kommission eine Schatzung mehr als bewilligt ausgeschrieben und erhoben worden war[138], versuchte die Kommission im folgenden Jahr, massiv in die ständische Finanzverwaltung einzugreifen. Sie verfaßte Memorialien betreffend eine höhere Schatzungsbewilligung, die den Ständen »sehr hart und praejudicirlich« vorkamen[139], verbot den Administratoren u. a., die Kosten für den von den Ständen übernommenen Prozeß der Friedeburger gegen die Landesherrschaft wegen der streitigen Wallverlegung zu bezahlen, und dem Landrentmeister wurde von ihr untersagt, Assignationen, die die Administratoren auf einen der Exekutoren ausgestellt hatten, einzulösen, wenn diese nicht von der subdelegierten Kommission gegengezeichnet waren[140]. Die Stände sahen darin einen klaren Verstoß gegen die kaiserliche Resolution vom 11. Juni 1723, die die alleinige Zuständigkeit der Stände in allen Schatzungsangelegenheiten bestätigt hatte, und formulierten einen scharfen Verweis an den Landrentmeister, der der Kommissionsanordnung nachgekommen war; den subdelegierten Räten aber teilten sie ihre den Administratoren gegebene Anweisung mit, künftig sorgfältiger auf die Verteidigung der ständischen Rechte bedacht zu sein[141]. Das bewog die subdelegierte Kommission dazu, vom Reichshofrat die Befugnis zu verlangen, selbst Schatzungen ausschreiben und mit Hilfe der Salvegarde eintreiben zu dürfen[142]. Alle diese Schwierigkeiten, die hohen Unterhaltskosten[143] und die im Laufe der

---

137 Proposition der subdelegierten Kommission vom 4. 12. 1727, StaA., Rep. 4, C II b, 142; Schreiben vom 7. 6. 1728, Dep. 1, 1456, fol. 220; Schreiben vom 13. 12. 1729, Dep. 1, 1462, fol. 106 ff.; Landtagsabschied vom 26. 4. 1730, Rep. 4, C II b, 145; Schreiben vom 13. 11. 1730, Dep. 1, 1465, fol. 223; und Schreiben vom 28. 3. 1731, Dep. 1, 1420, fol. 20 ff.
138 StaA., Dep. 1, 1456, fol. 360 ff.
139 StaA., Dep. 1, 1462, fol. 137.
140 ebenda, fol. 54 ff.
141 ebenda, fol. 58 und 84 f.
142 141. gemeinschaftliche Relation vom 23. 12. 1729, HHuStaW., RHR., Den. rec. K. 898.
143 Nach den Landrechnungen verbrauchte die Kommission

1725/26	34.695 fl.	8 Sch.	—	Wit.,	StaA.,	Dep. 1, 2054, fol. 30/31
1726/27	— fl.	- Sch.	—	Wit.,	StaA.,	Dep. 1, 2052

Zeit aufgrund der europäischen »Conjuncturen« immer mehr nach Wien zurückverlagerte Entscheidungsbefugnis bewogen bereits im Juli 1730 die Deputierten des dritten Standes, zumindest eine »Interims-Revocation«, wenn nicht die völlige Aufhebung der Kommission zu fordern, ein Verlangen, das Brenneysen nur mit Mühe zurückweisen konnte[144]. Im Oktober des folgenden Jahres gelang ihm das aber nicht mehr; die Stände beschlossen, beim Kaiser auf eine endgültige Entscheidung zu dringen, damit die teure Kommission überflüssig werde[145].

Ganz anderer Art waren die Spannungen, die zwischen der Kommission und den »Renitenten« bestanden. Nach dem Ende des »Appelle-Krieges« bekamen diese nicht nur dänische Einquartierung und mußten monatlich die »Renitentensteuern« bezahlen, sondern die Kommission erließ auch zur Sicherung des Schadenersatzes ein Veräußerungsverbot für alle mobilen und immobilen Güter der »Renitenten«, untersagte Schuldnern, ihre Zinsen an »Renitente« zu bezahlen und stellte alle Verhandlungen darüber unter Strafe. Das Recht, Remissorialien in allen bei der Kanzlei oder der Kommission anhängig gemachten Prozessen ans Hofgericht zu suchen, wurde den »Renitenten« bestritten, und wer ein Ehrenamt in der gemeindlichen Selbstverwaltung oder in den Deich- und Sielachten bekleidete, wurde daraus entfernt. Bei der Sequestration der Emder Herrlichkeiten im Mai 1728 hatte die Kommission eng mit der fürstlichen Regierung zusammengearbeitet[146], die Entscheidung über die Verwerfung der Emder Paritionsanzeigen im Juni 1727 und März 1729 war aufgrund eines vorher von Brenneysen eingeholten Gutachtens gefallen[147], und als sich die ostfriesische Landesherrschaft im August 1729 weigerte, bei der erneuten Publikation der Reichshofratsresolution vom 13. September 1728, die eine Amnestieankündigung enthielt, Amtshilfe zu leisten, verzichtete die Kommission ohne Einwand darauf, obwohl der Kaiser die abermalige Publikation ausdrücklich angeordnet hatte[148]. Wenn auch diese letzten Beispiele von Zusammenar-

1727/28	48.525 fl.	9 Sch.	12 1/2 Wit.,	StaA., Rep. 4, C I h, 90, S. 91
1728/29	47.967 fl.	9 Sch.	17 1/2 Wit.,	StaA., Dep. 1, 2058, fol. 54
1729/30	29.969 fl.	7 Sch.	15 Wit.,	StaA., Dep. 1, 2059, S. 103
1730/31	47.704 fl.	1 Sch.	10 Wit.,	StaA., Dep. 1, 2045, S. 111
1731/32	46.558 fl.	8 Sch.	— Wit.,	StaA., Dep. 1, 2091, S. 143
Gesamt:	255.421 fl.	6 Sch.	15 Wit.	

Die Gesamteinnahmen in dieser Zeit beliefen sich demgegenüber auf 1.832.447 fl., 9 Sch., 12 1/2 Wit. (Dep. 1, 2054, fol. 29; Dep. 1, 2052, fol. 8; Rep. 4, C I h, 90, S. 79; Dep. 1, 2058, fol. 44; Dep. 1, 2059, S. 89; Dep. 1, 2045, S. 93; Dep. 1, 2091, S. 121). Das bedeutet, daß die Unterhaltskosten für die subdelegierte Kommission im Schnitt fast 14% der Gesamteinnahmen verbrauchten; in manchen Jahren lagen sie sogar bei fast 20%.

144 StaA., Dep. 1, 1465, fol. 162 und 167, und Protokoll einer Verhandlung zwischen den fürstlichen Räten und den Ständen vom 4. 7. 1730, StaA., Rep. 4, C II b, 145.
145 StaA., Dep. 1, 1465, fol. 339 ff.
146 Siehe oben S. 352.
147 Im einzelnen siehe unten S. 397 f.

beit erst aus den Akten zu erkennen und den Zeitgenossen vermutlich unbekannt geblieben sind, so reichte das Gesamtverhalten der subdelegierten Kommission völlig aus, um bei den von den angesprochenen Maßnahmen betroffenen »Renitenten« den Vorwurf der Parteilichkeit hervorzubringen. Diesen Vorwurf erhoben in zahlreichen Promemorien an den Kaiser auch die Generalstaaten der Niederlande[149] und gaben ihm dadurch größeres Gewicht[150]. Die eigenmächtige Auslegung kaiserlicher Entscheidungen durch die subdelegierte Kommission war geeignet, die Berechtigung dieser Beschwerden zu unterstreichen. Der gravierendste derartige Fall war die von den fürstlichen Räten angeregte Interpretation der eben erwähnten kaiserlichen Resolution vom 13. September 1728, die von der in Aussicht gestellten Amnestie nur von dem Appelle und Rudolph von Rehden als Hauptträdelsführer ausnahm. Diese beiden, so versuchte die Kommission die getroffene Anordnung aufzuweichen, stünden nur als besonders gravierende Beispiele für einen wesentlich größeren Personenkreis, für den eine Amnestie ebenfalls nicht in Frage komme[151]. Mit dieser Auffassung drang sie allerdings nicht durch. Es ist deutlich, daß der Vorwurf der Parteilichkeit nicht zu Unrecht erhoben wurde, obwohl es natürlich auch eine Reihe von Fällen gab, in denen er nicht zutraf. Es lag jedoch in der Natur der Sache, daß den »Renitenten« als Betroffenen jeder Schritt der Kommission als von der Landesherrschaft gesteuert vorkam, so daß sich für sie jede Diskussion über diesen Punkt erübrigte.

Entgegen diesem Eindruck der »Renitenten« kam es auch zwischen der Landesherrschaft und der subdelegierten Kommission gelegentlich zu Spannungen. So entstand im Januar 1729 ein Streit darüber, ob die Landesherrschaft oder die Kommission die während des »Appelle-Krieges« begangenen »delicta communa« bestrafen dürfe. Die Kommission bestritt der Landesherrschaft nicht nur diese Befugnis, sondern war darüber hinaus der Meinung, solche »delicta« müßten unter die vom Kaiser in Aussicht gestell-

148   StaA., Rep. 4, C III c, 116, fol. 174 f. und 177. Dieser Verzicht betraf die Publikation in den Ämtern; an den Adel und die Magistrate der Städte hatte die Kommission die von neuem publizierte Reichshofratsentscheidung direkt durch ihren Boten insinuieren lassen.
149   Z. B. am 4. und 26. 7. 1729, HHuStaW., Rk., Kleinere Reichsstände, Ostfriesland, Nr. 405.
150   Für die Geheime Konferenz, bestehend aus Prinz Eugen, dem Hofkanzler Philipp Ludwig von Sinzendorff und dem Hofkammerpräsidenten Gundacker Thomas von Starhemberg, in der alle wichtigen Entscheidungen der Wiener Politik fielen, stand die Parteilichkeit fest; die Konferenzmitglieder fanden es daher nicht ratsam, »der subdelegierten Kommission sich ganz klar zeigenden, und gegen die baldige Wiederherstellung des Ruhestandes in Ostfriesland lauffenden Absichten den geringsten Vorschub zu geben« und dadurch die Generalstaaten in ihrem Mißtrauen zu bestärken. Konferenzprotokoll vom 14. 11. 1730, HHuStaW., Vortr. Stk. K. 31. Ähnlich skeptisch über die subdelegierte Kommission hatte sich Prinz Eugen bereits ein Jahr vorher gegenüber dem ostfriesischen Gesandten Brawe geäußert, Bericht Brawes vom 19. 11. 1729, StaA., Rep. 4, A IV c, 254. Im einzelnen vgl. hierzu unten S. 426 ff.
151   So in der 99. gemeinschaftlichen Relation vom 31. 12. 1728, HHuStaW., RHR., Den. rec. K. 899.

te Amnestie fallen[152]. Im folgenden Jahre beschwerte sich die Landesherr-schaft beim Reichshofrat über die von den subdelegierten Räten zu gering festgesetzte Schadenersatzsumme; lediglich 150.000 statt der geforderten 242.762 Reichstaler hatte die Kommission anerkannt, eine Maßnahme, die die Landesherrschaft als höchst ungerecht empfand[153]. Ihre Ursachen hat-ten diese Spannungen in der allmählichen Einengung der Kompetenzen der subdelegierten Kommission, die mit der in der kaiserlichen Resolution vom 13. September 1728 enthaltenen Aussetzung aller exekutivischen Maßnah-men begann[154]. Verschiedene Immediatschreiben aus Wien bekräftigten das Exekutionsverbot[155], und mit der Annahme der Emder Paritionsanzeige und der Resolution vom 12. September 1729 verlagerten sich die Entschei-dungen immer stärker zurück nach Wien. Die Beschwerden der »Reniten-ten« und der Niederlande über die Kommission führten schließlich dazu, daß in der kaiserlichen Resolution vom 22. August 1731 von den subdele-gierten Räten ein genauer Rechenschaftsbericht über ihr Verhalten in der Schadenersatzangelegenheit gefordert wurde[156]. Das in dieser Anordnung zutage tretende Mißtrauen veranlaßte die beiden Kommissare, noch im Herbst 1731 eine ausführliche Rechtfertigungsschrift im Druck erscheinen zu lassen, in der sie die Anschuldigungen der Emder zurückwiesen[157].

Diese Schrift konnte jedoch nichts mehr bewirken. Die jüngste kaiserli-che Resolution hatte beim sächsischen Kurfürsten Unwillen hervorgerufen; nach einer Beschwerde beim Kaiser[158] wurde der sächsische subdelegierte Rat Berger kurz vor Weihnachten 1731 abberufen. Die Tätigkeit der Kom-mission war damit abrupt unterbrochen[159]. Der Tod des Wolfenbütteler

---

152   Reskript der Auricher Regierung an den Wiener Gesandten Brawe vom 18. 1. 1729, StaA., Rep. 4, A IV c, 254.

153   Dekret der Kommission vom 20. 7. 1730 und das Reskript an Brawe, deswegen beim Reichshofrat vorstellig zu werden, StaA., Rep. 4, C III b, 50.

154   StaA., Rep. 4, C III a, 135; im einzelnen siehe unten S. 391 ff.

155   So das Schreiben vom 21. 12. 1728, StaA., Rep. 4, C III c, 116, fol. 64; vom 24. 7. 1729, ebenda, fol. 155, und vom 8. 3. 1730, Rep. 4, C III c, 117, fol. 142 f.

156   StaA., Rep. 4, C III a, 137; siehe unten S. 430 f.

157   »Derer zur Kayserlichen Commission in denen Ostfriesischen Landes-Differentien Subdelegierten Räthe Anzeige, was es mit der, denenselben auffgetragenen Untersuchung derer, bey der vorgewe-senen Rebellion veruhrsachten Schäden, vor Bewändnüße habe, und welchergestalt darbey, sowohl denen gemeinen beschriebenen Kayserlichen und Canonischen Rechten, als auch denen diesfalls ertheilten besonderen, und darauff sich zugleich fundirenden Kayserlichen Instructionen gemäß verfahren worden, nebst gebührender Wiederlegung und Abfertigung, derer, von den Embdern und ihren Adhaerenten, dawieder ausgestreueten ungegründeten Beschuldigungen, de dato Aurich den 29. Octobris 1731«, StaA., Rep. 4, C III c, 119, fol. 266 ff.

158   Brief des Königs von Polen (als Kurfürst von Sachsen) vom 5. 12. 1731, HHuStaW., RHR., Den. rec. K. 901.

159   Die kaiserliche Resolution vom 22. 8. 1731, die erst am 21. 12. offiziell in Aurich ankam, konnte nur noch den »gehorsamen« Ständen, der Landesherrschaft und deren Procurator generalis et fis-calis zugestellt werden, während die fertig liegende Notifikation für die Stadt Emden schon nicht mehr zugestellt werden konnte, StaA., Rep. 4, C III c, 119, fol. 276.

Kommissars Röber Anfang April 1732 zog nur den Schlußstrich unter eine kaiserliche Kommission, die zu diesem Zeitpunkt schon nicht mehr existierte, obwohl sie formell erst viel später aufgehoben worden ist[160].

Die subdelegierte Kommission, das ist deutlich geworden, stand im Spannungsfeld zwischen Landesherrschaft, »gehorsamen« und »renitenten« Ständen, so daß ihre Arbeit zwangsläufig sehr unterschiedlich bewertet wurde. Wenn der pauschale Vorwurf der Abhängigkeit auch nicht richtig ist, so ist eine partielle Parteilichkeit, hervorgerufen vor allem durch eine grundsätzliche Übereinstimmung der Auffassungen über die staatliche Ordnung zwischen Brenneysen und den subdelegierten Räten, nicht zu verkennen. Das Hauptproblem der Kommission lag seit 1729 jedoch darin, daß ihre Befugnis von Wien aus immer stärker eingeschränkt wurde. Diese Entwicklung hatte ihren Grund darin, daß die ostfriesische Streitsache längst kein innerostfriesisches Problem allein mehr war: sie war zum Gegenstand der europäischen Diplomatie geworden.

160   Die kaiserliche Resolution vom 30. 9. 1734 bestimmte, daß der Herzog von Braunschweig-Wolfenbüttel die immer noch in Aurich sich aufhaltenden subalternen Mitglieder der Kommission zurückrufen sollte. Erst mit dieser Entscheidung war die Kommission ausdrücklich aufgehoben. Wegen des Streites um die rückständigen Diäten dauerte es bis 1738, bis die subalternen Kommissionsmitglieder endgültig Aurich verließen. Zu diesem Zeitpunkt war bereits eine neue, 1736 auf Kurhannover erteilte Schlichtungs- und Untersuchungskommission tätig geworden, die jedoch wegen des Widerstandes der »gehorsamen« Stände und des Auricher Administratorenkollegiums — Fürst Carl Edzard, die Stadt Emden und die »Renitenten« waren einigungswilliger — bis zum Tode Kaiser Karls VI. im Herbst 1740 über Präliminarstreitereien nicht hinausgekommen ist. Der österreichische Erbfolgekrieg und der Streit darüber, ob Ostfriesland zum rheinischen oder zum sächsischen Reichsvikariat gehöre, verhinderten jede weitere Tätigkeit der Kommission, bis mit dem Tode des letzten Cirksena im Mai 1744 und dem Anfall Ostfrieslands an Brandenburg-Preußen eine kaiserliche Kommission ohnehin überflüssig wurde. Vgl. hierzu W i a r d a , Bd. VIII, S. 17, 19, 29—94 passim. Die Berichte der zweiten Kommission mit ausführlicher Darlegung der endlosen Streitigkeiten über ihre Unterhaltskosten, das Stimmrecht der Beteiligten, den Kreis der Beteiligten überhaupt etc. HHuStaW., RHR., Den. rec. K. 903, 904, 905 und 906/1.

B: Die ostfriesischen Querelen als Gegenstand der europäischen Diplomatie (1728—1732)

5. Die Reaktion der Niederlande auf die veränderte Lage in Ostfriesland

5.1. Resolutionen und Interventionen beim Kaiser (1727/28)

Hatten sich die Generalstaaten bis 1724 völlig aus den ostfriesischen Streitigkeiten herausgehalten und in den folgenden Jahren der gewaltsamen Auseinandersetzung zwar um Vermittlung und Milderung der beiderseitigen Ansprüche bemüht, dabei aber im ganzen eine abwartende Haltung bewahrt[161], so änderte sich ihre Politik schon bald nach der Niederlage der »Renitenten« im »Appelle-Krieg«. Im April und Mai 1727 hatten sie mehrfach den »Renitenten« ihr gewaltsames Vorgehen als äußerst schädlich verwiesen und ihnen dringend zur Unterwerfung unter die kaiserlichen Dekrete geraten. Die Deputierten der alten Stände, die nach Den Haag gekommen waren, bekamen gemäß einer Resolution vom 23. Mai 1727[162] keine andere Unterstützung als die Forderung, sofort eine Submissionsanzeige als Voraussetzung für jede weitere niederländische Hilfe abzugeben. Auf dieser Basis wollten sich die Generalstaaten beim Kaiser dafür einsetzen, Milde walten zu lassen. Kurz vorher hatten verschiedene Deputierte der Generalstaaten bereits mit dem kaiserlichen Gesandten im Haag, Graf Königsegg-Erps, Verbindung aufgenommen und verlangt, der Kaiser solle den »Renitenten« Hoffnung auf gnädige Behandlung und Beibehaltung der bisherigen Regierungsform geben, weil ohne ein solches Signal deren Submission nicht zu erwarten sei[163]. In den folgenden Wochen wurden diese Forderungen mehrmals erneuert, teils von dem niederländischen Gesandten in Wien, Hamel Bruinincks, teils von einflußreichen Mitgliedern der Generalstaaten in Gesprächen mit Königsegg-Erps im Haag. Baron Förck, der für die auswärtige Politik der Niederlande verantwortlich war, schlug eine Konferenz über Ostfriesland im Haag vor, an der alle beteiligten Parteien einschließlich der Direktoren des niederrheinisch-westfälischen Reichskreises teilnehmen sollten, weil von der als parteiisch angesehenen subdelegierten Kommission keine befriedigende Regelung des Strei-

---

161 Die Instruktion, die der französische Gesandte im Haag, Marquis de Fénelon, am 10. 1. 1725 bekam, trägt dieser Haltung Rechnung: Die Generalstaaten seien zwar beunruhigt über die Geschehnisse in Ostfriesland, wollten sich aber vorerst mit einfachen Vorstellungen bei den beteiligten Parteien und beim Kaiser begnügen. Daher bekam Fénelon keine weiteren Verhaltensmaßregeln in dieser Angelegenheit. A n d r é / B o u r e o i s , Recueil des instructions, S. 451 f.

162 StaA., Rep. 4, B I f, 1093, fol. 115 ff.

163 Berichte des Grafen Königsegg-Erps vom 16. und 27. 5. 1727, HHuStaW., Stabt.: Holland K. 25.

384

tes zu erwarten sei. Königsegg-Erps versicherte daraufhin, wenn die Submission der »Renitenten« nur »sincere und in forma« geschehe, werde der Kaiser seine Milde nicht versagen[164].

Die geforderte Paritionsanzeige hatten Bürgermeister und Rat von Emden und die übrigen »Renitenten« am 3. Juni 1727 an ihren Anwalt nach Wien geschickt, der sie am 17. Juni beim Reichshofrat einreichte[165]; nach langer Weigerung hatten sie sich damit den Weg zu niederländischer Hilfe geöffnet. Die Motive für das vorerst allerdings nur angekündigte Engagement der Generalstaaten liegen auf der Hand: Solange die innerostfriesischen Machtverhältnisse im Gleichgewicht gewesen waren, brauchten sie sich um ihren Einfluß in Ostfriesland nicht zu sorgen; mit der Niederlage der »Renitenten« aber erschien ihre seit 1595 jenseits ihrer Grenzen aufgebaute Machtposition zum besseren Schutz des eigenen Territoriums in Gefahr. Daneben spielte auch die Furcht vor wirtschaftlicher Konkurrenz eine Rolle, wie die im zweiten Teil dieser Arbeit enthaltene Analyse der in diesen Jahren publizierten Streitschriften zu den völker- und verfassungsrechtlichen Grundlagen des niederländischen Eingreifens in Ostfriesland ergeben hat[166]. Daher wurden bereits zu der Zeit, als die Generalstaaten die »Renitenten« zur Unterwerfung drängten, Maßnahmen zur Sicherung der militärischen Präsenz in Emden und Leerort getroffen; der niederländische Kommandant Veltmann sollte insbesondere auf den Schutz der Schwachstellen in der Befestigung, nämlich dort, wo die Emsdeiche an die Stadt stießen, bedacht sein[167]. Den preußischen König, dem sich nach dem kaiserlichen Reskript vom 23. April 1727, die Unruhen in Ostfriesland niederzuschlagen[168], die Möglichkeit bot, ganz legal seine Truppen zu verstärken und sich eine ausschlaggebende Rolle in diesem Konflikt zu verschaffen, baten sie, davon Abstand zu nehmen[169], und immer wieder beharrten sie in Gesprächen mit Königsegg-Erps darauf, der Kaiser dürfe »den Fürsten nicht souverain werden« lassen, sondern müsse die Stände in ihren Privilegien sichern[170]. Die Maßnahmen der ostfriesischen Landesherrschaft im Laufe der nächsten Monate (Einquartierung der dänischen Soldaten, »Renitentensteuern«, Verbot, Pacht und Zinsen an die »Renitenten« zu zahlen etc.) bestärkten die Generalstaaten in ihren diesbezüglichen Befürchtungen.

Schließlich war die Mitte Dezember 1727 bekannt gewordene Verwerfung der Paritionsanzeigen der »Renitenten« Anlaß zu einer Abkehr von der bisherigen offiziellen Zurückhaltung. Anders als im Frühsommer, als

---

164   Berichte vom 3., 13. und 17. 6. 1727, ebenda.
165   HHuStaW., RHR., Den. rec. K. 896. Zum Inhalt der Paritionsanzeige vgl. oben S. 351.
166   Vgl. oben S. 240 ff.
167   Resolution vom 30. 5. 1727, StaA., Rep. 4, B I f, 1093, fol. 118 f.
168   Siehe oben S. 297 f.
169   Resolution vom 20. 5. 1727, StaA., Rep. 4, B I f, 1093, fol. 121 ff.
170   Bericht des Gesandten Königsegg-Erps vom 20. 6. 1727, HHuStaW., Stabt.: Holland K. 25.

sich nur eine kleine Gruppe von Deputierten in engem Kontakt zum kaiserlichen Gesandten in aller Stille um ein Signal der Milde bemüht hatte, verabschiedeten die Generalstaaten am 16. Dezember 1727 ein offizielles Promemoria für den Kaiser, in dem sie feststellten, sie könnten den »Renitenten« nur dann noch einmal zur Submission raten, wenn vorher von Wien
aus genügend deutlich gemacht worden sei, daß bei dem weiteren Vorgehen
Milde herrschen werde und die alten Akkorde als Grundlage der ostfriesischen Verfassung nicht verändert würden[171]. Diese Resolution übermittelte
der kaiserliche Gesandte nach Wien und riet, in der ostfriesischen Sache
»die Republique einiger maßen zu vergnügen[172]«. Die harten Forderungen
der subdelegierten Kommission nach einer neuen Submissionserklärung
der »Renitenten« im nächsten Frühjahr und die jeweils kurz gesetzten
Fristen[173] ließen die Situation eskalieren. Die Generalstaaten bekräftigten
ihre letzte Resolution und beschlossen massive Verstärkungen ihrer Garnisonen in Emden und Leerort sowie in Grenznähe in den Provinzen Groningen und Overijssel[174]. Die ohne Vorankündigung vorgenommene Besetzung
der in unmittelbarer Nähe Emdens liegenden Herrlichkeiten der Stadt im
Mai 1728 war den Niederlanden letzter Beweis, daß es der Kaiser im Verein
mit dem Fürsten von Ostfriesland und den Kommissionshöfen auf eine
Vertreibung bzw. Aushungerung der niederländischen Garnisonen in Ostfriesland abgesehen habe[175]. Königsegg-Erps' Eindruck vom Anfang des
Jahres, die Generalstaaten wollten aus der ostfriesischen Streitigkeit eine
Hauptsache in ihren Verhandlungen mit dem Kaiser machen[176], und seine
Befürchtung, »dieses Werck (möchte) mit der Zeit ein gefährliches und em-
barassantes aussehen gewinnen«, weil die Niederlande ihre Alliierten England und Frankreich einschalten könnten[177], wurde bestätigt: Seit Ende
April 1728 war es offenkundig, daß die Generalstaaten auf dem bevorstehenden Friedenskongreß in Soissons den ostfriesischen Konflikt zur Sprache bringen und eine vertragliche Einigung mit dem Kaiser u. a. von der befriedigenden Regelung dieser Angelegenheit abhängig machen würden[178].

171   StaA., Rep. 4, B I f, 1093, fol. 156 f.
172   Bericht von Königsegg-Erps vom 19. 12. 1727, HHuStaW., Stabt.: Holland K. 26.
173   Siehe oben S. 352.
174   Bericht von Königsegg-Erps vom 23. 3. 1728, HHuStaW., Stabt.: Holland K. 27.
175   Bericht vom 28. 5. 1728, ebenda, sowie Resolution der Generalstaaten vom 25. 5. 1728, StaA., Rep.
       4, B I f, 1093, fol. 360 ff.
176   Bericht vom 3. 2. 1728, HHuStaW., Stabt.: Holland K. 27.
177   Bericht vom 5. 3. 1728, ebenda.
178   Berichte vom 27. 4. und 11. 6. 1728, ebenda.

5.2. Der Kongreß von Soissons 1728/29

Die Spannungen zwischen den sich feindlich gegenüberstehenden europäischen Machtblöcken, den Alliierten von Wien und denen von Hannover-Herrenhausen, erreichten im Frühjahr 1727 einen Höhepunkt, als zwischen Spanien und England um Gibraltar bereits ein nicht erklärter kleiner Krieg geführt und König Georg I. von England vor dem Parlament den Kaiser beschuldigte, sich in die englische Thronfolge einmischen zu wollen. Dem französischen Premierminister, Kardinal de Fleury, dem u. a. wegen der Gefahr eines Zweifrontenkrieges nichts an einer militärischen Auseinandersetzung lag, gelang es mit Hilfe päpstlicher Vermittlung jedoch, die streitenden Parteien zu einem Präliminarfrieden zu bewegen, der am 31. Mai 1727 in Paris abgeschlossen wurde. Dieser enthielt einen sofortigen Waffenstillstand, bestätigte die Verträge von Utrecht und Baden sowie die Quadrupelallianz von 1718 und schrieb die Besitzungen und Handelsprivilegien eines jeden auf dem Stand von vor 1725 fest; der Kaiser suspendierte zunächst auf sieben Jahre die 1722 gegründete Handelskompanie von Ostende, die England und den Niederlanden gegenüber eines der Haupthindernisse einer Einigung darstellte. Ein allgemeiner Friedenskongreß sollte binnen vier Monaten in Aachen zusammentreten und alle Streitfragen endgültig regeln[179]. Die langwierigen Verhandlungen, die erst im März 1728 die Unterschrift Spaniens unter den Präliminarfrieden erreichten, verzögerten die Eröffnung des Friedenskonkresses um fast ein Jahr; erst am 18. Juni 1728 trat er in Soissons zusammen.

Als aus den Berichten aus dem Haag im Frühjahr 1728 erkennbar wurde, daß die Niederlande auf dem Kongreß auch die ostfriesischen Querelen behandeln wollten, versuchte der Auricher Hof, seinerseits dagegen Vorkehrungen zu treffen. In einem Brief vom 30. April 1728 an König Georg II. von England bat Fürst Georg Albrecht, alle entsprechenden Versuche der Generalstaaten zurückzuweisen und sie von jeder Unterstützung der »Renitenten« sowie der Einmischung in Reichsangelegenheiten abzumahnen[180]. Diese Bitte lehnte Georg in seiner Antwort rundweg ab: »... dasjenige aber, was Eure Liebden itzo von Mir verlangen, ist so beschaffen, daß Ich wichtiger Uhrsachen halber vor der Hand Mich darauf zu nichts erklähren kan[181]«. Auch die unverhohlene Drohung aus Aurich, den Erbverbrüderungsvertrag von 1691 zu kündigen und sich mit Brandenburg-Preußen über die ostfriesische Erbfolge zu einigen, änderte an der englischen Haltung nichts[182]. Daneben wurde die ostfriesische Landesherrschaft propa-

---

179 Die Bestimmungen des Pariser Präliminarfriedens und seine Vorgeschichte sind ausführlich dargestellt bei W i l s o n , French policy, S. 150—167, bes. S. 164 f.
180 StaA., Rep. 4, B I f, 1150, fol. 2 ff.
181 ebenda, fol. 7.

gandistisch für ihren Standpunkt tätig. Der ostfriesische Agent im Haag, Stuermann, erhielt den Auftrag, die dem niederländischen Vermittler Lewe von Aduart am 30. April 1726 erteilte Finaldeklaration[183] ins französische zu übersetzen und drucken zu lassen und an alle im Haag ansässigen Gesandtschaften zu verteilen; bei den übrigen beteiligten Höfen und Hauptstädten sorgte Brenneysen mit einer in Aurich gedruckten lateinischen Übersetzung für die Bekanntgabe der landesherrlichen Rechtsposition[184]. An den als einen der kaiserlichen Gesandten beim Kongreß vorgesehenen Freiherrn von Adelshausen schließlich wandte sich Fürst Georg Albrecht mit der dringenden Bitte, das der Reichsverfassung und dem oberstrichterlichen Amt des Kaisers zuwiderlaufende Verlangen der Generalstaaten mit Entschiedenheit zurückzuweisen[185].

In der Tat lag hier das Problem und die, wenn auch geringe Chance der ostfriesischen Landesherrschaft, die Behandlung ihres Streites mit den Ständen auf dem Friedenskongreß noch zu verhindern. Der Kaiser, dessen Wiener Bündnis durch den Tod der Zarin Katharina I. und durch die mit der Wittelsbacher Hausunion von 1728 verbundene Wiederannäherung Bayerns, der Pfalz und der geistlichen Kurfürstentümer Köln und Trier an Frankreich allmählich abbröckelte[186], wollte die Behandlung von Reichsangelegenheiten in Soissons unbedingt verhindern[187], um die Situation nicht weiter zu komplizieren. England und die Niederlande jedoch hatten wegen der Streitigkeiten in Mecklenburg und Ostfriesland sowie des noch nicht endgültig gesicherten Anfalls der Herzogtümer Bremen und Verden und des Landes Hadeln an Hannover Interessen im Reich, über die sie auf europäischer Ebene verhandeln wollten. Sie hatten sich daher frühzeitig gegenseitige Unterstützung bei diesen Bemühungen zugesichert[188]. Frankreich, das bei diesem Kongreß keine unmittelbar eigenen Probleme und Beschwerden hatte, aber langfristig das Ziel verfolgte, Spanien aus dem Bündnis mit dem Kaiser zu lösen, war, um den Kongreß nicht schon im Vorfeld scheitern zu lassen, im Prinzip mit dem Wiener Standpunkt in die-

---

182   Der Briefwechsel dieses Sommers, ebenda passim, ist ausführlich behandelt bei W i e m a n n , Ostfriesland im Spiel der großen Mächte, S. 68 ff.
183   Vgl. oben S. 287 f.
184   StaA., Rep. 4, B I f, 1099, fol. 8 und 54.
185   ebenda, fol. 57 ff.
186   W i l s o n , French policy, S. 193 ff.
187   So wurde in die Instruktion für Graf Philipp Ludwig von Sinzendorff als kaiserlicher Unterhändler in Soissons der Passus aufgenommen: ». . . und hätte man sich cordate und mit resolution zu widersetzen, daß sothane Reichssachen (...) auff den bevorstehenden Pacifications-Congreß nicht gebracht werden mögen«. Konferenzprotokoll der Geheimen Konferenz vom 28. 4. 1728, HHuStaW., Vortr. Stk. K. 27. Auch der Gesandte Königsegg-Erps im Haag erhielt mehrfach die Weisung, gegen die niederländische Einmischung in die ostfriesische Auseinandersetzung zu protestieren, so am 11. 7. 1728, HHuStaW., Stabt.: Holland K. 84.
188   G o s l i n g a , S. 222 f. und 246.

ser Frage einig[189], sah sich jedoch dem wachsenden Druck seiner Alliierten ausgesetzt. Am 9. Juli 1728 verabschiedeten die Generalstaaten nach ausführlicher Beratung eine umfangreiche Resolution in der ostfriesischen Angelegenheit, in der nach einer besorgten Lagebeurteilung — die subdelegierte Kommission und der Fürst von Ostfriesland versuchen mit kaiserlicher Rückendeckung, Emden quasi auszuhungern und die niederländische Garnison zu vertreiben — die Verbündeten aufgefordert wurden, eine gemeinsame Haltung mit den Niederlanden in dieser Sache einzunehmen und mit den kaiserlichen Gesandten in Soissons darüber zu verhandeln. Im einzelnen verlangten sie

— jede weitere Exekution der subdelegierten Kommission in Ostfriesland muß unterbleiben, wenn nicht ernste Weiterungen daraus entstehen sollen;
— der Kaiser soll seine Absichten hinsichtlich der weiteren Behandlung der ostfriesischen Streitigkeit darlegen, damit klar wird, ob weiter Härte und damit die völlige Veränderung der Regierungsform in Ostfriesland oder Milde in der Sache herrschen werde. Nur im letzteren Fall wollten sie bei den »Renitenten« etwas Positives bewirken;
— die Verbündeten dagegen sollen für den Fall, daß der kaiserliche Gesandte hierauf keine bzw. keine befriedigende Antwort erteilt oder womöglich Tätlichkeiten gegen die niederländischen Garnisonen in Emden und Leerort vorkommen, die ostfriesische Angelegenheit gemäß dem Vertrag von Hannover-Herrenhausen zu einem casus foederis erklären und den Generalstaaten, wie vorgesehen, nicht nur ihre Länder und Städte garantieren, sondern auch ihre Rechte, Immunitäten und Privilegien, zu denen unzweifelhaft ihr Besatzungsrecht in Ostfriesland zähle[190].

Der niederländische Kommandant in Emden erhielt gleichzeitig den Befehl, gegen eine eventuelle Belagerung alle nötigen Sicherungsmaßnahmen — Vorbereitung für eine Überschwemmung, Reinigung und Vertiefung der Stadtgräben, Instandsetzung der Wälle, Auffüllung des Munitionsvorrates — zu treffen, im übrigen aber auf Ruhe innerhalb der Stadt zu achten[191].

Gemäß dieser Resolution wurde der niederländische Gesandte in Soissons, Hop, in den folgenden Wochen tätig. Die englischen Gesandten gaben die verlangte Zusicherung, die Beeinträchtigung der niederländischen Interessen in Ostfriesland zu einem casus foederis zu erklären, schnell ab, während Kardinal Fleury zwar »starke Versicherungen« (fortes assûrances) zu ihrer Unterstützung geben wollte, mit der ausdrücklichen Deklaration

189   ebenda, S. 273 f., und W i l s o n , French policy, S 195 ff.
190   StaA., Rep. 4, B I f, 1099, fol. 65 ff.
191   ebenda, fol. 72.

als eines casus foederis entsprechend dem Bündnisvertrag aber zögerte[192]. Sinzendorff, der kaiserliche Gesandte, zog aus dieser partiellen Uneinigkeit seinen Nutzen und zeigte sich in Verhandlungen mit Hop nicht bereit, die ostfriesische Streitigkeit auf dem Kongreß zu behandeln[193]. Er schien sich darin völlig mit Fleury einig zu sein, denn sowohl Sinzendorff wie Hop gingen Ende Juli 1728 davon aus, daß Frankreich sich mit dem Wiener Hof dahin verständigt habe, Angelegenheiten des Reiches, »en particulier celle d' Oostfrise«, nicht in diesem Rahmen zu beraten[194]. Eindringliche Briefe Hops an Kardinal Fleury und seinen Stellvertreter Chavigny führten jedoch wenige Tage später zu einer deutlichen Klarstellung: Zwar habe er, schrieb Fleury, Sinzendorff darin zugestimmt, Reichsangelegenheiten nicht auf dem Kongreß zu behandeln, das betreffe aber keineswegs solche Dinge, die Auswirkungen auf den Westfälischen Frieden, dessen eine Garantiemacht Frankreich war, hätten oder die die Interessen ihrer Verbündeten berührten[195]. Weitere Resolutionen der Generalstaaten folgten, in denen die Bedeutung der Stadt Emden für die Sicherheit der niederländischen Ostflanke hervorgehoben und intensive Verhandlungen der Verbündeten mit den kaiserlichen Gesandten in Soissons beschlossen wurden. Sie drohten offen mit Maßnahmen »zur Defension der Stadt und zu ihrer eigenen Sicherheit«; sie könnten bald gezwungen sein, den »thätlichen Proceduren« der subdelegierten Kommission entgegenzutreten[196]. Derartige Forderungen stellten die Generalstaaten während des ganzen Sommers auch in den häufigen Konferenzen und Unterredungen mit dem kaiserlichen Gesandten im

192   Gesandter Hop an den Griffier Fagel im Haag, ebenda, fol. 87 f.

193   ebenda, fol. 89 f.

194   Sinzendorff an Königsegg-Erps im Haag, 26. 7. 1728, ebenda, fol. 93, und Hop an Fagel, 1. 8. 1728, gedruckt bei D u m o n t , S. 201. Beide Briefe sind ebenfalls gedruckt bei R o u s s e t , Bd. 5, S. 255—260. Beide Werke, insbesondere das letztere, enthalten eine Fülle von wichtigen Dokumenten zur ostfriesischen Streitfrage seit 1721.

195   D u m o n t , S. 202 f., R o u s s e t , Bd. 5, S. 266 ff., StaA., Rep. 4, B I f, 1099, fol. 105. Mit dieser Erklärung bestätigte Fleury im Grunde die Position, die er den Niederlanden gegenüber schon längst vertreten hatte. Bereits Ende Mai 1727 war der französische Botschafter im Haag autorisiert worden, zusammen mit dem englischen Botschafter öffentlich zu erklären, sie könnten zwar die Gewalttätigkeiten der »Renitenten« nicht billigen, wollten sich der Exekution der kaiserlichen Mandate auch nicht widersetzen, könnten aber den »Renitenten« nicht zur Submission unter teilweise ungerechte Dekrete raten. Gemeinsam mit den Generalstaaten sollten sie auf die niederländischen Garantierechte pochen und eine milde und gerechte Überprüfung aller Streitpunkte fordern, weil sonst eine Beilegung der Unruhen nicht zu erwarten sei. Ehe der französische Botschafter damals in diesem Sinne tätig werden konnte, hatten die Generalstaaten bereits, im Vertrauen auf Königsegg-Erps' vage Zusicherungen, die Unterwerfung der »Renitenten« verlangt. Als sich im Winter 1727/28 herausstellte, daß von einer milden Behandlung nicht die Rede sein konnte, schlossen sich die Generalstaaten der französischen Beurteilung an, daß eine neue Paritionsanzeige nur dann abgegeben werden könne, wenn der Kaiser zuvor deutlich gemacht habe, wie er davon Gebrauch machen wolle. Der französische Botschafter wurde angehalten, den Generalstaaten dem Kaiser gegenüber den Rücken zu stärken. So die Instruktion für den neuen Botschafter im Haag, de la Beaune, vom 4. 4. 1728, A n d r é / B o u r e o i s , S. 501—509, bes. S. 505 ff.

196   Resolution vom 7. 8. 1728, StaA., Rep. 4, B I f, 1099, fol. 106—110.

Haag. Solange dieser jedoch von der Übereinstimmung zwischen Fleury und Sinzendorff in der Frage der Behandlung von Reichsangelegenheiten auf dem Kongreß in Soissons ausging, war auf diese Weise keine Änderung der kaiserlichen Haltung den ostfriesischen »Renitenten« gegenüber zu erwarten.

Es blieb in diesen Wochen bei ohnmächtigen Protesten der ostfriesischen Landesherrschaft gegen das Heraufzerren der ostfriesischen Streitigkeit auf die Bühne der europäischen Diplomatie, die diese Proteste noch nicht einmal ernst nahm, sondern allenfalls in Fürst Georg Albrecht eine Marionette des Kaisers sah[197]. Als aber schließlich Fleurys Klarstellung bezüglich Ostfrieslands als eines nach Soissons gehörigen Verhandlungsgegenstandes über die Gesandten in Frankreich und den Niederlanden in Wien bekannt geworden war, ließ der kaiserliche Kongreßgesandte Sinzendorff ein Einlenken erkennen und signalisierte Kompromißbereitschaft, die sich vorerst zwar nur in mündlichen Versicherungen äußerte[198], wenig später aber ihren schriftlichen Niederschlag fand.

6. Kaiserliche Kompromißbereitschaft

6.1. Die Resolution vom 13. September 1728 und ihre Folgen

Die Forderungen der Alliierten von Hannover-Herrenhausen bezüglich Ostfrieslands und Mecklenburgs führten dazu, daß sich die Geheime Konferenz, das eigentliche Entscheidungsorgan der Habsburger Monarchie, in dem in diesen Jahren neben dem Kaiser als ständige Mitglieder nur Prinz Eugen von Savoyen, der Hofkanzler und augenblickliche Chefgesandte in Soissons, Graf Philipp Ludwig von Sinzendorff, und der Hofkammerpräsident Graf Gundacker Thomas von Starhemberg sowie als Protokollführer der Rat und Vertraute Karls VI. Johann Christoph Bartenstein saßen[199],

---

197 So berichtete Königsegg-Erps am 31. 8. 1728 aus dem Haag nach Wien, es seien dort erhebliche Zweifel an den angekündigten friedlichen Intentionen des Kaisers laut geworden: »ein Fürst, dessen Macht so gering ist, (würde) in solchen starken terminis nicht (...) geschrieben haben«, wenn er nicht mit Vorwissen und Billigung des Kaisers handelte. HHuStaW., Stabt.: Holland K. 28. In seinem Protest vom 13. 8. 1728 hatte Fürst Georg Albrecht den Generalstaaten erklärt, er werde sich nicht »zu güttlichen Handlungen zwingen laßen«, StaA., Rep. 4, B I f, 1099, fol. 138 ff. Weitere Proteste des Fürsten beim Kaiser am 10. und bei den Königen von Frankreich und Spanien am 17. 8. 1728, ebenda, fol. 127 f. und 149 ff.

198 Der niederländische Gesandte van Hoey aus Paris an den Griffier Fagel, 13. 8. 1728, ebenda, fol. 191. Schon einige Wochen vorher war Sinzendorff in Soissons instruiert worden, mitzuteilen, »daß des Kaysers idee ohnedem nicht gehet, dem rigor zu insistiren«. Sitzungsprotokoll der Geheimen Konferenz vom 30. 6. 1728, HHuStaW., Vortr. Stk. K. 27.

199 A r n e t h , Bartenstein, S. 137.

mehrfach mit diesen Angelegenheiten befaßte. Am 24. August 1728 faßte die Geheime Konferenz unter Mitwirkung des Reichsvizekanzlers Graf Schönborn und einiger führender Mitglieder des Reichshofrates den Beschluß, mit Rücksicht auf die »dermaligen Weltläufften« in den »Ost-Friesländische(n) Händel(n)« Milde zu zeigen, »so viel es die Gerechtigkeit nur immer zulassen kan«. Es sollte daher den »Renitenten« eine Amnestie und ihre Wiederzulassung zu den Landtagen in Aussicht gestellt werden, wenn sie sich den bisherigen Reichshofratsdekreten und -resolutionen unterwerfen und Schadenersatz leisten würden. Nur von dem Appelle und Rudolph von Rehden als Hauptträdelsführer sowie die Teilnehmer an Totschlägen sollten davon ausgenommen sein, jedoch auch ihnen nach Abschluß der Prozesse gegen sie eine erhebliche Milderung ihrer Strafen zugesichert werden. Die bisherigen Sequestrationen schließlich sollten bis zur Ableistung des Schadenersatzes aufrecht erhalten werden, neue aber der subdelegierten Kommission in einem geheimen Reskript untersagt werden. In seiner Zusammenfassung der Beratungen berührte Prinz Eugen das zentrale Motiv für dieses kaiserliche Einlenken noch einmal: Trotz der Befugnis des Kaisers, seinen Strafanspruch gegenüber den »Renitenten« durchzusetzen, gebiete die Klugheit ein behutsames Vorgehen, weil es »nicht der Mühe werth« wäre, über Ostfriesland einen Krieg anzufangen[200]. Es wird damit deutlich, daß die ostfriesischen Querelen auf der Bühne der europäischen Diplomatie als lästiges Hindernis einer Übereinkunft der Großmächte angesehen wurden, das möglichst schnell aus dem Wege geräumt werden sollte. Obwohl dieses Hindernis einige Jahre auf dem Weg der Großmächte zueinander lag und in dieser Zeit die Diplomaten häufig beschäftigte, darf die Bedeutung der ostfriesischen Auseinandersetzung nicht zu hoch veranschlagt werden: es blieb eine im Prinzip lokale Angelegenheit, die nur wegen spezifischer niederländischer Machtinteressen vorübergehend in Europa bekannt wurde[201].

200 Sitzungsprotokoll der Geheimen Konferenz vom 24. 8. 1728, HHuStaW., Vortr. Stk. K. 27. N a u m a n n , S. 147, sieht die Sachlage falsch, wenn er schreibt: ». . . entschied der Kaiser sofort nach Wunsch Preußens . . .«; Brandenburg-Preußen hatte inhaltlich mit dieser Auseinandersetzung nach 1725 kaum etwas zu tun und hat nie nachdrücklich solche Forderungen erhoben. Es waren allein die Niederlande Motor der Entwicklung.

201 Diese Beurteilung scheint Verfasser zutreffend zu sein, obwohl z. B. D u m o n t , immerhin ein Zeitgenosse, als Supplement zu Bd. 8, Teil 2, seines Corps universel diplomatique auf S. 163—212 eine Reihe der ihm zugänglichen Aktenstücke veröffentlicht hat mit der Begründung: (S. 163) »Les troubles de l'Oostfrise occupent tant les Politiques depuis environ dix ans, que nous avons cru que ce Recueil ne seroit pas complet, si nous n'y ajoutions les principales Pièces de ce famaux Procès, qui a commencé par des Plaintes à Cour Imperiale par le Prince d'un côté et par let Etats du Pais de l'autre«. Es war das Bemühen der europäischen Großmächte in den beiden Jahrzehnten nach dem Spanischen Erbfolgekrieg, Kriegsverhütung und Friedenssicherung mit Hilfe von Kongressen zu betreiben, das bewirkte, daß praktisch jede Streitfrage, die den Keim von Auseinandersetzungen in sich barg oder bergen konnte, zum Gegenstand höchster diplomatischer Kontakte wurde, so auch die ostfriesischen Querelen, vgl. D u c h h a r d t , Gleichgewicht der Kräfte, S. 86—89. Die ostfriesische Angelegenheit bewertet er allerdings falsch, wenn er in ihr nur ein Sukzessionsproblem sieht

Nachdem dieser Beschluß am 27. August den kaiserlichen Gesandten im Haag und Paris bzw. Soissons mitgeteilt worden war[202], wurde er als Reichshofratsresolution vom 13. September 1728 veröffentlicht, wobei ausdrücklich darauf hingewiesen war, daß die kaiserlichen Dekrete nur hinsichtlich der in ihnen enthaltenen Strafen aufgehoben würden, ansonsten aber in Kraft bleiben sollten[203]. Die Genugtuung auf Seiten der Niederlande und ihrer »renitenten« Schützlinge über diese kaiserliche Resolution währte nur kurz; schon bald nach der Veröffentlichung überwog die Skepsis. So verabschiedeten die Generalstaaten am 14. Oktober 1728 eine umfangreiche Resolution[204], in der sie zunächst den Anspruch auf ihre Garantierechte in Ostfriesland bekräftigten und anschließend ihre Kritik an der Wiener Entscheidung formulierten. Die Einwände betrafen die folgenden Punkte:

1. Die Klausel, daß von der Amnestie außer von dem Appelle und Rudolph von Rehden alle diejenigen ausgenommen sein sollten, die an Totschlägen schuldig seien, sei zu vage, weil zu befürchten stehe, daß sämtliche Teilnehmer an den Aktionen, bei denen es Tote gegeben hatte, mit dieser Begründung von der Amnestie ausgenommen werden könnten.

2. Bei der Aufrechterhaltung der Sequestration der davon betroffenen Güter und Herrlichkeiten sowie der Feststellung der Schadenersatzpflicht sei selbstverständlich unterstellt, daß die »Renitenten« allein schuld an der gewaltsamen Auseinandersetzung gewesen seien; die Frage, ob nicht die Landesherrschaft und ihre Regierung Anlaß dazu gewesen seien, sei gar nicht gestellt worden. Da weder die Höhe der Schäden und deren Spezifizierung noch eine Frist für die Regulierung dieser Angelegenheit festgesetzt worden sei, könnten die »Renitenten« sehr lange Zeit bis zu ihrem völligen Ruin belangt werden.

3. Die Voraussetzung für die Amnestie und die Wiederzulassung zu Landtagen sei die völlige Unterwerfung bei der subdelegierten Kommission, deren Parteilichkeit und Voreingenommenheit gegen die Emder und ihre Anhänger jedoch zu bekannt sei, als daß eine faire Behandlung erwartet werden könne.

Sie verlangten daher vom Kaiser in diesen drei Punkten eine Präzisierung

---

(S. 88). Die in der Literatur fast überall weit überschätzte Konkurrenz zwischen Brandenburg-Preußen und Hannover um die Erbfolge in Ostfriesland hat in Wirklichkeit kaum eine Rolle gespielt, erst recht noch nicht in diesen Jahren.

202 HHuStaW., RHR., Den. rec. K. 895. In der Fassung für den niederländischen Gesandten sollten, das war von Bartenstein als »NB« in seinem Protokoll vermerkt, »nicht die Wort (...) wie *die Rebellen*« gebraucht werden. HHuStaW., Vortr. Stk. K. 27.

203 StaA., Rep. 4, C III a, 135.

204 StaA., Rep. 4, B I f, 1093, fol. 336—355, bes. fol. 349 ff.

seiner Resolution und daneben zufriedenstellende Erklärungen zur Sicherheit ihrer Garnisonen in Emden und Leerort, zur gesicherten Tilgung der Deichbaukredite und zur Beibehaltung der ostfriesischen Verfassung und Akkorde. Ohne eine ausreichende Beantwortung dieser Fragen könnten sie den »Renitenten« nicht zur Abgabe einer neuen Paritionserklärung raten. Daß die Befürchtungen der Niederlande nicht grundlos waren, zeigt die im Zusammenwirken mit den fürstlichen Räten von der subdelegierten Kommission vorgenommene Interpretation der hier behandelten kaiserlichen Resolution. Die von der Amnestie ausgenommenen von dem Appelle und Rudolph von Rehden, heißt es da, stünden lediglich als Beispiel für eine größere Anzahl von Rädelsführern; mindestens die vier Emder Bürgermeister, der frühere Syndikus der Stände und die übrigen bekannten Anstifter der Unruhen müßten daher ebenfalls von der Amnestie ausgenommen sein[205].

Als die subdelegierte Kommission am 15. November 1728 ein Patent erließ, das den 28. Dezember als letzten Tag zur Einbringung der verlangten Paritionsanzeigen festsetzte und ankündigte, danach gegen alle, die diese Frist nicht einhielten, mit den in den bisherigen Dekreten und Patenten angedrohten Strafen vorzugehen[206], beschwerte sich die Stadt Emden darüber bei den Generalstaaten, die daraufhin am 2. Dezember ihre bislang noch unbeantwortete Resolution vom 14. Oktober bekräftigten und zusätzlich beschlossen, Emden und den übrigen »Renitenten« nur dann zur bedingungslosen Unterwerfung raten zu wollen, wenn zuvor der Kaiser folgende Versicherung gebe:

1. Die absolute Parition der Emder wird nicht so ausgelegt, als hätten diese damit auf die alten Akkorde, Privilegien und Rechte verzichtet.
2. Die ostfriesische Landesherrschaft darf aus der Submission keine neuen Superioritätsrechte und Jurisdiktionsansprüche über Emden ableiten und insbesondere keine eigenen oder fremden Truppen in die Stadt verlegen.
3. Mit der Paritionsanzeige ist nicht die Unterwerfung unter die verschiedenen Pönaldekrete verbunden, sondern diese werden durch die Amnestie aufgehoben.
4. Die Pflicht zum Schadenersatz wird mit der Abgabe der Submissionserklärung hinfällig, die Sequestration aller Güter und Herrlichkeiten wird aufgehoben, und die Verweigerung der Amnestie wird nicht auf alle Teilnehmer an den Gewaltaktionen des »Appelle-Krieges« ausgedehnt.

---

205 99. gemeinschaftliche Relation der subdelegierten Kommission vom 31. 12. 1728, HHuStaW., RHR., Den. rec. K. 899.
206 StaA., Rep. 4, C III a, 135.

Gemeinsam mit ihren Alliierten, mit denen entsprechend zu verhandeln die niederländischen Unterhändler in Soissons bzw. Paris instruiert wurden, wollten die Generalstaaten die Garantie über die Einhaltung einer solchen Zusicherung übernehmen. Bis zur befriedigenden Klärung aller dieser Probleme sollte der Kaiser die Frist zur Einbringung der Paritionsanzeigen verlängern[207]. Entsprechende Bitten der Stadt Emden[208] und der Generalstaaten[209] bei der subdelegierten Kommission blieben vorerst trotz Einschaltung des neuen kaiserlichen Gesandten im Haag, Graf Wenzel von Sinzendorff[210], Schwiegersohn des Hofkanzlers und augenblicklichen Chefunterhändlers in Soissons, ohne Erfolg. Erst ein Memorial des niederländischen Gesandten in Wien vom 10. Dezember 1728 brachte die verlangte Fristverlängerung; auf ein Gutachten von Reichsvizekanzler Schönborn ging am 21. Dezember ein Reskript an die subdelegierte Kommission — um Zeit zu sparen, auf extrajudizialem Wege, d. h. nicht über die Kommissionshöfe in Dresden und Wolfenbüttel —, es wegen des Fristablaufes »eben so gar genau nicht zu nehmen«. Außerdem sollte die Kommission bis auf weiteres nicht exekutivisch gegen die »Renitenten« vorgehen[211].

In der Zwischenzeit hatten sich England sofort und Frankreich nach einigem Zögern den Vorstellungen der Niederlande angeschlossen[212]; in einem Schreiben vom 11. Dezember verlangte Kardinal Fleury eine präzisierende Klarstellung der beanstandeten Punkte[213]. Nachdem auch Wenzel Sinzendorff in einem besorgten Bericht aus dem Haag ein Eingehen auf die niederländischen Forderungen dringend angeraten hatte[214], entschloß sich die Geheime Konferenz, nachzugeben und Anfang Januar 1729 zu erklären, die niederländischen Garnisonen in Emden und Leerort seien, obwohl ge-

207 StaA., Rep. 4, B I f, 1093, fol. 364—373.
208 StaA., Rep. 4, C III c, 116, fol. 46 f. und 48.
209 StaA., Rep. 4, B I f, 1093, fol. 231 ff. und 237 f.
210 Bericht Sinzendorffs vom 16. 12. 1728, HHuStaW., Stabt.: Holland K. 28.
211 HHuStaW., Rk., Kleinere Reichsstände, Ostfriesland, Nr. 404; am 7. 1. 1729 kam dieses Immediatschreiben in Aurich an, StaA., Rep. 4, C III c, 116, fol. 64.
212 Vgl. G o s l i n g a , S. 307 ff.
213 Die Forderungen Fleurys sind referiert in der Instruktion für den zweiten kaiserlichen Gesandten in Soissons, Baron Fonseca, vom 6. 1. 1729, gedruckt bei D u m o n t , S. 208, bzw. R o u s s e t , Bd. 5, S. 286 ff.
214 Sinzendorff berichtete am 7. 12. 1728 von der jüngsten niederländischen Resolution und fügte hinzu, es sei bereits eine Geheimordre an den Kommandanten Veltmann in Emden ergangen, notfalls mit Gewalt Truppen, die der Stadt zu nahe kommen sollten, zu vertreiben. Die an Ostfriesland grenzenden Provinzen Groningen, Overijssel und Friesland hätten den Generalstaaten nachdrücklich vorgestellt, sie könnten eine Änderung der Regierungsform in Ostfriesland auf keinen Fall dulden. Sollte der Kaiser sich nicht zu einem Entgegenkommen entschließen können, fürchtete Sinzendorff das Schlimmste. Die Stimmung in den Niederlanden sei so, daß die »Staatsmaximen und politique (sc. der Niederlande) nicht zuließen, daß einige Änderung der Regierungsform in Ostfrießland geschehen solte, dann diese der Republic mit der Zeit gefährlicher seyn dürffte, alß wenn es anjetzo, da Sie mit Franckreich und Engelland in so genawen Verbindtnüssen stehen, zu einigen Krieg kommen solte«. HHuStaW., Stabt.: Holland K. 29.

gen die Reichsverfassung verstoßend, jetzt und in Zukunft kein Streitpunkt, die »Renitenten« würden amnestiert, und die Ausnahme betreffe nur diejenigen, die erwiesenermaßen persönlich an Mord und Totschlägen beteiligt gewesen seien. Von dem Appelle und von Rehden würden nach dem Ende des Prozesses gegen sie mit Milde behandelt, die Frist zur Einbringung der Paritionsanzeigen werde verlängert, und die Rückzahlung der Deichbaukredite sei selbstverständlich gesichert. Die Akkorde würden nicht aufgehoben, und die subdelegierte Kommission sei nicht befugt, in diesem Punkte etwas vorzunehmen, sondern dürfe nur die Urteile des Reichshofrates ausführen; Überschreitung ihrer Kompetenzen werde der Kaiser nicht dulden, und im übrigen könnten sich die Stände jederzeit in Wien über die Kommission beschweren[215].

Obwohl die Niederlande mit dieser Erklärung nicht restlos zufrieden waren, insbesondere hinsichtlich der künftigen Regierungsform in Ostfriesland[216], ließen sie sich nach einigen Wochen von Fleury, der offenbar die Grenze der kaiserlichen Nachgiebigkeit erreicht sah und den weiteren Verlauf des Friedenskongresses nicht gefährden wollte[217], überzeugen, daß neue Fortschritte von der baldigen Abgabe einer Paritionserklärung der »Renitenten« abhängig seien. So drängten denn die Niederlande seit Anfang März 1729 ihre Emder Klientele, im Vertrauen auf die kaiserlichen Erklärungen und die Rückendeckung der Generalstaaten eine Submissionsanzeige abzugeben[218].

215 HHuStaW., Vortr. Stk. K. 28, Fasz. XII, fol. 41 ff., gedruckt bei D u m o n t , S. 206—209, und R o u s s e t , Bd. 5, S. 286—302.

216 Sinzendorff berichtete am 4. 2. 1729 aus dem Haag, die Generalstaaten würden wohl darauf beharren, daß die »forma regiminis in Ostfrießland wenigstens in (den) Hauptstücken unverändert bleibe und dasiger Fürst keine Authorität überkomme, worin sich solcher für seiner beym Reichshoffrath angebrachter Klage nicht befunden hat«. HHuStaW., Stabt.: Holland K. 29.

217 In der seit September 1728 andauernden zweiten Phase des Kongresses von Soissons lag ein österreichischer Vorschlag für einen Provisionalvertrag auf dem Tisch, über den Fleury monatelang mit den österreichischen Unterhändlern verhandelte, ohne daß er die Absicht hatte, einen solchen Vertrag tatsächlich abzuschließen. Vielmehr war sein Ziel nach wie vor, Spanien, das seinen Chefdelegierten während des ganzen Winters 1728/29 in Madrid zurückhielt, vom Kaiser zu lösen und in ein Bündnis mit den Alliierten von Hannover-Herrenhausen zu ziehen. An einem vorzeitigen Scheitern des Kongresses war ihm daher nicht gelegen, vgl. W i l s o n , French policy, S. 202 ff. Umgekehrt war sich die österreichische Geheime Konferenz darüber einig, daß es nicht im Interesse des Kaisers liegen könne, wegen der Behandlung der ostfriesischen Querelen und anderer Reichsangelegenheiten in Soissons seine Gesandten abzuziehen und damit den Abbruch des Kongresses herbeizuführen; ein solches Verfahren wäre nach Ansicht der österreichischen Minister nur England entgegengekommen, das aus Sorge um den Bestand des Herrenhäuser Bündnisses ein baldiges Scheitern des Kongresses gerne gesehen hätte. Konferenzprotokoll vom 3. 2. 1729, HHuStaW., Vortr. Stk. K. 29.

218 G o s l i n g a , S. 319 f.

6.2. Die Emder Paritionsanzeige und ihre Annahme

Die lange Auseinandersetzung um die Einreichung einer neuen Paritionserklärung der Stadt Emden und der übrigen »Renitenten« war nicht ohne
Folgen für die inneren Verhältnisse der Stadt geblieben. Einige Mitglieder
des Rates und der Vierziger, die für ihr Immobilvermögen außerhalb der
Stadt fürchteten, hatten sich nach und nach heimlich unterworfen[219] und
waren deshalb aus diesen Gremien verstoßen, d. h. offiziell »abgewählt«
worden[220], obwohl das bei den auf Lebenszeit gewählten Vierzigern eigentlich nicht möglich war. Der reformierte Emder Pastor Eilhard Folkert Harkenroht, Bruder des aus dem »Harkenrohtprozeß« bekannten früheren
Larreiter Predigers, verteidigte diesen Ausschluß öffentlich in einer Predigt, der er das Evangelium vom Schifflein Christi, das die betreffenden
Personen aus Geiz und Habsucht verlassen hätten, zugrunde legte; er rief
dazu auf, den im November 1724 von der ganzen Bürgerschaft auf die
Stadtverfassung abgelegten Eid zu halten und notfalls das Leben für die
Freiheit einzusetzen[221]. Eine derartige öffentliche Propaganda gegen die
Submission bereitete dem Emder Rat im März 1729, als die Generalstaaten
auf eine solche Erklärung drängten, Probleme mit dem einfachen Volk,
das einen so schnellen Wechsel psychologisch nicht verkraftete. Das Drängen der Niederlande und die Abfassung der Paritionsanzeige wurde daher
möglichst mit Stillschweigen behandelt[222].

Die Unterwerfungserklärung wurde am 24. März verabschiedet und beinhaltete kurz und bündig, daß sich Bürgermeister, Rat und Vierziger von
Emden im Namen der Stadt und der dazu gehörigen Herrlichkeiten dem
Patent der subdelegierten Kommission vom 25. November 1728 und der
darin enthaltenen kaiserlichen Resolution vom 13. September unterwerfen,
»und zwar alles auf Art und Weise, wie es in allen Punkten und Clauseln
auch alles ihres Inhalts vorgeschrieben worden[223]«. Diese Erklärung hatten
die Ratsherren und Vierziger unterschrieben; im Tenor gleichlautende Anzeigen hatten auch alle »Renitenten« des dritten Standes bei der subdelegierten Kommission eingereicht[224]. Diese gab die Anzeigen unverzüglich an
Brenneysen weiter mit der Bitte, ein Gutachten dazu anzufertigen. Ohne

219 Die Paritionsanzeigen datieren zwischen August 1727 und Mai 1728, StaA., Rep. 4, C III c, 71.
220 Bericht der Emder Beamten vom 31. 12. 1728, StaA., Rep. 4, C III c, 116, fol. 56 f. Betroffen wa-
     ren die Vierziger Dr. Meinders, Dr. Hermann Rösing und Dr. Pauwo Aeldrich Staels sowie die
     Ratsherren Teelmann und Spree.
221 105. gemeinschaftliche Relation der subdelegierten Kommission vom 3. 2. 1729, HHuStaW.,
     RHR., Den. rec. K. 900; zu dem Eid von 1724 vgl. oben S. 227.
222 Anonymer Bericht aus Emden vom 25. 3. 1729, StaA., Rep. 4, C III c, 71.
223 ebenda; gedruckt ist diese Paritionserklärung an vielen Stellen: W i a r d a , Bd. VII, S. 425; in
     französischer Übersetzung bei D u m o n t , S. 209, und R o u s s e t , Bd. 5, S. 303 ff.
224 Zusammen mit der 114. gemeinschaftlichen Relation vom 16. 4. 1729 schickte die subdelegierte
     Kommission alle Anzeigen nach Wien zum Reichshofrat, HHuStaW., RHR., Den. rec. K. 899.

dieses abzuwarten, verlangte sie aber schon am 25. März von Bürgermeistern, Rat und Vierzigern eine spezifizierte und den Ansprüchen der kaiserlichen Resolution vom 4. Oktober 1727 sowie den darauf fußenden kommissarischen Patenten genügende Paritionserklärung. Selbst eine derartige Anzeige als genügend anzunehmen, erklärte sich die subdelegierte Kommission ohne eine kaiserliche Instruktion außerstande, gleichwohl verwarf sie die ihr eingereichte Fassung. Diese sei viel zu spät abgegeben, weil die in der jüngsten kaiserlichen Resolution gesetzte Frist ihres Wissens nicht prolongiert worden sei — womit sie bewußt die Unwahrheit behauptete —, und außerdem sei sie zu allgemein und erwähne die verschiedenen seit 1721 erlassenen Dekrete und Patente nicht[225]. Der Vorwurf der Parteilichkeit, der wegen dieses Vorgehens gegen die Kommission erhoben wurde, ist in der Tat nicht von der Hand zu weisen[226]. Mit diesen und ähnlichen Argumenten empfahl auch Brenneysen der Kommission die Ablehnung der Emder Paritionsanzeige[227]. Dem Wiener Gesandten Brawe gab er gleichzeitig die Weisung, alles in seiner Macht stehende zu tun, um die Annahme der Submissionserklärungen zu verhindern, weil diese bloß »in Worten« bestünden und darüber hinaus der ostfriesischen Landesherrschaft ihr Strafanspruch nicht streitig gemacht werden dürfe[228].

Weil Emden sich weigerte, dem Verlangen der subdelegierten Kommission nachzukommen, verlagerte sich die Entscheidung über die Emder Paritionsanzeige nach Wien. Hier hatte sich nach Einschätzung des ostfriesischen Gesandten Brawe in diesem Frühjahr eine Kräfteverschiebung zuungunsten des Fürsten ergeben, weil Reichsvizekanzler Graf Schönborn als neuer Erzbischof bzw. Bischof von Mainz, Würzburg und Bamberg für mehrere Monate von Wien abwesend war und das Feld dem Reichshofratspräsidenten Graf Wurmbrand und dem mit diesem übereinstimmenden Hofkanzler Graf Sinzendorff, der von Soissons mittlerweile zurückgekehrt war, überlassen hatte; die »österreichische Partei« dominiere damit über die »Reichspartei«[229]. Entgegen dieser negativen Einschätzung Brawes waren es in der entscheidenden Sitzung der erweiterten Geheimen Konferenz

225 Schreiben an Bürgermeister und Rat von Emden vom 25. 3. 1729, StaA., Rep. 4, C III c, 71.
226 In seinem Bericht vom 8. 4. 1729 aus dem Haag meinte Wenzel Sinzendorff, die Kommission hätte besser getan, die Paritionsanzeige zu akzeptieren und insbesondere die fürstlichen Räte aus der Entscheidung herauszuhalten, weil sie sich damit der Parteilichkeit im höchsten Maße verdächtig gemacht habe. Im übrigen sei die eingereichte Paritionserklärung als völlig ausreichend anzusehen, HHuStaW., Stabt.: Holland K. 29.
227 Gutachten vom 28. 3. 1729, StaA., Rep. 4, C III c, 71.
228 Reskript an Brawe vom 25. 3. 1729, StaA., Rep. 4, A IV c, 254.
229 Bericht Brawes vom 9. 4. 1729, ebenda. Wurmbrand, schrieb Brawe, sei »ein wenig zu geneigt vor einen Vergleich mit den Renitenten« und habe besondere Absichten, »die mit denen dißseitigen nicht eben conform oder avantageux seyn können«. Zum Verhältnis zwischen österreichischen und kaiserlich-oberstrichterlichen Reichsinteressen vgl. im übrigen H u g h e s, Imperial judicial authority, S. 404 f.

am 3. Mai 1729 gerade Wurmbrand und Sinzendorff, die gegen eine Annahme der Paritionserklärung plädierten, weil der eine die Autorität des
Kaisers in Gefahr sah, der andere die Entscheidung des Reichshofrates, der
sich der Beurteilung der subdelegierten Kommission angeschlossen hatte,
verteidigte. Die Mehrheit der Teilnehmer, Prinz Eugen, die Grafen Starhemberg, Colloredo, von Gahlen sowie Sekretär von Glandorff, ließ dagegen die Einwände des Reichshofrates wegen der nicht eingehaltenen Frist
und der zu allgemeinen Formulierung nicht gelten; diese Submission sei im
Gegensatz zu den früheren »simplex und pure« und daher anzunehmen.
Als Konklusum ergab sich schließlich: Der Reichshofrat hat zwar gut beraten, weil jedoch kein Formular für die Paritionsanzeige vorgeschrieben gewesen ist und um bei der jetzigen Lage in Europa alle Schwierigkeiten zu
vermeiden, gebietet es die Klugheit, die Sache nicht bis zum äußersten zu
treiben, sondern die Erklärung als genügend anzunehmen[230]. Die Klugheit,
d. h. im Klartext, wegen des sich zu dieser Zeit schon abzeichnenden Bru-
ches mit Spanien möglichst viele Hindernisse einer Verständigung mit den
Seemächten England und Holland aus dem Wege zu räumen[231]. Eines dieser Hindernisse war mit dieser Entscheidung übersprungen; der Beschluß
der Geheimen Konferenz brauchte nur noch als Reichshofratsresolution
veröffentlicht zu werden, um in Kraft treten zu können.

6.3. Die kaiserliche Resolution vom 12. September 1729

Die am 3. Mai 1729 getroffene Entscheidung über die Annahme der Emder Paritionserklärung — und damit auch der aller übrigen »Renitenten«
des dritten Standes — wurde wenige Tage später, am 11. Mai, dem kaiserlichen Gesandten im Haag mitgeteilt mit der Weisung, den Generalstaaten
davon auf eine Art Kenntnis zu geben, daß es »zur Beruhigung der Republique gereichen« könne[232]. Deren und ihrer Klientele Ruhe und Erleichte-
rung über die endlich angenommene Submissionsanzeige währte jedoch
nicht lange, denn abgesehen von der inoffiziellen Mitteilung Sinzendorffs
kam auf den dafür vorgesehenen Wegen keine solche Nachricht an die Öf-
fentlichkeit. Weder war von einer mit der Annahme der Paritionserklärung
verbundenen Amnestie die Rede, noch änderte sich an der Praxis der subdelegierten Kommission gegenüber den »Renitenten« etwas; weiterhin wurden Untersuchungen angestellt und Urteile exequiert. Heftige Beschwerden
über dieses Verfahren brachten die betroffenen »Renitenten« bei den Generalstaaten an, die sich damit an den kaiserlichen Gesandten wandten.

---

230   Konferenzprotokoll vom 3. 5. 1729, HHuStaW., Vortr. Stk. K. 29.
231   P r i b r a m in seiner Einleitung zum Wiener Vertrag vom 16. 3. 1731, S. 464—491, hier S. 468.
232   HHuStaW., Stabt.: Holland K. 84.

Dieser stimmte den Beschwerden im allgemeinen zu, klagte sehr über das eigenmächtige und parteiische Verhalten der subdelegierten Kommission und schrieb mehrfach mahnende Briefe nach Aurich, ohne etwas zu erreichen[233]. Die Niederlande hegten daher den Verdacht, daß die Kommission geheime Befehle aus Wien habe, die im Gegensatz zu den Erklärungen Sinzendorffs von Mitte Mai stünden; nach mehreren informellen Beschwerden bei Sinzendorff und einem von ihrem Gesandten Hamel Bruininks in Wien eingereichten Promemoria[234] verabschiedeten sie am 20. Juli eine scharfe Resolution, in der sie erklärten, das eigenmächtige Treiben der Kommission und der ostfriesischen Landesherrschaft nicht länger dulden zu können. Der Emder Kommandant Veltmann wurde daher ermächtigt, die vornehmsten fürstlichen Bedienten, derer er habhaft werden könne, festzunehmen, falls trotz dieser Mahnung keine Änderung eintreten sollte[235].

Da auch Kardinal Fleury sich mehrfach gegenüber den kaiserlichen Kongreßgesandten in Soissons über die subdelegierte Kommission beschwert und auf einer Einhaltung der von Hofkanzler Sinzendorff in einem Brief an Fleury vom 11. Juli 1729 noch einmal ausdrücklich bestätigten Amnestieerklärung bestanden hatte[236], schaltete sich, noch ehe die staatische Resolution in Wien bekannt sein konnte, Karl VI. persönlich in die Sache ein. Auf seine mündliche Anordnung mußte Reichshofrat von Glandorff am 24. Juli einen Immediatbefehl an die Kommission in Aurich fertigmachen, bis zum Erhalt weiterer Anweisungen mit jeder Exekution einzuhalten. Eigenhändig erweiterte der Kaiser Glandorffs Konzept um den Satz, daß die Paritionsanzeigen der »Renitenten« angenommen worden seien und daher die angekündigte Amnestie ihre Wirkung haben müsse[237]. Die Geheime Konferenz fand wenige Tage später die Ursache der unveränderten Haltung der subdelegierten Kommission. Das Konklusum vom 3. Mai war nach der Verabschiedung der Reichskanzlei zugestellt worden, die davon dem Kaiser Vortrag halten und Ausfertigungen für die Beteiligten fertig machen sollte. Das war jedoch aus zunächst nicht feststellbaren Gründen unterblieben; durch solche Saumseligkeit der Reichskanzlei, beklagte die Geheime Konferenz mit Recht, werde die Außenpolitik des Kaisers untergraben und unglaubwürdig[238].

233 Berichte Sinzendorffs aus dem Haag vom 5., 8. und 17. 7. 1729, ebenda, K. 29.
234 Promemoria vom 4. 7. 1729, HHuStaW., Rk., Kleinere Reichsstände, Ostfriesland, Nr. 405.
235 StaA., Rep. 4, B I f, 1093, fol. 382 ff.
236 Berichte der beiden Soissonser Gesandten vom 23. 6., 27. 7. und 22. 8. sowie Weisungen und Reskripte an sie vom 11. 7. und 4. 8. 1729 in: H ö f l e r , Congress von Soissons, Bd. 1, S. 14 f., 49 f., 69, 80, 95 f. und 102.
237 HHuStaW., Vortr. Rk. Fasz. 6 c, fol. 398 ff. Am 5. 8. 1729 traf das Schreiben in Aurich ein, StaA., Rep. 4, C III c, 116, fol. 155.
238 Konferenzprotokoll vom 31. 7. 1729, HHuStaW., Vortr. Stk. K. 29.

Mit dieser Erklärung war indessen nur das Wie der Verzögerung festgestellt; über das Warum geben dagegen die Reichshofratsakten Aufschluß. In einem sehr langen (204 Seiten und 200 Seiten Beilagen) »Votum ad Imperatorem« vom 19. Juli 1729[239] wird nach längeren Erörterungen über den bisherigen Verlauf der Streitigkeit als Folge der seit 1721 erlassenen kaiserlichen Dekrete ein Bild geradezu paradiesischer Zustände im Nach-Appelle-Kriegs-Ostfriesland gezeichnet. Fürst und Stände, heißt es da, lebten in Ruhe und Einigkeit, allenthalben herrsche Ordnung im Lande, die Steuern würden nur zu den vorgeschriebenen Zwecken verwendet, die Schulden abgetragen, unnötige und schädliche Ausgaben gebe es nicht mehr, der Eigennutz habe ein Ende, und alles dies sei ausschließlich auf die wohlerwogenen kaiserlichen Dekrete zurückzuführen. Die vielen »liederlichen Einstreuungen« der »Renitenten«, durch diese Dekrete würden »die Landes-Accorden enerviret«, entbehrten dagegen jeglicher Grundlage. Nach dieser schönen Vorbereitung kommt das Votum auf die Emder Paritionsanzeige vom 24. März zu sprechen. Diese sei offenkundig der kaiserlichen Resolution vom 13. September 1728 zuwider; um so verwunderlicher sei es, »daß mann bey Ew. Kayserlichen Mayestät angeregte Emdische Erklährung vor eine rechte und warhaffte Parition auszugeben sich unterstehet«. Die Anzeige bestehe vielmehr in einem bloßen Spiegelfechten und solle nur dazu dienen, durch die dadurch erlangte Amnestie die kaiserlichen Dekrete und die mittlerweile erreichte schöne Ordnung in Ostfriesland wieder umzustoßen. Das Votum endet mit dem Reichshofratsbeschluß:

1. Die Paritionserklärung soll als zu allgemein abgefaßt verworfen und gegen die »Renitenten« gemäß den vorherigen Dekreten verfahren werden.

2. Den »Renitenten« soll eine allerletzte Frist von vier Wochen zur Einbringung einer Paritionsanzeige gewährt werden, deren rigide abgefaßter Text, in dem viel von Strafen und der ausdrücklichen Anerkennung der scharfen Dekrete vom Januar und Juni 1726[240], aber überhaupt nicht von den Akkorden die Rede war, als Anlage beigefügt war.

Der am 3. Mai in der Geheimen Konferenz gefaßte positive Beschluß wird in diesem Votum dagegen mit völligem Stillschweigen übergangen, als habe es ihn nie gegeben. Dieses Votum des Reichshofrates ist umso befremdlicher, als Reichshofratspräsident Wurmbrand selbst an der fraglichen Sitzung teilgenommen hatte und daher die anderslautende Entschei-

---

239 HHuStaW., RHR., Den. rec. K. 907.
240 In diesen Dekreten waren die »Renitenten« zu »öffentliche(n) vorsetzliche(n) beharrliche(n) Rebellen im gantzen Römischen Reich« erklärt und mit dem Verlust aller ihrer »so wol anererbten / als sonsten erlangten Ehren / Würden / Diensten / Freyheiten / auch Leib und Lebens« bestraft worden; vgl. oben S. 275 f.

dung kannte. Die Erklärung hierfür liegt in dem die gesamte kaiserliche Politik bestimmenden Konflikt zwischen Karls VI. Stellung und Aufgabe als Kaiser und oberstem Richter im Reich und seinen Interessen als Herrscher der Habsburger Monarchie. Bei der Annahme der Emder Paritionsanzeige und bei der gesamten Behandlung der ostfriesischen Querelen seit dem Sommer 1728 hatten die Hausmachtinteressen jeweils den Ausschlag gegeben, während der Reichshofrat als das an sich allein für die Prozeßführung zuständige Organ zurückstecken mußte. Daß er es nur mit größtem Widerwillen tat und Mittel fand, die österreichische Politik zu torpedieren, zeigt dieses Votum und die monatelange Verzögerung in der Reichskanzlei. Nicht, daß damit eine ernsthaft zu anderem entschlossene Politik des Wiener Hofes wirklich zu verhindern gewesen wäre — das wird die weitere Behandlung der ostfriesischen Frage zeigen —, aber eine Menge Sand war auf diese Weise ins Getriebe der Politik zu streuen und manche klare Aussage zu verwässern, ein Beispiel, daß eine institutionell relativ festgefügte Verwaltung schon im 18. Jahrhundert ein sehr großes Eigengewicht hatte und nur mit Mühe in neue Bahnen zu lenken war.

Nachdem der Reichshofrat in einem weiteren Gutachten vom 9. August auch jegliche Beschwerde gegen die kaiserlichen Dekrete zu untersagen vorgeschlagen hatte, verfaßte Bartenstein, als Protokollführer der Geheimen Konferenz und als besonderer Vertrauter Karls VI. in einer Schlüsselfunktion tätig, ein »Ohnmaßgebliche Anmerckungen« betiteltes Gegengutachten[241], in dem er sich aufs äußerste über die beiden Reichshofratsvoten wunderte, weil der Reichshofrat sehr gut von der Entscheidung vom 3. Mai wisse. Im übrigen widerspreche der Reichshofrat seinen eigenen früheren Gutachten, in denen die seit 1721 ergangenen Dekrete immer nur als »Provisional-Remedia« gewertet und die »Renitenten« dazu angehalten worden seien, ihre Beschwerden dagegen in Wien und nicht bei den Generalstaaten anzubringen. Bartenstein empfahl daher die Verwerfung beider Gutachten, womit er offenbar Erfolg hatte, denn am 5. September 1729 stellte der Referent in der ostfriesischen Sache, Graf von Stein, ein weiteres Gutachten fertig, in dem es um die mögliche Erlaubnis für die »Reniten-ten« ging, Beschwerden gegen die seit 1721 ergangenen Entscheidungen einzubringen[242]. Nachdem Stein zu Anfang seines Gutachtens diese Möglichkeit klar verneint hatte, weil die Dekrete nur dazu gedient hätten, die in Ostfriesland eingerissenen Mißbräuche zu beseitigen und weil den »Reni-tenten«, die durch ihre Rebellion ohnehin jedes Recht verloren hätten, genügend Gelegenheit zu Einreden gegeben worden sei, wollte er ihnen zum Schluß aus Gnade dennoch erlauben, ihre genau spezifizierten Gravamina

---

241 HHuStaW., Rk., Kleinere Reichsstände, Ostfriesland, Nr. 405. Das Gutachten ist undatiert, stammt aber zweifelsfrei aus dieser Zeit.
242 ebenda.

mit einer vollständigen Begründung und Beweisführung aus den Akkorden binnen zwei Monaten einzubringen. Er forderte dazu aber eine notariell beglaubigte namentliche Liste aller Beschwerdeführer. Nach dem Ende dieser Frist oder bei dem geringsten Ungehorsam der »Renitenten« sollte dagegen die Exekution »ihren völligen Lauf alsofort« wieder nehmen.

Auf dieser Basis erging wenige Tage später, am 12. September 1729, eine neue kaiserliche Resolution[243]. Darin wurde die am 3. Mai beschlossene Annahme der Paritionsanzeigen offiziell bekannt gemacht und von diesem Zeitpunkt an die Wirksamkeit der Amnestie datiert; was danach seitens der subdelegierten Kommission und der Landesherrschaft an Strafen verhängt oder vollstreckt worden war, sollte aufgehoben bzw. rückgängig gemacht werden. Der Stadt Emden und ihren Anhängern wurde eine einmalige Frist von zwei Monaten zur Einbringung ihrer Gravamina gegen die Reichshofratsdekrete und kommissarischen Verordnungen eingeräumt, und die Ausnahmen von der Amnestie wurden, wie in den Erklärungen vom Januar 1729 enthalten, festgelegt — also von dem Appelle und Rudolph von Rehden sowie alle überführten Mörder oder Totschläger. Die grundsätzliche Verpflichtung der »Renitenten« zum Schadenersatz wurde dagegen bestätigt, allerdings mit der Anordnung, daß in dieser Angelegenheit nur weiter untersucht, nicht aber vollstreckt werden dürfe und nach Möglichkeit eine gütliche pauschale Regelung gefunden werden solle. Außerdem wurde der subdelegierten Kommission befohlen, besonders auf die pünktliche Rückzahlung der niederländischen Deichbaukredite zu achten.

Mit dieser Entscheidung waren die »Renitenten« ihrer Rehabilitation ein großes Stück näher gekommen, die Landesherrschaft dagegen begann, um die Früchte ihrer seit 20 Jahren betriebenen Politik zu fürchten. Entsprechend unterschiedlich waren die beiderseitigen Reaktionen. Der Wiener Gesandte Brawe war entsetzt und berichtete, daß alle Reichshofräte, mit denen er gesprochen habe, die Autorschaft an dieser Resolution geleugnet und die Einmischung der Geheimen Konferenz verurteilt hätten[244]. Brenneysen kam in einem Gutachten zu dem Ergebnis, daß »dieses Conclusum (...) überhaupt allen Rechten zu wieder« sei; die Amnestie, wenn sie denn gelten solle, sei nur eine eingeschränkte, da sie nicht ex capite iustitiae, sondern ex capite gratiae erteilt worden sei, woraus sich ergebe, daß der Prozeß nicht in integrum restituiert und die Erlaubnis, Gravamina einzubringen, völlig ungereimt sei[245]. In Emden dagegen herrschte Triumpfstimmung. Am 28. September hielt Pastor Harkenroht dazu eine Predigt, der er Psalm 31, Vers 23 und 24, zugrunde legte:

243 StaA., Rep. 4, C III a, 135.
244 Berichte Brawes vom 17. und 21. 9. 1729, ebenda.
245 »Notanda bey dem Kayserlichen Concluso vom 12. September 1729«, am 30. 9. der subdelegierten Kommission zugeleitet, ebenda.

»Ich sprach in meinem Zagen: ich bin von Deinem Auge
verstoßen; dennoch hörtest du meines Flehens Stimme,
da ich zu dir schrie.
Liebet den Herrn alle seine Heiligen, die Gläubigen
behütet der Herr und vergilt reichlich dem, der
Hochmuth übet«.

Daß mit diesem Vers Fürst Georg Albrecht und sein Kanzler Brenneysen
gemeint waren, lag so klar auf der Hand, daß diese Namen offen gar nicht
mehr genannt zu werden brauchten[246]. Die kaiserliche Entscheidung vom
12. September hatte das ständische Selbstbewußtsein der »Renitenten«
nicht nur bestätigt, sondern eher noch gestärkt; die Gravamina, die sie im
November beim Reichshofrat einreichten, lassen das deutlich erkennen.

6.4. Die Gravamina der Emder und der »gravaminierenden Stände«

Am 10. November 1729 reichten die Emder durch ihren Anwalt Heunisch dem Reichshofrat die in der jüngsten kaiserlichen Resolution zugelassenen Gravamina gegen alle Entscheidungen ein, die seit 1721 in dem Prozeß »Ostfriesland Fürst contra Ostfriesland Landstände in puncto diversorum gravaminum« ergangen waren. In dieser umfangreichen Schrift[247], die
bald darauf auch gedruckt wurde, legten die Emder ein auf die Kernsätze
gestrafftes, aber vollständiges Bild der landständischen Verfassung Ostfrieslands vor, wie sie es aus den Akkorden und der Geschichte herleiteten,
ein Dokument, das aus der überreichen Überlieferung dieser Jahre mit ihrer vielfach barocken Weitschweifigkeit in seiner klaren und knappen Aus-
drucksweise das ungebrochene ständische Selbstbewußtsein der »Renitenten« besonders gut erkennen läßt. Ausgehend von dem Axiom, daß die ostfriesische Verfassung ein besonderes Phänomen sei, wird als grundsätzlicher Mangel an allen Reichshofratsentscheidungen gerügt, daß darin viel
zu oft Bestimmungen der allgemeinen Reichsverfassung unzulässig auf die
völlig andersartigen ostfriesischen Verhältnisse angewandt worden seien.
Daraus folge, daß das ostfriesische Volk, das als Gesamtheit durch die
Stände Teilhaber an der Landesregierung sei, wie ein gewöhnliches Unter-
tanenvolk gewertet und ihm damit die Fähigkeit, die zu solcher Teilhabe
nötigen Rechte zu besitzen und auszuüben, abgesprochen worden sei. Aus
dieser falschen Bewertung ergebe sich selbstverständlich die falsche Gewichtung der Landesherrschaft innerhalb der ostfriesischen Verfassung:
Weil diese über die nach den Landesgrundgesetzen dem Volk zustehenden
Freiheiten keinerlei Befugnis habe, könne diese Befugnis auch nicht durch

---

246   Anonymer Bericht aus Emden vom 30. 9. 1729, ebenda.
247   StaA., Rep. 4, C III a, 184.

404

»Mißbräuche« geschmälert oder zerstört werden, wie die Dekrete vorgeben. In diesen dem Volk zustehenden Bereichen hätten vielmehr allein die Stände als dessen Verkörperung zu entscheiden, ohne daß der Landesherrschaft ein Zensurrecht dabei zustehe. Nicht einmal ein Klagerecht darüber könne der Landesherr in seiner öffentlichen Eigenschaft geltend machen, sondern nur als Privatmann dürfe er vor dem Hofgericht oder den kaiserlichen Gerichten gegen einzelne Maßnahmen der Stände wegen Mißachtung der Landeswohlfahrt klagen. Die gerichtliche Klärung solcher Klagen — auf diese allein seien die Stände zu antworten schuldig — sei noch nicht abgeschlossen, so daß die kaiserlichen Dekrete zahlreiche unzulässige Präjudizien gegen die Stände wegen Ungehorsams enthielten; dies sei besonders ungerecht, weil die ostfriesischen Stände und die Stadt Emden sich in ihren Huldigungseiden ohnehin nur so weit zum Gehorsam verpflichtet hätten, wie es die Akkorde mit sich brächten.

Nach dieser die ständische Herrschaftsauffassung »Alteuropas« sehr typisch charakterisierenden allgemeinen Grundlegung der ostfriesischen Verfassung folgte eine lange Auflistung der den ostfriesischen Ständen im einzelnen zustehenden Rechte, die bei der Befugnis der Stände, notfalls selbst einen Landtag einzuberufen, begann, sich über die Feststellung autochthoner Beratungs- und Beschlußkompetenzen sowie der alleinigen Zuständigkeit in allen Schatzungsangelegenheiten fortsetzte und bei der Erlaubnis für die Stände, untereinander Verbindungen zur Abwehr landesherrlicher Veränderungspläne einzugehen, endete. Die Landesherrschaft, so wird definiert, bestehe aus vielen einzelnen Rechten und Tatbeständen, aus denen jeweils nichts für andere Bereiche abgeleitet werden dürfe; die ursprüngliche Verfassung (prima origo rei publicae et civitatis) sei für das gegenseitige Verhältnis maßgebend, und dem ostfriesischen Volk, das in seiner Gesamtheit keinen Untertanenverband darstelle, sei daher als Teilhaber an der Regierung erlaubt, was Untertanen sonst verboten sei. Am Ende dieser langen Aufzählung stand die Bitte, die implizit in den bisherigen Darlegungen enthaltenen Gravamina abzustellen, nämlich

— die Landeskasse von Aurich nach Emden zurückzuverlegen und die seit 1724 tätigen neuen Administratoren ihres Dienstes zu entheben;
— die Sequestration der Emder Herrlichkeiten aufzuheben;
— die Emder ständische Garnison wieder einzurichten;
— der Stadt Emden die ihr nach den Verträgen von 1723 und 1725 zustehende Beteiligung an der Aufsicht über die Deiche zu gewähren;
— Emden und seine bisher von Landtagen ausgeschlossenen Anhänger zu Landtagen wiederzuzulassen;
— die Einquartierung der dänischen Soldaten auf Kosten der »Renitenten« aufzuheben;

— wegen des Schadenersatzes jegliche Exekution zu untersagen;
— alle Maßnahmen, die der seit dem 3. Mai 1729 gültigen Amnestie zuwiderliefen, aufzuheben und, wichtigste und alles zusammenfassende Forderung,
— alle seit 1721 ergangenen Dekrete und Resolutionen aufzuheben und den Prozeß in den vorigen Stand wiedereinzusetzen (restitutio in integrum), mit anderen Worten, die alte innerostfriesische Machtverteilung wiederherzustellen.

Wenige Tage später, am 14. November, überreichte auch der frühere gesamtständische Anwalt Graeve dem Reichhofrat eine im wesentlichen gleichgeartete Klageschrift[248] im Namen der übrigen »Renitenten«, die sich ab jetzt »gravaminierende Stände« im Gegensatz zu den »gehorsamen« Auricher Ständen nannten. Gerade diese Abgrenzung machte jedoch eine auch nur einigermaßen zügige Behandlung der Gravamina zum Problem, das jahrelang einer Entscheidung im Wege stand. Unter Berufung auf die in dem Gutachten des Grafen von Stein vom 5. September 1729[249] enthaltene Forderung, daß den Beschwerden der »gravaminierenden Stände« eine notariell beglaubigte Liste mit den Namen all derer, die sich dazu bekennen, beigegeben sein müßte, wollten zunächst der Reichshofrat, dann die »gehorsamen« Stände diese Gravamina nicht zur Behandlung bzw. Beantwortung annehmen, weil sie nur von Graeve als Anwalt unterschrieben waren, während sich die außerhalb Emdens wohnenden »Renitenten« des dritten Standes verständlicherweise keine weiteren Pressionen zuziehen wollten, die sie von Seiten der Landesherrschaft gewiß zu erwarten gehabt hätten, wenn sie mit ihrer Unterschrift sich offen zu ihrer »Renitenz« bekannt hätten. So erhitzte der Streit darüber, ob Fabricius, der Anwalt der »Gehorsamen«, oder Graeve, der Anwalt der »Gravaminierenden«, die »richtigen« Stände vertrete oder nicht vielmehr »den gemeinen ständischen Namen mißbrauche«[250], jahrelang die Gemüter und machte das Dickicht, aus dem der seit fast zehn Jahren geführte Prozeß bestand, nur noch unentwirrbarer. Es war allerdings nicht dieser prozeßinterne Streit, der die weitere Entwicklung der ostfriesischen Querelen bestimmte, sondern die im Spätherbst eingetretene Veränderung der europäischen Kräfteverhältnisse.

---

248 StaA., Rep. 4, C III a, 159.
249 HHuStaW., Rk., Kleinere Reichsstände, Ostfriesland, Nr. 405; vgl. oben S. 402 f.
250 Diese Forderungen sind seitens der »gravaminierenden Stände« u. a. enthalten in der Eingabe vom 4. 12. 1730, StaA., Rep. 4, C III a, 159, seitens der »gehorsamen« Stände in fast allen Eingaben, die nach dem 12. 9. 1729 datieren, Rep. 4, C III a, 163.

7. Druck der Alliierten: Der Vertrag von Sevilla vom 9. November 1729

Die seit 1725 Europa in zwei Lager spaltende Mächtekonstellation war im Laufe der letzten Monate auf Seiten des Wiener Bündnisses immer lockerer geworden. So sehr der plötzliche Abschluß des Vertrages zwischen dem Kaiser und Spanien vom 1. Mai 1725 die übrigen Mächte überrascht und beunruhigt hatte, so deutlich waren zuletzt die Differenzen zwischen den beiden beteiligten Staaten geworden. Die von der spanischen Königin Elisabeth Farnese eifrig angestrebte Ehe zwischen der habsburgischen Erbtochter Maria Theresia und einem spanischen Infanten war am Widerstand des Kaisers gescheitert.gleichfalls an seinem Widerstand war die Forderung Spaniens nach militärischer Präsenz in den italienischen Herzogtümern Toskana, Parma und Piacenza gescheitert, mit der die dem Infanten Don Carlos in der Quadrupelallianz von 1718 zugestandene Erbfolge in diesen Territorien gesichert werden sollte. Auf der anderen Seite tat Kardinal Fleury alles, um die Gegensätze zwischen Spanien und England wegen Gibraltar und der Österreich gewährten Handelsprivilegien abzumildern. So war im Sommer 1729 der Weg frei zu geheimen Verhandlungen zwischen den Herrenhäuser Alliierten und Spanien, die in Sevilla, der Sommerresidenz des spanischen Königspaares, stattfanden, während in Soissons der unergiebige Routinebetrieb des Kongresses weiterging[251]. Am 9. November 1729 einigten sich Frankreich, England und Spanien im Vertrag von Sevilla auf einen Ausgleich ihrer Interessen[252]; Spanien wurde die geforderte Besatzung in den italienischen Herzogtümern zugestanden, das dafür die englischen Handelsprivilegien in den spanischen Kolonien, wie sie vor 1725 bestanden hatten, sicherte, also die zuletzt dem Kaiser gewährten Privilegien wieder aufhob. Der Streitpunkt Gibraltar blieb unerwähnt. In Artikel 14 wurden die Niederlande, die sich noch nicht zu einer Entscheidung hatten durchringen können, aufgefordert, dem Vertrag beizutreten. Wenig später, am 21. November, schlossen sich auch diese dem Vertrag an und ließen sich in der Beitrittsakte von den anderen drei Mächten ihre Interessen und Rechte im Welt- und Seehandel, gegenüber der kaiserlichen Handelskompanie von Ostende und in den ostfriesischen Angelegenheiten garantieren und bestätigen[253].

---

251 W i l s o n , French policy, S. 206 ff. Zur Vorgeschichte vgl. M i c h a e l , Englische Geschichte, Bd. 4, S. 376 ff., und A u e r , S. 65 f. Von welcher Seite dabei die entscheidende Initiative ausging, ist ungeklärt.

252 Druck: D u m o n t , S. 158—160; R o u s s e t , Bd. 5, S. I—XII; L a m b e r t y , Bd. 10, Anhang, S. 189—194.

253 D u m o n t , S. 160 f.; R o u s s e t , Bd. 5, S. XLI; L a m b e r t y , Bd. 10, Anhang, S. 195: »Sa Majesté Britannique et Sa Majesté Très Chrétienne confirment et renouvellent en consideration de Leurs Hautes Puissances tous les engagemens où elles sont entrées ciderant pour procurer à leur République une entiere satisfaction, tant par raport à l'abolition de la Navigation et Commerce de la Compagnie d'Ostende aux Indes, que touchant les affaires d'Oostfrise; et Sa Majesté Catholique

Mit dieser ausdrücklichen Aufnahme der ostfriesischen Querelen in einen Staatsvertrag der europäischen Großmächte zogen die Niederlande die Konsequenzen aus ihren bisher nicht gerade positiven Erfahrungen, die sie mit den kaiserlichen Erklärungen zu diesem Problem gemacht hatten. Obwohl sie an sich mit der Resolution vom 12. September 1729 durchaus zufrieden gewesen waren, hatten sie sich in ihrem Mißtrauen gestärkt gefunden, als kurz darauf die subdelegierte Kommission neue Anordnungen wegen des Schadenersatzes herausgab, die den »Renitenten« und ihrem Schutzpatron überhart vorkamen[254]. Klagen über die Parteilichkeit der Kommission häuften sich in den nächsten Wochen[255], und vollends deren Behauptung, das kaiserliche Konklusum vom 12. September noch gar nicht zugestellt bekommen zu haben[256], erschütterte die Glaubwürdigkeit der kaiserlichen Politik bezüglich Ostfrieslands, ein Beispiel, wie interne Konkurrenz am Wiener Hof zwischen der »österreichischen« und der »Reichspartei« sich in der europäischen Politik hemmend auswirken konnte[257]. Trotz der Bemühungen der Geheimen Konferenz, das Mißtrauen der Niederlande in die Ernsthaftigkeit der Ostfriesland betreffenden Erklärungen des Kaisers zu zerstreuen[258], entschieden sich diese jetzt gemeinsam mit ihren Alliierten für Druck, um ihre Interessen durchzusetzen.

Die Empörung auf der anderen Seite über diesen nur für Eingeweihte nicht völlig überraschenden Vertrag[259] und die damit verbundene Isolierung des Kaisers war groß. Graf Starhemberg nannte der Verhalten der vier Mächte »offenbar ohnbillig, unartig und unverschämt« und tadelte gemeinsam mit Hofkanzler Sinzendorff besonders das Verhalten der Generalstaaten, die es von Anfang an nur darauf abgesehen gehabt hätten, den Kaiser zu hintergehen[260]. Wenzel Sinzendorff im Haag erhielt mehrmals Weisungen, gegen die Einbeziehung Ostfrieslands in den Vertrag von Sevilla zu protestieren und klarzumachen, daß der Kaiser nicht dulden werde, wenn seinem oberstrichterlichen Amt durch die Garantie fremder Mächte

s'oblige de la même maniere, et par la même consideration, d'entrer dans les mêmes engagemens, aussi-tôt qu'ils lui auront été communiquez; ce que Les Etats Généraux promettent de faire dans trois Mois, à compter du jour de la Signature, ou plutôt si faire se peut«.

254 Resolution der Generalstaaten vom 19. 9. 1729, StaA., Rep. 4, B I f, 1093, fol. 464 ff., in der sie ihre Besorgnis ausdrückten, unter dem Deckmantel des Schadenersatzes versuche die subdelegierte Kommission weiterhin, die »Renitenten« wirtschaftlich zu Grunde zu richten und damit die verliehene Amnestie zu unterlaufen.

255 Berichte Sinzendorfs aus dem Haag vom 27. 9., 30. 10. und 8. 11. 1729, HHuStaW., Stabt.: Holland K. 29.

256 Bericht vom 6. 12. 1729, ebenda.

257 Vgl. auch A u e r , S. 93.

258 Noch am 15. 11. 1729 hatte die Geheime Konferenz entschieden, die subdelegierte Kommission müsse zu mehr Gehorsam angehalten werden, um die Glaubwürdigkeit Wiens nicht zu gefährden, HHuStaW., Vortr. Stk. K. 30.

259 A u e r , S. 66.

260 Sitzungsprotokoll der Geheimen Konferenz vom 20. 12. 1729, HHuStaW., Vortr. Stk. K. 30.

Eintrag geschehe[261]. Der ostfriesische Gesandte in Wien, Brawe, hatte, noch ehe der Beitritt der Niederlande zum Vertrag von Sevilla bekannt geworden war, prophezeit, eine solche Aktion könne der ostfriesischen Landesherrschaft nur nützen, weil dadurch die Bereitschaft des Kaisers, den Generalstaaten entgegenzukommen, sinken werde[262]. Diese Vorhersage erwies sich als richtig: In dem monatelang gestörten Verhältnis des Kaisers zu den Seemächten gewann bezüglich des ostfriesischen Prozesses die »Reichspartei« an Handlungsfreiheit und konnte im folgenden Jahr eine von ihr bestimmte neue Resolution durchsetzen, die einen erheblichen Rückschritt zum Nachteil der »Renitenten« darstellte.

8. Antwort des Kaisers: Die Resolution vom 31. August 1730

Die Lage in Europa hatte sich mit dem Abschluß des Vertrages von Sevilla wieder verschärft, weil darin dem Kaiser wegen der Landung spanischer Truppen in den italienischen Herzogtümern ein Ultimatum bis zum 9. Mai 1730 gesetzt war und weil wegen heftiger Spannungen zwischen Hannover und Brandenburg-Preußen gerade in dieser Zeit die Gefahr bestand, daß beide Bündnisse in einen großen Krieg gegeneinander geraten konnten[263]. Weil die italienischen Herzogtümer Reichslehen waren und der Reichstag 1722 einer Regelung zugestimmt hatte, die die militärische Festsetzung Spaniens dort verbot, beschloß die Wiener Regierung, wegen dieses Eingriffes in die Reichsverfassung das Reich einzuschalten und in einem Kommissionsdekret vom Reichstag militärische und politische Unterstützung zu verlangen; in dem Dekret, das einen »standhafft recht teutsch gesinnte(n) allgemeine(n) Schluß des Reiches« als das beste Mittel bezeichnete, solche Forderungen abzuwehren, war auch ein Protest gegen die Einmischung der sevillanischen Alliierten in innere Reichsangelegenheiten wie die ostfriesischen Querelen enthalten[264]. Obwohl damit nicht beabsichtigt war, den Reichstag tatsächlich in die ostfriesische Angelegenheit einzuschalten oder ihn gar an weiteren Entscheidungen zu beteiligen — ein im Sommer 1730 von Fürst Georg Albrecht zur Reichsdiktatur[265] beim Reichstag eingereich-

---

261 Weisungen vom 28. 12. 1729 und 29. 3. 1730, HHuStaW., Stabt.: Holland K. 84.
262 Bericht Brawes vom 14. 12. 1729, StaA., Rep. 4, A IV c, 254.
263 Ursache waren gegenseitige Grenzübergriffe und das Werben bzw. Pressen hannoverscher Untertanen für die brandenburg-preußische Armee, wogegen Hannover sich durch die Verhaftung eines Kommandos brandenburg-preußischer Soldaten zur Wehr gesetzt hatte. In dem dadurch drohenden Krieg hätte England, dessen König gleichzeitig Kurfürst von Hannover war, nicht unbeteiligt bleiben können, und damit wären auch seine Alliierten Frankreich und die Niederlande in die Sache hineingezogen worden, während auf der anderen Seite der Kaiser und seine Anhänger für Brandenburg-Preußen hätten eintreten müssen. Langwierige Verhandlungen in Braunschweig legten den Konflikt schließlich bei, vgl. M i c h a e l , Englische Geschichte, Bd. 4, S. 369 ff.
264 Druck des Dekrets bei L ü n i g , Bd. 1, Sp. 209—213; im übrigen vgl. A u e r , S. 68 ff.

ter Protest wurde völlig verwässert[266] —, zeigte dieses Kommissionsdekret, daß in Wien im Augenblick Härte gegenüber den Alliierten demonstriert werden sollte, um sich als nicht erpreßbar zu erweisen[267]. Wenn Reichsvizekanzler Schönborn auch beklagte, »daß man (...) bey gegenwärtigen Conjuncturen und Umständen nicht so, wie man gerne wolte, zur Execution (sc. der ostfriesischen Dekrete) schreiten könnte[268]«, so hatte die »Reichspartei« doch Handlungsspielraum genug gewonnen, um »den Ausschweiffungen[269]« der »Renitenten« sehr weit entgegenzutreten.

Die Reichshofratsvoten und -gutachten vom Frühjahr 1730 spiegeln die veränderte Lage deutlich wider. In einem undatierten Protokoll des Reichshofrats von Glandorff[270] von einer Konferenz, an der neben dem Reichsvizekanzler Reichshofratspräsident Wurmbrand und die Reichshofräte Stein und Hartig als Referenten bzw. Korreferenten in dem ostfriesischen Prozeß teilgenommen hatten, ist deutliche Kritik an der Entscheidung der Geheimen Konferenz vom 3. Mai 1729 enthalten. Die subdelegierte Kommission hätte die Emder Paritionsanzeige zu Recht als zu allgemein und nicht fristgerecht eingereicht verworfen. Mittlerweile habe sich gezeigt, daß die Annahme der Submissionserklärung und die damit verbundene Amnestie nicht den Effekt gehabt habe, den die Befürworter davon erwartet hätten, im Gegenteil, neue Unruhen in Ostfriesland seien zu befürchten, vereinzelt sogar schon vorgekommen. Es komme daher darauf an, genau festzulegen, was als Folge der Amnestie zu verstehen und den »Renitenten« damit zuzugestehen sei. In einem Gutachten vom 3. März 1730 wurde dieses Problem hinsichtlich der Wiederzulassung der Stadt Emden zu Landtagen behandelt[271]. Pro wird darin gesetzt, daß die Wiederzulassung in der Amnestie versprochen und also eingehalten werden müsse. Dagegen spreche: bei einem Zusammentreffen der »Renitenten« mit den fürstlichen Räten und den »Gehorsamen« auf Landtagen sei zu besorgen, daß »wegen annoch

265   Reichsdiktatur: »Dictatura publica, werden zu Regensburg die öffentlich dictirte und niedergeschriebene Reichs-Angelegenheiten genennet, welche hernach durch den Chur-Mayntzischen Directorial-Ministre denen Herren Gesandten, durch den so genannten Raths-Ansage-Zeddel communiciret, und dieselbe darüber zu deliberiren, invitiret werden«. Z e d l e r , Großes vollständiges Universal-Lexicon aller Wissenschaften und Künste, Bd. 7, Halle und Leipzig 1734, Sp. 799.

266   Fürst Georg Albrechts Protest gegen die Einbeziehung Ostfrieslands in den Vertrag von Sevilla wurde im Laufe mehrerer Wochen so weit geändert, daß nur noch eine Beschwerde über den Rekurs der Emder ad exteros übrigblieb. Diese Verwässerung hatte der kurmainzische Direktorialgesandte durchgesetzt, und obwohl er zu Beginn der ganzen Aktion mit 50—100 Dukaten bestochen worden war, lehnte er die Annahme zur Reichsdiktatur auch weiterhin ab; Fürst Georg Albrecht mußte sich damit begnügen, daß seine Beschwerde offiziell zu den Reichstagsakten genommen wurde, ein völlig nichtssagender Akt, StaA., Rep. 4, B I f, 943, fol. 110, 209 f. und 420.

267   A u e r , S. 68.

268   Bericht des Wiener Gesandten Brawe vom 8. 3. 1730, StaA., Rep. 4, A IV c, 268.

269   ebenda.

270   HHuStaW., Rk., Kleinere Reichsstände, Ostfriesland, Nr. 405.

271   ebenda.

verbitterten Gemüthern« und »dieser Leuthen angeborenen Hitzigkeit« sehr leicht Zank und Streit, womöglich Schlägereien und Blutvergießen, »mithin die vorige(n) Unordnungen« von neuem entstehen könnten. Es wäre daher an sich wünschenswert, dieses Thema bis zur endgültigen Entscheidung des Gesamtprozesses auszusetzen. Um die skizzierten Gefahren ohne Verstoß gegen die Amnestie und die mit ihr verbundenen Wirkungen dennoch zu unterbinden, dürfte die Stadt Emden nur unter der Bedingung zum Landtag wiederzugelassen werden, daß sie 1. ihre schuldige Quote zu den Landeslasten bezahle und 2. jeder ihrer Deputierten einen eidlichen Revers abgebe, in dem er sich bei Strafe des Ausschlusses zu einem ruhigen und friedlichen Verhalten auf Landtagen verpflichtet. Solche Vorschläge zeigen mehr als deutlich, daß es dem Reichshofrat darum ging, die von der Geheimen Konferenz getroffene Entscheidung weitgehend zu revidieren; die Emder Quote zu den Landeslasten war zu sehr umstritten, als daß eine Erfüllung dieser Bedingung in absehbarer Zeit zu erwarten stand[272], und daß ein so weitgehender eidlicher Revers, wie er hier gefordert wurde, auch nur von einem Emder Deputierten unterschrieben werden würde, war kaum anzunehmen, weil er einen Freibrief für die Landesherrschaft bedeutet hätte, bei der geringsten Meinungsverschiedenheit unliebsame Deputierte vom Landtag auszuschließen.

In das am selben Tage verabschiedete Votum ad Imperatorem[273] wurden diese Vorschläge mit aufgenommen und als oberster Grundsatz für das weitere Verfahren die Forderung nach striktem Gehorsam der »Renitenten« gegenüber allen kaiserlichen Dekreten und Anordnungen der subdelegierten kaiserlichen Kommission gestellt, und zwar so lange, bis der neu anzufangende Prozeß über die Gravamina der »Renitenten« entschieden sei, was vermutlich eine sehr lange Zeit in Anspruch nehmen werde. In diesen scheinbar harmlosen Passagen steckte in Wahrheit der entscheidende Zündstoff und das Mittel des Reichshofrates, jede kaiserliche Entscheidung zugunsten der »Renitenten« zu unterlaufen. Da jede der beiden Ständeparteien für sich in Anspruch nahm, die wirklichen und einzigen Stände Ostfrieslands zu sein, die jeweilige Gegenseite dagegen nur deren Namen mißbrauche, konnte ein Prozeß über die Gravamina erst in dem Augenblick beginnen, in dem eine der beiden Seiten nachgab und die andere als Verhandlungspartner bzw. Prozeßgegner akzeptierte. Das aber war nach

<hr />

272 Die subdelegierte Kommission, die Landesherrschaft und die »Gehorsamen« gingen von der 6. Quote aus, die Emder von den 1723 ausgehandelten 1100 fl. pro einfache Kapitalschatzung. Im November 1730 war bereits ein von 1725 an berechneter Rückstand von 276.250 fl. aus der Schatzung und von 107.783 fl. aus der Akzise aufgelaufen, StaA.,Dep. 1, 1465, fol. 221 f., den die subdelegierte Kommission vor der Wiederzulassung Emdens zu Landtagen zu bezahlen forderte, Rep. 4, C III c, 118, fol. 221 ff. Je weiter die Zeit fortschritt, um so unerfüllbarer mußte daher diese Bedingung werden.

273 HHuStaW., RHR., Den. rec. K. 907.

Lage der Dinge vorerst nicht zu erwarten, so daß bis dahin allen Entscheidungen seit 1721 nachgelebt werden mußte. Da in diesem neuen Prozeß außerdem der gesamte Streit noch einmal aufgerollt werden mußte, um über die Gravamina gegen die kaiserlichen Dekrete entscheiden zu können, war eine mögliche Wiederherstellung der alten Verfassungsverhältnisse in Ostfriesland auf unabsehbare Zeit hinausgeschoben; die »Renitenten« waren bis dahin aber dem Zugriff der Landesherrschaft ausgesetzt und schließlich vielleicht gar nicht mehr in der Lage, die Früchte eines späten Sieges noch auszukosten.

Ein vermutlich von Bartenstein stammendes Gegengutachten von Juli 1730[274] erkannte die Absichten des Reichshofrates sehr schnell. Hart wird dieser darin angegriffen und gemeinsam mit der subdelegierten Kommission grober Parteilichkeit beschuldigt. Das Votum vom 3. März führe dazu, die Wirkungen der Amnestie zu blockieren, ohne diese selbst aufheben zu müssen. Anhand einer Reihe von Beispielen rügte der Verfasser das Zusammenspiel von Reichshofrat und subdelegierter Kommission, um als Ergebnis zu fordern, letztere in ihren Aktivitäten einzuschränken und nach Möglichkeit zu ersetzen, weiterhin mit Behutsamkeit auf dem Mittelweg zu verfahren, um die Querelen zur Ruhe kommen zu lassen, und vor allem die Resolution vom 12. September 1729 in allen Stücken und ohne Einschränkung zu bekräftigen. Wäre dieser Resolution von Anfang an nachgelebt worden, wäre Ostfriesland wahrscheinlich kein Gegenstand des Vertrages von Sevilla geworden. Obwohl diese zutreffende Beurteilung allem Anschein nach die Zustimmung der Geheimen Konferenz fand[275], wurde am 31. August 1730 eine Resolution erlassen, die ganz im Sinne des Reichshofrates ausfiel.

Darin[276] wurde zwar die Resolution vom 12. September 1729 bestätigt, die Art, wie sie zu verstehen sei, aber sehr einengend vorgeschrieben. Im einzelnen wurde festgelegt, daß nur die poenae loco ergangenen Entscheidungen durch die Amnestie aufgehoben seien, nicht aber alle übrigen, die zur Abstellung von Mißbräuchen und zur Einführung einer besseren Ordnung im Lande gedient hätten. Der Stadt Emden und ihren Anhängern wurde strikter Gehorsam befohlen, wie es die Paritionserklärung mit sich bringe; sie sollten ruhig auf das Endurteil warten, den verbotenen recurs ad

---

274 HHuStaW., Rk., Kleinere Reichsstände, Ostfriesland, Nr. 405. Dieses Gutachten ist nicht datiert und unterschrieben, aus der Bemerkung, daß seit der Übergabe der Emder Gravamina am 10. 11. 1729 über acht Monate vergangen seien, läßt es sich jedoch in den Juli 1730 einordnen.

275 Das Konferenzprotokoll vermerkt unter dem 15. 6. 1730: »Wegen Ostfriesland und Mecklenburg von dem principio nicht ablaßen. Ostfriesisches Werck zum end (bringen), umb die puncta scandali aus dem Weeg zu räumen«. Und im Conclusum noch einmal: »Mit Ostfriesland suchen ein end zu machen«, was, wie alle Beteiligten wissen mußten, mit der harten Reichshofratslinie nicht möglich war, HHuStaW., Vortr. Stk. K. 31.

276 StaA., Rep. 4, C III a, 136.

exteros unterlassen, ihren Anteil zu den Landeslasten beitragen und diejenigen Ratsherren und Vierziger, die wegen ihrer frühen Submission ihrer Ämter entsetzt worden waren, rehabilitieren, sonst könne es keine Amnestie geben. Ihre Gravamina sollten sie der Landesherrschaft und den »gehorsamen« Ständen zur Beantwortung übergeben, und zwar getrennt in solche, die nur die Emder Rechte beträfen, und in solche, die die Stände insgesamt angingen. Die beiden streitenden Reichhofsratsagenten Graeve und Fabricius sollten jeder eine Vollmacht ihrer Mandanten einreichen, wobei von Fabricius, dem Anwalt der »Gehorsamen«, lediglich eine von den Administratoren ausgestellte verlangt wurde, während Graeve, dem im übrigen verboten wurde, sich als ständischer Anwalt zu bezeichnen, eine von allen seinen Mandanten unterschriebene Vollmacht beibringen sollte. Die Wiederzulassung der Emder und ihrer Anhänger zu Landtagen wurde von den oben behandelten Bedingungen abhängig gemacht und darüber hinaus eine Reihe von kleineren Streitpunkten entschieden, die sich im Laufe des letzten Jahres ergeben hatten. So wurde den Ständen eingeschärft, genügend Schatzungen zu bewilligen, der kaiserlichen Salvegarde erlaubt, in bestimmten Fällen auf Ersuchen des Administratorenkollegiums Urteile des Hofgerichts gegen die Landesherrschaft durchzusetzen[277], Rudolph von Rehden und der brandenburg-preußische Salzfaktor in Norden, Ufke Behrends Schmid, der Amnestie teilhaftig erklärt, während von dem Appelle unter denselben Bedingungen wie vorher davon ausgenommen blieb. Addo ter Borg und Leo van Wingene, die wegen ihres Eintretens für eine Zulassung Emdens zum Landtag im Herbst 1729 von der subdelegierten Kommission gerichtlich verfolgt worden waren, wurden freigesprochen bzw. zur Anerkennung der Autorität der Kommission angehalten. Das Verfahren schließlich, das die subdelegierte Kommission gegen Habbo von Westendorf eingeleitet hatte, weil er den Vollzug des Landtagsschlusses von 1725, der Emdens Rolle in der Deichaufsicht festlegte, gefordert hatte, wurde eingestellt. Einer schnellen Beilegung der ostfriesischen Streitigkeiten und einer baldigen Wiedereinsetzung der »Renitenten« in ihre ständischen Rechte war mit dieser Resolution ein großes Hindernis in den Weg gelegt. Änderung konnte nur von einer Entkrampfung der europäischen Mächtekonstellation kommen.

277 Siehe oben S. 371 f.

9. Internationale Entspannung: Der Kampf Kaiser Karls VI. um die Anerkennung der Pragmatischen Sanktion

9.1. Der Wiener Vertrag zwischen Österreich und England vom 16. März 1731

Für die von den Alliierten im Vertrag von Sevilla geforderte Stationierung spanischer Truppen in Parma, Piacenza und Toskana war ein längstens bis zum 9. Mai 1730 befristetes Ultimatum an Karl VI. gestellt worden. Auf dieses Ultimatum einzugehen, weigerte sich die Wiener Regierung von Anfang an, wobei sie sich nicht nur von grundsätzlichen sicherheitspolitischen Erwägungen leiten ließ, sondern sich auch auf die Reichsverfassung berufen konnte. Ohne einen großen Krieg konnten die sevillanischen Bündnispartner ihr Ziel also nicht durchsetzen. Während England hierzu durchaus geneigt war, blockte Frankreich alle derartigen Forderungen unter Berufung auf Art. 6 des Vertrages von Sevilla, der eine vertragliche Neuregelung des europäischen Gleichgewichts vor dem Beginn eines solchen Krieges vorsah, ab[278]. Mit dem Rücktritt des bisherigen englischen Staatssekretärs für Auswärtige Angelegenheiten, Lord Townshend, im Frühjahr 1730 hatten sich innerhalb der englischen Regierung die Gewichte zugunsten der Bereitschaft, mit Österreich auf friedlichem Wege zu einer Einigung zu gelangen, verschoben[279], so daß angesichts der Weigerung Frankreichs, energisch für die Ziele des Vertrages von Sevilla einzutreten, im Sommer 1730 bereits geheime Verhandlungen zwischen London und Wien beginnen konnten. Neben der Stationierung der spanischen Truppen in Italien forderte England die endgültige Aufhebung der Kompanie von Ostende, dazu eine Einigung in den Streitigkeiten, die Georg II. als Kurfürst von Hannover mit dem Kaiser hatte[280]; als Gegenleistung bot London die Anerkennung der Pragmatischen Sanktion an, die der habsburgischen Erbtochter Maria Theresia das väterliche Erbe vollständig sichern sollte. Nach anfänglich stockendem Verlauf kamen die Verhandlungen, die der englische Gesandte Robinson in Wien führte, im Januar 1731 in Fluß und gelangten am 16. März mit der Unterzeichnung des sog. »Zweiten Wiener Vertrages«[281] zum Abschluß[282]. Karl VI. gestattete darin die Stationierung

---

278 W i l s o n , French policy, S. 217 f.
279 ebenda, S. 219 f., und M i c h a e l , Englische Geschichte, Bd.4, S. 380 f.
280 Hierbei ging es im wesentlichen um den endgültigen Anfall Bremens, Verdens und des Landes Hadeln an Hannover.
281 Der erste Wiener Vertrag war der zwischen Österreich und Spanien vom 1. 5. 1725.
282 Die Verhandlungen sind ausführlich dargestellt bei B r a u b a c h , Prinz Eugen, Bd. 4, S. 335—350. Außerdem W i l s o n , French policy, S. 221 ff., A u e r , S. 90 f., und M i c h a e l , Englische Geschichte, Bd. 4, S. 382 ff.

spanischer Truppen in Italien und hob die Kompanie von Ostende endgültig auf, während England die Pragmatische Sanktion mit der Auflage aner-
kannte, daß Maria Theresia keinen bourbonischen Prinzen heiraten dürfe.
Diese Anerkennung leistete Georg II. auch in seiner Eigenschaft als Reichs-
fürst und versprach darüber hinaus, beim Reichstag auf eine ebensolche
Entscheidung hinzuwirken[283].

Da beide Vertragspartner von Anfang an beabsichtigten, die Niederlande an diesem Vertrag zu beteiligen, kamen auch die ostfriesischen Querelen
zur Sprache. Im Namen der Niederlande hatte Robinson eine befriedigende
Regelung dieser Angelegenheit als Preis für deren Beitritt — neben der
Aufhebung der Ostende-Kompanie — gefordert und einen Entwurf für diese Passagen des Vertragswerkes übergeben. Einig waren sich beide Seiten
schnell darüber, daß die ostfriesischen Angelegenheiten ebenso wie die Forderungen wegen Hannover nicht direkt Inhalt eines zwischenstaatlichen europäischen Vertrages werden konnten, weil sie Reichsdinge betrafen. Stattdessen sollte dem niederländischen Unterhändler die kaiserliche Zusicherung über die Regelung der ostfriesischen Streitigkeiten in Form einer sepa-
raten Deklaration übergeben werden; so würde die Reichsverfassung zumindest dem Buchstaben nach nicht verletzt werden. Ebenso lehnte die
Wiener Regierung ab, die geforderte Begnadigung für von dem Appelle
zum Gegenstand der Verhandlungen zu machen, weil solche Begnadigun-
gen ausschließlich »ex proprio clementiae motu« geschehen könnten.
Schließlich wollte der Kaiser in einer solchen Deklaration genau definiert
wissen, was unter den Akkorden im einzelnen zu verstehen sei[284]. Ende Februar 1731 hatte die Geheime Konferenz die beiderseitigen Entwürfe für
die Deklaration noch einmal miteinander verglichen und die Unterschiede
herausgearbeitet, ohne sich mit Rücksicht auf die Reichsverfassung und
das oberstrichterliche Amt des Kaisers zu nennenswerten Zugeständnissen
durchringen zu können[285]. Den schließlich formulierten Text akzeptierte
der englische Unterhändler Robinson zwar nicht, weil er von seiner anders-
lautenden Instruktion nicht abgehen durfte, er erklärte sich jedoch bereit,
ihn an die Niederlande weiterzuleiten, damit diese bei den Beitrittsverhand-
lungen die endgültige Fassung selbst aushandeln könnten[286].

So wurde Robinson beim Abschluß des Wiener Vertrages am 16. März
1731 eine gemäß den kaiserlichen Grundsätzen abgefaßte »Déclaration
touchant l'Ostfrise« übergeben[287]. Nach einer Präambel, in der die Versi-

283   Druck des Vertrages bei P r i b r a m , S. 491—514.
284   Konferenzprotokoll vom 4. 1. 1731, HHuStaW., Vortr. Stk. K. 30. Dieses Protokoll liegt fälschlich
       zwischen Protokollen von Januar 1730; es gehört eigentlich in K. 32.
285   Konferenzprotokoll vom 23. 2. 1731, ebenda, K. 32. Die unterschiedlichen Forderungen beider Sei-
       ten werden unten, S. 420 ff. bzw. S. 426 ff., näher behandelt.
286   Konferenzprotokoll vom 4. 3. 1731, HHuStaW., Vortr. Stk. K. 32.
287   Druck: L a m b e r t y , Bd. 10, Anhang, S. 205—206; R o u s s e t , Bd. 6, S. 30—33; StaA., Rep.

cherung der Generalstaaten, mit ihrem Engagement in Ostfriesland nie einen Eingriff in die Oberhoheit von Kaiser und Reich über Ostfriesland beabsichtigt zu haben, zugrunde gelegt wurde, bekräftigte der Kaiser die 1729 erlassene Amnestie, die alle Strafen betreffen sollte; was nach dem 3. Mai 1729 an Strafen vollstreckt worden war, sollte rückgängig gemacht werden. In Art. 2 versprach der Kaiser, den von den Emdern und ihren Anhängern am 10. November 1729 eingebrachten Gravamina gegen die seit 1721 erlassenen Dekrete nach einmaliger Beantwortung durch die Gegenseite schnell und in aller Gerechtigkeit abzuhelfen, soweit sie in den Akkorden, Konventionen und Deklarationen, die das besondere Recht Ostfrieslands ausmachten, begründet seien. Allerdings schränkte er diese Zusage durch die Bemerkung ein, Abmachungen, die von seinen Vorgängern kassiert und für ungültig erklärt worden seien oder die in die Oberhoheit von Kaiser und Reich über Ostfriesland eingriffen, gehörten nicht zu den Akkorden. In Art. 3 bestätigte Karl VI. die Wiederzulassung der Emder und ihrer Anhänger zu Landtagen, wie sie in der Resolution vom 31. August 1730 enthalten war; entgegen diesen Bestimmungen dürfe keine sonst landtagsberechtigte Person ausgeschlossen werden. Hinsichtlich des Schadenersatzes, zu dem die bisherigen »Renitenten« noch einmal ausdrücklich verpflichtet wurden, sah Art. 4 die Abfassung einer Gesamtschadensaufstellung vor, über deren endgültige Höhe der Kaiser nach vorheriger Stellungnahme der »Renitenten« in aller Billigkeit entscheiden wollte. In Art. 5 schließlich erklärte der Kaiser, auf die pünktliche und vollständige Rückzahlung der in den Niederlanden aufgenommenen Deichbaukredite einschließlich aller Zinsen achten zu wollen.

Obwohl Karl VI. mit dieser Deklaration nicht von der Linie der bisherigen Resolutionen abgewichen war, sondern vor allem die einschränkenden Passagen der Entscheidung vom 31. August 1730 bestätigt hatte, war die Regierung in Aurich aufs höchste über den Verlauf, den die Dinge genommen hatten, beunruhigt und empört[288]. Als wenige Wochen nach Abschluß des Wiener Vertrages die »Déclaration touchant l'Ostfrise« und der Grund ihres Zustandekommens bekannt zu werden begann, suchte Brenneysen, der am Wiener Hof immer größere Hindernisse vor seinen Zielen aufgetürmt sah, durch Einschaltung des Reichstages für seinen Fürsten zu retten, was noch möglich war.

4, C III b, 89, enthält einen Druck als Beilage A zu der fürstlichen Beschwerde beim Reichstag vom 19. 6. 1731 (vgl. unten S. 417 ff.). Eine kritische Edition findet sich im Anhang dieser Arbeit, S. 441 ff. In P r i b r a m s Edition des Wiener Vertrages und bei L ü n i g , Sp. 933—942, ist die Ostfriesland betreffende Deklaration nicht gedruckt.

288   So klagte Brenneysen u. a. über Graf Wenzel Sinzendorff im Haag, den er als einen der Hauptverursacher ansah: ». . . consterniret es Unß, daß der Gr(af) von S(inzendorff) sich dergestalt hierbey aufführe, als wenn Er dazu bestellet wäre, Uns und Unsere Sache, zur selbst-eigenen prostitution Kayserlicher Majestät allerhöchsten richterlichen autorität, denen Herren General-Staaten völlig in die Hände zu geben«. Reskript an Brawe vom 4. 5. 1731, StaA., Rep. 4, A IV c, 255.

9.2. Proteste des Fürsten von Ostfriesland beim Regensburger Reichstag

Anfang Mai 1731 bat Brenneysen den ostfriesischen Gesandten in Regensburg, Brawe sen., Vater des Wiener Gesandten, um Rat, wie der neuen Entwicklung zu begegnen sei. Er stellte dabei sehr richtig fest, daß die »Déclaration touchant l'Ostfrise« zwar formal nur ein Annex des Wiener Vertrages sei, »in effectu« aber als »ein Stück solches Tractats« gewertet werden müsse[289]. In seiner Antwort schlug Brawe einen förmlichen Protest beim Reichstag vor und beklagte die für Ostfriesland unglücklichen Zeitläufte; in solchen »sehr delicaten Materien« gehe es leider nicht nach der Gerechtigkeit und Ordnung, sondern »nach der in Händen habenden Macht und Willkühr«, welche unglückliche Praxis durch persönliche Rivalitäten der verantwortlichen Minister und Sachbearbeiter noch verschlimmert werde[290]. Aufgrund dieses Vorschlages entwarf Brenneysen ein Immediatprotestschreiben Fürst Georg Albrechts an den Kaiser, in dem er sich entschieden gegen die Einmischung fremder Mächte in die ostfriesischen Händel verwahrte und darauf hinwies, bisher allen Drohungen und Verlockungen zum Trotz auf dem reichsverfassungsmäßigen Wege der kaiserlichen Justiz geblieben zu sein. Daneben konzipierte er eine förmliche Eingabe an den Reichstag, in der dieser gebeten wurde, einen Protest gegen das reichsverfassungswidrige Verfahren in der ostfriesischen Justizsache dem Gutachten einzufügen, in dem der Reichstag den Wiener Vertrag billigen sollte[291].

Beiden Schreiben sollte eine ausführliche Expertise über die Deklaration beigefügt werden. Darin[292] ging Brenneysen davon aus, daß die ostfriesische Streitigkeit unzweifelhaft vor den Reichshofrat gehöre und dort auch richtig anhängig sei. Da aber seit der letzten Resolution vom 31. August 1730 in dieser Sache nicht das geringste verhandelt oder gar publiziert worden sei, könne die »Déclaration touchant l'Ostfrise« juristisch nur »als ein pures non-ens« angesehen werden. Da sie zudem weder unterschrieben noch mit Ort und Datum versehen sei, müsse es sich um eine Fälschung handeln, denn es sei nicht anzunehmen, daß der Kaiser eine Deklaration »so tumultuarie von sich gegeben« haben sollte. Eine solche Art, in einem Prozeß zu entscheiden, in dem es allein darum gehe, ob dem Fürsten oder den Untertanen die Regierung eines Landes zukomme, sei im übrigen der

289 Brenneysen an Brawe sen., 7. und 8. 5. 1731, StaA., Rep. 4, C III b, 89.
290 Brawe sen. an Brenneysen, 21. 5. 1731, ebenda.
291 Eine solche Zustimmung war erforderlich, weil in Art. 3 des Wiener Vertrages Art. 5 der Quadrupelallianz von 1718 aufgehoben wurde, der es Spanien verboten hatte, in Italien Truppen zu stationieren. Da diese Bestimmung durch Beschluß der drei Reichskollegien 1722 sanktioniert worden war, konnte eine Änderung nur mit Zustimmung der Reichsorgane geschehen, vgl. A u e r , S. 65 und 91 f.
292 Beilage 3 zum Immediatschreiben an den Kaiser vom 29. 5. 1731, StaA., Rep. 4, C III b, 89.

kaiserlichen Wahlkapitulation, dem Westfälischen Frieden und einer Reihe von Reichsgesetzen, die in Reichsangelegenheiten einen recurs ad exteros verböten, zuwider. Noch vor einem Jahr habe der Kaiser selbst über die Einmischung der sevillanischen Alliierten in die Angelegenheiten des Reichs protestiert, was ebenfalls dagegen spreche, daß diese Deklaration von ihm stamme. Nachdem Brenneysen auf der formalen Ebene zu diesem Ergebnis gekommen war, befaßte er sich mit der inhaltlichen Seite der Deklaration und kam zu dem Ergebnis, daß sie auch in dieser Hinsicht illegal und eine »Nullität« sei. So sei z. B. bis jetzt »von einer am 3. Maji 1729 genommenen Resolution, als worauff die Amnestie sich gründen soll, nicht das geringste bekant, noch auch einige Publikation im Reichs-Hoff-Raht geschehen«. Darüber hinaus sei es schlechterdings unvorstellbar, daß einem Fürsten, dem von seinen Untertanen so viel Unrecht zugefügt worden sei wie dem ostfriesischen, keine Satisfaktion zugestanden werden solle. Außerdem seien, nachdem die Emder alle Rechtsmittel ausgeschöpft hätten, die streitigen Dekrete längst rechtskräftig geworden und eine erneute Diskussion darüber überflüssig.

Diese Expertise mutet im höchsten Maße naiv an angesichts der politischen Entwicklung in Europa. Es ist allerdings im Ernste nicht anzunehmen, daß Brenneysen und der Auricher Hof tatsächlich der Meinung gewesen wären, die Deklaration sei eine Fälschung, im Gegenteil, er wußte so gut wie jeder Beteiligte, daß sie echt war; vielmehr hatte er nur auf diesem Wege die Möglichkeit, einen schärferen Protest gegen die kaiserliche Politik vorzubringen, ohne Gefahr zu laufen, daß dem Fürsten von Ostfriesland aus der offenen Kritik größere Nachteile erwuchsen. Die Entwicklung der nächsten Wochen machte dieses Gutachten, das bereits gedruckt war, gegenstandslos, denn der Wiener Hof hatte sich mittlerweile offen zu der Deklaration bekannt. Der Regensburger Gesandte Brawe hielt diese Beilage bei der Überreichung des Protestes im Reichstag am 19. Juni 1731 daher zurück, weil damit der Wiener Hof nur unnötig gereizt worden wäre[293].

Am selben Tag, an dem der ostfriesische Protest auf dem Reichstag übergeben wurde, gingen an Kur-Mainz und Kur-Sachsen sowie an 34 weitere größere Reichsstände Bittschreiben Fürst Georg Albrechts ab, seine Beschwerde zu unterstützen[294]. Der Erfolg dieser Aktion war denkbar gering. Die meisten der angeschriebenen Reichsstände schickten nur nichtssagende Antworten, der Mainzer Erzbischof als Erzkanzler des Reiches aber fragte unter Hinweis auf die bereits erfolgreich abgeschlossenen Friedensverhandlungen des Kaisers mit England und Spanien[295] und den bevorste-

---

293 Bericht Brawes sen. vom 26. 6. 1731, ebenda. Am 2. 7. ging daraufhin ein Reskript an Brawe jun. in Wien, das Immediatschreiben an den Kaiser samt allen Beilagen nicht mehr zu übergeben, ebenda.

294 ebenda.

295 Nachdem der Reichstag am 13. 7. 1731 der Entsendung spanischer Truppen nach Toskana, Parma

henden Beitritt der Niederlande zum Wiener Vertrag, ob Fürst Georg Albrecht seine Forderung auch »in tieffer Einsicht aller dieser Umbstände« erhebe und sie nicht vielmehr für »sehr bedencklich« gehalten werden müsse. Dem Fürsten könne das mit Sicherheit zu erwartende kaiserliche »Mißtrauen nicht angenehm seyn«, und die Generalstaaten würden sich als eine auswärtige Macht »des Reiches Beurtheilung nicht (...) exponiret sehen wollen«. Fürst Georg Albrecht möge daher überlegen, ob es nicht ratsamer sei, auf die Reichsdiktatur zu verzichten und sich mit einer Ablage bei den Reichstagsakten zu begnügen[296]. Der preußische König und andere empfahlen ebenfalls, den Reichstag mit dieser Sache, von der die Mehrzahl seiner Mitglieder ohnehin nichts kenne, nicht zu behelligen, sondern sich wie bisher allein an den Kaiser zu halten[297]. Obwohl der Kurfürst von Sachsen sich für den ostfriesischen Fürsten einsetzte[298] und obwohl die Auricher Regierung sich zu den Mainzer Vorschlägen nicht geäußert hatte, blieb der Protest in den Niederungen des Reichstages hängen. Der Mainzer Erzbischof reagierte in dieser Angelegenheit nicht, so daß sein Gesandter sich ruhigen Gewissens auf eine fehlende Instruktion berufen konnte[299], während auf der anderen Seite Brenneysen offenbar die Warnungen des jungen Brawe vor einem zu forcierten Auftreten, das den Wiener Hof nur verärgern könne[300], beherzigte.

Das Reich, das in Angelegenheiten, in denen die europäischen Großmächte interessiert waren, der kaiserlichen Politik ohnehin nichts entgegensetzen konnte, versagte in diesem Fall dem ostfriesischen Fürsten jede Unterstützung, weil es selbst viel zu sehr an einem Frieden in Europa interessiert war, als daß es die Verhandlungen und Verträge durch periphere Streitigkeiten wie die ostfriesischen Querelen in Gefahr bringen wollte. Das von Brawe jun. beklagte »Interesse praesens et proprium« im Reiche, das jeder allein beherzige[301], war gewichtig genug, den ostfriesischen Vorstoß vollständig ins Leere laufen zu lassen. Nach dreißig Jahren Krieg bzw. kriegsähnlichem Zustand war der in Europa jetzt erreichte Frieden allen Seiten hochwillkommen. Es fehlte dazu nur noch, den grundsätzlich unstreitigen Beitritt der Niederlande zum Wiener Vertrag im einzelnen auszuhandeln. Den entscheidenden Punkt dabei, nachdem die endgültige Auflö-

und Piacenza zugestimmt hatte, war Spanien am 22. 7. 1731 dem Wiener Vertrag beigetreten, vgl. A u e r , S. 91 f.

296   Erzbischof von Mainz an Fürst Georg Albrecht, 28. 7. 1731, StaA., Rep. 4, C III b, 89. Zur Reichsdiktatur vgl. oben Anm. 265.

297   Schreiben vom 31. 7. bzw. 7. 8. 1731, ebenda.

298   Beilage zum Schreiben des Kurfürsten von Sachsen an Fürst Georg Albrecht vom 17. 9. 1731, ebenda.

299   Bericht Brawes sen. aus Regensburg vom 18. 10. 1731, ebenda.

300   Bericht Brawes jun. aus Wien vom 24. 10. 1731, StaA., Rep. 4, A IV c, 255.

301   Bericht Brawes jun. aus Wien vom 29. 8. 1731, ebenda.

sung der Handelskompanie von Ostende bereits England zugesichert worden war, bildete die von den Niederlanden geforderte zufriedenstellende Regelung der ostfriesischen Streitigkeiten. Dem kaiserlichen Gesandten Sinzendorff im Haag fiel daher die Aufgabe zu, hierüber die Verhandlungen zu führen und eine Neuformulierung der »Déclaration touchant l'Ostfrise« zu erreichen.

9.3. Die Mission des Grafen von Sinzendorff im Haag

9.3.1. Niederländische Forderungen und das Problem der Nichtbeeinträchtigung der Reichsverfassung

Hatten sich die Niederlande mit der Entwicklung, die die ostfriesischen Querelen seit 1729 in Wien genommen hatten, im Prinzip zufrieden gezeigt, so bedeutete die Reichshofratsresolution vom 31. August 1730 einen schweren Rückschlag in ihrem Vertrauen zu kaiserlichen Zusicherungen in dieser Sache. Sie verabschiedeten daher am 11. Dezember 1730 eine Resolution, in der sie ihrem Wiener Gesandten Hamel Bruininks auftrugen, in einem Promemoria ihre große Besorgnis über den vom Reichshofrat eingeschlagenen Weg dem Kaiser vorzustellen und nach Möglichkeit eine Verbesserung der Lage auszuhandeln[302]. Welche Sorgen und Befürchtungen die Niederlande bzw. die ostfriesischen »Renitenten« dabei hatten, verdeutlicht ein umfangreiches Gutachten zu der kaiserlichen Resolution vom 31. August 1730[303]. Diese Resolution, so heißt es darin, scheine auf den ersten Blick für die »Renitenten« günstig zu sein, weil die entscheidende Resolution vom 12. September 1729 mit der darin gewährten Amnestie und der Erlaubnis, Gravamina gegen die bisherigen Dekrete einzubringen, bestätigt werde. Auf den zweiten Blick zeigten sich allerdings erhebliche Einschränkungen. So sei mit einer Entscheidung über diese Gravamina erst in unabsehbarer Zeit zu rechnen, weil ein neu anzufangender Prozeß, bis alle Instanzen und Rechtsmittel ausgeschöpft seien, viele Jahre dauern werde; darüber hinaus sei nicht einmal der Beginn eines solchen Prozesses in Sicht, weil zwar den Anwälten der »Renitenten« aufgegeben worden sei, ihre Gravamina dem Fürsten und den »Gehorsamen« mitzuteilen, diesen aber keinerlei Frist zur Beantwortung gesetzt. Daß die neuen Administratoren, die aus Eigeninteresse Parteigänger des Fürsten seien, im Namen der »Ge-

---

302 StaA., Rep. 4, B I f, 1093, fol. 497 ff., am 9. 1. als Promemoria von Hamel Bruininks in Wien übergeben, HHuStaW., Rk., Kleinere Reichsstände, Ostfriesland, Nr. 405.

303 »Unmaßgebliche Gedancken« über die kaiserliche Resolution vom 31. 8. 1730, StaA., Rep. 4, C III a, 159.

horsamen« auf die Gravamina der »Renitenten« erwidern sollten, werde nur dazu führen, daß die Stände sich untereinander zugunsten des Fürsten streiten. Wenn den Emdern verboten werde, außer ihren Partikularbeschwerden auch ständische Gravamina einzubringen, so werde unterstellt, die ersteren hätten mit den letzteren und der augenblicklich streitigen Landesverfassung nichts gemein; im Gegenteil, die Emder Verfassung sei ein integraler Bestandteil der landständischen Verfassung und das eine nicht vom anderen zu trennen. Ungerecht sei es ferner, daß der Reichshofratsagent Fabricius nur eine Vollmacht der neuen Administratoren einzubringen brauche, der Anwalt Graeve, dessen Beauftragung bereits in der Zeit vor der Spaltung von den gesamten Ständen auf einem Landtag beschlossen worden sei, jedoch eine von seinen Mandanten einzeln unterschriebene und notariell beglaubigte Vollmacht vorweisen müsse; daß das bei der augenblicklichen Lage in Ostfriesland kein Bewohner des platten Landes wagen dürfe, sei offenkundig. Worauf die Reichshofratsresolution letztlich ziele, werde klar in der Passage, die die weitere vollständige Gültigkeit aller vor dem 3. Mai 1729 ergangenen Dekrete und Patente bestimme, ohne Rücksicht darauf, daß dagegen Gravamina zugelassen seien, was nach der Prozeßordnung den Vollzug der streitigen Dekrete bis zur endgültigen Entscheidung aussetzen müsse. Dazu passe, daß aus der Submission der Emder die uneingeschränkte Anerkennung aller Dekrete und Patente abgeleitet werde, obwohl diese bekanntermaßen allein zur Anerkennung der oberstrichterlichen Stellung des Kaisers und als Zeichen des ihm schuldigen Respekts gegen die Zusicherung abgegeben worden sei, daß danach über die streitigen Dekrete neu verhandelt werde. Die Androhung, daß die Amnestie für alle, die den in der Resolution enthaltenen Auflagen nicht nachkämen, wieder aufgehoben werde, könne bei der großen Menge noch ungelöster Streitfragen und bei der bisher von der subdelegierten Kommission bezeigten Willkür jeden täglich treffen und damit alle erreichten Fortschritte zunichte machen. Solche Möglichkeiten zur Willkür seien auch hinsichtlich des Emder Beitrages zu den Landesmitteln — gerade die Höhe des Beitragssatzes war ja der Kernpunkt des Streites — und hinsichtlich der als Vorbedingung für die Wiederzulassung zu den Landtagen geforderten Reverse, sich dort friedfertig aufzuführen, gegeben, weil jede nachdrückliche Verteidigung ständischer Rechte als Bruch dieses Reverses ausgelegt werden könne. Alles sei darauf angelegt, freie Beratung und Stimmführung zu verhindern, weil damit das gesamte fürstliche Argumentationsgebäude, das auf dem Gegensatz von »Renitenten« und »Gehorsamen« beruhe, zusammenbrechen werde. Daß diese Befürchtungen nicht unbegründet waren, sondern im wesentlichen der Absicht des Reichshofrates entsprachen, hat die Behandlung der Gutachten, die dieser Resolution zugrunde lagen, ergeben[304], und die Sorge der Niederlande und der »Renitenten« wurde weniger aus der eigenen Untersuchung dieser Entscheidung gespeist, sondern entsprang vor allem der Kenntnis dieser internen Reichshofratsakten[305].

Dergleichen Uminterpretationen zu verhindern, war daher das erklärte Ziel der Niederlande, als im Frühsommer 1731 die Verhandlungen über die Neufassung der dem Wiener Vertrag vom 16. März angehängten »Déclaration touchant l'Ostfrise« anstanden. Der aus dieser Zeit stammende niederländische Gegenentwurf[306] macht das deutlich. Nach der unproblematischen und daher mit der Wiener Fassung gleichlautenden Präambel ging es zunächst um die Festlegung der Wirkungen der Amnestie; dazu sollten die vollständige Aufhebung aller wegen des Ungehorsams der »Renitenten« verhängten Strafen zählen, die Rückzahlung aller seit dem 3. Mai 1729 noch eingezogenen Geldstrafen und die Rückgabe aller konfiszierten Kapitalien und sequestrierten Landgüter, einschließlich der Emder Herrlichkeiten, an ihre Eigentümer. Was in der Vergangenheit aus der Nutzung dieser Güter und Kapitalien in die Indemnisationskasse geflossen war, sollte auf die endgültig noch festzusetzende Schadenersatzgesamtsumme angerechnet werden. Weil, so die Beschwerden der »Renitenten«, viele Reichshofratsdekrete und Kommissionspatente ohne ihre vorherige Anhörung erlassen worden seien, sollte der Kaiser diesen Beschwerden nachgehen und, falls sie sich als zutreffend erwiesen, alles, was aufgrund solcher Entscheidungen vollstreckt worden war, sofort und ohne weitere Untersuchung aufheben. Im zweiten Artikel kam die Behandlung der Gravamina der »sogenannten Renitenten« — von denen auch in den weiteren Artikeln nur noch in dieser Form die Rede war — zur Sprache. Diese Gravamina gegen die seit 1721 erlassenen Dekrete sollten dem Fürsten zugestellt und von ihm binnen zwei Monaten ein für alle Mal beantwortet werden; danach sollte der Reichshofrat sie ohne Verzögerung prüfen und über sie entscheiden, und zwar auf der Grundlage der Akkorde, Konventionen und Dezisionen, die das besondere Recht Ostfrieslands ausmachten und in den Huldigungsreversalien des Fürsten enthalten bzw. angesprochen sowie von seinen Räten und Bedienten beschworen seien. Während der Dauer der Untersuchung sollte jede Exekution der seit 1721 ergangenen Dekrete unterbleiben. Artikel drei betraf die Wiederzulassung der »sogenannten Renitenten« zu den Landtagen und bestimmte, daß jeder, der dazu berechtigt war, eingeladen und zugelassen werden sollte ohne jede Einschränkung und ohne jede Veränderung der Bedingungen, alles nach dem Gebrauch, der vor Beginn der Unruhen geherrscht habe. In Artikel vier sollte sich der Kaiser bereit erklären, die Gesamtsumme für den von den »sogenannten Renitenten« zu leistenden Schadenersatz unter Berücksichtigung der großen Armut, in die sie infolge

---

304   Siehe oben S. 410 ff.
305   So zu entnehmen dem Reskript an Wenzel Sinzendorff im Haag vom 15. 11. 1730, HHuStaW., Stabt.: Holland K. 84.
306   StaA., Rep. 4, B I f, 1093, fol. 549 f.

der langen Sequestration ihrer Güter, der vielen Brüche, des Unterhalts der dänischen Truppen und infolge weiterer Beschwerungen aller Art geraten seien, auf eine einmalige niedrige Summe festzulegen, deren Höhe noch ausgehandelt werden sollte. Auf diese Summe sollten alle Gelder, die bereits in die Indemnisationskasse geflossen waren, angerechnet werden, alle Landgüter und Kapitalien aber einschließlich der seit dem 3. Mai 1729 angefallenen Zinsen und Erträge den Eigentümern zurückgegeben werden. In Artikel fünf schließlich wollten sich die Niederlande vom Kaiser versichern lassen, daß ihre in Emden und Leerort unterhaltenen Garnisonen in der Vergangenheit kein Streitpunkt gewesen seien und der Kaiser nicht beabsichtige, einen solchen daraus zu machen. Darüber hinaus sollte er auf die pünktliche und richtige Bezahlung der Zinsen und Tilgungsraten für die von den ostfriesischen Ständen und der Stadt Emden zum Deichbau aufgenommenen Kredite achten.

Mit diesem Entwurf waren die Generalstaaten bereits ein wenig von ihren ursprünglichen Maximalforderungen abgegangen, in denen sie für von dem Appelle die Amnestie gefordert[307], eine Beteiligung der »Gehorsamen« am Schadenersatz oder dessen völlige Aufhebung verlangt[308] und auf einer ausdrücklichen Anerkennung ihrer Garnisonrechte in Emden und Leerort durch den Kaiser bestanden hatten[309]. Trotzdem waren in diesem Entwurf Forderungen enthalten, denen der Kaiser ohne Verletzung der Reichsverfassung nur schwer nachgeben konnte. In seiner Eigenschaft als oberster Richter im Reich hatte er auf die Einhaltung der in den Gerichts- und Prozeßordnungen vorgesehenen Verfahren zu achten und durfte daher im Falle Ostfriesland — der Streit war, trotz seines letztlich ausschließlich politischen Charakters, immerhin seit 1720 als Reichshofratsprozeß anhängig — nicht in einem außenpolitischen Vertrag Formulierungen zustimmen, durch die Reichshofratsentscheidungen ohne ordentliches Verfahren aufgehoben bzw. präjudiziert wurden. Das mindeste, worauf der Wiener Hof bei den Verhandlungen mit dem Haag bestehen mußte, war also die Gewährleistung eines solchen ordentlichen Verfahrens bei der weiteren Behandlung der ostfriesischen Querelen im Reichshofrat. Insbesondere in diesem Punkt nahm der niederländische Entwurf nur wenig Rücksicht auf die Reichsverfassung. So verlangte er, alle wegen des Ungehorsams verhängten Strafen als Folge der Amnestie sofort aufzuheben. Die kaiserliche Seite wollte dagegen nur die nach dem 3. Mai 1729 verhängten oder vollzogenen Strafen aufheben und die eingezogenen Geldbußen zurückerstatten, weil

---

307   Konferenzprotokoll vom 20. 1. 1731, HHuStaW., Vortr. Stk. K. 32; Reskript an Wenzel Sinzen-
       dorff im Haag vom 27. 1. 1731, Stabt.: Holland K. 85, sowie dessen Bericht vom 9. 4. 1731, eben-
       da, K. 30.
308   Bericht Sinzendorffs vom 24. 2. und 7. 7. 1731, ebenda, K. 30 bzw. K. 31.
309   Reskript an·Sinzendorff vom 24. 3. 1731, ebenda, K. 85.

ihrer Meinung nach die Amnestie erst vom Zeitpunkt der Annahme der Paritionserklärungen an wirksam werden konnte, nicht aber für die Zeit davor. Das Problem steckt hierbei in dem Wort Strafe; die »Renitenten« und ihre niederländischen Patrone wollten nämlich die seit 1721 ergangenen Reichshofratsentscheidungen im wesentlichen als Poenalia werten und damit als Folge der Amnestie aufheben lassen[310].

Noch deutlicher ist diese Absicht im zweiten Absatz zu greifen, der fordert, alles dasjenige sofort und ohne weiteren Prozeß aufzuheben, was aufgrund von Dekreten und Patenten erlassen worden war, denen keine genügende Anhörung der »Renitenten« vorangegangen sei. Die »Renitenten« hatten sich von Anfang an beschwert, die seit 1721 ergangenen Entscheidungen seien ohne ihre gebührende Anhörung getroffen worden, und sie hatten mit dieser Klage nicht unrecht. Wenzel Sinzendorff im Haag war der Meinung, daß spätestens ab 1724 der Reichshofrat dem Grundsatz »et audiatur altera pars« überhaupt nicht mehr gefolgt sei und daher alles, was seit diesem Jahr an Urteilen ergangen war, als nur provisorisch verordnet aufgehoben werden müsse[311]. Von Seiten der »Renitenten« und ihrer niederländischen Patrone war also eine vollständige restitutio in integrum, d. h. Wiederherstellung des Zustandes von 1720/21, verlangt, ohne den Reichshofrat als zuständiges Gericht zu diesem Zeitpunkt damit zu befassen und ohne daß der ostfriesische Landesherr — die »gehorsamen« Stände existierten für die »Renitenten« als gleichberechtigter Ansprechpartner ohnehin nicht — dazu gehört werden sollte. Erst auf dieser Basis sollte über die Gravamina der Emder und der »gravaminierenden Stände« entschieden werden, was allerdings so lange nicht möglich war, wie die beiden Ständegruppen sich gegenseitig die Anerkennung verweigerten und daher eine ordentliche Zustellung der Gravamina vom 10. November 1729 unterblieb[312]. Die Forderung der Niederlande bzw. der »Renitenten« lief also darauf hinaus, alle Veränderungen in Ostfriesland rückgängig zu machen, die zugrundeliegenden Reichshofratsentscheidungen vorläufig außer Kraft zu setzen, aber die für ein endgültiges Urteil nötige Neuverhandlung über die Hauptstreitpunkte nicht eben zu beschleunigen, d. h. ohne gerichtliche Klärung Landesherr und Landstände in Ostfriesland wieder in ihr ursprüngliches Verhältnis zueinander zu setzen, womit der Kaiser zugleich indirekt eine erhebliche Parteilichkeit des Reichshofrates hätte zugeben müssen. Zumin-

---

310 Bericht Sinzendorffs aus dem Haag vom 4. 11. 1731, ebenda, K. 31, und Protokoll der Geheimen Konferenz vom 21. 11. 1731, HHuStaW., Vortr. Stk. K. 34.

311 Bericht Sinzendorffs aus dem Haag vom 13. 5. 1731, HHuStaW., Stabt.: Holland K. 30.

312 In der in Art. 2 enthaltenen Forderung, bis zum Ende der Untersuchung der Gravamina der »Renitenten« die seit 1721 ergangenen Dekrete zu suspendieren, sah der Wiener Hof einen weiteren Versuch, die Dekrete ohne Urteil außer Kraft zu setzen, wozu ihm die durch die Nichtanerkennung der »Gehorsamen« eingetretene Verzögerung im Beginn dieser Untersuchung ein Indiz war; Instruktion für Wenzel Sinzendorff vom 24. 3. 1731, HHuStaW., Stabt.: Holland K. 85.

dest in dieser Form konnte und wollte der Kaiser den Forderungen nicht nachgeben, ohne seine oberstrichterlichen Pflichten und damit die Reichsverfassung zu verletzen.

Eine gleiche Präjudizierung, die der Kaiser nicht hinnehmen wollte, war in der Formulierung »sogenannte Renitente« enthalten, weil damit unterstellt wurde, sie seien in Wirklichkeit nie renitent gewesen, vielmehr die streitigen Dekrete unordentlich zustande gekommen[313]. Schließlich schien die Definition der ostfriesischen Akkorde dem Wiener Hof nicht der Reichsverfassung zu entsprechen. Der niederländische Entwurf wollte den zwischen Fürst und Ständen schwebenden Streit insgesamt auf der Grundlage der Akkorde, Konventionen und Dezisionen, die das besondere Recht Ostfrieslands ausmachten und vom Fürsten in seinen Huldigungsreversalien sowie von den Beamten in ihren Diensteiden beschworen worden waren, entschieden wissen. Diese allgemeine Formulierung entsprach nicht der seit dem 13. September 1728 in allen kaiserlichen Entscheidungen enthaltenen Definition, daß zu den gültigen Akkorden nicht zählen dürfe, was von früheren Kaisern aufgehoben worden sei oder gegen die Oberhoheit von Kaiser und Reich über Ostfriesland verstoße, d. h. es war die auch von Brenneysen vertretene Höherwertigkeit der allgemeinen Reichsverfassung gegenüber der ostfriesischen Landesverfassung festgesetzt worden. Diesen Grundsatz und insbesondere die Oberhoheit von Kaiser und Reich über Ostfriesland sahen die Wiener Verhandlungspartner in Gefahr und beharrten daher vorerst auf ihrer restriktiven Definition[314], obwohl die Niederlande in der Präambel auf kaiserliches Verlangen ausdrücklich zu erklären bereit waren, diese Oberhoheit nicht im geringsten stören zu wollen. Es kam ihnen und den »Renitenten« vielmehr auf eine klare Definition der Entscheidungsgrundlagen an[315], denn gerade die hierüber herrschende Unklarheit und Meinungsvielfalt war in der Anfangsphase der Auseinandersetzung ausschlaggebend dafür gewesen, daß der Prozeß so sehr in die Sackgasse geraten war.

Da die ursprüngliche Forderung nach einer ausdrücklichen kaiserlichen Anerkennung des niederländischen Besatzungsrechtes in Emden und Leerort fallengelassen worden war, weil eine solche Anerkennung gegen einen entsprechenden Reichstagsabschied aus dem Jahre 1603 verstoßen hätte, die Bedingungen der Wiederzulassung der »Renitenten« zu Landtagen sowie der zu leistende Schadenersatz dagegen die Reichsverfassung gar nicht berührten, blieben die angesprochenen Problemfelder die wesentlichen Verhandlungsgegenstände für den Beitritt der Niederlande zum Wiener

313   Weisung an Wenzel Sinzendorff vom 12. 8. 1731, ebenda, sowie Konferenzprotokoll vom 23. 2. 1731, HHuStaW., Vortr. Stk. K. 32.
314   Weisung an Wenzel Sinzendorff vom 24. 3. 1731, HHuStaW., Stabt.: Holland K. 85.
315   Bericht Sinzendorffs vom 17. 4. 1731, ebenda, K. 30.

Vertrag. Alles, was »ohne Abbruch Unserer und des Reichs Gerechtsahme, auch des iuris tertii seyn könne«, war der Kaiser dabei den Niederlanden zuzugestehen bereit[316], so daß es angesichts der von der Reichsverfassung gezogenen Grenzen im wesentlichen auf den Modus ankam, wie der Kaiser den niederländischen Forderungen nachgeben konnte, ohne die Reichsverfassung und die Rechtsprechung des Reichshofrates zu offenkundig zu verletzen. Daß das nicht ohne Probleme und Spannungen zwischen den am Wiener Hof vorhandenen Parteiungen, die entweder das Interesse des Reichs oder das Hausinteresse Österreichs vertraten, abging, liegt auf der Hand und blieb nicht ohne Auswirkungen auf die Verhandlungen zwischen Wien und dem Haag.

9.3.2. Verhandlungen im Spannungsfeld zwischen Reichshofrat und österreichischer Staatskanzlei

Ende Februar 1731 verlangte der Haager Gesandte Wenzel von Sinzendorff Vollmacht, in der ostfriesischen Angelegenheit weitergehende Erklärungen als bisher abgeben zu dürfen und fügte als Begründung an, in der augenblicklichen Lage Europas sei es nötig, den Niederlanden mit Rücksicht auf »Euer Kayserlicher Majestät und dero allerdurchleuchtigstes Ertzhauses allerhöchstes Interesse« so weit wie möglich entgegen zu kommen. Dabei machte er auf die Punkte aufmerksam, die den Generalstaaten ungereimt vorkamen und ihr Mißtrauen in die kaiserliche Aufrichtigkeit in der Politik ihnen gegenüber nährten; den Klagen über die Parteilichkeit, die in dem ganzen Verfahren die ostfriesische Landesherrschaft begünstige, schloß er sich an[317]. Hinsichtlich der subdelegierten Kommission war diese Position nicht neu; schon seit dem Spätsommer 1729 hatte er z. T. massiv über deren Einseitigkeit, insbesondere über das Verhalten des Wolfenbütteler Kommissars Röber, der durch seine »allzuklahre partialitet« nur Schaden anrichte, Beschwerde geführt[318]. Er war sich in dieser Beurteilung mit der österreichischen Staatskanzlei völlig einig, die vermutete, Röber habe von Wolfenbüttel geheime Zusatzinstruktionen, um dadurch »die guten Verständtnisse zwischen Uns und der Republik (sc. Niederlande) zu unterbrechen[319]«. Die Rückschläge, die der Vertrag von Sevilla in den österreichisch-niederländischen Beziehungen gebracht hatte, hatten diese Diskussion vorübergehend verstummen lassen, aber mit Beginn der Kontakte zwischen Wien und London Ende 1730 kam dieses Problem wieder

316 Weisung an Sinzendorff vom 24. 3. 1731, ebenda, K. 85.
317 Bericht Sinzendorffs vom 24. 2. 1731, ebenda, K. 30.
318 So in dem Bericht vom 30. 10. 1729, ebenda, K. 29.
319 Reskripte an Sinzendorff vom 4. 9. und 16. 11. 1729, ebenda, K. 84.

zur Sprache und betraf jetzt nicht nur die subdelegierte Kommission, sondern auch den Reichshofrat, insbesondere den Grafen von Stein als Referenten in der ostfriesischen Sache. Die großen Summen Geldes, die dieser von Seiten des ostfriesischen Fürsten im Laufe der Jahre bekommen hatte, um in seinem Sinne zu wirken, sind bereits behandelt worden[320]; endgültig waren seine und des Reichshofrates Intentionen in den Gutachten deutlich geworden, die der restriktiven Resolution vom 31. August 1730 zugrunde lagen[321]. Obwohl der Reichshofrat hierbei wohl vor allem auf die Wahrung seiner Eigenständigkeit gegenüber der österreichbetonten Politik des Kaisers und der Geheimen Konferenz bedacht war, wirkte sich sein Verhalten äußerst parteiisch zugunsten von Fürst Georg Albrecht aus. Um diesem Bemühen entgegenzuwirken und das ganz offenbar berechtigte Mißtrauen in die Unabhängigkeit des Grafen von Stein zu beseitigen, war die Staatskanzlei schon Ende 1730 grundsätzlich bereit, Stein in dieser Funktion abzulösen und die subdelegierte Kommission aufzuheben, das Problem war nur, es auf solche Art und Weise zu tun, daß die ostfriesische Landesherrschaft darüber »zu schreyen nicht ursach hätte[322]«. Eine Gelegenheit hierzu ergab sich vorerst nicht; die dem englischen Gesandten Robinson übergebene erste Fassung der »Déclaration touchant l'Ostfrise« vom 16. März 1731 fußte jedenfalls noch auf einem Reichshofratsgutachten vom Winter 1730/31, das die Submissionsanzeigen der »Renitenten« als simuliert und »bloß in leeren Worten und verstelltem Scheinwerck« bestehend wertete und die strikte Beibehaltung der Resolution vom 31. August 1730 empfahl[323].

Als nach dem Abschluß des Wiener Vertrages deutlich wurde, daß mit der vorliegenden Fassung der Deklaration die Niederlande nicht zum Beitritt zu bewegen sein würden, sondern weitergehende Zugeständnisse verlangten, mußte der Wiener Hof von seiner bisherigen Linie, nach Möglichkeit ohne Eingriffe in die Arbeit des Reichshofrates zu einer Einigung mit den Generalstaaten zu kommen, abgehen, zumal deren andere Hauptforderung, die endgültige Aufhebung der Kompanie von Ostende, bereits erfüllt war und Frankreich sich nach Kräften bemühte, die niederländische Akzession zu hintertreiben[324]. Wenzel Sinzendorff hatte das Problem, das

---

320 Siehe oben S. 204 ff.

321 Siehe oben S. 410 ff.

322 Reskript an Sinzendorff vom 15. 11. 1730, HHuStaW., Stabt.: Holland K. 84.

323 HHuStaW., Rk., Kleinere Reichsstände, Ostfriesland, Nr. 405. Dieses Gutachten ist nicht datiert, behandelt aber die am 4. 12. 1730 neuerdings eingereichten Gravamina der Stadt Emden und der »gravaminierenden Stände« (StaA., Rep. 4, C III a, 159) und wird daher wohl in den Zeitraum des Jahreswechsels 1730/31 einzuordnen sein.

324 Bericht Sinzendorffs vom 8. 4. 1731, HHuStaW., Stabt.: Holland K. 30. Der kaiserliche Gesandte beim Kongreß in Soissons, Graf Stephan Kinsky, erhielt am 29. 3. 1731 ein Reskript, in dem ihm gegenüber französischen Gesprächspartnern große Zurückhaltung in der ostfriesischen Sache empfohlen wurde; in Spezialitäten dürfe er sich gar nicht einlassen, weil Frankreich mit Sicherheit versuchen werde, die Verhandlungen Wenzel Sinzendorffs im Haag wirkungslos zu machen, H ö f -

die kaiserliche Politik lösen mußte, in seinem eingangs dieses Kapitels behandelten Bericht treffend beschrieben: Es sei jetzt nötig, das nachzuholen, was der Reichshofrat in der Anfangsphase des ostfriesischen Prozesses versäumt habe, nämlich gründlich und Punkt für Punkt das Vorbringen beider Seiten zu untersuchen. Der Reichshofrat habe dem Fürsten »allzubald und zu schleunig« helfen wollen, habe daher die nötige Mühe und Sorgfalt vermissen lassen und stattdessen die letztlich überflüssige subdelegierte Kommission eingesetzt. Diese Haltung des Reichshofrates sah Sinzendorff als »die wahre Haubt-Ursache und die Quelle aller entstandenen Confusionen und Unordnungen« an[325]. Er forderte deshalb, der Reichshofrat solle seine in Übereilung gefällten Urteile überprüfen und von sich aus das aufheben, was er ohne genügende vorherige Anhörung der Stände beschlossen habe. Auf diese Weise könne die oberstrichterliche Autorität des Kaisers gewahrt und dennoch zurecht gerückt werden, was korrekturbedürftig sei[326]. Er war sich bewußt, daß er sich mit solchen Forderungen im Reichshofrat nur Feinde machen konnte[327]; auf von dieser Seite kommende Einwände, diese Politik gefährde die Ruhe in Ostfriesland, antwortete er, die Vermeidung von neuen Unruhen in Ostfriesland sei es nicht wert, die gute Gelegenheit zur Wiederherstellung des alten Vertrauens zu den Seemächten ungenutzt verstreichen zu lassen[328].

Die ostfriesischen Querelen erwiesen sich, je weiter die Zeit voranschritt, immer mehr als Hemmschuh der kaiserlichen Politik. Wenzel Sinzendorff nannte sie eine »ziemlich verwirrte und verdorbene« Sache, in die kaum noch Klarheit zu bringen sei[329], die Geheime Konferenz sprach von einer »unglückselige(n) Angelegenheit[330]«, und Bartenstein nannte sie ganz einfach eine »häßliche Materie«, in der alle Beteiligten »auff lauter ohnbillichen extremitäten« beharrten[331]. Angesichts dieser Sachlage entschloß sich die Geheime Konferenz, dem Drängen der Niederlande, deren nicht unproblematischen Forderungen als schamloses Ausnutzen der österreichischen Erbfolgenotlage apostrophiert wurden[332], nachzugeben und »unter der Hand« mit Reichshofratspräsident Wurmbrand und Reichshofrat Hartig, Korreferenten im ostfriesischen Prozeß, zu überlegen, wie weit dem Ver-

l e r , Congress von Soissons, Bd. 2, S. 335 f.

325   Bericht Sinzendorffs vom 24. 2. 1731, HHuStaW., Stabt.: Holland K. 30.
326   Bericht Sinzendorffs vom 7. 7. 1731, ebenda, K. 31.
327   Bericht Sinzendorffs vom 19. 5. 1731, ebenda, K. 30.
328   Bericht Sinzendorffs vom 21. 4. 1731, ebenda.
329   Bericht Sinzendorffs vom 24. 2. 1731, ebenda. Am 29. 5. 1731 schrieb er, »diese Ostfriesische Händel machen mir mehrere Mühe und Unlust als alle übrige Geschäffte«, ebenda.
330   Konferenzprotokoll vom 15. 9. 1731, HHuStaW., Vortr. Stk. K. 34.
331   Vortrag Bartensteins vom 1. 8. 1731, HHuStaW., Rk., Kleinere Reichsstände, Ostfriesland, Nr. 405.
332   Reskript an Sinzendorff vom 12. 8. 1731, HHuStaW., Stabt.: Holland K. 85.

langen der Niederlande nachgegeben werden könne[333]. Das Ergebnis dieser Überlegung, das Reichshofratsvotum vom 9. August 1731[334], war jedoch ganz offenbar vorherbestimmt, denn es stimmt inhaltlich vollkommen mit einem entsprechenden Gutachten Bartensteins vom 1. August überein[335]. Darin teilte dieser, der bereits 1729 und 1730 die Parteilichkeit des Reichshofrates sehr gerügt hatte[336], die ostfriesische Materie, die sich nach Wenzel Sinzendorffs Worten zu einem Gordischen Knoten verwirrt hatte[337], in drei Klassen, nämlich

1. in solche Punkte, die sofort und unabhängig vom Beitritt der Niederlande zum Wiener Vertrag erfüllt werden könnten,
2. in solche Punkte, die als Zusätze und Abänderungen an der auszuhandelnden Deklaration allenfalls »pro ultimo« zugestanden werden könnten, und
3. in die Bereiche, in denen keinerlei Zugeständnisse möglich seien, weil dadurch das oberstrichterliche Amt des Kaisers und die Rechte Dritter beeinträchtigt würden.

In der ersten Klasse war neben der abermaligen Bestätigung der Amnestie und aller ihrer Folgen die Rückgabe der sequestrierten Güter enthalten und wurde die subdelegierte Kommission verpflichtet, über alle zum Schadenersatz eingezogenen Gelder abzurechnen und die von ihr angeordnete Höhe des gesamten ersatzpflichtigen Schadens zu begründen. Die Art der Wiederzulassung der »Renitenten« zum Landtag sollte der subdelegierten Kommission vorgeschrieben werden, um deren Eigenmächtigkeiten zu verhindern, und der Reichshofrat sollte ein Gutachten über die Zulässigkeit des Unterhalts der dänischen Truppen durch das Land erstellen sowie prüfen, ob er in der Vergangenheit das eine oder andere Dekret ohne Anhörung der Stände erlassen habe; falls sich die entsprechenden Beschwerden der Emder als zutreffend erwiesen, sollten solche Entscheidungen ohne weitere Untersuchung, d. h. ohne vorherige Stellungnahme der Landesherrschaft, aufgehoben werden. In der zweiten Klasse führte Bartenstein u. a. die Definition der Akkorde auf; um welche Formulierungen es dabei im einzelnen ging, wird noch zu zeigen sein[338]. Die dritte Klasse enthielt die bereits behandelten Versuche der »Renitenten« und der Niederlande, die Reichshofratsdekrete ohne ordentliche Untersuchung aufzuheben bzw. neue Entscheidungen vollkommen zu präjudizieren[339].

333   Konferenzprotokoll vom 31. 7. 1731, HHuStaW., Vortr. Stk. K. 33.
334   HHuStaW., RHR., Den. rec. K. 907.
335   HHuStaW., Rk., Kleinere Reichsstände, Ostfriesland, Nr. 405.
336   Siehe oben S. 402 und 412.
337   Bericht Sinzendorffs vom 13. 5. 1731, HHuStaW., Stabt.: Holland K. 30.
338   Siehe unten S. 435.
339   Siehe oben S. 423 ff.

Mit dieser Dreiteilung der gesamten Materie war in der Tat ein erheblicher Fortschritt erzielt worden. Die vorgesehenen Änderungen waren weitgehender als alles, was bisher zugunsten der »Renitenten« erlassen worden war. Der Reichshofrat, der Entscheidungen der kaiserlichen Politik, sofern sie in Reichsangelegenheiten oder seine Kompetenzen eingriffen, so oft unterlaufen, verwässert oder erheblich verzögert hatte, war jetzt der österreichischen Politik des Wiener Hofes untergeordnet worden und hatte kaum mehr die Möglichkeit, in der ostfriesischen Streitsache unkontrolliert tätig zu werden[340]. Die Geheime Konferenz und Bartenstein als besonderer Vertrauter Karls VI. hatten dem Reichshofrat die Entscheidung vorgegeben. In dem Spannungsfeld zwischen der »Reichspartei« und der »österreichischen Hausmachtpartei« hatten sich Wenzel Sinzendorff, sein Schwiegervater (der Hofkanzler), Prinz Eugen und Starhemberg durchgesetzt, ohne in den Punkten, die die Reichsverfassung am meisten berührten, den niederländischen Forderungen so offen nachzugeben, daß daraus eine Verfassungsverletzung abgeleitet werden konnte. Damit die weitreichenden Erleichterungen für die »Renitenten« nicht auf dem Wege über einen europäischen Vertrag in Kraft traten — das wäre eine Verletzung der Gerichtsordnung und des kaiserlichen Richteramtes gewesen —, mußte der Reichshofrat selbst tätig werden und eine neue Resolution gemäß seinem jüngsten Gutachten erlassen.

9.3.3. Die kaiserliche Resolution vom 22. August 1731

Um die Niederlande schnell von der Aufrichtigkeit der kaiserlichen Zusagen zu überzeugen, erging bereits zwei Wochen nach Abfassung des letzten Votums eine neue Resolution, die den an der Spitze des Wiener Hofes getroffenen Entscheidungen folgte. In dieser Resolution[341] wurde ausdrücklich angeordnet, daß gegen die Stadt Emden und ihre Anhänger keinerlei Strafe mehr vollstreckt werden dürfe. Die subdelegierte Kommission sollte eine Spezifikation aller seit dem 3. Mai 1729 eingezogenen Geldstrafen nach Wien schicken und diese Gelder sofort restituieren. Alle konfiszierten Kapitalien und sequestrierten Güter, einschließlich der Emder Herr-

---

340 In Fällen dieser Art war es nichts besonderes, daß die freie Tätigkeit des Reichshofrates eingeschränkt wurde. Ungeachtet der Reichsgesetze haben die Kaiser vielfach durch persönliche Weisungen den Reichshofratsprozeß gestaltet, wenn nötig auch durch Machtsprüche. Die »kaiserliche Machtvollkommenheit« und seine grundsätzlich nicht einschränkbare Stellung als oberster Richter im Reich boten dazu die Rechtsgrundlage, vgl. S e l l e r t , Prozeßgrundsätze, S. 88 f. Grundsätzlich konnte der Reichshofrat auch nichts dagegen einwenden, denn seine Weigerung, starren Prozeßregeln zu folgen (wie das Reichskammergericht), begründete er damit, daß dadurch die »kaiserliche Machtvollkommenheit« und prozessuale Gestaltungsfreiheit eingeschränkt würde, ebenda, S. 99 und 320.

341 StaA., Rep. 4, C III a, 137.

lichkeiten, sollten, allerdings mit einer darauf eingetragenen Hypothek zur Sicherung der Schadenersatzpflicht, zurückgegeben werden. Den »Renitenten« wurden erlaubt, auch ihrerseits ein Verzeichnis aller Gelder, die bisher zur Indemnisationskasse eingezogen worden waren, einzureichen, damit die entsprechende Aufstellung der subdelegierten Kommission kontrolliert werden könne. Alle diejenigen, ausgenommen nur die auch bisher expressis verbis von der Amnestie ausgenommenen Personen, d. h. konkret nur von dem Appelle, die von den Landtagen ausgeschlossen gewesen waren, sollten unbeeinträchtigt und in voller Freiheit nach dem alten Herkommen wieder Sitz und Stimme führen, wenn sie sich dabei nur friedlich aufführten und zu den Landeslasten nach der vor den Unruhen »in observantia gewesten proportion concurriren«; fast entschuldigend ist dazugefügt, das sei schließlich die selbstverständliche Pflicht eines jeden Standes, und niemand solle besser oder schlechter gestellt sein als andere. Die Höhe der von den »Renitenten« zu leistenden Schadenersatzsumme sollte in einer Vergleichsverhandlung vor einer kaiserlichen Kommission in Wien, wozu beide Seiten Bevollmächtigte schicken sollten, auf eine einmalige Pauschale ausgehandelt werden oder, falls auf diesem Wege keine Einigung möglich sein werde, nach summarischer Anhörung beider Seiten festgesetzt werden. Die Stadt Emden und die »gravaminierenden Stände« wurden schließlich ermahnt, die am 10. November 1729 und später eingereichten Gravamina dem Fürsten und den »gehorsamen« Ständen zu insinuieren, damit endlich die Untersuchung darüber beginnen könne. Der subdelegierten Kommission wurde in einem Reskript die strikte Beachtung aller dieser Bestimmungen befohlen und ein Rechenschaftsbericht über ihre Tätigkeit in der Schadenersatzangelegenheit, insbesondere hinsichtlich der Grundsätze bei der Moderierung der eingereichten Schadenrechnungen, verlangt. Wenzel Sinzendorff im Haag dagegen sollte den Generalstaaten mitteilen, der Kaiser sei gesonnen, jedem schnellstmöglich eine Untersuchung zu garantieren, der sich über die ausbleibende Rückerstattung der Strafgelder zu beschweren habe.

Die Wirkung dieser Resolution, verstärkt durch die gleichzeitige Ablösung Steins als Referenten des ostfriesischen Prozesses[342], war gewaltig. Brenneysen war zutiefst empört, sprach von der »Illegalität« dieser Entscheidung und stellte kategorisch fest, die ostfriesische Landesherrschaft werde sich in keine gütlichen Verhandlungen einlassen, sondern verlange »rechtliche Erkenntniß[343]«. Außerdem wurde der Geheime Rat von Gersdorff aus Aurich nach Wien geschickt, um Brawe, dem Brenneysen offen-

---

342   Bericht Brawes vom 22. 8. 1731, StaA., Rep. 4, A IV c, 255; als offizielle Begründung wurde Steins Arbeitsüberlastung angegeben. Neuer Referent wurde Reichshofrat Wernher, Bericht Brawes vom 25. 8. 1731, ebenda.
343   Reskript an Brawe vom 4. 9. 1731, ebenda.

bar nicht mehr genügend vertraute, die Vertretung der fürstlichen Interessen aus der Hand zu nehmen[344]. Bei den »Renitenten« dagegen herrschte große Freude, die sich teilweise in spontanen Ausschreitungen gegen Parteigänger des Fürsten oder die unteren Bediensteten des Auricher Administratorenkollegiums, wie z. B. in der sequestrierten Herrlichkeit Oldersum, entlud[345]. Während der Emder Rat mehrfach bei den Generalstaaten unter Hinweis auf die günstige europäische Lage, in der der Kaiser um die Anerkennung der Pragmatischen Sanktion werbe, weitere Verbesserungen durchzusetzen bat, etwa die Zurückverlegung der Landeskasse nach Emden und die volle Amnestierung von dem Appelles[346], reichten die »gehorsamen« Stände nach Abstimmung mit Brenneysen am 11. Oktober die erste Beschwerde gegen diese Resolution ein[347].

Da im grundsätzlichen gegen diese Entscheidung nur schwer juristisch argumentiert werden konnte, konzentrierten sie sich vor allem auf den Punkt der Wiederzulassung der »Renitenten« zu den Landtagen, weil hier das Hauptinteresse aller Seiten berührt war. Genauso heftig, wie Emden und seine meist wirtschaftlich potenten Anhänger in den drei Marschämtern die Wiederzulassung erstrebten, um auf den Gang der ständischen Politik wieder Einfluß nehmen zu können, suchten die Exponenten der »gehorsamen« Stände und die Landesherrschaft dies zu verhindern, teils, um die gewonnenen Positionen im Administratorenkollegium und im Kreis der Ordinärdeputierten nicht zu verlieren, teils, weil nur die Aufrechterhaltung der Spaltung die relative Stärke der Landesherrschaft den Ständen gegenüber gewährleisten konnte[348]. Diesem Interesse kam die in der kaiserlichen Resolution verwendete Formulierung entgegen, die die Wiederzulassung Emdens mit der Auflage angeordnet hatte, die Stadt solle den vor den Unruhen üblichen Beitrag zu den Landeslasten tragen; gerade dieses Maß aber war streitig. Die Landesherrschaft, die subdelegierte Kommission und die »gehorsamen« Stände bestanden auf der 6. Quote als dem gültigen Satz, während Emden sich auf die 1723 vereinbarten 1100 fl. pro einfache Kapitalschatzung berief. Die »gehorsamen« Stände verlangten also die Zahlung des seit 1724 auf der Grundlage der 6. Quote bereits auf über 370 000 fl.[349] aufgelaufenen Rückstandes — wozu Emden, wie jeder wußte, nicht imstande war —, ehe die Stadt zu Landtagen wiederzugelassen werden könne. Darüber hinaus brachten sie vor, daß fast alle, die bislang von Landtagen ausgeschlossen gewesen seien, der Amnestie ohnehin nicht teil-

344   Reskript an Brawe vom 27. 8. 1731, ebenda.
345   Reskript an Brawe vom 11. 9. 1731, ebenda.
346   Z. B. in den Briefen vom 30. 10. und 13. 11. 1731, StaA., Rep. 4, B I f, 1093, fol. 510 ff. und 538.
347   StaA., Rep. 4, C III a, 163; am 18. 2. 1732 erneuerten sie ihre Beschwerde, ebenda.
348   Vgl. hierzu im einzelnen oben S. 374 ff.
349   Vgl. oben S. 411, Anm. 272.

haftig werden könnten, weil die Mitglieder der Geheimen Kommission, der gesamte Magistrat von Emden und eine Reihe weiterer ehemals führender Ständemitglieder für alle Todesfälle des »Appelle-Krieges« unmittelbar verantwortlich seien, denn sie hätten die bewaffneten Zusammenstöße verursacht und die Emder ständische Garnison eingesetzt.

Obwohl diese Argumentation im wesentlichen derjenigen entsprach, die im Reichshofrat vor nicht langer Zeit ebenfalls vertreten worden war, konnte im Augenblick auf diese Weise nur ein hinhaltender Erfolg erzielt werden: Emden und seine Anhänger mußten vorerst weiter dem Landtagsgeschehen von außen zusehen, und Streitigkeiten dieser Art waren es, die bis zum Anfall Ostfrieslands an Brandenburg-Preußen im Jahre 1744 das Feld beherrschten, weit über den Tod Fürst Georg Albrechts und seines Kanzlers Brenneysen, die beide 1734 starben, hinaus. Noch aber war das Interesse des Kaisers, die Niederlande zum Beitritt zum Wiener Vertrag zu gewinnen, für die Entwicklung der ostfriesischen Querelen bestimmend; Wenzel Sinzendorffs Mission im Haag war noch nicht abgeschlossen.

9.3.4. Die kaiserliche Finaldeklaration vom 20. Februar 1732 und der Beitritt der Niederlande zum Wiener Vertrag

Mit der jüngsten Reichshofratsresolution war Wenzel Sinzendorff für seine weiteren Verhandlungen der Weg erheblich geebnet worden. Das bislang innerhalb der Generalstaaten weit verbreitete Mißtrauen in die Absichtserklärungen des Kaisers war ruhigerem Verhalten gewichen[350], gespeist von der auch im Reichshofrat sich ausbreitenden Erkenntnis, daß die Auseinandersetzung zwischen den ostfriesischen Kontrahenten mittlerweile einen Punkt erreicht habe, an dem beide Seiten in ihrer Verbitterung »auf lauter unbilligen extremis« beharrten. Diese Erkenntnis führte zu der Instruktion an Sinzendorff, den Generalstaaten mitzuteilen, es gelte nur noch, einen Weg aus dieser Verwirrung zu finden, der die Reichsverfassung nicht zu sehr verletze[351]. In diesem guten Verhandlungsklima ergaben sich schnell Fortschritte. Bis Anfang November 1731 hatten beide Seiten eine weitgehende Einigung über die ostfriesische Deklaration erreicht[352]. Allerdings versuchten die staatischen Unterhändler immer noch, die Aufhebung der streitigen Dekrete vor der Untersuchung der Gravamina durchzusetzen, was die Geheime Konferenz veranlaßte, dem in den meisten Punkten konzessionsbereiteren Sinzendorff und seinen niederländischen Gesprächspart-

350   Bericht Sinzendorffs vom 27. 10. 1731, HHuStaW., Stabt.: Holland K. 31.
351   Protokoll der Geheimen Konferenz vom 15. 9. 1731, HHuStaW., Vortr. Stk. K. 34, und Reskript an Sinzendorff vom 25. 9. 1731, HHuStaW., Stabt.: Holland K. 85.
352   Bericht Sinzendorffs vom 4. 11. 1731, ebenda, K. 31.

nern den Unterschied zwischen der ostfriesischen Sache und der ostendischen Handelskompanie nachdrücklich ins Gedächtnis zu rufen; bei dieser komme es allein »auff Unsere willkühr« an, bei dem ostfriesischen Prozeß aber sei der Kaiser an die Reichsverfassung gebunden und dürfe das Recht Dritter nicht beeinträchtigen. Es müsse also eingehalten werden, »was quoad remedium restitutionis in integrum die Reichssatzungen verordnen[353]«. Daß der Wiener Hof in diesem Punkt nicht nachgiebiger war, hatte neben grundsätzlichen Erwägungen seine Ursache auch in Aktivitäten des Königs von Polen, der als Kurfürst von Sachsen einer der mit der ostfriesischen Kommission betrauten Reichsfürsten war. Nach mehreren Vorstößen im Reichstag gegen die kaiserliche Politik im Herbst 1731[354] protestierte er Anfang Dezember in einem Schreiben an den Kaiser gegen die Entwicklung, die der ostfriesische Prozeß mit der Resolution vom 22. August genommen hatte, und drohte, seinen subdelegierten Rat aus Aurich abzuziehen, was er Ende des Jahres auch tat[355]. Gerade das wurde in Wien »eben so ungern nicht« gesehen, bestätigte der Geheimen Konferenz aber ihre vorsichtige Politik, nach Möglichkeit ohne Provokationen des Reiches auszukommen[356].

Nachdem Holland als Wortführer der niederländischen Politik sich Ende Januar 1732 mit der erreichten Übereinkunft einverstanden erklärt hatte, gaben auch die Provinzen Friesland, Groningen und Overijssel, die teils wegen ihrer Grenzlage, teils aus grundsätzlicher Übereinstimmung mit den Zielen der »Renitenten« auf einer schärferen Formulierung der Deklaration bestanden hatten, ihren Widerstand allmählich auf und schwenkten auf die generalstaatische Gesamtlinie ein[357]. So konnte Sinzendorff am 20. Februar 1732, als der Vertrag über den Beitritt der Niederlande zum Wiener Vertrag unterzeichnet wurde[358], die neu formulierte »Déclaration touchant les affaires d'Ostfrise«[359] überreichen, in der die dem Wiener Hof anstößigen Passagen über die unmittelbare restitutio in integrum für die »Renitenten« fehlte; in allen übrigen Punkten aber waren deren Ziele weitgehend erreicht. Alle sequestrierten bzw. konfiszierten Güter und Kapitalien

353   Reskript an Sinzendorff vom 21. 11. 1731, ebenda, K. 85.
354   Reskript an Sinzendorff vom 25. 9. 1731, ebenda.
355   Schreiben des Königs von Polen vom 5. 12. 1731, HHuStaW., RHR., Den. rec. K. 901; vgl. oben S. 382.
356   Reskript an Sinzendorff vom 5. 1. 1732, HHuStaW., Stabt.: Holland K. 85.
357   Berichte Sinzendorffs vom 19. und 29. 1. sowie 2. und 11. 2. 1732, ebenda, K. 31.
358   Druck bei P r i b r a m , S. 541—548.
359   Rijksarchief Den Haag, Staten-Generaal No. 12597—164, und HHuStaW., Stk., Friedensakten K. 49; ein kommentiertes Reinkonzept befindet sich als Beilage zum Protokoll der Geheimen Konferenz vom 20. 2. 1732, HHuStaW., Vortr. Stk. K. 34. Druck: R o u s s e t , Bd. 6, S. 463—469; d e r s ., Les interêts prêsens, Bd. 2, S. 344—346; D u m o n t / R o u s s e t , Supplement au Corps universel diplomatique, Tom. 2, Teil 2, S. 293—294. Kritische Edition im Anhang dieser Arbeit, S. 445 ff.

sollten, lediglich mit der als Hypothek eingetragenen Verpflichtung zum Schadenersatz belastet, an ihre Eigentümer zurückgegeben werden; die Gravamina, die »die von Emden und ihre Anhänger« — so die Formulierung, mit der der Streit um die »sogenannten Renitenten« aus der Welt geschafft worden war — übergeben hatten, sollten dem Fürsten und denen, »die gemeinsame Sache mit ihm machen« — so die Umschreibung für die »gehorsamen« Stände —, zur einmaligen, schnellen Beantwortung zugestellt werden und auf der alleinigen Grundlage der Akkorde untersucht werden. Die Akkorde sollten ihre Grenzen nur da haben, wo die obrigkeitlichen Rechte von Kaiser und Reich über Ostfriesland sowie ihre Jurisdiktion beeinträchtigt würden, alles das jedoch, was Fürst und Stände in freier Übereinstimmung über ihr gegenseitiges Verhältnis in die Akkorde aufgenommen hatten, wurde ausdrücklich vom Kaiser bestätigt, d. h. die landständische Verfassung Ostfrieslands sollte ohne Veränderung so, wie sie sich im Laufe von 120 Jahren herausgebildet hatte, erhalten bleiben. Wie bereits in der Resolution vom 22. August 1731 wurde die Wiederzulassung der bisher von Landtagen Ausgeschlossenen nach der alten Gewohnheit lediglich von ihrem allgemein friedfertigen Verhalten und ihrem Beitrag zu den Landeslasten gemäß der vor den Unruhen üblichen Proportion abhängig gemacht. Die Indemnisationssumme, auf deren gänzlichen Verzicht oder Festsetzung auf eine mehr symbolische Höhe[360] der Kaiser sich nicht hatte einlassen wollen, sollte in Wien von Beauftragten beider Seiten vor einer neuen Kommission in Güte ausgehandelt werden, allenfalls vom Kaiser nach Anhörung der Parteien in Billigkeit festgesetzt werden. Wie bisher sollte aus den niederländischen Garnisonsansprüchen in Emden und Leerort kein Streitpunkt werden, und schließlich wollte der Kaiser auf die pünktliche und richtige Rückzahlung aller Zinsen und Tilgungsraten für die zum Deichbau aufgenommenen Kapitalien achten.

Mit dieser Deklaration war der ostfriesische Prozeß im Prinzip entschieden; im Widerstreit zwischen den Hausmachtinteressen des Kaisers und den Anforderungen, die das oberstrichterliche Amt im Reich an ihn stellte, hatte sich die »österreichische Partei« in Wien auf eine Weise durchgesetzt, die de facto die seit 1721 ergangenen Reichshofratsdekrete außer Kraft setzte, es aber vermied, sie förmlich aufzuheben und damit die Forderung der Niederlande nach einer restitutio in integrum offiziell zu erfüllen[361]. Zwar waren mit dieser Erklärung die ostfriesischen Querelen noch nicht abgeschlossen, sie dauerten vielmehr an und mündeten schließlich in die Verhandlungen zwischen den ostfriesischen Landständen und König Fried-

360   So hatte Wenzel Sinzendorff einmal die Summe von 20.000 fl. vorgeschlagen, mit der alle Forderungen, die sich ursprünglich auf weit über 600.000 Reichstaler belaufen hatten, befriedigt werden sollten, Bericht vom 7. 7. 1731, HHuStaW., Stabt.: Holland K. 31.
361   Vgl. H u g h e s , Imperial judicial authority, S. 432 ff.

rich II. von Preußen um dessen Erbfolge in Ostfriesland ein[362], in substantia aber war die Sache entschieden. Die Niederlande waren mit dem Erreichten zufrieden[363], und damit hörte Ostfriesland auf, ein Gegenstand der europäischen Diplomatie zu sein, der es fast fünf Jahre lang, seiner inhaltlichen Bedeutung nach zu Unrecht, gewesen war. Der Kreis hatte sich geschlossen: Fürst und Stände standen wieder da, wo sie bis 1721 gestanden hatten.

362   Vgl. S c h m i d t , Politische Geschichte, S. 328 ff., und W i a r d a , Bd. VIII, passim.
363   Am 12. 4. 1732 schickten die Generalstaaten die von ihnen ratifizierte Deklaration an den Magistrat
       von Emden; sie bedauerten dabei zwar, nicht mehr erreicht zu haben, waren aber trotzdem mit dem
       Ergebnis im großen und ganzen zufrieden und empfahlen der Stadt, eine Deputation nach Wien zu
       schicken, die sich in konstruktiven Verhandlungen um weitere Verbesserungen bemühen sollte,
       StaA., Rep. 4, B I f, 1093, fol. 530 ff. Kaiserlicherseits wurde die Deklaration nicht förmlich ratifi-
       ziert, weil sie damit völkerrechtlich ein direkter Bestandteil des Beitrittsvertrages geworden wäre,
       was nach der Reichsverfassung nicht erlaubt war, Reskript an Sinzendorff im Haag vom 16. 3.
       1732, HHuStaW., Stabt.: Holland K. 85.

Zusammenfassung und Beurteilung der politischen Leistung der ostfriesischen Landstände

Das seit Ende des 16. Jahrhunderts nur in wenigen Jahrzehnten unterbrochene Ringen zwischen der ostfriesischen Landesherrschaft und ihren Landständen um die innere Machtverteilung erlebte in der im »Appelle-Krieg« kulminierenden Auseinandersetzung während des ersten Drittels des 18. Jahrhunderts seinen letzten Höhepunkt. Initiiert von dem seit 1710 die landesherrliche Politik leitenden Kanzler Enno Rudolph Brenneysen, war der Streit ein sehr typischer Ausdruck seiner Zeit, weil die den Absolutismus favorisierende Staatstheorie inzwischen ein derart weitgehendes Mitregiment der Stände, wie es in Ostfriesland anzutreffen war, als Anachronismus ansah. Die Auseinandersetzung dieser Jahre bewegte sich deshalb von Anfang an weit mehr im grundsätzlichen als alle früheren, denn nicht einzelne Mißbräuche und Verstöße gegen die Akkorde standen zur Debatte, sondern letztlich die gesamte landständische Verfassung, die Brenneysen als solche ein Verstoß gegen die Kategorien des göttlichen und weltlichen Rechts und der darin festgelegten »Relation zwischen Obrigkeit und Untertanen« zu sein schien. Entsprechend umfassend und weitgehend planmäßig angelegt begann er seinen Angriff auf die Bastionen der landständischen Verfassung, zuerst mehr verdeckt gegen das Hofgericht, um von lästiger gerichtlicher Kontrolle vor allem streitiger Verwaltungsmaßnahmen loszukommen, dann offen in dem seit 1720 laufenden Hauptprozeß gegen die Stände »in puncto diversorum gravaminum«.

Das gesamte ineinandergreifende System der ostfriesischen Verfassung wurde dabei in Streit gezogen: neben der Jurisdiktion des Hofgerichts die Befugnisse und Aufgaben des Administratorenkollegiums, die ständische Finanzverwaltung, die de facto fast einer Finanzhoheit entsprach, die in wichtigen Fällen von den Ständen auf Landeskosten übernommenen Prozesse, der Status der quasi-autonomen Stadt Emden, die Emder ständische Garnison und das den Ständen viel Freiheit zu selbständiger Politik lassende Landtagsrecht. Erst recht war Brenneysen daran gelegen, die den Ständen Rückendeckung gewährende brandenburgische Garnison aus Ostfriesland zu entfernen; die vom Bischof von Münster den Ständen gegen eine jährliche Subsidienzahlung gewährte Protektion fiel demgegenüber weniger ins Gewicht. Die Naturkatastrophen seit 1715, insbesondere die verheerende Weihnachtsflut von 1717, waren Brenneysen ein willkommener Hintergrund für seine Schwarzmalerei und boten ihm Gelegenheit, die Politik der Landstände für das Elend Ostfrieslands allein verantwortlich zu machen. Weil die Stände Brenneysens so tief ins grundsätzliche reichenden Ziele bald erkannten, war ihr Widerstand um vieles schärfer als bei früheren Auseinandersetzungen.

Seit es Brenneysen gelungen war, weitreichende kaiserliche Dekrete gegen die Stände zu erwirken, ohne daß diese wirklich zu seinen Klagen gehört worden waren, war eine vertragliche Einigung nach dem Muster der bisherigen Akkorde ausgeschlossen, weil Brenneysen an einem Kompromiß, der ihm nur einen, wenn auch bedeutenden, Teilerfolg gebracht hätte, wenig gelegen war. Da die Stände auf der anderen Seite nicht kampflos von ihren Privilegien lassen wollten, war die gewaltsame Austragung des Streites im »Appelle-Krieg« bzw. der »Emder Rebellion« die fast notwendige Konsequenz. Möglich wurde dieser Widerstand, weil die breite bäuerliche Landstandschaft insbesondere auf der wirtschaftlich hochentwickelten Marsch eine tiefe Verwurzelung ständischen Denkens und ständischen Selbstbewußtseins bewirkt hatte. Die »Friesische Freiheit« — bewußte Anknüpfung an die gleichnamigen Zustände des Spätmittelalters, aber inhaltlich völlig verschieden davon — erwies sich hier als ein geschichtsmächtiger Wert, dessen Ausstrahlungskraft z. T. in handgreiflichen wirtschaftlichen und politischen Vorteilen, z. T. aber auch in irrationalen Bereichen des Bewußtseins wurzelte. Fünfzehn Monate dauerte es, bis die Landesherrschaft, der als Folge der europäischen Mächtekonstellation und des labilen Friedens dieser Jahre eine wirksame Hilfe von Kaiser und Reich versagt blieb, die »renitenten« Stände besiegt hatte.

Die Vorgeschichte des »Appelle-Krieges«, erst recht dieser selbst, ist nur mit den »mittelalterlichen«[364] Kategorien der »alteuropäischen Gesellschaft« angemessen zu erfassen und zu beurteilen. Wer nicht die Rechtsauffassung der Stände berücksichtigt, derzufolge sie ihr Widerstandsrecht gegen die friedbrüchigen Versuche der Landesherrschaft, einen »absoluten Dominat« einzuführen, sich »souverain« zu machen, in Anspruch nahmen, kann, wie vielfach die ältere Historiographie, insbesondere die Phase des »Appelle-Krieges«, aber auch seine Vorgeschichte, nur als das tumultuarische Bemühen einer Handvoll privilegierter Herren ansehen, ihre ungerechtfertigten Vorteile gegen eine auf das Beste des ganzen Landes gerichtete Politik der Landesherrschaft zu verteidigen. Ein solches Urteil, das im wesentlichen die Positionen der absolutistischen Gegner der Stände zugrunde legt, wäre aber den Verhältnissen der »alteuropäischen Gesellschaft« ganz unangemessen. Das heißt nicht, alle Aktionen der Stände von vornherein für landesnützlich, die Politik der Landesherrschaft aber als landesschädlich zu werten; das wäre genauso falsch wie die Urteile früherer Historikergenerationen, die die Vorzeichen einseitig umgekehrt gesetzt haben[365]. Die politische Leistung sowohl der Stände wie der Landesherrschaft kann nur aufgrund der eingehenden Analyse konkreter Verhältnisse

364   Vgl. oben S. 2, Anm. 5.
365   Vgl. oben S. 1 ff.

gegeneinander abgewogen und bewertet werden. Die vorliegende Untersuchung erlaubt zu diesem Problem eine Antwort.

Die landständische Verfassung Ostfrieslands legte der Landesherrschaft enge Fesseln an, die diese nur mit äußerstem Widerwillen ertrug. Verhindert wurde dadurch eine Politik, die unter Berufung auf das Recht der Obrigkeit und den gottgewollten Gehorsam der Untertanen einen Absolutismus im kleinen praktizierte, der oft genug nur schlichte Willkür bedeutet hätte; gerade aus den kleineren Territorien des Heiligen Römischen Reiches Deutscher Nation gibt es genügend Beispiele dazu. Die sich einigermaßen die Waage haltende Machtverteilung in Ostfriesland bewirkte im Gegenteil eine dauernde gegenseitige Kontrolle, die Mißbräuche — auf beiden Seiten — zwar nicht ausschloß, aber schnell ans Licht brachte. Dies nicht erkannt zu haben, war bestimmend für Brenneysens Scheitern. Sein Versuch, staatstheoretische Grundsätze, die unter anderen, »moderneren« Gegebenheiten entwickelt worden waren, auf weitgehend intakte altständische Verhältnisse aufzupfropfen, war Ursache der zumindest in dieser Form vermeidbaren und für Ostfriesland nur Schaden stiftenden Auseinandersetzung um die innere Machtverteilung. Sein absolutistischer Fanatismus machte ihn blind für die im großen und ganzen funktionierende landständische Realität in Ostfriesland, in der eine breite bäuerliche Landstandschaft dafür sorgte, daß der Abstand zwischen der Bevölkerung und den Ständen nicht zu groß wurde; insbesondere bei der Bewilligung von Schatzungen wurde das Interesse der bäuerlichen Deputierten und ihrer Basis berücksichtigt: In keinem einzigen Fall während des Untersuchungszeitraumes wurden mit der Mehrheit der Ritterschaft und des Städtestandes, was möglich gewesen wäre, gegen den Willen des dritten Standes Schatzungen bewilligt, vielmehr gab sein Votum immer den Ausschlag für das Stimmverhalten der beiden anderen Stände. Diese Praxis kam nicht nur den landtagsberechtigten Bauern, sondern der gesamten Bevölkerung zugute.

Als besonders wichtig ist die Rechtssicherheit hervorzuheben, die die Politik der Stände bewirkte. Das von ihnen Ende des 16. Jahrhunderts durchgesetzte Hofgericht, mit einer im Laufe der Jahrzehnte stetig gewachsenen Zuständigkeit, war als weitgehend unabhängig von der Landesherrschaft tätiges Obergericht ein wirksames Hindernis gegen jede Politik, auf dem Verwaltungswege bestehende Rechtsverhältnisse auszuhöhlen und damit die ständische Basis entscheidend zu schwächen. Weil Brenneysen massiv versuchte, dem Hofgericht seine Jurisdiktionskompetenzen zu beschneiden, nahmen sich die Stände um so intensiver aller einschlägigen Fälle an und führten solche Prozesse, die zu einem Präjudiz gegen die Befugnisse des Hofgerichts führen konnten, auf Landeskosten. Auf diese Weise konnte in zahllosen Fällen Chancengleichheit der Prozeßgegner hergestellt werden, und arme Eingesessene oder Kirchspiele brauchten nicht auf ihr Recht zu verzichten, nur weil ihnen der finanzielle Atem für eine lange gerichtliche Auseinandersetzung mit der Landesherrschaft fehlte. Nicht, daß hier soziales Engagement eine Rolle gespielt hätte, es ging den Ständen nur um die Behauptung der Hofgerichtskompetenzen; die Folgen dieses Bemühens aber halfen auch den unteren Bevölkerungsschichten. Diese breite Rechtssicherheit, die gelegentlich schon an die viel spätere Trennung der Gewalten erinnert, war ein Verdienst der Stände.

Das finanzielle Gebaren der Stände war demgegenüber von Mißbräuchen nicht frei; eine Reihe dieser Mißbräuche sind jedoch nur aus absolutistischem Blickwinkel so zu bewerten, während sie in Wirklichkeit selbstverständliche Wahrnahme ständischer Rechte waren. Entscheidend für die Bewertung ist, daß die ständische Finanzverwaltung einer insgesamt recht vollständigen Kontrolle durch die Ordinär- und Extraordinärdeputierten unterlag und daher die Möglicheit, unentdeckt Mißbräuche zu treiben, sehr gering war. Die Landesherrschaft trat zwar mit dem Anspruch auf, eine geordnete, von Mißbräuchen freie Finanzverwaltung garantieren zu können, ihr eigenes Finanzgebaren unterschied sich aber in nichts von den »Mißbräuchen«, die sie den Ständen vorwarf. Es ist deshalb ausnahmsweise legitim, zu fragen, was aus Ostfriesland geworden wäre, hätte die Landesherrschaft die Finanzverwaltung, dazu noch unkontrolliert, ausüben können. Diese Frage darf zwar nicht Ausgangspunkt der Beurteilung ständischer Politik sein, sollen nicht von vornherein präjudizierte Urteile dabei herauskommen; wer aber nüchtern abwägt, kommt nicht umhin, zumindest in Ostfriesland die Rolle und die politische Leistung der Landstände positiver zu beurteilen, als das frühere Historiker getan haben. Zweifellos hält vieles heutigen Ansprüchen an eine geordnete Verwaltung nicht stand; wer solche, der damaligen Zeit nicht angemessene Ansprüche dennoch zugrunde legen will, darf das nur tun, wenn er sie auf beide Seiten, auf die Landstände und die Landesherrschaft, gleichermaßen anwendet. Die wesentliche politische Aufgabe der Stände bestand im Schutz der bestehenden Verhältnisse, und diese Aufgabe haben sie in Ostfriesland, insgesamt gesehen, erfüllt, zu ihrem eigenen und zum Nutzen des ganzen Landes. Mag ihre Politik auch als scheuklappenhaft und ohne weitere Perspektive erscheinen, sie war der Politik ihrer Landesherrschaft angemessen. Unter den Bedingungen der »alteuropäischen Gesellschaft« war in Territorien von der Kleinheit Ostfrieslands eine gegenseitige Kontrolle von Landesherrschaft und Landständen zweifellos die beste Art, den »Frieden« als einen Zustand ungebrochenen Rechts zu bewahren.

Anhang

Déclaration touchant l'Ostfrise vom 16. März 1731

Überlieferung

Da diese Déclaration Entwurf geblieben ist, existiert keine eigentliche Ausfertigung. Als »Original« und maßgebende Druckvorlage wird daher die Fassung zugrunde gelegt, die als Entwurf dem englischen Gesandten in Wien, Robinson, von den kaiserlichen Unterhändlern übergeben wurde.

a) »Original«
Public Record Office London, State Papers Foreign for the Empire 80/72.

b) Abschrift:
Niedersächsisches Staatsarchiv Aurich, Rep. 4, C III b, 89, Beilage A zur Eingabe des Fürsten von Ostfriesland an den Reichstag vom 19. Juni 1731.

c) Drucke:
1. Guillaume de Lamberty, Mémoires pour servir à l'histoire du XVIIIe siecle, contenant les negociations, traitez, résolutions et autres documens autentiques concernant les affaires d'état, Bd. 10, Den Haag 1731, Anhang S. 205—206.
2. Jean Rousset, Recueil historique d'actes, negotiations, mémoires et traitez depuis la paix d'Utrecht jusqu' à présent, Bd. VI, Den Haag 1732, S. 30—33.

Déclaration touchant l'Ostfrise

Les Etats Géneraux des Provinces Unies des Pays Bas, ayant en plusiers occasions connoitre à Sa Majesté Impériale et Catholique, que dans l'interêt, qu'ils prennent à ce, que le repos dans leur voisinage et par consequent dans la Province d'Ostfrise, alteré par les troubles, qui^a y sont survenus depuis quelques années$^{a'}$, soit remis^b et conservé, leur intention n'a jamais été de donner la moindre atteinte à la dépendance, dont la dite Province d'Ostfrise releve de l'Empereur et de l'Empire, Sa dite M. I. et C. pour donner une nouvelle preuve aux Etats Géneraux de Son désir à leur con plaire, autant que la justice le peut permettre, a bien voulu leur expliquer sur cette affaire ses véritables sentiments, et les rassurer par ce moyen des craintes, qu'ils paroissent avoir conçûës. Pour cet effet on n'a pas hesité de leur déclarer par le présent acte de Sa part, que Son intention a toujours été et est encore:

---

a—a'   fehlt bei Lamberty
b   Lamberty: retabli

442

1. Que l'amnestie, qu'Elle a très gracieusement accordée à ceux d'Embden et à leurs adherens, sorte entierement son effet, et qu'ainsi toutes les peines, qui ont été decretées contre ceux d'Embden et leurs adherens à cause de leur rénitence, ne soient point executées et qu'à l'égard de celles, qui depuis la très gracieuse acceptation de la soumission faite par ceux d'Embden et leurs adherens, auroient déjà été executées, le tout soit remis dans l'état, où il etoit avant que la^c dite soumission a^d été acceptées, c'est à dire avant le 3. Mai 1729. Sauf ce qui sera dit cy-après sur la concurrence à l'indemnisation pour les pertes que ceux, qui ont été pillés durant les troubles, ont souffertes.

2. Sa M. I. et C. ayant très gracieusement permis par Sa résolution du 12. Septembre 1729e à ceux de la ville d'Embden et à leurs adherens de déduire de nouveau leurs griefs en ce, qu'ils se croyent lezés par les décrets des années 1721 et suivantes, touchant le fonds des affaires, sur lesquelles ils ont eu des differens avec le Prince, et les dits griefs ayant été exhibés par après sous^f le$^{f'}$ [10.] Novembre de la même année en toute soumission au Conseil Impérial Aulique. Sa dite Majesté a déjà ordonné par Sa très gracieuse résolution ulterieure du 31. Aoust 1730^g, que ces griefs soient examinés au^h plutôt que faire se pourra, et Sa constante volonté, comme il a été souvent déclaré, a toujours été et est encore, qu'il soit décidé et statué la dessus en toute justice aussitôt qu'il sera possible suivant les accords, conventions et décisions, qui font le droit particulier de la Province d'Ostfrise et qui sont allgués dans les lettres reversales du Prince, passées et^i jurées$^{i'}$ à son avénement à la régence; bien entendu neantmoins, que sous ces^j accords, conventions et décisions ceux et celles ne sauroient être comprises, qui ont été cassées et annullées par les Augustes prédécesseurs de S. M. I. dans l'Empire ou qui donnent atteinte aux droits suprêmes de l'Empereur et de l'Empire sur la Province d'Ostfrise. Et S. M. I. et C. pour mieux donner à connoitre Sa très gracieuse intention, d'abréger autant que la justice le permet, l'examen des griefs de ceux d'Embden et de^k leurs adherens, a déjà ordonné par Sa résolution du 31. Aoust de l'année passée, que dès ce que l'insinuation des^l dits griefs$^{l'}$ sera faite à ceux, auxquels il convient de la faire selon la teneur de la résolution susmentionnée, ces derniers ayent à y répondre au

---

c   fehlt Fassung Aurich
d   Rousset: ait
e   fehlt Fassung Aurich
f—f'   fehlt Fassung Aurich und in beiden Drucken
g   fehlt Fassung Aurich und in beiden Drucken
h   Rousset: le
i—i'   fehlt bei Rousset
j   Rousset: ses
k   fehlt Fassung Aurich
l—l'   fehlt Fassung Aurich und in beiden Drucken

plutôt et une seule fois pour toutes. Après quoy S. M. I. sur l'avis de Son Conseil Impérial Aulique remédiera point pour[m] point à chacque plaintes, qui sera trouvée fondée dans les accords cités cy dessus.

3. Comme suivant la derniere résolution de S. M. I. et C. du 31. Aoust 1730 il a[n] déjà été ordonné, que ceux de la ville d'Embden et leurs adherens doivent être admis[o] à l'assemblée des Etats, qui doit être[o'] convoquée pour délibérer sans contrainte sur les affaires, qui sont de leur competence, S. M. I. et C. tiendra la main à ce, que cette résolution sorte son entier effet, et à ce, que contre sa teneur personne de ceux, qui ont droit d'y assister, n'en soit exclus.

4. A l'égard de l'indemnisation S. M. I. trouve bon, qu'il soit fait un état des dommages, qui selon la teneur de l'amnestie publiée le [13. Septembre] de l'année 1728 et de la résolution du 12. Septembre 1729 doivent être réparés par les rénitens, et que cet état leur soit communiqué pour alleguer ce, qu'ils trouvent à y redire. Après quoy S. M. I. et C. fera accommoder le different à l'amiable ou, au défaut d'un accommodement, décidera en toute équité de la somme, qui sera requise pour le dédommagement des pertes souffertes.

5. S. M. I. et C. persiste dans l'intention, qu'elle a toujours eue d'avoir un soin particulier du payement des interêts des sommes, que les Etats d'Ostfrise et la ville d'Embden ont empruntées des sujets des[p] Provinces Unies, comme aussi du remboursement du capital suivant la teneur des obligations passées à ce sujet.

---

m   Vorlage: par
n   Fassung Aurich: il y a
o—o' fehlt bei Lamberty
p   Vorlage: de

Déclaration touchant les affaires d'Ostfrise vom 20. Februar 1732

Überlieferung

a) *Originale*

1. Rijksarchief Den Haag, Staten Generaal Nr. 12597-164. Dieses Exemplar übergab der kaiserliche Gesandte im Haag, Graf Franz Wenzel von Sinzendorff, mit seiner Unterschrift, aber ungesiegelt, am 20. Februar 1732 bei der Unterzeichnung des Beitritts der Niederlande zum Wiener Vertrag vom 16. März 1731.
2. Haus-, Hof- und Staatsarchiv Wien, Vorträge Staatskanzlei Karton 34, fol. 129r—132v, Beilage zum Sitzungsprotokoll der Geheimen Konferenz vom 20. Februar 1732. Hierbei handelt es sich um ein kommentiertes Reinkonzept.

b) *Abschrift*

Haus-, Hof- und Staatsarchiv Wien, Staatskanzlei Friedensakten Karton 49.

c) *Drucke*

1. Jean Rousset, Recueil historique d'actes, negotiations, mémoires et traitez depuis la paix d'Utrecht jusqu'à présent, Bd. VI, Den Haag 1732, S. 463—469 (= Rousset 1).
2. Jean Rousset, Les interêts presens des puissances de l'Europe, fondez sur les traitez conclus depuis la paix d'Utrecht inclusivement et sur les preuves de leurs prétensions particulieres, Bd. 2, Den Haag 1733, S. 344—346 (= Rousset 2).
3. Jean Dumont/Jean Rousset, Supplement au Corps universel diplomatique du droit des gens, contenant un recueil des traitez . . ., Bd. 2, Teil 2, Amsterdam und Den Haag 1739, S. 293—294 (= Rousset 3).

Editorische Vorbemerkung:
Die in der Wiener Fassung mit Kommentaren versehenen Passagen sind kursiv geschrieben und fortlaufend numeriert, die Kommentare selbst als Anmerkung unter den Text gesetzt.

Déclaration touchant les affaires d'Ostfrise

Les Etats Géneraux des Provinces Unies des Pays Bas, ayant en plusieurs occasions fait connoitre à Sa Majesté Impériale et Catholique, que dans l'interêt, qu'ils prennent à ce, que le repos de[a] leur voisinage et par consequent dans la Province d'Ostfrise, alteré par les troubles, qui y sont survenus depuis quelques années, soit remis et conservé, leur intention n'a jamais été de donner la moindre atteinte à la dépendance, dont la[b] Province d'Ostfrise releve de l'Empereur et de l'Empire, Sa dite Majesté Imp. et Cath. pour donner une nouvelle preuve aux Etats Géneraux, comme[c] aussi à Sa Majesté Brittannique, qui en cecy a appuyé les intentions des Etats Géneraux[c'], de son désir[d] à leur complaire, autant que la justice le peut permettre, a bien voulu leur expliquer sur cette affaire ses véritables sentimens et les rassurer par ce moyen des craintes, qu'ils paroissent avoir conçuës. Pour cet effet on n'a pas hesité de leur déclarer par le présent acte de sa part, que son intention a toujours été et est encore:

1. Que l'amnestie, qu'elle a très gracieusement accordée à ceux d'Emden et à leurs adherans, sorte entierement son effet et qu'ainsi il ne soit plus executé aucunes des peines, qui ont été décretées contre eux à cause de leur rénitence. Que les amendes pécuniaires, qui pouroient[e] en avoir été exigées depuis la très gracieuse acceptation de leur soumission, c'est à dire depuis le 3. Mai 1729, leur soient réduës, que les biens immeubles, *y compris les seigneuries de la ville d'Emden et les capitaux*[l] s'il y en a de confisqués ou séquestrés, soient pareillement restitués à leurs proprietaires[f]. Que les fruits, qui en pouroient être sequestrés au profit de la caisse d'indemnisation, soient imputés à la somme à payer pour la réparation[h] des pertes de ceux, qui ont été pillés pendant les troubles, et qu'enfin les propriétaires ayant à rentrer dans la jouissance de tous leurs biens immeubles et capitaux, sans préjudice neantmoins de ce, qui sera dit dans paragraphe quatrieme de la présente déclaration[i] et sauf le droit[j] d'hypotheque, dont ces biens immeubles restent affectés pour la sûreté de l'indemnisation, dont il est parlé.

---

a   Fassung Wien und Rousset 1—3: dans

b   Rousset 1—3: la dite

c—c'   fehlt Fassung Wien

d   Rousset 1: devoir

e   Rousset 1—3: pouvoient

f   Rousset 1—3 folgt hiernach: que les fruits, qui en pouvoient être sequestrez, soient pareillement restituez à leurs proprietaires;

g   Rousset 1—3: pouvoient

h   Rousset 1—3: repartition

i   Fassung Wien sinnentstellend: année

j   Rousset 1—3: les droits

---

1   *NB: Die mit reißbley unterstrichene(n) wörter seind zufolge des anderseitigen Verlangens beygesetzet worden.*

2. Sa Majesté Imp. et Cath. ayant très[k] gracieusement permis par sa résolution du 12. Septembre 1729 à ceux de la ville d'Emden et à leurs adherans, de déduire de nouveau leurs griefs en ce, qu'ils se croient lezés par les décrets des[l] années 1721 et suivantes, touchant le fonds des affaires, sur lesquelles ils ont eu des differens avec le Prince, et les dits griefs ayant été exhibés par après sous le 10. Novembre[m] de la même année en toute soumission au Conseil Impérial Aulique. Sa dite Majesté Imp. a déjà ordonné et ordonnera encore, que les griefs, *touchant le fonds de l'affaire, après qu'ils auront été insinués au Prince* et à ceux, qui font cause commune avec luy, *qui devront y répondre dans deux mois après l'insinuation faite[2]*, soient examinés le plutôt que faire se pourra. Et sa constante volonté, comme il a été souvent déclaré, a toujours été et est encore, qu'il soit décidé et statué la dessus en toute justice, aussitôt qu'il sera possible, suivant les accords, conventions et décisions, qui font le droit particulier de la Province d'Ostfrise et qui sont alleguées dans les lettres reversales du Prince, passées à son avènement à la régence, *et dont l'observation a été jurée par les officiers du Prince[3];* bien entendu neantmoins, *que sous ces[n] accords, conventions et décisions ceux et celles ne sauroient être comprises, qui donnent atteinte aux droits suprêmes de l'Empereur et de l'Empire sur la Province d'Ostfrise et spécialement à la[o] jurisdiction impériale; mais pour lever tout doute sur le vray sens, que cette clause restrictive renferme, l'Empereur déclare en même temps, que, content de garantir sa[p] jurisdiction impériale de tout préjudice, son intention n'est pas d'aneantir ce, qui dans un accord ou convention a été statué du libre consentement des parties interessées sur le droit[q] du Prince et de ses Etats[4].*

k   fehlt Rousset 1—3
l   Rousset 1—3 statt des folgenden: de 1721 et des années suivantes
m   Rousset 1—3 fälschlich: 20. Octobre
n   Rousset 1—3: les
o   Fassung Wien und Rousset 1—3: sa
p   Rousset 1—3: la
q   Fassung Wien und Rousset 1—3: les droits

2   *Auch diese Wort(e) seind aus dem anderwärtigen auffsatz entnohmen, ausser daß man nöthig erachtet, von der Insinuation an die mit dem Fürsten es haltende(n) Stände gleichfalls erwehnung zu thun.*
3   *Dieser Zusatz ist gleichfalls aus dem anderwärtigen auffsatz entnohmen und wäre unbedencklich, wann anderst das factum, nemblich, daß sie auch von des Fürsten Bedienten beschworen werden, seine richtigkeit hat.*
4   *All dieses ist zwar in dem anderwärtigen auffsatz ausgelassen, allein ist meines ermessens eine ohnmöglichkeit, hiesigerseits hiervon abzustehen, wann man nicht von allen principiis, so man seit mehr dan hundert jahren, und zwar auch zur zeit, wo man der Republic beystandt am meisten nöthig hatte, beständig hier vor augen gehabt hat, [abgehen wollte]. Man hat sich ohnedem beflissen, noch kürzer und deuthlicher als vorhin diesen punct zu fassen, wo doch Graff Wenzel von Sinzendorff zu mehrmahlen erkennet hat, daß die General-Staaten usach über ursach hätten, sogar mit dem vorigen anerbiethung durchaus zufrieden und charmirt zu seyn.*

Et Sa Majesté Imp. et Cath. pour mieux donner à connoitre sa très gracieuse intention, d'abreger, autant que la justice le permet, l'examen des griefs de ceux d'Emden et de leurs adherans, *a déjà ordonné et fera ordonner de nouveau^s,* que le Prince et ceux, qui font cause commune avec luy, après que l'insinuation du libelle, tel qu'il a été exhibé, leur aura été faite, ayant à y^r répondre en deux mois pour le plus tard et une seule fois pour toutes. *Après quoy Sa Majesté Imp. et Cath.^{6}* remédiera point par^s point à chacque plainte, qui sera trouvée fondée dans les accords cités^t cy dessus.

3. *Comme en vertu^7* de la très gracieuse amnestie accordée à ceux d'Emden et à leurs adherans, excepté uniquement ceux, qui ont été spécialement exclus de l'amnestie, doivent être admis à l'assemblée des Etats, qui doit être convoquée pour déliberer sans contrainte sur les affaires, qui sont de leur compétence, pourvu^u qu'ils se comportent$^{u'}$ d'une maniere pacifique et qu'ils concourrent aux besoins communs de la Province d'Ostfrise selon la même proportion, qui avoit été observée avant la naissance des derniers troubles, qui y sont survenus. Sa Majesté Imp. et Cath. ordonnera de nouveau efficacement, que la ville d'Emden et tous ceux, qui cy devant avoient droit d'assister à l'assemblée des Etats — à la seule exception de ceux, qui ont été spécialement exclus de l'amnestie — y soient convoqués et admis suivant l'ancien usage de sorte, que puisque même avant la naissance des troubles un chacun, qui avoit droit d'y assister, a été obligé de se comporter pacifiquement et de payer sa quote part pour les besoins communs de la Province. L'intention de Sa Majesté Imp. et Cath. n'est pas, que ceux d'Emden et leurs adherans soient ny^v de pire ny$^{v'}$ de meilleure condition,

r   fehlt Rousset 1—3
s   Rousset 1—3: pour
t   fehlt Fassung Den Haag
u—u'   fehlt Fassung Den Haag
v   fehlt Rousset 1—3
v'   Rousset 1—3: ou

5   *Notandum: Weilen die resolution vom 31. August 1730, ob sie gleich denen Embdern allerdings favorabl ist, dannoch denen General-Staaten nicht anstehet, so hat man sich auch hierinnfalls ihrer delicatesse gefüget, daß, ohne die resolution selbsten zu citiren, bloß derselben einhalt angeführet wurde.*

6   *NB: Auch hier hat man sich nach jetzbemeldter delicatesse mittelst auslassung derer wörter: »sur l'avis de son Conseil Impérial Aulique« gerichtet, aus ursach, weilen Ihro Kayserliche Majestät wegen solcher auslassung gleichwohlen keine gebundenen hände haben und anderst als »sur l'avis du Conseil Impérial Aulique« ohne das nichts beschehen kan.*

7   *Auch in dem dridten paragrapho hat man sich, so viel immer möglich, dem anderwärtigen Verlangen gefüget, ausser daß man diesen punct klärer als in dem anhero eingesandten Ultimato und auf eine solche weiß gefaßt hat, daß er nicht zur kränckung der gerechtsahme eines Dridten mißbrauchet werden mag. Ich kan also nach meinen Pflichten nicht darfür halten, daß in der Substanz weiters nachzugeben thunlich seye, wie dann auch vor gantz kurzer zeit der Graff Wenzel von Sinzendorff berichtet, daß die renitenten dessen nichts befreyet werden könnten, was man ihnen hierunter alleinig aufbürden zu wollen jederzeit erkläret hat, andererseits aber aus dem Project gleichfalls ausgestrichen worden.*

qu'ils[w] ont été avant la naissance des troubles, ou que les autres Etats, qui[x] ne font point cause commune avec eux, le sont[x'], mais que les uns et les autres auront les mêmes devoirs à remplir et qu'à la seule réserve susdites personnes[y] de ceux, qui ont droit d'assister aux assemblées[z] des Etats, n'en soient exclus, que tous y comparoiteront avec la même liberté, sans restriction pour l'un plus que pour[a] l'autre conformement à l'ancien usage.

4. *Quant à l'indemnisation*[8], Sa Majesté Imp. et Cath. tâchera[b] de faire accomoder le differens à l'amiable, et[c] pour cet effet il ordonnera, que l'une et[d] l'autre partie authorise quelqu'un pour comparoitre en son nom devant une commission établie à Vienne[e] pour cet effet[f] et[g] pour pouvoir passer transaction à ce sujet[h]; et au défaut d'un accommodement Sa dite Majesté Imp., après avoir oui les raisons des uns et des autres, déterminera la somme, que ceux d'Emden et leurs adherans auront à payer une fois pour toutes pour le dédommagement des pertes causées pendant les troubles, sans qu'ils puissent être inquietés pour cela à l'avenir; et selon ce, qui a été déjà dit dans le paragraphe premier de la présente déclaration, tous les fruits, qui ont été séquestrés au profit de la caisse d'indemnisation, et tout ce, qui d'ailleurs a été exigé à cause de cette indemnisation, doit être déduit de la somme, qui seroit ainsi déterminée, de sorte que ceux d'Emden et leurs adherans n'auront qu'à payer le surplus, après lequel payement ils seront tout

---

w   folgt Rousset 1—3 Verneinung: ne
x—x'   Rousset 1—3 lautet der Satz sinnentstellend: qui font cause commune avec eux, le soyent non plus.
y   Rousset 1—3: susdite, bezogen auf reserve; personne im Singular
z   Rousset 1—3: à l'assemblée
a   fehlt Rousset 1—3
b   Rousset 1 und 3: tachant
c   fehlt Rousset 1—3
d   Rousset 1—3: ou
e   Fassung Wien: ici
f   Rousset 1 und 3: à ce sujet
g   fehlt Rousset 1—3
h   Rousset 1 und 3: sur cette affaire

---

8   *Auch in diesem punct, der doch merae justitiae ist und wo, ohne die dependenz der Provintz Ostfriesland vom Kayser und Reich zu zernichten, auf Ungarn und andere Königreich(e), so derer höchster Reichs-Tribunalien Gerichtszwang nicht erkennen, sich keines wegs provociren läßt, ist man dermahlen weiter gegangen, als der Pensionarius und Greffier in denen durch Robinson hier übergebenen auffsätzen nicht verlanget haben, wo doch nicht zu vermuthen ist, daß diese beede der Rupublic Ministri von freyen stücken etwas in Vorschlag gebracht haben werden, worüber die renitenten sich zu beklagen ursach haben könnten. Wie aber weiters als der nebenseitige auffsatz Vermag salva conscientia gegangen werden möge? ego quidem non video. Graff Wenzel von Sinzendorff hat vieles ehedessen für ungerecht gehalten, worzu er nunmehro einrathet. Ich aber kan nicht rathen, mittelst begehung eines unrechts und hindansetzung des Kayserlichen decori den beytritt derer General-Staaten zu erkauffen.*

à fait quittes à cet égard et l'hypothèque, dont il a été[i] parlé à la fin du paragraphe premier cessera d'abord.

5. L'Empereur a déjà déclaré en differentes occasions, que dans tout ce, qui a été ordonné par les décrets du Conseil Impérial Aulique de l'an 1721 et des années suivantes, il n'a jamais été question des garnisons, que les Etats Géneraux ont dans la ville d'Emden et dans Lierorthen, il n'en est non plus question à l'heure qu'il est, et Sa Majesté Imp. et Cath. rénouvelle à cet égard la déclaration cy devant[j].

D'ailleurs[k] elle persiste dans l'intention[k'], qu'elle a toujours eue[l], d'avoir un soin particulier du payement des interêts des sommes, que les Etats d'Ostfrise et la ville d'Emden ont empruntées des sujets des Provinces Unies, comme aussi du remboursement du capital, suivant la teneur des obligations passées à ce sujet.

Fait à La Haye le 20. Février 1732, François [Wenzel] Comte Sintzendorff.

---

i   Fassung Wien und Rousset 1—3: il est

j   fehlt Rousset 1—3; Fassung Wien: donnée cy devant

k—k'   fehlt Rousset 1—3

l   folgt Rousset 1—3: intention

Kirchspiel/Kommune bzw. Vogtei	Juni 1727	Dez. 1727/Jan. 1728	Mai/Juni 1728	Okt./Nov. 1728	April 1729	Oktober 1729	Dezember 1729	April 1730	Juni/Juli 1730	November 1730	April 1731	Oktober 1731	Januar 1732	Verschied. Personen	Teilnahmen insgesamt
Loppersum	—	—	—	—	—	—	—	—	1	—	—	—	—	1	1
Marienwehr	1	1	1	1	—	1	1	1	1	—	—	—	—	2	8
Osterhusen	1	—	—	—	—	—	—	—	1	—	1	1	1	1	5
Woltzeten	—	—	1	—	—	1	1	1	3	1	1	1	1	3	10
Vogtei Midlum }	—	—	—	—	—	—	1	1	1	1	1	1	1	1	8
Twixlum	—	—	—	—	—	—	—	1	1	—	—	—	—	1	2
Larrelt	—	1	—	—	1	1	—	1	1	1	1	—	—	4	7
Logumer Vorwerk	2	1	—	—	1	1	—	1	1	—	—	—	1	2	8
Wybelsum	2	2	—	—	—	—	—	—	—	—	—	—	—	3	4
Hatzum	—	1	—	1	—	—	—	1	—	—	—	1	—	2	4
Ditzum/Kritzum }	—	—	—	—	—	—	—	—	—	—	—	—	—	—	2
Midlum	2	1	—	—	—	—	—	—	—	—	—	—	—	3	—
Nendorp	2	1	—	—	—	—	—	—	1	—	—	—	1	2	4
Jemgum	1	1	—	—	—	—	—	—	—	—	—	—	—	1	2
Gesamt:	10	9	2	2	2	4	3	6	10	3	4	4	7	22	66

451

Amt Greetsiel

Kirchspiel	Juni 1727	Dez. 1727/Jan. 1728	Mai/Juni 1728	Okt./Nov. 1728	April 1729	Oktober 1729	Dezember 1729	April 1730	Juni/Juli 1730	November 1730	April 1731	Oktober 1731	Januar 1732	verschied. Personen	Teilnahmen insgesamt
Fleck Greetsiel	1	1	1	1	2	2	2	2	2	2	2	2	1	2	21
Uttum	-	1	-	1	1	1	1	1	1	1	1	1	1	1	11
Visquard	1	"2"	-	-	-	-	-	-	-	-	-	-	-	"2"	"3"
Manslagt	1	1	-	-	-	-	-	-	-	-	-	-	-	"2"	"2"
Groothusen	-	-	-	-	-	-	-	-	-	-	-	1	-	1	1
Amtsdeputierte (Ort nicht identifiziert)	-	1	1	-	-	1	1	1	1	1	1	1	1	1	10
Gesamt:	3	6	2	2	3	4	4	4	4	4	4	5	3	9	48

Anm.: Bis auf wenige Ausnahmen traten die Deputierten des Amtes Greetsiel als Amtsdeputierte auf, so daß nur durch Vergleich mit anderen Quellen die Herkunft der Deputierten ermittelt werden konnte. Bei einem war das nicht möglich.

" " neben einer Zahl bedeutet: abgewiesen als "Renitente"

452

Amt Leer

Kirchspiel/Kommune	Juni 1727	Dez. 1727/Jan. 1728	Mai/Juni 1728	Okt./Nov. 1728	April 1729	Oktober 1729	Dezember 1729	April 1730	Juni/Juli 1730	November 1730	April 1731	Oktober 1731	Januar 1732	verschied. Personen	Teilnahmen insgesamt
Fleck Leer	3	2	2	1	1	–	–	–	–	–	1	–	2	4	12
Weener	2	2	1	2	–	–	1	1	2	–	–	–	–	2	11
Weenermoor	1	1	–	–	–	–	–	–	–	–	–	–	–	1	2
Stapelmoor	–	1	–	–	–	–	–	–	–	–	–	–	–	1	1
Nüttermoor	1	–	–	–	–	–	–	–	1	–	–	–	1	1	3
Soltborg	2	3	–	–	–	–	–	–	–	–	–	–	–	3	5
Kirchborgum	1	1	–	–	–	–	–	–	–	–	–	–	–	1	2
Ihrhove/Steenfelde	2	1	–	–	–	–	–	–	–	–	–	–	–	2	3
Völlen	1	–	–	–	–	–	–	–	–	–	–	–	–	1	1
Loga	–	1	–	–	–	–	–	–	–	–	–	–	–	1	1
Gesamt:	13	12	3	3	1	–	1	1	3	–	1	–	3	17	41

Amt Aurich

Kirchspiel/Vogtei	Juni 1727	Dez. 1727/Jan. 1728	Mai/Juni 1728	Okt./Nov. 1728	April 1729	Oktober 1729	Dezember 1729	April 1730	Juni/Juli 1730	November 1730	April 1731	Oktober 1731	Januar 1732	verschiedene Personen	Teilnahmen insgesamt
Osteel	2	1	–	–	–	–	1	–	–	–	–	–	2	5	6
Marienhafe/Upgant	5	1	–	–	–	–	1	2	2	2	2	2	2	8	19
Siegelsum	1	–	–	–	–	–	–	–	–	–	–	–	1	2	2
Engerhafe	3	1	–	–	1	–	–	–	–	–	–	–	2	4	7
Victorbur/Victorburer	–	–	–	–	1	–	–	–	–	–	2	–	–	2	3
Marsch, Theene	2	–	–	–	–	–	–	–	2	1	–	1	–	4	6
Wigboldsbur	1	3	–	–	2	–	–	–	1	–	2	1	2	6	12
3 Wolden (Forlitz, Blauk-,Bederkaspel)	2	–	–	–	–	–	–	–	–	–	–	–	2	3	4
Hatshausen/Ayenwolde	2	"2"	–	–	–	–	–	–	2	–	–	–	–	"4"	6
Riepe/Riepster Hammr.	–	"1"	–	–	–	–	–	1	1	–	1	–	–	"2"	3
Ochtelbur	1	–	–	–	–	–	1	–	"1"	–	–	–	1	3	4
Barstede	–	–	–	–	–	–	–	1	2	–	–	–	–	"2"	3
Bangstede	1	–	–	–	–	–	–	–	–	–	–	–	–	1	1
Westerende	–	–	–	–	1	–	1	–	3	1	–	–	1	3	7
Holtrop/Weenen	4	1	–	–	–	–	–	1	–	–	1	1	–	5	10
Schirum	2	1	–	–	–	–	–	–	2	–	–	–	–	1	5
Aurich-Oldendorf	2	–	–	–	–	–	–	–	1	–	–	–	–	2	3
Timmel/Ulbargen	1	1	–	–	–	–	–	–	–	–	1	–	–	2	4
Bagband	2	2	–	–	–	–	–	–	–	–	–	–	–	2	4
Strackholt	1	–	–	–	–	–	–	–	2	–	–	–	–	2	3
Wiesens	1	–	–	–	–	–	–	–	"1"	–	–	–	–	1	2
Walle	1	–	–	–	–	–	–	–	–	–	–	–	–	1	1
Popens	1	–	–	–	–	–	1	–	1*	–	–	–	–	1	3
Igels	1	–	–	–	–	–	–	–	–	–	–	–	–	1	1
Wallinghausen	1	1	–	–	1	–	1	–	1	–	–	–	–	1	5
Sandhorst	1	–	–	–	–	–	–	–	–	–	–	–	–	1	1
Kirchdorf	1	–	–	–	–	–	–	–	–	–	–	–	–	1	2
Ardorf	1	–	–	–	1	–	–	–	2	–	–	–	–	2	4
Middels	2	–	–	–	–	–	–	–	–	–	–	–	–	4	4
Gesamt:	39	20	2	2	6	1	5	3	25	3	7	5	13	73	131

*: auch für Popens und Wallinghausen

Amt Norden

	Juni 1727	Dez. 1727/Jan. 1728	Mai/Juni 1728	Okt./Nov. 1728	April 1729	Oktober 1729	Dezember 1729	April 1730	Juni/Juli 1730	November 1730	April 1731	Oktober 1731	Januar 1732	verschiedene Personen	Teilnahmen insgesamt
nur Amtsdeputierte	1	2	1	1	2	1	1	1	1	1	-	1	2	4	15

Amt Berum

Kirchspiel/Vogtei	Juni 1727	Dez.1727/Jan.1728	Mai/Juni 1728	Okt./Nov. 1728	April 1729	Oktober 1729	Dezember 1729	April 1730	Juni/Juli 1730	November 1730	April 1731	Oktober 1731	Januar 1732	verschiedene Personen	Teilnahmen insgesamt
Hage	1	1	–	–	–	–	–	1	1	–	–	–	–	1	4
Hager- u. Oster-marsch	2	1	–	–	–	–	–	2	–	1	–	–	1	3	7
Nesse	2	2	–	–	–	–	–	2	1	–	–	–	1	3	8
Arle	3	3	1	1	1	1	1	3	1	–	1	1	–	6	17
Gesamt:	8	7	1	1	1	1	1	8	3	1	1	1	2	13	36

456

Amt Stickhausen

Kirchspiel/Kommune	Juni 1727	Dez.1727/Jan.1728	Mai/Juni 1728	Okt./Nov. 1728	April 1729	Oktober 1729	Dezember 1729	April 1730	Juni/Juli 1730	November 1730	April 1731	Oktober 1731	Januar 1732	verschiedene Personen	Teilnahmen insgesamt
Detern/Barge	2	1							1	1				4	5
Velde	1	1							1					2	3
Amdorf/Filsum/Wolde	3	1					1		1	2		1	1	3	10
Neuburg		1				2								1	2
Uplengen (Remels)	1	1*			2			1	3	3			2	8	15
Hesel	2								1	1				1	4
Holtland			1	1	1			1	1	1				4	5
Brinkum	1	1		1										1	4
Nortmoor	1	1"		1					2	2	1	1	1	4	6
Schatteburg / Backemoor	1								1					2	6
Potshausen	1	1							1					1	2
Holte u. Rhaude	1													1	2
Collinghorst	1													1	1
Hollen	1													1	1
Gesamt:	17	8	1	3	3	2	1	2	12	10	1	2	4	34	66

*: zugleich für Holtland und Brinkum

457

Amt Friedeburg

Kirchspiel/Kommune	Juni 1727	Dez. 1727/Jan. 1728	Mai/Juni 1728	Okt./Nov. 1728	April 1729	Oktober 1729	Dezember 1729	April 1730	Juni/Juli 1730	November 1730	April 1731	Oktober 1731	Januar 1732	verschiedene Personen	Teilnahmen insgesamt
Leerhafe	2	1	–	1	–	–	–	–	–	–	–	–	1	5	5
Reepsholt	2	1	1	2	–	–	1	1	–	–	–	–	4	7	12
Etzel	1	1	–	–	–	–	–	–	2	–	–	–	–	3	4
Horsten	1	1	–	–	1	1	–	–	–	–	–	–	–	2	4
Marx	1	1	–	–	–	–	1	1	1	1	2	2	2	2	12
Dose	–	–	–	–	–	–	–	–	1	–	–	–	–	1	1
unbestimmt	–	–	–	–	–	–	–	1	–	–	–	–	–	1	1
Gesamt:	7	5	1	3	1	1	2	3	4	1	2	2	7	21	39

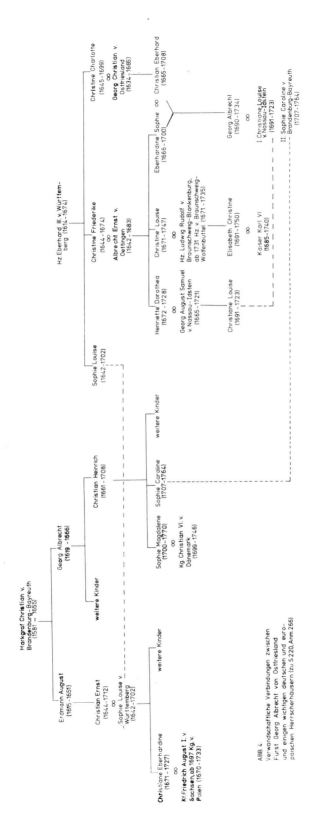

Markgraf **Christian** v.
Brandenburg-Bayreuth
(1581 – **1655**)

Georg Albrecht
(**1619** – **1666**)

Christine Charlotte
(1645-1699)
∞
Georg Christian v.
Ostfriesland
(1634 – 1665)   Christian Eberhard
(1665-1708)

Hz. Eberhard III. v. Württemberg (1614-1674)

Christine Friederike
(1644-1674)
∞
Albrecht Ernst v.
Oettingen
(1642-1683)

Eberhardine Sophie ∞
(1666-1700)

Erdmann August
(1615-1651)

Christian Ernst
(1644-1712)
∞
Sophie Louise v.
Württemberg
(1642-1702)

weitere Kinder

Christian Heinrich
(1661-1708)

Sophie Louise
(1642-1702)

Christine Louise
(1671-1747)
∞
Hz. Ludwig Rudolf v.
Braunschweig-Blankenburg,
ab 1731 Hz. v. Braunschweig-
Wolfenbüttel (1671-1735)

Georg Albrecht
(1690-1734)
∞
I Christiane **Louise**
v. Nassau-**Idstein**
(1691-1723)

II Sophie Caroline v.
Brandenburg-Bayreuth
(1707-1764)

Christiane Eberhardine
(1671-1727)
∞
Kf.Friedrich August I. v.
Sachsen,ab 1697 Kg. v.
Polen (1670-1733)

weitere Kinder

Sophie Magdalene
(1700-**1770**)
∞
Kg. Christian VI. v.
Dänemark
(1699-1746)

Sophie Caroline
(1707-1764)

weitere Kinder

Henriette Dorothea
(†1728)
∞
Georg August Samuel
v. Nassau-Idstein
(1665-1721)

Christiane Louise
(1691-1723)

Elisabeth Christine
(1691-1750)
∞
Kaiser Karl VI
(**1685**-1740)

ABB. 4
Verwandschaftliche Verbindungen zwischen
Fürst Georg Albrecht von Ostfriesland
und einigen wichtigen deutschen und europäischen Herrscherhäusern (zu S.220,Anm.266)

459

Quellen und Literatur

1. Ungedruckte Quellen

Niedersächsisches Staatsarchiv in Aurich

Rep. 4:   Fürstliches Archiv
Rep. 135:   Konsistorium
Rep. 220:   Testamente
Rep. 241:   Manuskripte
Dep. 1:   Archiv der Ostfriesischen Landschaft
Dep. 28:   Archiv der Ostfriesischen Ritterschaft
Dep. 53:   Nachlaß Petrus Bartels

A: Landtagsakten, -protokolle und Landrechnungsprotokolle

Dep. 1, 1403, 1406, 1408, 1410, 1412, 1417, 1420, 1429, 1431, 1432, 1433, 1435, 1436, 1439, 1451, 1452, 1453, 1456, 1462, 1465, 1484, 1623, 1624, 1632, 2126, 2133, 2134.
Rep. 4, C II b, 124, 125, 126, 127, 128, 129, 130, 131, 132, 133, 134, 135, 136, 137, 138, 139, 140, 141, 142, 143, 144, 145, 146, 148.

B: Prozeß- und allgemeine Akten zu den Landesstreitigkeiten

Rep. 4, C III a, 108, 110, 114, 117, 121, 122, 123, 130, 131, 133, 134, 135, 136, 137, 141, 146, 148, 149, 159, 163, 167, 169, 173, 184.
Rep. 4, B IV i, 54, 117.
Rep. 4, C III d, 7, Vol. 1−8; C III d, 9.
Dep. 1, 522, 525, 556, 567, 792, 1345, 1351, 1371, 1385.

C: Finanzakten aller Art, Schatzungssachen und -streitigkeiten, Landrechnungen

Rep. 4, A II a, 15, 16.
       A II b, 314.
       A II d, 6.
       A IV b, 124.
       B VI a, 58, 60, 122, 124, 127.
Rep. 4, C I c, 97.
       C I g, 4, 6, 8, 11, 12, 13, 56, 59, 63, 64.
       C I h, 90.
Dep. 1, 945, 1466, 2024, 2027, 2029, 2033, 2036, 2040, 2042, 2045, 2046, 2052, 2054, 2057, 2058, 2059, 2061, 2064, 2065, 2066, 2069, 2091.

D: Akten der subdelegierten kaiserlichen Kommission

Rep. 4, C III c, 9, 30, 32, 71, 91, 92, 93, 94, 95, 96, 97, 98, 99, 100, 101, 102, 103, 104, 105, 106, 107, 108, 109, 110, 111, 112, 113, 114, 115, 116, 117, 118, 119.

E: Gesandtschaftsberichte und auswärtige Missionen

Rep. 4, A IV c, 199, 240, 241, 242, 243, 244, 245, 246, 248, 249, 250, 251, 252, 253, 254, 255, 257, 268.
Rep. 4, B I c, 200.
       B I f, 693, 703, 707, 859, 860, 943, 1093, 1099, 1150, 1363, 1367.
       C III b, 89.
       C III c, 8.

F: Akten zu den gewaltsamen Auseinandersetzungen 1722/23, 1724, 1725—27

Rep. 4,　B X a, 34.
　　　　 B X c, 2.
　　　　 B X d, 4, 8 Vol. I und II.
Rep. 4,　C III b, 19, 22, 23, 25, 26, 27, 29, 30, 31, 32, 34, 35 Vol. I und II,
　　　　 37 Vol. I bis III, 38, 39, 41, Vol. VIII a, 43, 44, 45, 50, 51 Vol. I, 61,
　　　　 64, 72 Vol. I, III und IV, 76, 77.
Dep. 1,　1354, 1355, 1356, 1365.

G: Diarien des Administratorenkollegiums

Dep. 1,　694, 697, 705, 706, 707, 708, 709, 731, 732.

H: Sonstige Akten

Rep. 4,　B II p, 7, 97.
　　　　 B II w, 11, 12, 13.
　　　　 B IV e, 133, 134.
Rep. 220 f, 104.
Rep. 241, A 179.
Dep. 1,　2866, 4930.
Dep. 1,　Msc. fol. 22, 35, 40, 41, 93 a.
Dep. 28　b, 119, 120.
Dep. 53, Nr. 2.

Haus-, Hof- und Staatsarchiv Wien

Reichshofrat:　　Denegata recentiora, Kartons 888, 889, 890, 891, 892, 893,
　　　　　　　　894, 895, 896, 897, 898, 899, 900, 901, 902, 903, 904, 905,
　　　　　　　　906/1, 907, 920/3, 921/2.

Reichskanzlei:　 Kleinere Reichsstände, Ostfriesland, Nr. 404, 405. Vorträge,
　　　　　　　　Fasz. 6 c.

Staatskanzlei:　　Vorträge, Kartons 27, 28, 29, 30, 31, 32, 33, 34. Friedens-
　　　　　　　　akten, Karton 49.

Staatenabteilung: Holland, Kartons 25, 26, 27, 28, 29, 30, 31, 84, 85.

Stadtarchiv Emden

I. Registratur, Nr. 911.

Rijksarchief Den Haag

Staten-Generaal Nr. 12597 — 164.

Public Record Office London

State Papers Foreign for the Empire 80/72.

2. Gedruckte Quellen

Auf die Anführung der zahlreichen kleineren und größeren gedruckten Streitschriften der 1720er Jahre wird verzichtet, weil sie bis auf wenige, im folgenden genannte Ausnahmen nichts von den Akten abweichendes enthalten.

A n d r é , Louis und B o u r o i s , Emile (Bearb.), Recueil des instructions donées aux ambassadeurs et ministres de France depuis les Traitéz de Westphalie jusqu' à la Révolution Francaise, publié sous les auspices de la commission des archives diplomatiques au ministère des affaires étrangères, Bd. 22: Hollande, Teil 2, von 1698–1730, Paris 1923.

A u s dem Ständekampfe. In: Ostfriesisches Monatsblatt für provinzielle Interessen, 4. Jg. 1876, S. 433–450.

B r e n n e y s e n , Enno Rudolph, Ost-Friesische Historie und Landes-Verfassung, 2 Bde., Aurich 1720.

C h a n c e , James Frederick (Hrsg.), British diplomatic instructions 1689–1789, Bd. 3: Denmark, London 1926.

D u m o n t , Jean, Corps universel diplomatique du droit des gens . . . , Tom. VIII, Teil 2, Amsterdam 1731.

D e r s . und Jean R o u s s e t , Supplement au Corps universel diplomatique du droit des gens . . . , Tom. II, Teil 2, Amsterdam/Den Haag 1739.

E b e l , Wilhelm (Hrsg.), Ostfriesische Bauerrechte, Aurich 1964 (= Quellen zur Geschichte Ostfrieslands, Bd. 5).

E m b d e n s Recht en Onschuld, tegens alle Onwaare Beschuldigungen beweesen en verdedigt . . . , Haarlem 1728.

F ü r s t l i c h e Ost-Friesische kurtze Anweisung / was es mit der / von der Stadt Emden, und ihren Anhängern, vorgegebenen Garantie, respective, der Cron Engelland / Sr. Chur-Fürstlichen Durchlauchtigkeit zu Braunschweig-Lüneburg / und derer Herren General-Staaten / über die Ost-Friesische Landes-Verträge / für eine Beschaffenheit habe, Oldenburg 1726.

H e t levende staatische Recht van Guarantie over de Oostfriesische Accorden, o. O. 1726.

H e t Recht en Interesse van Haare Hoog Moogende de Heeren Staten Generaal der Vereenigde Nederlanden op de Stadt Embden en Oostfriesland. Beschreeven door Henderk van Mastricht, Koopman buiten Amsterdam. Te Amsterdam, by Cornelis van der Waal, voor Jan van Stavoren, Boekeverkoper, 1728.

H ö f l e r , Constantin von, Der Congress von Soissons, 2 Bde., Wien 1871 und 1876 (= Fontes Rerum Austriacarum, II. Abteilung: Diplomataria et Acta Bd. 32 und 38).

L a m b e r t y , Guillaume de, Mémoires pour servir a l'histoire du XVIIIe siecle, contenant les négociations, traitez, résolutions et autres documens autentique concernant les affaires d'état, Bd. 10, Den Haag 1731.

L ü n i g , Johann Christian, Codex Germaniae diplomaticus . . . , Bd. 1, Frankfurt und Leipzig 1732.

P r i b r a m , Alfred Francis (Bearb.), Österreichische Staatsverträge: England, Bd. 1 (1526–1748), Innsbruck 1907 (= Veröffentlichungen der Kommission für neuere Geschichte Österreichs Bd. 3).

R o u s s e t , Jean, Les interêts presens des puissances de l'Europe, fondez sur les traitez conclus depuis la Paix d'Utrecht inclusivement, et sur les preuves de leur prétensions particuliere, Bd. 2, Den Haag 1733.

D e r s . , Recueil historique d'actes, négociations, mémoires et traitez depuis la Paix d'Utrecht . . . , Bd. 5 und 6, Den Haag 1731 und 1732.

von W i c h t , Matthias, Das Ostfriesische Landrecht, nebst dem Deich- und Syhlrechte . . . , Aurich 1746.

W i e m a n n , Harm (Hrsg.), Die Grundlagen der landständischen Verfassung Ostfrieslands. Die Verträge von 1595 bis 1611, Aurich 1974 (= Quellen zur Geschichte Ostfrieslands Bd. 8).

3. Literatur

A b e l , Wilhelm, Agrarkrisen und Agrarkonjunktur, Hamburg und Berlin 2. Auflage 1966.

D e r s ., Massenarmut und Hungerkrisen im vorindustriellen Europa, Hamburg und Berlin 1974.

A n t h o l z , Heinz, Die politische Wirksamkeit des Johannes Althusius in Emden, Aurich 1955 (= AuV. Bd. 32).

A r n e t h , Alfred von, Johann Christoph Bartenstein und seine Zeit, in: Archiv für österreichische Geschichte Bd. 46, 1871, S. 3–214.

A u e r , Leopold, Das Reich und der Vertrag von Sevilla 1729–1731, in: Mitteilungen des österreichischen Staatsarchivs Bd. 22, 1969, S. 64–93.

B e r g h a u s , Warner Mimke, Die Verfassungsgeschichte der Ostfriesischen Landschaft, Diss. jur. (masch.) Göttingen 1956.

B i r t s c h , Günter, Die landständische Verfassung als Gegenstand der Forschung, in: Dietrich Gerhard, Ständische Vertretungen – siehe dort – S. 32–55.

B i s c h o f f , Dietrich, Ostfriesland in den englisch-niederländischen Seekriegen des 17. Jahrhunderts, in: EJb. Bd. 31, 1951, S. 38–60.

B l i c k l e , Peter, Landschaften im alten Reich. Die staatliche Funktion des gemeinen Mannes in Oberdeutschland, München 1973.

B ö c k e n f ö r d e , Ernst-Wolfgang, Die deutsche verfassungsgeschichtliche Forschung im 19. Jahrhundert. Zeitgebundene Fragestellungen und Leitbilder, Berlin 1961 (= Schriften zur Verfassungsgeschichte Bd. 1).

B o s l , Karl und Karl M ö c k l (Hrsg.), Der moderne Parlamentarismus und seine Grundlagen in der ständischen Repräsentation, Berlin 1977.

D e r s ., Repräsentierte und Repräsentierende, in: Ders., Der moderne Parlamentarismus – siehe dort – S. 99–120.

B r a u b a c h , Max, Prinz Eugen von Savoyen. Eine Biographie. Bd. 4: Der Staatsmann, München 1965.

D e r s ., Vom Westfälischen Frieden bis zur Französischen Revolution, in: Gebhardt – siehe dort – S. 241–359.

B r u n n e r , Otto, Land und Herrschaft. Grundfragen der territorialen Verfassungsgeschichte Österreichs im Mittelalter, Darmstadt 6. Auflage 1973.

D e r s ., Moderner Verfassungsbegriff und mittelalterliche Verfassungsgeschichte, in: Hellmut Kämpf, Herrschaft und Staat – siehe dort – S. 1–19.

D e r s ., Neue Wege der Verfassungs- und Sozialgeschichte, Göttingen 1968.

D e r s ., Das ganze Haus und die alteuropäische Ökonomik, in: Ders., Neue Wege – siehe dort – S. 103–127.

D e r s ., Die Freiheitsrechte in der altständischen Gesellschaft, in: Ders., Neue Wege – siehe dort – S. 187–198.

D e r s ., „Feudalismus". Ein Beitrag zur Begriffsgeschichte, in: Ders., Neue Wege – siehe dort – S. 128–159.

D e r s . und Werner C o n z e und Reinhart K o s e l l e c k (Hrsg.), Geschichtliche Grundbegriffe. Historisches Lexikon zur politisch-sozialen
Sprache in Deutschland, Bd. 1 und 2, Stuttgart 1973 und 1975.

d e B u h r , Hermann, Die Entwicklung Emdens in der zweiten Hälfte des
16. Jahrhunderts, Diss. phil. Hamburg 1967.

C a r s t e n , Francis L., Princes and Parliaments in Germany. From the
Fifteenth to the Eighteenth Century, Oxford 1959.

D e r s ., Die deutschen Landstände und der Aufstieg der Fürsten, in: Die Welt
als Geschichte Bd. 20, 1960, S. 16−29.

C o n r i n g , Werner, Die Stadt- und Gerichtsverfassung der ost-friesischen
Residenz Aurich bis zum Übergang Ostfrieslands an Preußen im Jahre 1744,
Aurich 1966 (= AuV. Bd. 43).

C r e m e r , Ufke, Norden im Wandel der Zeiten, Norden 1955.

C z o k , Karl, Charakter und Entwicklung des feudalen deutschen Territorialstaates, in: ZfG. Bd. 21, 1973, S. 925−945.

D e e t e r s , Walter, Das Wappen der ostfriesischen Stände, in: EJb. Bd. 58,
1978, S. 68−79.

D u c h h a r d t , Heinz, Gleichgewicht der Kräfte, Convenance, Europäisches
Konzert. Friedenskongresse und Friedensschlüsse vom Zeitalter Ludwigs
XIV. bis zum Wiener Kongreß, Darmstadt 1976 (= Erträge der Forschung
Bd. 56).

E n g e l b e r g , Gerfried, Ständerechte im Verfassungsstaat, dargestellt am
Beispiel der Auseinandersetzung um die Rechte der landschaftlichen Repräsentanten Ostfrieslands mit dem Königreich Hannover, Berlin 1979 (= Schriften zur Verfassungsgeschichte Bd. 29).

E r l e r , Adalbert und Ekkehard K a u f m a n n (Hrsg.), Handwörterbuch
zur deutschen Rechtsgeschichte, Bd. 1, Berlin 1971 ff.

F ü r b r i n g e r , Leo, Die Stadt Emden in Vergangenheit und Gegenwart,
Emden 1892.

G e b h a r d t , Handbuch der deutschen Geschichte Bd. 2, Stuttgart 9. Auflage 1970.

G e r h a r d , Dietrich, Amtsträger zwischen Krongewalt und Ständen, in:
Alteuropa und die moderne Gesellschaft. Festschrift für Otto Brunner zum
65. Geburtstag, Göttingen 1963, S. 230−247.

D e r s . , Regionalismus und ständisches Wesen als ein Grundthema europäischer Geschichte, in: Hellmut Kämpf, Herrschaft und Staat − siehe dort −
S. 332−364.

D e r s . (Hrsg.), Ständische Vertretungen in Europa im 17. und 18. Jahrhundert, Göttingen 1969 (= Veröffentlichungen des Max Planck-Instituts für
Geschichte Bd. 27).

G e r t e i s , Klaus, Regionale Bauernrevolten zwischen Bauernkrieg und fran-
zösischer Revolution. Eine Bestandsaufnahme, in: ZHF. Bd. 6, 1979, S.
37−62.

G o s l i n g a , Adriaan, Slingelandt's efforts toward european peace, Part 1,
Den Haag 1915.

G r i f f i t h s , Philipps A., Auf welche Weise kann eine Person eine andere
repräsentieren, in: Heinz Rausch, Zur Theorie und Geschichte − siehe dort −
S. 443−469.

G s c h l i e ß e r , Oswald von, Der Reichshofrat. Bedeutung und Verfassung,
Schicksal und Besetzung einer obersten Reichsbehörde von 1559−1806,
Wien 1942 (= Veröffentlichungen der Kommission für neuere Geschichte
des ehemaligen Österreich Bd. 33). Neuausgabe, hrsg. von Wolfgang Sellert,
Nendeln (Liechtenstein) 1970.

H a g e d o r n , Bernhard, Ostfrieslands Handel und Schiffahrt im 16. Jahrhundert, Berlin 1910.

D e r s . , Ostfrieslands Handel und Schiffahrt vom Ausgang des 16. Jahrhunderts bis zum Westfälischen Frieden (1580–1648), Berlin 1912 (= Abh. z. Verkehrs- und Seegeschichte Bd. 3 u. 6).

H a h n , Louis, Wie Emden aufhörte Staat im Staate zu sein, in: EJb. Bd. 28, 1942, S. 56–97.

H a m m e r s t e i n , Notker, Jus und Historie. Ein Beitrag zur Geschichte des historischen Denkens an deutschen Universitäten im späten 17. und im 18. Jahrhundert, Göttingen 1972.

H a u s v a t e r und Hauswirt, in: Deutsches Rechtswörterbuch, Wörterbuch zur älteren deutschen Rechtssprache, Bd. 5, Weimar 1953–1960, Sp. 472– 473 und Sp. 481–483.

H e i t z , Gerhard, Der Zusammenhang zwischen den Bauernbewegungen und der Entwicklung des Absolutismus in Europa, in: Evolution und Revolution in der Weltgeschichte. Zum XII. Internationalen Historikerkongreß in Wien 1965, ZfG. Bd. 13, 1965, Sonderheft, S. 71–83.

H e l b i g , Herbert, Fürsten und Landstände im Westen des Reiches im Übergang vom Mittelalter zur Neuzeit, in: Heinz Rausch (Hrsg.), Die geschichtlichen Grundlagen der modernen Volksvertretung, Bd. 2: Reichsstände und Landstände, Darmstadt 1974 (= Wege der Forschung Bd. 469), S. 123–180.

H e r d e , Peter, Deutsche Landstände und englisches Parlament. Bemerkungen zu F. L. Carsten, Princes and Parliaments in Germany, in: Historisches Jahrbuch der Görresgesellschaft Bd. 80, 1961, S. 286–297.

H i n r i c h s , Carl, Die ostfriesischen Landstände und der preußische Staat 1744–1756. Ein Beitrag zur inneren Staatsverwaltung Friedrichs des Großen. 1. Teil: 1744–1748, in: EJb. Bd. 22, 1927, S. 1–268.

H i n t z e , Otto, Einleitende Darstellung der Behördenorganisation und allgemeinen Verwaltung in Preußen beim Regierungsantritt Friedrichs II., Acta Borussica, Behördenorganisation VI, 1, Berlin 1901.

D e r s . , Gesammelte Abhandlungen, hrsg. von Gerhard Oestreich, Bd. 1: Staat und Verfassung, Göttingen 3. Aufl. 1970.

D e r s . , Typologie der ständischen Verfassungen des Abendlandes, in: Ders., Gesammelte Abhandlungen – siehe dort – S. 120–139.

D e r s . , Weltgeschichtliche Bedingungen der Repräsentativverfassung, in: Ders., Gesammelte Abhandlungen – siehe dort – S. 140–185.

H o f m a n n , Hasso, Repräsentation – Studien zur Wort- und Begriffsgeschichte von der Antike bis ins 19. Jahrhundert, Berlin 1974 (= Schriften zur Verfassungsgeschichte Bd. 22).

H o l l w e g , Walter, Die Geschichte des älteren Pietismus in den reformierten Gemeinden Ostfrieslands von ihren Anfängen bis zur großen Erweckungsbewegung (um 1650–1750), Aurich 1978 (= AuV. Bd. 57).

H u b a t s c h , Walther, Friedrich der Große und die preußische Verwaltung, Köln und Berlin 1973.

H ü t t l , Ludwig, Der Absolutismus im süddeutschen Raum. Ein Vergleich zwischen Kurbayern und dem Hochstift Eichstätt im 17. und 18. Jahrhundert, in: Zeitschrift für bayerische Landesgeschichte Bd. 40, 1977, S. 869–907.

H u g h e s , Michael, The East Frisians, the Survival of powerful Provincial Estates in N. W. Germany in the 18th Century, in: Album Francois Dumont, 1977, S. 125–152.

D e r s . , The Imperial Aulic Council („Reichshofrat") as Guardian of the Rights of Mediate Estates in the Later Holy Roman Empire, in: Rudolf Vierhaus, Herrschaftsverträge – siehe dort – S. 192–204.

D e r s . , The Imperial supreme judicial authority under Charles VI (1711–1740) and the crises in Mecklenburg and East-Frisia, Diss. phil. am Department of History of the University-College of Wales in Aberystwyth 1969.

D e r s . und Harm W i e m a n n , Ein Sitzungsprotokoll des kaiserlichen Hofrates über Ostfriesland aus dem Jahre 1726, in: EJb. Bd. 54, 1974, S. 47–58.

I t e s , Mathilde, Stammfolge Kettler, in: Quellen und Forschungen zur ostfriesischen Familien- und Wappenkunde, hrsg. von der Ostfriesischen Landschaft, 9. Jahrgang 1960, S. 107–122.

J o e s t e r , Ingrid, Enno Rudolph Brenneysen und die ostfriesische Territorialgeschichtsschreibung. Versuch eines Beitrags zur historischen Empirie des frühen 18. Jahrhunderts, Diss. phil. Münster 1963.

K ä m p f , Hellmut (Hrsg.), Herrschaft und Staat im Mittelalter, Darmstadt 1956 (= Wege der Forschung Bd. 2).

K a p p e l h o f f , Bernd, Landesherrlicher Grundbesitz in Emden. Aspekte der Stadtgeschichte seit dem Ende des 16. Jahrhunderts, in: Ostfriesland, Heft 4 1977, S. 1–8.

D e r s . , Die ostfriesischen Landstände im Übergang vom Ancien Régime zur konstitutionellen Verfassung des 19. Jahrhunderts. Bemerkungen zu Gerfried Engelbergs Buch Ständerechte im Verfassungsstaat. Erscheint in EJb. Bd. 61, 1981.

D e r s . , Die Reformation in Emden. Teil 1: Emden am Ausgang des Mittelalters, in: EJb. Bd. 57, 1977, S. 64–143; Teil 2: Durchsetzung und Gestaltung der Reformation bis 1552, in: EJb. Bd. 58, 1978, S. 22–67.

D e r s . , Die soziale Reichweite der ostfriesischen Landstände im frühen 18. Jahrhundert und das Problem der ständischen Repräsentation, in: Kolloquium der Ostfriesischen Landschaft am 6. Mai 1978 über Landschaft und Land. Probleme der ständischen Repräsentation in Ostfriesland. Erscheint als Heft 3 dieser Reihe Aurich 1982.

K i r c h h o f f , Karl-Heinz, Die landständischen Schatzungen des Stifts Münster im 16. Jahrhundert, in: Westfälische Forschungen Bd. 14, 1961, S. 117–133.

D e r s . , Landräte im Stift Münster. Erscheinungsformen der landständischen Mitregierung im 16. Jahrhundert, in: Westfälische Forschungen Bd. 18, 1965, S. 181–190.

K l a v e r e n , Jacob van, Die historische Erscheinung der Korruption, in ihrem Zusammenhang mit der Staats- und Gesellschaftsstruktur betrachtet, Teil 1, in: VSWG. Bd. 44, 1957, S. 289–324.

K l o p p , Onno, Geschichte Ostfrieslands. Bd. 2: Von 1570–1751, Hannover 1856.

K l u e t i n g , Harm, Die Landstände der Herrschaft Rheda, in: Westfälische Forschungen Bd. 27, 1975, S. 67–84.

D e r s . , Ständewesen und Ständevertretung in der westfälischen Grafschaft Limburg im 17. und 18. Jahrhundert, in: Beiträge zur Geschichte Dortmunds und der Grafschaft Mark Bd. 70, 1976, S. 108–201.

K l u x e n , Kurt, Großbritannien von 1660 bis 1783, in: Theodor Schieder – siehe dort – S. 304–377.

K ö n i g , Joseph, Verwaltungsgeschichte Ostfrieslands bis zum Aussterben seines Fürstenhauses, Göttingen 1955 (= Veröffentlichungen der Niedersächsischen Archivverwaltung Heft 2).

K o o l m a n , Egbert, Gemeinde und Amt. Untersuchungen zur Geschichte von gemeindlicher Selbstverwaltung und landesherrlicher Amtsverwaltung im südlichen Ostfriesland, Aurich 1969 (= AuV. Bd. 50).

K r u e d e n e r , Jürgen von, Die Rolle des Hofes im Absolutismus, Stuttgart 1973 (= Forschungen zur Sozial- und Wirtschaftsgeschichte Bd. 19).

L a n g e r , Herbert und Hannelore L e h m a n n und Ingrid M i t t e n z w e i , Forschungen zur deutschen Geschichte von der Mitte des 16. Jahrhunderts bis 1789, in: ZfG. Bd. 18, 1970, Sonderband: Historische Forschungen in der DDR 1960–1970. Zum XIII. Internationalen Historikerkongreß in Moskau 1970, S. 351–379.

L e h m a n n , Hannelore, Der Wandel des Absolutismusbegriffs in der Historiographie der BRD, in: ZfG. Bd. 22, 1974, S. 5–27.

L e n g e n , Hajo van, Die Entstehung und Entwicklung der Haneburg, in: Ostfriesland, Heft 1 1977, S. 1–12.

D e r s . , Ein Verzeichnis der ostfriesischen Ritterschaft aus dem 16. Jahrhundert, in: Ostfriesland, Heft 1 1973, S. 14–16.

D e r s . , Geschichte des Emsigerlandes vom frühen 13. bis zum späten 15. Jahrhundert, Aurich 1973 (= AuV. Bd. 53).

L o e s i n g , Helias, Geschichte der Stadt Emden bis zum Vertrag von Delfsyhl, Emden 1843.

L ü c k e , Justus, Die landständische Verfassung im Hochstift Hildesheim 1643–1802. Ein Beitrag zur territorialen Verfassungsgeschichte, Hildesheim 1968 (= Quellen und Darstellungen zur Geschichte Niedersachsens Bd. 73).

L u i g , Klaus, Christian Thomasius, in: Michael Stolleis (Hrsg.), Staatsdenker im 17. und 18. Jahrhundert. Reichspublizistik, Politik, Naturrecht, Frankfurt/Main 1977, S. 228–247.

M a i e r , Hans, Die ältere deutsche Staats- und Verwaltungslehre (Polizeiwissenschaft). Ein Beitrag zur Geschichte der politischen Wissenschaft in Deutschland, Neuwied und Berlin 1966 (= Politica Bd. 13).

M a l e t t k e , Klaus, Fragestellungen und Aufgaben der Absolutismusforschung in Frankreich und Deutschland, in: Geschichte in Wissenschaft und Unterricht Bd. 30, 1979, S. 140–157.

M i c h a e l , Wolfgang, Englische Geschichte im 18. Jahrhundert, Bd. 4, Berlin 1937.

M i t t e n z w e i , Ingrid, Über das Problem des aufgeklärten Absolutismus, in: ZfG. Bd. 18, 1970, S. 1162–1172.

D i e s . und Hannelore L e h m a n n , Die marxistische Forschung in der DDR zum brandenburg-preußischen Territorialstaat im Zeitalter des Absolutismus (Mitte des 17. Jahrhunderts bis 1789), in: Jahrbuch für Geschichte, hrsg. vom Institut für Geschichte an der deutschen Akademie der Wissenschaften zu Berlin, Bd. 3, Berlin (Ost) 1969, S. 323–366.

M i t t e r a u e r , Michael, Grundlagen politischer Berechtigung im mittelalterlichen Ständewesen, in: Karl Bosl, Der moderne Parlamentarismus – siehe dort – S. 11–41.

M o r a w , Peter und Volker P r e s s , Probleme der Sozial- und Verfassungsgeschichte des Heiligen Römischen Reiches im späten Mittelalter und in der frühen Neuzeit (13.–18. Jahrhundert). Zu einem Forschungsschwerpunkt, in: ZHF. Bd. 2, 1975, S. 95–108.

M o s e r , Johann Jacob, Von der Teutschen Reichs-Stände Landen, deren Landständen, Unterthanen, Landes-Freyheiten, Beschwerden, Schulden und Zusammenkünfften, Frankfurt und Leipzig 1769 (= Neues teutsches Staatsrecht Bd. 13; Neudruck Osnabrück 1968).

M ü l l e r , Annemarie, Emdens Seeschiffahrt und Seehandel von der Besitzergreifung Ostfrieslands durch Preußen bis zur Eröffnung des Dortmund-Ems-Kanals, 1744–1899, Diss. phil. Münster 1930, auszugsweise gedruckt in: Hansische Geschichtsblätter Bd. 55, 1930, S. 90–170, und Bd. 56, 1932, S. 156–182.

N a u m a n n , Martin, Österreich, England und das Reich 1719 bis 1732, Berlin 1936 (= Neue deutsche Forschungen, Abteilung Neuere Geschichte, Bd. 3).

N o o s t e n , Dieke, Die Entwicklung des Deichrechts in Ostfriesland und im Harlingerland von den Anfängen bis zur Gegenwart, Diss. jur. Göttingen 1930.

O e s t r e i c h , Gerhard, Geist und Gestalt des frühmodernen Staates, Berlin 1969.

D e r s . , Die Idee des religiösen Bundes und die Lehre vom Staatsvertrag, in: Ders., Geist und Gestalt — siehe dort — S. 157—178.

D e r s . , Das Reich — Habsburgische Monarchie — Brandenburg-Preußen von 1648 bis 1803, in: Theodor Schieder — siehe dort — S. 378—475.

D e r s . , Ständetum und Staatsbildung in Deutschland, in: Ders., Geist und Gestalt — siehe dort — S. 277—289.

D e r s . , Ständestaat und Ständewesen im Werk Otto Hintzes, in: Dietrich Gerhard, Ständische Vertretungen — siehe dort — S. 56—71.

D e r s . , Verfassungsgeschichte vom Ende des Mittelalters bis zum Ende des alten Reiches, in: Gebhardt — siehe dort — S. 360—436.

D e r s . , Vom Herrschaftsvertrag zur Verfassungsurkunde. Die „Regierungs-formen" des 17. Jahrhunderts als konstitutionelle Instrumente, in: Rudolf Vierhaus, Herrschaftsverträge — siehe dort — S. 45—67.

D e r s . , Zur Vorgeschichte des Parlamentarismus: Ständische Verfassung, landständische Verfassung, landschaftliche Verfassung, in: ZHF. Bd. 6, 1979, S. 63—80.

O h l i n g , Gerhard D., Kulturgeschichte des Krummhörn, in: Jannes Ohling (Hrsg.), Die Acht und ihre sieben Siele, Pewsum und Emden 1963, S. 19—288.

D e r s . , Stadt und Amt Aurich. Zum 400jährigen Stadtjubiläum 1539 bis 1939. Grundzüge der Entwicklung, in: Die Nordwestmark. Schriftenreihe der Forschungsgemeinschaft für den Raum Weser-Ems e. V., Bd. 1: Dichtung und Forschung im Raum Weser-Ems, Oldenburg 1940, S. 73—85.

O h l i n g , Jannes (Hrsg.), Campen — Chronik eines Dorfes im Krummhörn/ Ostfriesland, Campen (Selbstverlag) 1970.

P r e s s , Volker, Herrschaft, Landschaft und „Gemeiner Mann" in Oberdeutschland vom 15. bis zum frühen 19. Jahrhundert, in: Zeitschrift für die Geschichte des Oberrheins Bd. 123 (Bd. 84 der neuen Folge), 1975, S. 169—214.

D e r s . , Die Landschaft aller Grafen von Solms, in: Hessisches Jahrbuch für Landesgeschichte Bd. 27, 1977, S. 37—106.

D e r s . , Steuern, Kredit und Repräsentation. Zum Problem der Ständebildung ohne Adel, in: ZHF. Bd. 2, 1975, S. 59—93.

R a u s c h , Heinz, Repräsentation: Wort, Begriff, Kategorie, Prozeß, Theorie, in: Karl Bosl, Der moderne Parlamentarismus — siehe dort — S. 67—98.

D e r s . (Hrsg.), Zur Theorie und Geschichte der Repräsentation und Repräsentativverfassung, Darmstadt 1968 (= Wege der Forschung Bd. 184).

R e d e n , Armgard von, Landständische Verfassung und fürstliches Regiment in Sachsen-Lauenburg 1543—1689, Göttingen 1974 (= Veröffentlichungen des Max Planck-Instituts für Geschichte Bd. 41).

R e i m e r s , Heinrich, Alt-Aurich, Aurich 1925.

D e r s . , Ostfriesland bis zum Aussterben seines Fürstenhauses, Bremen 1925.

R e i n h a r d , Wolfgang, Freunde und Kreaturen. „Verflechtung" als Konzept zur Erforschung historischer Führungsgruppen. Römische Oligarchie um 1600, München 1979 (= Schriften der philosophischen Fachbereiche der Universität Augsburg Nr. 14).

D e r s . , Staatsmacht als Kreditproblem. Zur Struktur und Funktion des frühneuzeitlichen Ämterhandels, in: VSWG. Bd. 61, 1974, S. 289—319.

D e r s . , Theorie und Empirie bei der Erforschung frühneuzeitlicher Volksaufstände, in: Historia Integra. Festschrift für Erich Hassinger zum 70. Geburtstag, Berlin 1977, S. 173–200.

R e n g e r , Reinhard, Landesherr und Landstände im Hochstift Osnabrück in der Mitte des 18. Jahrhunderts. Untersuchungen zur Institutionengeschichte des Ständestaates im 17. und 18. Jahrhundert, Göttingen 1968 (= Veröffentlichungen des Max Planck-Instituts für Geschichte Bd. 19).

R i e d e l , Manfred, Artikel Bürgerliche Gesellschaft, in: Otto Brunner, Geschichtliche Grundbegriffe, Bd. 2 – siehe dort – S. 719–800.

R o t h e r , Hermann, Die Auseinandersetzung zwischen Preußen und Hannover um Ostfriesland von 1690 bis 1744, Diss. phil. (masch.) Göttingen 1951, teilweise gedruckt in EJb. Bd. 36, 1956, S. 39–96.

S c h a e r , Friedrich Wilhelm, Der ,,Appell-Krieg” aus der Sicht des jeverschen Regierungs- und Konsistorialassessors Balich (1726), in: EJb. Bd. 49, 1969, S. 145–156.

S c h a u m b u r g , Hilko, Das ostfriesische Hofgericht 1593–1751, Diss. jur. Münster 1977.

S c h i e d e r , Theodor (Hrsg.), Handbuch der europäischen Geschichte, Bd. 4, hrsg. von Fritz Wagner, Stuttgart 1968.

S c h i l f e r t , Gerhard, Wissenschaftliche Konferenz der Internationalen Kommission für die Geschichte des Ständewesens und der Parlamente, in: ZfG. Bd. 13, 1965, S. 109–113.

S c h i l l i n g , Heinz, Niederländische Exulanten im 16. Jahrhundert – Ihre Stellung im Sozialgefüge und im religiösen Leben deutscher und englischer Städte, Gütersloh 1972 (= Schriften des Vereins für Reformationsgeschichte Nr. 187).

D e r s . , Reformation und Bürgerfreiheit. Emdens Weg zur calvinistischen Stadtrepublik, in: Schriften des Vereins für Reformationsgeschichte Nr. 190, Gütersloh 1978, S. 128–161.

S c h m i d t , Heinrich, Ostfriesische Konfessionskämpfe zur Zeit der Fürstin Christine Charlotte, in: EJb. Bd. 40, 1960, S. 114–151.

D e r s . , Politische Geschichte Ostfrieslands, Pewsum und Leer 1975 (= Ostfriesland im Schutze des Deiches Bd. V).

S c h m i t t , Eberhard, Repräsentation und Revolution. Eine Untersuchung zur Genesis der kontinentalen Theorie und Praxis parlamentarischer Repräsentation aus der Herrschaftspraxis des Ancien regime in Frankreich (1760–1789), München 1969 (= Münchner Studien zur Politik Bd. 10).

S c h ö f f e r , Ivo, Die Republik der Vereinigten Niederlande von 1648 bis 1795, in: Theodor Schieder – siehe dort – S. 634–658.

S c h ö n i n g h , Wolfgang, Überblick über die Geschichte der Stadt Emden, Hannover 1960.

D e r s . , Westfälische Einwanderer in Ostfriesland 1433–1744, in: Westfälische Forschungen Bd. 20, 1967, S. 5–57.

D e r s . , Zusammenstellung der Emder Bürgermeister seit 1442, in: Ostfriesland im Schutze des Deiches, hrsg. von der Deichacht Krummhörn, Bd. IV, Pewsum und Leer 1969, S. 184/185.

S c h u l z e , H. K., Artikel Hausherrschaft, in: Adalbert Erler, Handwörterbuch – siehe dort – Sp. 2030–2033.

S c h w a b , Dieter, Artikel Familie, in: Otto Brunner, Geschichtliche Grundbegriffe, Bd. 2 – siehe dort – S. 253–301.

S e l l e r t , Wolfgang, Prozeßgrundsätze und Stilus Curiae am Reichshofrat im Vergleich mit den gesetzlichen Grundlagen des reichskammergerichtlichen Verfahrens, Aalen 1973 (= Untersuchungen zur deutschen Staats- und Rechtsgeschichte, N.F. Bd. 18).

D e r s . , Über die Zuständigkeitsabgrenzung von Reichshofrat und Reichskammergericht, Aalen 1965 (= Untersuchungen zur deutschen Staats- und Rechtsgeschichte, N.F. Bd. 4).

S i e b e l s , Gerhard, Zur Kulturgeographie der Wallhecke. Ein Beitrag zur Lösung des Heckenlandschaftsproblems auf Grund kulturgeographischer Untersuchungen im Kreise Aurich, Leer 1954.

S i e b e r t , Ernst, Entwicklung des Deichwesens vom Mittelalter bis zur Gegenwart, in: Ostfriesland im Schutze des Deiches, hrsg. von der Deichacht Krummhörn, Bd. II, Pewsum und Leer 1969, S. 79–385.

S m i d , Menno, Kirche zwischen Burg und Rathaus. Ein Beitrag zur Emder Stadtgeschichte und zum Verhältnis von Staat und Kirche in Emden, in: Res Frisicae, Festschrift für Harm Wiemann zum 75. Geburtstag, Aurich 1978 (= AuV. Bd. 59), S. 131–150.

D e r s . , Ostfriesische Kirchengeschichte, Pewsum und Weener 1974 (= Ostfriesland im Schutze des Deiches Bd. VI).

D e r s . , Zur Geschichte und zur Bedeutung des ostfriesischen Interessentenwahlrechs, in: Jahrbuch der Gesellschaft für niedersächsische Kirchengeschichte, Bd. 68, 1970, S. 39–58.

S t o r c h , Dietmar, Die Landstände des Fürstentums Calenberg-Göttingen 1680–1714, Hildesheim 1972 (= Quellen und Darstellungen zur Geschichte Niedersachsens Bd. 81).

S t r a c k e , Johannes, Die Deputierten und Vierziger der Stadt Emden, in: Quellen und Forschungen zur ostfriesischen Familien- und Wappenkunde, hrsg. von der Ostfriesischen Landschaft, 18. Jahrgang 1969, S. 1–23.

S w a r t , Friedrich, Zur friesischen Agrargeschichte, Leipzig 1910 (= Staats- und sozialwissenschaftliche Forschungen, hrsg. von Gustav Schmoller und Max Sering, Bd. 145).

V e t t e r , Klaus, Die Stände im absolutistischen Preußen. Ein Beitrag zur Absolutismusdiskussion, in: ZfG. Bd. 24, 1976, S. 1290–1306.

V i e r h a u s , Rudolf (Hrsg.), Herrschaftsverträge, Wahlkapitulationen, Fundamentalgesetze, Göttingen 1977 (= Veröffentlichungen des Max Planck-Instituts für Geschichte Bd. 56).

V o i g t , Heinz und Günter R o e s c h m a n n , Die Böden Ostfrieslands, in: Ostfriesland im Schutze des Deiches, hrsg. von der Deichacht Krummhörn, Bd. I, Pewsum und Leer 1969, S. 51–104.

de V r i e s , Johann Friedrich, Die Gebrüder Harkenroht, in: EJb. Bd. 6, Heft 2, 1885, S. 1–49.

D e r s . , Heinrich Bernhard von dem Appell, in: EJb. Bd. 7, Heft 2, 1887, S. 73–103.

D e r s . und Theodor F o c k e n , Ostfriesland. Land und Volk in Wort und Bild, Emden 1881.

W a g n e r , Fritz, Europa im Zeitalter des Absolutismus und der Aufklärung. Die Einheit der Epoche, in: Theodor Schieder – siehe dort – S. 1–163.

W e i s , Eberhard, Frankreich von 1661 bis 1769, in: Theodor Schieder – siehe dort – S. 164–303.

W i a r d a , Tileman Dothias, Bruchstücke zur Geschichte und Topographie der Stadt Aurich bis zum Jahre 1813, Emden 1835.

D e r s . , Ostfriesische Geschichte, Bd. VII (1714–1734), Aurich 1797, und Bd. VIII (1735–1749), Aurich 1798.

W i c k , Peter, Versuche zur Errichtung des Absolutismus in Mecklenburg, Berlin (Ost) 1964.

W i e m a n n , Harm, Die Bauern in der ostfriesischen Landschaft im 16. bis 18. Jahrhundert, in: Bauernschaft und Bauernstand 1500–1970, Büdinger Vorträge 1971–72, hrsg. von Günther Franz, Limburg 1975 (= Deutsche Führungsschichten in der Neuzeit Bd. 8), S. 153–164.

D e r s . , Der Geheimvertrag zwischen dem Erzherzog Albrecht von Österreich und der Infantin Isabella von Spanien einerseits und dem Grafen Enno III. von Ostfriesland andererseits vom 29. Juni 1599, in: EJb. Bd. 33, 1953, S. 51–69.

D e r s . , Ostfriesland im Spiel der großen Mächte, in: EJb. Bd. 31, 1951, S. 60–74.

D e r s . , Probleme der Ständegeschichte in Ostfriesland, in: EJb. Bd. 48, 1968, S. 66–108.

D e r s . , Das Reich, die Niederlande, der Graf und die Stände Ostfrieslands 1595–1603, in: Niedersächsisches Jahrbuch für Landesgeschichte Bd. 39, 1967, S. 115–149.

W i l s o n , Arthur McCandless, French foreign policy during the administration of Cardinal Fleury 1726–1743. A study in diplomacy and commercial development, Cambridge 1936 (= Harvard historical studies Bd. 40).

W o l k e n , Hermann, Die Finanzen des ostfriesischen Herrscherhauses (ca. 1600–1744), Teil 2: Die Ausgaben, Diss. phil. Leipzig 1914.

W u n d e r , Bernd, Landstände und Rechtsstaat. Zur Entstehung und Verwirklichung des Art. 13 DBA, in: ZHF. Bd. 5, 1978, S. 139–185.

Z e r n a c k , Klaus, Die skandinavischen Reiche von 1654 bis 1722, in: Theodor Schieder – siehe dort – S. 511–548.

Orts- und Personenregister

Zahlen in Klammern beziehen sich auf eine Nennung in den Anmerkungen der genannten Seite. Soweit möglich, wurde für die Eingesessenen der Ämter der Wohnort zugefügt.

A

Aachen   387
Aaper, Johann, Amt Greetsiel   310
Abben, Peter, Upgant   325, 327f, 330,
   338, 346
- Tjark, Osteel   52
- Ubbe, Engerhafe   59
- Wiltet, Osteel   50
Abbingwehr   155
Addekes, Harmen, Uthwerdum   188, 346
- Reemt, Victorbur   188, 346
Adelshausen v., Freiherr, kaiserl.Rat
   388
Adena, Folderk, Osteel   50 f
Aduart v., Lewe, niederl. Minister
   286-288, 388
Agena, Dirk Ihmels, Osteel   50f, 216,
   (321), 326, 333
Agge, Enne, Siegelsum   325, (338)
Ahten, Haye, Hamswehrum   312
Aimmersbeck, Wwe., Greetsiel   186
Akens   (39)
Alba, Herzog   241
Albers, Harm, Greetsiel   186
- Tjade, Osteel   326, 329, 345
Alljes, Jelde, Strackholt   112
Althan, Graf, kaiserl. Rat   205, 212
Althusius, Johannes, Emder Stadtsyndikus
   12f, (14), 24, 26, (56), 68, 100
Amdorf   300
Amsterdam   131,
   (167, 295)
Andree, Emder Patrizierfamilie   24
- Kapitän d. Emder Garnison   217, 280
Andressen, Eylert, Upgant   330, 346
- Reint, Pilsum   318, 345
Anhalt-Zerbst   283
Anna, Gräfin v. Ostfriesland   98
Apen   290, 338
Appelle v.d.,Heinrich Bernh.,Großmidlum
   8, 21f, 42, 58, 128, (158), 199, 204,
   215, (226), 255-258, 262f, 265, 281f,
   (283), 322, 349, 351, 353, 381, 392-
   394, 396, 403, 413, 415, 423, 431f

Ardorf   62, 197
Ariens, Arien, Manslagt   312
Arle   216
August Enno, Graf von Ostfriesland   169
Augustin, Reichshofratssekretär   208
Aurich, Akzisekluft   252
- Amt
   34, (40), 46, 52, (53, 59), 61-63, 150,
   153, 155, 161, 170-172, 197, (216,222),
   223, 227, 251, 266, 269, 278, 280f,
   (284, 302), 309, 321, 327f, 331, (337),
   347f, 358, 360
- Stadt
   12, 19, 23, 28, 30-32, (43), 51, 53,
   58f, 62, 70, 81, 98, 100, (108), 111,
   122, 128, (129), 132-134, 150, 171f,
   177, 180f, 188-190, 192-194, 196-199,
   (201), 216, 219f, 222-228,230, 232f,
   248, 256f, 259, 261, 264, 267-269,272-
   276, 279-281, 283, 287f, (289), 290f,
   294-296, 304-306, 323, 334f, 337f,348,
   351, 377f, (383), 387f, 400, 405, 416,
   418f, 431, 434
Ayckes, Weyert, Nendorp   339
Ayels, Reemt, Pilsum   319, 345
Ayenwolde   (155)
Ayts, Harm, Pilsum   318, 345

B

Bacmeister, Eberhard, fürstlicher Leibarzt
   (378)
Baden   387
Bagband   52-54, 62, (216), 363
Balich, Anton, Regierungsassessor in Jever
   (283)
Bamberg   398
Bangstede   62, (155), 188, 331, 346
Bargebur   80
Barstede   31, 62, 188, 331f, 346
Bartels, Seben, Eilsum   312
Bartenstein, Johann Christoph, kaiserl.Rat
   391, (393), 402, 412, 428-430

474

Z